腐
JIAN
CHA

反腐倡廉新热点问题解读

资深检察官廉政提醒

FANFU CHANGLIAN XINREDIAN WENTI JIEDU

张亮◎著

中国检察出版社

图书在版编目（CIP）数据

反腐倡廉新热点问题解读/张亮著. —1 版. —北京：中国检察出版社，
2015. 4

ISBN 978 − 7 −5102 −1370 −0

Ⅰ. ①反⋯　Ⅱ. ①张⋯　Ⅲ. ①反腐倡廉 − 研究 − 中国　Ⅳ. ①D630. 9

中国版本图书馆 CIP 数据核字（2015）第 017534 号

反腐倡廉新热点问题解读

张亮　著

出版发行：	中国检察出版社	
社　　址：	北京市石景山区香山南路 111 号（100144）	
网　　址：	中国检察出版社（www. zgjccbs. com）	
编辑电话：	（010）88960622	
发行电话：	（010）68650015　68650016　68650029	
经　　销：	新华书店	
印　　刷：	河北省三河市燕山印刷有限公司	
开　　本：	720 mm ×960 mm　16 开	
印　　张：	51. 25 印张	
字　　数：	878 千字	
版　　次：	2015 年 4 月第一版　2017 年 6 月第二次印刷	
书　　号：	ISBN 978 − 7 −5102 −1370 −0	
定　　价：	126. 00 元	

加快推进反腐败国家立法，完善惩治和预防腐败体系，形成不敢腐、不能腐、不想腐的有效机制，坚决遏制和预防腐败现象。

——《中共中央关于全面推进依法治国若干重大问题的决定》

序　一

　　十八届四中全会通过的《中共中央关于全面推进依法治国若干重大问题的决定》蕴含着丰富的预防职务犯罪思想，对检察机关预防职务犯罪工作指明了方向、创造了条件，也提出了新的更高要求。张亮作为一名长期工作在反贪一线上的优秀检察官，充分运用自己的职业优势撰写出《反腐倡廉新热点问题解读》一书，呼应了社会对预防和治理腐败的新要求新期待，可谓生逢其时。

　　《反腐倡廉新热点问题解读》一书，坚持实事求是的思想路线，做到言之有物、言之成理，有感而发、有的放矢，摆事实、讲道理，以提高党政机关领导干部对职务犯罪和预防职务犯罪的认识水平，提高读者对容易误解或者不太了解的法律知识的认知能力为写作宗旨。同时，本书摆脱了一般法律书籍的生僻和艰涩，可读性、亲民性、简约性贯彻始终。更难能可贵的是，这种适合大众阅读的文字表述，又丝毫不影响其内容的精彩和深刻。如果读者读过此书，定会深感其内容之丰富、风格之独特、分析之透辟、启迪之深远。

　　以问题为导向是本书的另一亮点。通读全书，作者的问题意识始终非常明确，以各种跟腐败有关的法律疑点难点为切入，对 8 个方面的 300 个问题进行深刻剖析，解答疑惑、消除误解、启迪思考。诚然，能够看到问题是第一步，能够认清问题是第二步，能够分析问题、解决问题是第三步，也是与实践具体结合的最重要一步。针对各种各样的认识误区，本书以理揭示问题、以理释法，提出了解决的方法和措施，达到从政提醒的目的，并最终实现提升读者的法律素养和法律思维能力。

用事实说话，也是本书的亮点之一。本书对于反腐败认识中的各种新热点、新问题、新情况、新表现，力求注重多用事实和案例，从历史的和现实的维度，结合国内外的经验教训加以印证，使自己的观点更具说服力。作为一本普法性质的反腐倡廉读本，这本书做到了深入浅出，既把问题列出，又把道理讲清，还让读者看得懂、看得进，进而引发思考、付诸行动，真正做到人人"不敢腐、不能腐，不想腐"。

推进依法治国，建设社会主义法治国家，需要加强预防文化建设。而加强预防文化建设，需要检察官等司法人员投身其中，利用专业人士对法律的理解和阐释，带动全民遵法守法。张亮正是用他的行动履行着检察官在预防职务犯罪中应尽的职责，也响应了高检院提出的检察官释法的新要求。

反腐倡廉建设是中国特色社会主义建设的应有之义。反腐败研究是一项理论性、实践性、学术性很深的系统工程。希望张亮先生能够继续洞察社会，对反腐倡廉再多做一些有益的研究，能够在不久的将来再看到像本书一样的好书问世，以飨读者。

宋寒松

2015 年 4 月

序 二

张亮先生又一本新书：《反腐倡廉新热点问题解读》将由中国检察出版社出版发行，真是可喜可贺！

这也许是党的十八届四中全会以来，第一本以这次党的精神为指导，深入开展预防腐败的读本。我有幸先睹为快，深感其内容实用、分析透彻、立意高远，与他先前数部反腐倡廉著作相比实有异曲同工之妙。著名社会学家邓伟志教授曾经为张亮先生另一本预防腐败的书写过序，"责怪"张亮先生的书出版得太晚了，使许多贪官没能及时回头："晚则晚矣，必要则更加必要"。历史的教训值得吸取。张亮先生的新书旨在为社会各个阶层，特别是为各级领导干部、国家工作人员和各行各业管理人员提供一部新的反腐教科书，其用心之良苦，可见一斑！

张亮先生为预防腐败不仅振笔疾书，且立足三尺讲台，唇焦舌烂，在社会各个领域讲授反腐课程逾千场，受众达百余万人次，影响巨大，贡献突出，其知名度也如日中天。张亮先生是一位资深的检察官，不仅在本职工作中兢兢业业，在30多年的职务犯罪侦查生涯中破获案件千余件，其中重特大案件300余件；而且多年来在中央级及省市自治区党校、行政学院、国家机关、央企、高校、医院、部队、民企、乡镇等讲授预防腐败警示课程、讲座1600余场，多次在全国31个省、市、自治区相关单位视频会议讲课，各类课程讲座听众逾百万人次。因其影响巨大，贡献突出，被评为全国检察机关首届精品课程第一名，被任命为最高人民检察院检察教育培训巡讲团组长。身为国家二级高级检察官的张亮先生，在繁忙的工作之余，还担任了上海市中共党史学会副秘书长，兼任中国人民大学、中国政法大学、国家检察官学院、复旦大学、同济大学、华东师范大学、华东政法大学、上海师范大学、上海经济管理干部学院等多所大专院校客座教授，被聘为交通大学出版社特约专家、华东师范大学廉政建设中心特约研究员，同时他还是三项国家级重大课题研究组的主要成员。

自古功名也苦辛！张亮先生身处反腐斗争的前沿阵地，长期奋斗在党的政法战线，他是一位威慑腐败分子的"亮剑"者，是党的反腐倡廉理论的宣传者，也是廉洁自律、奉公守法的践行者。蹉跎岁月，历经磨难。他积累了丰富的拒腐防变、反腐倡廉的实践经验。同时，又由于他具有扎实的专业知识和深厚的理论功底，而且还具有善于思考、善于总结的睿智，具有勤于动脑、笔耕不辍的天性，更具有不畏艰险、顽强拼搏的勇者风范，这样他就有条件、有可能成为了反腐倡廉领域的多产著作家和名嘴教书匠。

更难能可贵的是，无论著书立说，无论执教授业，张亮先生总是坚持实事求是的思想路线。而《反腐倡廉新热点问题解读》一书，再一次凸显了张亮先生的这种风格。本书以辨析各种误区的形式，摆事实、讲道理，以提高人们对容易误解或者不太了解的知识的认知能力，真可谓是"拨乱反正"、"去伪存真"、"正本清源"。

本书内容设计独具匠心，共分为八问三百个问题："一问党对反腐败工作的决策部署"有一定理论高度，"二问腐败的发轫"告诉读者腐败如何产生，"三问党员领导干部的官德"提醒官员如何做到廉洁从政、清醒为官，"四问贪腐犯罪界限"解释哪些行为能够构成贪污贿赂等职务犯罪，"五问预防和治理腐败"说明如何才能把权力关进制度的笼子里，"六问法治思维"旨在让读者了解和掌握必备的法律知识，"七问廉以立身"告诉我们如何理解廉政文化，"八问观察借鉴"为我们学习其他国家及地区治理腐败的方法提供域外借鉴。不仅如此，本书还附有拓展阅读一和拓展阅读二，既有党政高层和先贤名家对反腐倡廉的名言警句，从正面激励廉洁之风，又有贪官的忏悔和检察官对贪官的寄语，从反面敲响警示之钟。

仔细一想发现，本书的前半部分是"八问"，后半部分是两个拓展阅读，"8＋2"正好凑成一个"十"，寓意十全十美。想必将来中国的反腐倡廉建设定是十全十美的。

读一本好书，不仅仅做一个好官，也不仅仅做个好人！重要的是：推荐一本好书，可以纯净一个社会！

有感而发，是为序。

张 云
2015 年 2 月

目　录

一问党对反腐败工作的决策部署

——十八大以来反腐败工作如何深入开展

二问腐败的发轫
——腐败是如何产生的

三问党员领导干部的官德
——怎样做到廉洁从政、清醒为官

四问贪腐犯罪界限
——这些行为能否构成贪污贿赂等职务犯罪

五问预防和治理腐败
——如何把权力关进制度的笼子里

六问法治思维
——应该掌握哪些必备法律知识

七问廉以立身
——怎样理解廉政文化

八问观察借鉴
——其他国家及地区怎样治理腐败

拓展阅读之一
廉政箴言解读

拓展阅读之二
贪官忏悔与检察官寄语

一问

党对反腐败工作的决策部署

——十八大以来反腐败工作如何深入开展

1. 如何理解党的十八届四中全会依法治国总目标之精神

党的十八届四中全会提出了依法治国总目标与五大体系，明确了六大任务，我们要认真解读和深刻理解，切实把四中全会精神作为今后工作的指导方针和行为准则。

全面推进依法治国，总目标是建设中国特色社会主义法治体系，建设社会主义法治国家。全会提出将建设中国特色社会主义法治体系、建设社会主义法治国家作为全面推进依法治国总目标，这是一个全新的表述，是对依法治国理论的完善和升华。

全会指出，建设中国特色社会主义法治体系，建设社会主义法治国家，就是在中国共产党领导下，坚持中国特色社会主义制度，贯彻中国特色社会主义法治理论，形成完备的法律规范体系、高效的法治实施体系、严密的法治监督体系、有力的法治保障体系，形成完善的党内法规体系，坚持依法治国、依法执政、依法行政共同推进，坚持法治国家、法治政府、法治社会一体建设，实现科学立法、严格执法、公正司法、全民守法，促进国家治理体系和治理能力现代化。我们可以理解，这就是"顶层设计"的关键所在，是依法治国的标本兼治之举措。

全会深刻指出，维护宪法法律权威，依法维护人民权益、维护社会公平正义、维护国家安全稳定，实现总目标，必须坚持中国共产党的领导，坚持人民主体地位，坚持法律面前人人平等，坚持依法治国和以德治国相结合，坚持从中国实际出发。

（1）党的领导与依法治国

党的领导是中国特色社会主义最本质的特征，是社会主义法治最根本的保证。全会强调，把党的领导贯彻到依法治国全过程和各方面，是我国社会主义法治建设的一条基本经验。

"党能不能够守法，坚持党的领导与依法治国之间关系能不能处理好，决定了依法治国的拓展空间和能达到的高度。"全会坚定地表述，既要加强党对全面依法治国的领导，也要改进党的领导。加强和改进不可偏废。

我国宪法确立了中国共产党的领导地位。全会指出，坚持党的领导，是社会主义法治的根本要求，是党和国家的根本所在、命脉所在，是全国各族人民的利益所系、幸福所系，是全面推进依法治国的题中之义。

全会提出，坚持依法治国首先要坚持依宪治国，坚持依法执政首先要坚持依宪执政。

全会强调，提高党员干部法治思维和依法办事能力，把法治建设成效作为衡量各级领导班子和领导干部工作实绩重要内容、纳入政绩考核指标体系，把能不能遵守法律、依法办事作为考察干部的重要内容。

（2）六大任务的实施亮点

全会明确了全面推进依法治国的重大任务——完善以宪法为核心的中国特色社会主义法律体系，加强宪法实施；深入推进依法行政，加快建设法治政府；保证公正司法，提高司法公信力；增强全民法治观念，推进法治社会建设；加强法治工作队伍建设；加强和改进党对全面推进依法治国的领导。

公正是法治的生命线。全会指出，司法公正对社会公正具有重要引领作用，司法不公对社会公正具有致命破坏作用。全会提出建立领导干部干预司法活动、插手具体案件处理的记录、通报和责任追究制度，在党的文件中还是第一次，这在当前的司法实践中具有非常重要的意义，针对性特别强，毫无疑问这一制度应该成为各级领导干部的"高压线"，必须得到坚决的贯彻落实和不折不扣的执行。

法律的权威源自人民的内心拥护和真诚信仰。全会提出，人民权益要靠法律保障，法律权威要靠人民维护。甄小英表示，法律权威要靠人民维护就是要全民守法，全会对全民守法的强调就是要形成守法光荣、违法可耻的社会氛围，杜绝选择性守法。

党的十八届四中全会向国内外鲜明宣示，我们将坚定不移走中国特色社会主义法治道路，以建设中国特色社会主义法治体系为总抓手，在法治轨道上推进国家治理体系和治理能力现代化，推进法治中国建设加速前行。

十八届四中全会"依法治国"的决策，具有里程碑的重大意义，将是我们今后相当长一段时期的指导方针。

2. 《北京反腐败宣言》对打击跨境腐败行为有什么重要意义

2014 年 11 月 8 日，中华人民共和国外交部部长王毅表示，亚太经合组织（APEC）第 26 届部长级会议通过《北京反腐败宣言》，成立 APEC 反腐执法合作网络，在亚太加大追逃追赃等合作，携手打击跨境腐败行为。

此举对跨境追逃意味着什么呢？

（1）反腐，已经成为全世界的共识

跨境追逃追赃是反腐败工作的重要内容，一些外逃目的地不再是"避罪天堂"。

2014 年 7 月起，我国发起了"猎狐行动"，自 7 月 22 日至 12 月底，"猎狐·2014"专项行动共从 69 个国家和地区成功抓获外逃经济犯罪嫌疑人员 680 名，其中缉捕归案 290 名，投案自首 390 名。

公安部在 2015 年 1 月 8 日的新闻发布会上通报，从抓获逃犯的犯罪金额看，千万元以上的 208 名，其中超过亿元的 74 名；从潜逃时间看，抓获潜逃 5 年以上的 196 名，其中 10 年以上的 117 名，时间最长的 22 年。然而，目前仍有不少潜逃境外的犯罪嫌疑人逍遥法外，其中一些国家是外逃人员的主要目的地。

从我们职务犯罪侦查实践可以发现，近年来国内外逃的贪官往往具有这样一些特征：案值大、身份高的外逃官员往往看重美国、澳大利亚、加拿大、西欧等未与我国签订引渡条约的国家，认为那里更"安全"。

参加 APEC 北京会议的中国太平洋经济合作全国委员会会长唐国强说，此次美国、澳大利亚、加拿大等参与宣言的签署释放出一个信号，即整个亚太地区将携手反腐败、反贿赂，并为之出台具体措施，这让一些海外的"反腐盲点"亮了起来。

我们的职务犯罪侦查实践还反映，部分外逃贪官喜欢选择中国香港特区、泰国、缅甸、马来西亚、新加坡和一些太平洋岛国作为出逃第一站，在获取假身份后再以那里为"跳板"前往第三地，而反腐宣言一旦落实，"跳板"会成"断崖"。

因此我们可以看到，《北京反腐败宣言》不仅对中国是一个有利消息，对亚太相关各方也有裨益。

（2）追逃，跨国抓捕效率有望提高

跨国联合反腐是一项复杂的系统工程，需要建立集中统一、高效顺畅的协调运作机制。监察部国际合作局披露，APEC 反腐败执法合作网络（ACTB-NET）已经正式运行，秘书处设在中国，并由中国担任今年的轮值主席，而中国监察部相应担任 APEC 反腐败工作组主席。

据中纪委网站介绍，这一机制包括建立并发展一个涵盖各成员经济体反腐败和执法人员的合作网络，以加强负责腐败、贿赂、洗钱和非法贸易犯罪的调查、起诉以及确认和返还非法所得的机构之间的非正式跨境合作，并为成员间反腐的经验交流、案例培训、法律沟通提供方便。

最高人民检察院、公安部披露，由于相关司法制度差异和海外信息情报的短缺，从锁定目标到实施跨国抓捕，耗费诸多人力、时间和资金。而《北京反腐败宣言》通过的加强信息共享和司法机关合作，将有助于减少沟通成本，提升抓捕速度。

"前端预警"是各国的难点，如果通过信息共享和重点监测，发现某个官员的子女、父母、亲属等利益相关人出境、移民后过着明显与其申报职业收入不符的奢侈生活，对于司法机关判定嫌疑人是否有转移、漂白资产等十分重要，这方面的信息合作将有助于尽早发现腐败苗头，展开调查，将外逃遏制在萌芽之中。

我们司法机关已经开始建立相关信息共享平台，一些犯罪嫌疑人可能经常更换潜逃地点或者再度出逃其他国家，如果相关信息共享和抓捕合作加速，会对抓捕工作起到重要推动作用。抓捕时间越早，就越能减少其挥霍赃款造成的损失。

（3）追赃，跨境追赃将更加便利

打击外逃贪官，锁定其违法所得历来是重点和难点。通过 APEC 的执法合作网络，各经济体可协调开展资产返还方面的合作。

专家指出，资产返还等相关内容的合作有利于增强各成员司法部门制度的衔接，提升双边追赃的积极性，增加"人赃并获"的可能。

我们可以看到，越来越多的国家和地区意识到，不能让他国贪腐人员钻本国移民或金融政策方面的空子，在投资移民和反洗钱政策方面应强化堵漏。

我们还可以看到，通过修改刑事诉讼法，目前，我国对境外在逃人员的缺席审判已经和国际接轨，只要查明外逃嫌疑人的犯罪事实确凿，可以对其违法所得采取没收等司法措施。2014 年 8 月，我国已与 APEC 成员之一的新加坡共同合作，将外逃该国的江西贪官李某在两国的财产全部冻结，成为适用新修订刑事诉讼法的第一案。2014 年 10 月，有关部门对外逃 12 年的国家电力总公司前党组书记、总经理高某的财产启动了查没程序。

《北京反腐败宣言》的通过，表明 APEC 各方对共同清除腐败毒瘤方面的认识更加一致，有望让中国和包括美国、加拿大、澳大利亚、新加坡等国在内的 APEC 成员在引渡条约、司法协助、反洗钱等领域的谈判加速。

我们将进一步加大国际反腐败的协作力度，今后的关键是推进 APEC 层面反腐合作机制的实施，让宣言尽快落到实处，让贪官插翅难逃，即使逃到天涯海角也必将被追缉归案，让贪官惶惶不可终日，如过街老鼠人人喊打。

贪官企图逃避惩罚的道路越来越窄了！

3. 党的十八大对反腐败是怎么论述的

中国共产党第十八次全国代表大会的报告对反腐败作出了新的部署，提出了新的要求，要求全党"坚定不移反对腐败，永葆共产党人清正廉洁的政治本色"。

报告深刻指出：反对腐败、建设廉洁政治，是党一贯坚持的鲜明政治立场，是人民关注的重大政治问题。这个问题解决不好，就会对党造成致命伤害，甚至亡党亡国。反腐倡廉必须常抓不懈，拒腐防变必须警钟长鸣。要坚持中国特色反腐倡廉道路，坚持标本兼治、综合治理、惩防并举、注重预防方针，全面推进惩治和预防腐败体系建设，做到干部清正、政府清廉、政治清明。加强反腐倡廉教育和廉政文化建设。各级领导干部特别是高级干部必须自觉遵守廉政准则，严格执行领导干部重大事项报告制度，既严于律己，又加强对亲属和身边工作人员的教育和约束，绝不允许搞特权。严格规范权力行使，加强对领导干部特别是主要领导干部行使权力的监督。深化重点领域和关键环节改革，健全反腐败法律制度，防控廉政风险，防止利益冲突，更加科学有效地防止腐败。加强反腐败国际合作。严格执行党风廉政建设责任制。健全纪检监察体制，完善派驻机构统一管理，更好地发挥巡视制度监督作用。始终保持惩治腐败高压态势，坚决查处大案要案，着力解决发生在群众身边的腐败问题。不管涉及什么人，不论权力大小、职位高低，只要触犯党纪国法，都要严惩不贷。

报告对共产党人提出了要求：坚定理想信念，坚守共产党人精神追求。对马克思主义的信仰，对社会主义和共产主义的信念，是共产党人的政治灵魂，是共产党人经受住任何考验的精神支柱。要抓好思想理论建设这个根本，学习马克思列宁主义、毛泽东思想、中国特色社会主义理论体系，深入学习实践科学发展观，推进学习型党组织创建，教育引导党员、干部矢志不渝为中国特色社会主义共同理想而奋斗。抓好党性教育这个核心，学习党的历史，深刻认识党的两个历史问题决议总结的经验教训，弘扬党的优良传统和作风，教育引导党员、干部牢固树立正确的世界观、权力观、事业观，坚定政治立场，明辨大是大非。抓好道德建设这个基础，教育引导党员、干部模范践行社会主义荣辱观，讲党性、重品行、作表率，做社会主义道德的示范者、诚信风尚的引领者、公平正义的维护者，以实际行动彰显共产党人的人格力量。

习近平总书记在十八届中共中央政治局第一次集体学习时指出：反对腐败、建设廉洁政治，保持党的肌体健康，始终是我们党一贯坚持的鲜明政治立场。党风廉政建设，是广大干部群众始终关注的重大政治问题。"物必先腐，而后虫生。"近年来，一些国家因长期积累的矛盾导致民怨载道、社会动荡、政权垮台，其中贪污腐败就是一个很重要的原因。大量事实告诉我们，腐败问题愈演愈烈，最终必然会亡党亡国！我们要警惕啊！近年来我们党内发生的严重违纪违法案件，性质非常恶劣，政治影响极坏，令人触目惊心。各级党委要旗帜鲜明地反对腐败，更加科学有效地防治腐败，做到干部清正、政府清廉、政治清明，永葆共产党人清正廉洁的政治本色。

加快推进惩治和预防腐败体系建设，深入开展反腐败斗争，是当前和今后我们加强和改善党的建设的重要部署。

4. 十八大后中国共产党如何深入反腐败

人们非常关心党的十八大后，中国共产党如何面对腐败问题，如何深入进行反腐败和反腐倡廉建设。

2013 年 1 月 22 日，习近平总书记在中国共产党第十八届中央纪律检查委员会第二次全体会议上发表了重要讲话，旗帜鲜明地指出：更加科学有效地防治腐败，坚定不移把反腐倡廉建设引向深入。习近平总书记的讲话为中国共产党今后如何进行党风廉政建设和反腐败斗争指明了新的方向。

党风廉政建设和反腐败斗争，是党的建设的重大任务。为政清廉才能取信于民，秉公用权才能赢得人心。改革开放30多年来，中国共产党始终把党风廉政建设和反腐败斗争作为重要任务来抓，旗帜是鲜明的，措施是有力的，成效是明显的，为保持和发展党的先进性和纯洁性发挥了重大作用，为我们党领导的改革开放和社会主义现代化建设提供了有力保证。

习近平指出，我们也要清晰地看到，当前一些领域消极腐败现象仍然易发多发，一些重大违纪违法案件影响恶劣，反腐败斗争形势依然严峻，人民群众还有许多不满意的地方。党风廉政建设和反腐败斗争是一项长期的、复杂的、艰巨的任务。反腐倡廉必须常抓不懈，拒腐防变必须警钟长鸣，关键就是"常"、"长"二字，一个是要经常抓，一个是要长期抓。我们要坚定决心，有腐必反、有贪必肃，不断铲除腐败现象滋生蔓延的土壤，以实际成效取信于民。

习近平强调，工作作风上的问题绝对不是小事，如果不坚决纠正不良风气，任其发展下去，就会像一堵无形的墙把我们党和人民群众隔开，我们党就会失去根基、失去血脉、失去力量。抓改进工作作风，各项工作都很重要，但最根本的是要坚持和发扬艰苦奋斗精神。改进工作作风的任务非常繁重，八项规定既不是最高标准，更不是最终目的，只是我们改进作风的第一步，是我们作为共产党人应该做到的基本要求。"善禁者，先禁其身而后人。"各级领导干部要以身作则、率先垂范，说到的就要做到，承诺的就要兑现。要坚持勤俭办一切事业，坚决反对讲排场比阔气，坚决抵制享乐主义和奢侈之风。要大力弘扬中华民族勤俭节约的优秀传统，大力宣传节约光荣、浪费可耻的思想观念，努力使厉行节约、反对浪费在全社会蔚然成风。

作风是否确实好转，要以人民满意为标准。要广泛听取群众意见和建议，自觉接受群众评议和社会监督。群众不满意的地方就要及时整改。中央纪委、监察部和各级纪检监察机关要加大检查监督力度，执好纪、问好责、把好关。要以踏石留印、抓铁有痕的劲头抓下去，善始善终、善做善成，防止虎头蛇尾，让全党全体人民来监督，让人民群众不断看到实实在在的成效和变化。

习近平指出，坚定不移惩治腐败，是我们党有力量的表现，也是全党同志和广大群众的共同愿望。我们党严肃查处一些党员干部包括高级干部严重违纪问题的坚强决心和鲜明态度，向全党全社会表明，我们所说的不论什么人，不论其职务多高，只要触犯了党纪国法，都要受到严肃追究和严厉惩处，绝不是一句空话。从严治党，惩治这一手绝不能放松。要坚持"老虎"、"苍蝇"一起打，既坚决查处领导干部违纪违法案件，又切实解决发生在群众身边的不正之风和腐败问题。要坚持党纪国法面前没有例外，不管涉及谁，都要一查到底，决不姑息。要继续全面加强惩治和预防腐败体系建设，加强反腐倡廉教育和廉政文化建设，健全权力运行制约机制和监督体系，加强反腐败国家立法，加强反腐倡廉党内法规制度建设，深化腐败问题多发领域和环节的改革，确保国家机关按照对权力运行的制约和监督，把权力关进制度的笼子里，形成不敢腐败的惩戒机制、不能腐败的防范机制、不易腐败的保障机制。各级领导干部都要牢记，任何人行使权力都必须为人民服务、对人民负责并自觉接受人民监督。要加强对一把手的监督，认真执行民主集中制，健全施政行为公开制度，保证领导干部做到位高不擅权、权重不谋私。

习近平强调，反腐倡廉建设，必须反对特权思想、特权现象。共产党员永远是劳动人民的普通一员，除了法律和政策规定范围内的个人利益和工作职权以外，所有共产党员都不得谋求任何私利和特权。这个问题不仅是党风廉政建设的重要内容，而且是涉及党和国家能不能永葆生机活力的大问题。要采取得力措施，坚决反对和克服特权思想、特权现象。

习近平强调，抓好党风廉政建设和反腐败斗争，必须全党动手。各级党委对职责范围内的党风廉政建设负有全面领导责任。要坚持和完善反腐败领导体制和工作机制，发挥好纪检、监察、司法、审计等机关和部门的职能作用，共同推进党风廉政建设和反腐败斗争。

习近平总书记重要讲话从党和国家事业发展全局和战略高度，提出了更加科学有效地防治腐败，坚定不移地把反腐倡廉建设引向深入的战略部署，每个共产党员、领导干部和各级国家工作人员都要认真学习领会，坚决贯彻执行，全党、全民同心协力，努力开创党风廉政建设和反腐败斗争新局面！

深入反腐败斗争，我们充满信心！

5. 十八大以来的反腐败会是一阵子吗

十八大以来对于反腐败这个问题，可谓是：中央高度重视，群众高度关注，贪官高度紧张，取得了前所未有的显著成效，但是，人们也在担心，这样的反腐败势头是不是一阵子，能不能持久？

其实，认真分析十八大以来的反腐败态势，中央的态度是"不回避、不妥协、不含糊"，坚持将反腐败向纵深推进。

近期中央领导强调，党风廉政建设今年要把主体责任给中央国家机关、省市自治区和中央企业、国有金融机构党委扛上。有权力没责任是管党治党之大忌。要加大案件查处力度，坚决遏制腐败蔓延势头，使之"不敢腐"；通过全面深化改革和制度创新，把权力关进制度的笼子里，对于公权力者加强日常监督管理，逐步实现"不能腐"。

一段时期以来，查处领导干部贪污腐败案件力度不断加强，突出"三个不放过"，即"上山老虎不放过、下山老虎不放过、卧地老虎不放过"。

（1）"上山老虎"不放过，带病提拔不能"视而不见"

2014年2月14日，广东省纪委通报，广东省科学技术厅副厅长王某严重违纪被调查。王某2013年6月才被提拔到这个副厅级岗位。

2013年8月被有关部门带走调查的海南省东方市林业局副局长麦某，创造了被提拔到被带走的最短纪录，期间不足半个月。

2014年5月被揭露的腐败官员国家能源局厅长黄某，是具有国外留学背景的博士，才四十四岁，标准的"上山虎"，前途看好，但因为腐败已经身败名裂。

2014年3月被检察机关立案侦查的上海市卫生与计划生育委员会副主任黄某，是著名的脑神经外科专家，从三甲医院副院长被提拔上来的时间也不太长，还不到五十，还是民主党派中央委员、全国政协委员，本来仕途无量，如今因为腐败而身败名裂。

2014 年 10 月，被媒体曝光的河北省秦皇岛市北戴河自来水公司总经理马某，这个 70 年代出生的小官竟然拥有现金 1.2 亿、黄金 70 多公斤、房产 68 套。

小官大贪，"苍蝇"有可能因为提拔变成"老虎"，新一轮反腐败突出"苍蝇"、"老虎"一起打，决不让腐败官员有"带病提拔"的空间，杜绝养痈遗患。

2014 年 5 月，中共中央政治局常委、中纪委书记王岐山在与部分中央国家机关和中央企业、国有金融机构负责人座谈会上强调，要将现在重要岗位且可能还要提拔使用的党员干部作为查处重点。很显然，这对一些指望通过提拔而"漂白"自己的官员更是"当头棒喝"。

（2）"下山老虎"不放过，离开领导岗位不能"一笔勾销"

2014 年 3 月，广东省纪委通报，广东省茂名市政协前主席冯某涉嫌严重违纪被立案调查，而时年 63 岁的冯某已经从政协主席岗位上退休两年；海南省海洋与渔业监察总队原副厅级干部王某在被查处之前，已经办理了退休手续。

像冯某、王某这样退休或者退居二线的官员因为涉嫌严重违纪违法，而被追责的并不在少数，其中不乏一些省部级官员。仅 2013 年一年，就有四川省人大常委会前副主任郭某、安徽省前副省长倪某、湖北省政协前副主席陈某三名省部级官员，先后被宣布因为涉嫌严重违纪接受组织调查。而案发前 64 岁的郭某已经卸任四川省人大常委会副主任；63 岁的陈某已经卸任湖北省政协副主席一年；59 岁的倪某也已卸任安徽省副省长半年。2014 年 10 月，安徽省委前常委、秘书长赵某被绳之以法，这个 1945 年出生，已经退休八年的官员没有逃脱法律的追究。

在新一轮反腐败风暴中，退休官员遭纪委查处已不是什么新鲜事，这是向外界表明，作为"安全着落"标志的"退休"不再"安全"，新一轮反腐败的实践告诉我们，退休也不能享有法外豁免的特权，这有助于预防"腐败期权化"现象的发生。

（3）"卧地老虎"不放过，反腐败的监管者不能"置之度外"

2014年5月9日，中纪委第四纪检监察室主任魏某涉嫌严重违纪违法被组织调查，这个消息引起了舆论的广泛关注，没过几天，5月19日，中纪委再次宣布，中纪委副局级纪检监察员曹某因为严重违纪违法被接受调查。

（4）各类老虎都不能逃脱反腐风暴，反腐败没有"豁免特权"

2014年6月30日，中共中央政治局决定，中央军委前副主席徐某被开除党籍，公安部原副部长李某被开除党籍，中石油集团原副总经理王某被开除党籍，国资委原主任蒋某被开除党籍……腐败分子闻之开始紧张万分了。十八届中央反腐败是坚定的严肃的认真的，没有腐败分子能够逃脱党纪国法的惩罚！

2014年3月15日，中共中央依照党的纪律条例，决定对徐某涉嫌违纪问题进行组织调查。经审查，徐某利用职务便利，为他人晋升职务提供帮助，直接和通过家人收受贿赂；利用职务影响为他人谋利，其家人收受他人财物，严重违反党的纪律并涉嫌受贿犯罪，情节严重，影响恶劣。

徐某被查处，显示了中央反腐倡廉不是一句空话，确实落到了行动上，既整饬了军纪军风，也让军队的广大指战员们深感振奋，说明打虎无禁区，不管什么样的人，不管多高的职位，什么样的背景，只要触犯了党纪国法，中央都会严惩不贷。

徐某、李某、蒋某、王某四位高官，集体开除党籍。曾经权倾朝野，一朝身陷囹圄，百姓喜大普奔，官员更应警醒：不是级别越高就越安全，更不是到了一定级别就能进保险箱。"窃钩者诛，窃国者侯"的逻辑并不存在，谁贪污腐败，天涯海角也要抓起来！

2014年3月，中纪委内部机构调整，专门增设了监督自身的部门——纪检监察干部监督室，意在通过内部监督的方式对纪检监察人员进行监管，中纪委拿自己"开刀"，折射出新一轮反腐败不留空白区、没有空白点的坚强决心，这也是近期反腐败与以前有所不同的一个鲜明的特点。

随着反腐败的不断深入，"谁来监管监管者"成了公众关注的话题。在魏某、曹某之前，2014年已经有多个纪委监察系统的高官被查。2014年落马的第一个正部级官员申某，是十八届中纪委委员；不久前落马的四川省政协主席李某、山西省委副书记兼纪委书记金某，他们多有长期在中纪委工作的经历，原来都是"监管者"，如今他们都成了被查处的对象，显然，监管者已经不能脱离监管，成为"置之度外"的旁观者。

2013 年 5 月，全国纪检监察系统就启动会员卡清退行动，开始自我净化、自我清理，反腐败，先对纪检监察人员进行监督，"打铁还得自身硬"改变以往纪检监察系统内部监督缺失，只是眼睛朝外、向下的"灯下黑"单向监督的局面。

习近平总书记最新指出："深入推进反腐败斗争，持续保持高压态势，做到零容忍的态度不变、猛药去疴的决心不减、刮骨疗毒的勇气不泄、严厉惩处的尺度不松，发现一起查处一起，发现多少查处多少，不定指标、上不封顶，凡腐必反，除恶务尽。"

十八大以来的新一轮反腐败，一系列动作表明，反腐败"无死角"，"无禁区、全覆盖、零容忍"。不存在"法外之地"，不允许有"太上皇"，正是应验了习近平总书记的话："坚决查处腐败案件，对任何腐败分子都要依法严惩、决不姑息。""在新的复杂条件和形势下，腐败问题依然易发高发。对任何腐败分子都要依法严惩、决不姑息。这绝不是老调重弹，而是全党全国必须形成的共识。"

反腐败绝对不会一阵子，无论是"上山虎"、"下山虎"、"卧地虎"或者还是其他什么虎，任何公权力者都不能脱离监督，必须将"权力放进制度的笼子里"。

6. 如何思考十八大后的反腐败战略

一些人认为，腐败问题积重难返，对此缺乏信心、缺少办法。

笔者作为从事反贪侦查 30 年的职业检察官必须指出，这种认识是不对的。

十八大以后，整个社会对反腐败议论众多，当中也夹杂着一些不正确的思想和观念，所以各级领导干部、国家工作人员、共产党员和关心国家命运的人民群众，对反腐败保持清醒的认识、坚持正确的思想和观念十分重要。

十八大以后，网络反腐风生水起，缘于中央对腐败态势的高度清醒，党和国家最高层的重视也超过以往。胡锦涛同志在十八大报告中指出，腐败这个问题不解决，就会对党造成致命伤害，甚至亡党亡国。这是胡锦涛同志任总书记的十年中，对于腐败问题说得最重的一句话。这句话前面没有"如果"，后面不是"将会"，而是非常明确肯定的"就会"。这句话，已经超过了高层过去对反腐败形势的通常评价。

习近平同志担任总书记后，对于腐败问题分析得更为深刻、说得更为严重，多次谈到"警醒"！特别强调"如果任凭腐败问题愈演愈烈，最终必然会亡党亡国"。

十八大刚刚结束不到一周时间，中央候补委员李春城就受到严肃查处，一些地方的中高级官员频频被揭露出各种腐败问题，案发的频率超过以往任何时候。这些严峻的形势都提醒人们不得不警醒。

（1）网络反腐具有积极的作用

2012 年 1 月，十七届中纪委第七次全会公报首次要求重视互联网反腐的作用，由此，网络反腐的作用和影响越来越大。网络反腐，激起了人民群众反腐的巨大热情，通过网络被揭露、被曝光的官员被查处的事例层出不穷。

当然，网络反腐仅仅靠的是个人的力量和胆量，或者是小范围的部分人的力量，基本上是处于一种各自为政的状态，还不是一种有序的社会政治参与的反腐，我们希望能够把个人的、小范围部分人的力量发展成为一种社会组织的力量，以这种强大的民间力量来积极参与纪委、监察、司法机关的反腐，积极举报、提供信息和线索，这样，可以促使人民群众的权利反腐与体制内的权力反腐有机结合起来，形成千军万马、齐心协力的强大的反腐败的阵营，那么大量的腐败官员就真正陷入了"过街老鼠——人人喊打"的境地，腐败现象不断减少就必然可以成为现实。

（2）官员财产公示成为必然趋势

连续多年有不少全国人大代表提案，要求实行官员财产公示制度，十八大以后，这种呼声越来越强烈，毫无疑问，这是一种大势所趋，是一种制度反腐的有效措施。

目前，全国已经有27个县市正在进行官员财产公示的试点，如何有效推进，有关专家提出，一是设立政治体制改革特区，给政治体制改革予以制度上的保障，"上保险"；二是从"两新"干部（新提拔、新后备干部）起步，以新增量来改变或改善旧增量，好比是用清水逐步把浊水排出去；三是加大对腐败惩治的强大压力。

这样，先把"两新"干部的财产公示了，看其他干部怎么办？先在政治改革特区公示了，非特区的该怎么办？我这里搞成功了，你那里总不能说条件不具备了吧？新干部都公示了，老干部总不能装疯卖傻吧？所以只要方向对头了，采取走小步、不停步的策略，就能逐步解决问题，最终达到目的。

（3）"有条件赦免"与"苍蝇老虎一起打"并不矛盾

有腐必除、有贪必打，这是个不能动摇的原则问题。所谓"苍蝇老虎一起打"，就是指被发现的贪官，不论涉及什么人，不论有什么背景，坚决一查到底，严厉惩处，绝不手软。

但是，从长期的司法实践看，每年被揭露、被发现、被调查、被惩治的腐败分子毕竟只是贪官中的一部分，部分贪官隐蔽得比较深，有关部门做过统计，从开始成为贪官到其腐败犯罪行为被发现，平均是10年时间，如果仅仅是对被发现的贪官进行惩处，而对没有被发现的贪官缺乏有效手段，束手无策、听之任之，显然不是我们的本意，如何有效、可行地解决这个问题，一直困扰着决策层。

鉴于这种现实情况，有关反腐败部门、有关反腐败专家提出"有条件赦免"的对策，具有一定的合理性、可行性，而且在一定程度上可以得到立竿见影的效果。与其让这些贪官暂时或者长期隐藏、心安理得、优哉游哉、不被发现，不如有条件给个机会，既可为国家挽回损失，又可促使他们重新做人。关键是"有条件"不是无限期的、永久性的，它要明确一个特定的期限。"有条件"在有效期限后，必须制定再发生类似情况坚决"无条件"严惩的机制和措施。

当然，如果真正需要实施，还必须周密设计，完善组织、机制、手段等各种配套措施。

（4）有条件部分赦免贪官具有可行性

有关专家提出对有改过自新行为的贪官"下不为例"的设想，其含义说，限定一个期限，让贪官把自己问题讲清楚了，把不义之财交出来，就予以赦免。当然，现阶段这个设想一出现就遭到了绝大多数人的强烈反对，这也从一个方面确实充分说明了人民群众对腐败深恶痛绝的强烈义愤，毫无疑问，人民群众的这种义愤是反腐败的强大动力。

但从政治伦理上来讲，有条件赦免部分有改过自新行为的贪官不违反政治伦理。第一，从理论上看，既要承认过去的历史，又要承认现在的事实是政治伦理的要素。第二，从实践上看，有非常多的成功先例，凡是曾经腐败非常严重的国家和地区，都是通过赦免来解决以前腐败的"呆账"或者"存量"的。全球至今没有一个绝对不赦免而取得反腐败成功的先例。我国香港特区就是通过实行这个政策，使一个曾经腐败相当严重的地区在不长的时期内，成为世界上最廉洁的地区之一。第三，有条件赦免有改过自新行为的贪官，既尊重政治伦理，又尊重客观事实，还尊重实践是检验真理的唯一标准。

在有条件赦免了大部分有改过自新的贪官后，对于顽抗到底的少部分贪官则用重刑，严惩不贷，腐败一定在不长的时期内得到明显遏制，就如我国香港特区，如今对于腐败行为实行的是"零容忍"，官员有一元钱的腐败就可能受到廉政公署的严肃查处。

（5）预防腐败的根本出路是政治体制改革

从根本上解决腐败问题，绕不开政治体制改革这个问题。首先必须进行党内权力结构的改革，一是党内要分权，决策、执行、监督，三个权力机关要分开，让党的三个权力能够相互制衡。这样，党内民主就能存在，党内监督就能发展，党员的主体地位就能实现。二是真正实现党政分工，把政府的权力还给政府，党委不要过多地去包揽政府的事。党就可以实现政治领导、组织领导，而避免直接成为一线焦点和矛盾的集中点。

在这个基础上，"运动员"和"裁判员"就会有明确的分工，党和政府的公信力就开始得以恢复，制度建党、制度反腐也必然有好的进展。讲白了，单纯靠办案去解决腐败问题，好比是"水龙头"没有关闭而拼命"拖地板"，是解决不了根本问题的。

当前，反腐败已经到了不得不突破的关口了，我们要认真学习党的十八大报告，重温邓小平30多年前那篇《党和国家领导制度改革》重要讲话，加深对政治体制改革的规划蓝图更深刻的理解，对当前的反腐败的路径走向有更明确的认识。

在反腐败的问题上，有争论是正常的，争论归争论，但坚定不移地"以更大的政治勇气和智慧"推进改革，千万不要一有争论就停滞不前，更不能一有争论就往后退，只有这样，我们才能通过改革，建设一个廉洁的政党、廉洁的政府、廉洁的社会、廉洁的国家！

反腐败不能感情用事，需要理性思考！

7. 学习贯彻党的十八大精神有哪些要求

习近平总书记就紧紧围绕坚持和发展中国特色社会主义学习宣传党的十八大精神提出了五点要求：

一是要深刻领会中国特色社会主义是党和人民长期实践取得的根本成就。中国特色社会主义是中国共产党和中国人民团结的旗帜、奋进的旗帜、胜利的旗帜。我们要全面建成小康社会、加快推进社会主义现代化、实现中华民族伟大复兴，必须始终高举中国特色社会主义伟大旗帜，坚定不移地坚持和发展中国特色社会主义。

二是要深刻领会中国特色社会主义是由道路、理论体系、制度三位一体构成的。中国特色社会主义道路是实现我国社会主义现代化的必由之路。中国特色社会主义理论体系是马克思主义中国化最新成果。在当代中国，坚持中国特色社会主义理论体系，就是真正坚持马克思主义。中国特色社会主义制度符合我国国情，集中体现了中国特色社会主义的特点和优势，是中国发展进步的根本制度保障。中国特色社会主义事业不断发展，中国特色社会主义制度也需要不断完善，从而为夺取中国特色社会主义新胜利提供更加有效的制度保障。

三是要深刻领会建设中国特色社会主义的总依据、总布局、总任务。社会主义初级阶段是当代中国最大的国情、最大实际，我们在任何情况下都要牢牢把握中国最大国情，坚持"一个中心、两个基本点"不动摇。中国特色社会主义是全面发展的社会主义，我们要在经济不断发展的基础上，协调推进政治建设、文化建设、社会建设、生态文明建设以及其他各方面建设。我们党领导人民进行革命建设改革，就是要让中国人民富裕起来，国家强盛起来，振兴伟大的中华民族。我们要紧紧扭住这个总任务，一代一代锲而不舍干下去。

四是要深刻领会夺取中国特色社会主义新胜利的基本要求，就能更好地凝聚力量、攻坚克难，继续推动科学发展、促进社会和谐，继续改善人民生活、增进人民福祉，完成时代赋予的光荣而艰巨的任务。

五是要深刻确保党始终成为中国特色社会主义事业的坚强领导核心。全党要增强紧迫感和责任感，牢牢把握党的建设总要求，坚定理想信念，保持同人民群众的血肉联系，保持党的肌体健康，不断提高党的领导水平，提高拒腐防变和抵御风险能力，使我们党在坚持和发展中国特色社会主义的历史进程中始终成为坚强的领导核心。

习近平强调，发展中国特色社会主义是一项长期的艰巨的历史任务。全党同志一定要以更加坚定的信念、更加顽强的努力，毫不动摇地坚持与时俱进发展中国特色社会主义，不断丰富中国特色社会主义的实践特色、理论特色、民族特色、时代特色，团结带领全国各族人民，努力实现全面建成小康社会各项目标任务。

认真学习、全面贯彻、切实落实党的十八大精神，是我们当前的首要任务。各级领导干部要带头学习、坚持理论联系实际，真正做到学以致用、用以促学。不断提高贯彻落实党的十八大精神的自觉性和坚定性。

8. 我们党坚决反对腐败是新中国成立以后才开始的吗

反腐败是解放后的事、是改革开放以后的事。

这个认识是不正确的。

我们党坚决反对腐败早在建党初期就提出来了。

早在中国共产党诞生前夕，早期革命活动家已经有了反对和抵制腐败的思想。

中国共产党早期革命活动家李大钊于 1921 年 3 月撰写的《团体的训练与革新的事业》是中国共产党最早的反腐败的文献。文中指出："旧式的政党已腐败，必须用新式政党代替，否则不能实行改革事业。"1921 年，中国共产党第一次全国代表大会上通过的第一个党纲，明确规定地方委员会的财务、活动和政策，应受中央执行委员会的监督，大会还初步制定了党的纪律。

1922 年 7 月，中国共产党第二次全国代表大会进一步明确：中国共产党是中国无产阶级政党，他的目的是要组织无产阶级，用阶级斗争的手段，建立劳农专政的政治，铲除私有财产制度，渐次达到一个共产主义的社会。这次大会通过的《中国共产党章程》中单设"纪律"章，即"第四章"，对具备六种情形者，必须开除党籍。

1927 年 4 月，中国共产党第五次全国代表大会选举产生了党内维护和执行纪律的专门机关——中央监察委员会。

中华苏维埃共和国成立后，于 1932 年 5 月 9 日下午，处决了第一个贪官——叶坪村苏维埃主席谢步升，在江西瑞金伏法。

时任瑞金县委书记的邓小平指出："此风不刹，何以了得！""我们苏维埃建立才几个月，有的干部就腐化堕落，贪赃枉法，这叫人民怎么相信我们的党、相信我们的政府!"

毛泽东得知此事后指示:"腐败不清除,苏维埃旗帜就打不下去,共产党就会失去威望和民心。与贪污腐化作斗争,是我们共产党人的天职,谁也阻挡不了!"

中央执行委员会于 1933 年 12 月 15 日,下发了由主席毛泽东、副主席项英签发的《关于惩治贪污浪费行为》第二十六号训令。

1934 年 1 月,在江西瑞金召开的第二次全国苏维埃代表大会上,中央政府正式发布训令:要在红色革命根据地的区、县及中央苏维埃政权机关内,开展一次"反贪污、反浪费、反官僚主义"的惩腐肃贪运动。毛泽东在这次大会的报告中指出:"应该使一切政府工作人员明白:贪污和浪费是极大的犯罪。"

苏维埃大会工程所主任左祥云因贪污公款 246.7 元并盗窃机密、私偷公章、企图逃跑,于 1934 年 2 月 13 日被判处死刑。

中共中央于 1937 年 8 月 25 日,在洛川召开政治局扩大会议,制定并通过了著名的《抗日救国十大纲领》,1939 年 8 月 15 日正式颁布,该纲领第 4 条规定:改革政治机构,实行地方自治,铲除贪官污吏,建立廉洁政府。

1937 年 10 月,抗日军政大学第六队队长黄克功,因为逼婚未遂,在延河河畔枪杀了陕北公学学员刘茜。一部分同志认为,黄克功从小参加红军,经过井冈山斗争和二万五千里长征,对革命作过重大的贡献,在这民族危难之紧要关头,应对他免除死刑。陕甘宁边区高等法院对此案作了认真研究,经中共中央同意,判处黄克功死刑,并且召开公审大会以教育广大干部和群众。

毛泽东就此案专门写给审判长雷经天的信中说:"黄克功过去斗争历史是光荣的,今天处以极刑,我及党中央的同志都是为之惋惜的,但他犯了不容赦免的大罪,不得不根据他的罪恶行为、根据党和红军的纪律,处他以极刑。正因为黄克功不同于一个普通人,正因为他是一个多年的共产党员,是一个党内的红军,所以不能不这样办。共产党与红军,对于自己的党员与红军成员不能不执行比较一般平民更加严格的纪律。"

毛泽东并特别强调指出:"如果赦免,便无以教育党,无以教育红军,无以教育革命者，并无以教育一个普通的人。"

1939年5月，陈云同志发表《怎样做一个共产党员》。

1939年8月，刘少奇同志作《论共产党员的修养》的演讲。

1939年8月25日，中共中央作出《关于巩固党的决定》。

1942年至1945年，中共中央在全党范围内展开了著名的延安整风运动。1944年3月，郭沫若撰写的《甲申三百年祭》在重庆《新华日报》上发表。4月12日，毛泽东在高级干部会议上说："近日我们印发了郭沫若论李自成的文章，也叫同志们引以为戒，不要重犯胜利时骄傲的错误。"

1944年9月，毛泽东发表了著名的《为人民服务》，为全党树立了学习榜样，提高了党员干部的公仆意识。

1945年7月1日至5日，毛泽东在回答应邀访问延安的国民党参政员黄炎培先生有关周期律的问题时说："我们已经找到了新路，我们能够跳出这个周期律。这条新路，就是让人民来监督政府，政府才不敢松懈，只有人人起来负责，才不会人亡政息。"

1947年至1948年，各解放区农村党组织结合土地改革普遍开展了"三查"：查阶级、查思想、查作风；"三整"：整顿组织、整顿思想、整顿作风。

1948年7月，人民解放军进行了大规模的新式整军运动，包括"三查"：查阶级、查工作、查斗志；"三整"：整顿思想、整顿组织、整顿作风，为夺取全国胜利奠定了基础。

1949年3月5日至13日，中国共产党在河北省平山县西柏坡村召开七届二中全会。毛泽东向全党发出警告："务必使同志们继续地保持谦虚、谨慎、不骄、不躁的作风，务必使同志们继续地保持艰苦奋斗的作风。"

1949年3月23日，毛泽东、朱德、刘少奇、周恩来、任弼时等中央领导从西柏坡出发进驻北平市。临上车时，毛泽东说："走！进京赶考去！我们绝不当李自成，我们都希望考个好成绩。"

新中国成立以后，中国共产党领导的反腐败斗争更是常抓不懈。以毛泽东、邓小平、江泽民、胡锦涛为核心的中央领导集体和以习近平同志为总书记的党中央始终把反腐败当作头等大事来抓，并且已经取得了显著的成效。

9. 革命先烈对腐败没有认识吗

革命先烈对反腐败没有认识。

这个观点是无知的表现。

我们的革命先烈早在夺取全国胜利前就明确提出反腐败的问题，并向党组织提出了自己深刻的见解。

被国民党反动派关押在重庆渣滓洞、白公馆集中营的共产党员们，面对敌人的残酷迫害、严刑拷打，宁死不屈，视死如归，表现了共产党人大无畏的革命精神和不怕牺牲、一往无前的英雄气概。

鲜为人知的是失去自由的革命志士在狱中，在坚持对敌斗争的同时，冷静思考，认真总结经验教训。

1948 年年底，在渣滓洞集中营的禁闭室里，张国维（被捕前是中共重庆沙磁区学运特支委员）见到被捕一同关押在渣滓洞的重庆地下党员罗广斌（1924~1967，重庆地下党员，先后被囚禁于渣滓洞、白公馆集中营，1949年 11 月 27 日越狱脱险，小说《红岩》第一作者，"文化大革命"中被迫害致死）。

张国维曾经直接领导过罗广斌。张国维给罗广斌交代了一个任务："我们大多数人可能没法活着出去，但你不一样。你有个哥哥，掌 10 万雄兵（罗广斌的哥哥罗广文时任国民党第十五兵团司令），你要注意搜集情况，征求意见，总结经验，有朝一日向党报告。"

1949 年 1 月 17 日，是江竹筠的丈夫彭咏梧同志遇难周年纪念日，渣滓洞的难友们纷纷向江姐致敬，江姐当天起草了一份讨论大纲，要求大家对被捕前的情况、被捕时的案情以及狱中学习情形进行总结。1949 年 2 月 9 日，罗广斌被转押到白公馆，白公馆关押着"重犯"（多为中共重庆地下党的重要干部），在生命的最后时刻，他们敞开胸襟，直言无忌，既没有思想束缚，也没有空话套话，他们完全凭着对革命的忠诚，披肝沥胆地道出自己的意见和想法，也托付给罗广斌。

1949 年 12 月 25 日，重庆解放第 25 天，罗广斌同志在 1949 年 11 月 27 日（越狱脱险的第 28 天），将这份报告交给了新中国成立后的重庆党组织。这份报告的名称为《关于重庆组织破坏的经过和狱中情形的报告》，总共达两万字。其中的第七部分"狱中意见"共 8 条：

（1）保持党组织的纯洁性，防止领导成员腐化；

（2）加强党内教育和实际斗争的锻炼；

（3）不要理想主义，对组织也不要迷信；

（4）注意路线问题，不要从右跳到"左"；

（5）切勿轻视敌人；

（6）重视党员特别是领导干部的经济、恋爱和生活作风问题；

（7）严格进行整党整风；

（8）严惩叛徒特务。

人们把这个冒着生命危险从魔窟里带出来的报告称为"血和泪的嘱托"。这是革命先烈用生命和鲜血凝聚起来的嘱托，每句话都有极其深刻的含义，就是今天读来仍然令人震撼，具有极其重要的教育意义，极具针对性。

"保持党组织的纯洁性，防止领导成员腐化。"这与我们今天加强领导干部，特别是高级领导干部的廉洁自律、防止腐败是多么的一致。重庆地下党组织中一些领导干部（地下党重庆市委书记刘国定、市委副书记冉益智、川东临委副书记、中共七大代表涂孝文、成都川康特委书记蒲华辅等）经不起敌人的软硬兼施，成为叛徒，给党组织和革命事业造成了不可弥补的重大损失，教训极其惨痛。所以，用鲜血和生命总结出的告诫提醒我们，无论是白色恐怖下的对敌斗争还是当前建设社会主义现代化小康社会的过程中，防止腐败犯罪必须从领导干部，特别是高级领导干部抓起。

"加强党内教育和实际斗争的锻炼。"这与我们强调的理论联系实际又是多么的相似。老资格的共产党员许建业，在狱中坚贞不屈，没有暴露自己的真实姓名，他牵挂被捕前宿舍的床下还藏着十几份工人申请入党所写的自传及其他一些党的重要文件，担心被敌人发现造成严重后果，于是对一个国民党特务看守陈远德做工作，想争取、策反他，使其能帮助通知地下党的有关人员销毁这些材料。不料，该特务假意应允，信却交给了特务头子徐远举。由此，许建业不但暴露了自己的真实身份和姓名，同时给地下党组织造成了毁灭性的打击。地下党把这一教训记录在案，提醒党组织要深刻吸取。

"不要理想主义，对组织也不要迷信。"这句60年前的告诫，今天来看，多么深刻、多么直率、多么一针见血！20世纪60年代中那场浩劫，如果我们中国共产党内政治生活、民主生活正常，大家有清醒的政治头脑，对领导人、对组织、对上级都不迷信，那么，这样的浩劫能够对党和国家造成这么大的危害吗？

"注意路线问题，不要从右跳到'左'。"我们党之所以犯错误，大多同极"左"有关。重庆地下党组织中被囚禁在渣滓洞、白公馆集中营的共产党员们根据地下党斗争的经验和教训向党提出了这个告诫，十分中肯，非常深刻，切中时弊。40年以后，邓小平理论中同样有类似的重要论述，因此充分说明，这一告诫的意义十分重大且深远。

"切勿轻视敌人。"重庆地下党组织不断被破坏，大批共产党员被抓、被关、被杀，特务使用的酷刑令人发指，个别地下党组织的负责人经不起敌人的诱惑和严刑拷打，成为可耻的叛徒，个别党员轻信敌人的花招，致使党组织遭受意外的重大损失。血的事实警告我们，对敌人不能有任何的轻视。

"重视党员特别是领导干部的经济、恋爱和生活作风问题。"先烈们经过深刻反思发现，地下党中的叛徒平时都存在不正常的经济、生活作风等问题，致使革命意志衰退，关键时刻经不起考验，因此，专门提出党组织不能忽视这些问题。同样，这与我们今天要求共产党员，特别是领导干部要有道德、重品行、讲操守，是多么的一致。

"严格进行整党整风。"针对地下党组织的不纯，混入了一些投机分子，受到了一些不正确思想的腐蚀，因此，必须严格进行整党整风。联系今天，近年来我们为保持党组织思想上、组织上的纯洁性，开展的"三讲"、"保持共产党员先进性"教育就是具有整党整风的性质和意义。

"严惩叛徒特务"，叛徒特务对地下党组织的破坏，对共产党人和革命志士残酷的迫害，罄竹难书，他们的双手沾满了革命先烈的鲜血，对他们绝对不能宽恕。

这些朴实的话语，没有任何虚假的成分，饱含对党的事业、对革命的事业的满腔热血、赤胆忠心与深厚的情感。

这8条意见是革命烈士和先辈们不懈奋斗的经验总结，每一条都发自肺腑；这8条意见是革命烈士和先辈们的深刻思考，字里行间浸润着血和泪；这8条意见是革命烈士和先辈们的衷心希望，活着的人，特别是共产党员、党的各级领导干部都不能忘记。

这些中肯、坦荡的肺腑之言，今天读来，仍然是我们思想教育、廉政教育的鲜活教材，先烈们"血和泪的嘱托"，我们不能无动于衷啊！

"历史的经验值得注意！"（毛泽东语）

10. 中国共产党早期就制定反腐文件了吗

中央领导在2012年提醒全党，腐败问题得不到有效遏制，将"人亡政息"。

其实，这个深刻的提醒在建党初期早已有之。

中国共产党在建党初期，其建党宗旨就为拒腐防变奠定了政治基础，建立了一定的内部规定和制约。

1926年8月4日，中共中央扩大会议通过并以中共中央的名义发出的《关于坚决清洗贪污腐化分子的通告》，指出：在这革命潮流仍然在高涨的时候，许多投机腐败的坏分子，均会跑到革命的队伍中来。一个革命的党若是容留这些坏分子在党内，必定会使它的党陷入腐化，不但不能执行革命的工作，且将为群众所厌弃。所以应该很坚决地清洗这些不良分子，和这些不良倾向斗争，才能坚固我们的营垒，才能树立党在群众中的威望。

中央工农检察人民委员部于1932年12月发布《关于检查苏维埃政府机

关和地方武装中的阶级异己分子及贪污腐化动摇消极分子问题》的训令。

中央执行委员会于 1933 年颁布了由主席毛泽东、副主席项英签发的《关于惩治贪污浪费行为》第二十六号训令。训令规定：凡苏维埃机关、国营企业及公共团体工作人员贪污公款在 500 元以上者，处以死刑；贪污公款 300 元以上 500 元以下者，处以 2 年以上 5 年以下监禁；贪污公款在 100 元以上 300 元以下者，处以半年以上 2 年以下监禁；贪污公款在 100 元以下者，处以半年以下的强迫劳动。与此同时，对上述犯罪者还得没收其本人家产之全部或一部，并追回其贪没之公款。对挪用公款为私人营利者以贪污论罪。对于玩忽职守而浪费公款，致使国家受到损失者，依其浪费程度处以警告、撤销职务以至 1 个月以上 3 年以下监禁。

中央工农检察人民委员部于 1933 年 12 月又发出《怎样检举贪污浪费》的文件。文件对如何开展反贪污、反浪费斗争提出六点意见：

（1）要提起对贪污浪费的警觉性。

（2）贪污与浪费常常不能分开。

（3）发动群众反对贪污浪费。

（4）要注意许多机关里的贪污浪费。

（5）要根据中央政府新颁发的惩治贪污浪费的法令从严治罪。

（6）要组织审查委员会审查贪污浪费案件。

上述文件的颁布对腐败分子产生了巨大的威慑作用，使苏区的反腐败斗争有法可依、健康发展。

以上规定是中国共产党中央领导机关最早制定的一批有关反腐败的文件，在中国共产党反腐败史上具有重要的地位。

中国共产党对于反腐败是始终如一的、一以贯之的！

11. 中央对检察机关反腐败的要求是什么

检察机关是惩治国家工作人员职务犯罪的职能部门，在深入开展反腐败斗争中肩负着法律赋予的重大责任。

各级检察机关要坚决贯彻中央关于深入开展反腐败斗争的要求，充分运用法律手段，进一步加大打击国家工作人员贪污贿赂、渎职等职务犯罪的力度，重点查办有影响、有震动的大案、要案。同时注意探索社会主义市场经济条件下职务犯罪的发展规律，积极开展职务犯罪预防工作，努力从源头上遏制职务犯罪的发生。

检察机关是国家的法律监督机关，是惩治职务犯罪的专门机关，法律赋予其对涉嫌职务犯罪的人和行为实施刑事侦查，对查实的涉嫌职务犯罪，代表国家向审判机关提出公诉，追究犯罪人的法律责任。因此，检察机关在反腐败的斗争中肩负着法律赋予的重大责任。

检察机关的一个重要职能是查处职务犯罪，主要是国家工作人员利用职权实施的贪污贿赂等犯罪行为；国家机关工作人员渎职侵权的犯罪行为。检察机关通过打击职务犯罪来保证公权力不被收买、不被异化，保证国家工作人员的廉洁性。

检察机关始终把查办有影响、有震动的大案、要案作为工作重点，把维护公平、正义作为己任，为落实"依法治国"的伟大战略方针作出自己的贡献。

经中共中央批准，2015 年最高人民检察院将组建新的"反贪污贿赂总局"，将反渎职侵权、职务犯罪预防纳入反贪总局工作范畴，由此可见，惩治和预防职务犯罪工作将进一步得到提升和强化。

根据中央的要求，检察机关结合职务犯罪各个时期的不同表现，研究、探索市场经济条件下职务犯罪的发展规律，积极开展职务犯罪的预防工作，努力从源头上遏制腐败和职务犯罪的发生。

12. 如何把握坚持党要管党从严治党，加强和改进党的建设

　　坚持稳中求进、保持经济社会平稳较快发展，国有企业继承优良传统，弘扬时代精神，推进企业民主建设，加强和改进企业管理，充分调动广大职工的主人翁精神和积极性、创造性。企业要充分发挥人才作用，积极推进自主创新，努力让更多的产品从"中国制造"变为"中国创造"。

　　"三农"工作，要加大生产投入，抓好田间管理，制定防灾预案，稳定农民种粮积极性，千方百计夺取夏粮丰收。要加强农业科技创新和技术推广，做大做强特色优势产业，积极探索中国特色农业现代化之路。大家既要建好新家园，又要管好新家园，共同建设社会主义新农村，把日子越过越红火。拓宽视野，既要盯大项目，也要盯小项目，既要参与城市建设，也要关注新农村建设，用勤劳的双手创造更加美好的生活。

　　民生关系全局，民情牵着党心。孤残儿童是社会的弱势群体，需要党和政府的关心，也需要社会各界的关爱。大家从事的是一项辛苦工作，也是一项光荣事业，希望大家从生活上、情感上给孤残儿童更多关爱，让这些不幸的孩子都能过上幸福的生活。要给予特教老师更多的关心，帮助他们解决工作、生活中的实际困难。解决困难家庭住房问题是重大民生工程，要在保证建设工期和质量的同时，抓紧建立基层组织、健全管理制度、完善配套服务，努力建设文明新社区，切实让群众住得放心、安心、舒心。要加强环境整治，打造生态宜居城市，让广大群众共享城市发展成果。要求创新城市管理机制，提升政府服务水平，促进办事公开透明，不断优化城市发展软环境。

　　各级党委、政府和广大干部群众牢牢把握机遇，充分发挥优势，坚持稳中求进，在全面建设小康社会的新征程上谱写更加美好的明天。要求各级党

组织要坚持党要管党、从严治党，以改革创新精神加强和改进党的建设，特别是要严明党的政治纪律，讲政治、顾大局、守纪律，要切实加强换届后新班子的思想政治建设，教育引导各级领导干部尤其是新进入班子的年轻干部树立正确的权力观、地位观，把人民赋予的权力真正用来为人民服务；要切实增强公仆意识，做到以公仆之心鞠躬尽瘁，以赤子之心执政为民；要切实严格要求自己，严格要求亲属、子女和身边工作人员，永葆共产党人的政治本色，真正做到为民、务实、清廉。

13. 中国共产党的执政地位是与生俱来、一劳永逸的吗

党的执政地位是与生俱来、一劳永逸的，有人是这么认为的。

这个认识是不正确的，中国共产党的地位不是与生俱来的，也不是一劳永逸的，这是中国共产党自身的一个十分重要的论断。

我们的党是代表中国最广大人民根本利益的马克思主义政党。党具有先进理论的指导，具有毋庸置疑的先进性，但这并不意味着党的执政地位可以与生俱来。

我们党在中国执政，靠的是党的指导思想和理论路线方针政策的正确，靠的是广大党员的努力奋斗、不怕牺牲，靠的是人民群众的拥护和支持。

"得人心者得天下，失人心者失天下。"从执政党的基本规律看，人民选择执政党并不是一朝确定便永远不变。执政党在多大程度上实现人民利益，人民就在多大程度上拥护和支持执政党。执政党能否长期执政，归根结底取决于人民群众对执政党的执政活动和执政成效的满意程度。我们说"党的执政地位不是一劳永逸的"，根本道理就在于此。

一个执政党是否能够长期执政，并不取决于他的主观愿意。大量事实表

明，任何一个执政党，不管它资格多老，执政时间多长，过去多么强大，如果丧失了先进性，在长期执政中漠视人民利益，甚至蜕变为既得利益集团，最终必然被人民抛弃。

到目前为止，世界上连续执政时间最长的政党是苏联共产党和墨西哥革命制度党。前者是 74 年，后者是 71 年。在苏联共产党的领导下，世界上第一个社会主义国家不仅在帝国主义封锁、包围之中得以巩固，而且在"二战"前后综合国力迅速增强，使得苏联成为仅次于美国的世界强国。

革命制度党执政的数十年之间，墨西哥经济得到很大发展，从一个落后的农业国发展成为第三世界中的中等发达国家。20 世纪 40 年代至 70 年代，墨西哥经济以 8% 的年均速度持续发展，被誉为"墨西哥奇迹"。然而就是这样两个老党、大党，都没有能够经受住长期执政的考验，最终都丧失了执政地位。

当前，我们党的大多数党员干部是有执政意识和隐患意识的。但也有个别党员干部滋长了麻痹懈怠、贪图安逸的心理，产生了共产党突然执政、永远执政的思想。对党内存在问题的危害性和执政党自身建设的重要性没有清醒的认识。还有一些人只图从执政党的地位上捞取好处，而不愿作出奉献和牺牲。这些错误的思想必须加以克服、彻底改正。

人民的力量、人民的选择，既是保证党取得执政资格的根基，又是保证党的执政地位的根基。我们党的执政地位来自人民，也只有在为人民掌握和使用权力、以权力为人民谋取和维护人民利益的时候，人民才会拥护党。

既然执政地位问题不能一劳永逸地解决，我们党要巩固执政地位，实现执政使命，就必须教育广大党员干部居安思危，增强执政意识和忧患意识，坚持与时俱进，主动适应历史发展和社会进步对执政党提出的新要求，把人民的利益作为最高标准和最终追求，通过执政为民的实践，保证人民和谐幸福地生活，全面地发展。

腐败是真正的最大隐患和挑战！

14. 世情、国情、党情是一成不变的吗

一些人看不到世情、国情、党情的深刻变化，以为这是一成不变的。

这至少是一种缺乏思考、不学无术的表现。

党的十八届四中全会通过了《中共中央关于全面推进依法治国若干重大问题的决定》，该文件指出：深入开展党风廉政建设和反腐败斗争，严格落实党风廉政建设党委主体责任和纪委监督责任，对任何腐败行为和腐败分子，必须依纪依法予以坚决惩处，决不手软。该文件还指出：加快推进反腐败国家立法，完善惩治和预防腐败体系，形成不敢腐、不能腐、不想腐的有效机制，坚决遏制和预防腐败现象。完善惩治贪污贿赂犯罪法律制度，把贿赂犯罪对象由财物扩大为财物和其他财产性利益。

我们看看世情的变化。我们 50 年代出生的人，从小了解世界形势是在书本上，那时教科书是这么介绍世界形势的："世界上还有三分之二劳动人民生活在水深火热之中"，于是我们立志长大了要解放全人类。

改革开放以后，我们看到的是，世界大大发展、进步了，我们落后了，有些领域我们距世界发达国家和地区有几十年、上百年的差距。在邓小平理论的指引下，我们打开了封闭了三十年的国门，引进了先进的科学技术、先进的管理模式、一流的人才，国家强盛了、国力增强了、经济发展了、人民富裕了，绝大多数人都充分享受着改革开放的伟大成果。

但是，我们也必须看到，当打开门窗，随着新鲜空气进来的同时，苍蝇蚊子也进来了。资本主义腐朽没落的东西也开始逐步侵入并且不断腐蚀着我们的肌体。已消失了几十年的毒品交易、卖淫嫖娼沉滓泛起；坑蒙拐骗、尔虞我诈抬头猖獗，国外的敌对势力也虎视眈眈、不断渗透……这一切要求我们必须始终保持清醒的头脑，深刻认清形势，在复杂的环境中坚定理想信念，站稳立场，坚定不移地坚持四项基本原则不动摇！

我们应当看到，在经济高速发展的同时，国情也在发生变化，社会供求矛盾突出、生产结构状况落后、环境污染不断恶化、能源资源面临短缺、民生需求不断加大等。

面对这些新的情况，我们必须脚踏实地沉着应对，要坚决抵制一切脱离实际的官僚主义、功利主义、短期行为等危害极大的错误的思想意识，在党中央、国务院的领导下，按照国民经济发展纲要的要求去一个一个打攻坚战。

与此同时，个别官员身上那些不正确的政绩观、假大空、铺张浪费、形式主义都应当得到有效的改变和消除，我们应当牢记邓小平生前的话，不出大的意外，下个世纪中叶我们才能够达到或者接近达到中等发达国家的水平。这就是各级领导干部不能忘记的责任，这就是我们必须清醒认识的中国的国情。

我们是否认识到党情发生了变化？党的队伍发展了，中央组织部最新党内统计数据显示，截至 2013 年年底，党员人数达到了历史的最高点 8668.6 万，但其中解放后入党的党员、解放后出生的党员占的比重越来越大，党员队伍的结构也发生了变化，成功企业家、跨国投资人、民族资本家、外资企业的雇员与其他各阶层的积极分子一样，也纷纷加入了党的组织，如何在各种成分的党员中坚定无产阶级理想信念，如何坚持全心全意为人民服务的宗旨意识，这都是我们必须研究和提出针对性措施的大问题。

看不到变化是要落伍的，是必然要出问题的。

15. 中纪委是新中国成立后才有的吗

中纪委是新中国成立后才有的。

一些人都以为，中纪委是解放后才有的，还有些以为中纪委是改革开放以后才有的。

这个认识是误区。

其实，中国共产党在建党初期就意识到反腐败的重要性，中国共产党最早的纪律检查机关是什么时候建立的呢？

中国共产党第五次全国代表大会于 1927 年 4 月召开，大会选举产生了党内维护和执行纪律的专门机关——中央监察委员会。中央监察委员会由 110 人组成，主席是王荷波（在革命处于低潮时期中央监委主席王荷波惨遭国民党反动派杀害）。

这是中国共产党历史上首次设立的纪律检查机构。

中国共产党第五次全国代表大会通过的《中国共产党第三次修正章程决案》，标志着中国共产党纪律检查制度的初步创立，具有重要的意义，为后来中国共产党纪律检查机构的发展和完善奠定了基础。

中国共产党反腐败是一以贯之的！

16. 反腐败是一项长期的任务吗

中国共产党开展反腐倡廉的斗争，不仅是必要的，而且是一项长期的任务，它具有长期性、复杂性、艰巨性的特点。对此我们必须有清醒的认识，有充分的准备。

1982 年 4 月，邓小平在中央政治局讨论关于打击经济犯罪活动的会议上提出了他的新的思考：“有四个方面的事情，四个方面的工作和斗争要伴随着我们整个社会主义现代化建设的进程走。这四个方面的工作，或者叫坚持社会主义道路的四项必要保证，即第一，体制改革；第二，建设社会主义精神文明；第三，打击经济犯罪活动；第四，整顿党的作风和党的组织，包括坚持党的领导，改善党的领导。”

邓小平高瞻远瞩地把整顿党风作为伴随社会主义建设全过程的四大任务之一，并且指出：“前面三件事也联系到党风问题。尤其是打击经济犯罪时涉及部分犯错误的党员，这实质上就是在整顿党风。”

不仅如此，邓小平还特别指出："打击经济犯罪活动，这是一个长期的经常的斗争。"他说："我看，至少是伴随到实现四个现代化那一天。如果到本世纪末，还有 18 年，每一天都会在斗争。"同年 7 月，他又在军委座谈会上再次强调："四个保证这四件事情都不能一次搞完，要长期搞下去。""要把它变成一种经常性的工作和斗争。"

1986 年 1 月，邓小平在中央政治局常委会上的讲话中指出："抓精神文明建设，抓党员、抓社会风气好转，必须狠狠地抓，一天不放松地抓，从具体事件抓起。"他说，"抓党风和社会风气，没有十年的努力不行。""现在从党的工作来说，重点是端正党风。""开放、搞活政策延续多久，端正党风的工作就得干多久，纠正不正之风、打击犯罪活动就得干多久，这是一项长期的工作，要贯穿在整个改革过程之中，这样才能保证我们开放、搞活政策的正确执行。"

端正党风，重点抓什么？邓小平深刻地指出："重点是反腐败。"反腐倡廉，是党风建设的关键。早在 1983 年，邓小平就指出："严重的经济犯罪和其他刑事犯罪分子，以权谋私、严重损害党和群众的关系的人，长期在政治上不同中央保持一致实际上另搞一套的人等，所有这些，都是党内的危险因素，腐败因素，是党内思想不纯、作风不纯、组织不纯的严重表现。"他一再提出反对以权谋私，要惩治贪污、盗窃、贿赂等，实质上就是提出了反对腐败问题。

1989 年春夏之交的政治风波发生之时，邓小平就深刻指出："这次出这样的乱子，其中一个原因，是腐败现象的滋生，使一部分群众对党和政府丧失了信心。"他说："本来我们就是要反对腐败的。对腐败的现象我也很不满意啊！反对腐败，几年来我一直在讲，你们也多次听到我讲过，我还经常查我家里有没有违法乱纪的事。"他明确提出："要扎扎实实做几件事情，体现出我们是真正反对腐败，不是假的。"政治风波平息之后，邓小平语重心长地对以江泽民为核心的第三代领导集体说："不惩治腐败，特别是党内的高层的腐败现象，确实有失败的危险。新的领导要首先抓这个问题，这也是整党的一个重要的内容。你这里艰苦创业，他那里贪污腐败，怎么行？"

反腐倡廉之所以显现出长期性，是因为反腐败斗争本质上是反对剥削阶级的思想与行为的斗争，它与中国共产党要消灭剥削，消灭阶级，实现共产主义的最高目的相一致，在党的最高纲领实现之前，只要世界上还存在剥削阶级及其思想意识，那么其派生物——贪污、腐败行为就会存在。实现党的最终奋斗目标的长期性、复杂性、艰巨性，决定了反腐倡廉的持久性。

腐败现象的滋生除了剥削阶级的思想意识作祟外，还与革命与建设事业中体制、机制、法制上的完善与否有关。在新旧体制转换过程中，在新体制的建立与健全的过程中，在新机制的创建运行历程中，难免有"疏漏"、"缝隙"、"漏洞"和"时间差"，有些人就利用它，大肆贪污，搞投机活动，严重损害了人民利益。所以反腐倡廉的根本措施之一是：深化改革，健全体制、机制与法制；但要做到这些，像其他新生事物的成长一样，需要经验的积累和时间，要有一个相当长的历史过程，不是一蹴而就的。

17. 如何充分认识反腐败斗争的长期性、复杂性、艰巨性

要充分认识反腐败斗争的长期性、复杂性、艰巨性，就要深刻分析腐败现象产生、滋长、蔓延的社会历史原因。

（1）腐败现象产生的土壤和条件还存在

我国正处在体制深刻转换、结构深刻调整、社会深刻变革的时期，制度、体制、机制方面还不完善，存在一些漏洞和薄弱环节。从世界各国的发展历程看，当一个国家处在经济结构转型、经济快速增长的变革阶段，往往是腐败现象的高发期。西方发达国家建立和完善市场经济体制一般都经历了上百年或更长的时间。在他们的发展过程中，都出现过腐败非常严重甚至猖獗的情况。我国实行改革开放不过30多年，社会主义市场经济体制初步建立，经济社会发展正处于一个关键时期，在这个时期，各种矛盾集中，腐败现象容

易发生。由于一些领域中制度、体制、机制还不完善，尤其是适应新形势下反腐败要求的法律法规体系还不健全，制度存在不落实、执行不得力的问题，发生腐败现象的土壤和条件还存在，使得一些人进行腐败活动有机可乘。

（2）反腐败面临错综复杂的国际政治背景

我国当前的反腐败斗争是在错综复杂的国际政治背景下开展的。经济全球化的发展趋势，国际政治格局的深刻变化，使反腐败斗争因此而增加了新的复杂性。在对外开放的条件下，剥削阶级的思想文化、价值观念和腐朽生活方式乘虚而入，不同程度地影响和腐蚀着一些国家公职人员。20 世纪 80 年代末 90 年代初，发生的苏联解体和东欧剧变，具有复杂的、多方面的原因，腐败是其中的一个重要因素。一些敌对势力借此大做文章，称腐败是"共产党和社会主义制度带来的"，断言"共产党解决不了自身的腐败问题"。这些舆论动摇了一些人的信念，使之思想上出现了迷茫，世界观、人生观、价值观发生了扭曲。国际敌对势力通过各种方式，极力将其腐朽没落的思想文化意识和生活方式向我渗透，拉拢腐蚀我们的国家公职人员，特别是领导干部。目前，跨境、跨国腐败犯罪不断增加，使反腐败斗争更加变得复杂化。

（3）反腐败斗争广泛艰巨，任重道远

正确认识反腐败斗争的长期性、复杂性、艰巨性，也是由腐败本身的多变性和顽固性所决定的，随着反腐败斗争的不断深入，腐败分子针对的目标、采用的手段、表现的形式也在不断变化，诸如"买卖"、"置换"、"占用"、"投资"、"赌博"、"合办公司"、"委托理财"等就是近年来一些领导干部利用职权或职务影响，变相收受钱财的形式和手段。当前，所谓的"权力期权化"也日趋突出，一些领导干部为逃避法律的追究，与不法商人勾结，谋取个人的"期权"利益，即在任上实施"权力寻租"，在离职或退休以后再谋取巨额回报。其表现为，腐败的隐蔽性更强，腐败的手法更多，腐败的时间跨度更长，从而使对腐败犯罪的查处更加艰难。

总之，反腐败斗争十分艰巨，任重道远，整个改革开放的全过程都要坚持反腐败。如果看不到反腐败斗争的长期性、复杂性、艰巨性，期望毕其功于一役，只能是不切合实际的幻想。

18. 如何把握深入推进反腐败斗争的有利条件

要充分认识深入推进反腐败斗争的有利条件，坚定抓好反腐倡廉建设的信心。

（1）我们有党中央的坚强领导

我们党是全心全意为人民服务的马克思主义政党，党的性质和宗旨决定了我们党同各种消极腐败现象是水火不相容的。党中央历来高度重视党风廉政建设和反腐败工作，中央政治局和中央政治局常委会每年都多次召开专门会议研究部署反腐倡廉工作，国务院每年都召开廉政工作会议，对政府系统反腐倡廉工作作出部署；中央还专门设立中央党建工作领导小组和中央反腐败协调小组、中央巡视工作领导小组直接指导和协调反腐倡廉工作。这些都为我们推进反腐败斗争提供了重要政治和领导保证。

（2）我们有社会主义制度的政治优势

腐败现象从本质上讲是私有观念和剥削制度的产物。我国实行的社会主义制度作为区别于历史上任何剥削制度的崭新社会制度，为从根本上消除腐败奠定了制度基础。特别是经过改革开放 30 多年的发展，我国综合国力极大增强，中国特色社会主义法律体系已经形成，为深入推进党风廉政建设和反腐败斗争提供了坚实的物质基础和法制保障。近年来，我在率团出访期间与各国领导人会谈时，感到他们对我国的发展成就高度赞赏，同时对我们的发展理念、发展道路、发展模式特别是中国共产党的领导、社会主义制度等表现出极大的兴趣。比如，一位西方发达国家的政府首脑就对我说，中国现行的政治体制适合中国特殊的国情需要，现阶段的中国需要一个开明的领导层和一个强有力的领导核心，以便就重大问题作出决断。可见，社会主义制度有着巨大优越性，我们完全有能力依靠自己的力量解决自身存在的腐败问题。

（3）我们有一支优秀的党员干部队伍

长期以来，广大党员干部牢记宗旨、恪尽职守、默默无闻、无私奉献，为改革开放和社会主义现代化建设作出了重要贡献。最近几年，我们国家大事多、难事多、急事多，我们之所以能在众多风险和挑战面前取得经济社会发展的巨大成就，靠的就是广大党员干部的先锋模范作用和表率带头作用。这是我们党员干部队伍建设和反腐倡廉建设取得显著成效的最有力证明。不承认这一点，就难以解释我们今天取得的举世瞩目成就。因此可以说，我们党员干部队伍的主流是好的，是值得党和人民信赖和依靠的，腐败分子只是极少数。近年来每年受到党纪处分的党员约 11 万人，只占党员总数的1.4‰，其中因贪污贿赂类问题受到处分的仅占党员总数的0.3‰。

（4）我们有人民群众的大力支持和积极参与

人民群众是我们党的力量源泉和胜利之本，是推进反腐败斗争的重要力量。随着人民群众参与反腐倡廉渠道的不断拓宽和揭露腐败问题能力的不断提高，人民群众在反腐倡廉建设中的积极作用将得到更加充分的发挥。

（5）我们有长期以来反腐倡廉建设实践积累的宝贵经验

改革开放以来，我们党在实践中探索形成了符合我国国情的反腐倡廉指导思想、基本原则、工作方针、工作格局、领导体制和工作机制以及法规制度体系，走出了一条中国特色反腐倡廉道路，为深入推进党风廉政建设和反腐败工作奠定了坚实基础。

总之，消极腐败现象违背社会主义民主政治原则、干扰社会主义市场经济正常运行、助长不良社会风气、危害社会公平正义，是消磨党的意志、瓦解党的队伍、削弱党的战斗力、破坏党同人民群众血肉联系的腐蚀剂。在和平建设时期，如果说有什么东西能够对党造成致命伤害的话，腐败就是很突出的一个。坚决反对腐败，防止党在长期执政条件下腐化变质，是党必须始终抓好的重大政治任务。我们一定要从事关党的生死存亡、国家长治久安和中国特色社会主义事业兴衰成败的全局和战略高度深刻认识反腐败斗争的重要性和紧迫性，以更加坚定的信心、更加坚决的态度、更加有力的措施推进反腐倡廉各项工作，不断取得党风廉政建设和反腐败斗争的新成效，为夺取全面建设小康社会新胜利、开创中国特色社会主义事业新局面提供坚强保障。

19. 如何认清形势，坚定信心深入推进党风廉政建设和反腐败斗争

认清形势、把握大局，是统一思想、做好工作的前提和基础。

党的十八大以来，党中央坚持把党风廉政建设和反腐败斗争纳入党和国家工作大局中来谋划和部署，不断深化对反腐倡廉建设规律的认识，坚持标本兼治、综合治理、惩防并举、注重预防的方针，扎实推进惩治和预防腐败体系建设，在坚决惩治腐败的同时，更加注重治本，更加注重预防，更加注重制度建设，拓展从源头上防治腐败工作领域，党风廉政建设和反腐败斗争方向更加明确、思路更加清晰、措施更加有力、成效更加显著，为党和国家事业发展提供了有力保证。

（1）我们坚持把加强教育作为反腐倡廉的基础工作

近年来，中央在全党相继开展保持共产党员先进性教育活动和深入学习实践科学发展观活动，取得了显著成效。

结合纪检监察工作实际，我们还深入开展党性党风党纪教育，加强示范教育、警示教育和岗位廉政教育，命名一批全国廉政教育示范基地，发布《中国的反腐败和廉政建设》白皮书，组织"扬正气、促和谐"全国优秀廉政公益广告展播，扎实推进廉政文化建设等，广大党员干部廉洁从政、拒腐防变的思想基础更加巩固，以廉为荣、以贪为耻的社会风尚进一步形成。

（2）我们坚持把健全制度作为反腐倡廉的重要保障

大力推进反腐倡廉制度建设和创新，制定或修订了《中国共产党党内监督条例（试行）》、《中国共产党巡视工作条例（试行）》、《中国共产党党员领导干部廉洁从政若干准则》、《关于实行党风廉政建设责任制的规定》、《关于实行党政领导干部问责的暂行规定》和《中华人民共和国行政监察法》等

一批重要反腐倡廉法规制度。

特别是习近平总书记在十八届中央纪委全会上对加强反腐倡廉制度建设提出明确任务和要求后，我们及时将有关任务分解落实到中央和国家机关有关部门与单位，并召开会议进行部署。

在抓制度建立的同时，建立健全贯彻落实制度的责任制和保障机制，加强对制度执行情况的监督检查，着力提高制度执行力、增强制度实效性。

（3）我们坚持把强化监督作为反腐倡廉的关键

①着力完善监督机制、拓宽监督渠道、加大监督力度、前移监督关口。

通过加强巡视工作，完善纪检监察机关派驻机构统一管理，推进党政领导干部和国有企业领导人员经济责任审计，积极推进党务公开、政务公开和其他形式的公开，充分发挥舆论监督作用，认真落实党政领导干部问责制等，切实加强对各级领导班子和领导干部行使权力的监督，促进权力运行程序化和规范透明。

②我们要坚持把深化改革作为反腐倡廉的治本之策。

协调和配合有关部门，大力推进行政审批制度、干部人事制度、司法体制以及财税、金融、投资、国有资产监管体制等重点领域和关键环节改革，逐步完善公共资源配置、公共资产交易、公共产品生产领域市场运行机制。

（4）我们坚持把纠正损害群众利益的不正之风作为反腐倡廉的重要任务

通过开展纠风专项治理、政风行风民主评议等，认真解决征地拆迁、涉法涉诉、环境保护、安全生产、食品药品安全、专项基金资金监管等方面群众反映强烈的突出问题，有力地维护了人民群众合法权益。各级纪检监察机关还积极协助党委、政府妥善处置群体性事件，严肃查处群体性事件背后的失职渎职和腐败问题，促进了社会和谐稳定。

（5）我们坚持把查办案件作为推进反腐败斗争的重要手段

加大查办违纪违法案件的工作力度，始终保持惩治腐败的强劲势头，坚持党纪国法面前人人平等，不管涉及什么人，不论职位多高，只要违反了党纪国法，就坚决查处，决不姑息，决不手软，切实做到发现一个查处一个。

我们注重突出办案重点，严肃查办发生在领导机关和领导干部中滥用职权、贪污贿赂、腐化堕落、失职渎职案件，严肃查办重点领域和关键环节中的违纪违法案件，严肃查办商业贿赂案件。

在加大办案力度、严惩腐败分子的同时，我们坚持依纪依法、安全文明办案，督促各级纪检监察机关改进办案方式方法、规范办案工作程序、加强内部监督制约、严肃办案纪律、提高办案人员业务能力，使办案质量和效率有了新的提高。

我们注重发挥查办案件的治本功能，建立健全"一案两报告"等制度，加强案件剖析和情况通报，有针对性地总结教训、建章立制、堵塞漏洞，力求达到查处一起案件、教育一批干部、完善一批制度、深化一批改革的效果。我们坚持讲求政策策略，把握总体形势，改进宣传报道，确保查办案件工作取得良好的政治、法纪和社会效果。

这些年来，通过坚持不懈地开展党风廉政建设和反腐败斗争，有力地保证了党和国家工作的顺利进行，维护了改革发展稳定大局；捍卫了党纪国法的尊严，维护了社会公平正义；纯洁了党的组织和队伍，增强了党的创造力、凝聚力、战斗力；密切了党同人民群众的血肉联系，巩固了党的执政基础。

国际社会也对我国的反腐败工作给予积极评价，认为中国的反腐败成绩是"足以同在中国这样一个世界上人口最多的国家解决温饱问题、极大地消除贫困相提并论的一个巨大贡献"。

20. 腐败越反越多了吗

反腐败，腐败越反越多。

这是在日常生活中偶尔听到的话语。

这种认识是有失偏颇的，存在以偏概全的误区。

正确分析和判断反腐败斗争形势，是正确决策的前提，也是坚定反腐败信心的基础。反腐败斗争越深入，任务越繁重，越要求我们认清形势，坚定信心，把思想和行动统一到党中央的决策和部署上来，坚定不移地把这场事关党和国家生死存亡的政治斗争推向前。

近年来，党和国家各级组织查处的案件较多，公布后，有些同志就错误地认为，反腐败，越反越腐败了。这是一种认识上的误区，也是不符合实际情况的。

从查处的违纪违法案件看，作案的高峰期是 1991 年、1992 年，这和苏联解体有关。

那时，一些人的理想信念发生了动摇。1993 年以后，中央加强了反腐败力度，查处的案件逐年增多。进入 21 世纪后，党中央、国务院更加重视反腐败工作，反腐败的力度越来越大，极大地震慑了腐败犯罪，与此同时，出台了一系列限制、预防腐败的措施。

党的十八大以来，以习近平为总书记的新一届中央领导集体，高举反腐败斗争大旗，提出了"苍蝇与老虎一起打"的反腐败要求，深刻指出：反对腐败、建设廉洁政治，是党一贯坚持的鲜明政治立场，是人民关注的重大政治问题。这个问题解决不好，就会对党造成致命伤害，甚至亡党亡国。

反腐倡廉必须常抓不懈，拒腐防变必须警钟长鸣。要坚持中国特色反腐倡廉道路，坚持标本兼治、综合治理、惩防并举、注重预防方针，全面推进惩治和预防腐败体系建设，做到干部清正、政府清廉、政治清明。

因此，不能因果颠倒，说党越反腐败，腐败现象就越多，从而动摇反腐倡廉的决心。

中纪委主要领导同志曾经深刻指出：关于反腐倡廉形势，可以概括为三句话：

一是工作力度加大，成效明显。

二是反腐倡廉形势依然严峻，任务依然艰巨。

三是充分认识反腐败斗争的长期性、复杂性、艰巨性。

要进一步认清形势，统一思想，增强信心。要看到党中央对反腐败的态度是坚决的，措施是有力的，成效是明显的；要看到改革开放以来，反腐倡廉积累了许多宝贵经验，我们党完全有能力解决腐败问题。

我们要增强责任感和紧迫感，扎扎实实做好当前各项工作，通过坚持不懈的努力，逐步把腐败现象遏制到最低限度。

反腐败绝不会越反越多。

21. 反腐败的信心越来越不足了吗

有人认为，如今腐败这么严重，大家对反腐败的信心越来越不足了。

这种认识是不科学、不全面、不正确的。

对反腐败斗争充满信心，首先要充分肯定和看到建党 90 多年来中国共产党反腐倡廉的成绩，深信中国共产党完全能够依靠自身的健康力量和广大人民群众的支持战胜腐败，保持廉洁。正是由于中国共产党的廉洁奉公，全心全意为人民服务，不断清除腐败分子，从而保证了夺取新民主主义革命的彻底胜利和社会主义革命建设的开展。

对反腐败斗争充满信心，还由于我们党在反腐败方面确立了正确的路线、方针、政策。改革开放以来，特别是党的十四大、十五大、十六大、十七大以来，党中央坚持邓小平党风廉政建设和反腐败理论建设，确定了新形势下开展反腐败斗争的指导思想、基本原则、工作格局和领导体制。

党的十八大以来，以习近平为总书记的新一届领导集体根据新的形势和要求，高瞻远瞩、审时度势，进一步作出了深入开展反腐败斗争的总体部署，两年时间出台了 23 个有关党风廉政建设和反腐败的有关党纪和法规，特别是十八届中央政治局向全党发出的"改进工作作风密切联系群众的八项规定"，提出了"要求下面做到的，自己首先做到，要求下面不做的自己坚决不做"，由于领导率先垂范、以身作则，党风廉政建设和反腐败工作出现了崭新的局面，达到了历史新高度。

综上所述，概括地讲，就是确立了反腐败必须紧紧围绕经济建设这个中心，服从和服务于改革、发展、稳定的大局这一指导思想；探索并总结了在领导干部中开展"三讲"教育和"保持共产党员先进性教育"的方法；提出了领导干部廉洁自律、查办违纪违法案件、纠正部门和行业不正之风的反腐败三项工作格局，坚持建立思想道德和党纪国法两道防线，对绝大多数党员、干部要立足于教育，着眼于防范，对极少数腐败分子要依法用重典；形成了战略上总体规划、战术上分阶段部署，不断取得阶段性成果，积小胜为大胜的工作战略；采取了加强教育、健全法制、强化监督，通过深化改革不断铲除滋生腐败的土壤和条件，标本兼治、综合治理的对策；建立了党委统一领导、党政齐抓共管、纪委组织协调、部门各负其责，依靠群众的支持和参与的反腐败领导体制和工作机制。

实践证明，中央确定的反腐败斗争指导思想、基本原则、工作格局和领导体制是完全正确、行之有效的，符合我国现阶段基本国情，是我们不断取得反腐败新的阶段性成果的根本保证。

对反腐败斗争充满信心，是因为反腐败各项政策和工作部署始终一以贯之，反腐败斗争始终保持着健康的发展势头，并不断向纵深推进。经过多年的努力，反腐败斗争正在逐步走上从侧重遏制转到标本兼治、逐步加大治本力度的轨道上来，并呈现出向纵深发展的良好态势。这是全党同志和全国上下统一思想、统一行动、共同努力的结果，是来之不易的。只要我们把握住这种良好发展的势头，就能不断把反腐败斗争推向前进。

对反腐败斗争充满信心，是因为反腐败斗争为维护和促进改革、发展、稳定的大局提供了必要条件和重要保证。应当看到，现阶段我们党领导的反腐败斗争，是紧紧围绕经济建设这个中心，坚决不搞群众运动，依法有序地进行的，是在改革不断加大力度、经济持续快速健康发展的同时相互协调、同步推进的。

这些年来，我们党制定和实施的《廉政准则》，既规范了党政领导干部在社会主义市场经济条件下的从政行为，又促进了市场经济体制的建设和发展。查办贪污受贿、走私护私、骗汇骗税、挪用社保资金等案件以及发生在金融、证券、房地产、土地批租出租、建筑工程、公路交通、医疗卫生、教育等领域的案件。2012 年又明确提出注意查处发生在群众身边的腐败，所有这些既严肃惩治了腐败分子，为国家挽回大量经济损失，又保证了市场经济有序的运行。解决公路"三乱"、减轻企业和农民不合理负担等纠风工作的深入开展，不仅加强了有关部门和行业的职业道德建设，而且优化了经济发展的环境。围绕党中央、国务院重大决策开展执法监察，不仅发现和惩处了以权谋私的行为，而且保证了政令畅通，推动了重大改革措施的实施。

实践证明，反腐败不断取得明显的阶段性成果，有效地保证、促进了社会主义改革开放和现代化建设事业顺利前进。

"党能够领导人民建立新中国，确立社会主义制度，开创改革开放和现代化建设的新局面，也一定能够依靠自身的力量、依靠人民的支持克服腐败现象。"

党中央、国务院十分重视反腐败斗争，实行了坚强有力的领导，各级党政领导干部廉洁自律意识和抓党风廉政建设的责任感不断增强，在贯彻中央反腐败部署方面做了大量卓有成效的工作，取得了明显的成效。党员干部队伍的主流是好的，反腐倡廉深入人心，已经成为全党和全国人民的共识；我国改革和建设不断向前推进，治理腐败的力度逐步加大。党的思想政治工作和社会主义精神文明建设正在逐步加强。社会主义民主法制建设和依法治国工作正在加快步伐，各种管理制度和监督约束机制正在逐步建立和完善。

"决不姑息。"在谈到政府自身改革建设时，李克强总理严肃指出，深入推进反腐倡廉制度建设，坚决查处腐败案件，对任何腐败分子都要依法严惩、决不姑息。腐败问题，祸国殃民。坚决惩治和预防腐败，是党中央的一贯立场和坚决态度。

党的十八大以来，中央从贯彻落实"八项规定"、坚决反对"四风"、深入开展群众路线教育实践活动，到坚持"老虎"、"苍蝇"一起打，带动了党风政风的极大好转，也对腐败分子形成了巨大震慑。

但是，反腐败，只有进行时，没有完成时。在新的复杂条件和形势下，腐败问题依然易发高发。对任何腐败分子都要依法严惩、决不姑息。这绝不是老调重弹，而是全党全国必须达成的共识。

只要我们坚定不移地贯彻落实以习近平同志为总书记的党中央作出的重大决策和部署，坚持从严治党的方针，进一步从源头上防止腐败工作领域、进一步加大监督力度，反腐败斗争就一定能够深入发展，并不断取得新的更大的成效。

认清形势，明确责任，客观分析，正确面对，反腐败的信心必定越来越坚定。

22. 反贪局究竟是一个什么样的机构

检察院大还是反贪局大，它们之间是什么关系？普通老百姓甚至一些干部都会经常提出这个问题。

笔者在检察机关反贪部门工作了 30 多年，在基层检察院反贪局、省级检察院反贪局、最高人民检察院反贪总局都有工作的经历，是全国检察机关为数不多的从检几十年一直没有离开过反贪侦查部门的检察官，但在日常工作中，经常遇到干部群众询问，检察院和反贪局是怎么一回事。

有一次，笔者到某省出差，要求出租车驾驶员去省检察院，驾驶员不知道地方，就问边上的同行，得到的回答是"检察院在反贪局的大院里"。

可见，对这个问题不明就里的大有人在，我们有必要让干部群众都知道检察院和反贪局的性质、职能和其中的关系。

反贪局是各级检察机关的一个内设部门，其职能是对国家工作人员利用权力实施的经济犯罪进行侦查，这个部门曾经的名称有：自行侦查部门、经济检察部门、贪污贿赂检察部门，如今全国统一称之为"反贪污贿赂局"（简称反贪局），最高人民检察院的这个部门称之为"反贪污贿赂总局"（简称反贪总局）。反贪局的来龙去脉是有一个历史发展过程的。

最早的反贪局是 1989 年广东省检察院率先成立的，它借鉴了香港廉政公署的部分职能和模式，成立了中国第一个反贪局，到 1995 年最高检反贪总局正式挂牌，20 多年间，检察机关反贪部门从小到大，一步步发展壮大。2014 年，经中共中央总批准，新反贪总局也将在 2015 年成立。

（1）中国检察机关反贪局的来龙去脉

2014 年最高人民检察院宣布，经党中央批准 2015 年将调整职务犯罪侦查（反贪污贿赂侦查、反渎职侵权侦查）和预防机构（预防职务犯罪检察），整合组建新的"反贪污贿赂总局"，强化直接侦查、指挥协调、业务指导等工作，加强一线办案力量，坚决遏制腐败现象蔓延势头。新的反贪总局成立后，职能配置将更加科学，办案力量将进一步增加，领导班子将进一步配强。

自检察机关恢复重建以来，反贪污贿赂工作伴随着社会主义民主法治建设和改革开放进程不断发展，反贪污贿赂部门也经历了一个从小到大、逐步发展壮大的过程。了解这一历程，有助于广大人民群众、相关人士了解我国检察机关惩治腐败、强化国家廉政建设的历史脉络和发展趋势，有助于惩治和预防腐败的体系建设的进一步发展、完善和强化。

（2）原先的经济检察机构

1978 年，被文化大革命"砸烂"的检察机关恢复重建。1979 年下半年，最高人民检察院设立经济检察厅，地方各级检察院也陆续设置经济检察机构，当时地方称之为"自行侦查"部门，主要开展对贪污贿赂以及偷税抗税、假冒商标等经济犯罪的检察工作，其中包括由侦查部门对自行侦查的案件负责决定逮捕和提起公诉。

1982 年，全国人大常委会作出《关于严惩严重破坏经济的罪犯的决定》后，各级人民检察院认真贯彻中央的指示和《关于严惩严重破坏经济的罪犯的决定》，把打击严重经济犯罪活动作为一项重大任务。1985 年，最高人民检察院把打击经济犯罪作为主要任务，进一步加强了经济检察工作。1988 年，全国人大常委会通过了《关于惩治贪污罪贿赂罪的补充规定》，首次在单行刑法中将贪污贿赂犯罪规定为一类犯罪。最高人民检察院根据中央关于反腐败的精神，进一步调整了工作部署，把打击贪污贿赂犯罪列为工作重点，并提出"一要坚决，二要慎重，务必搞准"的办案原则，建立完善了侦查与批捕、起诉分开的内部制约等制度（侦查部门不再自行决定逮捕和提起公诉）。这一时期，这个部门先后称之为"经济检察"、"贪污贿赂检察"，依法查办了一大批贪污贿赂、偷税抗税、假冒商标等经济犯罪案件，保障了改革开放的顺利进行。

（3）强化反贪查处职能成立反贪局

1989 年，最高人民检察院根据反贪污工作的形势和任务，借鉴了香港廉政公署的相关做法，将经济检察厅更名为贪污贿赂检察厅，并决定在广东省试点，率先成立人民检察院反贪污贿赂局，此后各地相继成立反贪污贿赂局。

1989 年 8 月 18 日，中国第一个反贪局——广东省检察院反贪污贿赂工作局成立。

1989 年 8 月 31 日，第一个地市级检察院反贪局——珠海市检察院反贪污贿赂工作局成立。

广东省检察院反贪局成立后不到半年时间，广东省有 18 个市级检察院，30 多个县、区检察院设立了反贪局。全国有 14 个省级检察院，55 个地、市检察院，100 多个县、区检察院相继设立了反贪局。

1989 年 9 月，最高人民检察院在北京召开全国检察机关第一次反贪污贿赂侦查工作会议，回顾检察机关重建以来的反贪工作，要求各级检察院深刻认识侦查工作在反贪污贿赂工作中的重要地位，完善侦查设施建设，加强侦查队伍建设。为加强反贪工作，最高人民检察院于 1990 年、1992 年、1994 年先后在北京召开了三次全国检察机关反贪污贿赂侦查工作会议，进一步明确了反贪侦查工作的指导思想、工作部署、工作方法和办案原则等。

1995 年，民盟中央委员黄景钧、温崇真、徐萌山、郭正谊等人在全国人民代表大会上提出成立反贪污贿赂总局的议案，同年 11 月 10 日，最高人民检察院反贪污贿赂总局正式挂牌，并且明确全国检察机关反贪部门统一称之为"反贪污贿赂局"（名称中取消了"工作"两个字）。重庆市各级检察机关根据当地的特点成立"职务犯罪侦查局"（将反贪、反渎合二为一）。

最高人民检察院反贪总局负责对全国检察机关办理贪污贿赂、挪用公款、巨额财产来源不明、隐瞒境外存款、私分国有资产、私分罚没财物等犯罪案件侦查、预审工作的指导；参与重大贪污贿赂等犯罪案件的侦查；直接立案侦查全国性重大贪污贿赂等犯罪案件；组织、协调、指挥重特大贪污贿赂等犯罪案件的侦查；负责重特大贪污贿赂等犯罪案件的侦查协作；研究分析全国贪污贿赂等犯罪的特点、规律，提出惩治对策；承办下级人民检察院反贪污贿赂工作中疑难问题的请示；研究、制定贪污贿赂检察业务工作细则、规定。

这一时期，特别是 1993 年中央作出加大反腐败斗争力度的重大决策以后，各级反贪部门充分发挥职能作用，坚持把查办发生在党政机关、行政执法机关、司法机关和经济管理部门的犯罪作为重点，集中力量查办大案要案，为维护改革发展稳定大局、推进党风廉政建设和反腐败斗争发挥了重要作用。

（4）适应形势新反贪总局呼之欲出

伴随着 1996 年、1997 年刑事诉讼法和刑法的相继修改、反腐败领导体制和工作机制的确立，特别是依法治国基本方略、国家尊重和保障人权等相继入宪，以及司法体制改革不断深入，反贪侦查在管辖范围、执法要求等方面均发生了重大变化。为使反贪污贿赂工作与时俱进，1999 年，最高人民检察院制定了《关于人民检察院直接受理立案侦查案件立案标准的规定（试行）》和《关于检察机关反贪污贿赂工作若干问题的决定》，进一步推进和规范了反贪工作。2000 年，最高人民检察院在北京召开了全国检察机关第五次反贪污贿赂侦查工作会议，研究部署以侦查指挥和侦查协作为主要内容的反贪侦查机制建设。2004 年，反贪总局按照"加大工作力度，提高执法水平和办案质量"的总体要求，探索建立对各省、自治区、直辖市检察机关查办贪污贿赂犯罪案件工作进行综合考评的办法。2005 年 9 月，最高人民检察院在吉林长春召开全国检察机关第六次反贪污贿赂侦查工作会议，明确提出要树立科学发展观和正确执法观，坚持以办案工作为中心，全面加强侦查一体化、执法规范化、管理科学化、队伍专业化和装备现代化建设。

这一时期，反贪工作以科学发展观为统领，牢固树立社会主义法治理念，坚持实体与程序并重、打击犯罪与保障人权并重，统筹兼顾办案力度、质量、安全和效果，积极推进侦查机制改革，采取"抓系统、系统抓"等措施，依法查办了一大批贪污贿赂犯罪大案要案，为深入推进反腐倡廉建设、维护公平正义、促进社会和谐稳定作出了积极贡献。

反贪总局自 1995 年设立以来，经过近 20 年的发展，一些影响办案成效的问题也逐渐暴露出来，特别是机构设置不合理、力量分散、案多人少、统筹乏力、装备落后等问题日益凸显，已经不能完全适应反腐败斗争新形势的需要，亟待改革。党中央对此高度重视，正式批准最高人民检察院党组提出的改革方案。这次改革的主要特点是整合力量、优化职能，从有利于最高检集中精力直接查办大案要案，有利于强化对下业务的集中统一领导和指导，有利于破除制约办案工作发展的体制机制障碍出发，成立新的反贪总局。

　　新的反贪总局将从级别上强化反贪部门的地位，有利于增强其开展反腐工作的独立性，并在反腐败工作中起到中枢、主导作用，有效协调各部门反腐力量，强化其办大案要案职能。据了解，新的反贪总局成立后，职能配置将更加科学，办案力量将进一步增加，领导班子进一步配强。①

---

　　①　参见陈磊：《中国检察机关反贪局的来龙去脉》。

二问 腐败的发轫

——腐败是如何产生的

23. 权利与权力是一回事吗

在日常生活中，一些人搞不清楚什么是权利、什么是权力。甚至在一些媒体的文字中也常常可以发现，权力、权利被误用、错用的情况。

那么，什么是权利呢？

权利，权势和货利。《后汉书·董卓传》："遂等稍争权利，更相杀害。"

权利和义务相对称，法律上的权利是指公民或法人依法行使的权能和享受的利益，如政治权利、财产权利、人身权利、诉讼权利等。

国家赋予全体人群的一种自由，是人群维护自己利益的自卫武器，如生存权、公民权、选举权、私人合法的财产不容侵犯权，一些西方国家则定位为：私人财产神圣不可侵犯。

什么是权力呢？

权力是因政治、经济、生活、地位、财产等而产生的一种控制一定范围的势力，体现为政治上的强制力量，或者是职责范围里的支配力量，它是以别人的服从和执行为前提的。对全体人群而言，仅仅是少数人拥有。

现代法律的人本主义、以人为本的法律观，其根本内涵是人的价值高于一切。

因此，在权利与权力的关系中，权利应当优先于权力。所以，权力拥有者在行使权力时不能与他人拥有的基本权利相冲突，公权力的行使者在权力的行使中，必须维护人群拥有的基本权利，不能有任何的忽视和侵犯。

权利与权力是根本不同的两个概念，是不能彼此不分的。

24. 什么是权

什么是权？

（1）能支配或指挥他人的力量：权力，权限，权威，军权，政权，大权在握。

（2）应当享受的利益：权利，权益，弃权，人权。

（3）权，最原本的意思是指秤锤。《汉书·律历志上》有记载："权者，铢、两、斤、钧、石也，所以称物平施，知轻重也。"

（4）权，称量。《孟子·梁惠王上》有记载："权，然后知轻重。"

（5）权，黄色。《尔雅·释草》有记载："权，黄华。"王国维的《尔雅草木虫鱼兽释例》有记载："凡色黄者谓之权。"

（6）权，应变，暂时变通。权谋，权宜之计。

（7）权，暂且，姑且，权宜，变通。《公羊传·桓公十一年》有记载："权者何？权者反于经然后有善者也。"

（8）权，权衡考虑，权其利弊。《礼记·王制》有记载："凡听五刑之讼，必原父子之亲，立君臣之义，以权之。"

25. 什么是权力

什么是权力？

（1）政治上的强制力量，职责范围内的支配力量。

（2）可以强制他人服从的力量，主要表现为命令力、强制力、执行力。

（3）权力，势力。如掌权。《国策·齐策一》有记载："田忌亡齐而之楚，邹忌代之相齐，恐田忌欲以楚权复于齐。"高诱注："权，势也。"

权力是人类社会的必然产物，是一种控制某种范围的势力。自人类有历史记载以来，权力就成为人类社会中各种力量追逐的目标。于是，纷争、决斗、厮打、内讧、战争都由权力的归属而起。

权力有广义和狭义之分：

狭义的就是指国家权力，常见的有国家立法权、司法权、行政权等。

广义的指特定的主体将其意志强加于他物（即其他个体、群体、团体、国家机构或社会），使之产生压力继而服从的势力和能力。

权力具有的特征：

（1）权力现象的发生以人和意志的存在为前提

它存在于人和人的交往活动中。权力的主体是人，但这一主体不一定就是自然人。在现实生活中，权力主体常常是以个人的对立物——群体或国家的形式存在。

（2）权力是主体的一种外在型能力

它无法以物质的或精神的方式在人的机体内积淀下来，转化为类的一种机能而世代遗传。这种能力是人们在认识世界和改造世界的活动中所借助的一种手段，它的实现常常需要外部力量（知识、财富、暴力等）的援助。外力资源的稀有及其分配的不平等，增加了权力实现的难度，使得权力的真实存在成为主体身份、社会地位及其实力的标志。

（3）权力具有可交换性

正因为权力是主体的一种外在型能力，所以它有可能脱离主体而被用于交换。可交换性是权力的一大特征，权力交换通常表现为两种：

一是所有权的转移，这主要发生在私权力的交换中；

二是权力与权力或权力与他物的交换，这主要发生在公权力的交换中。

（4）权力具有不平等性

非平等性是权力最为本质的特征。权力一般以"命令—服从"的轨迹运行。服从它既是权力的构成要素之一，又是权力现实存在的重要条件。没有服从就没有现实的权力。没有服从只能停留在观念和形式的层面上。

26. 权力是如何产生的

权力属于上层建筑范畴，它的产生及其性质是由经济基础决定的。

在原始社会，由于生产力低下，社会成员只能依靠集体劳动获得很有限的生活资料，按平均原则在公社全体成员间分配，没有剩余，也没有剥削与阶级。

调整原始社会成员之间关系的是原始社会道德，即以血像为纽带的原始集体主义平等、团结互助，以及血族复仇等，表现为世代相传的原始风俗习惯和宗教禁忌，这成为成员的行为准则。

从这个意义上说，原始社会的"权力"就是全体社员共同制定并遵守的风俗习惯和宗教禁忌，人与人之间不存在政治上统治与被统治、强制与被强制之间的关系，即这种"权力"不存在强制性。

随着生产力的不断提高，社会产品出现剩余，继而出现私有制与阶级，为维护和巩固私有制，经济上，统治地位的阶级建立了国家，主要由军队、警察、立法机关、司法机关、行政机关、监狱等组成，成为统治阶级行使权力的工具和象征。

由此可见，在阶级社会中，所谓权力，实质上是经济上占统治地位的阶级的意志的体现。换言之，谁在经济上占统治地位，他便成为政治上的统治者、管理者，他便享有宪法、行政法等公法上的公权力，享有在民法、商法等私法上的私权力。而这一切权力毫无例外地以国家机关——暴力作为其后盾。如有谁不服从或违抗，则暴力必将予以干涉、镇压。

这是我们在理解权和权力产生时必须掌握的历史唯物主义观点。当然，权力在历史上的具体形成，则因受到社会、家庭、战争、习惯等的影响，其形式多样、渠道繁多，几千年来社会发展的历史演变，权力的产生形成大致上有以下这些途径：

由氏族而得——母权；

由繁衍而得——父权；

由婚姻而得——夫权；

由世袭而得——皇权；

由战争而得——王权。

近代、现代历史反映的也有发动政变或者内部分权所得，如今更多的是民主选举、政治协商、党派纷争、委托任命等。

27. 什么是公权？其行使必须遵守什么原则

公权，原来系西方国家的法学术语，指公法所确认的权利，源自罗马法。

西方法学家一般把宪法、行政法、刑法等划分为公法，认为公权是指属于政治生活关系方面的权利，并将国家机关之间、国家与公民之间的政治生活关系称作公权关系。

在我国，公权就是为国家利益、最广大人民群众的根本利益及调整其内外各种关系的权力。

公权是私权的对称。

需注意，公法调整的是统治者与被统治者、管理者与被管理者、上级与下级之间政治生活方面的关系，即不平等主体之间的政治生活关系。

私权，西方国家的法学术语，系指私法所确认的权利与义务。西方法学通常将调整属于民事经济生活领域的权利与义务方面的法律，如民法、商法等视为私法。需注意的是，私法调整的是平等主体之间的民事经济生活关系。

公权力指以维护公益为目的的、公共意志团体及其责任人在职务上的权力。它是基于社会公众的意志而由国家机关具有和行使的强制力量。其本质是处于社会统治地位的公共意志的制度化和法律化。换言之，公权力即国家权力或公共权力的总括。

它可以具体分解为立法权、司法权、行政权、军事权、监督权等。其中每一项权力又可分解为一些子权力，如立法权可以分解为中央立法权和地方立法权，司法权又可分为检察权和审判权，行政权又可分解为审计权、税收权、监察权等诸多权力。

所以，公权力是一个权力层级体系。

什么是公权力呢？在我国，就是国家公务人员、国有企事业单位中从事管理的人员所掌握的，或为管理国家事务或国有资产、代表公众利益的而受国家机关、国家企事业委派、委托行使的权力。

什么是非公权力呢？不具有完全国家利益、完全公众利益为核心特征的权力。

什么是私权力呢？与公权力对应的，为维护私人财产、私人权益、私人集团利益所产生的权力。

对权力的定义基本上分为三类：政治学的、社会学的、法学的。有代表性的关于权力的学说主要有以下三种：

一是能力说。

权力可被看成一种不顾阻力而实现人们意志的可能性，或者说是一种对别人行为产生预期影响的能力。

二是强制意志说。

权力是一个人或一些人在某一社会行动中甚至不顾其他参与这种行动的人的抵抗的情况下实现自己意志的可能性。

三是关系说。

权力是一个人或许多人的行为使另一个或者其他许多人的行为发生改变的一种关系。

上述对权力的定义，尽管在表述上不同，但我们还能发现一些关于权力的共性东西：权力关系存在于人与人的关系中，但这种关系是不平等的，它是管理—服从关系；权力是一种力，是一种支配力或影响力，这种力能使受方的意志受到影响进而服从权力行使方的意志；权力具有强制性，这种强制力在权力接受方不服从时表现出来。

公权力有其边界，一般的观点是"法无明文规定（授权）的，不得行之"，公权力行使的原则是：对于公权力，法不授权不得行，法有授权必须为。这条原则意味着：

（1）法无明文规定的权力不得行使

具体指权力来源的合法化，权力运作的合法化，权力制约的合法化，自由裁量也要符合合法性的法治要求，权力的一切行为必须由法律确定。

（2）法律对权力明文禁止的更不得行使

法律对权力的禁止性规定必须严格遵守，不得行使。

（3）超越立法目的和法治精神行使的权力无效

权力的行使应当反映立法本义，与法治精神和立法目的相违背的权力无效，同时应接受司法校正和宪法审查。

（4）法律有明文规定的权力不得放弃

从法律上讲，权力授予具有双重意义，一方面给予权力行使者一定的权力，另一方面也为权力取得者设定了一种责任和义务，而权力的功能就是保障权利，所以，权力的取得者必须积极充分地切实行使法律赋予的权力。

"法不授权不得行，法有授权必须为。"这条原则不仅适用于所有的公权力主体，也适用于拥有一定权力的社会组织。这条原则不仅体现在立法中，更是执法、司法、法律监督等法治环节的运作依据。

28. 目前我国权力监督制度的主要缺陷表现在哪些方面

目前，我国权力监督制度还存在一些缺陷，其主要存在"上级监督太远，同级监督太软，下级监督上级太难，组织监督时间太短，纪委监督为时太晚"的问题。具体反映在以下几个方面：

（1）权力监督意识淡化

权力行使者自觉接受监督的意识差。几千年来的官本位思想在当代一部分人心中留下了深深的印痕，权力监督意识萎缩，对权力监督缺乏应有的理解，认为官员的权力是神圣的，是不能由平民对"官"、"权"评头论足的。

一是"不要"监督。个别干部认为自己素质高，行为端，处事正，水平、知识、能力是最好的，别人都不如自己，因而不需要监督。

二是"不必"监督。有人认为，改革开放就是大胆地干，放开手脚而不需要监督。不少干部对组织与群众的监督不以为然，一听到权力监督就反感。

三是"不想"监督。少数干部把上级监督看作是对自己的不信任，跟自己过不去；把下级对自己的监督看作是吹毛求疵。还有少数人不是把必要的监督看作是对自己的爱护、关怀，而是等同于监视、看管，视为不光彩的丢人的事。久而久之，使自己凌驾于组织的监督之外，听不进任何批评，拒逆耳之言于门外，一有问题，不是解释推卸，就是追问反映人是谁，拿出一副秋后算账的架势。

（2）主动监督责任淡薄

对有监督权力和责任的人员，其不正确的认识主要有：

一是与己无关的思想，不去监督。认为权力监督是组织的事，是上级的事，是纪委的事，是检察机关的事，权力监督事不关己，可以高高挂起，对一些现象视而不见，充耳不闻，更谈不上坚决斗争。

二是缺乏监督的意识，不"懂"监督。不少人在意识中没有把自己当作监督者与被监督者的统一，不积极履行监督他人的职责，也不受别人的监督。

三是"好人"主义盛行，不敢监督。有些干部和群众没有把对权力的监督当作义不容辞的责任，怕监督引火烧身，怕得罪上级领导；一些机关党组织负责人及监督部门在思想上也存在顾虑，怕监督过严，束缚手脚，影响团结，贻误工作。

（3）对"一把手"监督缺位

对"一把手"的监督，一直是权力监督的薄弱环节。

据笔者多年的职务犯罪侦查实践统计，"一把手"腐败犯罪的发案率往往占一定时间、一定范围全部腐败案件的25%至30%。其具有以下一些特点：

一是"一把手"位高权重，"一把手"的地位、权力、影响、责任决定了其必然在一定的环节条件下，活动层面高、决策事项多、接触范围广、圈子影响大，遇到各种诱惑和考验的机会也多，腐败出问题的可能性较大。

二是"一把手"高高在上，群众发现其贪污、受贿的可能性概率极小，不少领导干部中的"一把手"们，往往由小错变大错，最终走向犯罪。

三是"一把手"优越感强，平时属下都以尊敬的姿态、顺从的表现恭维上司，听到的都是赞美声，"一把手"极易盲目自负，听不进不同意见，结果在错误的道路上越走越远。

现在的监督机制存在监督乏力的问题，缺少行之有效的、经常性的、制度化的监督约束机制，致使对"一把手"的监督出现空档，腐败乘虚而入。"一把手"权力过分集中，又赋予了"首长负责制"、国有企业的厂长经理负责制、"一票否决权"、"双肩挑"（党政职务一人兼）、"一支笔"（资金审批一人说了算）的用权方式，强化了"一把手"的权力，削弱了集体领导的作用，因而，"一把手"随着权力大而脾气渐长成为一种痼疾，就是一些原来比较谦虚、务实、具有民主作风的"一把手"也逐步开始独断专行，大行顺我者昌、逆我者亡；大搞一言堂、家长制、老板化就成为腐败的客观条件和因素。

（4）监督制度狭窄单一

现行的自上而下的监督制度，形式上较完整、力度上也比较强，这主要体现在中央（中纪委、中央巡视组等）对各省市自治区及大中型国有企业主要领导干部的监督上。就地方各省市自治区的递层、垂直关系而言，监督制度还显得狭窄单一。

一是因"天高皇帝远"，省对市、市对县，一般情况下两地具有一定的距离，鞭长莫及，而普通监督难以奏效。

二是在监督主体（上级）与监督客体（下级）之间，容易形成"猫鼠关系"，下级总是有意无意、正式非正式地力图博得上级的好感，有的就采用阿谀奉承、溜须拍马、行贿巴结等种种手法。

三是如果上级任人唯亲，就会投桃报李、包庇姑息、纵容迁就。因而，自上而下的监督模式的动力源系于个人或几个人，监督状态以个人的好恶为转移，随意性很大，容易走进误区。

所以，自上而下的监督，必须与其他监督机制相匹配，高权力者必须有良好的品行，必须有正常的制度保障。而平行制约、自下而上的制约监督始终显示为较弱的状态，监督者的切身利益掌控在被监督者手里，现行制度下的这种监督所起的作用是微乎其微的。

（5）监督体系没有理顺

党章规定，各级纪律检查委员会对同级党委有责任和权力进行监督，然而，在现实生活中往往难以不折不扣地得到实行。

一是党委对同级纪委实施全面领导，从人员编制、经费、保障等，均由党委统筹安排，很显然，这在一定程度上限制了其职能的全面发挥。

二是法律规定，人民法院依法独立行使审判权，人民检察院依法独立行使检察权，但是在实际过程中，"两院"（法院、检察院）在组织人事方面受制于地方同级党委或上一级党委，其财政经费、人员编制、装备保障受制于同级政府，这种格局，不利于司法机关独立行使司法权和国家法律监督权。

三是个别不讲原则，甚至本身就是腐败分子的领导干部通过写纸条、作指示、打电话，或强令、或明说、或暗示等方式来影响和干扰"两院"（法院、检察院）的正常工作秩序，有时，一些单位出于自身利益考虑不得不屈服于（考虑）顶头上司的"旨意"。

所以，被各种因素束缚手脚的监督是背负沉重包袱、常常面临左右为难局面的监督，监督体系的不顺，也是一些贪官不把这种监督放在眼里的主要原因。

（6）真正监督薄弱不全

当前我们的监督是薄弱而不全，形式多于内在、表面重于实质、零散大于整体。监督要真正起到作用必须改变目前现行十分薄弱、十分不完善的监督体系。

一是必须建立一整套的监督运行制度，形成完整的、行之有效的监督运行机制。

二是必须数管齐下，真正形成上下的、平行的、左右的、内外的、互相联系、互相促进、互相补充、互相保证的监督体系。

三是各种监督，如舆论监督（含网上监督）、媒体监督、党派监督、人大监督、政协监督、巡视监督、群众监督，结合党内监督、组织监督、制度监督、司法监督、审计监督等紧密联系，形成体系，在这样的全方位、立体式、网络型的监督体系下，其产生的效果才可能是十分明显的。

（7）贪官悔罪诠释监督

不受监督的权力，容易发生变异；不受监督的权力，必定发生腐败。古今中外正反两方面的无数事实充分说明了这一点。

因为贪污罪、挪用公款罪被判处死刑的时任湖北省驻香港办事处主任金某，在悔过书中写道："我们这些领导干部的违法乱纪活动都是围绕着一个'权'字进行的。而我们之所以能滥用权力，搞权钱交易、权色交易或以权谋私，是因为我们这些人手中的权力失去了应有的监督、制约和控制。在我们这些人中，有的是采取欺上瞒下的手法，逃避权力的制约和监督；有的是采取串谋私通，将本为相互制约的权力机制，变成了共谋私利的工具；有的则是利用自己的权势和干部群众的信任，将自己变成不受管束的'法外人'，使得有关纪律和制度对他形同虚设。"

被处决的江西省副省长胡某临终前哀叹：如果我们的监督也能够像美国监督克林顿总统那样，在问题初始阶段就受到关注、得到抨击，我也不会走到现在无法挽回的地步了。

这已清楚地表明，我国权力监督体系的缺陷已经成为导致腐败发生及得不到根本性的治理的重要因素。

（8）高度重视监督制度

确保权力正确行使，必须让权力在阳光下运行。要坚持有制度管权、管事、管人，建立健全决策权、执行权、监督权既相互制约又相互协调的权力结构和运行机制。落实党内监督条例，加强民主监督，发挥好舆论监督作用，增强监督合力和实效。

29. 腐败是一个筐吗

腐败是个筐，什么都可往里装。

这个认识是把腐败问题泛化了，因而是错误的。

腐败是反腐倡廉理论的一个基本概念，科学地界定腐败概念也是反腐倡廉理论研究的一项基础性工作。目前，国内外学术界对腐败概念的认识、理解和解释还不统一，由此带来一些问题，其中尤其值得重视的是腐败概念的泛化问题。

近年来，大量与腐败有关的词汇出现在众多新闻媒体上，诸如教育腐败、交通腐败、医疗腐败、学术腐败、新闻腐败、出版腐败、竞技腐败、足球腐败、彩票腐败、节日腐败、保姆腐败、低龄腐败等，最近有关学者又提出一个"语言腐败"，说不正规使用语言也是腐败。诸如此类，给人的感觉似乎是上下左右、东西南北腐败无所不在，似乎越反腐败，腐败越多越严重。

但细究起来就会发现，与这些词汇有关的现象、事件大多不属于腐败范畴。例如，把出租车司机绕行、多收费称为交通腐败，把剽窃、抄袭他人学术成果称为学术腐败，把小学生班干部印个名片、接受同学礼物称为低龄腐败，把保姆偷懒、有小偷小摸行为称为保姆腐败等，这些均属于腐败概念的泛化和滥用。

出现这些把腐败概念任意扩大化的根本原因，是没有客观、准确、全面地把握腐败概念的内涵。

腐败概念的泛化必然产生许多弊端，它既混淆腐败与社会大量不公现象之间的区别，也混淆了与违反社会公德、违纪、犯罪之间的界限，从而干扰、歪曲反腐败的方向和目标，动摇我们治理腐败的信心。但更重要的是，这种概念上的模糊和混乱会使反腐倡廉工作失去理论基础，长此下去，必将严重影响反腐败斗争的健康开展。因此，为防止和纠正腐败概念泛化现象，必须科学界定腐败概念。

腐败是一个具有特定含义的政治术语。

腐败一词在《汉书·食货志上》就已出现："太仓之粟，陈陈相因，充溢露积于外，腐败不可食。"此处意指（谷物）发霉、腐烂。这是腐败概念的生物学释义。后来，它被引申到政治领域，成为一个政治术语。

晚清时期，小说《女娲石》中就有"腐败官场"的词汇，腐败意指公共权力的滥用；邹容的《革命军》中也有"革命者，去腐败而存良善者也"的语句，腐败亦指社会不良现象。大家可以注意到，在马克思、恩格斯、列宁的经典著作中，除了用"腐败"指公权私用以外，还经常用"腐败"来形容和批判封建主义、资本主义制度的腐朽。这里，"腐败"即"腐朽"，意指某种社会制度衰败没落必将被新的社会制度所代替。

上述例子涉及腐败作为政治术语的三种含义：

一是公共权力的滥用；

二是社会不良的现象；

三是社会制度的腐朽。

但是，腐败作为反腐倡廉理论的一个专有名词，却不能同时具有上述多种含义，必须"择其一而为之"。

腐败是一种社会不良现象，但不能认为所有社会不良现象都是腐败。腐败和社会不良现象不能画等号。腐败概念泛化的一个主要表现，就是把剽窃抄袭、制假售假、偷盗赌博、卖淫嫖娼、偷税漏税等许多不属于腐败范畴的社会不良现象当作腐败来看待，任意扩大腐败范围，夸大腐败的严重程度。

腐败不是一个筐！

30. 腐败就是贪污受贿吗

现在有些人一提到"腐败"这个词马上就联系到贪污贿赂，人们通常这么认为，可以讲也没有什么不对。

但从专业研究腐败、从事反腐败工作的人员而言，站在科学、客观、理性的角度看，这么说是不正确的。

实际上，腐败是个系统的、不断发展蔓延的、渐进的过程，不同时期有不同的表现，也有萌芽、发展、成熟、恶化的整个过程，笔者从实践出发，把它分为三个阶段。

第一阶段是日常腐败，笔者把它称为"腐败现象"，形象地说也是一种"灰色腐败"，这种腐败现象人们是司空见惯，主要特点就是违纪不违法，是一种不正之风，诸如"公款吃喝"、"挥霍铺张"等。

第二阶段是轻微腐败，笔者把它称为"腐败违法"，形象地说也是一种"白色腐败"，这种腐败现象人们也经常碰到，主要特点就是违法不犯罪，表现为利用公权力"吃拿卡要"、"扯皮推诿"、"不负责任"、"玩忽职守"，尚没有达到犯罪的程度。

第三阶段是严重腐败，笔者把它称为"腐败犯罪"，形象地说也是一种"黑色腐败"，这种腐败达到了违法又犯罪的程度，诸如"权钱交易"、"滥用权力"，达到了必须用刑法来调整的程度。

通过这三阶段的分析，我们可以了解，由于腐败的表现、程度、结果在不同的时期、不同的阶段具有不同的表现，具有不同的性质，所以，对于腐败我们也应当采取不同的方法、手段和措施。

所以对于反腐败，我们需要具有"宣传、教育、引导、限制、监督、诫勉、批评、行政处理、党内处理"等各种措施，多管齐下，综合治理。而"惩治"仅仅是最后阶段，也就是对于"黑色腐败"必须采取严厉惩治的手段。

反腐败是全方位的，惩治仅仅是最后的手段。

31. 腐败犯罪是罪名吗

腐败犯罪是一种罪名。

这个理解是不正确的。

腐败犯罪是一种类称，它不是《刑法》上的罪名。从法律角度而言，它指的是腐败的极端形式，通常是指职务犯罪，即国家公职人员违反或偏离公共职责，私用或滥用公共权力，不仅损害了国家公职人员的廉洁性和不可收买性，而且还损害了国家公共管理职能和秩序，或者致使国家和人民的利益遭受重大损失，从而依照法律应受刑法处罚的行为。

腐败犯罪除了具有权力腐败的最一般特征外，根据犯罪构成要素其具有以下特点：

（1）腐败犯罪的主体是国家公职人员

腐败犯罪的主体即国家公职人员，包括国家机关工作人员，国有公司、企业、事业单位、人民团体中的工作人员，国家机关、国有企业、事业单位委派到非国有公司、企业、事业单位、社会团体中从事管理的人员，以及其他依照法律从事公共职务活动的人员。

（2）腐败犯罪侵犯的客体是复杂客体

腐败犯罪侵犯的客体是国家和公共管理职能和管理秩序，还侵犯了国家公职人员的廉洁性、不可收买性，侵犯了国家的利益、人民群众的利益，触犯了法律。

（3）腐败犯罪在客观方面表现为以权谋私或滥用权力

腐败犯罪的客观表现是违反或偏离了公共职责，以权谋私、权钱交易，或者私用、滥用公共权力，致使国家和人民利益遭受重大损失的行为。

(4) 腐败犯罪在主观方面表现为一般故意

腐败犯罪主观方面是一般故意犯罪，也有少量的是过失犯罪。《刑法》第三、五、八、九、十章关于破坏社会主义市场经济秩序罪、贪污贿赂罪、渎职罪、军人违反职责罪、妨害公司、企业管理秩序罪、破坏金融管理秩序罪、侵犯财产罪等罪名，通常与腐败犯罪有着密切的联系。

腐败犯罪不是一种罪名。

32. 腐败的原因主要有哪些

要深入分析一些领域腐败现象易发多发的原因。腐败现象是一个具有复杂深刻的社会历史根源、古今中外都存在的世界性难题。当前，我国社会存在腐败现象的原因，主要有以下方面：

一是我国仍处于并将长期处于社会主义初级阶段，处于经济体制深刻变革、社会结构深刻变动、利益格局深刻调整、思想观念深刻变化和各种社会矛盾凸显的历史时期，各方面体制机制还不完善，存在滋生腐败现象的土壤和条件。从世界各国发展历程看，西方发达国家建立和完善市场经济体制大都经历了上百年甚至更长时间，而我国用短短几十年时间跨越了其他国家上百年的发展历程，各方面体制机制制度必然要经历一个不断健全完善的过程。即使市场经济体制比较健全的西方发达国家，也都为不断发生的腐败问题和政治丑闻所困扰。近年来突尼斯、埃及、利比亚等国家相继发生的政权更迭和政治动乱也都与腐败问题密切相关。

二是在全方位对外开放的条件下，资本主义腐朽思想文化影响乘虚而入，同我国历史上遗留下来的封建残余思想影响相结合，侵蚀着党员干部的思想，一些党员干部宗旨意识淡薄，拜金主义、享乐主义、极端个人主义思想滋长。比如，广西壮族自治区政府原副主席孙某为满足自己的高消费，收受贿赂328 万元，伙同他人骗取国家资金 400 余万元，被依法判处有期徒刑 18 年。

孙某在其忏悔书中说：贪图享乐，无限制地追求高消费，是我违法犯罪的重要原因。

三是随着工业化、信息化、城镇化、市场化、国际化深入发展，多元利益主体在我国市场上的竞争日趋激烈，不法分子通过商业贿赂攫取非法利益，拉拢腐蚀公职人员。比如，广东省政协原主席陈某因受贿2959万元，被依法判处死刑缓期2年执行。他在检查中说：在改革开放、市场经济条件下，体现在领导干部身上腐蚀与反腐蚀的斗争是如此尖锐和复杂。说复杂，是指对领导干部的腐蚀，在温情脉脉、杯光酒影中就能得逞，让你在不知不觉、舒舒服服中走向犯罪。

四是反腐倡廉建设中仍然存在薄弱环节，一些地方和单位管理失之于软、失之于宽，教育不够扎实，制度不够健全，监督不够得力，预防不够有效，好人主义盛行，应该及时提醒的没有及时提醒，应该坚决制止的没有坚决制止，应该严厉惩处的没有严厉惩处，有的甚至包庇腐败和犯罪。就纪检监察工作来讲，还存在一些薄弱环节，如在思想观念、工作机制、工作方式等方面与新形势新任务的要求还不完全适应，从源头上防治腐败的措施和办法还不够多，等等。

中央纪委主要领导同志指出，其到中纪委工作以来，参与研究处理的中管干部有几十个。他认为这些干部中的大多数可以说最初的表现还是好的，也是通过勤奋工作、清白做人赢得组织和群众信任，一步一步走上领导岗位的，其中有些人的能力和贡献还比较突出。但后来随着职务的提升和权力的增大，放松了主观世界的改造，加上社会上各种各样的诱惑，最终经受不住考验，把党和人民赋予的权力作为谋取私利的工具，从而滑入腐败深渊。这些人的违纪违法行为，不仅损害了党的形象、给国家造成严重损失，而且最终使自己落得个身败名裂甚至家破人亡的下场，的确让人感到既痛恨和气愤，又痛心和惋惜！

33. 腐败的载体简单吗

腐败现象的载体比较简单，就是钱财。

这个认识过于肤浅，不够完整。

腐败现象在领域、环节、取向等方面有不同的表现之外，就其"载体"来说也很多，也不是很简单的。进行分析、研究，可以从中得到提示，以重点防范、预防在先，提高在一些腐败易发的"载体"方面及诱发因素上的警惕和自觉抵制的能力。

就腐败"载体"而言，主要是以下几个方面必须引起特别的关注：

（1）钱款

"有钱能使鬼推磨"，千百年来这句民间俗语被不断诠释，被世世代代无数人推崇。因为，为了钱款可以出卖一切的社会现象经久不衰。古今中外的贪官污吏所追逐的绝大多数不外乎都是金钱，这是腐败分子腐败行为的主要载体。

（2）资源

资源是社会发展、人民生活的重要物质基础，在资源不够丰富的条件下，什么资源紧俏、供不应求，该资源就可以被用来做谋取私利的载体。基建领域的钢材、水泥、砖瓦等都曾经是紧俏的资源；物流领域的各类运输工具、设备、机械等也都曾经是紧俏的资源；能源领域的水利、电力、煤炭等，直到当前在许多地方仍然是紧俏资源。目前紧俏资源主要集中在土地、粮食、石油等方面。广义上还包括教育资源、科研资源、医疗卫生资源等。资源成为腐败的载体是以权谋私的重要特点。

（3）批文

国家各种许可的批准文件成为腐败分子谋取私利的基本手段。进出口商品、物资、配额的许可；药品批准生产、销售的许可；土地开发、利用、转让的许可等，一些官员或自己，或通过亲属子女及身边的工作人员，或一些人买通权力执掌者，利用将非正常渠道获取的批文进行倒卖谋利。批文一度成为官员腐败的重要载体。

（4）审核

利用手中的权力，在权力运作的各个环节中，设卡刁难，谋私勒索，对符合程序、条件的事项故意节外生枝，人为制造障碍，大权大"卡"、小权小"卡"，不给好处不办事，好处给少拖延事，给足好处乱办事，各种大小权力成为腐败的依附载体。

（5）项目

利用手中权力控制的工程项目、物流资源、接受服务等权力，在进行招投标、决定对外发包、选择采购供应商、确定销售事项等签订合同的过程中，规避法律、违反规定，以个人的目的为公权取向、决定的标准，为个人谋私。

（6）资金

利用管理资金的权力，在投资、拨款、融资、引资、集资、贷款、资金运作、资金管理、资金监督的过程中，人为设立种种障碍，以明示或暗示的方式，迫使被管理者就范，为满足个人的目的，进行钱权交易，为个人谋私。

（7）人事

利用干部管理的权限，在干部任职考察、提名、调动、提拔、任免、奖惩、福利、待遇等过程中，利用被管理的人员的迫切心理，私下或幕后操作，泄露内部人事机密，进行非法串连交易，在这过程中受贿、索贿，谋取私利。

（8）处理

利用对人和事处理的权限，在处理事故、违规、纠纷、行政处罚、司法审判等过程中，为达到个人目的，故意违反规定和法律，以人为的因素，左右处理结果，实现个人谋私。

（9）交往

利用各种进行公务交往的权力，在对外接待、考察访问、行政往来、业务交往、内部活动等过程中，"借道搭车"，公款私用、暗中交易，少用多报，谋取个人私利。

（10）机会

利用权力运行的一切机会，千方百计利用管理、监督的空隙和漏洞，采用各种手段进行谋取私利的行为。

对载体加强认识和落实监督，提高警惕！

34. 腐败的诱因就是钱吗

腐败的诱因就是钱。

这个观点反映出对腐败认识的简单化、表面化。

腐败现象从根子上来说是一种反社会的丑恶现象，腐败在社会各个领域中滋生和渗透，其对权力的诱惑和腐蚀破坏作用绝不能低估。就腐败的内在动因而言，它有各种不同的诱发起因和各种不同的表现形式，并不是简单的敛钱。

当前，发生在我们社会生活中的腐败主要有以下几种类型：

（1）拜金型

拜金型腐败者其目的在于对金钱的追逐，不断扩大和充填对金钱的占有欲。其主要的手法和途径是利用公权力获取不应当取得的钱款；其内在心理的表现是，对金钱贪婪的欲望，永远没有满足的时候，金钱对其而言，是最终目标、最高利益。

敛取钱财千万元以上的国家级、省部级贪官成某杰、王某忠、李某廷、丛某奎、慕某新等就是这种类型的典型腐败者。

（2）求物型

求物型腐败者其目的在于对公共利益性质的实物的非法获取、占有。其主要手法是通过各种不正当的手段，将国家的、公共的、他人的财产占为己有，"别人有的，自己必须有；别人没有的，自己也必须有；别人有好的，自己必须要有更好的"。

时任中共中央政治局委员、国务委员、北京市委书记的陈某，在对外交往中收受贵重物品（名表、名牌照相机等）归个人所有，滥用职权用大量公款营造高档别墅等供其个人吃喝玩乐挥霍享用，就是这种腐败的典型。

（3）聚宝型

聚宝型腐败者其目的在于对各种具有一定价值的文物、古董、珍宝等的追求和占有，其目的是对"价值"的渴求。其主要手法是利用手中的权力，以牺牲国家利益、公共利益来获取自己对"文物、古董、珍品"的收集和占有，他们中有的人为规避法律、掩人耳目，一般不直接收受金钱或贵重生活资料。

浙江省某市区一公安局长王某，利用职权进行权"物"交易，专门敛取文物、古董、珍宝，数年前案发时，其犯罪金额就高达1000余万元，他就是这种腐败的具体阐释。

（4）享乐型

享乐型腐败者其目的在于追求个人或个人小圈子的高消费享受。其主要手法是利用职权用公款或有求于自己手中权力的人的钱款满足个人和小圈子的"高档"、"顶级"、"豪华"、"贵族"式的享受，对不是自己个人钱款的使用表现出一种挥霍、铺张、挥金如土、不计后果的心态。

沈阳市原常务副市长马某在任职期间，在不长的时间内，先后去澳门17次，在境外吃喝玩乐，并且在赌场用公款进行豪赌，一掷千金、挥金如土；同时，公然利用权力贪污和在为他人谋取利益的同时，大肆收受贿赂。一些腐败高官，一场高尔夫就可以打掉上万元，他们所拥有的价值至少几万元甚至十几万、几十万元的高尔夫贵宾卡都是有求于他们的老板们、大款们送的，这就是这类腐败的典型例子。

（5）徇私型

徇私型腐败者其目的在于为个人或个人小圈子谋取不正当利益。其主要手法是利用手中的权力千方百计为满足、迎合、庇护与自己有裙带关系、个人利益关系的人谋取私利，权权交易、权钱交易、权情交易、权色交易等，最终目的是为自己谋取私利。

时任公安部副部长的李某某，在兼任全国打击走私犯罪领导小组副组长期间，与走私犯罪集团头目赖某打得火热，为赖某走私犯罪大开方便之门，其个人从赖某处敛取了大量钱财，李某某就是利用职权徇私舞弊腐败犯罪的极好证明。

（6）徇情型

徇情型腐败者其目的在于为男女私情中的一方谋取利益。其主要手法是利用手中的权力，慷国家利益之慨，以损害公共利益的行为来达到个人情感的增值，在项目、职位、资金、机会等方面徇"情"舞弊，不计后果。

时任北京市副市长的刘某，为了达到与情妇长期保持"感情"的目的，不惜公然违反国家法律和政府法令，违法批租土地给情妇，以满足情妇的发财要求。以损害公共利益的行为为个人感情增值，为徇男女私情而不计后果、敢于以身试法的，刘某可谓"佼佼者"。

（7）贪色型

贪色型腐败者其目的在于满足自己的肉欲。其主要手法是利用手中的权力，以权换色、以权弄色、以权悦色，不惜损害国家的、公共的利益，以满足个人的色欲、肉欲、性欲，而希望获取利益的一方则利用色相引诱公职人员，拉他们下水。他们之间不存在感情，而仅仅是实现个人私利和满足个人欲望。

（8）颓废型

颓废型腐败者其目的在于一切围绕个人的私利为人处事。其主要表现手法是自己政治上没有起码的要求，所谓"看破红尘"，在权力的行使过程中，以围绕个人的利益为出发点，不放过一切为个人谋私的机会，所谓"人不为己，天诛地灭"，是一种极端的利己主义，在群众中影响恶劣、口碑极差。

时任河北省常务副省长的丛某，完全丧失了共产党员的起码要求，丢弃了理想信念，言必"阿弥陀佛"，行必烧香拜佛，还荒唐地提出"以佛治国"的"理论"，实际上其言行举止表现出的满是蜕化变质、男盗女娼，其巧取豪夺，不择手段敛取钱财到了近似疯狂的地步。丛某的颓废可谓是腐败高官中最突出的代表人物。

（9）盲从型

盲从型腐败者其目的在于一切以嫡系上司的意志、好恶为行为准则。其主要表现手法是"唯上是从"，上司要怎么干就怎么干，上司让干什么就干什么，而根本不去考虑法律、规定、原则、良心，结果上司一旦是腐败分子，那么盲从者也逃脱不了腐败分子的干系，轻则成为腐败分子"为虎作伥"的帮凶，重则亦为不折不扣的腐败分子。

时任安徽省阜阳市公安局长的徐某，不学无术，愚昧盲目，他对提拔他当公安局长的市委书记王某表忠心："俺啥也不懂，但俺只知道一条，王书记让俺干什么俺就干什么，王书记让俺怎么干，俺就怎么干。"结果在王某的指使下，对上司和属下干了大量欺压百姓、搜刮民脂民膏、伤天害理的坏事，最终王某因为严重腐败犯罪被处以死刑，该局长也落了个畏罪自杀的可悲下场。

（10）无知型

无知型腐败者其目的在于表面上与世无争、糊里糊涂混日子，"无过便是成功"。其主要表现是不学无术、胸无点墨，对各种利益、诱惑辨不清是非、真伪、对错，直到被追究违纪、违法、涉嫌犯罪的责任时才如梦初醒、后悔莫及，其根本还是个人的无为心理、自私心理、愚昧和贪婪心理交织的极端个人主义作祟。

成某在被关押期间向司法机关提出，希望能够在案件结束以后，到农科院去搞科学研究，"给国家和农民作贡献"；胡某在被关押期间向司法机关提出，希望能发挥他的"一技之长"，以后专门闭门写书法，用其书法作品"给国家换取外汇"。腐败高官的无知状况由此可见一斑。

一些腐败贪官不学习、不思考、不调研，直到身败名裂才恍然大悟，可见无知者之无知的状况和程度。

腐败的诱因不仅仅是钱！

35. 腐败主要发生在政府部门吗

腐败现象主要发生在政府部门。

这个认识是不正确的。

一般而言，腐败现象及行为可以在与公权力有关的任何领域中滋生、蔓延，当前现实生活中主要在以下领域中容易滋生出现：

（1）政府管理领域

政府对司法、财政、国资、规划、工商、经济、产品、资源、教育、卫生、环保等各个领域的管理，具有这些方面公权力行使权的政府部门往往拥有政策制定、资源分配、法规调控、审核批准、拨调供给、抗灾救济等实权，一些国家工作人员可能利用这些公权力进行以权谋私、权钱交易，实现个人的私利。

（2）国企管理领域

国有企业因为属于社会公共利益和公共权力的组成部分，国有企业中行使管理职能的权力执掌者具有国企规划、改制、生产、销售、采购、基建、资金、资源、人力、福利等方面的实权，一些国企管理人员（包括受委派到非国企中从事管理的人员）可能利用这些公权力进行贪污、受贿、挪用公款等违法犯罪活动。

（3）事业管理领域

国家事业管理涉及文化、教育、体育、艺术、科研、宣传、出版、影视等系统的各类管理部门，这些管理部门往往也拥有公共权力，在组织、协调、会演、组稿、展示等过程中，一些公权利执掌者如果没有监督和约束，也会经不住种种利益的诱惑，以各种形式表现出为个人或小团体的利益谋取私利的情况。

（4）社会管理领域

社会管理主要是涉及普通公民社会生活和要求的、以公共权力为基础的管理部门，如社会救济、社会保障、社会治安、移民动迁、计划生育、卫生防疫、兵役动员等，其中一些公权力的执掌者便利用主管或协助管理的职权，以权谋私或滥用权力，甚至不惜以损害公共利益来达到个人贪污、受贿、挪用公款的目的。

有公权力的地方都要警惕腐败！

36. 腐败犯罪的形态一成不变吗

腐败犯罪的形态是一成不变的。

这是对腐败的机械和肤浅的认识，因而是不正确的。

腐败犯罪的形态发展也有不断变化之趋势，其主要表现为：

（1）单一型腐败犯罪向复合型腐败犯罪发展

从腐败犯罪的性质来看，原来单一型的腐败正在向复合型的腐败发展。腐败已不是仅仅贪几个钱的问题，而是出现了政治上拉帮结派、利益勾结；经济上贪婪无度、迫切敛财；工作上扯皮推诿、滥用权力；生活上腐化堕落、道德败坏。

（2）个体型腐败犯罪向群体型腐败犯罪发展

从腐败犯罪的规模来看，原来的个体型腐败正在向群体型发展。原来是尽量不让他人知道自己的腐败行径，现在公然勾结相关人员并分工合作，为谋私而形成利益的共同体，腐败犯罪呈利益的集团化。

（3）生活资料占有型向资本积累型发展

从腐败犯罪的目标来看，原来主要是满足个人或者家庭的生活享受的需要，而现在已经发展成了为迅速积聚资本而不择手段、不顾一切、不计后果得拼命敛财。个别一些领导干部腐败犯罪案件的金额从几十万元、几百万元、几千万元发展到目前几亿元。

（4）域内型腐败犯罪向跨国型腐败犯罪发展

从腐败犯罪的危害来看，原来的腐败犯罪都是发生在域内，程度、影响、危害相对有限，而现在境内外勾结、国内外勾结的腐败犯罪明显突出，无论程度、影响、危害都更加严重，少数一些腐败犯罪分子还携巨款潜逃国外，引起了世界的关注。

（5）普通型腐败犯罪向复杂型腐败犯罪发展

从腐败犯罪的表现来看，原来腐败犯罪主要是普通的、常见的表现状态，现在出现了多种情况交织在一起的状态，即违反党纪、政纪、法纪的状态同时存在；涉嫌贪污、贿赂、挪用公款、行贿、巨额财产来源不明等犯罪同时具备，腐败犯罪日趋严重性、复杂化。

警惕腐败形态的新变化、新手法、新表现！

37. 官员的小节与腐败犯罪无关吗

小节无关大局，与腐败犯罪相去甚远。

这种认识是一些贪官之所以落马的重要原因。

几乎所有腐败犯罪的官员，都有这样一个发展、变化的规律，即他们腐败堕落的轨迹一般均为由小到大、由轻而重、由微至巨的渐进的过程。

不可否认，许多腐败犯罪的官员，他们在任职之前、任职之初，都曾经有过要恪尽职守、努力工作、服务人民的良好初衷。但是，随着环境的变化、地位的上升、时间的推移、权力的增大，他们思想觉悟、自律约束渐渐开始懈怠。

一开始往往是在一些微小的权与利的环节上，放松了要求，没有引起足够的重视和警惕，然后逐步导致自己的贪婪心理恶性膨胀，结果在腐败犯罪的泥坑中越陷越深而难以自拔，最终导致一发而不可收拾。

大贪官李某在任省委主要领导秘书半年以后，先是有人（某县委书记）送其两条中华香烟，他当时还不敢收，怕领导知道了要批评，后来又有人（某市委书记）送了一把剃须刀、一条中华香烟，李某收下了，对方很高兴，也没有引起任何人的注意，李某开始心安理得了。前后不到10年的时间，李某从一个曾经想做焦裕禄那样的县委书记的国家工作人员，堕落成为罪不可赦的大贪官，教训、警示极为深刻。

大贪官胡某清在国家税务总局任办公室主任、国务院宗教事务管理局任副局长期间，虽然也有受贿的问题，但都属"小打小闹"。他总共索贿、受贿90次、折合人民币545万余元及来源不明的161万余元的财物，大部分都是在江西省省长助理、副省长的位置上实现的。胡某清开始也仅仅是收点礼品、小额礼金，到江西工作后，一开始只是收台影碟机、普通的电视机等，但不久他便数万元、数十万元地拿，再后来更是强行索要。他对南昌私营企业老板周某说："现在我花你们几个钱，今后等我当了大官，只要写个字条、打个电话，你们就会有几百万（元）、几千万（元）地赚。"其实，胡某清踌躇满志到江西，到一命呜呼赴刑场，前后不到5年时间。

司法实践中的许多案例都反映了这样一个事实，大贪官往往都是从一瓶酒、一条烟、一只红包开始，最后以巨额经济犯罪、身败名裂而告终。

"万分廉洁，只是小善；一点贪污，便是大恶。"廉政自律，一定要慎微，防微杜渐。

千里之堤，毁于蚁穴啊！

38. 出国考察与腐败没有联系吗

一些人看不到官员出国风与腐败的联系。

实际上，少数一些官员出国促进了其腐败和堕落。

问题还不局限于此，个别领导干部，当然大多还是主要负责干部（因为他们有组团权），每次出国还必定带上大款企业家，甚至还带上"情妇"。这样一来，在国外必须由个人支付的各种费用便全部由大款们承担了，同时在国外"潇洒"比在国内安全得多。

所以，意大利的皮件，南非的钻石，法国的服装、化妆品，这些公仆们购买起来一点也不犹豫，其原因就在于此。

有例为证：被判处有期徒刑11年的时任某大型航空公司副总经理吴某，

其受贿的一个主要环节，就是每次出国前后和出国期间，收受他人的所谓"零用钱"，每次竟然高达 10 万元港元。

至于借干部出国的机会，送上美元、外币等"零用钱"的情况，也是不少案件的重要犯罪事实。出国是光彩、高兴的事，可千万警惕由此而来的各种诱惑，别玩过火而乐极生悲。

小心，出国与出事往往有脱不了的干系！

39. 节假日与腐败无关吗

节假日与腐败有什么关系？

一些人看不到其中的问题。

如今的节假日多了，公务员的公休假以外，每年的黄金假日也有好几个。

于是，"好事者"们又有新招出现了：他们出资十几万元、几十万元，在一些风景区，或在一些不引人注目的度假村里，包下豪华的套房，定下名贵的山珍海味，备好高档的礼品，邀请一些位高权重的领导干部带着夫人、孩子，甚至七大姑八大姨们去"度假"。其间，钓鱼、打牌、游泳、唱歌、泡澡、爬山、下海、摄像、拍照……应有尽有。

我们有时候在风景旅游区可以看到公车、公务接待车，用于旅游接待的执法车、为接待旅游的领导开道的警车，在人群中扬长而去，所到之处，前呼后拥。

2012 年春节，云南西双版纳州一局长竟然开着标有"执法"标记的公车私自出境到老挝去旅游，诸如此类，他们这些官员毫无顾忌地显示着特权、显摆着权势，他们根本不在乎人民群众在背后戳他们的脊梁骨呢！

还值得说上一句，我们怎么会知道一些中高级领导干部这些活动的行踪呢？

除了他们所到之处遭人们嗤之以鼻之外，原来这些"好事者"、老板们拿着你和你家人的"留影",为显示自己的地位,抬高自己的身价,"顺便"在为你到处宣传呢。

天下有免费的午餐吗?

40. 语言能够腐败吗

"语言出现腐败了!"

这年头,什么没有听到过的事都会发生。

2012 年 7 月,北京大学光华管理学院经济学家张维迎提出了"语言腐败"的话题,他说:"我们现在日常生活中使用的大量词汇,基本上可以说都腐败了,甚至我们现在经常说的改革这个词已经腐败了。"

在近年不断出现的"学术腐败"、"车轮腐败"、"保姆腐败"、"低龄腐败"之后,如今又出现了"语言腐败",笔者估计,不久还会出现"写作腐败"、"绘画腐败"、"歌声腐败"、"舞蹈腐败"、"文章腐败"、"诗歌腐败"……

在社会上,如今"腐败"是个出现频率极高的词,但实际上许多人对"腐败"这个词语的真实含义是缺乏根本了解的,其中不乏有一些专家学者、一些领导干部,甚至个别高级领导干部,他们把腐败当作一个筐,什么都往里面装!凡是看不顺眼的、不满意的,统统称为"腐败",这是一种非常有害的不学无术的坏作风。

什么是腐败?国际上有一个通用的概念和界定:利用公共权力去谋取私利;或者是解释为:为了谋取私利而滥用权力。

其反映的核心是:"公权私化"或者称为"权钱交易"。

这个腐败的定义已经为世界上的绝大多数国家和地区所接受。以权谋私、权钱交易是腐败的显著标志,腐败现在已经成为世界大多数国家和地区反对、抵制、研究、预防的一个共同的主题。

中国的反腐专家和学者根据腐败表现的共性，在理论上准确、全面界定了腐败的概念，广义上为公共权力行使者，利用公共权力谋取私利，并严重损害公共利益的行为。狭义上为国家权力行使者，利用国家权力谋取私利，并严重损害国家和人民利益的行为。

这个概念：一是明确了腐败的主体；二是明确了腐败构成的标准——结果的程度。

现代社会，腐败已经成为政治学范畴中权力变质、权力谋私、权钱交易的专业名称。

由此可见，腐败，它的前提必须是公权力，利用公权力谋取私利才是腐败的本质含义，那些所谓的"腐败"与公权力没有任何关系、没有任何联系，如何能称其为腐败呢？

人们不得不怀疑这是一种哗众取宠、标新立异的冲动，完全是一种不懂装懂、混淆视听的举动，它的危害性在于，让人们错误地以为整个社会全部是腐败、到处是腐败，让人们丧失信心，丧失斗志，这是善良的人们所要警惕的！

41. 压力大也是腐败的动因吗

压力大也是腐败的动因。

毫无疑问，这是一个伪命题。

2011 年夏，笔者参加了一个高层次的反腐败研讨会，会上有一法律专业的学者提交了一篇论文，并且在会上进行了发言交流。其主要的观点是"压力大也是导致人产生腐败的原因"。研究反腐败研究到如此地步，笔者叹为观止！

如今一些专家学者，为了引人注目，为了体现深奥，采取出冷门、猎奇的方法来夺取人们的眼球，总是"语不惊人死不休"、"观点不奇死不休"。

压力大容易产生腐败，现今社会哪个压力大不大？领导们要发展经济、维护社会稳定、要为官一任造福一方、要出政绩，压力大不大？企业家们要发展生产、站稳市场，压力大不大？警察们案子破不了，领导骂、群众骂，压力大不大？出租车驾驶员们面临油价上涨、竞争激烈、监管力度加大，压力大不大？打工者们找不到好的工作、收入低微、保障缺失、要养家糊口，压力大不大？大学生们面临就业难、收入低、要买房、要成家，压力大不大？

要在当今市场经济条件下的社会生活中站住脚，要争取有自己的一席之地，没有哪个人是压力不大的！

所以，这个论点是完全站不住脚的，是个伪命题。

诸如此类，类似这些伪命题还是不断在出现，也不断地在混淆人们的视听，如"收入少是产生腐败的原因"、"不合群是产生腐败的原因"、"家庭关系不和睦是产生腐败的原因"、"与群众关系紧张是产生腐败的原因"、"妻子不温柔是产生腐败的原因"、"出身贫困的人当领导是产生腐败的原因"……

笔者作为从事反腐败、反贪侦查三十年的职业检察官，研究了半辈子腐败，在这里一针见血地提醒一句：要搞清楚弄明白产生腐败的真正原因就是两句话：内因，就是人的贪婪心；外因，就是权力缺乏监督。

"闭门造车"不可能有效果。

42. "学术腐败"、"科技腐败" 是腐败吗

经常听到、看到"学术腐败"、"科技腐败"的说法，反正现在各种各样的腐败多了。

其实，认真思考一下，"学术腐败"、"科技腐败"这个提法站得住脚吗？

我们有必要了解一下，现在的"学术腐败"、"科技腐败"指的是什么状态？

其实，所谓的"学术腐败"、"科技腐败"所指的就是科技人员、专家学

者在进行科研、学术活动的过程中采取了"抄袭"、"剽窃"的手段而已。

我们都知道，腐败是利用"公权力"谋私，而普通科技人员、专家学者他们并没有公权力，他们最多带领几个助手、学生开展科研、学术研究，不可能成为腐败的主体，他们即使存在"抄袭"、"剽窃"的行为，那仅仅是属于科研道德、学术道德范畴的问题，应当以与此相匹配的方法措施来调整。

"公权力"指以维护公益为目的的、公共意志团体及其责任人在职务上的权力。它是基于社会公众的意志而由国家机关具有和行使的强制力量。其本质是处于社会统治地位的公共意志的制度化和法律化。换言之，公权力即国家权力或公共权力的总括。

在我国，公权力就是国家公务人员、国有企事业单位、人民团体中从事管理的人员所掌握的，或为管理国家事务或国有资产、代表公众利益的而受国家机关、国家企事业委派、委托行使的权力。

综上所述，普通科技人员、专家学者没有管理国家事务、国有资产的职权，他们不可能成为腐败的主体是有法律明文界定的，也是理所当然的。

至于科研机构、教学机构的管理者，如党组织书记、院长、所长、校长、主任、处长、科长等负有管理职能的人员，他们利用手中的权力进行权钱交易，或者滥用权力造成国家和人民群众生命财产的重大损失，都属于腐败甚至是腐败犯罪无疑。

所以，现在我们听到、看到的"学术腐败"、"科技腐败"的提法是一个伪命题，它任意扩大了腐败的范围，对深入开展反腐败斗争是有害无益的。

腐败的定义是不能随心所欲地来理解和解释的！

43. 非公企业需要预防腐败吗

非公企业不是国有性质、不属于全民所有制，他们中的管理人员不属于公权力执掌者，与腐败无关。

这个认识比较狭窄，因而是不正确的。

非公企业即新经济组织、新社会组织，简称"两新"组织。即非国有的集体独资的经济组织，社会团体和民办非企业单位。

根据中央的要求，要加强"两新"组织的反腐倡廉建设。要求非公有制企业、市场中介组织、社会团体、民办非企业单位、基金会等"两新"组织的反腐倡廉建设，促进"两新"组织健康发展。

我们知道，国家工作人员以权谋私或者滥用职权是腐败，因为这个权力是公权力，但没有公权力的非公企业管理人员的腐败怎么来理解呢？

因为我们通常了解的腐败，可以分为两种：一种是属于腐败行为，另一种是属于腐败犯罪。腐败行为主要是指：铺张浪费、挥霍公款、吃拿卡要、玩忽职守等还没有达到犯罪程度的行为；而腐败犯罪主要是指：贪污受贿、滥用权力达到了刑事追究的标准。

首先，这些现象，非公企业也同样会遇到，虽然他们侵犯的不是国家、公共利益，侵犯的是一种集体的利益，但其形成腐败的过程则完全是相同的。

其次，发生在流通领域的商业贿赂是不区分国有的、非国有性质的，只要是经营者实施了暗中的交易，就是商业贿赂行为，严重的要追究刑事责任。

"以权谋私"，就非公企业而言，尽管这个权力不属于公权力，但非公企业的权力、集体的利益也不允许用来谋私，法律明确规定有"侵占罪"、"非国家工作人员受贿罪"等。

最后，利用公权力谋私的一些腐败犯罪，往往牵涉非公企业，如一些非公企业需要得到公权力的某些照顾、关照、帮助，于是采取一些不正当的手法，如行贿的手法、单位行贿的手法、向单位行贿的手法等，诸如此类都可能是涉嫌犯罪的，因此都是需要预防的。

中共上海市纪委、市委组织部、市委统战部、中共上海市社会工作委员会、市监察局于2010年8月18日发出通知（沪纪〔2010〕107号），颁布了《上海市推进"两新"组织反腐倡廉建设的若干意见（试行）》。其主要内容就是要求"两新"组织加强这方面的建设，对预防发生腐败是有积极的意义的。

非公企业反腐倡廉建设是必要的，强调的是依法经营，责任到位，管理人员不以权谋私，这与"科技腐败"、"语言腐败"、"保姆腐败"完全是两个概念，是需要区分清楚的。

依法经营、廉洁自律是所有企业、组织的立足之本！

44. 大好形势下我们就没有危险了吗

一些人面临大好形势却看不到危险，这种认识是不务实、不客观、不全面的。

党的十八大报告深刻指出："精神懈怠危险、能力不足危险、脱离群众危险、消极腐败危险更加尖锐地摆在全党面前。"

"四大危险"准确概括了新形势下我们党执政面临的风险所在，全党必须居安思危、勇于进取，全面提高党的建设科学化水平，不断加强党的执政能力建设、先进性和纯洁性建设，确保党始终走在时代的前列，始终成为中国特色社会主义事业的坚强领导核心。

（1）防范精神懈怠，不要被数字迷惑，不要沉醉于已有的成绩

改革开放以来，我国经济社会发展取得了翻天覆地的变化，与此同时，党的执政环境也面临新的形势，特别是随着社会主义市场经济不断深入，一些消极负面思想也乘虚而入。

在成绩面前，少数一些党员领导干部出现了骄傲自满、贪图享乐情绪，导致在工作中思想涣散、精神懈怠发展下去，就会严重损坏党的形象，削弱党的战斗力。

如何克服精神懈怠的危险？十八大报告强调：坚持艰苦奋斗、勤俭节约，下决心改进文风会风，着力整治慵懒散奢等不良风气，坚决克服形式主义、官僚主义，以优良党风凝聚党心民心，带动政风民风。

现在国家发展迅速，但一定要有忧患意识，居安思危，保持头脑清醒，不要被目前一些数字迷惑，沉醉于已有成绩。要清醒地看到，我们发展不平

衡的现状，以昂扬向上的精神状态参与到全面建设小康社会的进程中去。

我国经济发展的速度位居世界前列，已经超过了日本，数字确实喜人，但人们想过没有，如果除以十四亿人口，我们的人均 GDP 是排在世界各国 100 位之后；我们的钢产量已经达到世界第一，但出口量低下，特种钢材几乎在世界上没有一席之地；我们的空间技术和能力取得了举世瞩目的成果，但找找差距，还落后于世界发达国家半个多世纪；我们首只航空母舰下水服役，壮大了国防力量，但美国早在 1921 年就有了航母……所以不被数字迷惑，不要沉醉于已有的成绩是我们保持清醒头脑的要义。

（2）防范能力不足，学习不能走形式，工作要有真本领

世情、国情、党情的深刻变化，新情况、新问题层出不穷。我们走的是一条前无古人的新路，遇到的很多问题没有现成的答案，没有现成的方法，不论是社会利益的协调，社会矛盾的解决，还是社会管理，党员干部都面临实际能力与面临问题不相符合的情况。

少数一些领导干部看不到世情、国情、党情的深刻变化，改革开放打开"门窗"以后，随着世界先进科学技术、管理模式的引进，一些资产阶级腐朽没落的思想意识、行为方式也渗透了进来，甚至一些绝迹多年的社会丑恶现象也沉渣泛起，在一些地区、一些领域社会矛盾激化，群众心存怨气，严重损坏了党群关系，破坏了党和群众的感情。

十八大报告中专门强调：促进领导干部树立正确政绩观。报告提出：加强和改进干部培训，提高干部素质和能力，非常重要。今后要不断加强党员干部理论思维能力、战略谋划能力、岗位业务能力、团队协作能力等多方面素质的培养和提高，让党员干部在思想上、能力上、作风上与时俱进。

（3）防范脱离群众，千万别忘"我是谁、为了谁"

权力来自人民，权力为了人民。十八大报告中强调："任何时候都要把人民利益放在第一位，始终与人民心连心、同呼吸、共命运。"

我们党一直在强调，脱离群众是最大的危险。在改革开放和长期执政的条件下，党没有了外在的强大的生存压力，一些党员干部的群众观念容易淡化，再加上权力本身具有的腐蚀性和市场经济带来的一些利益诱惑，使得一些党员干部疏远了群众，忘了"我是谁、为了谁"。

十八大报告指出：围绕保持党的先进性和纯洁性，在全党深入开展以为民务实清廉为主要内容的党的群众路线实践教育活动，着力解决人民群众反映强烈的突出问题，提高做好新形势下群众工作的能力。

习近平总书记指出："我们的人民热爱生活，期盼有更好的教育、更稳定的工作、更满意的收入、更可靠的社会保障、更高水平的医疗卫生服务、更舒适的居住条件、更优美的环境，期盼孩子们能成长得更好、工作得更好、生活得更好。人民对美好生活的向往，就是我们的奋斗目标。"

习近平总书记强调："我们的责任，就是同全党同志一道，坚持党要管党、从严治党，切实解决自身存在的突出问题，切实改进工作作风，密切联系群众，使我们党始终成为中国特色社会主义事业的坚强领导核心。"

我们一定要始终与人民群众心心相印，勤勉工作，努力向历史、向人民交出一份合格的答卷。

（4）防范消极腐败，解决不好会造成致命伤害，甚至亡党亡国

"反对腐败、建设廉洁政治，是党一贯坚持的鲜明政治立场。"党的十八大报告再次重申了我们党反对腐败的鲜明立场和坚定决心，并向全党发出警示："这个问题解决不好，就会对党造成致命伤害，甚至亡党亡国。"

十六大以来，数百个省部级领导干部因为腐败而落马，一批大案要案刺激着人民的神经，与此同时，发生在群众身边的一些腐败现象引起群众的强烈不满。这给党的事业造成了巨大的损害和恶劣的影响，"腐败的问题和现象，伤害群众对党的感情，严重影响党和政府的形象"。

要警惕腐败成为一种社会现象的苗头和一种潜规则的趋势，警惕一些干部掌权之后就不由自主干些权钱交易勾当的潜意识。

解决腐败问题关键是要靠制度，在权力集中、监督制衡不足的情况下，光依靠领导干部个人觉悟，很难真正遏制腐败现象的蔓延。只有推进政治体制改革，确保决策权、执行权、监督权既相互制约又相互协调，才能从根源上遏制腐败。同时要依靠人民群众的支持和参与，让人民参与监督，让权力在阳光下运行。各级领导干部也要适应来自各方面的监督，做到洁身自好，廉洁自律。

进一步推动反腐倡廉建设最需要做的是加强对权力的制约和监督，健全

权力运行的监督机制，加强对权力行使的规范和限制，确保权力既高效运转又正确行使。

不断提高党的领导水平和执政水平、提高拒腐防变和抵御风险能力，是党巩固执政地位、实现执政使命必须解决好的重大课题。

十八大报告要求：全党要增强紧迫感和责任感，牢牢把握加强党的执行能力建设、先进性和纯洁性建设这条主线，坚持解放思想、改革创新，坚持党要管党、从严治党，全面加强党的思想建设、组织建设、作风建设、反腐倡廉建设、制度建设，增强自我净化、自我完善、自我革新、自我提高能力，建设学习型、服务型、创新型的马克思主义执政党，确保党始终成为中国特色社会主义事业的坚强领导核心。

45. "五九"现象是腐败犯罪的特点吗

当褚某健（时任云南红塔山集团董事长，案发时 59 岁）、张某芳（时任上海某大型钢铁企业董事长、总经理，案发时 59 岁）、石某钰（时任上海市总工会副主席，案发时 59 岁）等贪官案发时，就有人惊呼："要谨防'五九'现象。"一时报刊文章、大会小会，"五九现象"成了时髦的流行语。

"五九"现象的提出，曾经在反腐败领域风靡一时，一些好事者还接连发表了剖析"五九"现象的文章，甚至还有"专家"、"学者"迫不及待地出版了《"五九"现象》一书，一时"五九"现象似洪水猛兽一般。

所谓"五九"现象指的是官员年龄一旦到了 59 岁，就要捞一把走人了！于是好事者把贪官中 59 岁的职务犯罪案件集中起来，称"五九"是个现象了。

其实，"五九"现象是个伪命题。

无论是从笔者三十年从事直接查处职务犯罪案件的经历，还是笔者分析历年来上海乃至全国检察机关查处职务犯罪的数据来看，59 岁的贪官确实存在，但从来没有占主导地位，根本不是"现象"。

为什么"五九"的官员不占贪官的主导地位？这可以从"五九"官员的经历来分析。"五九"官员出生在解放前后，从小接受的是新中国共产主义的教育，强调大公无私，斗私批修，整个学习成长过程又历经各种政治运动，他们的思想根源内在的普遍是朴实的、谨慎的，他们的贪婪心总体上是受到抑制的。

司法实践中，确实有一些为数不多的"五九"贪官的出现，不过他们在犯罪过程中，往往表现出的是战战兢兢、前思后虑、考虑再三的特点，一旦案发便彻底交待，因为他们内心深处非常明白自己干的是国家和人民不齿的犯罪行为。

笔者作为一个长期从事职务犯罪侦查的专业人员，以司法实践为依据，一直坚持这样一个观点：腐败发生在各级官员身上从来是不分年龄段的！任何年龄的权力执掌者，只要权力不受监督制约，只要心存贪婪，都必然发生腐败！任何年龄阶段，无论是"五九"、"四九"、"三九"，甚至"二九"年龄段的腐败犯罪的比例，就总体而言，始终是平衡的，不相上下的！

近期被查处的上海市卫计委副主任王某涉嫌贪污受贿1000余万元，才49岁；海南省洋浦开发区规划局副局长肖某涉案数千万元，才37岁；河北省北戴河自来水公司总经理马某涉嫌过亿，是个"70"后，云南省有个副市长杨某被绳之以法，才28岁！

一个时期这个年龄段腐败犯罪高发一些，一个时期那个年龄段腐败犯罪高发一些，都属正常的反映，总体上看，所有年龄段案发的情况，包括作案手段、危害、后果等并没有特别的差异，也并不说明腐败犯罪发生的根本原因。

"五九"不是现象，预防腐败必须是全方位的！

46. 如何正确理解腐败概念的内涵

（1）界定腐败概念应遵从的原则

国外学者和研究机构从经济学、政治学等多种角度对腐败概念进行了研究和界定。

美国经济学家 F. A. 哈耶克给腐败下的定义是："腐败乃是那种强迫我们的意志服从于其他人的意志的权力，亦即利用我们对抗我们自己的意志以实现其他人的目的的权力。"

美国政治学家塞缪尔·亨廷顿认为："腐败是指国家官员为了谋取个人私利而违反公认准则的行为。"

美国耶鲁大学政治学和法学教授苏珊·罗斯·艾克曼女士认为："腐败是国家管理出现问题的一种症状。这种症状表现为那些原本用来管理公民与国家之间的关系的机制，却被官员用来达到个人发财致富的目的。"

世界货币基金组织将腐败定义为："滥用公共权力以谋取私人的利益（利用公共权力谋取私利或为了谋取私利而滥用权力）。"

国内学者对腐败概念的界定也有诸多观点。

王沪宁教授给腐败下的定义是："公共权力的非公共运用。"

田心铭教授认为，腐败是"为谋取私利而侵犯公众利益，腐蚀、破坏某种现存社会关系的行为"。

杨春洗教授认为："腐败是指执政党组织和国家机关及其工作人员，包括受其委托从事公务的组织和人员，为满足私欲、谋取私利或局部利益而实施的严重违背纪律和法律，侵犯人民利益并造成恶劣政治影响的蜕化变质行为。"

综合上述国内外学者的观点，虽然在概念的内涵与外延上有所差别，但有两方面的内容是共同的：

第一，腐败是利用公共权力谋取私利的行为；

第二，腐败是侵犯公共利益的行为。

有专家认为，科学界定腐败概念应遵从以下原则：

一是必须突出腐败行为主体；

二是必须明确腐败行为方式；

三是必须强调腐败行为目的；

四是必须有后果方面的表述；

五是必须具有理论抽象，不应过多考虑国情的不同。

按照以上原则，可以这样界定腐败概念：

从广义上说，腐败是公共权力行使者利用公共权力谋取私利并严重损害公共利益的行为。

从狭义上说，腐败是国家权力行使者利用国家权力谋取私利并严重损害国家和人民利益的行为。

（2）构成腐败必须具备的要素

无论从广义还是从狭义上来讲，腐败概念须具有四个要素，即腐败行为的主体、腐败行为的方式、腐败行为的目的、腐败行为的后果，缺一不可。

①腐败行为的主体

腐败行为的主体是国家权力的行使者。

腐败行为的主体包括国家公职人员和受委托行使国家权力的非国家公职人员，其中：国家公职人员是指个人收入来源于国家财政的所有人员，非国家公职人员是指受委托行使国家权力的人员，包括国有企事业委派到非国有企事业中从事管理的人员及临时受委托从事公务的人员，还包括特定条件下（如在行使救济、移民、计划生育等的权力过程中）的其他人员，如村委会、居委会的组成人员等。

国家权力的行使者掌控着国家权力的运行，因此，只有他们才能利用国家权力谋取私利，才具有腐败行为的主体资格。

一些学者认为，除了国家权力行使者以外，那些利用非法手段间接影响国家权力运行以谋取私利的其他人员也应纳入腐败主体之中。

但也有专家认为，这种看法有失偏颇。这主要是因为，腐败是国家政权自身的腐化变质，非国家权力行使者所发生的行为即使与腐败行为有密切关系，甚至是相伴而生的关系，也不能称其为腐败。

当前，随着政府机构精简和职能转变，随着干部人事制度改革的深入，国家公职人员的数量在减少；同时，国家开始把一些原由政府部门做的事情，诸如资产评估、项目审计和论证等委托给国有企业人员或私营机构人员来做，也就是说，这些人员受委托参与政府事务，因此也成了国家权力的行使者。

上述情况，反映出具备腐败行为主体资格群体的变化。我们在运用腐败概念时一定要掌握这些新情况、新变化。

②腐败行为的方式

腐败行为的方式是滥用国家权力。滥用国家权力包括两个方面：

一是利用国家权力实施谋私行为；

二是拥有国家权力却不作为。

例如，土地管理部门人员把土地批给行贿者，警察接受贿赂后对犯罪坐视不管，工商税务等行政执法部门工作人员个人谋取私利后对违规违法行为放任自流等，均属于滥用国家权力。我们应考虑到，国家权力行使者同时具有公民权，这种权利不属于国家权力。因此，国家公职人员发生的谋私行为算不算腐败，取决于他是否利用了国家权力。

③腐败行为的目的

腐败行为的目的是谋取私利。即为个人、亲属以及所属群体（小集团、小团体）谋取利益，从根本上说还是为个人谋取利益。所谓利益，是指在一定经济基础和社会关系中人的需要的满足，包括物质利益和精神利益。

另外，值得重视的是，按照马斯洛需求层次理论，除了物质的财富以外，人们还追求政治上的显赫和精神上的满足。近年来，官员涉"色"问题，即所谓的"性贿赂"、"性交易"已引起人们的广泛关注。有专家认为，那些国家权力行使者观看淫秽表演、接受色情服务以及利用手中权力接受性贿赂的行为均属于腐败。

④腐败行为的后果

腐败行为的后果是严重损害国家和人民的利益。

对于腐败行为的后果，学者们都认同"损害国家和人民利益"的提法，但却往往忽视了"严重"两字。

有专家认为，腐败的生物学释义为腐烂、变质，指生物体已败坏到了严重的程度。因此，腐败一词引申到政治领域，也应包含"严重"这个意思。当前，一些学者提出腐败"零"容忍、"一元钱"腐败也不允许等说法，是没有充分的理论依据的。把虽然有损害国家和人民利益但情节轻微的行为当作腐败，在理论上是错误的，在实践上是有害的。

一些学者也注意到了"严重损害国家和人民利益"在界定腐败概念中的重要作用，但却把"严重违反纪律和法律"作为腐败行为后果的具体表述，是不够准确的。这是因为：腐败定义和基于腐败定义的反腐倡廉理论应该是制定反腐倡廉纪律和法律的基础，而不应该是相反。因此，以纪律和法律来定义腐败概念实际上是本末倒置。

有专家认为，纪律和法律不能用来界定腐败概念，但在判断一种行为是否严重损害国家和人民利益方面是有重要参考作用的。

需要注意的是，腐败概念泛化并不是指把腐败概念从狭义扩展到了广义。而恰恰相反，防止和纠正腐败概念泛化现象更应注意腐败广义概念的发展，因为反腐败斗争从关注国家权力滥用到关注更大范围的公共权力的滥用正是今后发展的方向。

47. 当前腐败犯罪主要有哪些学理分类

从不同的角度和不同的标准，可以把腐败犯罪分为不同的类型。

（1）以《刑法》确定的罪名分类

贪污犯罪，即以侵吞、窃取、骗取或以其他手段非法占有公共财物；

贿赂类犯罪，即受贿罪、行贿罪、介绍贿赂罪、单位受贿罪、单位行贿罪、对单位行贿罪、非国家工作人员受贿罪、对非国家工作人员行贿罪；

挪用公款犯罪，即将公款进行个人营利、进行非法活动，或为个人使用

3个月不归还的；

私分国有资产类犯罪，即私分国有资产罪、私分罚没财产罪；

渎职侵权类犯罪，即在权力行使过程中超越权力授予的范围，造成严重后果的犯罪；

渎职玩忽职守类犯罪，即在权力行使过程中不负责任，造成严重后果的犯罪。

（2）以腐败犯罪的主体分类

国家机关工作人员犯罪，即国家公务员职务犯罪；

司法机关工作人员犯罪，即审判机关、检察机关工作人员职务犯罪；

行政执法机关工作人员犯罪，即公安、海关、工商、税务等机关工作人员职务犯罪；

经济管理部门工作人员犯罪，即受政府委托的经济管理部门，如通信管理、电力管理、金融管理等行业、部门工作人员职务犯罪；

国有公司、企业、事业单位中从事管理的人员的犯罪，即包括委派到非国有公司、企业、事业单位中从事管理的人员；

人民团体中公职人员的犯罪，即工会、团委、妇联等机关工作人员职务犯罪；

金融机构中公职人员的犯罪，即国有银行、证券、保险等金融机构工作人员职务犯罪；

其他按公职人员追究刑事责任的犯罪，即受委托从事公务的人员、特定情况下村（居）民委员会干部等；

（3）以腐败犯罪表现特征分类

以权谋私类犯罪，即贪污犯罪、挪用公款犯罪、私分国有资产犯罪等；

权钱交易类犯罪，即受贿犯罪、单位受贿犯罪、行贿犯罪、单位行贿犯罪、对单位行贿犯罪、介绍贿赂犯罪等；

玩忽职守类犯罪，即在权力行使过程中不负责任，造成严重后果的犯罪；

滥用职权类犯罪，即在权力行使过程中超越权力授予的范围，造成严重后果的犯罪；

徇私舞弊类犯罪，即在权力行使过程中为谋取私利而不公正使用权力。

（4）以腐败犯罪的犯意分类

贪利型腐败犯罪，即主要以敛财为犯罪的目标；

贪物型腐败犯罪，即主要以收取贵重物品为犯罪目标；

营利型腐败犯罪，即主要以侵占能不断营利的公共财物为犯罪目标；

投资型腐败犯罪，即主要以侵占能不断增值的公共资金为犯罪目标；

渎职型腐败犯罪，即在权力行使过程中不负责任，造成严重后果的犯罪；

侵权型腐败犯罪，即在权力行使过程中超越权力授予的范围，造成严重后果的犯罪；

徇私枉法型腐败犯罪，即司法机关工作人员为谋取私利而故意违反规定裁判案件。

（5）以腐败犯罪的状态分类

集团型腐败犯罪，即有组织、分工明确、利用各自职权合伙作案的犯罪；

窝案型腐败犯罪，即发生在一个部门或一个部位、互有联系的、三件案件及以上的犯罪；

串案型腐败犯罪，即发生在一个连续的主线各个环节的、三件案件及以上的犯罪。

（6）以腐败犯罪的结果分类

特别重要型腐败犯罪，即高级领导干部的犯罪；

特别重大型腐败犯罪，即金额特别巨大的犯罪；

要案型腐败犯罪，即县处级及以上干部的犯罪；

大案型腐败犯罪，即贪污贿赂 5 万元及以上的犯罪；

一般型腐败犯罪，即贪污贿赂 5000 元以上 5 万元以下，一般国家工作人员的犯罪。

48. 腐败的根本危害性表现在哪些方面

中央领导多人在多种场合、多次指出：腐败已经威胁到我们党和国家政权的生死存亡，必须引起全党的高度重视。从理论认识角度分析来看，腐败这个社会的毒瘤的危害具体表现在：

（1）瓦解政治权威的强制力基础

腐败侵入国家机器，侵入权力机关、司法机关，其所产生的危害性是不能低估的。一支维护、保障国家政权巩固的力量，一旦被腐败吞食，那么他所破坏的是政治权威的强制力基础，尤以司法腐败为甚。我们把依法治国作为一项重要的国策、一个重要的治国原则，并且赋予了法治神圣的地位。但是，我们的司法机关如果频频出现为谋私利而出卖法律，执法犯法、知法犯法、徇私枉法，损害法律的尊严，国家的暴力基础就被腐蚀、被破坏，整个国家就根本没有公正可言、没有正义使然，很难想象一个贪污、受贿、腐败盛行的司法队伍能够维持国家的政治权威，而必定瓦解政权的基础。

（2）瓦解政治权威的经济资源

一切政治力量总是以某种经济的、社会的职能为基础。腐败对政治权威的经济资源的破坏作用，首先表现为私利对社会财富的侵占。在我国，侵占的方式各种各样，如假公济私、公款吃喝、公费旅行、公物私用、公款挥霍等；化公为私，将公共财物转化为私有，如贪污公款、私分账外收入、乱发各种福利奖金等；损公肥私，通过各种公务活动，利用手中的权力，获取个人利益。这些行为和做法，已经造成了国有资产的大量流失，严重威胁我国的经济安全。

（3）破坏政治权威的合法性基础

政治权威的合法性，是公众对政权正当性的认同。当政治权威取得"社会普遍承认"并且符合法律原则时，就意味着实现了合法化。但是，广大人民群众对党和国家的公务人员、领导干部的腐败行为是绝对不能容忍的。腐败的恶性发展、蔓延，会玷污党和国家政权的形象、动摇人民群众对党和政府的信赖，更为严重的是腐败激化了社会矛盾，破坏了社会和谐，威胁了社会稳定，还会在政治上授人以柄。

（4）削减国家政权管理社会的效能

腐败破坏了政权管理社会的公正性，不利于政府实施各项社会发展计划与政策。腐败分子没有对社会发展的责任心，其所作所为影响、干扰中央统一号令的执行；腐败的盛行削弱了政府管理社会事务的能力；腐败败坏了政府的适应能力，难以应付千变万化的现代社会，难以从容对付新的问题和挑战；腐败破坏了政府的整合能力；腐败败坏了政府内部的配合能力、协调能力、监督能力等。因此，对腐败不加以惩治、遏制，必定削减国家政权管理社会的能力。

腐败是一种致命的社会毒瘤，对政权的巩固、对社会的稳定、对经济的发展，具有极强的危害性，任何国家、任何政权、任何社会都不会容忍腐败的存在。

49. 当前在高校发生哪些腐败现象

高校曾经被喻为一片净土，称为"象牙塔"，而近年来急剧增加的高等教育领域的职务犯罪，正让高校面临严峻挑战。

（1）财权部门成为腐败的重灾区

高校财权部门正在成为腐败的重灾区。在被查处的高校职务犯罪案件中，行政管理、财务会计、后勤保障人员占近90%。这些人员担任的职务大多是主管或经常直接接触经济项目、资金管理、招生采购等"高危"职务。

在贿赂型犯罪案件中，反映出来的多是管理人员利用职务之便，在基建、采购、招生等环节进行权钱交易，收受他人给予的回扣或好处费。

在贪污、挪用公款犯罪案件中，反映出来的主要是管理人员采取瞒报或虚报项目收入，多报或谎报费用支出，或以私自截留的方式侵吞或挪用公共财产。财务人员一般采用伪造、涂改、重复使用会计凭证、票据，或者合谋篡改会计账簿、做假账、收款不入账等手段侵吞或挪用经手的钱款或有价票证。

（2）腐败蔓延至教学科研人员

在高校职务犯罪的人员中，具有高级职称的教学科研人员有增多的趋势。据不完全统计，某省级检察机关近年来查处的高校职务犯罪案件中，具有博士生导师职称的超过10人；具有博士学位、教授职称的超过30人，还有一些相应高级职称的科研人员。

高校教学科研人员贪污、挪用公款犯罪案件中有超过一半的案件，是与所在单位或部门私设的"小金库"有关。

2003年，时任南京艺术学院成人教育学院院长、副院长、主办会计的共同贪污案，就是私设所谓的"院长基金"，把学院办班的60余万公款纳入"小金库"，然后进行私分。

全国各地都有一些医学高校的附属医院，一些教学科研人员也有把在采购医疗器械、药品辅料等的过程中收受的回扣、好处费等纳入"小金库"，然后进行私分。也有一些教学科研人员直接将回扣、好处费纳入私囊，因此"翻船落水"的也并不少见。

由于监管失控，长期以来私设"小金库"一直成为一种"潜规则"，在某些高校，包括一些医学高校的附属医院中滋生蔓延，形成一种严重的不良风气，成为高校职务犯罪生长的"温床"。

（3）高校负责人腐败犯罪突出

财权集中的高校负责人层面腐败犯罪问题也越加突出。2006年年底，天津大学"1亿元炒股"事件，时任校长单某受到严肃查处，时任副校长、操盘手杭某被司法追究。与之一墙之隔的南开大学，其校办企业允公集团总经理杨某携巨款逃逸，学校巨额资金被违规使用，媒体曝出涉嫌金额达4亿元。

2007年年初，时任安徽省阜阳师范学院院长的张某因受贿被查处，据检察机关查明，其在 2002 年至 2005 年期间，利用职务之便，收受他人贿赂合计 53 万余元。

2007 年年中，时任上海远程教育集团副主任、上海电视大学副校长周某，在负责学校基建的过程中，收受贿赂 200 万元，被刑事追究。

2008 年，浙江理工大学党委书记白某、副校长夏某因为受贿罪被绳之以法，白某已被判处有期徒刑 11 年。

此前，时任同济大学常务副校长吴某、延安大学校长惠某、湖北大学副校长李某、南京财经大学副校长刘某、宁波大学党委书记徐某等职务犯罪，均受到查处。

2009 年，又传来了武汉大学副校长陈某、武汉大学党委副书记龙某（均为学者出身）因为腐败犯罪，双双被绳之以法的消息。

2010 年，延边大学副校长于某因为受贿罪被判处有期徒刑 15 年。

2011 年，陕西林业大学、东北农业大学分别有副校长因为受贿罪被判刑。仅陕西省 3 年内就有 7 名高校领导被绳之以法。

2012 年，长春大学副校长门某因为索取和收受贿赂 939 万元，被法院判处无期徒刑，再次震惊了教育界。

2013 年，上海华东理工大学校长、南昌大学校长、浙江大学副校长、成都中医药大学书记和校长等被揭露腐败问题。

2014 年，四川大学校长、东华理工大学校长、太原科技大学校长、云南民族大学校长等因为腐败被绳之以法。

人们不禁要问，为什么本来很好的一个学者，怎么到了领导岗位就成了腐败分子呢？

（4）高校存在监管的漏洞

高校的职务犯罪高发、多发，从客观层面分析，是因为存在监督、管理上的漏洞，由此造成的社会危害性不能低估。广东西江大学滥卖成人高教文凭，在社会上产生了恶劣的影响。时任广东省教育厅成人教育处副处长的周某，贪污 162 万余元、受贿 56 万元，导致全省 15 个县市的电视大学违规办学，违规发放电视大学文凭 16700 余张，一张文凭卖到 6000 元，其家里没有文化的小保姆也领到一张大学本科的毕业文凭。

高校办学经费来源从过去的单一财政拨款转化为多渠道、多方位、多形式的筹资，但筹款程序往往是"暗箱操作"，既不公开，也无人监督，既不纳税，也不纳入预算，更不进行财务检查和审计，只有高校负责人及个别财务主管人员知情，腐败和犯罪因此而滋生、发展。

特别要引起注意的是，发生在高校的职务犯罪案件，90% 是由司法机关、财政审计部门发现的，只有10% 是由高校内部自己发现的，一些职务犯罪人员长期作案、连续作案而未被发现，可见高校的权力行使不仅缺少外部的监督力量，更重要的是缺乏内部的监控、监督、监管的机制。其中，主要是权力的限制和监督，财务的审查和稽核最为关键。

50. 为什么说侥幸心理是腐败犯罪的定心丸

几乎所有贪官在案发后都是后悔莫及、悔不当初。那些反腐败警示教育宣传片中的贪官们，个个痛哭流涕、捶胸顿足。此刻，人们都会说，早知今日，何必当初！

那么，当初这些贪官是怎么想的呢？他们真的不知道贪污受贿是犯罪行为吗？他们真的是法盲吗？肯定不是的。他们之所以敢明知故犯、顶风作案，就是四个字：侥幸心理！

大贪官秦某（曾任上海市委办公厅副主任、市委书记陈某宇的秘书，被判无期徒刑）平时自以为处在几乎是一人之下、万人之上的地位，有主要领导做"保护伞"，谁也奈何他不得。于是，他肆无忌惮地索贿、受贿，现金、金条、古董、字画、房产，什么不敢拿！

大贪官王某某（曾任上海工业投资集团有限公司总经理，被判无期徒刑），在任职期间几乎从来不收受他人的任何钱财。但当不法巨商要给其500万元贿赂的时候，他足足思想斗争了好些日子。收下，违背了自己一贯的初衷，而且是重大犯罪，一旦案发那是"牢底坐穿"甚至要掉脑袋的后果，但是如果放弃，那可能今后再也没有这种机会了。最终，他以为别人不会知道，对方也不会透露，况且自己马上就要退休，不会引人注目，于是收下了这500万元。结果，没过多少时间，这500万元其实一分钱都没有花，自己却被判刑入狱，无期的狱中生涯从此开始。

大贪官陈某自20世纪80年代中后期就开始贪污受贿、腐败堕落，在之后的20多年的为官生涯中，他变本加厉地违法犯罪，随着职位的不断升迁，升到党和国家领导人的层面，更是独断专行、我行我素，什么党纪国法似乎都跟自己无关，他根本没有想到自己的违法犯罪行为会被揭露、被追究。

时任上海市总工会副主席的石某曾经是旧社会的学徒工，在党的培养教育下成长为新中国的技术革新能手，是连续好几届的上海市劳动模范，面临退下来的关口，却利用职权为他人谋取利益，收受他人的贿赂9万余元。他自以为自己是上海的知名人士，多年的"劳模"、"先进"、"局级领导干部"，不会有什么后果。不料，案件暴露，被法院判处有期徒刑10年。

那些曾经担任要职的一些领导干部，最终成为腐败犯罪分子，一个重要的原因是他们根本没有摆正自己和组织、和群众的关系，过高估计自己的能量，忽视人民群众的力量，忽视法律的力量。他们或以为自己权高位重，政绩突出；或以为自己能力超众，具有背景；或以为自己熟悉法律，手段高明；或以为自己荣誉等身，影响巨大等，以为自己是可以凌驾于法律之上的特殊人物，法律奈何他不得。其实质就是一种侥幸心理在作怪。这些人直到头破血流、身败名裂才明白侥幸心理的危害。此时晚矣！所以，我们说，侥幸心理是促使人腐败犯罪的定心丸，千万使不得！

51. 腐败与社会环境有什么联系

腐败作为一种社会现象，是在一定的社会中存在的。作为社会现象，其与社会环境是相互依存的，因而，它们两者之间有着十分密切的联系。

社会发展的事实证明，在不同的社会形态及不同的社会阶段，腐败具有不同的特点和不同的成因。著名的美国社会学家亨廷顿曾经研究了现代化和腐败之间的关系，得出结论：在世界上，所有的国家都存在腐败。某些国家中的腐败现象比另一些国家中的腐败现象更普遍；某个国家处于变革时期的腐败现象比该国其他时期的腐败现象更为普遍。有理由认为，腐败程度与社会现代化和经济迅速发展有关。

为什么社会现代化和经济迅速发展与滋生腐败有关呢？亨廷顿认为原因有三：

（1）社会现代化和经济迅速发展涉及社会基本价值观的转变

那种按照传统规范是可以被接受并合法化的行为，在一些具有了现代观念的人的眼里就成了是不能接受的行为，或者是一种腐败行为。因此，处于经济迅速发展的现代化社会中的腐败现象，在某种程度上与其说是行为背离了公认的规范，还不如说是规范背离了公认的行为方式。

（2）社会现代化和经济迅速发展开辟了新的财富和权力来源

这种新财富和权力的产生，进一步助长了腐败行为。因为，这些新的财富和权力的来源与政治的关系，在该社会居统治地位的传统规范中没有明确的定义，处理这些新旧财富和权力的来源的现代规范也没有被该社会内部居统治地位的集团接受。

（3）现代化通过它在政治体制输出方面所造成的变革来加剧腐败

现代化，特别是处于后期现代化之中的国家的现代化，涉及政府权威的扩大和各种各样受制于政府活动的增加。

应该说亨廷顿关于现代化及经济迅速发展与腐败的关系的论述，对于我们分析当前我国社会中存在的腐败现象是有一定的借鉴意义和参考价值的。

我国当前正处于社会转型时期，从过去封闭自守的计划经济体制向市场经济、开放搞活的现代化社会过渡。这一过渡不可能是四平八稳的，必然带来社会震荡，引起社会结构、价值观念、利益分配的重大变化。在这种情况下，社会整合力有所减弱，往往处于一种失范的状态。

腐败作为这种失范状态的特征之一，其产生具有一定的必然性。在这个意义上，可以看出，腐败是现代化社会和经济迅速发展的过程中，难免出现的一种消极的社会现象。因此，我们应当结合这一规律来研究从源头上，即体制上、机制上防止腐败的对策。

52. 我们应该关注和警惕哪些深层次的腐败现象

笔者长期从事反贪案件的侦查，从一些案件中发现一些人们平时不太注意的环节，而恰恰这些环节的确是导致一些官员腐败的"热土"和"生长刺激剂"，对此种现象的危害我们绝对不能低估。

（1）异地学习上门慰问腐败现象

一些领导干部经常有不定期外出参加学习、培训、开会等机会，有的因为时间相对长一些，于是，有少数人便耐不住寂寞，直接或暗示下级或关系人来异地"汇报工作"，没有工作汇报的则来进行"慰问"，来者都是准备了钱款、礼品、土特产的，然后陪吃、陪喝、陪玩，于是"寂寞"一扫而光。就笔者熟悉的一些老板，有的就多次去北京等地，给在外学习的领导送上数万元"零花钱"，陪玩北京附近的景点如白洋淀、太原、大同、云冈石窟、五台山等，回来还拿着和领导们合影的照片炫耀。不知道这些领导干部们知道这些情况后心里有没有担心和不安。

剖析当前一些职务犯罪案件，一些涉案的领导干部就是在异地学习、培训、开会期间大肆受贿的。除马某以外，如时任天津市政协主席宋某（畏罪自杀，被开除党籍）、时任济南市人大主任段某（已被处决）、时任安徽省副省长王某（已被处决）等，都有这些利用在外学习期间敛钱的情况，这一现象应引起人们足够的警惕。

（2）驻京办攻关"进贡"腐败现象

驻京办、驻外办现在成了"进贡办"。为了一些地方或者个别特殊人物的利益，千方百计疏通关系、打通关节。于是，送钱款，送土特产品，送贵重物品成了一种时尚，甚至还有攀比、创新的趋势，结果把政府之间、上下级之间、中央和地方之间的关系变成了行贿、受贿的关系，严重损坏了政府形象，严重败坏了社会风气，危害无穷。

近来，一些反腐人士已经在媒体上提出了"驻京办"腐败的问题。由此引起了大家的重视，有的机关、部门或撤销，或整顿，或改组了这些驻京、驻外机构，这是一种好的现象。只有从具有贪婪心、利用职权中饱私囊的那些"京官"着手，才能从根本上解决"驻京办"的腐败问题。

（3）高尔夫圈子腐败现象

近几年来，一些领导干部突然开始玩起高尔夫来了。2010 年 8 月 9 日、10 日，浙江温州一媒体以整版、半版的篇幅连续刊登了某东方高尔夫协会的成立广告。在广告中，有近 30 名的温州地方在职高官，以名誉主席、名誉副主席、顾问等职务名列高尔夫协会之中，其中包括温州市人大、政协、纪委等部门的要职官员。

这份"史上最牛高尔夫名单"经媒体曝光后，在国内引起了舆论热议。2010 年 8 月 11 日，温州市委连夜作出决定，严令 20 多名官员无条件退出高尔夫协会。

昂贵的高尔夫贵宾卡，少则数万元人民币，多则数万美元，现在最贵的竟然高达八十万美元；昂贵的高尔夫球杆，少则万元人民币，贵则两三万英镑；加上昂贵的专门服装，至少千余元 1 套；相匹配的进出车辆，最低奔驰、宝马，必须为表示身份而支付的小费，一出手几百元是底线等。常常一场下来，好几个小时后还要聚聚（吃喝）、泡泡（桑拿），这样玩一次没有成千上万元是绝对下不来的。

从已经揭露的一些案件来看，这些开销都是老板、企业家们奉送的，所有开销都是别人支付的。很显然，高尔夫里面隐藏着权钱交易，有的已经因此受到违纪、犯罪的处理了。如京城某部一领导，收受他人送的几张高尔夫贵宾卡，价值好几十万元，受到严肃查处。有这爱好的领导们要警惕啊。

（4）桥牌邀请赛腐败现象

最近揭露的一些案件反映，犯罪的领导怎么认识行贿人的？怎么会搭上关系的？其中有一个途径：就是通过打桥牌。桥牌确实有智慧、有品位，又好玩，但其中有没有"定时炸弹"呢？赞助商们会平白无故白花这个钱款吗？大家都是明白人，要有忧患意识啊！

（5）住医院过生日敛钱腐败现象

一些案件揭露的事实表明，贪婪的领导干部生一次病，可以因此敛钱！

例如，时任黑龙江省政协主席的韩某（曾任省委常委、组织部长，被判死刑，缓期2年执行），因骨折在上海住院期间多次收受贿赂。其中一次，其属下，时任绥化地委书记的马某（被判有期徒刑16年）专程来上海探望韩某，一次就送上人民币现金46万元。又如，时任辽宁省沈阳市市长的慕某（被判死刑，缓期2年执行），在中纪委对其进行调查期间住院，竟然照样在病床上收受贿赂100余万元。再如，时任上海市房产局某处长朱某，因受贿被逮捕，在其家中搜查出来、由各种请托人员送的冬虫夏草就有好几麻袋。

当然，我们也看到一些清廉的干部，生病住院绝不声张，不接受任何慰问的财物，真正的高风亮节啊！所以，一些干部喜欢生病，并且喜欢到处张扬的干部，原因就在此。而有的干部就是真生病，也是严格要求自己，自觉做到对外"坚决保密"，绝不因此敛财。

最近，上海某区基建管理部门一负责人朱某，借其女儿结婚之机，向一大批在该区开发房产的老板们发出邀请，结果仅收受老板们送的礼金就达数百万元。当然，多行不义必自毙，其未等女儿蜜月度完便因涉嫌受贿罪被检察机关逮捕。

（6）安排提供出境赌博腐败现象

北京市常务副市长刘某，接受一些老板们的安排出境旅游、休假，在境外真是"随心所欲"、"无所顾忌"，没想到，其在境外的不法行为均被"好事者"用影像记录了下来，影像被送到纪委后，引起了纪委的重视，对其进行了调查。鉴于其问题的严重性，最后被移送司法机关，最终被判处死刑，缓期2年执行。

笔者在历年办理的案件中，就经办有国家工作人员应"朋友之邀"去境外赌博而收受他人钱财，构成犯罪而被判徒刑的国家工作人员数十人。

教训极其深刻，一定要吸取啊！

（7）假收藏真敛财腐败现象

浙江省某市某城区公安局局长王某，就是借收藏等敛财 1000 多万元，他除了收受现金外，主要是通过收受古董、字画来达到自己敛财的目的，一旦有人出高价，他都出售。凡有人请托他办事，因都知道他有"假收藏、真敛财"的爱好，于是先托人到他家里去高价购买古董、字画，然后由请托人再将该古董、字画送到其府上，真可谓一本万利的买卖。东西没有出去，钱款滚滚而来。当然，该公安局局长最终也被判处死刑。

最近，某省一个领导被检察机关查处，他收受钱财专门购买名人字画，结果查下去发现，他因此受贿上千万元。这些字画经过鉴定，竟然绝大部分是假的。可悲！

这类例子太多了，最近上海市纪委拍的警示教育片《贪欲之害》，其中有几个贪官的赃物中也有不少名人字画。据了解，大多数是假的。

可见，根本不懂古董、字画的人，根本不具有文化品位的人，突然爱上了收藏，其目的是什么，不是很清楚了吗！

（8）攀层次弄文凭腐败现象

现在领导干部重视学识是非常对的，但有少数一些领导干部学识不高，文凭档次却很高。如有真正的本事的倒也不能对其说三道四，问题是他们没有真正的学识，文凭是通过不正当的途径搞来的；一种是用公款给学校作赞助，文凭是换来的；另一种是出二三十万元，读所谓的高级总裁班，文凭是买来的；还有一种是叫秘书去代读书、代考试，文凭是骗来的。

2014 年中央巡视组在上海巡视期间严查了官员参加 EMBA 学习的问题，发现部分官员靠不正当手段支付 60 万至 100 多万元的高额学费参加 EMBA 的学习，其中存在索贿、受贿的嫌疑，结果官员全部退学，这一不正之风得以纠正。

你想想，一些干部连中国字也写不好、普通话也讲不顺，更不要说讲外语了，他们个个是博士，是高级人才，你相信吗？

用大量的公款为个人装门面，以此抬高自己的身价，这又是腐败的一种表现形式。不要小看这些"假大空"、"龙头虚"、"绣花枕头"们对廉政建设的破坏，因为"假"、"假面具"、"假公济私"是腐败的一个重要的特征。

（9）傍大款结圈子腐败现象

一部分人富起来以后，也引起了个别一些领导干部的眼红，下海去经商吧，舍不得官位和权力，又没合法赚钱的本事。于是结交一些大款朋友，要开销，全部由大款们来"表现"了。这种社会现象一多，引起了广大群众的不满，人们称其为"傍大款"。

大家可以看到，现在被揭露的一些领导干部职务犯罪的案件，其都有一个共同的特点，贪官身边总有一批"大款"。有几个大款像"众星捧月"，哄着一个官员的；也有几个官员像"鬣狗啃尸"，恶啃一个大款的。于是，一个大款出事，连累一批贪官；一个贪官案发，带出一帮大款。

记住吧，如今大家已经很熟悉的昔日大款们：周某（不法商人，时任江西省副省长胡某受贿案的行贿人，被判无期徒刑）、邱某（不法商人，行贿时任上海某区副区长祝某，祝被判15年的受贿案行贿人，现在又因巨额金融诈骗案在押）、蔡某（不法商人，祝某案件行贿人，后来又因诈骗被判无期徒刑）、周某（不法商人，现因行贿罪、单位行贿罪、对企业人员行贿罪、虚开增值税专用发票罪、挪用资金罪，数罪并罚，被判处有期徒刑16年）、张某（不法商人，上海社保资金案中的主要行贿人，现在押），有多少领导干部倒在他们的手里啊！

各级领导干部和官员们，千万不要把自己的政治生命押在不法大款们的身上！

（10）避监督搞会所腐败现象

自赖某星特大走私案件被揭露，其于1996年9月在厦门建造的"红楼"也被曝光，这个建筑面积5000平方米，总投资达1.4亿元的会所让国人瞠目结舌、叹为观止！已被绳之以法的公安部副部长李某、厦门市海关关长杨某等一批高官都曾经经常光顾"红楼"，赖某星将"红楼"打造成了一个隐蔽的权钱交易、权色交易的场所。

会所并没有原罪，其自身的发展无可厚非。但从司法机关近年来查处的一些腐败案件看，在这个富商、政要、名流交际生活的私密空间里，会所在满足权贵阶层物质精神需求的同时，必然更加容易衍生出损害公共利益、挑战社会风尚、权钱交易、滋生腐败的行为。

从笔者接触的一些职务犯罪案件看，会所已经成为一些官员腐败的场所，因为它具有避人耳目、不被监督的隐秘性，容易被一些官员所接受和喜欢。因此，会所腐败应当引起我们的高度警惕。

各级官员，不要为了图一时的痛快，先进"红楼"，乐极生悲，再进"黑楼"（监狱），后悔莫及！

（11）搞福利谋私利腐败现象

少数一些国企领导不顾中央三令五申，漠视法规纪律，肆意违法乱纪，违规搞福利、滥发奖金，是一种"福利腐败"。

这种发生在中央单位的腐败不仅损害了国家的利益，也侵犯了纳税人的利益，进一步扩大了社会分配的差距，导致社会不公，给社会企业带了个坏头。

作为职业检察官的笔者，必须提出一个值得引起警惕的问题：所谓给职工购买商业保险、垫资购买商品房、违规购买企业股票、不出资获取股权和红利、高额支付房屋和汽车维修费、购买可以退保的商业保险等，表面上像是违规，实际上就是标准的腐败，很可能就是某些领导、某些领导层人员的一种掩护、一个幌子，其背后往往隐藏着巨额的贪污！

为了职工群众的利益，甘于冒着违法乱纪被查处、被责任追究的领导是不存在的！

53. 如何看待贪官"35 岁"现象及从众式腐败

贪官越来越年轻了，这是一个大家不愿意看到的，但也是当前不能回避的问题。

贪官"59 岁"也好，"49 岁"、"35 岁"也罢，所折射出的深层问题是相同的。从主观上说，是个人信仰的缺乏和迷失、思想的颓废和变质。

党的十八大以来，特别是十八届三中、四中全会以来，党中央加大了反腐败的力度，出现了中央高度重视、百姓高度关注、贪官高度紧张的反腐败新态势，无论是位高权重的国字头大贪官，还是一文不名的小贪官；无论是党内的还是军内的；无论是"苍蝇"还是"老虎"，都在被不断揭露出来，被绳之以法。有贪必查、见腐必反、贪腐必除已经成了全党、全民的共识。

笔者在十几年前，根据司法实践就提出中国官场的"35岁"现象的问题，而在当下，职务犯罪年轻化更加突出，仍然值得人们引起高度关注：在反腐风暴之中，愈演愈烈的贪官"35岁"现象再次成为反腐败的又一令人焦心的腐败景观。

《中国纪检监察报》等媒体调查发现，许多地方职务犯罪都有低龄化的发展趋势。比如，广东省纪委查处的一批大案要案中，不乏"70后"、"80后"、"最年轻"等高学历官员的身影。浙江省"贪腐案年轻化调查报告"更是显示，全省35岁以下干部贪污贿赂案件同比上升167%。近几年上海的贪官队伍年龄结构显示，中青年贪官也已经成为贪官队伍中的主力军。这些数据所发出的反腐预警信号不可忽视。

曾经有人一直以为，反腐领域存在"59岁"现象，称个别一些官员抱着"有权不用，过期作废"等心理，在即将退休的节骨眼上大肆贪污腐败，其实，从职务犯罪侦查的实践看，任何时候，"59岁"都没有成为现象，根据笔者长年关注，"59岁"现象其实与"49岁"、"39岁"之现象始终是大致相当的。而现在的情况是，中青年成了贪官主力军，我们称其为"35岁"现象。"35岁"现象背后蕴藏的反腐课题值得深入反思。

"35岁"现象之所以超过了"49岁"、"59岁"现象，起决定作用的当属官场的环境和权力生态，而不仅仅是他们个人的道德修养和自律能力。低龄化的职务犯罪起步早、胆子大、案值大，这是青年职务犯罪的主要特点之一。

早在2009年5月，广州市政府召开的廉政工作会议就通报过一些类似的、引起人们深思的数字。据通报，在2007年、2008年两年间，广州市各级纪检监察机关共立案查处违反党纪政纪案件580件637人，其中，政府系统违纪违法案件198件227人，而31岁至45岁的年轻干部成为腐败高危人群。北京市西城区人民检察院提供的数字表明，在2005年到2010年期间，该院反贪局受理的 35 岁以下职务犯罪案件有 18 件，共 22 人，占立案总数的 12.9%。并且，上述案件中的年轻领导干部贪污受贿的金额通常更为巨大，他们虽然年轻，但是胆子特别大，一次性贪污、受贿的金额越来越高；另据重庆市检察院的资料显示，2003 年到 2007 年，重庆市检察院立案侦办的 35 岁以下职务犯罪嫌疑人共 623 人，占立案总数的 16.69%。笔者曾经工作的检察机关有一个阶段，35 岁以下的职务犯罪嫌疑人接近立案总数的 20%。由此可见，贪官年轻化趋势必须引起高度的重视。

从个案来看，2012 年 8 月，云南省华宁县法院以贪污罪，判处华宁县社保局原股长李某有期徒刑 7 年。据悉，李某是个"80 后"，在任 5 年期间，通过伪造虚假信息，让 9 名已去世的人"起死回生"的方式，冒领 67 万余元社会保障资金，且没有被人发现，同时也没有任何人进行举报，李某在其自身巨大的心理压力之下到司法机关投案自首，并在自首时提供了较为齐备的犯罪证据材料。

2012 年 10 月，清华大学研究生毕业的"80 后"（1980 年 10 月出生）年仅 32 岁的海南省洋浦经济开发区规划建设土地局副局长肖某，因收受"好处费"1611 万元被法院依法判处无期徒刑，剥夺政治权利终身。

2012 年 1 月，北京市房山区疾病预防控制中心财务科负责人韩某由于多次转出包括多所小学的学生注射疫苗费用在内的 400 万元公款用于赌博挥霍等，被法院以挪用公款罪判处有期徒刑 15 年，此外，协助其转移公款的女出纳丁某也因挪用公款被判处有期徒刑 12 年，该两人都属于"80 后"。

2013 年 4 月，有媒体报道提及，热门行业发案率较高，财务人员涉案较多，这是青年职务犯罪的另一个特点。35 岁以下官员群体职务犯罪多发生在政府审批、国企、金融、医疗、拆迁等热点行业和领域，而财会人员直接经手或者管理财务，易于利用职务之便，贪污或者挪用经手财务，因此在该群体职务犯罪中所占比例较高。

上海某国有企业财务人员王某，1983 年出生，在任职期间贪污公款 150 万元，2012 年被判处有期徒刑 12 年；笔者曾经经手查处的上海某国有企业财务女出纳员，年仅 25 岁，在短短的一年半内，通过"大头小尾"、"重复报销"、"伪造签名"、"虚设工资"等手法贪污巨额公款，面临案发竟然与男友一起畏罪潜逃，最终被法院判处死刑。上海某公办幼儿园财务人员蔡某，女，27岁，在不长的时间内贪污幼儿伙食费数十万元，案发后畏罪潜逃，最终被法院判处死刑。上海某房地产集团的一个23岁的出纳员，因为贪污巨额公款最终被法院判处死刑。广东省交通厅副厅长李某雷，不到33岁即担任广东省公路局副局长，当时是全国最年轻的省公路局副局长。这名年轻干部从任局长职务第二年便开始收受贿赂，认为节日收点购物券、礼品之类的没什么，慢慢产生了"不贪白不贪、不拿白不拿"的思想，最终一审被判有期徒刑13年，这是一个热门行业"能捞就捞"的案例。

在这些热门行业中，不少国家公职人员，特别是参加工作不久的青年干部，认为自己付出与得到的不相称，不能体现自己的劳动价值，因此产生贪污受贿的行为。

2014年11月，一个名叫马某的"70后""小官"屡受关注，他的职务是河北省秦皇岛市北戴河供水公司总经理，司法机关在其家中查出的现金达1.2亿元、黄金70余公斤、68套房产手续……

值得注意的是，他涉嫌贪腐的内情并不为外界所知，只是，日前当地纪委的情况通报中，提到了这些足以让人震惊的涉贪财物，舆论哗然，媒体追踪之下，才将这位不起眼的"70后""小官"牵涉的"巨腐"内情暴露在阳光之下。有舆论惊呼，这哪里还是什么苍蝇，分明是"虎蝇"，涉贪数额、腐败影响堪比"老虎"的"苍蝇"，尤其是这个贪官的年龄与巨额的不义之财，让大家瞠目结舌、难以想象。

小官大贪、年轻官员大腐败必须引起足够的重视！

54. 职务犯罪低龄化有何特点

职务犯罪低龄化成为当前腐败案件的重要特征，其特点有很多，例如，犯罪涉案数目大，要案多；涉案领域宽，窝案串案多；涉案影响广，两极分化多；单位犯罪突出，经济领域多；科技程度高，手段方式多。

这些年因为职务犯罪落马的年轻人，30 岁左右的"少壮派"有其特征，首先，他们都是"三门干部"，即出了家门进校门，出了校门进单位门。他们经历简单，缺乏艰难困苦的锻炼，年富力强，追求物质利益的欲望强烈，正值当年，国外的一些不良思潮不能正确分辨，思想过度开放，没有抵御各种诱惑的能力，由于追求的目标与其经济基础存在较大差距，导致其犯罪起步早、顾虑小，呈现出"胆大妄为、不计后果"的作案手段。

这些"70 后"、"80 后"有一个共性，那就是成长在信息网络时代，工作在稳定舒适的环境。他们受过良好的教育，容易接受新鲜事物，年轻好胜，自尊心强。但是，他们中一部分缺乏正确的理想信念，没有根本确立正确的世界观、人生观、价值观；顺境多、逆境少；享受多、奉献少；得益多、付出少，普遍存在社会责任感缺乏的通病。

（1）上行下效的"从众式"腐败

有数据显示，近年落马的 70 后、80 后，大多是单位的业务骨干或掌握着一定的权力，少数执法者还存在浓厚的特权思想，认为收受"红包"、"礼金"是种"社会现象"，是具有中国特色的"社交礼仪"，他们法纪观念欠缺，这些"少壮派"腐败起来胆子更大。河北省国税局党组书记、局长李某，不到 35 岁就成为全省最年轻的正厅级官员，从第一次收受一条中华烟后紧张了十五天开始，到利用职权敛钱 3600 余万元仅仅用了不到三年时间，不到 40 岁被法院判处死刑而一命呜呼的案例很说明问题。

广州某区人防办综合科科长孙某，出身贫寒，从部队转业不久便在工作中常与包工头、开发商打得火热，看着那些包工头开名车、住豪宅，吃喝潇洒自由，心理不平衡，认为自己的文化、能力不比他们差，为什么到头来连装修房子的钱都没有，后来利用职权向开发商索贿 55 万元，被追究刑事责任。

更有上海一名刚参加工作的行政执法机关工作人员，利用担任财务出纳的机会，贪污公款 800 余万元参与网络赌球，导致公款荡然无存，被法院判处有期徒刑 20 年。至于南京一名刚参加工作 1 年的 19 岁女工作人员，利用担任物业公司出纳员的便利条件将自己负责保管的物业管理费、电费等营业款 8 万余元占为已有并恣意挥霍之类的案件已经时有所闻了。

一些年轻官员存在"按劳取酬"的交易心理。一些权力职能单位的青年干部为人办了事、帮了忙，内心总希望别人"投桃报李"。广东省疾控中心免疫规划所原所长罗某，利用职务便利在采购疫苗过程中受贿，被判无期徒刑。案发前，罗某才 38 岁，他在忏悔书中写道："一失足成千古恨。当初第一次收钱时也曾犹豫过。但贪念逐渐占了上风，不知不觉堕入了深渊，不能自拔。"也有少部分青年干部向往大款般的奢华生活，挥金如土。

广州海关的一名青年科长，各方面表现都很好，就是好赌博。一次输了 20 万元后，经济上入不敷出，就贪污用于举报的奖金，直至走上犯罪道路。上海海关一名 1983 年出生的关员，在职务活动中收受贿赂 130 余万元，被判处有期徒刑 10 年。重庆市万州区委党校出纳员张某与会计林某在 9 年时间里合伙贪污公款达 726 万元，用于购买名牌商品，以及其他奢侈品。

当然，除了这些与个人有关的原因，地方在干部的选拔任用标准上，更存在腐败的滋生蔓延的土壤。从现在青年干部的选拔和成长历程来看，他们大都是出了家门进校门，出了校门又进机关门，这就导致了职务犯罪的高学历化。

从职场生态上来看，一些地方在干部的选拔和任用上，存在以下三种隐患：第一，看学历不看能力，存在学历歧视，唯学历论英雄的思想，很容易在提拔任用干部上发作。第二，看年龄不看本领，存在年龄歧视，个别地方选拔任用干部时，执行干部年轻化问题上过于生搬硬套、机械呆板。第三，看背景不看前景，存在出身歧视。有的地方提拔任用干部不是任人唯贤，而是任人唯亲；不看有没有培养前景，而看有没有背景，谁有社会背景就会进步快、提拔快。这样的年轻干部，不是靠真本事、一步一个脚印干出来的。

通过这样的选拔标准，年纪合适、学历好、背景好的年轻官员易被选拔和利用。然而年轻并不能与廉洁画等号。

（2）不良的政治生态是助推剂

对于贪腐年轻化，如何尽快找到有效措施加以预防，是目前迫切需要解决的预防职务犯罪的一大课题。

亚里士多德在其《政治学》中有段名言："把权威赋予人等于引狼入室。

因为欲望具有兽性，纵然最优秀者一旦大权在握，总倾向于被欲望的激情所腐蚀。法律是排除了激情的理性，因而它比个人更可取。"一个人的腐败行为轻易得逞，是权力的"兽性"发作，而又没有足够的排除兽性的"理性"的制约和束缚的缘故，即阿克顿说的"绝对的权力导致绝对的腐败"。因此腐败堕落没有年龄之分，只要手中有权，又无人监督，纪律松弛，又漏洞百出，那么，不论在哪个年龄段都会有成批贪官涌现。但相对而言，"35岁现象"比起高官、大官腐败将会更可怕，因为它的潜伏期更长、危害性更大。因此，毫无疑问，反腐败必须把35岁以下的公权力者列为职务犯罪预防工作的重点对象。

检察机关作为党和国家的反腐败斗争中查处职务犯罪的一个重要部门，必须顺应党和国家反腐败战略的转变而作出相应调整，要切实转变"重打轻防"的传统观念。把预防职务犯罪作为一项重要工作纳入检察业务工作之中，通过提高司法的文明程度、节约司法成本、提高司法效率等措施，维护整个社会的公平正义的价值体系，引导人们树立积极向上的道德风尚。预防犯罪的根本对策就是犯罪预防，社会转型期所出现的职务犯罪现象，正在前所未有的增加，通过制度建设的强化来预防犯罪，可以有效地预防。

其实无论是高官、大官还是35岁乃至25岁，归根到底是在现行体制、机制存在腐败滋生、蔓延的土壤和条件。如果土壤不除，那所谓的防范，充其量也不过是扬汤止沸。

年轻人成为腐败犯罪的主力军现象需要引起高度的重视。

55. 为什么贪官情妇成了反腐败的"同盟军"

当前在党的十八大及三中全会、四中全会精神指引下，全国反腐高压态势不减，打"老虎"拍"苍蝇"动作频出，大快民心。但我们反贪检察官在梳理被查处的官员腐败案时发现，"老虎"和"苍蝇"身边有一批"狐假虎威"之辈，依附于贪腐官员，大肆借权牟利，危害不可小觑。

一名成功的男人背后可能有个默默奉献的女人。一个贪腐官员背后也可能会有一个甚至一群危险的情人。近来，网络不断曝出一些官员给情人的奇葩"保证书"，将贪官情人再次推进公众视野。

我们检察官在查办职务犯罪的案件中发现，作为贪腐官员身边"狐狸"角色之一的情人会走入三重门：开始无一不是"以色侍权"，成为官员编外枕边人；进而"狐假虎威"，借用官员权力牟利；一旦反目成仇，情人则成"反腐先锋"，甚至不惜来个"鱼死网破"。

随着反腐败力度的持续加大，一批贪腐官员相继落马，贪官与情人们的那些事也浮出水面。与情人相关联的"通奸"一词俨然成为今年反腐高频词。

作为落马官员的身边人，不少情人要经过三重门：编外枕边人、权力掮客和"反腐先锋"。

编外枕边人。从近年来的反腐案件可看出，"落马"官员中相当一部分道德败坏、生活腐化，他们身边的情人就是最好的注脚。在一些地方查处的官员贪腐案中，一些落马官员甚至有多个情妇，网上还曝出官员用 MBA 方法来管理情妇……其实中纪委多次发布消息，称各级贪官 95% 存在道德败坏、腐化堕落的问题。

以权谋色、权力掮客。从多起贪腐案件来看，情人们成了落马官员的枕边人后，"狐假虎威"地充当起权力掮客，为自己牟利。一些落马官员也顺势而为，幕后操作权钱交易，与情妇合作获利。2014 年 8 月 20 日昆明铁路局原局长闻某以受贿罪一审被判处死刑，缓期 2 年执行，其情妇钟某被判处有期徒刑 15 年。经查明，2009 年 9 月至 2011 年 2 月间，钟某伙同情夫闻某，利用闻职务便利，为多家公司解决铁路运输计划问题提供帮助，先后收受上述公司负责人给予的钱款共计 1800 余万元。

情妇反目，反腐"先锋"。近年来，网上不时曝出情妇举报官员事件，晒艳照，晒各种奇葩的离婚承诺书、结婚承诺书、包养协议等荒唐保证书，为反腐提供了重要线索。"情人反腐"成为查处不少贪官的突破口和有效途径。

2014 年 7 月 17 日，山东省农业厅原副厅长、党组副书记单某受贿 700 余万元被一审判处有期徒刑 15 年。这位官员落马与网上热炒的"离婚承诺书事件"不无关系。2012 年，网上曾流传一段视频和一纸承诺书，爆料单某与一单身女性保持不正当关系长达 6 年。山东省纪委介入调查后证实单某与苏某长期保持不正当两性关系，并收受他人贿赂。

（1）介入难、查实难，情色屡屡腐蚀权力

当前社会对婚外情、养情妇等相对宽容，一些官员放松警惕，对贪色纵欲不以为耻，甚至成为互相炫耀的资本。"贪官包养情妇的背后是拜金主义、享乐主义和极端个人主义的思想作风在作怪。"

从职务犯罪侦查实践可以发现，官员情妇大致有三种来源：一些情妇是工作中的上下级，一些是接受权钱交易方的"性贿赂"，还有一些是工作外的"艳遇"。这些表面看似"你情我愿"的男女关系，其本质却是权色交易，情妇盯上官员手中权力，用肉体换取权力、金钱以及其他利益。其背后甚至是深层次的权权交易和权钱交易。

官员包养情妇监督难，即使成为公开的"秘密"也难以事前介入，查实则更难。在党纪处分条例中，明确将通奸列为严重违反社会主义道德的行为，规定造成不良影响的，最高给予开除党籍的处分。但养情妇只关乎领导道德问题，更多见于单位人员内部的传言。同时，权力过度集中且缺少有效监督，导致官员养情妇大多处于"民不举、官不究"，甚至"民举、官也不究"的放任状态。包养情妇则常常成为贪腐官员被查处过程中"拔出萝卜带出泥"的附带问题。

当前，养情妇导致"通奸"这个刺目刺耳的词汇已多次出现在中央纪委发布的通报中。"官员通奸背后是权力的'出轨'。"从公布的多起官员违法违纪案件来看，不管是"为了情妇受贿"还是"通过情妇受贿"，实质上都是利用职权之便的贪腐行为。

（2）防公权谋私欲，绝"色腐"之路

从"贪恋美色"到"为色而腐"，"色腐"已成官场痼疾。杜绝"色腐"还需堵住"公权谋私欲"之路。

我国有关法律和党纪政纪对官员道德的要求严格。如干部选拔坚持"德才兼备、以德为先"的标准；《公务员法》规定应"模范遵守社会公德"；党的纪律处分条例规定，"重婚或者包养情妇（夫）的，给予开除党籍处分"。法律法规的落实归根结底要依靠加强对权力的监督，将权力关进制度的"笼子"。

"如果权力失去了寻租的空间，自然就没有了背后的权色交易。"要防止官员私德问题演变为严重腐败，从根本上还必须加强对权力的监督。对干部道德和作风问题，应注重源头预防和过程监督，同时健全监督制约机制，让权力公开透明运行。

在治理以权谋色的过程中，一些专家学者提出了色腐中的"情人"须纳入法律治理范围的建议。他们认为，近年来，不管是为了情人受贿还是通过情人受贿，对于情妇的"性贿赂"却少有追究责任，希望"性贿赂"能够入刑，笔者作为一个长期从事职务犯罪侦查的检察官从司法实践看，其实这是一个不切合实际的"伪命题"，如果情人和贪官形成贪污、贿赂同犯，要承担相应法律责任早已有法律规定，但单纯靠"性贿赂"要追究刑事责任在司法实践中缺乏可操作性，只能是一些人的一厢情愿。对公权力进行有力的监督，对公权力官员进行全方位的监督才是根本之策。

妇廉夫祸少，这话有些封建味道，但正确理解还是有道理的。

56. 诱发腐败犯罪有哪些需要辨清的误区

每个人生活在社会上，生活在人群中，公职人员也不例外。每个公职人员均有自己的亲人圈、朋友圈、工作圈和社交圈，总之，都有自己的人际交往。

一些原本表现还可以的官员，由于没能经得住外界的诱惑成为腐败分子，受到查处、身陷囹圄。一失足成千古恨，实在令人惋惜。认真剖析诱发公职人员腐败犯罪的原因很多，宏观地讲，无非两条，一是思想上存在着严重的认识误区，二是客观上具有作案的条件。那么，到底哪些错误的思想认识导致了一些官员腐败行为有恃无恐地发生呢？

（1）"傍大款"，滥交朋友产生的误区

①误区一，朋友可靠，钱能收得心安理得

俗话说，多一个朋友多一条路，朋友多了路好走。对官员而言，朋友并非多多益善。

从职务犯罪侦查的司法实践调查看，不少官员都陷入了把"朋友"当"自己人"的怪圈，认为朋友交往"靠得住"、"信得着"，收受朋友钱物不会出问题，是"礼尚往来"，这里有一个实质的问题，官员喜欢交的绝对不是一般的朋友，他们交往的"朋友"往往都是大款，结交大款的目的在很大程度上就是为了敛取钱财！

"傍大款"现象几乎是所有进行权钱交易官员的通病，行贿人、请托人利用朋友的外衣进行感情投资，而官员则在朋友诱惑面前丧失原则，在不知不觉中被牵着鼻子走。

北京市海淀区区长周某收受的 1670 万元，几乎都是来自所谓的"朋友"，2008 年被判处死刑，缓期 2 年执行；杭州市副市长许某收受贿赂 2 亿余元，几乎也都来自"朋友"，2010 年被判处死刑；同时被判处死刑的苏州市副市长姜某，一次收受贿赂就达 8600 万元，当然也是来自"朋友"。无论是国家领导人层面上落马的高级官员，还是省部级落马的官员，哪个不是在"朋友"那里拿钱？又哪个不是被"朋友"出卖？

笔者从事反贪侦查三十年，侦查案件逾千件，没有发现行贿、受贿双方的关系中是真正的"朋友"关系。因为，他们这种关系就是赤裸裸的既得利益关系，染上了既得利益内容的"朋友"关系，就是到了关键时刻"爹死妈嫁人，各人顾各人"的必然写照。

这种"朋友"交不得。

②误区二，捞点"小钱"，不会引人注目

随着改革开放的深入，所有制成分的多样化，分配逐步拉开了差距，这样在一些掌握着公权力的部门中的一些官员心态出现了不平衡，存在思想防线被逐步瓦解的趋向。

一些官员对金钱的诱惑，由抵制、拒绝到躲躲闪闪，由躲躲闪闪到心存侥幸，又由心存侥幸变成暗渡陈仓、明抢暗夺。

广东省韶关市公安局局长叶某的案件可谓非常典型。2001年，一家建筑公司为了获得一项工程的承建权，找到时任县委书记的叶某寻求"帮助"，事后叶某向该公司索要"好处费"80万元，案发后他交代："我帮他们揽了工程，他们挣了大钱，我得点小钱，按劳取酬，理所当然。"

上海市房地局副局长陶某，在土地规划过程中利用职权帮老板谋取了利益，陶某认为，老板赚得了大钱，我拿点小钱算不了什么事，事后从老板这里敛取了钱财1400余万元，2011年被判处死缓。

在这种认识误区中，不少官员走上了迷途。

这种"小钱"要不得。

③误区三，披着合法的外衣就能遮盖犯罪

一些公职人员错误地认为，只要与请托人（行贿人）形成经济上的交易关系，得到的利润就是双方合作的"共同利益"，就不能算受贿。他们往往以开公司、合伙投资等名义低买高卖、收受干股，以表面上的合作交易掩盖实质上的权钱交易，试图游走于法律的边缘，钻法律的空子，以合法的外衣掩盖其收受贿赂的犯罪事实，其目的是逃避法律的追究和制裁。

时年56岁的上海华谊（集团）公司副总裁、双钱集团股份有限公司董事长范某，曾经是上海市优秀企业家、中国化工十大风云人物。在人际交往过程中，范某帮助外地某企业解决了一些重大的问题，对方为了感谢他，拿出了自己投资的某大酒店500万股股权送给范某。范某也知道这样可能触犯法律，于是想了个办法，便假借他人名义成为了某大酒店的股东，他认为如今是合伙关系了，得点好处是分成，不存在受贿的问题。

俗话说，天上不会掉馅饼，无论这种交易如何变化，其实质是一种权力和利益的交易，公开也好、隐蔽也好；变化也好、转移也好，其仅仅是改变了公权力掌握者获取私利的时间和方式，其权钱交易的实质是不变的。2010年范某被判处无期徒刑。

这种手法不可为！

（2）只要不进个人口袋，就不会出事的误区

①误区一，好心为公，不会触犯法律

在检察机关查办的职务犯罪案件中，有的公职人员以为只要没有中饱私

囊，就不会触犯法律，其实这是一种非常无知的表现。

上海某烟草批发公司，将应当在上海销售的"中华"香烟加价后卖给江苏一家公司，然后将收进的超出正常利润的部分100多万放入"小金库"。公司三位经理虽然个人都没有私下获取这些钱，但根据法律的规定，他们触犯了刑法，构成"单位受贿罪"，三位经理都依法被追究刑事责任。

香烟是国家专卖的商品，对其销售国家有明确的规定，而违反国家的规定，高价出售该香烟，将其利润（包括高出正常利润的部分）以单位的名义非法收取，并截取放入账外，这是法律明文规定的一种单位受贿行为，应当受到法律的制裁。

为"小集体"的利益，也危险！

②误区二，没有放进自己的腰包，不是犯罪

侦查实践中，我们经常发现，一些国有企业的负责人无视国家法律，对国有资产、国有资金不按规定处理，他们认为，只要不直接进入个人口袋就不是犯罪，其实这是一种非常危险的认识。

上海某国有进出口公司负责人胡某，与财务负责人徐某勾结，将属于国有企业的850余万元收入私下截留，放入个人成立的企业，至案发，这笔钱还在个人企业的账上，两人并没有真正拿到手，但根据法律规定，他们两人均构成了贪污罪，分别被判处有期徒刑15年。

上海某国有房地产公司负责人唐某，在企业转制过程中，故意隐匿国有企业财产1000余万元，企业转制完成后，这笔款项直接划入了转制以后仍有唐某任负责人的非国有企业，虽然这些款项没有真正进入唐某个人的口袋，但案发后，唐某因贪污罪被判处有期徒刑15年。

司法实践中，虽然有些公款表面上并没有进入个人的口袋，但因为国有企业失去了对这笔公款的控制，其所有权被转移至个人的实际控制下，法律上明确，这种行为就是贪污罪既遂，不影响定罪。

"国资"失控、个人掌控就是贪污既遂。

③误区三，集体研究，法不责众

有些单位的负责人对一些明显不合理、不合法的事项，认为只要经过集体研究就可以逃避法律责任，其实这是一种糊涂的危险的认识。

中国银行副董事长、中国银行香港有限公司总裁刘某，在任职七年的过程中，通过与多名副手集体商量的形式，将"小金库"的钱以各种名义进行私分，其个人获得数千万元，结果刘某被以贪污罪判处死刑，缓期2年执行，其多名副手均被判处徒刑。

华东某化工销售公司三名负责人在讨论公司"小金库"100余万元如何处理的过程中，三人认为，均是局级干部，按规定的标准，三人的住房补贴都没有到位，何不将这100多万元作为三人的住房补贴分配掉，他们认为这是领导班子集体研究的，不存在违法的问题。结果三人分别获得了35万元。检察机关经过调查，对三人以贪污罪予以立案，结果三人分别被判处有期徒刑10年。

道理很简单，贪污"小金库"的钱，照样构成贪污罪；将公款自己奖励自己，照样构成贪污罪；就是经过集体的研究，因为前提触犯了法律，不影响贪污罪的构成，参与研究的、表示同意的、自己又获取利益的人，均将分别承担相应的法律责任。

"集体研究"决不是违法犯罪的挡箭牌。

④误区四，劳务付出、第二职业，不是犯罪

上海市某区政府欧阳街道副主任李某，代表政府为房产开发企业协调房产开发工作，开发工作结束后，该企业负责人为了表示"感谢"专门以明显低于市场的价格出售一套房产给了李某。李某自以为自己在相当一段时期里付出了大量的心血和精力，"优惠"购房顺理成章。不料，事情败露后李某被追究刑事责任。

李某协调开发商工作，是政府的职能，行使的是公权力，而通过公权力谋取私利，毫无疑问就是腐败，利用职权"优惠"购房的差价就是受贿犯罪的金额。2007年最高人民法院、最高人民检察院出台的"新型贿赂犯罪"的司法解释作了明确的规定，所以，以公权力为基础的所谓"劳务付出"、"第二职业"实际上是不存在的。

（3）让亲属谋利敛钱，与自己没有关系的误区

①误区一，不直接敛钱不是犯罪

为了安全起见，如今一些官员玩起了"曲线受贿"的把戏。自己利用职

权为请托人谋取了利益，但自己不直接收取好处，而是授意或者暗示请托人给自己的亲属、特定关系人以利益。这种做法把官员的亲属、特定关系人作为了权钱交易的中介企图逃避法律的追究。

大贪官成某（曾任全国人大常委会副委员长）利用职权为他人谋取利益，他自己不经手收取好处，而全部由其情妇李某出面，案发时李某已敛钱4100 余万元。经检察机关侦查查明，他们两人是共同犯罪，成某是主犯，结果被判死刑，李某也被科以重刑。

大贪官丛某（曾任河北省副省长）利用职权为一些老板谋取利益，而后伙同"跳大神"的情妇"忽悠"这些老板"做善事"，给庙宇 500 万、1000万的捐钱。案发后，经检察机关查明，丛某竟然将这些捐款与一些庙宇"拆账"，他得大头，庙宇得小头。毫无疑问，丛某与其情妇双双被绳之以法。

由此可见，利用亲属、特定关系人进行"曲线受贿"也是行不通的，官员切不可存在任何侥幸心理。

"手莫伸，伸手必被捉！"

②误区二，与自己职权无关，仅是撮合一下，肯定不是犯罪

上海市某区税务局干部张某受请托人委托，请另外一个区的税务局干部李某、刘某帮忙，解决了某企业税务上的一些棘手的问题，请托人经张某的介绍，分别给了李某、张某各 30 万元。张某即使从中没有收受任何好处，照样也构成犯罪，这就是"介绍贿赂罪"。当然，作为李某、刘某的同案犯，张某也被判处有期徒刑。

山东省济源市供销社职工王某，听到某单位要盖商务楼，于是与该单位负责人声称可以介绍某工程队来投标，并作出了事成后不会忘记你的暗示。结果经过暗中关照，工程队如愿中标。事后，工程队送给王某 30 万元，王某自己留了 10 万，给该楼单位的领导送了 20 万。尽管王某在这个工程项目中不存在任何职权，但他照样被判处有期徒刑，罪名就是"介绍贿赂罪"。

司法实践告诉我们，在行贿人与受贿人之间充当介绍人，起"撮合"的作用，使行贿人和受贿人之间的利益得以实现，王某即使个人不拿好处，照样构成"介绍贿赂罪"。

没有法律知识容易犯迷糊啊！

③误区三，借公家的鸡，生自家的蛋

上海某高校一企业负责人张某（正处级干部），手中掌控着资金、房产、车辆等管理大权，其丈夫是自己搞一些会务活动的个体户。张某利用自己的职权，经常动用单位的车辆免费给丈夫跑业务，利用单位的场地免费给丈夫搞活动，甚至将单位的资金移花接木变成其丈夫个人的资金，几年中给单位造成了巨大的损失。理所当然，这种行为受到了法律的追究。

湖南省建工集团副总经理蒋某，将单位名义承接到的电信大楼枢纽主体业务低价转让给自己妹夫的私人企业，导致国有企业损失 1800 余万元，而她自己从妹夫手中捞到好处数百万元。蒋某明火执仗地玩弄权术，瞒天过海、损公肥私，十几年中干了大量如此这般"借公家的鸡，生自家的蛋"之事，最终被判处死刑，缓期 2 年执行。

"多行不义必自毙"是永恒的真理！

（4）"礼尚往来"无关权钱交易的误区

①误区一，"雅贪"不是贪的误区

北京市西城区法院院长郭某，从 1998 年到 2006 年的 8 年时间里，利用职权，给一些律师介绍案源，然后收受他们送上的字画、玉器、古董等，价值 300 余万元，最终被判处有期徒刑。

国家食品药品监督局副局长张某，多年来利用职权给一些生产药品的企业提供方便，然后推销自己编写的标价极高的"高价"书（实际上是没有出版书号的非法出版物），那些请托单位怕得罪这个手中握有大权的局长，只得大批购买，张某从中敛钱 4000 余万元，最终他也没有逃脱法律的追究。

一些官员以为，钱有铜臭味，而收取一些字画、玉器、古董具有文化品位，属于"雅趣"，其实不然，利用职权进行利益交易，收取任何具有一定价值的物品，只要超过了一定的标准（包括累计的数额），就构成受贿罪。

所谓"雅贪"万万行不得！

②误区二，故意毁约，以"合法"手段行贿

某贪官不敢收受行贿人的巨额钱财，于是与行贿人合谋了一种逃避法律、瞒天过海的巧妙手法。行贿人故意将一套豪宅"一房两卖"，然后让贪官（受贿人）告到法院，法院当然判决行贿人作出赔偿，于是行贿人给贪官的赔偿行为变成了有法律依据的合法行为。经检察官的缜密侦查，其犯意终于被抽丝剥茧层层剥开，最终受到了法律的严惩。

胆敢挑衅法律，只有死路一条！

③误区三，"灰色收入"不是罪

上海市某区建设委员会"工程招投标"办主任蒋某，利用女儿婚礼之机向在该区开发房地产的老板们广发邀请函，一次敛钱500万元，结果其女儿的蜜月尚未度完就被检察机关绳之以法。

哈尔滨市常务副省长朱某，几次住院敛钱数十万元，案发后检察机关在其家里搜查出各种高档礼品、红包等200余万元，最终被判处有期徒刑。

黑龙江省委常委、组织部长韩某在上海看病期间，单属下马某一次就送上108万元，加上其他受贿犯罪事实，韩某受到了法律的严惩。

辽宁省沈阳市市长慕某，在北京301医院住院期间，尽管中纪委已找其谈过话，但照样敛钱100余万元，根据其的全部犯罪事实，被判处死刑，缓期2年执行。

一些官员认为"红白喜事"收取点钱、住院看望收取点钱、逢年过节收取点钱属于人之常情、礼尚往来，其实这完全是错误的认识。官员利用职权敛钱，与一般人情往来是有本质区别的，官员是以权钱交易为基础的，其掩盖不了贿赂犯罪的实质。

不要让"灰色"自欺欺人、自我安慰！

（5）法律意识的误区

①误区一，"一把手"，我怕谁

北京市检察机关反贪部门近五年来办理的职务犯罪案件，其中一个主要的特点，是"一把手"犯罪现象突出，"一把手"犯罪占案件的70%。

上海市某检察机关也进行过统计，近年来"一把手"犯罪有逐年上升的趋势，涉及国家机关、部门，事业单位，国有企业，医院学校、社会管理部门、农村村官等领域。

"一把手"的"一言堂"、"一支笔"、"一种声音"、独断专行、有恃无恐、我行我素的不良习气和作风严重腐蚀着一些对自己缺乏基本要求的官员，缺乏监督、不讲民主、凌驾于法律和制度之上是主要的原因。

"上帝要让你灭亡，必定让你先疯狂！"

②误区二，事后感谢不犯法

一些官员按照规定给工作对象、请托人把事情办了，事后对方出于感激之情送钱、送物，那些官员以为我没有利用手中的权力给对方谋取不正当利益，没有损害国家利益，对方出于真心实意给些"好处"不犯法，其实这是不懂法律的糊涂表现。

上海市普陀区副区长张某某在位置上为某民营企业老板提供了许多帮助，老板很是感激，多次表示要予以"感谢"，但都遭到了张副区长的拒绝。2009年张副区长退休了，老板这时送上了100万元，自以为张副区长没有公权力了，"事后"再拿钱没有问题了。不料，经检察机关侦查，确认其触犯了法律，照样构成受贿罪，加上其他的犯罪事实，最终被判处有期徒刑13年。

上海市某区卫生局副局长王某，按照招投标的规定，确定了某工程建设企业承接其系统下面的基建工程项目。该企业老板为了长期能够把工程做下去，千方百计要与该副局长"套近乎"，但都遭到了拒绝。但当王副局长有一套价值30万的住房准备出售时，该老板以为机会来了，出50万元以明显高于市场的价格将房子买了下来。结果该房子20万元的差价被司法机关认定为受贿金额，王某被判处有期徒刑5年。

所以，看贿赂犯罪的构成，关键是看存在不存在权钱交易，至于贿赂发生在事前、事中还是事后，不影响犯罪的构成。可见，官员必须时刻保持头脑的清醒。

天上不会掉馅饼，"馅饼"与"陷阱"仅一字之差，可结果是天壤之别啊！

③误区三，贪了就跑，案子就了

曾几何时，"贪了就跑，一跑，案子就了"这句话似乎成了贪官们心照不宣的"心诀"。

广东省两个银行工作人员贪污公款畏罪潜逃泰国，经中国反贪部门与国际间的反贪机构合作，将他们抓捕回国。后来有记者采访他们："你们是银行国库管理员，有机会携更多的款出逃，为什么有零有整地拿了950万元呢?"他们回答说,出逃前曾经听他人说,只要一个人拿走国家的钱不超过 500 万,国家就不会动用国际合作组织去追捕。如今这些落入法网的贪官追悔莫及。

上海市崇明县一贪官在检察官抓捕他时伺机畏罪潜逃,然后隐姓埋名潜逃至广东东莞一家汽修厂打工度日,四年中他不敢上街,不敢往家里打电话,不敢交朋友,恐惧的心理令其几乎崩溃。当追逃的检察官将其抓获时,他感叹地说,惊恐的日子终于结束了。

最高人民检察院检察长宣布,近年已有 1980 多名畏罪潜逃的贪官被抓捕归案。国家领导人也早就宣布,只要贪官侵害了国家的利益实施了犯罪,无论你逃到天涯海角,国家一定要将你抓捕归案、绳之以法。

近八年来,中国已与 30 多个国家签订了双边引渡条约,中国已加入了《联合国打击跨国有组织犯罪公约》、《联合国反腐败公约》,已开始广泛利用国际反贪网络追捕外逃贪官,贪官外逃的空间越来越小,隐匿藏身之处越来越少了。

"法网恢恢,疏而不漏",逃是逃不掉的!

三问 党员领导干部的官德

——怎样做到廉洁从政、清醒为官

57. 人人都可以腐败吗

人人都在腐败，这是一些人的认识。

其实，这个认识没有把握腐败的真实含义，因而是不正确的。

腐败行为的主体必须是国家权力的行使者。

其包括国家公职人员和受委托行使国家权力的非国家公职人员，其中国家公职人员是指个人收入来源于国家财政的所有人员；非国家公职人员是指受委托行使国家权力的人员，包括国有企事业委派到非国有企事业中从事管理的人员及临时受委托从事公务的人员，还包括特定条件下（如在行使救济、移民、计划生育等的权力过程中）的其他人员，如村委会、居委会的组成人员等。

国家权力的行使者掌控着国家权力的运行，因此，只有他们才能利用国家权力谋取私利，才具有实施腐败行为的主体资格。

一些学者认为，除了国家权力行使者以外，那些利用非法手段间接影响国家权力运行以谋取私利的其他人员也应纳入腐败主体之中。

但也有专家认为，这种看法有失偏颇。这主要是因为，腐败是国家政权自身的腐化变质，非国家权力行使者所发生的行为即使与腐败行为有密切关系，甚至是相伴而生的关系，也不能称其为腐败。

当前，随着政府机构精简和职能转变，随着干部人事制度改革的深入，国家公职人员的数量在减少。同时，国家开始把一些原由政府部门做的事情，诸如资产评估、项目审计和论证等委托给国有企业人员或私营机构人员来做，也就是说，这些人员受委托参与政府事务，因此也成了国家权力的行使者。

上述情况，反映出具备腐败行为主体资格群体的变化。我们在运用腐败概念时一定要掌握这些新情况、新变化。

人人都可以腐败的概念是错误的。

58. 如何达到做一名好官的基本标准

"要把学习作为工作与生活的习惯，多读书少应酬，善于总结经验、研究问题，虚心向先进学习。"这是中共领导同志 2012 年 5 月 25 日在北京给参加新任市委书记任职培训班的 67 名学员的告诫。

如今的中国官员大多学历在大学以上，也算得上是读书人出身。但在"学而优则仕"之后，究竟有多少人保持了阅读的习惯，有多少人好几年都没有认真地读过书了？

中国改革在很多领域都已进入攻坚克难的深水区，各地的发展与各行业的转型都要面对更广阔复杂的新形势和尚不明晰的未来，为政一方眼下亟须的恰恰是从眼前的浮躁功利、纷繁琐碎的仪式应酬中逃脱出来，将更多精力用在一个地区如何实现科学发展、做好顶层设计上来。而要实现这样的时代使命，显然不能依仗那些被酒精过度浸泡或被声色犬马吞噬，失去了健康敏感的大脑。唯有把读书当作工作学习的习惯，多读书、读好书，多动脑、勤思考，弥补自己的不足，掌握新的技术知识，才是最为重要的素质，可以让人看得更高，走得更远。

开卷有益。如果更多的官员不再热衷于混一张高学历文凭作为虚荣装饰，不满足于钻研"厚黑学"、"下级学"、宫斗权谋，而能真正读书思考，意义非小。在制度层面上管住公款吃喝、往来应酬，恐怕正是第一步。

习近平总书记曾语重心长地要求各级领导干部"多回家吃晚饭"。真是意味深长啊！总书记话都说到这个份上了，我们不能无动于衷啊！

风气流变，往往上行下效，渐渐教化成习，对于一个社会的改变，也会由此见效。

多读书、少应酬，这是做一个好官的基本标准。

59. 公家没有受到损失，个人拿好处违法吗

公家没有受到任何损失，个人之间有些经济往来不是问题。

一些贿赂犯罪的对象往往存在一个误区，就是在职务活动中，确实收受了贿赂，但他们认为自己行使职权，并没有损害国家（公家、单位、集体）的利益，应该不属于犯罪的情况，其实这是一种不懂法律的表现。

刑法对于贿赂犯罪构成的表述是，国家工作人员利用职务之便，为他人谋取利益，收受他人财物，数额较大的行为。

有些人之所以认为收受贿赂没有造成公家的损失，就不是犯罪的根本原因，是不了解贿赂犯罪其侵犯的客体。

法律明确规定，贪污、侵占、挪用公款等犯罪，其侵犯的客体是公共财产，是一种侵犯财产类的犯罪；而收受贿赂的犯罪其侵犯的是国家工作人员的管理秩序，是国家工作人员的廉洁性，因此，实施收受贿赂的犯罪行为后，是否造成公家的损失，不影响犯罪的构成。

有例为证：某机关公务员姜某，在为单位采购一批电脑过程中，收受供应商贿赂 10 万元，虽然这批电脑的价格符合市场的当时价格，姜某所在机关并没有受到损失，但这不影响姜某受贿罪的构成。

还有案例值得深思，湖南省某县教育局长利用职权收受贿赂 100 余万元，经检察机关查实，其受贿的贿款中有 80 余万元用于了基层小学的建设，个人实际所得在 20 万元左右，但最终法院还是以受贿总额 100 余万元定罪量刑（当然考虑具体情节可相对从轻）。可见，贪污受贿，即使用赃款去干好事，并不能降低犯罪金额，更不能改变犯罪性质。

身为国家工作人员必须严格要求，廉洁自律，只要利用权力谋取私利，达到了一定的数额，都将构成收受贿赂罪，就要受到法律的惩罚。

不义之财不可取！

60. 钱不进自己的口袋就没事吗

只要钱不进自己的口袋，犯罪跟我沾不上边。

确实有一些企业负责人对法律概念缺乏必要的了解，存在一种模糊、糊涂的认识，以为只要公家的钱不进自己口袋，讲到天边也没有事。

有例为证：某国有木材企业几年前进口了一批木料地板，但因为市场不景气，地板销售不出去，企业连职工的工资都快发不出来了。

企业的领导班子经过集体研究，决定将这批进口地板发给职工充当福利，为了避免引出麻烦，领导班子成员不参加地板的分配，领导班子成员认为，就是此举不对，我们班子成员不拿总错不到哪儿去。

案发后领导班子成员均被检察机关追究刑事责任。

怎么回事？原来刑法专门有规定，将国有资产集体私分给个人是"私分国有资产罪"，至于是不是经过集体讨论决定、决定者是不是也分得利益，对于这个罪的构成丝毫没有影响。

再以例为证：某污水处理工厂，属于政府拨款的事业单位，因为与供水企业相比，职工的收入偏低，于是该事业单位负责人绞尽脑汁想办法要提高职工的收入。

经过研究，该事业单位负责人决定将处于市区的一座泵站予以改造加层，然后将加高的层面出租给边上的饭店，每年75万元的租金作为奖金福利发给职工。

案发后该事业单位负责人被追究刑事责任，什么罪名？私分国有资产罪！

大家想想，场地是国家的，泵站是国家的，加层的材料是国家的，加出的层面肯定也是国家的，加出的层面的收益更是国家的。国家的财产产生了孳息，可以私分吗？

糊里糊涂当领导是不行的，有时想想不会错的事情却不知道竟然是犯罪，由此可见，管理者法律意识不可少啊！

法律意识是不会自己生出来的！

61. 为了集体的利益就不会错吗

只要为集体谋取利益就不会错，对吗？表面上看，肯定是对的。集体就是单位，单位就是国家，怎么会不对呢？

其实这也是一种缺乏法律意识的糊涂观念，而且是非常危险的有害认识！

有例为证：某烟草批发部门，将本应该在本地销售的"中华牌"香烟以高于本地的销售价格卖给了外地一家商贸公司，然后从外地这家公司收取了高额的货款。

烟草批发部门一正二副3个经理经过简单的计算，知道了高出正常销售的金额竟然高达120万元，怎么办？他们的脑子还算清醒，我们自己不能拿，把这120元放入"小金库"，今后用于职工的福利，为了集体的利益、职工的利益总不会有事吧！

令3个经理想不到的是，检察机关找上了门，依法对其予以立案侦查。

怎么回事？什么原因？

原来检察机关根据调查认为，3个经理触犯了法律，涉嫌构成了单位受贿罪！

法律有明文规定，单位违反国家的规定，暗中收受各种名义的回扣、好处费等，是单位受贿罪。这个犯罪构成的特点，是以单位的意志做出行为、以单位的名义获取利益，其表现形式是"暗中"，就是没有将货款进入正轨的大账，最终导致被追究刑事责任，不但要对单位进行罚金的处罚，而且对责任人要追究刑事责任，即使是集体决定的，也不影响责任的追究，所有参加决定的经理及其他管理人员均将承担相应的刑事法律责任。

顺便说一句，外地这家高价购买"中华烟"的单位则可能构成单位行贿罪、向单位行贿罪。因为外地这家公司为了单位的利益购买"中华烟"，以单位的名义、代表单位的意志向对方行贿，这就构成单位行贿罪；这家单位明知道"对方"将这笔货款不进大账，而予以配合，这就构成向单位行贿罪。

不进口袋照样可以构成犯罪。

62. 给国家有过贡献就可以网开一面了吗

给国家作过贡献，即使发生了问题也可以网开一面。

这个认识是错误的。

我们的宪法有一个原则，就是"法律面前人人平等"，就是说，不论你是什么人，不论你曾经有过多大的功劳，只要是你触犯了党纪国法，就必须受到追究，那些发生了问题，自以为自己是"功臣"、"英雄"的人想以此逃避法律的惩罚完全是一厢情愿、异想天开。

纵观我们党的历史，"功臣"犯法与庶民同罪。

有例为证：1937 年 10 月，抗日军政大学第六队队长黄克功，因为逼婚未遂，在延河河畔枪杀了陕北公学学员刘茜。一部分同志认为，黄克功从小参加红军，经过井冈山斗争和二万五千里长征，对革命作过重大的贡献，在这民族危难之紧要关头，应对他免除死刑。陕甘宁边区高等法院对此案作了认真研究，经中共中央同意，判处黄克功死刑，并且召开公审大会以教育广大干部和群众。

毛泽东就此案专门写给审判长雷经天的信中说："黄克功过去斗争历史是光荣的，今天处以极刑，我及党中央的同志都是为之惋惜的，但他犯了不容赦免的大罪，不得不根据他的罪恶行为、根据党和红军的纪律，处他以极刑。正因为黄克功不同于一个普通人，正因为他是一个多年的共产党员，是一个党内的红军，所以不能不这样办。共产党与红军，对于自己的党员与红军成员不能不执行比较一般平民更加严格的纪律。"

毛泽东并特别强调指出："如果赦免，便无以教育党，无以教育红军，无以教育革命者，并无以教育一个普通的人。"

再有例为证：中国共产党于 1952 年 2 月 10 日宣布，依法公开处决大贪污犯刘青山、张子善。这对成立不久的新中国、对执政不久的中国共产党中的各级领导干部无疑是一次强烈的震动。当时香港的一家报纸惊呼："共产党杀了共产党！"

时任中共中央华北局第一书记的薄一波同志在《若干重大决策与事件的回顾》中写道：

"刘青山、张子善是 1931 年和 1933 年入党，经历过土地革命、抗日战争和解放战争严峻考验的老干部。

刘青山参加过 1932 年高阳、蠡县的农民暴动，曾被国民党逮捕。在敌人的严刑逼供下，坚贞不屈。

张子善 1934 年被国民党逮捕入狱，曾参加狱中的绝食斗争，在敌人面前表现了共产党人的英雄气概。

应该公正地说，他们的确曾经是党的干部队伍中的佼佼者，曾经在不同的领导岗位上出生入死地苦斗过，曾经为新中国的诞生作出过自己的贡献。但是，进城后，他们在资产阶级思想和生活方式的腐蚀下，贪污腐败、蜕化变质，成了人民的罪人。"

重温毛泽东的话很有必要，毛泽东在公审刘青山、张子善大会之前说："正因为他们两人地位高、功劳大、影响大，所以才要下决心处决他们，才可挽救二十个、二百个、二千个、二万个犯有各种不同程度错误的干部。"

若干年以后，毛泽东又一次讲道："我们杀了几个有功之臣也是万般无奈。我建议重读一个《资治通鉴》，治国就是治吏，礼义廉耻，国之四维，四维不张，国之不国。如果一个个干部寡廉鲜耻，贪污无度，胡作非为，而国家还没有办法治理他们，那么天下一定大乱，老百姓一定要当李自成，国民党是这样，共产党也是这样。"

"杀张子善、刘青山时我讲过，杀他们两个就是救两百个、两千个、两万个啊。杀人不是割韭菜，要慎之又慎，但是事出无奈不得已啊。问题若是成了堆，就是积重难返啊。"

"崇祯皇帝是个好皇帝，可他面对这样一个烂摊子，只好哭天抹泪去了哟。我们共产党不是明朝的崇祯，我们决不会腐败到那种程度。不过谁要是搞腐败那一套，我毛泽东就割谁的脑袋。我毛泽东若是搞腐败，人民就割我毛泽东的脑袋。"

党中央早就明确，搞腐败的，不管涉及谁，坚决一查到底，决不手软！

63. 一贯表现好，偶尔犯错可以忽略不计吗

一贯表现好，偶尔犯错误可以忽略不计。

这话似乎有一定的道理，谁不犯错误？我们党遵循的是"惩前毖后、治病救人"的方针对待犯了错误的干部。

但是，具体分析，有些错误是"一票否决"的！

共产党员犯了嫖娼的错误，一票否决，坚决开除党籍！

司法人员酒后驾车的，一旦被发现查实，坚决开除公职或者除名！

国家工作人员贪污受贿，触犯法律，坚决依法追究刑事责任！

昔日的"功臣"、"英雄"犯了死罪，坚决处决，毫不含糊！

改革开放以来，一些因为腐败落马的、被绳之以法的甚至被判处死刑的官员，客观地说，他们也曾经做过一些积极的工作、作出过一些积极的贡献，但是，这绝不是可以容忍罪行、逃脱刑事责任的理由。

有例为证：时任四川省教育厅副厅长的汪某因受贿罪被判处有期徒刑 11 年，其在狱中写下忏悔："作为党员领导干部，在改革开放的 30 年中，我用自己 99% 的时间在学习、工作中履行职责，用自己不到 1% 的时间和精力起了贪欲、谋了私。结果，正是这不到 1% 的作为，抹黑了自己几十年为之奋斗和努力的事业，也抹黑了自己，法纪意识的松懈和淡漠导致自己滑向犯罪的深渊。"

汪副厅长仅仅是1%的松懈，毁了自己大半辈子的努力，真可谓"一失足成千古恨"。

笔者曾查处过一个官员，他在忏悔时痛心地说，我顶住了几千个苍蝇来叮我这个蛋，只是让一只苍蝇找到了缝，下了蛆，于是我成了臭蛋，身败名裂。此言值得我们各级官员深思！

毛泽东曾经说过："一个人做一点好事并不难，难的是一辈子做好事，不做坏事。"

每个共产党员、党员领导干部、国家工作人员都要严格要求自己，经常反思自己，做到自警、自励、自省、自律，及时发现错误、改正错误，要知道，有些错误一旦犯下是没有改正的机会的！

小洞不补，大洞吃苦！

64. 为群众搞福利就可以无所顾忌了吗

自己不拿，给职工群众搞福利，无可厚非，这可是天经地义的事。

官员中如果有人存在这种认识那可是非常错误的，这种行为导致了恶劣影响，破坏了经济秩序，理所当然地受到中央的严厉批评和处罚。

一些国企领导不顾中央三令五申，漠视法规纪律，肆意违法乱纪，违规搞福利、滥发奖金，是一种"福利腐败"。

这种发生在中央单位的腐败不仅损害了国家的利益，也侵犯了纳税人的利益，进一步扩大了社会分配的差距，导致社会不公，给社会企业带了个坏头。

作为职业检察官的笔者，必须提出一个值得引起警惕的问题：所谓给职工购买商业保险、垫资购买商品房、违规购买企业股票、不出资获取股权和红利、高额支付房屋和汽车维修费、购买可以退还本金的商业保险等，表面上像是违规，实际上就是标准的腐败，很可能就是某些领导、某些高层领导人员的一种掩护、一个幌子，其背后往往隐藏着巨额的贪污！

为了职工群众的利益，甘于冒着违法乱纪被查处的贪官是不存在的！

65. 自以为收受的是"赝品"就没有问题了吗

收受"赝品"没有问题。

这是一些官员的自我安慰，其认识上的错误是显而易见的。

从法律意义而言，官员只要存在非法利益交换，无论收受什么物品（当然排除各种正常的礼尚往来），只要具有价值，都应当计入受贿犯罪的赃款赃物金额，累积计算。

"赝品"有的是一文不名，有的是存在价值，有的是行贿人以为是"赝品"，而其实是真品，有的是受贿人自以为是"赝品"而其实是真品。

法律上如何来认定呢？

所有属于贿赂性质、具有价值的物品其价值的认定，均由具有国家资质的价格鉴定机构出具价格认定证书来确定，司法机关以这个认定证书确定的价值来确定犯罪金额。

由此可见，贿赂物品的价格（价值）既不是行贿人说了算，也不是受贿人说了算；既不是侦查机关说了算，也不是法院说了算，而是由第三方价格认定机构说了算。

当然，为了保证当事人的合法权益，避免出现误差，法律还明确，如果当事人对认定（鉴定）结果不服，可以申请另外的具有国家资质的价格鉴定机构进行再次认定（鉴定）。

举一案例：大贪官文某受贿案中，有一幅张大千的山水画，行贿人是 3 万元购买的，文某以为是不值钱的，扔在边上好几年。

案发后，侦查机关委托重庆有关方面进行认定（鉴定），认定（鉴定）的结果是真品，其价值为 362.4 万元，当然全部计入文某的受贿金额中；

后来经当事人的申请，侦查机关委托北京有关方面进行二次认定（鉴定），认定（鉴定）的结果是"赝品"，没有价值，当然不能再作为贿赂犯罪金额。

这里必须说明，"赝品"不一定不具有价值，许多"高仿"、"新仿"、"做旧"的物品，虽然明确属于"赝品"，但其还是具有一定价值的。如文某收受的张大千这幅画，北京有关机构鉴定是"赝品"，虽然300多万元肯定是不值的，但如果认定其还具有3万元的价值，那么理所当然，这3万元还是应当计入受贿犯罪金额中。

自欺欺人、掩耳盗铃式的腐败误人误己！

66. 多交朋友是官员的个人小事吗

"多个朋友多条路"这是普遍的认识。

在官场上这可是一条危险的路。

官员交朋友，被老百姓称为"傍大款"，因为有贪婪心的官员是不会交穷朋友的。

官员与商人交朋友，没有负担，因为商人有的是钱，到处买单就是了。但是，"拿人家的手短，吃人家的嘴软"。自占便宜的那天起，官员的政治生命就被不法商人抓住了，因为他哪天暴露你，你哪天就可以进去！

这些年来，上海一大批官员，上至"一把手"，下至各级公务员，曾经都交往了不法商人，如张某（福禧集团董事长、有期徒刑19年）、周某（农凯集团董事长、有期徒刑16年）、刘某（茂盛集团董事长、有期徒刑8年）、周某（周氏集团有限公司董事长、有期徒刑14年）、吴某（新黄浦集团董事长、有期徒刑8年）、邱某（西安飞天科工贸集团董事长、有期徒刑20年）、蔡某（天天房产集团董事长、无期徒刑）等，最终乐极生悲，这些官员均因权钱交易落了个身败名裂、身陷囹圄的结局。

不法商人丁某苗与时任铁道部长的刘某军相互勾结，大肆敛取不义之财，双双被押上审判台，刘某军被判处死刑，缓期 2 年执行。2014 年 12 月 16 日，北京市第二中级人民法院对丁某苗一审宣判，对丁某苗以行贿罪判处有期徒刑 15 年，并处没收个人财产 2000 万元；以非法经营罪判处有期徒刑 15 年，并处罚金 25 亿元，决定执行有期徒刑 20 年，并处罚金 25 亿元，没收个人财产 2000 万元。

官员要把握住自己的政治生命！

67. 贪官只会讲假话吗

贪官都是善于讲假话的。

毫无疑问，这种观点肯定是对的，贪腐是见不得阳光的行为，贪官要行贪腐之事，肯定要伪装自己，做假事，说假话，戴假面具就是贪官的特征。

但是，客观地说，贪官也有讲真话的时候，而且大都数贪官都有讲真话的时候，而且大都数贪官讲的真话都是出自肺腑、震撼人心！

人们一定要问，什么时候？

笔者可以理直气壮地告诉你：执行死刑之前，关进监狱以后！

请看贪官曾某春（时任湖南省郴州市委副书记、纪委书记）临终前的忏悔：

我当时有个想法：作为一个男人，要么当官，要么发财，能光宗耀祖，我思想深处还是有升官发财的想法。毕业之后，虽然我发表文章说要为人民服务，但思想上还是想发财。

小时候家里穷。父亲是小学教师，家务活都是母亲干，家里有八兄妹，五男三女，老大是姐姐，我是老二，干的活最多。

我 1958 年考上了汝城县二中，吃的主要是红薯。读高中的时候，有一年暑假我跟村里人到广东都人收割稻谷，干了一个星期，得了十斤米、二十斤木薯。那时候我又小又瘦，没人愿意跟我一组，是有村民看我很可怜，才肯带我一起出去。

1968年从湖南师院中文系毕业后，我先被分配到省革委会人保处管档案。后来，临武二中需要一个年轻人去当老师并兼团委书记，我就被选去当老师，教高中语文。

我当时心里不想当老师，只想搞行政工作能当官。我在学校被评为"全县学习毛主席著作积极分子"，还写了文章在《湖南日报》上发表，当时的临武县委书记看到了我写的文章，把我调到县委办当秘书，再后来担任县委办主任、县委副书记、县委书记，一步步走上来。

小时候，我父亲送给我两句话："学有所成，事有所成"，我当时不太理解，就写在本子上背了下来。等我考上大学了，当时心想，应该是"学有所成"了。但"事有所成"，我当时就只有猜了，应该是要我做大事吧。所以我从小就想做大事，想出人头地。我当纪委书记之前，确确实实是在拼命工作。

我当时有个想法：作为一个男人，要么当官，要么发财，这样才能光宗耀祖。我思想深处有升官发财的想法。毕业之后，虽然我发表文章说要为人民服务，但思想上还是想发财。大学毕业之后的月工资是42.5元，当时一个农民一年都拿不到那么多钱。村里出了我这个大学生，大家都说我们家的祖坟立对了。当时我也是很得意和高兴的。

最对不住的是我的父亲和母亲，特别是我的母亲，她老人家住在农村里，八十六岁了，我一天孝也没有尽。以前我要把她接到郴州来住，她说住不惯，我就每年给她一点钱，没有多少时间去看望她。最遗憾的是我没来得及好好孝顺她……

我母亲没想到我是这样的人，她总认为我是好人。现在要是还给我一次机会，我唯一的愿望就是要好好孝顺我的母亲。

对父母不孝的人，不管他当多大的官，做多大的老板，都不会有什么好的结果，早晚都会遭报应。我对父亲没有尽到孝，父亲病危的时候我不在，没有得到及时的抢救，他患的是高血压，送到县医院也没有好转，变成植物人了，我当时在长沙开会，想把父亲转移到郴州的大医院抢救，最后没来得及就去世了。这是个报应,这是个报应啊。我对不起父亲……(流泪)当时我已经是纪委书记,已经有了钱,也有了权,但是一直没有去尽孝,所以要遭报应……

麻烦你们捎句话给我母亲,就说我在这里一切都好,吃得好,身体也好,让她不要担心,要她老人家好好保重身体……

唉,我现在真可以说是"政治上身败名裂,经济上倾家荡产,思想上追悔莫及"啊!曾国藩说过,小孩子好的话,没钱也有钱,小孩子不好的话,有钱也没钱。

曾国藩是个真正成功的人。儿孙自有儿孙福,我现在彻底想通了,钱多了没用,钱害死人。

真可谓:人之将死,其言也善,反思贪官以生命感悟的真实感叹!

聪明的人,以别人的教训作为自己的警示;愚蠢的人,以自己的教训去警示别人!

68. 红白喜事收礼是合情合理吗

红白喜事收点礼合情合理。

这是一种具有危险性的错误认识。

正常情况下,亲朋好友之间,遇到红白喜事有些礼尚往来纯属人之常情,但对于官员而言,可不一定了。

有些官员巨额贿赂不敢收,但对于红白喜事上的各种"礼"则照单全收,其中不少属于工作对象和各种具有利害关系的请托人。

所以现在更有一些官员三天两头"制造"红白喜事,一会儿"荣升"、一会儿"乔迁"、一会儿"周年"、一会儿"满月"、一会儿"住院"、一会儿"送葬",每搞一次就有巨额钱财进账,既安全又实惠!

"别看今天闹得欢,小心将来拉清单",其实这是在玩火!

有例为证：某区招投标管理办公室主任贾某，利用女儿结婚之机，邀请百余名开发商、施工商、包工头赴宴，一次敛钱四五百万元，不久便锒铛入狱。

据检察机关调查，被邀请的这些平时受到贾主任手中权力制约的人，收到邀请函后便思前想后，不去，今后日子肯定不好过，去，明摆着不能空手，而且还不能少。于是，这些人分别送上五万至十万。这种借红白喜事大肆敛钱的行为就是索取贿赂犯罪。

无独有偶，某局级领导干部老母去世了，其在为老母办理丧事期间，收受部下、业务关系单位的各种"奠仪"十数万元，结果被举报，受到了严肃查处。

变了味的红白喜事就是贿赂犯罪，必惩无疑！

69. 官员"无忧无虑"是小事吗

"无忧无虑"心宽体胖。

这是一些官员的追求，是非常错误的思想。

中央领导同志提出："领导干部要增强忧患意识、公仆意识、节俭意识。"这对新时期领导干部的思想建设提出了新的要求，非常符合建立和谐社会、建设社会主义小康社会的实际，其意义十分重大和深远。

忧患意识，"忧"什么？忧党、忧国、忧民。以忧党看，如何将反腐败推向深入，如何进一步加强和改善党的领导，如何从根本上铲除腐败、巩固执政党的地位，仍然是一个待解决的问题。

以"忧国"看，我国还处在不发达状态，粗放型经济增长方式、经济结构不合理的状态还没有根本转变；自主创新能力不强；经济社会的发展与资源、环境的矛盾日益突出；社会总体发展很不平衡；国际安全环境不容乐观。从"忧民"看，老百姓就业难、看病难、上学难、住房贵、物价涨、收入低等民生问题还相当突出。

戒骄戒躁，艰苦奋斗，对领导干部提出了思想作风的要求。党中央、国务院要求"建立节约型社会"，非常切合当前的实际。据新华社报道，公款吃喝每年要耗费4800万元。

"吃喝讲排场，坐车要高档，穿着全名牌，出国赛疗养"；"一桌宴席一头牛、一台汽车一座楼、一场剪彩一秋收、一次出国一生酬"等奢侈浪费、挥霍公款的不良风气引起了广大人民群众的极大愤慨，严重地损害了党和政府的形象，必须切实予以纠正。

加强学习，勤奋工作，一些领导干部学习装装样子、工作敷衍了事，思想不求上进，做事扯皮推诿的状况在一些地方、部门还大量存在，人民群众极不满意，必须迅速予以改进和转变。

加强团结，顾全大局，要求各级领导一定要齐心协力为落实党的总体工作目标而共同努力，摒弃本位主义、地方保护主义、小团体利益等各种干扰、影响大局的不良意识，做使党放心、让人民满意的公仆。

各级领导干部只有具备了这些意识，并且时刻认真对照、落实，那么就能保证自己在思想上始终清醒、政治上始终坚定、作风上始终务实。

官员"无忧"必有"大忧"！

70. 你情我愿的两性关系无伤大雅吗

你情我愿不算什么事。

这是错误的观点，不是什么事都可以你情我愿来做的。

一些官员搞"一夜情"、搞"同性恋"、搞"婚外情"、搞"淫乱门"，其实绝不是小事。

这些活动具有不法性，而且会造成严重的社会负面影响。

你情我愿不能理解为仅仅是个人之间的事，要看其是否符合国家的法律，是否符合行政的规范，是否符合社会道德的底线，作为官员，尤其不能认为是小事。

被社会强烈抨击的云南省某市一官员，在宾馆进行集体淫乱活动，被拍下照片，遭到敲诈，虽然他属于受害者，但在网上被炒作后，成为轰动社会的新闻，负面效应被无限制扩大，最终被"双开"，并被移送司法机关处理。

有例为证：2011年湖北省一司法机关主要领导在上班时间与女干部在宾馆"开房间"，不料被曝光，在社会上造成了恶劣的影响，结果被人大常委会罢免了职务。

有例为证：2012年东北某地卫生局长与下属医院女院长工作时间"开房"被曝光，受到舆论强烈抨击，也受到严肃查处。

又有例证实：2013年湖北省高级人民法院刑三庭庭长张某在上班时间与女律师在宾馆"开房"，也被曝光，在社会上造成了恶劣的影响，被纪委严肃处理。

前些年安徽省原副省长何某在任市委书记期间，与情妇在九华山上的度假村幽会，其间还长时间关闭手机，当发生聚众闹事的紧急情况后，却联系不上他，结果造成严重后果。

所以，违反法律、违反道德的行为，就是你情我愿也是不允许的，再隐秘，也有被发现、被曝光的时候，到那时就不是私人之间的事了。

千万注意，一失足便成千古恨！

71. 认了"干亲"就可以随便交往了吗

具有干亲关系的人有一些钱财的往来不是问题。

这是必须要明辨的问题。

在笔者曾经侦查过的一些职务犯罪案件中，有的受贿人强调，我拿的是"干爹"的钱、"干儿子"的钱、"干兄弟"的钱，有什么问题？

其实，这种所谓的"干亲"关系是一种请托人与被请托人的关系，一方是"权",一方是"钱",再怎么样套上"干亲"的帽子也掩盖不了权钱交易的实质。

有例为证:来自外地的某小包工头认识了上海某大型国有企业工程建设总指挥赵某,凭借老乡的关系,小包工头认赵总指挥为"干叔"。

一来二去双方真的像亲戚一样不分彼此了。不久赵总指挥把一些工程项目给了小包工头,小包工头一次赚取了不少钱。

一段时期后,赵总指挥有一新居需要装修,小包工头自告奋勇要求"全包",赵某也没有多想,欣然接受。

几年后事情暴露,赵总指挥被以受贿罪判处有期徒刑 20 年。

诸君还可以发现,如今一些电视节目竟然也喜欢掺入"干亲"的因素,某地一"鉴宝节目"让一个美女上台显摆其奢侈品,称这些东西都是"干爹"送的,"干爹"是搞房地产投资的……顿时舆论大哗,抨击的意见几乎就是"一边倒",这是明目张胆地挑衅社会的道德底线!

"美女"、"干爹"这些隐喻着什么,大家都是心知肚明的,收视率极高的这个鉴宝节目以这个敏感的、有极大歧义的话题来吸引人们的眼球,真是"司马昭之心路人皆知",都是被"钱"闹的。

最终"美女"被迫说出了真话,全是被"导演"的游戏、是"演戏",善良的人们实实在在被忽悠了一把!

"干亲"攀上了钱财,一定是臭名远扬!

"干亲"攀上了权力便与犯罪不远了!

72. 公私不分是小事吗

公私不分多了,不是大事。

这个认识存在错误是肯定的了。

我们党的老一辈无产阶级革命家们都有公私分明的感人事例,毛泽东不许女儿乘坐他的汽车上学；周恩来外出期间吃饭照例付钱、付粮票；刘伯承在家里约法三章，严禁子女享用特权；王克成不准家属子女享受他的福利待遇……

可是如今少数官员却存在公私不分的情况：

北京某女官员贪污数百万元公款用于自己美容。

广东某女市长购买内衣都用公款，还恬不知耻地说："我人也是共产党的，用共产党的钱有什么错！"

某官员贪污公款去澳门豪赌，输掉数千万！

某官员侵吞公款包养情妇！

某官员保姆费、养犬费、足浴费全部由公款支付！

至于把国家的、公家的利益化为个人的利益的例子时有发生。

整个社会把国家的、公家的利益不当一回事是十分危险的，是腐败不断蔓延的必然结果，必须引起人们足够的重视。

要建立廉洁的政府，每个官员必须公私分明！

73. 说话随便是个人小事吗

说话自由就是言论自由，总不会有什么问题吧。

这是肯定的，但是官员说话是有一定之规的，说话随便可能会导致犯罪的后果。

有例为证：国家某司法机关一官员在与一帮"朋友"吃饭时，无意中谈到正在对"某某某"进行调查，不料，席间有一人与此"某某某"相当熟悉，于是将该信息透露给了"某某某"，导致发生了其畏罪潜逃的严重后果。

结果是这个司法机关的官员被以"过失泄露国家秘密罪"追究刑事责任。

无独有偶，某"考试院"官员故意泄露考题内容，被依法追究"故意泄露国家秘密罪"。

某司法机关官员将"举报信"内容泄露给当事人，被依法追究"故意泄露国家秘密罪"；还有一些更为严重的泄密罪，引起了国家有关方面的严重关注。

有例为证：孙某泄密案。孙某在担任国家统计局办公室秘书室副主任及局领导秘书期间，于2009年6月至2011年1月，违反国家保密法规定，先后多次将国家统计局尚未对外公布的涉密统计数据共计27项，泄露给证券行业从业人员付某、张某等人。

经鉴定，这27项被泄露的统计数据中有14项为机密级国家秘密，13项为秘密级国家秘密。近日，北京市西城区人民法院以故意泄露国家秘密罪依法判处被告人孙某有期徒刑5年，判决后被告人孙某没有提出上诉。

伍某泄密案。伍某在中国人民银行金融研究所货币金融史研究室工作期间，于2010年1月至6月，违反国家保密法规定，将其在价格监测分析行外专家咨询会上合法获悉的、尚未正式公布的涉密统计数据25项，向证券行业从业人员魏某、刘某、伍某等15人故意泄露224次。

经鉴定，上述被泄露的25项统计数据均为国家秘密级秘密。近日，北京市西城区人民法院以故意泄露国家秘密罪依法判处被告人伍某有期徒刑6年，判决后被告人伍某没有提出上诉。

有关国家利益，有关社会稳定，官员说话办事要内外有别，不能无所顾忌。

74. "一对一"权钱交易，检察机关就没有办法了吗

"只要不开口，神仙难下手"，"一对一"就拿我没办法。

这是许多涉嫌犯罪人员最初的想法。

毫无疑问，这个认识是错误的，完全是"鸵鸟政策"，自欺欺人。

一些贪官在受贿犯罪过程中，采取"一对一"的形式，这样，一旦案发，只要自己不承认，检察机关就没有办法。

这些贪官以为，一些犯罪嫌疑人的犯罪事实被发现，是因为知道的人多，于是，他们吸取了"前车之鉴"，只要有第三人在场就绝不拿钱，要进行权钱交易，一定"天知地知、你知我知"、"一对一"。

事实上，检察机关查处职务犯罪案件有严格的要求和严密的措施，对象是不是交代并不是主要的证据要求，刑事诉讼法规定，没有犯罪嫌疑人的交代，有证据的，可以定罪；只有犯罪嫌疑人的交代，而没有其他证据的，也不能定罪。

检察机关查处案件，有严密的程序和严格的要求，非常讲究方法和手段，对受理的所有案件线索必须进行初查，就是在不惊动当事人的情况下，对单位的性质、嫌疑的可能、证据的所在、各种细节与迹象都进行必要的了解和调查。

犯罪，只要是犯罪，就一定会留下痕迹，特别是职务犯罪，权力、职责、犯意、行为、形式、人证、物证、知情人、被害人等，都是证据的所向和所在，单就以为自己一个人不说，指望逃脱法律追究的可能性是极小的，更何况，对偶犯罪人、共同犯罪人、污点证人也不是铁板一块，他们也会积极交代问题、提供证据。

司法实践中，虽然犯罪嫌疑人行贿、受贿"一对一"的现象相当多，但有几个因此逃脱了法律的追究？

大贪官敛钱基本上是"一对一"，又有哪个逃脱了法律的追究？

检察机关也在不断研究侦查技能、提升侦查水平，特别是越来越多的科技手段进入了侦查领域，"一对一"已经不是破案的障碍了。

"手莫伸，伸手必被捉！"

75. 在境外就可以无所顾忌了吗

在境外可以无所顾忌、随心所欲了。

这是一些官员的认识，其实是存在误区的。

一些官员到了境外就如鱼得水、忘乎所以，所以，这些年被揭露的有些职务犯罪对象短时间内不断到澳门去，最多的一个竟然去了70多次！

当然，还有的是到香港特区及中国周边的泰国、缅甸、越南等国家的赌场，甚至还有的多次去拉斯维加斯！

时任沈阳市副省长的马某，大肆贪污受贿，还17次去澳门豪赌，输赢达千余万元，最终因为在境外的行为导致贪污腐败案发，被处以极刑。

时任北京市副市长的刘某，与一些大款去国外度假、旅游，经不住国外的各种诱惑和同行者的纵容，大肆进行与自己身份不相称的活动，结果被人拍摄记录，被举报至纪委，最终被查出严重犯罪问题，被判处死刑，缓期2年执行。

上海某市级机关处级干部程某，在境外收受贿赂，并且存入当地银行，结果案发被判处无期徒刑。

还有一些官员将赃款存入境外的银行，还有的将家人安排去境外定居，自己则当"裸官"，这些情况已经引起了有关方面的重视，一系列的措施已经出台。

刑法专门规定有一个罪：隐瞒境外存款罪，国家工作人员如果不如实申报在境外的存款将被科以刑罚。

还有一些贪官生怕被司法机关惩处，逃亡国外，但如今贪官在国外日子也不好过，国际司法协作制度越来越完善，中国政府也多次明确表示，不论贪官逃到哪里，就是逃到天涯海角也要予以抓捕归案！

贪污数亿的中国银行广东省开平支行行长余某被引渡回国了、走私集团头目赖某星被引渡回国了，还有一些迫于压力，主动回国投案自首了……

2012 年中纪委和国家有关部门专门制定了追捕外逃贪官的措施，可见，贪官逃亡的日子长不了了！

境外，也不是贪官的天堂、自由港！

76. 有了"攻守同盟"就保险了吗

一些对偶犯罪（如行贿罪、受贿罪；共同犯罪）的人以为，只要有攻守同盟，司法机关就没有办法。

这完全是想当然，自欺欺人。

"天知地知、你知我知"，看上去没有其他什么人知道，以为可以放心大胆地去做，其实这是非常危险的。

司法实践中的无数案例证明，对偶犯罪的双方、共同犯罪的各方，他们能够勾结起来犯罪，完全是出自"获取既得利益"，在为了"获取既得利益"的时候，大家的利益是一致的，但一旦失去了"既得利益"这个基础，一切变成了不可能！

相互发生了矛盾，这个同盟即刻土崩瓦解。

心理学上一个著名的规律，叫"囚徒困境"，说的是两个囚徒，面临法官的审判，都在为自己考虑。

笔者作为职业检察官，在长期的侦查生涯中，这种情况遇到无数。当自己的命运遇到危险、威胁时，往往就以保护自己的利益为首选，特别对于这些"既得利益"者而言，更是如此，无一例外！

君不见，那些大小官员们在权钱交易的同时，把小老板变成了千万富翁、亿万富翁；那些高官们利用职权把一些亲信"连升数级"，可是，当纪委、检察机关来调查时，这些大款、这些亲信有几个是"刀枪不入"的？

"要想人不知，除非己莫为！"记住，没错！

77. 根红苗正能够保证是个清官吗

根红苗正历来是我们选拔干部的重要条件。

可是，这个要求正在受到挑战，因为它存在误区。

请看如今的贪官，几乎都符合一个既定的规律：都有一个苦难的童年，都有一个辛酸的少年，都有一个勤奋的青年，都有一个成功的中年，都有一个悲惨的晚年！

成某杰、李某廷、刘某仁、王某忠、郑某萸、胡某清……哪个脱离了这个规律？

唯一不同的是，现在这个"悲惨的晚年"则大大提前了，大多数贪官已经是"悲惨的中年"了！

这种现象告诉我们，没有人可以具有先天的免疫力，任何人必须不断地进行世界观的改造，作为官员，放松了思想防线，意识不到各种诱惑，独断专行、我行我素，腐败变质是必然的，毫无异议的！

有例为证：时任安徽省副省长的王某（因受贿罪、巨额财产来源不明罪被判处死刑，缓期2年执行）在忏悔中写道："我出生在山东省梁山县王村，当年为了供养我上学，父亲卖掉了家里的三间房。父亲一个人闯关东，母亲在家里既要种地，又要照顾三个孩子，一次，村里食堂发了窝窝头，母亲舍不得吃，留给从县里放学回家的我吃。自己则吃树皮和草根。我自当上了领导干部以后，特别是当上了高级领导干部以后，彻底忘本了。"

就是这个苦孩子，在领导岗位上先后294次从44个人或单位处收受贿赂704万元，对649万余元财产不能说明合法来源。

根红苗正与廉洁清官没有必然的内在联系！

78. 贪官死了就不能追缴其不义之财了吗

人一死，事就了，通常情况下这是对的。

我国《刑事诉讼法》第 15 条明文规定，犯罪嫌疑人、被告人死亡的，不追究刑事责任（侦查即刻终止）。

所以，有些贪官，为了保住不义之财、保住不法房产选择了自杀，他们在钻法律的这个空子。

但是，传统的"人一死，事就了"，如今看来，这是错的。

修改后的《刑事诉讼法》第 280 条第 1 款和第 4 款明确规定：对于贪污贿赂犯罪、恐怖活动犯罪等重大犯罪案件，犯罪嫌疑人、被告人逃匿，在通缉一年后不能到案，或者犯罪嫌疑人、被告人死亡，依照刑法规定应当追缴其违法所得及其他涉案财产的，人民检察院可以向人民法院提出没收违法所得的申请……

人民法院在必要的时候，可以查封、扣押、冻结申请没收的财产。

这就说明，贪官即使在侦查阶段死亡了，其违法所得仍然需要追缴，期望"人死事了"的时代已经一去不复返了。

还是应验了这句话"天网恢恢、疏而不漏"。

79. 监管不到位仅仅是工作态度问题吗

一般人以为，工作不主动最多是工作态度问题，怎么能与犯罪挂上钩呢？

其实这种认识是存在误区的。

法律明确告诉我们，具有监管职能的国家工作人员如果失职造成严重后果，那就不是工作态度问题，而是触犯法律的行为。

某市国土资源局局长江某，对于下属上报的一份全市乱挖滥采能源资源的调查报告置之不理。不久，有群众举报甲村张某非法开采小煤矿，江局长将举报材料随手扔到了废纸篓里。

结果，张某的非法小煤矿发生了瓦斯爆炸，造成死伤多人的严重后果。江局长被检察机关以玩忽职守罪依法逮捕。

上海"11·15"大火，造成58条生命的消失，造成国家和人民财产的重大损失，几十个官员被追究责任，其中有相当一部分就是平时监管工作不到位。

应当招投标的，不进行招投标而搞"评标、议标"。

应当监督检查的，不进行监督检查而"走过场"。

应当监理鉴定的，不进行监理鉴定而"看面子、拉关系"。

应当验收的，不进行验收而"得过且过"拿人家的手短嘛！

应当多方协调的，不进行协调，而是"一个人说了算"！

所有这些，表面上是工作不到位，属于工作态度问题，实际上，一旦出现严重的后果，都是渎职犯罪。

尽管有的官员在其中并没有贪污、受贿，但渎职犯罪并不强调是不是有贪污、受贿的问题，而是以"严重后果"作为"以职论责"的要件，这是不可忽视的！

工作态度也可能是犯罪的诱因。

80. 官员对犯罪行为"眼开眼闭"是态度问题吗

"眼开眼闭"对于普通老百姓而言，无可厚非。

但对于官员则不仅仅是一个态度的问题。

所谓"官员"，就普通老百姓来讲，就是国家公务人员，特别是担任一定领导职务的公务人员。

官员有保护人民、服务人民的责任，在一些特定的场合不能无动于衷、袖手旁观，否则将受到道德、纪律和法律的惩罚。

有例为证：上海某国家机关一领导干部，在开车外出过程中，遇到前方发生车祸，有人受伤，群众连续拦了几辆车都没有停，当看到这个官员挂着某机关牌子的汽车就示意其停车救人，他们以为国家机关的车看到会停，没想到这个官员的车也不停，群众愤怒了，把车团团围住，这个官员竟然在车里"稳坐泰山"无动于衷。

媒体报道了这个见死不救的官员，最终这个官员被罢免职务，受到了严肃处理。

云南某部干部在乘坐长途汽车途中，见车匪路霸劫车，他混同百姓、无动于衷，结果群众的生命财产受到了重大损失。某部上级机关了解了事情真相后，将此干部撤销职务、清除出部队，并且在全国通报。

实际生活中，见义勇为的英雄有很多，某部战士徐洪刚，在乘坐长途汽车探亲途中，遇车匪路霸劫车，其只身与数名歹徒搏斗，身负重伤，肠子流出体外都毫无怯色，其坚持到最后，最终歹徒被全部抓获。

第四军医大学学员张华，遇到一老农掉落水井，其毫不犹豫下井救人，最终老农得救，他英勇牺牲。

　　社会生活中确实还有一些官员对老百姓的利益无动于衷，其实质是缺乏"全心全意为人民服务"的宗旨意识，与老百姓离心离德，其在关键时刻"事不关己高高挂起"是必然的，所以，根本上还是一个觉悟和品质的问题。

　　官员不能忘记自己其实是"公仆"！

81. 官员"疏忽大意"可以原谅吗

　　"疏忽大意"是可以原谅的。

　　这个认识对于官员而言，是危险的。

　　官员对自己的职责不尽职，工作不到位，思想不集中，虽然不是主动违法犯罪，但因为"疏忽大意"导致国家和人民群众生命财产的重大损失，同样是一种犯罪，需要追究刑事责任。这就是渎职犯罪的一种。

　　最高人民检察院曹建明检察长说，2009 年年底，最高人民检察院向中央政法委专题报告了落实常委会审议意见的措施和需要解决的问题，中央领导同志和中央政法委高度重视。在全国人大内司委、全国人大法工委的大力支持下，最高人民检察院会同中央纪委、中央政法委、中央组织部、最高人民法院、公安部、监察部、司法部、国务院法制办公室，于 2010 年 9 月联合签署《关于加大惩治和有效预防渎职侵权违法犯罪工作力度的若干意见》，为依法惩治和有效预防渎职侵权违法犯罪提供有力的政策支持和制度保障。

　　渎职犯罪的案件中，相当一部分是属于"疏忽大意"的情况，实践中，人们对于故意犯罪有所警惕，但对于"疏忽大意"类的犯罪往往认识不够到位，因此出现的问题也比较多。

　　"疏忽大意"往往会出大问题！

82. 官员身陷囹圄"三高"低了、身体好了吗

蹲监狱,"三高"低了,身体好了。

简直是胡说八道,如今林子大了,什么鸟都有!

为了吸引眼球,什么题材都可以"提炼"、"拔高",甚至无中生有!

南方某大城市某媒体发表了一篇文章,称被绳之以法的贪官在狱中身体都比以前好了,健康了,"面色红润"、"三高降低"、"吃得下、睡得着"……文章还解释了依据,是因为在监狱里统一吃普通的大锅饭,没有了胡吃海喝的应酬;是因为每天准时起床、就寝,生活规律了;是监狱里适当进行运动锻炼……

因为内容新奇,全国许多媒体、文摘报都予以转载,因为一般群众不知道监狱中的具体情况,有的信以为真,有开玩笑地称:"我长年吃药、运动都没有把'三高'搞下去,看来只有进监狱了!"

其实,这就是一个伪命题。

确实,如今监狱的条件均有了大大的改善,一些发达地区的监狱已经做到每周七天伙食不同样;许多监狱建立了图书室、小超市、建设了塑胶跑道、组织成立了技能培训班、兴趣小组;监房里置放了电视机;然而,即使如此,监狱毕竟还是监狱,监狱里最缺失的是人的自由!

上海某局级女干部因为受贿,被判处有期徒刑11年,在狱中她自感度日如年,几乎天天泪流满面,她说:"我当前最大的愿望是能够做一个下岗女工,因为她们能够天天自由地生活。""度日如年"是所有身陷囹圄的贪官们的共同感受和体会。

生命诚可贵,自由价更高啊!

83. 钻法律的空子搞腐败能够得逞吗

"似是而非"，"新手法"叫法律对我没办法。

少数一些官员想以新手法进行贿赂犯罪，结果，搬起石头砸自己的脚!

随着反腐败的力度不断增大，少数一些贪官也在不断变化着腐败犯罪的手段，他们期望通过钻法律空子、打"擦边球"的方式逃避法律的追究。

法律规定，利用职务之便，为请托人谋取利益，收受他人财物是犯罪，于是一些"聪明人"想出来一些似是而非、似非而是的"变通"行为:

——那我不收受钱财，我拿干股，这个没有明文规定吧?

——收受贵重物品是犯罪，我通过关系打折后付钱，你奈何我不得吧?

——我借房子、借汽车，千年不赖，万年不还!

——我们通过"打麻将"、"斗地主"敛钱，有输有赢嘛!

——我们合办公司，我有职务渠道，你出资金，利润大家分成!

——我在位置上坚决不敛钱，如今退休了拿些钱总问题不大吧!

——我把钱放到老板那里，委托他来理财，这赚了钱没有问题吧?

——只要我不拿钱，老婆、子女拿不算不到我头上!

——我让朋友、亲戚敛钱，我不经手，对我没办法了吧?

——我坚持说钱是要归还的，只是忙，没有时间和机会去退，你们能对我怎么样? 一旦风平浪静，全部是我的!

可是，中国几千年的历史不断证明着一种真理:"聪明反被聪明误"，那些企图以高明的手法掩盖自己腐败犯罪行为的人，最终是搬起石头砸自己的脚!

这些新型的贿赂犯罪方式的出现，按照原来的法律规定，确实难以定罪，一些收受贿赂者一度尝到了甜头，越发肆无忌惮起来。

最高人民法院、最高人民检察院经过调查研究，于 2007 年联名出台了关于新型贿赂犯罪的司法解释，将这些变化了的贿赂行为，装进了法网，来了个一网打尽!

我们知道,所有法律是具有滞后性的,新的法律不能管本法律出台以前的事,但司法解释是具有溯及力的,只要没有被司法处理过,那就可以按照新出台的司法解释进行处理。

上海某监狱党委书记、副监狱长李某,其在 2003 年利用监狱"一把手"的权力,通过在其工作的监狱服刑的某房产公司老板处,购买了数套低价的房产;2005 年房价大涨,李某将房子抛出,赚取了差价 190 余万元;2007 年"两高"关于新型贿赂犯罪司法解释出台;2009 年有关机关公示,拟提拔李某担任监狱管理局副局长,有群众举报了李某房产一事。经检察机关调查,李某构成受贿罪,被判处有期徒刑 15 年。

大家从中应当领悟到些什么?

84. "行头"露富是生活小事吗

官员的"行头"是社会小事,值不得大惊小怪的。

持这种观点的人大有人在。

其实,官员在生活小事上不检点,闹出大问题已不罕见。

自南京"天价烟"暴露出贪官周久耕后,又出现了陕西的"表哥"杨某。除了十几块名表外,杨某的"天价眼镜"也被曝光,有人发现,该杨某的镜架为 13 万元,还有网友发现,其裤腰带的价格也不菲。2012 年 9 月 21 日陕西省纪委经调查,认定其严重违纪并报省委决定,撤销其省纪委委员、省安监局党组书记、局长职务。不久,媒体、网民又曝光了"房叔"、"车爷",有拥有二十多套房产的、有拥有几十辆豪车的,"房叔"(广东某地执法机关政委)已经被"双规",可以预见,其最终结局也好不到哪儿去。

"行头"一般是指人的穿衣戴帽。常言道:穿衣戴帽,各有所好。按理说,一个人穿什么样的衣服,戴什么样的手表,完全是个人爱好,别人无权干涉，可是，一些官场中人的"行头"为何引起了公众的关注呢？个中原委，颇耐人寻味。

其实，官场中人的"行头"之所以受到公众的关注，是因为其与腐败有关。有道是：吃饭穿衣量家当。官场中确实有一些人已经习惯于权力寻租，热衷于攫取不义之财。大量不义之财悉数收入囊中之后怎么办？他们既不热心社会公益事业，又不肯接济困难亲朋，只好在"显摆"、"炫耀"上下功夫。

吃喝宴请，他们张开饕餮之口，天上飞的、地上跑的、水里游的、山上长的，只要是看上眼的，一定要大饱口福。

出门开车，他们耀武扬威，不属于高档的、进口的、名牌的、崭新的车，绝对不开，只要出来新款，千方百计"换车"。

私下场合，这些人更是注重"名牌效应"、"身份档次"，手表非名牌不戴，皮鞋、衣服非名牌不穿。

诸如此类，说明少数一些官员贪慕虚荣已经成为"流行病"。他们的贪婪程度和藐视法律的自信已经顾不得"伪装"了，所以，他们把自己暴晒在"阳光之下"。

以杨某为例，拥有十多块名牌手表，13万元的眼镜架，还有价格不菲的裤腰带……这些都在向世人炫耀着权力的荣耀。

当然，有些贪官深谙"行头"遭灾的道理，他们在公开场合从不轻易露富。如山东省德州市齐河县财政局原局长任孟某，贪污受贿数百万元，可是，他平时总是非常寒酸，吃粗茶淡饭，穿粗布缪衣，甚至天天骑一辆破旧的自行车上班，在菜市场买鸡蛋也要跟摊贩斤斤计较，但最终还是露出了狐狸尾巴，被揭露出巨额贪污受贿及巨额财产来源不明，被判处有期徒刑18年。

但是，社会生活中大多数贪官都有"显摆"、"炫耀"、"露富"的爱好，这倒是为公众监督和揭露腐败提供了一个有效的渠道。

如今在反腐败的领域里，确实有大量的贪官是因为不正常的言行举止导致了腐败问题的暴露，其中有一些就是这些贪官的"行头"暴露了自己的问题，由此可见，官员"行头"绝对不是小事。

贪官的"行头"成为公众的敏感地带，看起来是偶然现象、"意外事件"，但实际上反映出人民群众对腐败的痛恨，反映出人民群众坚决反对腐败的强烈愿望，贪官无论露富还是装穷，其根本上是具有权钱交易、中饱私囊的贪婪之心，只要腐败，总归不会有好下场，这是必然的结果。

85. 因为经济上"得不偿失"所以贪腐不值得吗

经常看到一些警示教育材料，一些官员因为贪腐而导致其应该具有的正常的收入"荡然无存"，似乎"得不偿失"。其实这种认识是有失偏颇的，是不全面的。

深圳市龙岗区横岗人民医院院长孔某因为收受贿赂324.2万元人民币而被绳之以法。在法庭上，他竟然通过计算自己工资损失作为自己的忏悔，作为对人们的警示。

孔某仔仔细细地算了一笔经济账：在任医院院长时，每年净收入为25万元，由于是正高职职称，退休后每年也可得到工资收入20余万元。他按活到80岁计算，至少损失625万元。他原先享受二级医疗保健待遇，因为被判刑坐牢，这种待遇便没有了，以后高昂的医疗费用全部由自己承担了。

他后悔莫及地叹息，为了300多万元的贿赂，自己却损失了原先应该有的600多万元的正常收入，实在太不划算。

如此这类"忏悔"人们可以发现竟然比比皆是。

上海某国有企业原董事长王某，因为贪污受贿身陷囹圄，其在忏悔中说，以前每年收入超过100万元，如今鸡飞蛋打，不值得！

上海某国家机关一年轻的公务员，为了区区几万元被判刑，丢掉了令人羡慕的"金饭碗"，他在忏悔中痛不欲生大呼"得不偿失"。

上海某三甲医院医学博士后、科主任为了几十万元的"回扣"，被判3年半，按他的说法"损失无法计算"！

贪官们在忏悔中计算工资、收入、待遇、"饭碗"，看似并不荒诞，也确实有一定的道理，但并不是问题的全部。"经济账"仅仅是问题的一个方面，其实还有国家的秩序、官员的形象、公共的道德、人民的期望，这个"账"能够不算吗？

试想，如果贪官们拿个几千万、几个亿，手法隐蔽一些、考虑周到一些，是不是"得大于失"，值得一搏呢？

所以，贪官就是贪官，他们的心态永远是以利当头，任何情况下，都是首先考虑经济上"划算不划算"。这样的逻辑和心态，就是赤裸裸的权力底线的失守。

仅仅是算"经济账"的忏悔，没有什么警示意义，如果有，恐怕只是提醒那些试图以权谋私的官员，在伸手之前把账算算清楚，得，算得过来就干；不得，算不过来就不干。

这种忏悔没有警示价值。

86. "制"而未"止"不会构成犯罪吗

有关负责人对于具有潜在危害的行为虽然采取了"制"（提醒）的行为，但没有进一步关注是不是真正的"止"（消除），在发生后果情况下不存在责任，一些人有这样的认识。

这种认识不但是无知的，而且是非常危险的、错误的。

以例说明：某地一博物馆为了搞创收，在馆内招商引资，引进了承包人开办了餐饮、娱乐等经营项目。这些项目采用燃煤炉取暖，曾经发生过火灾苗子，但没有引起负责人的重视。

上级有关部门多次发文，要求在博物馆内禁止使用明火，几个负责人对此都是明知的，也对餐饮、娱乐项目的承包人提出过整改的意见，但在屡次提醒未见效果后，并没有采取进一步的措施。

终于有一天，该餐饮、娱乐场所因为不当使用燃煤炉发生了火灾，损失惨重。检察机关根据责任，对博物馆具有责任的三名负责人依法立案，追究刑事责任。

这三个人对自己的责任没有异议，对于火灾隐患也承认是早就发现了的。但他们辩解称曾经向承包人提出过整改意见，虽然有失职责任，但不构成严重失职，不应该被追究刑事责任。

但是经过法院的审理认为，这三个负责人虽然曾经对违法用火行为提出过整改意见，但是没有有效制止，没有尽到应尽的责任，对火灾存在过失责任，最终这三个负责人分别被以失职造成珍贵文物损毁罪判处有期徒刑 1 年 6 个月，有期徒刑 1 年、缓刑 1 年 6 个月，有期徒刑 1 年、缓刑 1 年 6 个月。

这起失职造成的犯罪，给人们的启示是：渎职与尽职虽然只是一字之差，而其后果却存在天壤之别。

"制"而未"止"，造成严重后果的，照样需要承担刑事责任。

87. 过年、过节收礼、收钱是风俗，这个观点对吗

每逢年节，人们之间有些"礼尚往来"，古来有之，应该属于一种风俗，是没有问题的。但是，一些为官者这么认为，而且热衷于借这个年节敛钱，还美其名曰为"风俗"，那问题就大了。

有媒体随机抽取近三年中北京市第一中级法院、东城区法院、海淀区法院审理过的 100 件受贿案，笔者也随机调取了上海市检察机关近三年中立案的 100 件受贿案，发现一个惊人相似之处，就是有近 80% 的贪官是具有在过年节之时大捞一把的犯罪情节。

各地媒体几乎都有报道，有一些贪官在法庭上"振振有词"：过年、过

节收礼、收钱是"风俗习惯"、"人之常情"、"情有可原"云云。

过年收礼、收钱这种"风俗"可以追溯到明朝的朗瑛在《七修类稿》中提到的"放偷":"金与元国俗,正月十六日谓之放偷,是曰,各家皆严备,遇偷至,则笑而遣之,虽妻女、车马、宝货为人所窃,皆不加罪。"金、元时代的正月十六可谓"小偷的节日"。

无独有偶,笔者曾经在东北边境农村下乡十年,那里的习俗竟然也有这种"放偷":过大年前夕,家家户户要包饺子,往往是一个晚上要包上几个麻袋,全村每家都派人来帮忙。那时节是零下四五十度,每包好一盘饺子便放到室外去冻,等冻硬后倒入麻袋,存放在家家都有的冷房中。

我们知青打探到消息后,往往就利用月黑风高潜到冷房里去"偷"饺子(少量的"偷"),因为我们知道,这个时候"偷"饺子,在当地不被认为是坏事,反而被认为是好事,说明这家"富裕",不属于穷得连"小偷"都不肯光顾。后来才知道,这是源于金、元时期女真人承自契丹人的一种古老的习俗。

饱含"人文宽容"的"放偷"如今被贪官们惟妙惟肖地继承了,逢年过节成了"蠹虫"们的节日。

过年、过节收钱、收礼的"风俗"归根结底是以送礼者的托词,是贪官污吏洗刷罪恶的遁词,给权力执掌者送钱、送礼者,哪个不是出于自身的利益诉求呢?

毋庸讳言,贪官们把"节日收钱、收礼"当作"风俗",对于发生在这几个不同往常的日子里的丑恶大肆放纵。

事实上,只要是权钱交易,不论是在年节,还是在平日,只要突破了法律的底线,均属于贿赂犯罪,必将受到法律的制裁。

上述贪官在法庭上的辩解完全是徒劳的,他们逃脱不了自吞恶果的悲惨结局。

88. 形象可以靠自我宣传出来吗

许多官员非常重视宣传，主要是不惜代价对自己形象、自己领导的单位形象的宣传。

这是一种与腐败脱不了干系的错误作为，值得引起警惕。

长期以来，我们的官员对自我形象的宣传到了无以复加的地步，许多单位都在拍"宣传片"、"纪录片"，一有合适的场合，即刻播放，一有来客，立即随"礼品"夹带上"宣传片"（光盘），其实这中间隐藏着众多的腐败。

近年来，一些地方、一些部门、一些单位纷纷引入企业形象片的营销模式，从忽视宣传到重视形象展示，是主动传播的一种姿态。在这股"宣传片热"中，出现了值得警惕的趋势。

一些欠发达地区的教师工资久拖而难以解决，而拍宣传片却一掷千金；只要小成本的几分钟，非要迷信大导演、大制作；打着领导重视的旗号，虚构名目、天价开支而不受约束。

原铁道部的花费公款 1850 万元制作的五分钟的宣传片，实际上制作费用（含税）是六七百万元，另有 700 多万元竟然被拿了"回扣"，如今有关负责人因为涉嫌职务犯罪已经被司法机关立案调查。

700 多万元的投资去向不明，暴露出国家机关、公共财政投资监督制约的缺位，反映出当下一些地方、部门、单位的"宣传片冲动"的问题与腐败脱不了干系，值得重视。

根据国家的规定，每一笔财政资金都要确保花在"刀刃"上，应当依靠强有力的预算监督机制。但是，我们目前的困惑是，一方面，我国公共财政的约束力还不够完善，存在漏洞；另一方面，一些地方和部门在没有监督、约束的情况下"慷国家之慨"胡乱拍板！

于是，当"冲动"遭遇"漏洞"、当"硬撞"碰到"软肋"，公共财政不但被浪费，还给寻租者留下了"贪腐"的空间。

一些官员往往打着给地方、部门树形象的正当理由，使得这种违法乱纪的行为更具隐蔽性，其危害也更大。

近年来中央和地方加大了"三公消费"公开的力度，然而公务宣传片的经费使用情况却往往在监督的视线之外。这提醒我们，只有建立起更健全、更严格的公共财政投资监督机制，只有树立起"最好的形象宣传片是求真务实、真抓实干"，才有可能遏制这种不健康的冲动，堵住公共财政的漏洞。

形象是不可能靠自我的宣传树起来的！

各级官员们，少搞些"花花肠子"，多干点实事才是！

89. 官员可以无法无天吗

官员可以无法无天，毫无疑问，肯定是不对的。

但是，在老百姓眼里，能够无法无天的，不是官员就是黑社会。

尽管无法无天的官员是少数，但他们的所作所为是法律所不能允许的，是被人民群众嗤之以鼻的！笔者在长期的司法实践中发现，被绳之以法的贪官都有一个共同的特征，那就是"无法无天"！

极少数一些官员以为手中有权，不知天高地厚，自我膨胀，一副凌驾于法律和人民之上的架势，只有当他们锒铛入狱，才痛哭流涕，悔恨交加，自称"法盲"。有一个贪官在身败名裂后醒悟了，他说："我过去太骄傲自大了，从来没有怀疑过自己，听不进别人的意见和忠告，我现在很后悔，要是当初多听听别人的话就好了，我终于明白了……"

一些官员时不时地冒出些"雷人雷语"——"你是为党说话，还是为群众说话？""一楼二楼别去啊，要跳就去五楼跳！"（对记者）"你要过来，小心你的命！""不管你们信不信，我反正是信了！"……

所有这些问题，就是一个原因，少数官员无法无天、自以为是、缺乏敬畏之心！

"敬畏法律、敬畏组织、敬畏人民、敬畏舆论"是为官做人的要义，各级官员必须主动接受监督，常怀敬畏之心。

敬畏法律，就是要懂得，无论你地位多高、权力多大，都必须在法律的范围内行使权力。法律是限制公权力的利器，官员都知道"依法治国"，但是，总有一些官员将其理解为"依法治民"，他们视法律为游戏，自己就是法律，凌驾于法律之上，因此最终他们都受到法律的制裁也是在情理之中。

敬畏组织，就是不能忘记，自己的成长离不开组织的培养，个别一些官员摆不正自己与组织的关系，提拔了，是自己有能耐，离开了自己谁都不行，别人提拔了，是组织亏欠自己，牢骚满腹，怪"上面没人"，不在自己身上找原因，最终走向反面也在情理之中。

敬畏人民，就是必须清楚，自己手中的一切权力，都是人民赋予的，你做任何事情的出发点，都应该为人民谋利益，所谓"执政为民"绝不仅仅是口号和概念，而是官员做每一件事的指南。如今一些官员"为官做人"所作所为已经完全背离了人民的根本利益，一切以自己的个人利益为出发点，与人民群众离心离德，被人民群众唾弃也是必然的。

敬畏舆论，就是必须明白，只要你握有公权力，就要在众目睽睽的监督下为官做人，一些官员视对其监督的公民为"刁民"，监督的媒体是"找茬"，甚至不惜动用手中的权力打压行使监督权的公民和记者，如此这般，那些官员无法无天就成为必然的了。

习近平指出："领导干部工作上要大胆，用权上则要谨慎，常怀敬畏之心、戒惧之意，自觉接受纪律和法律的约束。"

在对官员提出常怀敬畏之心的要求的同时，还要严格执纪执法，坚决把毫无敬畏之心的无法无天之人清除出权力岗位，如此，"敬畏"二字才会根植于每一个官员在心中。

"上帝要让你灭亡，必定让你先疯狂！"

90. 官员的责任追究是表面文章吗

一些官员因为渎职、失职发生事故，被追究责任，处罚的消息传来，既严肃又认真。

但是一些被免职、被调离的官员，没有多久又重新复出，有的官复原职，有的异地任职，有的不降反升，人们真的看不懂，这当中到底有没有一定之规？

以往对官员的责任追究，存在的普遍问题是"不见底"，遇到问题，追究几个不法商人就算完了。

而为了防患于未然，除直接责任人外，主要领导及主持被问责事件工作的相关负责人的责任，也应该被追究。这样，领导在岗位上才能真正负起责任来。

我们以往追究责任，追究的都是行政领导的责任，后来增加了对党务干部责任的追究。最早在 2007 年河北省邯郸市农行发生的贪污案，不仅河北省分行的行长、副行长被免职，分行的纪委书记也被免职。

《关于实行党政领导干部问责制的暂行规定》在 2009 年出台，正式确定党政干部都要被问责，弥补了这一块的缺陷。

以往的责任追究往往到直接责任人便止步了，至于"谁推荐的"、"谁提拔的"、"谁考察的"、"谁赞成的"、"谁审计的"、"为什么没有及时发现阻止"、"为什么没有人反对"等疑问几乎没有人提出，也不对之进行相应的责任追究。

现在对组织人事部门、纪检监察部门的责任，即在"用人失当"、"监督落空"方面的相关责任也要追究。2010 年出台的《党政领导干部选拔任用工作责任追究办法（试行）》就对相关事项作出了细化规定。

与问责制相伴的，是官员被追究后的复出问题。如今在一些地方，表面上追究了一些官员的责任，但过不了多久，他们又一个个被任命、被重用，责任制变成了表面文章。

官员的复出，需要领导班子集体讨论，还要得到受害人的谅解，同时，复出人员的情况、复出的理由要公示，这样可以揭露其中的掺假成分，这也是一种责任的体现。

对于复出以后又被问责的，不应该再给予复出的机会，因为对于纠错的机会没有把握，没有必要让其无休止地纠错，对这样的官员，应当有一个"禁入制"，甚至终身"禁官"。这还有一个作用，对于"代人受过"的"假追责"，可以水落石出，因为没有一个官员为了给领导"顶责"而愿意被终身"禁官"。

官员的责任追究制度一定会越来越完善，混日子的官员日子也一定会越来越不好过了！

91. 接待上级可以随心所欲吗

上级领导到下级、中央领导到地方视察，接待标准没有一定之规，可以随心所欲。

我们可以看到，在一些风景区、大宾馆，从全国各地跑过来参加会议人员不断，车来车往、迎来送往；包厢圆桌、名酒满上；大包小包、礼品时尚；观光游览、娱乐晚上。一次会议，少则数万、数十万，多则上百万、数百万！反正个人得了好处，倒霉的是国家。

老百姓深恶痛绝的就是这种不受制约、无法无天的"三公消费"！

如今，这个认识及做法行不通了。

财政部于 2012 年 8 月发布通知，进一步加强党政机关出差和会议定点管理工作，重申中央党政机关工作人员出差应当到定点饭店住宿，会议费应严格控制，不得超标，不得向下级或地方接待单位转嫁会议费负担。

　　财政部发布的《关于进一步加强党政机关出差和会议定点管理工作的通知》指出，自国务院批准中央国家机关和事业单位实施差旅费和会议费管理制度改革以来，执行中暴露出一些问题，如个别中央单位和个人违反规定，不到定点饭店住宿办会，向地方单位转嫁费用负担，个别地方接待单位超标准接待等。

　　财政部表示，此次发文旨在进一步贯彻落实国务院第五次廉政工作会议精神。通知重申，中央党政机关工作人员出差由下级或地方接待单位协助安排住宿的，接待单位应当根据出差人员职级，安排在定点饭店相应住宿标准的客房；在没有定点饭店的地方，接待单位应当按照出差人员职级对应的住宿标准和所在地市级出差定点饭店协议价格限额内安排接待，不得超标准接待。

　　中央党政机关工作人员出差住宿定点饭店，不得向接待单位或定点饭店要求超出定点协议范围的服务要求。超出协议服务范围的费用，由个人自理，并不得向下级和地方接待单位转嫁差旅费负担。

　　中央党政机关举办会议或委托接待单位协助安排会议的，应尽量使用本单位只对内部营业的宾馆、招待所、会议室等，会议费应严格控制在同类会议费综合定额标准以内；内部宾馆、招待所等不具备承办条件的，应到会议定点饭店办会。

　　中央党政机关在会议定点饭店办会的，应当事先预订会议定点饭店；委托下级或地方接待单位协助安排会议的，应当以书面文件事先通知接待单位，明确会议的有关要求及其开支标准。接待单位不得超标准接待。

　　我们要说的是，规定是有了，怎么保证能够严格地执行呢？会不会又是"走过场"？"上有政策、下有对策"？"雷声大雨点小"？说过了就像做过了一样？

　　这就要求监督机制的到位，在香港特别行政区，前特首曾荫权因为出访期间超标准住宿，受到了强烈的抨击，结果退出了超标而多占用的费用，还在香港立法会作出深刻的检讨；而我们一个官员（时任上海市普陀区区长的蔡某）为了睡一个午觉，竟然用公款在市中心五星级的波特曼大酒店开了个总统包房！他在被绳之以法、身陷囹圄之后自己在忏悔中反思了这件事，要不然，谁知道！巨额发票早就进账了！

在国外许多国家，凡请客招待，一律由请客者个人买单，无一例外；其实只要把公务接待、各种会议开支进行公布，让纳税人来进行监督，才能真正地落到实处。

阳光是最有效的反腐败措施！

92. 官员的"小圈子"不是大问题吗

一些老百姓认为，如今的官员身边都有"小圈子"，而一些官员以为身边有"小圈子"是小事情，人之常情。

其实不然。

以权力为纽带，围绕核心人物，编织权力网，形成利益共同体的官场"小圈子"，历朝历代都有。

时至今日，这种现象不但没有彻底清除，还"与时俱进"地出现了许多新变种。2010年人民网做过一次专题调查显示，85.04%的领导干部认为身边都存在"小圈子"，76.09%的受访人认为搞"小圈子"可以"变相敛钱"、可以"为仕途助力"。

现实生活中不乏这样的"小圈子"，一些官员一旦有了属于自己的"小圈子"，活动、周旋的余地宽阔了，难办的事便变得好办了，"官运"也比过去亨通了。而一旦出了问题，也有"圈子"里的人为其"消灾避难"、"挡风遮雨"，大事可以化小，小事可以化无了。

过去一些问题官员边腐败、边升迁，甚至出了严重的问题也能先下台后复出，在某种意义上看，这与"小圈子"在官场上"结帮拉派"不无关系。

在这样一种"大气候"、"大环境"状态下，一些官员对"小圈子"的诱惑情有独钟、乐此不疲。

为了能够进入"小圈子"，有的官员不惜用重金向具有实权的领导干部效忠。人们可以发现，大凡"小圈子"里的官员，多在"两面人"，"小圈子"之外，冠冕堂皇，正人君子；而"小圈子"之内，称兄道弟，沆瀣一气，醉生梦死，互谋私利，尽显其贪婪本性，而那些不属于"小圈子"的人则常常被排挤出局，冷落一边。

时任上海市委书记的陈某宇，就是热衷于搞"小圈子"，就是典型的"两面人"，结果，他害了"小圈子"的同时，也被"小圈子"害了。

时任重庆市委书记的薄熙来，也热衷于搞"小圈子"，跟大连实德集团有限公司董事长徐某"你来我往"打得火热，结果薄、徐二人都被押上审判席，可悲可叹！

"小圈子"沦为权钱交易的"贸易货栈"，是一种赤裸裸的腐败，影响着公共权力的正确运行，对社会的杀伤力巨大。

由于"小圈子"的人在某些方面属于一个利益的共同体，一荣俱荣，一损俱损，导致窝案、串案不断上升。

多年来反腐败的实践告诉我们，那些围着权力轴心绕圈的"圈中人"，虽然能"招摇过市、风光一时"，但大多难逃银铛入狱的命运。

如今大量的"窝案"、"串案"均是源于"小圈子"，一些官员在腐败犯罪过程中，"我中有你、你中有我"，也就是"拔出萝卜带出泥"的效应，除了上海的陈某宇以外，还有湖南郴州的李某（时任市委书记，案发后牵涉几十个官员）、广东茂名的罗某（时任市委书记，案发后牵涉303个官员）等的案子，带出了他们曾经的"小圈子"中的一批大小官员，那些曾经把自己的政治生命寄托在个别领导身上的官员，最终都成了无奈的"殉葬者"，其中的教训值得人们深思。

俗话说得好，老虎不可怕，只要有笼子。

要根治"小圈子"现象，那一整套机制必须完善起来，诸如领导干部的用人制度、考察制度、活动圈子、财产来源等，都必须置于阳光下。

只有阳光，才能根治官员的"小圈子"现象，只有加强监督，才能根治官员权钱交易的腐败犯罪行为。

官员"小圈子"要不得！

93. 官商交往可以没有界限吗

习近平总书记2014年两会期间深刻指出：现在的社会，诱惑太多，围绕权力的陷阱太多。面对纷繁的物质利益，要做到君子之交淡如水，"官""商"交往要有道，相敬如宾，而不是勾肩搭背、不分彼此，要划出公私分明的界限。

习近平的话深刻揭示了当前腐败犯罪中官商勾结、权钱交易的本质特征，它犹如一股警醒剂，是对掌握着公权力官员们的一种振聋发聩的提醒，是对已经存在这方面问题的官员"击一猛掌"，是对各级官员的一种诫勉。

笔者作为从事职务犯罪侦查工作几十年的检察官，深感习近平总书记的讲话非常重要，因为在长期的职务犯罪侦查实践中发现，凡是权力谋私型的贪官都有的一个共同的特点，就是与商人们交往时不讲原则、交往无道，热衷于与"大款"们打得火热，最终掉落腐败犯罪的深渊。

我们看到，改革开放以来，国家经济发展迅速，人民群众的生活也得到了极大的改善，但值得引起注意的是，一部分人富起来以后，也引起了一些官员们的眼红，弃官经商吧，舍不得官位和权力，还有期望中的升迁，真要下海吧，又没合法赚钱的魄力和本事。

于是那些个别官员便顺理成章地进行权力寻租，他们有的结交一些大款朋友，称兄道弟，利益分成，不分你我；有的对于有求于官员权力的商人吃拿卡要，雁过拔毛，强取豪夺；还有的官员道貌岸然，表面上拒收钱财，但个人的各种开销，全部由大款们支付。这种官场现象一多，引起了广大群众的极大不满，人们称这种官商勾结行为为"傍大款"，在群众眼中，这些个别官员失去了应有的素质和底线，被人民不齿。

大家可以看到，这些年来被揭露的一些官员权钱交易类的职务犯罪案件，其都有一个共同的特点，贪官身边总有一批"大款"。有的是几个大款像

"众星捧月"，哄着一个官员的；也有的是几个官员像"鬣狗啃尸"，恶啃一个大款的。于是，一个大款出事，带出一批贪官；一个贪官案发，连累一帮大款。

个别一些官员热衷于充当公权力的掮客，利用各种因公权力产生的关系为请托人"牵线搭桥"，然后从中谋取，如某国家机关某局局长王某，利用职务之便，暗中经常为一些商人拉工程、摊销产品，一些单位如果对其的行为稍有怨言，其便利用手中的权力进行威胁，单位往往迫于其的淫威敢怒不敢言。王局长这类钱是没有少挣，当然，应验了一句老话"多行不义必自毙"，最终其落得个悲惨的下场。

官员利用自己的地位和影响力谋取私利的现象不可忽视，实际上，官员的地位和影响力依托的仍是公权力的职务地位，其无论是否利用自己的职务之便，还是利用本人的职务影响，无论是在台上利用职权，还是暗自利用自己的影响和地位，其危害性都是非常大的，根据法律规定，这种利用地位和影响力谋取私利的，也将受到法律的惩处。

李克强总理在两会记者招待会上指出："既然担任了公职，应当断掉发财的念想。"要把"权力涂上防腐剂，只能为公，不能为私"。各级官员，必须时刻牢记这些话，要作为每个官员的座右铭。

时刻牢记习近平总书记的告诫：面对纷繁的物质利益，要做到君子之交淡如水，"官""商"交往要有道，相敬如宾，而不是勾肩搭背、不分彼此，要划出公私分明的界限。

我们常说领导干部是一个高风险的职业，是因为领导干部手中掌握着一定的权力，最容易成为各种形式权力寻租的主攻目标，多数因腐败犯罪的领导干部都是在一些所谓的朋友输送的各式各样"糖衣炮弹"进攻下倒下的。

因此，作为领导干部，一定要慎重交友，一定要交友有数。每个人都有朋友，但是"近朱者赤，近墨者黑"，现在社会上有一些居心不良的人，挖空心思与领导干部套近乎，把掌有实权的干部当作"资源"来经营，把表现优秀的年轻干部当作"潜力股"来投资。领导干部一定要对那些怀着个人目的来拉拉扯扯的人保持高度警惕，严把"社交圈"，更不能为了贪图享乐而去"傍大款"。

习近平指出：公务人员和领导干部，要守住底线。要像出家人天天念阿弥陀佛一样，天天念我们是人民的勤务员，你手中的权力来自人民，伸手必被捉。

交友一是要交知心朋友，多交益友、净友，不交酒友、赌友。二是要交往有度。朋友交往也要把握分寸，不能一味只讲肝胆义气，对于涉及原则的事情，对于涉及公权的问题，对于涉及清廉操守的问题，要有清醒的头脑，不能拿人情代替党性。三是要交情有故。朋友的感情要建立在共同理想、兴趣、爱好上，不能以一时一事论交情。公交以志，私交以义，千万勿以私利害公义，勿拿原则作交情。"贿随权集"，行贿者本质上是把领导干部当作逐利的工具，大量贪污受贿案件都说明这个道理，在这一点上必须保持清醒。

记住习近平总书记的话：心中要有敬畏，知道什么是高压线，想都不要想，一触即跳，才能守住底线。

94. 官商交往不讲原则表现在哪些方面

官商交往不讲原则，甚至相互勾结、权钱交易的表现各种各样，五花八门，主要有以下表现：

（1）不法商人，购买权力

一些不法商人为了达到"暴富"的目的，他们采取"购买权力"的手法，千方百计与手握权力的官员扯上关系，他们信奉"有钱能使鬼推磨"，只要金钱铺路，没有搞不定的官员。于是请客吃饭、送上礼品、安排活动、给予礼金、入股分红，无所不用其极，不法商人为了能够与官员拉上关系，把官员追求什么、喜欢什么、痴迷什么研究得十分透彻，而个别一些官员却没有意识到这种危险。把64个官员拉下水的不法商人赖某星曾经说过，不怕官员太高傲，就怕官员没爱好。真可谓一语道破天机。

天津市某国家机关领导居某，因为受贿罪被判处有期徒刑 10 年，他在狱中悔恨交加："我恨那些给我送礼、送钱的人，是他们用钱买走了我的权力，买走了我的良心，买走了我晚年的幸福生活。他们要你办事时，甜言蜜语，把你捧上了天；等你出了事，没有人站出来替你说话。我进来了，他们却在外面偷偷地乐，不知道他们又在给谁送钱。"

这就是典型的购买权力，贪官以身说法回顾"权力、良心被买走，幸福生活也被买走"，当然，更重要的是这种行为严重损害了政府、国家机构、公权力在人民群众心目中的形象，危害结果极大。

拥有公权力的各级官员们，千万不要把自己的政治生命押在企图用金钱购买权力的不法大款们的身上！

（2）私欲膨胀，权力寻租

随着改革开放的不断深入，分配逐步拉开了差距，个别一些官员的心态失去了平衡，对金钱的诱惑，由抵制、拒绝到半推半就，再到来者不拒，最后则变本加厉、吃拿卡要，甚至变本加厉、不择手段拼命实现权力寻租。

被判处有期徒刑 15 年的时任上海华谊（集团）副总裁、双钱集团股份有限公司董事长的范某，在外地进行国资投资过程中，给外地某企业提供了各种帮助，外地某企业为了表示感谢，当然还期望今后能够不断得到范某这个国企大老板的"关照"，送上了价值千余万元的某大酒店的 500 万股股权。具有博士头衔、优秀企业家、改革风云人物光环的范某曾经也有思想斗争，收下吧，不太合适；不收吧，心理不平衡：没有我，人家凭什么赚大钱啊！于是，他假借他人的名义收下了这笔巨额股权。其实，无论使用什么名义、无论采用什么手法，其根本上就是权钱交易、权力寻租。如今他在狱中哀叹："我就是被权力寻租害惨的！"

被判处有期徒刑 18 年的时任上海市社保局党组书记、局长祝某也是权力寻租的典型，其在回顾自己犯罪的原因时说："表面上我廉洁高效，一般其他企业融资我不过问，甚至连饭也不吃，明显的钱物我也不拿，但实际上这并不是我的真实面目。我的真实想法就是要傍上一个靠得住的富商，自己有了未来，又有眼前的丰厚收入，其他风险目标我就离远点，这就是我所谓的防范风险，提高安全系数的策略。"

官员一旦私欲膨胀、贪婪作祟，其手中的权力必然被滥用，权力一定会被用来寻租。因受贿罪被判处有期徒刑8年的时任上海市国资委主任凌某痛心疾首地反思："我深深地感到，权力一旦打开了缺口，私欲一旦与权力交上了朋友，人就会不由自主地滥用权力，无可把持地走向人生的另一个归宿。"

防止权力谋私、防止权力滥用，最好的措施就是让"权力"在阳光下运行！就是把"权力"关在制度的笼子里！权力寻租者可以休矣！

（3）不讲原则，同利为友

你中有我，我中有你，"一根绳子上的两只蚂蚱"就是官商勾结的鲜明写照。个别一些官员为了个人的利益，不讲原则，放弃警惕，"有奶便是娘"，他们错误地认为，只要与商人（有求于自己的请托人）形成经济上的交易关系，得到的好处便是双方合作的"利润"或者"回报"，他们往往以合办公司、合伙投资、合作买卖的名义掩盖实质上的权钱交易，钻法律的空子。

时任湖南省郴州市副市长的雷某因为受贿罪、贪污罪、挪用公款罪被判处死刑缓期2年执行。他总结教训时说："我与300多个老板、开发商结为朋友，利用自己的职权为他们解决问题，他们以不同的方式回报我，送钱送物送房子，这是典型的权钱交易。"

时任海南省文昌市市委书记的谢某因为受贿罪、巨额财产来源不明罪被判处死刑缓期2年执行。其忏悔时说："在任团省委书记时，就有许多社会上的人向我靠拢。到文昌市当市委书记后，追随者更是蜂拥而来。熟悉也好，不熟悉也好，都想与自己攀上关系。在这复杂的条件下，我理应头脑清醒，可我却昏昏然，留有空子给别人钻，与他们称兄道弟，有了不少所谓的铁哥们。在他们面前，我不讲原则讲感情，钱不分你的我的，拿来就要，导致对党纪国法全然不顾，结果走上了犯罪的道路。"

"喜交朋友"在官员们中间具有普遍性。贪官们都爱"傍大款"，其目的只有一个，就是希望从"大款"那里捞到更多的"回报"。当然，"大款"也必定通过贪官之手打通各种关节，给自己带来可观的利益。这实质上是赤裸裸的官商勾结、权钱交易。

在官商交往的问题上，各级官员要牢记习近平总书记的提醒：面对纷繁的物质利益，要做到君子之交淡如水，"官""商"交往要有道，相敬如宾，而不是勾肩搭背、不分彼此，要划出公私分明的界限。

（4）心怀鬼胎，相互利用

个别一些官员在与商人接触过程中，相互勾结、相互利用、沆瀣一气，使官商关系演变成为见不得人的权钱交易关系。那些官员信奉"有权不用，过期作废"的信条，在位一天，敛钱一天，生怕"过了这个村就没有了那个店"；更何况一些不法商人看重的只是官员手中的权力，当你风光时，"无数只苍蝇叮你这只蛋"，一旦找到缝隙就下蛆，你立即成为臭蛋。然而，一旦你手中的权力不复存在了，他们便树倒猢狲散。

这种关系完全是以权钱交友，权在友在，权失友端；财聚人聚，财散人散。

因受贿罪被判处无期徒刑的时任上海市委办公厅副主任秦某在忏悔中说："我走到今天这一步，与我所处的位置和不平衡的心理有关。当了秘书以后，我接触的范围广了，做事比较顺，办事情也比较容易。在与民营企业家接触过程中，看到他们那种奢靡的生活方式，心态就有些不平衡。总觉得自己付出了很多，工作很辛苦，没有节假日，有时候一天要工作十五六个小时，待遇又不怎么样，心里就想得到一种补偿，要么能够不断得到提拔，要么在物资利益上能够不断有所满足。"

因受贿罪被判处有期徒刑15年的某司法机关公务员王某交待："一些不法分子用他们的'男人不发财，白活一辈子'的思想以及行为来影响我，我也开始想要发财了。我需要发财，我的家庭也需要金钱，孩子上大学也需要金钱。从此以后我对金钱特别敏感，只要有人送，我就敢收，不管三百、五百，我来者不拒，最终发展到直接参与犯罪团伙坐地分赃，放纵的后果使我越走越远了。"

因受贿罪被判处死刑缓期2年执行的时任北京市海淀区区长周某，其收受贿赂1670万元都是来自这些所谓的朋友，最后把他送上审判台的也是这些朋友。朋友为何靠不住？因为一句老话说得好："只有永远的利益，没有永远的朋友！"

实践证明,掌握着公权力的各级官员,在与商人接触过程中,以权钱交易代替交往的原则界限,这是非常危险的。不法商人们在有求于官员之时,低三下四,恨不得叫你"爷爷";可是,当他们的利益受到威胁时,一定出卖你,此刻你叫他"爷爷"也无济于事了。

相互勾结、相互利用,完全是一种赤裸裸的利益在作祟,利益一旦失去,这种关系立即土崩瓦解,没有丝毫留恋之处。

(5)放弃警惕,陷阱诱惑

习近平总书记最近深刻指出:"现在的社会,诱惑太多,围绕权力的陷阱太多。"其揭示了当前权钱交易、腐败犯罪的要害,各级官员必须引起必要的重视和警惕。

时任浙江省交通厅厅长、因受贿罪被判处无期徒刑的赵某在忏悔中说:"我开始对这些人很反感,后来慢慢地也认可了他们的做法,最后这些原本陌生的人却成了我的'老乡'、'兄弟'。在他们面前,我失去了警惕,交往多了几乎成了自家人,拿点用点也觉得很正常。在别的施工单位打交道过程中不敢干的事情,我在他们这里可以大胆地干了。"

自赖某星特大走私案件被揭露,其于1996年9月在厦门建造的"红楼"也被曝光,这个建筑面积5000平方米,总投资达1.4亿元的"会所"让国人瞠目结舌、叹为观止!

已被绳之以法的时任公安部副部长李某周、时任厦门市海关关长杨某线等一批高官都曾经经常光顾"红楼",赖某星将"红楼"打造成了一个隐蔽的权钱交易、权色交易的场所。

赖某星为了达到其集团性、大规模走私的目的,运用各种手段交往了政府各个要害部门的官员,甚至打造了专门拉官员下水的"红楼",以请吃、请喝、请玩等形式送上钱款、汽车、美女。那些官员丝毫没有察觉其中的猫腻,结果纷纷掉落腐败的陷阱,成为国家和人民的罪人,其中的深刻教训值得深思。

因受贿一千余万元被判处死刑缓期2年执行的时任北京市副市长刘某,长期与一批房产开发商们打得火热,称兄道弟、不分你我。但当在某块土地开发过程中没有满足对方的要求时,对方精心设计了让刘副市长出国休假的

"陷阱"，然后将其在国外休假期间的不法行为秘密予以摄录，然后提交给纪检机关，最终其落得身败名裂、身陷囹圄的悲惨下场！

与商人交往，必须时刻守住底线，必须时刻把握原则的界限，必须时刻保持警惕，否则必定是"一失足便成千古恨"。

"天上不会掉馅饼"，不法商人们的行贿行为，其实质就是一种"投资"，他们期望的是高额的回报，官员们一旦陷入了这个怪圈，就难以自拔，只能被牵着鼻子走，哪天他们的不法行为露馅了，那官员的政治生命也到头了。所以，当官员收受贿赂的第一天开始，其政治生命就交到了行贿人手里，哪天让你结束政治生命，完全由他们说了算。

各级官员必须廉洁奉公、一尘不染，只有这样，才能真正地把政治生命牢牢地掌握在自己的手中，这是为官做人的真谛！

（6）下不为例，自欺欺人

个别一些官员在为官之初，对自己还是有一定的要求，在与商人交往时也有一定的警惕，但久而久之，架不住亲朋好友、老领导、老战友、老同学、老朋友的死缠烂打，甚至还有"枕头风"的施压，防线被撕开了缺口。

个别一些官员开始以为，一个缺口，问题不大；亲朋好友，下不为例；关系牢固，安全可靠。但多少官员都是有了这个第一次，都是这个"下不为例"，结果都是一发不可收，落得悲惨的下场！

时任四川省乐山市市委副书记、因受贿罪被判处有期徒刑15年的袁某，其第一次受贿时十分紧张，以为自己不说，谁也不知道，但事与愿违，他在忏悔时说："那次事后，张某送给我10万元表示感谢，这是我第一次收受别人的贿赂，而且数额如此之大。收钱后，我心理紧张，当晚基本没有合眼，生怕有一天出事后落得个身败名裂的下场。但我心存侥幸，心想这是两个人之间的事，我们不说，谁会知道？之后，我又连续五次收受张某送来的50万元。"

因受贿罪被判处无期徒刑的时任海南省海口市地税局某分局局长陈某，其在剖析自己犯罪原因时说："当我收受第一笔20万元贿赂以后，自己的害怕多于喜悦，曾经告诫自己，就这一次，今后不能再干了。但之后一直风平浪静，我错误地认为，那次受贿行为其实是自己吓自己，没有必要担心东窗事发，也许只有天知地知。结果就是导致我在犯罪的泥潭里越陷越深，不能自拔。"

第一次是危险的，无数事实证明，贪官第一次受贿往往是存在思想斗争、犹豫不决的，但因为以为"就此一次"、"天知地知"、"下不为例"，如此便打开了自己的警戒线，然后便一发不可收拾，所以，防线一旦被突破，剩下的必然只有贪婪不断膨胀的后果。

官员把握正确行使权力的底线，就是不能用权力来谋取任何私利，无论是谁，无论与自己是什么关系，绝对不能让这个底线受到丝毫突破，自以为某些关系是"牢靠"的，是"坚不可摧"的，其实就是自欺欺人，到头来必定是"搬起石头砸自己的脚"，无数事实充分说明，以权谋私者都逃脱不了这个下场！

(7) 交友不慎，误入歧途

个别一些官员拥有了大权，阿谀奉承的多了，低头哈腰的多了，整天浑浑噩噩、昏昏沉沉，以身边始终有一批商人朋友围着转而沾沾自喜，根本不知道其中的危险，分不清"毒饵"式的行贿。官商交往、官员受贿离不开"三部曲"：请吃、送礼、给钱。

时任山东省政协副主席的潘某，因为受贿罪被判处无期徒刑，其在忏悔中说："交友不慎也是我犯罪的原因。随着职务的提高和权力的增大，千方百计通过各种渠道想认识我的人越来越多，一开始请你吃饭、送点土特产，以后送贵重物品，最后到送钱。我这个贪欲也是由小到大，由简到繁。这些人送钱的目的是什么呢？大部分人可以说是为了利用你的权力，为他的目的，投一点鱼饵，钓一条大鱼，事实就是这样。有一部分人可能出于正常的感谢，但更多的是为了达到他们的个人目的，他就不惜（大把送钱）害得人家家破人亡，不择手段。你像郭秃子（就是为了他能获取贷款的目的），一再说'我们单位有规定，给你这个钱是合法的'；'这个钱你不要白不要，绝对没有事'。再像张某某这个人，他抓住我的辫子后（在受贿款中不断分取好处），我给他粗略算了一下，他吃回扣、贪污利息，包括骗取我的钱大约有20万元左右。交友不慎是我犯罪的一个原因，实际是一种权钱交易。"

受贿620余万元、被判处无期徒刑的时任浙江省交通厅厅长的赵某，其一种敛钱的手法就是与"朋友"赌博，他在反思自己犯罪的原因时说："这些年，我参加过不少'朋友'们设的赌局，虽然我的水平不高，但我从来没有输过，'朋友'们不仅会替我埋单，而且有时还故意以输钱的方式送钱给我。"

正确对待交友，绝不能放弃是非原则。中华民族素以"礼仪之邦"而著称于世，讲人情、讲礼节、广交友是我们的优良传统。交友是人之常情，问题在于交什么样的朋友？

北宋欧阳修《朋党论》中说，朋友有两类：一类是"同道为朋"；另一类是"同利为友"。在今天，"同道为朋"就是为国家、为人民、为全面建设小康社会而志同道合，友好而有原则，团结而不庸俗。这种古人誉为"淡如水"的"君子之交"该有。

"同利为友"在当前干部队伍中也有不少，有的表现为内部拉拉扯扯，吹吹捧捧，称兄道弟，互为利用，一些集体腐败的"窝案"就是它的产物；还有的表现为与外部人勾勾搭搭，权钱交易，不少受贿者与行贿者的关系就是如此。这两种"朋友"实质上是以谋取私利为目的，以吃喝玩乐、甜言蜜语为手段，是古人贬为"甘如醴"的"小人之交"，老百姓直斥为"酒肉朋友"。

（8）认识错误，十足法盲

个别一些官员完全没有法律意识，他们对于职务犯罪，确实处于一种无知的状态。他们在法律认识上存在误区、误解、误读，自以为在权限管辖之内才构成"职务之便"，在管辖之外为朋友提供帮助属于"牵线搭桥"；自以为与有求于自己的朋友"小来来（工作麻将类赌博）"、"礼尚往来"是个人行为；自以为凡是经过"集体讨论"、"没有进入个人口袋"不属于受贿犯罪；自以为调离了原来的岗位、退休离开了权力岗位是发挥"余热"、利用"余威"、使用"余权"等，实际上这些行为仍然属于权钱交易类职务犯罪，照样要受到法律的制裁。

上海某烟草批发部几个负责人，架不住外地某公司高价购买高级卷烟的要求，班子集体讨论后，决定同意将专卖的高级卷烟高价批发至外地某公司。当对方将高于市场价的货款支付来后，他们将高出正常价格的部分放进了企业的"小金库"。几个负责人认为，这事是集体讨论的，如果几个领导私下拿了是犯罪，进入"小金库"将来用于职工福利没有问题。他们不知道根据法律的规定，他们构成了"单位受贿罪"，即使是经过了集体讨论，也不影响该罪的构成，几个负责人均被刑事追究。

因受贿罪被判处有期徒刑 11 年的时任四川省教育厅副厅长汪某，其在身陷囹圄之时后悔莫及："我以为自己与送礼人的关系是一种正常的礼尚往来，而非权钱交易。其实，礼尚往来与权钱交易是有本质区别的，虽然我在党政机关工作了近 30 年，可惜我分不清其中的界限。如今我悔恨也无济于事了，还是所谓的'人情'害了自己。"

我们说，构成权钱交易的受贿犯罪具有四个要素：一是行为人具有索取或者非法收受他人财物的行为；二是行为人为他人谋取利益；三是收受财物与谋取利益具有关联性；四是行为人是国家工作人员，具有收受财物、为他人谋取利益的主观故意。

各级官员要从以上落马官员的教训中引起警惕，在权力使用过程中千万不能分不清界限，从而迷失了方向。为官者不懂法律、漠视法律是极其危险的！

(9) 地位影响，裙带得利

表面上官员个人虽然没有中饱私囊，但其近亲属、亲朋好友等特定关系人却获取各种因为权力带来的利益，这种情况也常常令一些官员陷入腐败的泥坑。

因受贿罪、滥用职权罪被判处有期徒刑 18 年的时任上海市委书记陈某宇，其被法院认定的受贿犯罪的金额中，有相当部分是其妻子、儿子敛取的，但毫无疑问，那些不法商人凭什么送钱给他们？完全看中的是陈某宇权力、地位和影响。

被判处死刑缓期 2 年执行的时任中国银行副行长、中国银行香港有限公司总裁刘某，其违反规定，私下决定给每位下属总经理发放辛苦费数百万元，刘某不但自己敛取不义之财，还让亲信们也有利可图，结果其在任职的几年中，共有 7 名副职和下属被绳之以法。

"三湘第一贪"蒋某，在担任省建工集团副总经理期间，将大量工程给其妹夫开办的公司，并且玩弄权术明火执仗，损公肥私肆无忌惮，导致其下属国有企业损失 1800 余万元，其妹夫在赚取巨额利润的同时，蒋某也获取了 100 万元的回报。当然，蒋某最终被判处死刑，缓期 2 年执行。

时任广东省人大副主任的于某，利用职权多次打招呼、批条子，促使有关部门将一块国有土地低价出让给其女儿的公司，使其女儿的公司不费吹灰之力赚取了 8000 万元。尽管至案发，没有发现于某在其女儿的公司获取任何好处，但其利用职权为特定关系人谋取利益的事实仍然受到严肃处理。

《刑法修正案》已经明确规定：国家工作人员的近亲属或者其他与该国家工作人员关系密切的人，通过该国家工作人员职务上的行为，或者利用该国家工作人员职权或者地位形成的便利条件，通过其他国家工作人员职务上的行为，为请托人谋取不正当利益，索取请托人财物或者收受请托人财物的，以受贿罪追究责任。

离职的国家工作人员或者其近亲属以及其他与其关系密切的人，利用该离职的国家工作人员原职权或者地位形成的便利条件实施前款行为的，以受贿罪追究责任。

为官者必须具备法律的意识，公权力必须在法律的范围内行使。

(10) 明官暗商，欲盖弥彰

个别一些官员台上为官，台下经商，明里做官，暗中做生意，掌权、赚钱两不误。如被以受贿罪、非法经营罪判处有期徒刑 17 年的时任国家食品药品监督管理局副局长张某，掌握着药品生产的审批大权，全国不少药业企业的许多开发项目均要到他这里报批，可张某遇到来求他办事的，除了受贿之外，还要求请托单位购买由其编著的书籍。他拼凑的所谓书籍没有国家出版部门的许可手续，实际上就是非法出版物，但请托单位迫于他的权力，只能大量购买这本价值 1000 多元的书。张某仅仅靠卖书就敛钱 4000 余万元。

时任广东省韶关市公安局局长的叶某，一边为官，一边为当地一家建筑公司通过虚假招投标承接工程项目，当工程项目招投标成功后，其便向该建筑公司索取"辛苦费"、"贡献费" 80 万元。

因贪污罪被判处死刑缓期 2 年执行的时任上海电气集团党委书记、董事长王某，其作为国企的高管，本应为国企的改革发展尽心尽力，但其却反其道而行之，利用国企改制之机，瞒天过海，将国企的一块土地直接卖给了自己（由其老婆和同学出面），从中获取利益 3 亿多元。

95. "照镜子"是大家都会的事情吗

"照镜子"看似个生活常识的问题，谁不会呢？

但如今我们讲的"照镜子"是思想认知、思想改造的问题，是要能够自己发现问题、正视问题、解决存在的问题。

中共中央政治局常委、中央书记处书记刘云山于 2012 年 12 月 23 日在京主持召开党的建设和组织工作调研座谈会上强调：要把开展以为民、务实、清廉为主要内容的群众路线教育实践活动，作为加强作风建设的重要载体，真正让党员干部在活动中受到教育，达到在思想上作风上"照镜子、正衣冠、洗洗澡、治治病"的目的。

"照镜子"一说，自古有之，唐太宗李世民说："以铜为镜可以正衣冠，以古为镜可以知兴替，以人为镜可以明得失。"几千年来，这条古训一直是中华民族仁人志士的座右铭。

在当前开展以为民、务实、清廉为主要内容的群众路线教育实践活动中，"照镜子"是非常重要、非常必要、是必不可少的一个举措，每个共产党员、每个领导干部都要自己"照镜子"，自觉"照镜子"，学会"照镜子"，认真"照镜子"，通过"照镜子"看到自己的差距、发现自己的不足、找准存在的问题，最终加以改进之。

历史和现实告诉我们，只有自觉地、真诚地、科学地"照镜子"才能正视自我、正视不足、正视问题，"照镜子"是前提，改进不足是目的。在思想和作风上，我们要"照镜子"，在勤政和廉政上，我们要"照镜子"，在密切联系群众这个问题上，我们要"照镜子"，这镜子是宗旨之镜、党章之镜、为民之镜、务实之镜、责任之镜、廉洁之镜、创新之镜、奋发之镜！常照镜子、敢照镜子、会照镜子才能修身正己，自警自律，警钟长鸣，而鸣响警钟最好的人，不是别人，而是自己！照镜子的主角是我们共产党员、领导干部自己！

在当前开展以为民、务实、清廉为主要内容的群众路线教育实践活动中，我们共产党员、领导干部都要学会"照镜子"，只有自觉地、真诚地、科学地"照镜子"，才能仰首无愧于党。党章是党的根本大法和最高行为规范，是共产党员、领导干部言行的标准尺。每个共产党员、党员领导干部都要以党章为镜，通过"照镜子"以发现问题，找准不足，看到差距。看一看自己的言行举止是否符合党章要求，是党性修养这顶"帽子"戴歪了，或是为人民服务这条"领带"忘记打，还是廉洁自律这件"衣服"的纽扣错位了，照一照党章这面"镜子"，便一目了然。

作为新时期的党员干部尤其是各级领导干部，更理应时常"照镜子"，"照镜子"是基础，是前提。通过"照镜子"看到了自己脸上的污垢瑕疵、身上的衣冠不整，所以才能进一步"正衣冠"、"洗洗澡"、"治治病"，按照党的要求、党章的标准，扪心自问究竟思想正不正、能力够不够、观念新不新、作风实不实、业绩优不优、廉政好不好，从而知不足而奋进，切实为人民用好权、履好职。

现阶段"照镜子"，就是要通过每个共产党员、领导干部的努力，做到"干部清正、政府清廉、政治清明"。从改进工作作风、密切联系群众的"八项"规定，到在新进中央委员会的委员、候补委员学习贯彻党的十八大精神研讨班上的讲话，到政治局集体学习时的讲话、再到在十八届中央纪委二次全会上的讲话，习近平总书记系列重要讲话核心要义在于营造干部清正、政府清廉、政治清明的政务环境，在于建设风清气正的政治文明。

现阶段"照镜子"，就是要认真学习贯彻党的十八大精神，学习落实好习近平总书记重要讲话精神，认真"修身齐家"。首先应当从修身开始，从作风开始。党员干部特别是领导干部，要深入群众，关心群众，帮助解决群众生活中还存在的各种矛盾和问题，同时要严于律己，管好自己的嘴，管好自己的手，管好自己的腿，不该吃的不吃，不该拿的不拿，不该去的地方不去。按照习近平总书记所要求的，少出去应酬，多回家吃饭，省下点时间，多读点书，多思考点问题。要先齐其家，管好自己的子女、亲属和身边的人，不利用手中的权力为他们谋私利，不明里暗里为他们的升官发财而奔走，不因他们而以各种形式侵害公众利益。更要正确地使用手中的权力，自觉地接受群众的监督，要不断健全施政行为公开制度，让手中的权力在"阳光"下运行。

现阶段"照镜子"，就是要带头做到并且积极倡导全民节约意识，从自己做起，认真整改人民群众深恶痛绝的"三公"问题。习近平总书记在中纪委二次全会上的讲话中强调："俭则约，约则百善俱兴，侈则肆，肆则百恶俱纵，勤俭是我们的传家宝，什么时候都不能丢掉。"

现阶段"照镜子"，还要认真查找自己的精神状态正不正、工作能力够不够、密切联系群众方面有没有问题、廉政建设上还有哪些差距，从大处着眼、从小处着手，自找差距，自我完善。

贯彻习总书记的重要讲话精神，还要纠正"自己是普通党员，不是领导干部，与自己关系不大"的片面认识。每个共产党员、每个干部都要"照镜子"，诸如舌尖上的浪费，公款吃喝、商务宴请等固然是众矢之的，但在普通党员、干部身上同样也存在的脱离群众、麻木不仁、得过且过、扯皮推诿、消费观念不当、崇尚奢华的意识也不无关系，从根本上讲，其实就是世界观、人生观、价值观的问题，这是每个共产党员、领导干部绕不开的根本性问题。

所以不管领导干部，还是普通党员，都要始终牢记党的全心全意为人民服务的宗旨，坚持和发扬艰苦奋斗的精神，都要传承中华民族勤俭节约的优良传统，强化节约光荣、浪费可耻的思想观念，在工作、生活中时时处处体现为民、公仆、勤务员的意识。

要从我做起，从工作各个环节入手，大兴俭约之风，营造风清气正的工作生活环境。作为领导干部要率先垂范，严格执行公务接待制度，严格落实各项节约措施，坚决杜绝公款浪费现象。作为普通党员，要在自己的工作职责之内，从日常的工作细节抓起，结合自己的工作、生活，以习近平总书记的重要讲话为指导，"照完镜子、正好衣冠"，勤奋工作，俭朴生活，为整个大环境的改善作出应有的贡献，让党放心，令人民满意。

96. 如何看待贪官外逃的现象

针对腐败国际性的增强，我国也加强了反腐败的国际合作，加大了打击外逃腐败分子的力度，并取得了一定的成果。近几年，我国政府从 30 多个国家和地区，一共缉捕归案数百名在逃犯罪嫌疑人。从 1993 年起，通过国际刑警组织和双边警务合作，先后从国外押解、遣返犯罪嫌疑人数百人，办理刑事司法协助案件数百件。如时任中国银行广东省开平支行行长余某，伙同他人贪污、挪用公款 4.85 亿美元，后逃到美国，经过中美双方努力，终于在 2004 年 4 月 16 日将其从美国押解回国。

2012 年 8 月，贪污 10 亿人民币、已经外逃加拿大 8 年的中国银行哈尔滨某支行行长高某，迫于各种压力和有关方面的工作，终于下决心回归投案自首。

但是，我们还必须看到，追捕外逃贪官的任务还十分艰巨。据新华社从有关部门新闻发布会获取的信息报道：目前我国有 4000 多名被指控的贪官在逃，其中约有 500 人居于海外，流失资金高达 50 亿。

2007 年 10 月 22 日，国际反贪局联合会第一次年会在北京开幕，130 多个国家和地区近 1000 名代表出席大会。这是近 10 年来，除世界妇女大会之外，我国承办的最大规模的国际会议，其规格之高、规模之大，甚为罕见。此次年会所以引人注目，关键在于它跳出了"国内反贪"的思维局限，尝试进一步建立完善国际反贪联合机制。

2010 年 11 月 3 日国际反贪局联合会第四届年会在澳门召开，2011 年 6 月 24 日国际反贪局联合会第三届研讨会在上海召开，2012 年 5 月 19 日世界反贪大会在香港召开，这些都进一步说明，我国的反贪已经融入了国际反贪的机制，中国反贪已是国际反贪的一个重要组成部分，可以相信，其必将显现出越来越大的作用、承担越来越重要的国际责任。

贪污腐败者窃取国库或权力寻租，是对公民和政府契约关系的卑劣违背，是最大的不和谐，必须全力遏制。然而，随着经济全球化的推进，腐败犯罪日益呈现组织化、跨国化、国际化的趋势。众所周知，一出国门，很多原本很简单的问题立刻变得复杂起来，而贪污腐败分子所以屡屡潜逃，也正是抓住了这一"窍门"。

在外逃的贪官中，很多并不是找不到、抓不到，实乃涉及外交，不能抓，不能遣返，中国如此，他国也深受其害。

目前，我国仅与 40 多个国家签订了 56 个司法协助、引渡、移管条约，对没有签订双边引渡条约的国家，提出遣返在逃的中国腐败分子的要求，进展并不顺利。

贪污腐败呈全球化，反贪同样呼吁全球化。很显然，单独依靠一国之力已难以胜任反贪重任，现在迫切呼唤全球各国加强国际司法合作。目前，世界各国在反贪方面的合作还多处于自发的双边协调阶段，谈判过程耗时力，效率过于低下。因此，搭建一个"兼容性"更高的司法协作平台提上了议事日程。

国际反贪局联合会的成立，正是应运而生，它将可能为各国反贪机构搭建一个更直接、更有效率的平台。可以肯定，将来这一平台越顺畅，贪官的外逃之路必将越崎岖、越难行得通。

97. 当前官员"雅贪"还有哪些表现

随着反腐败的力度越来越大，贪官们的腐败敛钱的手法也越来越隐蔽，不断变化手法以满足自己的贪欲，这些花样百出的腐败值得引起我们的深思。

（1）出书、出著作腐败

如今一些领导干部利用职权安排笔杆子为自己出书，几个文人选个热门的书名，觅取相关书籍摘抄，网上浏览相关文字，东拼西凑"综合创新"，再花钱购买书号，不久，署着领导大名的大作被横空出世。然后由下属帮助推销，于是名利双收，既由此成为"学者型领导"，又有财源滚滚之收入，还没有腐败被查之风险。

大贪官张某（国家食品药品监督管理局副局长）拼凑了一部书，还没有书号，系非法出版物，但其利用职权，对凡是来报批项目求关照的单位便要求他们买书，就此其敛钱4000余万元。

（2）书画润笔腐败

人们可以经常看到，各地一些建筑物、风景点以及公司企业、学校商店，遍布一些大大小小领导干部的题词。而请字者都是阿谀奉承的高手，在盛赞领导"笔走龙蛇、潇洒飘逸"之余，奉上可观的"润笔费"。

大贪官胡某某就有一个爱好，走到哪写到哪，大笔一挥，钞票就滚滚而来，在南昌，到处可见胡某某的字，而其每写一幅字，有关单位就要送上三至五千元。诸不见，江西老百姓曾经流传过这样的顺口溜："东也胡，西也胡，洪城上下古月胡；南也清，北也清，大街小巷胡某某。"

（3）敬奉头衔腐败

在当今盛行评奖表彰的世风中，领导们又被一些别有用心者奉上了"评委会主席"、"评委会名誉主任"的光环，将其拱上了众目睽睽的宝座。只要出席参评者如潮，不惜交纳费用不菲的参评费，以期获得领导的授奖。领导也心安理得地领取评审费，顺带赢得评审专家的美誉。

大贪官某省部级领导热衷于接受各种名义的"头衔光环"，从而接受巨额参评费，其实人家参评者支付了众多的金钱，根本不需要"参评"而当选，贪官就是靠出卖名气、影响力而敛钱。

（4）送奖项腐败

现在有一些好事者请领导将自己的论文、著作参评送奖（其实大部分都是御用文人所捉笔代刀）。一些拍马溜须者出于某种目的，主动上门，"动员"领导拿出"佳作"参加评选，一般均事先承诺关于高奖，即使质量不佳，上不得台面，恐惹众怒非议，那也给个"特别奖"之类，奖杯、奖状、奖牌、奖金应有尽有，更要给领导大力宣传，奉上值得珍藏的"纪念品"。

社会上一些官员经常会在表彰会、评选会上频频亮相，他们并不怎么样的书籍、书画作品经过"评选"竟然都能得奖，还有一些是以家人的名义拿些所谓的作品通过这种"评选"而卖高价敛钱。这种利用职权与民争利、弄虚作假，令人不敢苟同。

（5）邀演讲开讲座腐败

官员能言善辩是基本功，然口若悬河者众，有真才实学者寡。如今偏有"雅贪、雅贿"者尊其为专家、学者，特意安排专场邀请其作报告、作演讲，尽管其讲话内容索然无味、言之无物，但好事者一定带头鼓掌，营造"十分成功"之效应，当然最后是不菲的讲课费、高档"纪念品"，还少不了宴请，觥筹交错之间感情加深，关键问题是"钱、财"巧妙地送了出去、安全地被收了下来。

一些领域的官员，利用所处公职地位的特殊性（如金融、证券、考试等）经常受邀请，去一些有某些默契的圈子讲课，据了解，每次出场收取讲课费达几万、十几万甚至还有几十万的！且不论你讲得是不是确有水平，仅仅靠披露一些内部的政策、思路来谋取私利令人咋舌。

（6）请参加竞赛腐败

近年来，溜须拍马、拉关系、寻靠山出现了种种新招，其中让一些领导干部乐此不疲的形式，就是专门为特定官员举办的各种竞赛、邀请赛。诸如"桥牌邀请赛"、"高尔夫邀请赛"、"保龄球大奖赛"，看领导喜欢什么、迷恋什么、沉溺什么就举办什么，凡参加者，得不得奖，反正都有出场费送上，这些定位于副厅级以上官员参加的活动，其出资者一定是大老板，通过这些活动，大家彼此增强了感情，为权钱交易打下了基础。

大贪官秦某、王某（某重要机关办公厅副主任、领导秘书，均已被判重刑）经常参加各种所谓的竞赛，每次都满载而归，那些别有用心的举办者以介绍他人认识这些"要员"为荣，而"要员"们以敛取财物为乐，你情我愿，何乐不为。已被揭露的贪官秦某锒铛入狱了，可是这种活动却有愈演愈烈之虞。

（7）安排为高档会所会员腐败

自赖某星"红楼"开始，如今在一些大中城市有各类会所数以万计，这些专门为"高端人士"服务的场所，其含义"入门费"几乎就是天价，其实就是进行权钱交易的"暗堡",它除了门牌号码以外,没有任何招牌,避人耳目,令一些官员出入没有心理负担,在里面的各种活动(吃喝玩乐赌嫖)可以随心所欲,完全不受任何监督,官员的会员身份当然是有人送上,其正在不断膨胀蔓延,足可见其迎合了许多官员的需要。

大贪官文某,还有早年被查处的福建省党政军一大批官员,与不法分子赖某星打得火热,他们曾经都是那些会所的常客,结果都落了个身败名裂、身陷囹圄的可悲下场。大贪官张某,经常混迹于北京"天上人间"会所,结果其在里面鬼混的录像被有关部门查获,其"两面人"的行为暴露无遗。

98. 官员如何把握好个人的嗜好,防止腐败乘虚而入

嗜好,无非就是人在满足了基本的生存保障以后的一种特殊的爱好,如今吃得饱、穿得暖,在解决了温饱以后,人们开始有了精神方面的追求,嗜好就是属于一种精神追求或者享受。

但在反腐败实践中,我们发现贪官们几乎都有嗜好,而且这种嗜好与权钱交易密切相关,往往成为了贪官们身败名裂、身陷囹圄的导火索,所以,各级领导干部都要正确把握自己的嗜好,防止因为自己个人的这个嗜好而导致翻船落马。

"人君生当谨嗜好,不为物诱,则如明镜止水,可鉴照万物。一为物诱,则如镜受垢,水之有滓,昏翳泊浊,岂能照物。"《明太祖实录》中记载的这段朱元璋与侍臣关于"嗜好"方面的精彩对话,虽寥寥数语,却发人深省。

对于官员而言,培养积极向上的个人爱好,既能陶冶性情、修身益智,又可以舒缓工作带来的疲劳,本来也无可厚非。但反腐败实践中我们发现,官员的嗜好往往成为"命门"。

如今对于无权无势者来说，具有嗜好往往是件好事，而对于官员而言，却可能就是一个陷阱。

古人云："上有所好，下必甚焉。"官员一旦有了嗜好，一些行贿人、请托人就会对症下药。厦门远华特大走私案的头号案犯赖某星曾言："不怕官员不受贿，就怕官员没爱好。"因此，只有各级领导干部谨慎嗜好，那些居心叵测之徒才没有机会打开缺口、突破防线。

事实上，近年来，因为领导干部爱好特殊而酿成祸端的案例屡屡见诸报端。浙江省临海市文化广电出版局局长周某，因贪污受贿被判处有期徒刑 12 年，在其 35 万元的受贿财物金额中，仅收受兰花价值就达 20 万元。

古人云："夫好船者溺，好骑者堕，君子各以所好为祸。"官员有嗜好而没有自律、约束，无论是良好的"嗜好"还是不良的"嗜好"都将是一件非常危险的事。投其所好是行贿者的惯用伎俩，嗜好胡吃海喝者，一定有人投之以珍馐佳酿；好闻乐起舞者，一定有人伴之以佳丽霓裳；嗜哄抬吹捧者，一定有人阿谀奉承；好赌财博运者，一定有人奉之以真金白银。

新中国成立以来，第一个因为腐败被处决的省部级高官、江西省原副省长胡某说："官做到一定程度，不是你找钱，而是钱找你；不是你找女人，而是女人找你。"

如此久而久之，"近墨者黑"的效应必应运而生，官员难免失察、失公、失格、失德，发生蜕化变质，进而由"嗜"而贪，变"好"为蝥，一个个蜕变为老百姓深恶痛绝、恨之入骨的"心黑、胆大、脸厚、手长"之徒。

有些嗜好，形式上看起来不属于不良行为，如打高尔夫、打桥牌、唱歌跳舞、喝茶品茗等活动、运动，又如收藏字画、邮票、文物、奇石、玉器、艺术品等爱好。但因为与权力扯上了不正常的关系，由此导致腐败也并不少见。

领导干部必须正确审视自己手中的权力，时刻端正自己的生活态度，常省做人本真，以隐患之心对待自己的一思一念，不论大小多少，持定守节，把住底线，正所谓"壁立千仞，无欲则刚"。

唯有如此为官为人，方可风清气正，襟怀坦荡。独乐乐，不如众乐乐！

99. 如何认识裸官现象

2012 年 1 月 4 日，中共广东省委十届十一次全体会议全票通过《中共广东省委关于加强市县领导班子建设若干问题的决定》。其中一条规定引人注目："对配偶、子女均已移居国（境）外的，原则上不得担任党政正职和重要敏感岗位的领导职务。"据了解，广东省此次通过的这个决定是目前国内各地、各部门针对"裸官"问题出台的诸多文件中最为严厉的。

（1）"裸官"贪腐案频发

"我勤奋为党工作几十年，没有功劳也有苦劳，我已经远走高飞，你们就不要再费劲找我了。"2006 年，福建省工商行政管理局局长周某得知福建省纪检部门要找其谈话后，在留下的信件上写下了这段话。之后出逃，取道第三国飞往北美，与早已持有美国"绿卡"的妻女会合。

近年来，"裸官"贪腐的案例越来越多。2008 年，陕西省政协副主席庞某因受贿罪、玩忽职守罪被判处有期徒刑 12 年，没收个人财产人民币 20 万元。但其妻儿早在他大权独揽时，就借助其权势赚取了大笔人民币，兑换成外币，于 2002 年移民加拿大。虽然庞某栽了，但其家人平安无事，大量国有资产也无法挽回。

全国人大代表、中央党校教授林某在 2010 年全国"两会"期间透露，1995 年到 2005 年 10 年间，中国大陆共出现 118 万名"裸官"。这意味着，平均每个省有近 4 万名，按照 2000 多个市县来算，每个市县也有 50 多名。

清华大学公共管理学院廉政与治理研究中心主任任建明认为，"裸官"容易形成恶性循环。一方面，官员的家属、子女出国的消费需求迫使他腐败；另一方面，由于没有后顾之忧，腐败起来更加肆无忌惮。

（2）"裸官"贪腐缘何难治

为什么"裸官"会如此之多，其中原委当然并不复杂，这些"裸官"们一面在"裸"的同时,另一面,如个人及家庭的财产状况、子女亲属从业就业等信息,却有太多的"不裸"——非但"不裸",并且包裹得极为严实,至少对广大普通公众而言,能见度、透明度几近于无。

当然,"裸官"之所以能如此,并不是他们个人的能力本事多么大,归根到底,还是目前的法治环境给他们提供了这样的制度方便。例如,我们至今没有一部要求官员及其家属财产信息必须定期向社会公开的阳光法案,以及据此而建立的真正意义上的官员财产申报制度。我国刑法虽有独立的"巨额财产来源不明罪",但由于没有相应的来源不明财产的主动暴露机制,在司法实践中,这一罪名几乎没有单独适用过,大多只是在贪污受贿罪之下"拔出萝卜带出泥"式的附带罪名;再如"隐瞒境外存款罪",这是1997年《刑法》新增加的罪名,仅在十年后才在上海"全国首例"地被适用。

另外,"裸官"贪腐之后往往是携款外逃,而防逃机制形同虚设。2008年中共温州市委常委、鹿城区区委书记杨某逃亡法国,消息传出,一片哗然。

2008年3月,中共浙江省委组织部找杨某谈话,希望他调任中共温州市委秘书长一职,但他就是拖着不肯走。9月16日,中共浙江省纪委将某房地产公司总经理的"举报"向杨某问话。三天后,杨某便率团出国"考察"去了。

从杨某个案中可以发现,官员外逃是有迹可循的,但是防逃机制在这里成了虚设,追逃就更是难上加难了。

外逃贪官背后往往还牵涉到许多人,甚至上级官员在内的利益相关者,他们会不遗余力地为贪官外逃提供方便,也在客观上保护自己。

因此人们就不难理解,为什么温州市及鹿城区有关部门多次要求考察团成员对此"不要乱说",甚至是"不要说话"。尽管杨某出国之前,有关他腐败的传闻在当地已不是秘密,但这些情况并没有引起有关部门的注意,可见基层腐败官员防逃机制相当薄弱。

(3)让"裸官"完全"裸露"

2010年5月,中共中央办公厅、国务院办公厅印发了《关于对配偶子女均已移居国(境)外的国家工作人员加强管理的暂行规定》,并于2011年1月在全国实施。2012年将第一次对"裸官"进行登记管理,对这些官员在因私出国、因公出国方面，在和配偶子女居住地联系方面，实行一些特殊的管理措施。目前，各个单位都在按照申报的范围汇总申报材料。登记固然重要，但公之于众才是根本的途径。

因为，唯有让"裸官"完全裸露在公众监督的阳光之下，才有可能对"裸官"进行有效的监管。

令人欣喜的是，近年来相关机构对"官员财产申报制度"议案的答复有了明显的变化——从"制定财产申报法条件尚不成熟"到"正在积极开展工作"，再到"适时向全国人大提出立法建议"。2012年6月，中央军委已发出通知，军队高级干部将进行财产申报，但愿"官员财产申报制度"能够尽快走进现实。

（4）预防端口前移切断"裸官"后路

最高人民检察院首创了一套外逃贪官劝返模式，2011年检察机关会同有关部门共抓获在逃职务犯罪嫌疑人1282人，追缴赃款赃物计74亿元。

据中纪委、监察部提供的信息，2011年9月至2012年8月，黑龙江、上海、江苏、浙江、福建、江西、山东、河南、广东、云南十个省（市）将开展建立省级防逃追逃协调机制试点工作。省级防逃追逃协调机制的启动，预示了防范腐败官员外逃的端口前移。

有一点可以断言，贪官外逃的路，越来越窄了，随着国家反贪部门与国际反贪机构的协作机制的不断完善，外逃贪官在国外的日子也必定越来越不好过了。

100. 社会生活中存在"高素质"的贪官吗

某媒体发表文章称：在被查处的腐败案件中"高素质贪官越来越多"。

贪官还有"高素质"、"低素质"之分吗？真可谓：世界之大，无奇不有！

所谓"高素质贪官",发明者是如何认定的呢?

其一,包括"高学历"、"高智商"、"高职位"、"年轻化",文章称:这些惊天大案的案值和国家损失上升的同时,犯罪分子的构成也在变化,他们不再是法盲,而是具有高学历、高智商、高职位的公权力执掌者!从年龄角度看,40岁以下的年轻干部居多。

这就是一些人眼里的"高素质"贪官。

如果具有"高学历"、"高智商"、"高职位"、"年轻化"这些要素,就应该是"高素质"了吗?被处决的大贪官李某(时任河北省国税局党组书记、局长,41岁)、马某(时任沈阳市委常委、常务副市长,47岁)完全符合以上的特点,可以称他为"高素质"吗?显然这个论点是根本站不住脚的。

其二,"高素质"还指的是作案手段的狡猾。该媒体刊登的文章称:由于这些"高素质"的犯罪分子善于钻政策和法律的空子,经过充分的谋划和准备后才实施犯罪行为,不仅难以发现,取证和认定工作也十分困难。

把作案手段高明当成"高素质"的内涵之一,也没有说服力的,试看,那些杀人越货、坑蒙拐骗的没有文化的案犯,也常常采用非常高明的作案手段,他们的素质"高不高"呢?

其三,"高素质"还被举例证明,这些职务犯罪大案的作案人,都与女人有关,而且大多数作案的出发点是"为情妇"、"为二奶"。因此,该文章得出结论称:这些贪官犯罪是"为虚荣心而贪"。

具有情妇、二奶竟然也被作为"高素质"的依据,那么没有情妇、二奶的人是不是素质肯定高不了了呢?这种奇谈怪论是该文章的作者也没有料到的吧?

"高素质贪官论"和我们开了一个极大的玩笑。

素质究竟是什么?据《辞海》解释,素质是指人或事物在某些方面的本来特点和原有基础。在心理学上,素质指人的先天的解剖生理特点,主要是感觉器官和神经系统方面的特点。心理学认为素质是人的心理发展的生理条件,但不能决定人的心理内容和发展水平。

但是,从社会学的观点看,素质是指一个人的道德、品行、修养、作风、智力、能力等诸方面素养的总和。

一个人的人格、品格、风格，是其的综合素质的重要内涵。在今天，考察一个人的素质，如果只看学历或者智商，必然会失之偏颇。就是在西方招聘人才的时候，考察一个人的综合素质，也不仅仅只看其专业技能，也有许多品德、作风方面的内容。

在德国曾经有一个例子，一个来自中国的留学生乘坐公共交通时经常逃票，终于有一次被查获后曝光，并且被记入了不诚信的黑名单，结果，在他求职的时候，所有企业、单位没有一个录用他的，可见，人品的要求是第一位的。

实际上，一个人的道德修养、业务素养及其实践能力，决定着他的素质高低。一般而言，高学历、高智商确实是构成高素质的重要组成部分，但是，高学历、高智商绝不能简单地与高素质画等号，这是一个非常浅显的道理。

在实际生活中，有人常常把高学历、高智商与高素质等同起来，比如把学历作为选拔人才的主要条件，这就是"唯学历论"，"高素质贪官"脱胎于"唯学历论"，也许就是一个原因！

研究反腐败在"标新立异"上玩"高"、"新"、"奇"，所谓的专家、学者、文人墨客具有的可能是缺乏真才实学之能、哗众取宠之嫌，正是素质不高的表现！

学识是凭空想象不出来的！

101. 自称是"官"仅仅是称呼问题吗

如今社会听到的、见到的到处自称是"官"，一些人不以为然。

我们应当看到，这是一些人的立场、观念出偏差了，真是今不如昔了。

其实这反映出的是一种非常危险的信号，即在少数权力部门，官僚主义心态越来越严重，相对应，普通老百姓的仇官心理越来越强烈。

以前，我们共产党人把自己称为"人民的勤务员"，是全心全意为人民服务的"服务员"，是公仆。

记得20世纪60年代，中华人民共和国主席刘少奇在接见全国劳动模范、掏粪工人时传祥时说：我当主席，你当掏粪工人，只是分工不同，我们都是人民的勤务员。

可是，如今，人民警察叫"警官"了；税务局专管员叫"税务官"了；政府公务员叫"政府官员"了；跑跑腿的叫"联络官"了；连气象台也想当官，他们的气象预报员叫什么"服务官"了！人人有份，有首席服务官、助理首席服务官……服务还要个"官"字，真是"官迷心窍"不伦不类！

试想，厨师可不可以称"烹饪官"？扫马路的可不可以称"清道官"？保安员可不可以称"安保官"？保姆可不可以称"家政官"？火葬场烧大炉的可不可以叫"炼尸官"呢？

依上述逻辑，完全可以，社会上人人都可以叫上个"官"的！

有点小权力就念念不忘自己是个"官"，这就是当今一些人的心态和写照！

江西省万载县珠潭镇党委书记晏某，竟然说出这样的话："我在珠潭是父母官，我为人民做了一点事，为企业做了一点工作，人民、企业像儿女孝敬父母一样待我也是应该的，我是可以不推辞的。"

这个"父母官"不但不推辞，而且不择手段大肆贪污受贿，最终成为人民的罪人，被绳之以法！

头脑里时刻想着自己这个"官"，心中就不会有"人民"这个词，就没有"群众"这个概念。叫不叫"官"，其实不是根本的问题，问题是叫"官"的这个心态和出发点，叫"官"就是高人一等，就是要制约他人，就是要他人恭维自己，总之要与众不同！

陈毅元帅在《赣南游击词》中说："靠人民，支援永不忘。他是重生亲父母，我是斗争好儿郎。"邓小平说："我是中国人民的儿子。"

无数事实说明，身居官位，不能忘记人民的重托，老老实实做人民的儿子、做人民的公仆，摆正官民的位置，否则，与人民对立、欺压人民，那么，一定被人民抛弃!

"官迷心窍"、"官势欺人"、"官僚主义"害了多少人,把自己看成"官"的趋势要不得,要警惕!

102. 搞腐败的处长与"大老虎"挨不上吗

老百姓都知道,如今反腐败"苍蝇老虎一起打",处长多如牛毛,处长怎么也挨不上"老虎"的档次,真正的"老虎"估计省部级才勉强够格。

其实不尽然,且莫小看和低估了处长的能量。

有例为证,近期揭露的一些处长,说是"苍蝇",那是小看了他们,如果把他们列入"老虎"的阵营,也许"老虎"也要刮目相看,自叹弗如。

第一个"处座"大名魏某,其系国家能源局煤炭司副司长(正处级),2014年5月东窗事发,有关部门在其家里发现了上亿元的现金,为了搞清数目,执法人员调取了16台点钞机进行现场清点,出人意料的是,点钞机在连续工作过程中竟然烧毁了4台,连银行工作人员听说后都称闻所未闻,大跌眼镜。

原来,这个"处座"所在的能源局煤炭司专门负责煤炭项目的改造、煤矿基建的审批和核准工作,是这个巨大的权力在行使过程中出了问题,难怪有"煤老板"不见为怪,说,只要他要,一个亿算什么!

第二个"处座"叫陈某,为财政部企业司综合处处长,其在任职"处座"的10年中,利用职务之便收受贿赂2454.4万元,已被一审判处无期徒刑。

大家一看就明白其中的原因了,这个"处座"掌管着国家资金对企业的运作权,企业要资金资助、资金的支持、资金扶植,那只有给他"磕头烧香"了,大多数情况下,送钱的往往担心的不是送不起,而是送不出!

第三个"处座"是蔡某,在高等学府中国人民大学招生就业处担任处长，其自 2006 年至 2013 年期间，利用招生的职务之便，在大学特殊类型人才招生过程中，为请托人谋取不正当利益，收受贿赂 1000 余万元，在感到事情不妙的情况下，其持假护照出境时被抓。

平心而论，说处长是"老虎"，似乎不够格，说他们是"苍蝇"，也似乎把他们看小了。

据最高人民检察院反贪污贿赂总局公布的信息，2014 年第一季度，被检察机关查处的县处级干部达 661 人，同比上升 46.9%。

值得人们思考的是："位不在高，权重则灵"，有权的岗位一定是风险岗位，具有大权力的岗位一定是高危岗位，而这些权力岗位一旦缺失了监督，必定出现腐败。就国家能源局而言，拥有煤炭的开采审批权、核查权、验收权、监管权等众多的权力，于是"重金之下必有勇夫"，什么党纪国法都可以忽略、都可以逾越、都可以践踏，真可谓胆大妄为、无所顾忌。

高等学府应该是洁净之地，担负重点大学重要岗位管理职能的处长怎么也是具有高学历、能够为人师表、给学生们作榜样的楷模，哪知在掌管学生"进口"（招生）"出口"（就业）的处长岗位上能够敛钱千余万！

殊不知，私利对公权力的"回报"就是违法犯罪，这是不可触碰的"带电的高压线"。习近平总书记指出："要坚持清正严明，形成正气弘扬的大气候，让那些看起来无影无踪的潜规则在党内以及社会上失去土壤、失去通道、失去市场。"这需要我们每一个公权力执掌者从自己做起，只有各级领导干部认真去对待了，严格遵守权力运作规范了，那整个大气候才会有所改变，否则免谈。

"把权力关进制度的笼子里"，这强调的是对公权力的行使必须落实严格的监督，对"笼子"而言，要扎紧、扎牢、扎严。时任国家发改委副主任、国家能源局局长的刘某案发后，习近平总书记在河北省视察时以此案举例说："建章立制非常重要，要把笼子扎结实，牛栏关猫是关不住的。"

陈某案发以后，国家财政部在总结教训时分析专项资金的监管问题，认为要建立一套完善的财政专项资金的预算制度来加强管理，各项管理制度不仅要精细和缜密，而且要易于掌握。十八大提出加强对政府的全口径预算管理，就是给我们一个值得期待的信号：公权力的"制度笼子"必须扎得更精细更缜密，让"苍蝇"变不了"老虎"，让"处长"成不了"老虎"，让"老虎"避不开"棍子"，让"苍蝇"和"老虎"成为人人喊打的过街老鼠，让腐败分子没有藏身之地！

103. 大贪官的"群众情结"给我们什么启示

属于中青年的大贪官李某，1962 年出生于革命干部家庭。1990 年 11 月至 1994 年 12 月先后任河北省副省长秘书、省长秘书、省委书记秘书、省委办公厅副主任。1994 年 12 月任河北省国税局副局长，1997 年 5 月任河北省国税局局长。2000 年 3 月 1 日案发，被中纪委执行"两规"。2002 年 8 月 30 日被河北省唐山市中级人民法院以贪污罪、受贿罪判处死刑。2003 年 10 月 9 日被河北省高级人民法院终审判处死刑。2003 年 11 月 13 日经最高人民法院核准，被执行死刑。

李某任职期间，利用职务便利为他人谋取利益，非法索取、收受他人人民币 676 万余元、16 万余美元，共计折合人民币 814 万余元；伙同他人侵吞公款共计折合人民币 2967 万余元，李某从中分得美元 25 万元、人民币 10 万元和价值人民币 51 万元的住房一套，共计折合人民币 270 余万元。案发后，从李某处追缴赃款 41 万余美元。

案发后，检察机关在李某的住处查出贵重礼品 415 件。李某交代："除此以外，我还送出去上百件贵重礼品。"

大贪官李某罪行严重，罪有应得。但是，李某确实还有鲜为人知的一面，就是他曾经具有善心、爱心、同情心，他曾经为群众的疾苦而落泪、而难受，他也曾经想廉政自律，"做一个像焦裕禄那样的县委书记"。有三件真实的事值得回味、深思。

（1）第一件事

有一次，李某请一位老领导到河北省国税局培训中心来玩，老领导有事没来，来的是老领导的儿媳妇和小孙子，他们带了一条价值几万元的狗。狗的嘴太刁，吃食还得让厨师给热。李某很看不惯，一气之下，就去外面散步。

在培训中心不远的地方，李某看到一个80来岁的老太太正在垃圾桶边弯腰拾菜叶，她的旁边还有一个五六岁的小男孩，也在跟着捡。李某很奇怪，问老太太，你捡这个干什么。老太太说是用来吃的。老太太告诉李某，老伴得了肝癌，家里治病的钱都没了，只能用止痛片止疼，一吃一大把，最近听说有一种药可能管点用，想省下买菜的钱，给老伴买点试试。老太太和李某说话时，小男孩一直渴望地看着李某，李某心里很难受，眼泪止不住要流下来。李某转身回到自己的房间，从别人送的一个信封中抽出2000元，想送给那个老太太。但到了那个地方时，却不见了老太太，李某转来转去也没找到，只得带着遗憾的心情离开了。

待李某回到培训中心自己的房间门口时，一个只见过一面的官员站在门口，手里拿着一个精致的礼盒，说是托人从意大利带来的名牌西装。李某心情本来就不好，又看到来人挺着个"贪官肚"，气不打一处来，便破口大骂。那个送礼的官员灰溜溜地被骂走了。李某没有心情再待在培训中心了，便找了个理由回了石家庄。

到了石家庄，李某的心情还是不好。正在这时，石家庄的一个干部送来了一块玉石，说是从缅甸弄来的，非常珍贵。李某看着这块通体透着光泽的玉石，突然好像在玉石中看到了那个一脸菜色、满脸皱纹的老太太。李某对来人说："这块玉石不错，我不会要，你怎么拿来的，还怎么拿回去。"来人死皮赖脸地恳求李某收下，李某大怒："你要再这样，我把这个东西扔出去了！"那人只得灰溜溜地走了。

李某确实在这后的一个月的时间里，很少接受别人的邀请去吃饭，甚至一件礼品、一分钱款都没有收。李某在关押期间交代："这是我第一次用这样强硬的态度拒收贵重礼品，否则，我的赃物中又要多了一块玉。"李某说道："见到老太太后，自己良心受到了谴责，自律了'一个来月吧'，这一个月是我心情最好的一段时间。"

（2）第二件事

一个麦收季节，李某到一个县级市去办事。车在路上出了故障，司机修车，李某下来随便走走。李某看到大片的麦子都收割完了，只剩下一小片没有割，很显眼。李某向地里张望，看见地里有个老人，于是走了过去。老人坐在地上割麦子，割一点，屁股向前挪一点。

李某问："你怎么不用收割机呀？"老人说："收割机太贵了，割一亩地要15元钱。"李某说："那也没多少钱呀？"老人说："我这一亩地能收多少钱？用不起收割机。"

李某问："你怎么不站起来割，这样太慢了。"老人说："腿疼，年轻时打仗留下的病根。"

老人告诉李某，他年轻时是八路军，有一年冬天攻打定县（今河北省定州市）时，要下到冰河里去架人工桥，自己是班长，又是党员，第一个跳进水里，冰冷的水好像一下子钻进了骨头里，这腿就此留下了病根。现在人老了，病更重了，腿疼得不能打弯，只得坐着割麦子。

李某问："你是伤残军人，国家给补助的。"老人说："国家一个月给150元补助，自己用一半，还有个傻儿子，吃得多，得省着点花。"

李某问："你为什么只能用一半？"在李某的再三追问下，老人讲了一个令李某动容的故事。

老人说："在一次打仗中，一个战友负了伤，躲在了一个农民的家里养伤。农民的妻子刚生下孩子不久便得产后风死了，留下一个不到一周的孩子。两天后日本兵进村搜查，那个农民先把他背进地道，随后又去抱孩子，可能孩子饿的，哭闹不停，农民怕引来鬼子，便紧紧捂住孩子，等日本兵走后，孩子已经没有气了。"

"那个战友在一次战斗中又受了重伤，牺牲前叮嘱我，将来胜利了，能去看看这个农民。由于没有人作证，胜利后国家没有给那个农民奖励，也没有任何的补助，至今还是孤身一人。我现在每个月有150元补助，他却没有，你说我能一个人花吗？从国家给我补助那天起，我总是分一半给他。现在，我们都老了，可我还有个傻儿子，可他为了救八路军的命，连儿子的命也搭上了。"

李某被深深感动了，转身回到车里，从包里拿出1000元钱。当把钱递给老人时，老人却不肯收，他说："我不能平白无故收别人的钱"。李某流着泪劝老人："老伯，拿这个钱，找个收割机，再给那个老人一些，算是我的一点心意。"

最后，老人用颤抖的双手接过了钱。李某看到，老人接钱的时候，老泪顺着他满是皱纹的脸颊向下流。老人一边哭，一边说："感谢党，感谢党培养出你这样的好官！"这件事后，李某心情着实沉重了好一阵子，也自律了好一阵子。

李某在关押期间反思道："老人的话像石子一样打在我的脸上，脸疼；像鞭子一样抽在我的心上，心颤。我一直反问自己：党员，你配吗？你有党性吗？500万美元、2000万人民币换取一个职位，你无疑是在喝他们的血、吃他们的肉，这还不算，你还要对他们敲骨吸髓，不要说党性，你还有人性吗？"

（3）第三件事

一年冬天，李某在石家庄火车站候车。他看见一个卖报的孩子，他站在寒风中，浑身发抖。他追着李某买他的报纸，李某不耐烦地赶他走开。但当孩子走开后，李某对小孩又来了兴趣，他把小孩叫了来，发现小孩嗓子是哑的，李某的心不由得一颤，问小孩："嗓子是卖报喊哑的吗？"那孩子说："是呀，你买报吗？"李某拿出1块钱，买了他一份报纸，并劝他："想买报的自然会买，不买的，喊死你，他都不买，不必扯着嗓子喊。"那孩子说："我大喊着就不冷了。"李某心里又是一颤。

李某发现孩子穿得很单薄，就问："你没有棉衣？"孩子向旁边一指说："有啊，给那个孩子穿着呢。"李某顺着孩子手指的方向一看：南墙下，一个女人正抱着一个婴儿坐在那里，孩子身上搭着一件棉衣。孩子告诉李某，那个妇女是河北保定人，嫁到了（河北省）栾城县。被丈夫打了后，一气之下抱着孩子赶到火车站，想坐车回娘家。可是身上没有钱，向别人要，别人也不给。当她向他要5毛钱想买个烧饼时，孩子把身上的6元钱全给了她。妇女感动得哭了。卖报的孩子说，你要不想回家，就跟我们一起卖报纸吧。这样，这个妇女就抱着婴儿跟孩子一起卖起了报纸。

孩子有个哥哥，小哥俩每天不分白天黑夜转悠着卖报纸，那个妇女守摊。那个妇女哭着告诉李某："这两个孩子可好了，今天一天他哥俩就吃了一顿饭，说是我带着孩子，让我吃饱。因为天冷，怕冻着我的孩子，他把自己的棉衣脱下来，搭在我孩子身上。"李某听了眼睛一热，泪水夺眶而出。

李某在关押期间回忆道："那个手里抱着一摞子报纸、穿着单薄衣服的孩子的形象一直在眼前挥之不去，'卖报——'，'卖报——'，孩子那沙哑的声音像刀子一样，扎在我的心上……"

李某说："现在想起来，我还心如刀绞。那个自己挣钱不易还倾尽全力资助那个妇女的孩子……他们没有多少文化，没有多高的地位，但他们有做人的品德、感人的良知，只要有一点力量就贡献出来……他们贡献了物质上的一切，却获得了精神上的富有。而我自己呢？手握人民的权力，只想为自己谋利益……地位高了，钱多了，精神却成了乞丐。但就是这样，动摇了的信念仍然没有被稳固住。"

大贪官李某确实曾经有过善心、爱心、同情心，他看见老百姓受苦也会难受、流泪，会拿出钱来给他们，他也因此拒绝过贿赂，也曾经对自己严格要求过一阵子，但是，最终他还是没有逃脱大贪官的可悲下场。其中的原因，值得人们深思。

李某在押期间，回忆起这几件事时，非常动情，甚至连采访他的新华社记者也禁不住泪流满面。可惜，李某明白得太晚了！

如果李某能够始终想到手中的权力是人民给的，每时每刻都想到要为人民掌好权、用好权，严格要求自己一辈子而不是一阵子，那么，他不但不会成为贪官，而且还会成为一个受到人民欢迎和拥护的好官、清官。

如果李某能够始终把困难群众的疾苦放在心上，感动、鞭策、对照自己的一辈子而不是一阵子，那么李某绝对不会让自己个人的贪婪心恶性膨胀，不会贪得无厌，他会在帮助困难群众的过程中思想得到升华，成为一个真正的人民公仆。

如果李某能够始终坚持廉洁自律，坚持接受监督，坚持自我约束，那么他绝对不会在腐败的道路上走得那么远，绝对不会走到今天这种难以收拾的地步。

中纪委前副书记、李某专案领导小组组长刘丽英同志指出："李某案件是一个年轻的中级干部因贪污受贿被处极刑的典型案件，非常值得总结和深思。李某出身于革命干部家庭，父母在建国前参加革命。他从小生长在党的阳光下，后来上了大专，32 岁任河北省委办公厅副主任，35 岁任河北省国家税务局局长。但他却辜负了党和人民的培养，贪污受贿，沦为不可饶恕的罪人。李某在给党和人民带来极大危害的同时，也把他的家庭推向了痛苦的深渊。他被处决时，母亲 70 有余，孩子只有 11 岁，上演了一幕人们最不愿看到的'老年丧子，幼年丧父'的家庭悲剧。"

手中握着权力的人们，时刻想着权力是人民给的，时刻牵挂着群众的利益，时刻与人民群众同呼吸、共命运，时刻牢记党的宗旨，坚持全心全意为人民服务，那么，你就一定不会腐败。

104. "信誓旦旦"后仍不收手告诉了我们什么

河南省交通厅厅长曾某在任时，曾用血书表示对党的忠诚。他写给省委的血书中有这样一段话："省委，我以一个党员的名义向组织保证，我绝不收人家一分钱，绝不做对不起组织的一件事，坚决维护党的形象……"然而，仅在曾某写这份血书的一年后，检察机关就查实他先后收受他人贿赂 40 余次，款物折合人民币 30 多万元。

紧接着张某就任交通厅厅长，上任伊始，张某也向省委领导发誓："一定要吸取前任厅长的沉痛教训，把党风廉政建设当成重中之重的任务来抓，从大处着眼，小处入手，防微杜渐，细枝末节也不放过。"他还提出一个十分响亮的口号："让廉政建设在全省高速公路上延伸！"

在省交通厅不少人的心目中，张某不仅对反腐败认识高，而且身体力行。据说张某每次下基层视察、调研，临返回时总要亲自打开车子的后备箱，检查是否有基层同志送的土特产、礼品之类的东西。一经发现，不仅严词拒绝，还要严厉批评送礼者，说："这不是礼品，是糖衣炮弹，不是给领导补身子，而是掘陷阱。"

但不久，张某案发，经检察机关查明，其利用职权收受贿赂款物计68万人民币、4万美元，最终使他的誓言成为一纸谎言。

河南省交通厅第三任厅长石某坐上交通厅长的宝座后，立即修筑防腐败的"铜墙铁壁"。他提出了一个令人振奋的口号："一个廉字值千金。"他还制定了"852"工作计划，即八个字：速度、质量、安全、廉政；三句话：上不糊弄共产党，下不欺压老百姓，不溜尖、不耍滑；两条原则：不义之财分文不取，人情工程一项不上。然而，令人难以置信的是，石某竟然施展各种手段大肆敛取钱财。无论是经济犯罪的数额之大，还是实施犯罪手段之恶劣，都超过了前两任。

当今社会上、政坛上就有这样一种现象，某些人处于无权力时，或权力初握时，对廉政建设个个信誓旦旦，豪言壮语直冲云霄。有的坚决表示坚守共产党员的政治信仰；有的制定廉政制度面面俱到；有的签订上下级之间的廉政责任书；有的把家属请来签署廉政"承诺书"；更有的研究廉政警句、廉政口号、廉政歌曲，发送廉政信息、廉政手册、廉政日历，发明廉政游戏、廉政扑克、廉政旅游。他们还经常在各种会议上、各种媒体上深刻地、深情地、深入地大谈信仰，细说用权，强调廉政。可是，就是这些人一旦大权在握，或掌权三年五载，便成为了腐败分子。河南省交通厅3任厅长"前腐后继"、腐败堕落的例子就充分说明了这一点。

2010年12月，河南省交通厅15年来第4任交通局长"出事"的消息传来，一个叫董某的厅长又被绳之以法，他上任之时的信誓旦旦与他的几位前任如出一辙，可惜，仍然没有逃脱身败名裂、身陷囹圄的可悲下场！

廉政建设来不得弄虚作假、形式主义、心口不一，一定要坚持落实、关注小节、抓住根本，一定要强化监督，加强对权力的控制和制约，只有这样，才能获得廉政建设上真正的、实际的效果。

105. 贪官自杀增多都是抑郁症吗

十八大以来，中国官员自杀案例逐渐增多，而且几乎都被冠以"抑郁症"，笔者初步统计了一下，竟然有77%之强。

根据《南方周末》的报道，2003年8月底到2014年4月初，自杀官员多达112人，平均每年大约10人。自杀官员涉及26个省份，超过七成是处级及其以下官员，其中查实涉嫌贪腐的官员占自杀官员总数的三分之一，根据司法实践分析，具有一定贪腐问题的要占三分之二左右。

建国以来影响力最大的、涉及腐败问题自杀的高级别官员，毫无疑问应该是北京市委常委、常务副市长王某。根据官方消息，王某贪污和挪用公款总共超过3亿元人民币，于1995年4月4日凌晨在北京郊区怀柔开枪自尽。最近的一个贪官自杀案例，是南京市六合区原区委书记娄某。2014年6月18日，据中纪委网站消息，娄某顶风违纪，接受化工园管委会的宴请并收受慰问金，被免去六合区委书记和南京化工园区党工委书记职务，并受到党内严重警告处分。9月18日凌晨，娄某在家中上吊，经抢救无效后死亡。2015年1月26日，新的一年首位落马的副省级官员、南京市委书记杨某在面对中纪委工作人员之时竟然也欲跳窗自杀，被及时控制而没有得逞。

（1）官员自杀，三成涉贪

根据公开的报道，统计近三年的数据，发现：2012年自杀官员12人，其中4人贪腐或涉嫌贪腐；2013年自杀官员7人，其中2人贪腐或涉嫌贪腐；2014年自杀官员陡然增加到39人，其中10人贪腐或涉嫌贪腐。综合最近三年数据，贪腐或涉嫌贪腐的官员占自杀官员的大约三成。与前十年（2003－2012）相比，贪官自杀的数量和比例都在上升。考虑到官员自杀后，涉嫌贪腐的信息对官员家属或者所在单位都非常不利，从而最有可能被某些方面掩盖，因此可以估计涉贪官员自杀比例应该是最保守的数字。

与贪官自杀数量明显上升的现象相反，贪官被判处死刑的数量却明显下降。按照《刑法》的字面规定，法律对贪官的惩处是相当严厉的。官员贪污或受贿 5 千元以上，即可判处 1 年有期徒刑；每多贪污 1 万元，就增加 1 年徒刑；贪污数额超过 10 万元，可判处无期徒刑，情节严重者可被判处死刑。

然而，一方面由于国际上"少杀慎杀"的人道主义原则开始在中国的司法系统被逐步接受，另一方面很多贪官有坦白、退赃以及立功表现，实际上只有极少数贪官被最终判处死刑。根据媒体报道，从 2000 年到 2011 年，这 12 年里被判处死刑的贪官只有 15 人，平均一年只有一个。而且，从 2012 年到 2014 年，这 3 年里只有一个贪官被判处死刑，就是广州市白云农工商联合公司经理张某。作为一个副处级官员，此人贪污、受贿金额近 4 亿元人民币，属于"情节特别严重、影响特别恶劣"的典型，因此死罪难逃。

关键的问题正在于此：既然贪官几乎不会被判处死刑，那为什么贪官还要选择自杀？更诡异的是，这几年被判死刑的官员数量明显下降，可为什么自杀的官员数量却明显上升？一句简单的"畏罪自杀"实在难以解释，因此，有专家从经济学的角度进行了解释。

（2）贪官自杀的成本和收益之虑

有经济学家分析，人们在绝大多数时候都是理性的。理性人的目标是最大化自己的效用水平。这里的效用（utility）通常是个人的物质利益（如金钱和住房）和非物质利益（如权力和美女），也可以包括自己家属或相关人的利益。从理论上讲，贪官选择自杀，一定是因为自杀带来的收益超过了自杀的成本，因此自杀是一种理性的选择。

的确，这是一个冷酷甚至残酷的结论，但这很可能是最接近事实真相的结论。

一个贪官自杀的主要成本，莫过于自己的生命消失，从而导致本人的效用水平为零。因为死人是不能享受的。次要的成本，就是给自己家人、亲属或朋友带来损失，这种损失包括两个方面。

其一，是熟人离世导致的精神损失。毕竟人是社会动物，也是感情动物，因此一个活生生的身边人突然离世，哪怕他是一个贪官，也会让正常人在较长时间内感到痛苦。其二，是物质上的损失。中国的传统文化就是"一人得道，鸡犬升天"，"一损俱损，一荣俱荣"，"有福同享，有难同当"。一个家族或者朋友圈中，一旦某人当官掌权了，其他人都希望以合法或者非法的方式分享权力和利益。这也是近年来"家族腐败"频繁爆发的文化因素。反之，一旦贪官自杀了，亲朋好友从中得到的部分既得利益（如升职、找工作）恐怕也伴随贪官一同消失了，这就是所谓的"树倒猢狲散"。

一个贪官自杀的收益，至少包括三个方面。第一，消除罪证，保护同僚。由于反腐败法律和政策日渐趋紧，单个官员要想贪腐后不被抓住是非常困难的，因此近年来集体腐败、"塌方式腐败"和"家族腐败"才日渐增多。在一个完整的腐败链条中，处于最上游的贪官是最难抓捕的，因为权力越大，反侦查的手段和反"反腐败"的能力越强。因此，纪检监察机关、司法机关往往从比较薄弱的环节入手，由外至内，抽丝剥茧。但是，根据《刑法》，一旦当事人死亡，司法机关就不再追究其刑事责任，或者撤销案件，或者终止审理。因此，一个处于腐败链条下游或者薄弱环节的贪官自杀了，或者"被自杀"了，就意味着证据链条被破坏了，反腐败工作就只能半途而废，或者只拍死了"苍蝇"，却放走了"老虎"。一个贪官自杀了，多个贪官就漏网了，这叫"丢车保帅"。

第二，保护家属的部分既得利益。贪官自杀虽然给家属带来了心理上的痛苦，但是却可能保护家属的部分既得利益。中国传统文化讲究"死者为大"。一旦某个人死了，即便他是贪官，社会舆论也希望"手下留情"、"适可而止"，穷追猛打、挖地三尺的做法尽管合理合法，但是却不合情。这也就意味着，如果贪官生前用贪污所得为子女购房置地，又或者以家属名义在银行存下赃款，司法机关恐怕不太可能全部追回这些非法的金钱财物。甚至于一旦贪官自杀，其家属参与的违法违纪问题，也会从轻发落，因为怕再闹出人命，导致结局不好收拾。

第三，免受侮辱，保护名声。在当前司法体制不完善的前提下，一旦被抓，无罪释放的可能性较小，部分地区、部分办案人员变相逼供的现象还时有发生、难以避免，至于被人栽赃或者被迫认罪的现象也不是没有发生过。所以，司法机关要在理性、平和、文明、规范这个执法理念指引下办案，严格避免由于执法不公导致的非正常安全事件。

比如，根据媒体公开报道，南昌大学原校长周某在庭审中陈述，自己被抓主要是因为得罪了前江西省委书记苏某，并认为自己遭受了刑讯逼供和威胁恐吓。当然，笔者始终以为，大多数贪官自杀是在被查处之即、被处罚之前，觉得事情终究会败露、后果严重，从而选择自杀来掩盖罪行及逃避追究。一般情况下，对于涉嫌贪腐的自杀官员，单位为了自己的声誉，领导为了逃避自己的责任；贪官家属也能够接受，于是会用别的理由掩盖过去——比如"抑郁症"、"绝症"，这毕竟是"病亡"的自然死，这样外界并不确知当事官员的贪腐情况，这实际上保护了贪官生前及死后的名声。

笔者发现，在近期自杀官员中有国务院信访办副主任、国务院新闻办副主任、高级法院副院长、人大主任、政协主席、组织部长、公安局长、打黑英雄、企业功臣、市长区长县长等，大家想想，具有这些"久经考验"、"见多识广"经历的官员能够轻易"抑郁"吗？

（3）驱动贪官自杀的外部因素

中国有一句俗话，"好死不如赖活"。一个贪官宁可自杀也不愿苟活，说明自杀的收益超过了成本。进一步的问题是，哪些因素可能驱使贪官倾向于选择自杀？技术地说，如果自杀是贪官在约束条件下的最优选择，我们可以得到哪些比较静态学命题？

首先，上层的贪官施加的压力越大，或者贪官家属的既得利益越大，贪官越是容易自杀。出于保护自己利益的考虑，腐败链条的最顶端会想尽办法斩断证据链条，因此会用各种手段逼迫处于下游的贪官自杀。逼迫的主要手段，往往是以保护贪官家属的既得利益作为交换。级别越低的官员，在大贪官面前的谈判力越弱，承受压力的能力也越小。这就可以解释，为什么自杀的贪官超过七成是处级及其以下官员。

其次，司法系统越不透明、公正，贪官越是容易自杀。一个透明、公正的司法系统，不仅能保护守法公民的合法利益，也能保护贪官的合法利益，即让贪官"愿赌服输"。在这种情况下，既然贪腐几乎没有死刑，贪官就不会因为折损自尊而被迫走上自杀的极端道路；否则，为了自尊，当初就不应该去贪污受贿。从这个角度讲，大规模、运动式、"不拘泥流程"的反腐败，会导致更多贪官自杀。这可以解释为什么这三年判死刑的贪官极少，但自杀贪官反而大幅增加的异常现象。

最后，对家属的心理损失越看重，贪官越是不容易自杀。前面提到的两个因素都是影响自杀收益的，从影响自杀成本的角度讲，一个贪官越是看重家庭，越是看重离世对亲朋好友的感情损失，就越是不可能自杀。显然，女性相对更看重家庭和感情，因此这些年女贪官自杀的案例只有极少的一两例。

从社会最优的角度讲，贪官自杀对贪官本人和家属都是一种损失，对纪检机关、司法机关反腐败也是一种损失，对法治建设也是一种减分现象。因此，减少贪官自杀的现象，遏制贪官自杀的上升势头，应该成为中国反腐败行动的必要议程。

根据专家的分析，要减少贪官自杀，就要提高贪官自杀的成本，或者降低贪官自杀的收益。为了实现前者，纪检监察机关、司法机关一旦发现贪腐线索，应尽量考虑和加大进行"改过自新"、"重新做人"的前途教育，从其心理上进行化解，反腐败对绝大多数贪官个人而言，其根本目的是治病救人，如此做工作，使其既能提供更多线索，又可减少自杀倾向。

笔者作为长期从事职务犯罪侦查的检察官，在司法实践中，对贪官的涉嫌问题进行穷追细究的同时，适时进行前途教育，指明光明前途，有朝一日以实际行动弥补和承担对国家、对家庭造成的损失，这种做法对贪官这个群体还是非常之有效的。

同时，需要指出的，为了实现后者，构建一个透明、公正的司法体系，特别是提高司法审判的独立性尤为重要。此外，纪检监察机关、司法机关应该向全社会表明决心，不管贪官本人是否自杀，贪腐必查，赃款必究，真正做到对贪污腐败行为"零容忍"。

其实，修改后的刑事诉讼法对这个问题已经作出了明确的规定，无论涉嫌腐败的贪官是自杀还是畏罪潜逃或者下落不明，对其犯罪所得的赃款赃物可以启动司法程序进行没收，据媒体报道，畏罪潜逃境外 12 年的前国家电力总公司总经理高某，尽管其目前还没有归案，但司法机关已经对其的赃款赃物开始进行司法没收程序，由此可见，贪官"人死事了"、"人跑事了"的时代一去不复返了。

106. 党内以"老板"、"老大"、"兄弟"相称是无关大局的小事吗

不知道什么时候起，在一些国家机关、国有企业及其他一些单位，下属称自己的上司、领导为"老板"、"老大"，一些当领导的也习惯于称自己的属下为"兄弟"、"哥们"，一度江湖义气、帮派习气弥漫官场，大有绿林好汉、土匪"威虎厅"的味道吧，这些习气也蔓延到学校、医院等社会各界和机构组织。

其实，称"老板"也好，呼"老大"也罢，都不简单的是个称呼的问题，表面上是"江湖气"、"庸俗气"，实际上重要的症结问题是在"老板"、"老大"背后，往往有一个"小圈子"，"老板"只是这个"小圈子"中大家依附的一个对象，而"老大"则更具有封建把式色彩的"朋党"中的"老头子"、"老爷子"式的"太上皇"。

"小圈子"本是宦海之中，利用各种渊源编织和扩张关系网的纽带。中国的封建官场，讲物以类聚、人以群分，发展到后来就是"朋党"，同出一师，叫做"同门"，必须相互庇护；同届及第，叫做"同科"，做了官要沆瀣一气。便是同年进学的秀才，也叫"同案"，相互要多加提携。至于旧军队中，一起吃兵粮的，叫做"同袍"，到哪里也抱成团，拉帮结派。本来是对封建官场的积弊，奇怪的是如今二十一世纪的"公仆"也沉溺于"哥们"之谊，热衷于党同伐异，相互勾连，同进共退，结盟成帮，享利分赃，相互之间称"老大"、"大哥"呼"兄弟"、"小弟"，只是这种帮派、土匪"小圈子"内部关系的真实写照罢了。

别以为"小圈子"中只是"群龙无首"的"江湖散人"，诸"兄弟"们的上面，会有一个"老板"、一个"老大"，其余只是"师出一门"的"门生"、"袍泽"而已。"小圈子"的核心，往往有一个"领导"，他不但调整

"圈内"的关系，摆平"下面人"的纷争，更以封官许愿的方式，把一顶顶"乌纱"戴在"子弟兵"的头上。

大贪官、前铁道部长刘某案发后，竟然涉及其属下15名司局级官员，毫无疑问，几乎都是其亲自挑选的"自己人"，像前铁道部副总工程师张某这样无德无才之辈，如果不进刘某的"小圈子"，何以加官进爵，连提拔的视野也进不了，哪里还有两次推荐候选院士的资格！

落马的江苏省建设厅厅长徐某在家书中写道："把自己作为一个点编织到上下左右的网中，成为这个网的一部分；其告诫儿子"要多学习封建的那一套，比如拜个兄弟什么的！"在一些地方，你不入"小圈子"不"站准队"不"跟对人"，纵有德才勤绩，也轮不到你，而反过来，提携者和被提携者之间，就形成了"知恩图报"的人身依附甚至"效忠献身"的黑道规则，把这样的"领导"称为"老板"、呼为"老大"，就是十分自然的事了。

习近平在群众路线教育实践活动中再斥"小圈子"，是直指"组织上"的歪风邪气，而一个"称呼问题"只是"小圈子文化"的表象和浮面而已。

"称呼"并非小事，更不是一个口头的形式问题，称呼的庸俗化背后，是某些官风的腐化，如果不解决被小平同志斥为"害死人"的"小圈子"问题，仅仅是改一下口，也是没有什么意义的。

一条并不新鲜的新闻引起了公众的热议，广东省纪委发出通知，规定党政机关工作人员之间一律不准使用"老板"、"老大"等庸俗称呼。之所以说这条新闻并不新鲜，是说"党内称同志"这一条，多年来不知重申过多少遍，1965年12月14日中央专门发出通知，要求党内一律称"同志"；党的十一届三中全会公报再次指出："党内一律互称'同志'，不要叫官衔"；而说它仍然是一条新闻，则只能是说这个规定，竟点出了"称呼问题"的一个新"发展"。

其实，在今天"称呼问题"早已不是"官阶化"那样简单，而问题的实质是在一些地方，充斥着一种江湖气息、一种"痞子味"，一声"老板"有人竟然感到"分外亲切"，"非常有感觉"，其实，这是一种宗旨意识的淡化，是一种群众意识的背叛，是官僚主义、腐败堕落的引子，说白了，称呼事小，立场事大，提出党内"称呼问题"的重要性是在这里。

107. 官员"好心办坏事"与法律无关吗

以良好的愿望，做了效果不理想的事，属于"好心办坏事"，吸取教训、下不为例，与法律无关，这是一些人的认识。

实际上，对于国家工作人员而言，这个认识是非常危险的。

某市市长姜某在市长办公会议上提出，要用超常的思维、超常的办法发展经济。在研究新市区建设规划的市长办公会议上，姜市长提出电视台和电视塔要建在全市最高的滨江大堤上，也不要论证设计了，就照着某沿海大城市的明珠塔的样子建造。

不久，市长在有关负责人的陪同下到电视塔工地视察"献礼工程"，指示在建市五十周年前，新电视塔一定要投入使用。

省里防汛安全检查组到市里检查，认定该电视塔建设项目属于无规划、无设计、无审批的"三无"项目，是非法建筑，责令无条件拆除。

因为姜市长滥用职权的行为导致了国家的重大损失，被检察机关以涉嫌渎职罪追究刑事责任。

这种"好心"是要不得的！

108. 官员习以为常的"腐败个别论"有道理吗

2014年7月22日，人民日报以记者整理稿的方式，摘要刊发了某高层官员在地方一次重要全会上的讲话内容，该官员提到——

个别领导干部沦为腐败分子，并不代表干部队伍整体战斗力、免疫力、凝聚力出了问题，绝大多数同志是埋头苦干、发奋努力、廉洁奉公的。同时，我们要重视并纠正一些干部思想上产生的模糊或错误认识。比如，有的觉得现在要求严了，当干部不自在，感叹什么"官不聊生"，进而"为官不为"，这都是十分错误的。

其实，大家不难发现，这个官员存在一个"把话说得太满"的毛病，亦过于矫情。我们可以清晰地看到：倘若腐败真的如其所言只是"个别领导干部"的事情，倘若绝大多数都是"廉洁奉公"的，又何来那么多贪官的前腐后继？别的不谈，单说其所任职的某地域，仅仅因为中纪委认真了一回，就那么多省部级官员接踵被抓，甚至那位曾被人民日报吹捧的"反腐败那股狠劲"的前任苏某，虽然满嘴正义真理，不也照样突然就被抓了吗？

该官员的"腐败个别论"，其实是多年来一些官员在评价自己人时习惯性用语——在他们语境下，不管抓了多少贪官，腐败永远是"极个别"；不管实践中"不查都是孔繁森，一查都是王宝森"的客观存在，"绝大多数干部"永远都是"廉洁奉公"的。

这样的说辞，也许从管理学的动机上看，有安抚多数、团结多数、肯定多数的用人之策，但问题是，当我们放眼望去，官场已是一片沉沦之际，依然继续用这种陈词滥调来安抚官员，就有了诸多害处。

按照如此认识，那么"猛药去疴、重典治乱"、"刮骨疗毒、壮士断腕"、"见善如不及，见不善如探汤"……党的十八大"亡党亡国"的提醒、习近平总书记在讲话中多次引用成语、典籍，"铁腕反腐"岂不是"庸人自扰之"了。

首先，这样的说法显然已不符合现实，这就会让人民感到说话者的言不由衷甚至虚伪。如此感觉，容易继续割裂官员和民众的信赖关系，给本已脆弱的民众信心再加一击。

其次，这种说法明摆着就是在暗示多数官员——你们放心吧，毕竟腐败只是少数是个别，所以，检察机关、纪检部门只是面上查一下，他们不会查处更多的人，因为如果查处的太多，就证明这话是假的。在此暗示之下，更多官员就会误以为，只有个别倒霉蛋才会因腐败被抓，我们该干嘛干嘛吧。

有关这个问题，其实细细观察就可发现，这次中纪委开始认真了，立即有那么多的官员落马，而更令人耻笑的是，宣布落马的官员中，八成以上除了贪腐还"通奸"——当这个粗鄙的用语反复出现在对官员的处理通报中，人民看到的不仅是官员的丑陋，更是整个队伍和制度的粗鄙化。

最后，说绝大多数官员是好的，也缺乏起码的数据支撑。我们不知道某些官员在说这番话的时候，是否掌握资深调查公司的数据基础，是否有足以服人的统计报告。如果仅仅是沿袭过去提法就这么轻率地说出口，严格地讲，这种不严肃的表态，本身就和腐败距离拉近了。因为，没有数据支撑的乱下论断，本身就是一种为政态度的腐败。

当前，中央狠抓反腐败工作，已有分析论断认为，这次中央反腐潮流，至少打破了过去的很多"潜规则"，其中最重要的就是抛弃了过去选择性反腐的政策。在选择性反腐的制度下，腐败者是不是被抓，其实不决定于腐败的事实和法律的规定，而是决定于他的保护伞的态度和所进圈子的稳固性。在这种态势下，腐败的人数确实是人为确定的。

但在当前的态势下，当中纪委开始逢腐必反、有腐必抓、遇腐必打，那些曾经有过腐败行为的官员，自然就惴惴不安，而过去，正因为反腐败成了演戏，所以更多官员就曾肆无忌惮地腐败，但那种有恃无恐的腐败终于遇上今天的认真，就难免会人人自危、官不聊生。

有鉴于此，建议那些官员们慎重考虑，重新观察潮流，重新审视自己的论调，去掉那些陈旧的说法，真正做到与时俱进。

让我们再重温习近平总书记在十八届中纪委二次全会上的讲话："腐败是社会毒瘤，如果任凭腐败问题愈演愈烈，最终必然亡党亡国，全党必须警醒起来。""反腐败高压态势必须继续保持，坚持以零容忍态度惩治腐败；坚决把党风廉政建设和反腐败斗争进行到底 。"

牢记"全党必须警醒起来！"①

①　参见陈杰人：《驳江西省委书记的"腐败个别论"》。

四问 贪腐犯罪界限

贪腐犯罪界限

——这些行为能否构成贪污贿赂等职务犯罪

109. 贪污贿赂犯罪包括哪些罪名

贪污贿赂犯罪是指刑法分则第八章规定的贪污贿赂犯罪及其他各章明确规定依照刑法分则第八章相关条文定罪处罚的犯罪案件。包括：

（1）贪污案（刑法第 382 条、第 183 条第 2 款、第 271 条第 2 款、第 394 条）；

（2）挪用公款案（刑法第 384 条、第 185 条第 2 款、第 272 条第 2 款）；

（3）受贿案（刑法第 385 条、第 388 条、第 163 条第 3 款、第 184 条第 2 款）；

（4）单位受贿案（刑法第 387 条）；

（5）利用影响力受贿案（刑法第 388 条之一）；

（6）行贿案（刑法第 389 条）；

（7）对单位行贿案（刑法第 391 条）；

（8）介绍贿赂案（刑法第 392 条）；

（9）单位行贿案（刑法第 393 条）；

（10）巨额财产来源不明案（刑法第 395 条第 1 款）；

（11）隐瞒境外存款案（刑法第 395 条第 2 款）；

（12）私分国有资产案（刑法第 396 条第 1 款）；

（13）私分罚没财物案（刑法第 396 条第 2 款）。

110. 国家机关工作人员渎职犯罪的范围有哪些

国家机关工作人员的渎职犯罪是指刑法分则第九章规定的渎职犯罪案件。
包括：

（1）滥用职权案（刑法第397条）；

（2）玩忽职守案（刑法第397条）；

（3）故意泄露国家秘密案（刑法第398条）；

（4）过失泄露国家秘密案（刑法第398条）；

（5）徇私枉法案（刑法第399条第1款）；

（6）民事、行政枉法裁判案（刑法第399条第2款）；

（7）执行判决、裁定失职案（刑法第399条第3款）；

（8）执行判决、裁定滥用职权案（刑法第399条第3款）；

（9）枉法仲裁案（刑法第399条之一）；

（10）私放在押人员案（刑法第400条第1款）；

（11）失职致使在押人员脱逃案（刑法第400条第2款）；

（12）徇私舞弊减刑、假释、暂予监外执行案（刑法第401条）；

（13）徇私舞弊不移交刑事案件案（刑法第402条）；

（14）滥用管理公司、证券职权案（刑法第403条）；

（15）徇私舞弊不征、少征税款案（刑法第404条）；

（16）徇私舞弊发售发票、抵扣税款、出口退税案（刑法第405条第1款）；

（17）违法提供出口退税凭证案（刑法第405条第2款）；

（18）国家机关工作人员签订、履行合同失职被骗案（刑法第406条）；

（19）违法发放林木采伐许可证案（刑法第407条）；

（20）环境监管失职案（刑法第408条）；

（21）食品监管渎职案（刑法第408条之一）；

（22）传染病防治失职案（刑法第 409 条）；

（23）非法批准征用、占用土地案（刑法第 410 条）；

（24）非法低价出让国有土地使用权案（刑法第 410 条）；

（25）放纵走私案（刑法第 411 条）；

（26）商检徇私舞弊案（刑法第 412 条第 1 款）；

（27）商检失职案（刑法第 412 条第 2 款）；

（28）动植物检疫徇私舞弊案（刑法第 413 条第 1 款）；

（29）动植物检疫失职案（刑法第 413 条第 2 款）；

（30）放纵制售伪劣商品犯罪行为案（刑法第 414 条）；

（31）办理偷越国（边）境人员出入境证件案（刑法第 415 条）；

（32）放行偷越国（边）境人员案（刑法第 415 条）；

（33）不解救被拐卖、绑架妇女、儿童案（刑法第 416 条第 1 款）；

（34）阻碍解救被拐卖、绑架妇女、儿童案（刑法第 416 条第 2 款）；

（35）帮助犯罪分子逃避处罚案（刑法第 417 条）；

（36）招收公务员、学生徇私舞弊案（刑法第 418 条）；

（37）失职造成珍贵文物损毁、流失案（刑法第 419 条）。

111. 检察机关职务犯罪侦查和预防的管辖范围是什么

人民检察院立案侦查贪污贿赂犯罪、国家机关工作人员的渎职犯罪、国家机关工作人员利用职权实施的侵犯公民人身权利的犯罪以及侵犯公民民主权利的犯罪案件。

贪污贿赂犯罪以及国家机关工作人员的渎职犯罪在前文已经明确列举，此处不再赘述。笔者只列举国家机关工作人员利用职权实施的侵犯公民人身权利和民主权利的犯罪案件，包括：

（1）非法拘禁案（刑法第 238 条）；

（2）非法搜查案（刑法第 245 条）；

（3）刑讯逼供案（刑法第 247 条）；

（4）暴力取证案（刑法第 247 条）；

（5）虐待被监管人案（刑法第 248 条）；

（6）报复陷害案（刑法第 254 条）；

（7）破坏选举案（刑法第 256 条）。

112. 如何理解中纪委若干规定和"两高"新型贿赂犯罪查处意见的重要意义

近年来，全国各级纪律检查机关和检察机关查处了一批违反党纪、触犯法律的案件，取得了明显的成效，反映了党中央反腐败的力度和决心。纪检机关和检察机关在查办这些案件的时候发现，当前权钱交易的违纪违法案件出现了不少新情况、新特点、新问题，权钱交易的花样不断翻新，更加隐蔽，更加曲折，更加狡诈。出现了从公开地收变为私下收，从直接收变为间接收，现在不收离职退休以后再收等情况。针对这种情况，中纪委、最高人民法院和最高人民检察院经过认真深入的调查研究，本着"实事求是、依纪依法、坚决稳妥，成熟一个规范一个"的原则，出台若干规定和新型贿赂犯罪查处意见。

这两个文件的出台，也是党的政策和国家法律规范紧密联系和有效结合的成功范例，对当前及今后查处这类违纪违法案件，对进一步预防这类违纪违法行为的出现，具有重要的指导和警示意义。

文件的颁布实施，对于加强对领导干部的教育、管理和监督，对于完善党员领导干部在社会主义市场经济条件下廉洁从政的行为规范、深入开展领导干部廉洁自律工作，对于建立健全惩治预防腐败体系，将起到十分重要的作用。

这些文件的颁布实施，是反腐败斗争深入发展的需要，也是加强领导干部作风建设的一项重要措施。这是党中央和各级党组织对党员干部的关心、爱护，同时也是对存在有这一类权钱交易行为的党员干部的一种帮助、教育和挽救。

中纪委若干规定和"两高"的意见是根据查案过程中发现的一些新情况、新问题而经过大量的调查研究的基础上依法制定的，它对进一步加大腐败犯罪的打击力度，堵塞腐败犯罪的渠道，具有重要的意义。

（1）为查处新型贿赂案件提供了依据

在有效查处新形势下权钱交易案件，提供了政策和法律依据。其所禁止的行为，都是办案实践中经常遇到的，在定性、量纪或量刑方面难以把握的违纪、犯罪活动。有了这两个依据，一方面，比较好地解决了当前办案工作中取证难、定性难、处理难的问题；另一方面，又用党规和法律的形式，进一步突出了今后查办权钱交易案件的重点，为加大惩治和预防新形势下发生的腐败行为提供了有力武器。

（2）深刻揭露了不断变化的违法犯罪手法

一个时期以来，一些腐败官员实际上已经能够"熟练地寻找到政策、法律规定的模糊地带"，还是那种"开宗明义、大而化之的反腐已经解决不了那些新出现的问题"，现在明确地将那些可能被打"擦边球"的部位、环节、手法一一列举出来，深刻揭露了新手法的腐败犯罪的实质，进一步细化了党纪和法律的相关规定，实现了"精确瞄准"、"深度打击"，堵塞腐败分子钻法律空子的企图。

（3）对以权谋私的各种行为进行警示

该规定和意见有利于增强党组织和人民群众监督的针对性，提高巡视、专项检查、考察考核、信访举报、舆论监督等监督方式的效果，以揭露新形势下贿赂表现的新手法，既强调要坚决查处权钱交易的案件，又要教育引导党员干部、国家工作人员用权为公、廉洁自律，从而对党员干部、国家工作人员中的一些人的各种以权谋私行为进行警示。

（4）促进党员干部加强提高廉洁自律

该规定和意见能够有力促进党员干部廉洁自律工作的深入开展，所列举出的各种贿赂违法犯罪的新手法，细化了党员干部、国家工作人员在经济和社会交往方面的政策、法律界限，充实和完善了党员干部、国家工作人员廉洁从政行为规范，有利于党员干部、国家工作人员提高警惕性和防范意识，强化廉洁自律意识。

（5）帮助教育挽救有轻微错误的人员

该规定和意见所列举的行为，历来是党纪和法律严格禁止的行为，在具体执行中，总的原则还是强调综合考虑案件性质、情节轻重、认识态度，体现惩前毖后，治病救人，也促使一些有轻微问题的人员悬崖勒马，尽快改进或悔过，争取早日解脱。

（6）为进一步完善党纪和法规作了尝试

党纪和法规对以权谋私的行为都有禁止性的规定，但由于受当时条件的局限，相关条款比较原则，没有明确量纪量刑的依据。现在，根据新情况、新问题，为教育各级党员领导干部、国家工作人员严格自律，加大对涉及权钱交易行为的惩治力度，经认真调查研究，本着立足实际、急用为先、依纪依法、坚决稳妥、成熟一个规范一个的原则，制定了相应有针对性的规定，为进一步完善党纪和法规作了有益尝试。

113. 有关渎职犯罪的最新法律依据是什么

2012年12月7日，最高人民法院、最高人民检察院联合发布司法解释，从严惩治渎职犯罪，并首次明确实施渎职行为并收受贿赂的应当数罪并罚，以"集体研究"形式实施渎职犯罪的应依法追究负有责任人员的刑事责任，渎职罪主体涵盖依法或者受委托行使国家行政管理职权的公司、企业、事业单位的工作人员。

该司法解释全文如下：

最高人民法院、最高人民检察院关于办理渎职刑事案件适用法律若干问题的解释 （一）

为依法惩治渎职犯罪，根据刑法有关规定，现就办理渎职刑事案件适用法律的若干问题解释如下：

第一条 国家机关工作人员滥用职权或者玩忽职守，具有下列情形之一的，应当认定为刑法第三百九十七条规定的"致使公共财产、国家和人民利益遭受重大损失"：

（一）造成死亡1人以上，或者重伤3人以上，或者轻伤9人以上，或者重伤2人、轻伤3人以上，或者重伤1人、轻伤6人以上的；

（二）造成经济损失30万元以上的；

（三）造成恶劣社会影响的；

（四）其他致使公共财产、国家和人民利益遭受重大损失的情形。

具有下列情形之一的，应当认定为刑法第三百九十七条规定的"情节特别严重"：

（一）造成伤亡达到前款第（一）项规定人数3倍以上的；

（二）造成经济损失150万元以上的；

（三）造成前款规定的损失后果，不报、迟报、谎报或者授意、指使、强令他人不报、迟报、谎报事故情况，致使损失后果持续、扩大或者抢救工作延误的；

（四）造成特别恶劣社会影响的；

（五）其他特别严重的情节。

第二条 国家机关工作人员实施滥用职权或者玩忽职守犯罪行为，触犯刑法分则第九章第三百九十八条至四百一十九条的规定的，依照该规定定罪处罚。

国家机关工作人员滥用职权或者玩忽职守，因不具备徇私舞弊等情形，不符合刑法分则第九章第三百九十八条至四百一十九条规定，但依法构成第三百九十七条规定的犯罪的，以滥用职权罪或者玩忽职守罪定罪处罚。

第三条 国家机关工作人员实施渎职犯罪并收受贿赂，同时构成受贿罪的，除刑法另有规定外，以渎职犯罪和受贿罪数罪并罚。

第四条 国家机关工作人员实施渎职行为，放纵他人犯罪或者帮助他人逃避刑事处罚，构成犯罪的，依照渎职罪的规定定罪处罚。

国家机关工作人员与他人共谋，利用其职务行为帮助他人实施其他犯罪行为，同时构成渎职犯罪和共谋实施的其他犯罪共犯的，依照处罚较重的规定定罪处罚。

国家机关工作人员与他人共谋，既利用其职务行为帮助他人实施其他犯罪，又以非职务行为与他人共同实施该其他犯罪行为，同时构成渎职犯罪和其他犯罪的共犯的，依照数罪并罚的规定定罪处罚。

第五条 国家机关负责人员违法决定，或者指使、授意、强令其他国家机关工作人员违法履行职务或者不履行职务，构成刑法分则第九章规定的渎职犯罪的，应当依法追究刑事责任。

以"集体研究"形式实施的渎职犯罪，应当依照刑法分则第九章的规定追究国家机关负有责任的人员的刑事责任。对于具体执行人员，应当在综合认定其行为性质、是否提出反对意见、危害结果大小等情节的基础上决定是否追究刑事责任和应当判处的刑罚。

第六条 以危害结果为条件的渎职犯罪的追诉期限，从危害结果发生之日起计算；有数个危害结果的，从最后一个危害结果发生之日起计算。

第七条 依法或者受委托行使国家行政管理职权的公司、企业、事业单位的工作人员，在行使行政管理职权时滥用职权或者玩忽职守，构成犯罪的，应当依照《全国人民代表大会常务委员会关于〈中华人民共和国刑法〉第九章渎职罪主体适用问题的解释》的规定，适用渎职罪的规定追究刑事责任。

第八条 本解释规定的"经济损失"，是指渎职犯罪或者与渎职犯罪相关联的犯罪立案时已经实际造成的财产损失，包括为挽回渎职犯罪所造成损失而支付的各种开支、费用等。立案后至提起公诉前持续发生的经济损失，应一并计入渎职犯罪造成的经济损失。

债务人经法定程序被宣告破产，债务人潜逃、去向不明，或者因行为人的责任超过诉讼时效等，致使债权已经无法实现的，无法实现的债权部分应当认定为渎职犯罪的经济损失。

渎职犯罪或者与渎职犯罪相关联的犯罪立案后，犯罪分子及其亲友自行挽回的经济损失，司法机关或者犯罪分子所在单位及其上级主管部门挽回的经济损失，或者因客观原因减少的经济损失，不予扣减，但可以作为酌定从轻处罚的情节。

第九条 负有监督管理职责的国家机关工作人员滥用职权或者玩忽职守，致使不符合安全标准的食品、有毒有害食品、假药、劣药等流入社会，对人民群众生命、健康造成严重危害后果的，依照渎职罪的规定从严惩处。

第十条 最高人民法院、最高人民检察院此前发布的司法解释与本解释不一致的，以本解释为准。

笔者认为这个司法解释的发布，明确了司法机关将从严惩治渎职犯罪，以往渎职犯罪轻刑化、免刑化的现象将得到根本性的改变。

特别要指出的是，这个司法解释首次明确了以下内容：实施渎职行为并收受贿赂，同时构成渎职犯罪和受贿罪的，以前是择一重罪处罚，如今是予以数罪并罚；对于上下级共同实施的渎职犯罪，以往处罚的往往是具体执行人员的刑事责任，如今对负有领导责任的人员，即使是"集体研究"的，也要依法被追究刑事责任；以往对公司、企业、事业单位的工作人员不予追究，如今明确渎职罪主体涵盖"依法或者受委托行使国家行政管理职权的公司、企业、事业单位的工作人员"；司法解释进一步强调对食品、药品监管领域的渎职犯罪予以从严惩处；明确了滥用职权罪和玩忽职守罪的定罪量刑标准，进一步明确渎职犯罪一般罪名和特别罪名的法条适用，进一步明确以危害结果为条件的渎职犯罪的追诉期限从危害结果发生之日起计算；还对经济损失的计算问题作出了明确规定，对于区分罪与非罪、罪重与罪轻具有十分重要的意义。该司法解释自 2013 年 1 月 9 日起施行。

114. 合办公司是合法行为吗

与人合办公司，双方或出钱或出力肯定是一种"双赢"的合法行为。

其实这是一种不确定的状态，要看是怎么样的一种"合办"。

最高人民法院、最高人民检察院于 2007 年 7 月 8 日发出《关于办理受贿刑事案件适用法律若干问题的意见》第 3 条提出以下意见：

"国家工作人员利用职务上的便利为请托人谋取利益，由请托人出资，'合作'开办公司或者进行其他'合作'投资的，以受贿论处。受贿数额为请托人给国家工作人员的出资额。

国家工作人员利用职务上的便利为请托人谋取利益，以合作开办公司或者其他合作投资的名义获取'利润'，没有实际出资和参与管理、经营的，以受贿论处。"

有例为证：某工程建设包工头胡某听说某大型国企要建设一个大项目，于是胡某与该建设项目总指挥陆某取得了联系，表示专门成立一家公司承接该工程项目，由陆某提供业务项目，由胡某出资，但出资额各占 50%。

胡某业务源源不断，没多久就身价千万，但案发后，检察机关对于陆某没有出资而占有股份的部分以受贿罪认定涉嫌犯罪，最终陆某被法院判处有期徒刑 15 年。

上海某集团负责人王某以私人名义与供货商"合办"公司，敛取巨额利益，被绳之以法，最终被法院判处有期徒刑 12 年。

这种掺杂了权力成分的"合资"要不得！

115. 获取"干股"是合法的吗

只要对方愿意给，拿"干股"没有什么不可以。

这至少是一种十分糊涂的错误认识。

最高人民法院、最高人民检察院于 2007 年 7 月 8 日发出《关于办理受贿刑事案件适用法律若干问题的意见》第 2 条提出以下意见：

"干股是指未出资而获得股份。国家工作人员利用职务上的便利为请托人谋取利益，收受请托人提供的干股的，以受贿论处。进行了股权转让登记，或者相关证据证明股份发生了实际转让的，受贿数额按转让行为时的股份价值计算，所分红利按受贿孳息处理。股份未实际转让，以股份分红名义获取利益的，实际获利数额应当认定为受贿数额。"

有例为证：某国有企业负责人李某在请托人的企业占有 14% 的股份，虽然形式上该股份所有权并没有转移到李某名下，但李某每年领取了该股份的红利，李某构成受贿罪，其受贿金额为该 14% 干股当时的市场价值或每年红利的总计数。

原铁道部部长刘某军利用公权力在多家私人公司拥有股份；上海轮胎橡胶集团原董事长范某，用公权力投资，在多家私人公司拥有股份，这种以权力投资拥有个人股份的行为，当属权力犯罪无疑，他们被依法严惩理所当然！

"干股"烫手当小心！

116. 把自己的钱委托他人进行理财合法吗

"委托理财",把自己的钱托付给他人进行理财,完全合理合法吗?

这是一个不确定的概念,要看具体情况才能决定这个行为是否具有合法性。

最高人民法院、最高人民检察院于 2007 年 7 月 8 日发出《关于办理受贿刑事案件适用法律若干问题的意见》第 4 条提出以下意见:

"国家工作人员利用职务上的便利为请托人谋取利益,以委托请托人投资证券、期货或者其他委托理财的名义,未实际出资而获取'收益',或者虽然实际出资,但获取'收益'明显高于出资应得收益的,以受贿论处。受贿数额,前一情形,以'收益'额计算;后一情形,以'收益'额与出资应得收益额的差额计算。"

有例为证:上海某局级干部秦某认为将自己的巨额钱财放在银行不行,因为如今银行实行的是"实名制",容易被发现;放家里也不行,小偷"反腐败"也很厉害,许多贪官竟然是被"偷出来"的;于是想出来一个万全之策,进行"委托理财",将钱放到请托人不法商人张某那里去,既安全又可增值,一箭双雕。

张某对该钱根本就没有进行过理财,但也给了秦某百余万,案发后,秦某以"委托理财"名义敛取的这百余万被定为受贿。

玩花头想逃避被追究责任是徒劳的!

117. 离开领导岗位以后敛钱就不能追究了吗

没有权力地位了，拿点钱就不是职务犯罪，不会受到追究了。

这种想法在一些曾经担任过领导职务的人群中具有一定的市场。其实这个认识存在危险性，是要具体分析的。

最高人民法院、最高人民检察院于 2007 年 7 月 8 日发出《关于办理受贿刑事案件适用法律若干问题的意见》第 10 条提出以下意见：

"国家工作人员利用职务上的便利为请托人谋取利益之前或者之后，约定在其离职后收受请托人财物，并在离职后收受的，以受贿论处。

国家工作人员利用职务上的便利为请托人谋取利益，离职前后连续收受请托人财物的，离职前后收受部分均应计入受贿数额。"

有例为证：上海某区副区长张某在任职时为请托人谋取了利益，但当时并不收受任何好处，但当其刚一退休，该请托人送上了"感谢费"100 万元，张副区长怕"出事"，于是与请托人搞了一个协议，请托人以公司名义请张某作 3 年顾问，这 100 万元就算是 3 年的"顾问费"，结果案发后被法院判处有期徒刑 13 年。

搞腐败、玩花招是没有用的，法网恢恢，疏而不漏。

118. 家属背着官员敛钱与职务犯罪无关吗

家属不是官员，不会构成职务犯罪，在以前，这个认识是正确的。如今，这个认识是错误的。

看过反腐败警示教育电影《生死抉择》的人可能都知道，电影中主人公——市长是个坚持原则、廉政自律的好干部，可惜市长的夫人背着市长敛取请托人送上的现金人民币 30 万元，电影尾部打出字幕，市长夫人因为受贿罪被判处有期徒刑 10 年。

这个情节的描述是错误的，因为在当时，官员的老婆背着丈夫敛钱，其不能单独成为受贿罪的主体，官员家属只能作为受贿罪的共犯，才能构成受贿罪，所以，这部电影在这个细节的描写上是个败笔。

但是，如果《生死抉择》电影现在开始放映，作为市长老婆利用市长的职权地位形成的便利条件，通过其他国家工作人员为请托人谋取不正当利益，背着市长单独敛钱，可以独立构成受贿罪，其法律依据是《刑法修正案（七）》第 388 条之一作出的明确规定：

国家工作人员的近亲属或者其他与该国家工作人员关系密切的人，通过该国家工作人员职务上的行为，或者利用该国家工作人员职权或者地位形成的便利条件，通过其他国家工作人员职务上的行为，为请托人谋取不正当利益，索取请托人财物或者收受请托人财物的，以受贿罪追究责任。

离职的国家工作人员或者其近亲属以及其他与其关系密切的人，利用该离职的国家工作人员原职权或者地位形成的便利条件实施前款行为的，以受贿罪追究责任。

由此可见，无论官员的家属是否让官员知道自己敛钱的行为，作为家属，照样可以单独构成受贿罪，这个主体不但指"近亲属"，而且还包括"其他与其关系密切的人"。这个解释也使《刑法》贪污贿赂罪由原来的 12 个罪名变成了如今的 13 个罪名，新增加的就是这个"近亲属受贿犯罪"。

管好家属和身边的工作人员是领导干部不可放弃的责任，家属、近亲属背着家人敛钱照样将受到法律的惩罚。

后院起火，后患无穷！

119. "打麻将" 与贿赂犯罪没有关系吗

朋友之间"打麻将"是一种自娱自乐，与贿赂犯罪没有关系。

这种认识存在误区。

为依法惩治受贿犯罪活动，根据《刑法》有关规定，最高人民法院、最高人民检察院于 2007 年 7 月 8 日发出《关于办理受贿刑事案件适用法律若干问题的意见》第 5 条明确规定：

"根据《最高人民法院、最高人民检察院关于办理赌博刑事案件具体应用法律若干问题的解释》第七条规定，国家工作人员利用职务上的便利为请托人谋取利益、通过赌博方式收受请托人财物的，构成受贿。

实践中应注意区分贿赂与赌博活动、娱乐活动的界限。具体认定时，主要应当结合以下因素进行判断：

一是赌博的背景、场合、时间、次数；

二是赌资来源；

三是其他赌博参与者有无事先通谋；

四是输赢钱物的具体情况和金额大小。"

有例为证：某国有房地产集团总经理魏某经常与一些承建单位的项目经理、包工头"打麻将"、"斗地主"，每次都能够赢个七八千、上万元。

结果案发，魏某通过"打麻将"敛取的钱被计入其受贿金额一并处理，被判处有期徒刑 13 年。

"打麻将"与权钱交易有密切的联系，当小心！

120. 对方主动给官员家属挂名工资是合法的吗

官员自己不拿钱，对方主动给家属"工资"不是问题。

这是个"掩耳盗铃"式的错误认识。

最高人民法院、最高人民检察院于 2007 年 7 月 8 日发出《关于办理受贿刑事案件适用法律若干问题的意见》第 6 条提出以下意见：

"国家工作人员利用职务上的便利为请托人谋取利益，要求或者接受请托人以给特定关系人安排工作为名，使特定关系人不实际工作却获取所谓薪酬的，以受贿论处。"

有例为证：上海市委原书记陈某宇，默许其妻子在国有某集团公司领取挂名工资共计 40 万元，案发后被计入其受贿金额。

有例为证：某海关领导干部，默许其妻子在某国有企业领取挂名工资十余年，案发，其妻子敛取的挂名工资全部计入该领导干部的受贿金额。

"挂名"掩盖不了受贿犯罪的实质。

121. 对方拿个人的钱送我就不是贿赂吗

对方给的是其自己的钱，不属于贿赂。

一些受贿犯罪嫌疑人在接受讯问的时候，往往拼命解释，我收受的钱不是公家的、不是对方单位的，是对方个人的，似乎拿"公家"的钱是问题，拿个人的钱不是问题，其实这是一种不懂法律的糊涂表现。

构成贿赂犯罪的要点其中有一句是"收受他人财物",这个"他人"指的是不论是单位还是个人的财物,只要是存在权钱交易的因素,都不影响贿赂罪的成立。

如今一些行贿人,无论是老板、承包人、业务员,他们送出的钱物几乎都不是从单位账上支出的。

因为,行贿方都不会让有关部门通过查账发现问题,所以,大多数行贿方的表现形式都是在个人的财产中支付。

即便如此,只要是存在权钱交易的因果关系,构成犯罪无疑。

笔者曾经侦查过一起案件,某国有建筑公司项目经理黄某,在代表公司协调施工方过程中给予了对方积极的帮助,施工方负责人李某为了表示感谢,从自己承包费收入中拿出 10 万送给了黄某。后案发,黄某、李某都强调这是个人的钱,与单位无涉,但是,这并不影响两人受贿罪、行贿罪的构成。

近日被揭露的国字头高官徐才厚,其利用提拔、选任干部的权力大肆收受贿赂,而对徐送上巨额贿赂"跑官买官"的行贿人,名义上奉上的都是个人的钱,这难道可以不予追究吗?

无论公家钱、个人钱,与权力一挂钩就要谨慎!

122. 贿赂没有本人经手使用就没有问题吗

贿赂没有本人经手、没有自己占有就没有问题了吗?这是一个需要明确的问题。

收受贿赂的对象,有些以为自己没有直接经手收受钱财,更是没有个人使用,那这种犯罪就与自己没有关系,犯罪轮不到自己头上。

一般情况下,没有收受贿赂的行为,当然与贿赂犯罪无关,但是,现在出现了表面上是没有直接收受贿赂,事实上也没有使用贿赂的钱财,这样能够说明就一定没有联系了吗?答案是否定的。

大家都看过电视剧《蜗居》吧，片中当红演员张嘉译饰演的市长秘书宋思明，确实没有发现他直接收受有求于他的老板们的任何贿赂，但在他的授意下，老板帮他的情妇海藻购买了房子、购买了汽车。

这就是最高人民法院、最高人民检察院于 2007 年 7 月 8 日出台的《关于办理受贿刑事案件适用法律若干问题的意见》中确定的：关于由特定关系人收受贿赂问题，"国家工作人员利用职务上的便利为请托人谋取利益，授意请托人以本意见所列形式，将有关财物给予特定关系人的，以受贿论处"。

"特定关系人与国家工作人员通谋，共同实施前款行为的，对特定关系人以受贿罪的共犯论处。特定关系人以外的其他人与国家工作人员通谋，由国家工作人员利用职务上的便利为请托人谋取利益，收受请托人财物后双方共同占有的，以受贿罪的共犯论处。"

"情妇"如果是明知的，将构成受贿罪共犯，双方一个也跑不掉！

123. 收受的贿赂借口"退还"、"上交"就不会构成犯罪吗

收受的贿赂只要表示要退还、要上交，因为缺少犯意，不会构成犯罪。

这是个存在严重误区的认识。

最高人民法院、最高人民检察院于 2007 年 7 月 8 日发出《关于办理受贿刑事案件适用法律若干问题的意见》第 9 条对关于收受财物后退还或者上交问题作出了专门的解释。

国家工作人员收受请托人财物后及时退还或者上交的，不是受贿。

国家工作人员受贿后，因自身或者与其受贿有关联的人、事被查处，为掩饰犯罪而退还或者上交的，不影响认定受贿罪。

就受贿罪的认定，司法实践中是只要行贿人一送，受贿人一收，就构成

了行贿、受贿的既遂。

凡不构成受贿罪，必须要注意的是：

首先是拒收贿赂；

其次是及时退还；

最后是及时上交。

这里的"拒绝"是明确的，不存在疑虑。但"及时"是有讲究的，该司法解释明确："国家工作人员受贿后，因自身或者与其受贿有关联的人、事被查处，为掩饰犯罪而退还或者上交的，不影响认定受贿罪。"

所以，对于贿赂的"退还"或者"上交"应当是在"第一时间"完成，因为，在贿赂收下后，犯罪已经既遂，如果没有及时"退还"、"上交"的明确行为，不影响受贿罪的成立，因此，"贿赂"到手后，是不可以无限制拖延的。

有例为证：笔者曾经侦查的某电信公司总经理胡某，收受供应方秦某贿赂款 60 万元，半年后案发，胡某辩解，自己对这笔贿赂款是准备退还的，只是因为忙，拖延至今，但其举不出有力的证据。相反，我们侦查员调查发现，胡某在半年间，多次与供应方秦某见面，从没有表示过归还，也没有向单位组织报告，于是检察机关根据法律规定，将这 60 万元全额认定为受贿，胡某被判处有期徒刑 12 年。

以"准备退还、上交"来掩盖犯罪是徒劳的！

124. "咨询费"、"车马费"与贿赂犯罪不搭界吗

一些犯罪嫌疑人以为自己收取的是"咨询费"、"车马费"、"误餐费"、"慰问费"……不会有什么问题。其实，这是个值得认真思考、认真把握的

问题。

在现实生活中，国家工作人员都知道，利用职权、地位或影响进行权钱交易，可能涉嫌构成受贿罪，被追究刑事责任，所以，对于请托人的行贿罪手段和送上的金钱、贵重物品，都是有所了解和防范的。

行贿人也不是省油的灯，他们知道，如果送上的钱予以事先讲明："这是行贿款，一旦让人家知道是要吃官司的……"那谁还敢拿下？

于是，现在行贿人送钱往往就冠以"咨询费、车马费、误餐费、慰问费……"五花八门的貌似合情合理的理由，千方百计让你收下。

就检察机关而言，行贿款不论冠以什么样的名义、无论进行什么样的伪装，只要符合权钱交易的性质，就一定被依法追究。

所以，进行钱的交往，一定要看清楚是什么性质，为什么要给我，符合不符合国家法律的规定，不然，可能会出现非常被动的结果。

当然，确实没有利用自己的职权，而是在业余时间，运用自己的一技之长，为他人提供了不损害国家和单位利益的服务，收取一些合情合理的"咨询费"、"劳务费"，是可以的，但要依法纳税，领导干部则要进行如实申报。

司法实践提醒我们，具有制约与被制约关系的双方进行钱财的交往，凡金额比较大的（包括物品比较贵重的），超过了交往的正常标准，要考虑是否可能属于行贿、受贿的性质。

举个例子说明问题：如制约方邀请被制约方参加孩子的婚礼，被制约方一家三口参加，送上贺礼三五千元，在上海等经济发达地区还可以考虑是属于正常往来的范畴；反之，借这个机会，送上三五万元，那就有借机行贿之嫌，可以考虑作为受贿金额计算。

脑子要清晰，不要被表象迷惑！

125. 官员不会构成"商业贿赂"吗

只有搞经营、做生意的人才会发生商业贿赂，官员（公务员）与此没有关系。

其实，这个认识是不对的。

商业贿赂主要是对一种现象的描述，它可以发生在国家工作人员（含公务员）身上，也可以发生在非国家工作人员身上，它可以构成犯罪，也可能不构成犯罪。

其主要特征是发生在商品交换的流通领域的一种不正当的行为。准确把握、深刻理解商业贿赂的概念，掌握其产生、发展和表现，了解其极大危害性，探索研究治理和预防商业贿赂的措施，十分重要及紧迫。

随着我国社会主义市场经济体制的建立和发展，市场竞争日趋激烈，一些经营者，包括具有经济管理职能的公务员，为了占领市场获取高额利润甚至非法利润，在商业活动中不惜铤而走险，采用商业贿赂办法促成交易的实现。这种行为不仅妨害了经营者之间的公平竞争，严重破坏了正常的市场经济秩序，影响国民经济的健康运行，而且极易引发国家工作人员贪污、受贿等腐败行为，侵蚀党的执政基础。

从一些统计的数据中可以看到，一些官员在流通领域进行权钱交易，照样构成犯罪，必然受到应有的惩处。

需要说明的是，官员在流通领域进行权钱交易，属于具有商业贿赂的犯罪性质，但罪名仍然是收受贿赂罪，与此相比，如果是其他人在流通领域收受贿赂，那他将构成非国家工作人员受贿罪。

官员构成商业贿赂性质犯罪的绝对数是不小的！

126. 商业活动中的惯例与商业贿赂无关吗

商业活动中的惯例与商业贿赂无关，是一些人的认识。

这种认识是不全面的。

当前的社会生活中，商业贿赂的表现形式五花八门、名目繁多、种类复杂，且有不断巧立名目、发展变化的趋势。例如，行贿人以宣传费、促销费、广告费、鉴定费、车马费、咨询费、辛苦费、临床观察费、医疗保健费等为名，或以商业折扣、佣金支付、利润分成等方式来实施商业贿赂的行为。

为此，国家工商总局《关于禁止商业贿赂行为的暂行规定》第2条第3款和第4款对商业贿赂的表现形式作了示例性的说明：

"前款所称财物，是指现金和实物，包括经营者为销售或者购买商品，假借促销费、宣传费、赞助费、科研费、劳务费、咨询费、佣金等名义，或者以报销各种费用等方式，给付对方单位或者个人的财物。"

"第二款所称其他手段，是指提供国内外各种名义的旅游、考察等给付财物以外的其他利益的手段。"

但是，实践中，这些商业贿赂的具体发生情况还会在不同的时间或阶段，以各种不同的形式或途径来予以表现。例如，商业贿赂行为人以貌似合法的行为、手段来进行商业贿赂的不法行为。如利用红字发票形式实施商业贿赂行为：行贿、受贿双方商定，在一定的价格以外再高开出一部分价款，然后以红字发票充减部分销售收入金额，再将少付的款项作为给买方的收入。

因而，必须对这些规避法律的贿赂行为进行鉴定，依法进行惩处；同时，也要避免将一些正常的商业行业惯例行为当作商业贿赂来处理。

惯例、潜规则是要小心的！

127. 商业贿赂行为没有明确的法律界限吗

有些人在刑法条文中看不到有"商业贿赂"的字眼，于是就认为商业贿赂与法律无关。

这个理解是不正确的。

商业贿赂不但与《刑法》有关，而且与一些行政法规也有关。

《反不正当竞争法》第 8 条的规定是认定商业贿赂行为的基本依据。

其内容包括这样三个要点：

一是经营者不得采用财物或者其他手段进行贿赂以销售或者购买商品（第 1 款）；

二是在账外暗中给予对方单位或者个人回扣的，以行贿论处；对方单位或者个人在账外暗中收受回扣的，以受贿论处（第 1 款）；

三是经营者销售或者购买商品，可以以明示方式给对方折扣，可以给中间人佣金。经营者给对方折扣、给中间人佣金的，必须如实入账。接受折扣、佣金的经营者必须如实入账（第 2 款）。

上述第 1 点是对一般商业贿赂行为的禁止性规定；

第 2 点是对回扣这种典型商业贿赂行为的专门性规定；

第 3 点是直接规定折扣与佣金的，作用在于划分这两者与商业贿赂的法律界限。

国家工作人员有以上所列行为、达到刑法处罚起刑点的，按受贿罪惩处；其他性质单位具有管理职能的人将构成非国家工作人员受贿罪。

商业贿赂的界限是明确的。

128. 员工的商业贿赂行为与经营者无关吗

员工的商业贿赂行为肯定与单位的经营者无关。

这种认识是不正确的。

一些企业经营者为了扩大企业的业务量，为了扩大企业的销售额，为了扩大企业的市场占有量，往往变相指使、暗示、默许企业的员工向有关单位和人员送钱、送物。他们知道，明目张胆的鼓励行贿行为，可能受到行政执法机关、司法机关的查处，而以员工自发的行为出现，可以划清与自己的干系。

其实，这种想法和做法是徒劳的，是掩耳盗铃。

从国家颁布的有关商业贿赂的法律规定看，商业贿赂的行贿主体为经济活动中的经营者，受贿主体是经济活动对方单位或者个人。

我们特别要注意的是，有关法律规定，经营者的员工或者其代理人所实施的与其职务有关的行为，均应视为经营者的行为。作为受贿主体的"对方单位或者个人"，不仅指交易关系的对方单位或者个人，还包括与交易有关的其他单位与个人。

员工的商业贿赂行为往往是与经营者有关联的，所以，经营者不但自己不能搞商业贿赂，也要教育员工不要搞商业贿赂。

至于员工不执行企业的规定，私下搞商业贿赂，这属于员工的个人行为，由员工个人承担相应的法律责任，与经营者无关。

经营者对于员工的商业贿赂行为是有责任的。

129. 商业贿赂就是回扣吗

商业贿赂就是回扣。

不一定，一般商业贿赂与回扣是有区别的。

尽管作为典型的商业贿赂行为的回扣有多种表现形式，但法定的商业贿赂范围并不仅限于回扣，还应包括一般商业贿赂。

将两者予以区别的意义在于，明确了不构成回扣的其他给付财物的行为仍可以构成一般商业贿赂，也为法律所禁止。

例如，在市场全面货源紧缺的情况下，为了买到紧缺商品或者想早点得到商品货物，买方就向卖方行贿送钱，通常是在账外多付一部分价款、送上某些物品。这虽然不是常态情况下的回扣，但应为一般商业贿赂行为。它与回扣的区别是显而易见的，即给付款物的方向及来源均不同。

其实，从本质来看，"回扣"、"佣金"等均是中性的，可以是合法的，也可以是非法的，关键看是否"明示"、"进账"，反之，就是回扣改变了方式、形态，表面是以规避法律禁止性的规定出现，其本质还是贿赂。

有例为证：中国远洋集装箱运输有限公司在完成货主的运输任务后，在收到的运费中提取出5%作为"佣金"返还给货主，这种"佣金"从来没有被有关方面认定为商业贿赂。为什么？因为他们按照合同的约定，"佣金"的支出和收进，全部由大账到大账，完全合理合法。

看实质来辨别事物，不容易出现误差。

130. 折扣就是回扣吗

"折扣就是回扣"是一些人的认识。

其实简单的这么认识是不正确的。

折扣是交易过程中卖方对买方的价格让利，其法定概念为，商品购销中的让利，是指经营者在销售商品时，以明示并如实入账的方式给予对方的价格优惠，包括支付价款时对价值总额按一定比例及时予以扣除和支付价款总额后再按一定的比例予以退还两种形式。

折扣是一种商业经营的通常惯例，也是国际商业经营通用的惯例，而不是商业贿赂行为，因此是法律允许的合法行为。

而以"回扣"为名、以贿赂为实，则不但是我国法律所禁止的行为，也是世界上许多国家禁止的行为。

折扣与回扣两者的法律界限是：贿赂性质的"回扣"是"账外"、"暗中"支付的行为；折扣是"以明示并如实入账的方式"给付对方的行为。

有例为证：某机关向汽车销售公司采购 10 辆小轿车，汽车销售公司给予 8 折的优惠，并且将成交的价格写入了销售合同，这就是"折扣"；但汽车销售公司为了表示感谢，在合同外给予某机关采购小轿车经办人徐某个人一辆 6 折价格的小轿车，那么，这被打掉的"四折"就是回扣。徐某因为已经有了自己的小轿车，提出将这"四折"的钱折算成现金给他，这同样是回扣，构成受贿罪无疑。

明确界限不会犯错。

131. "账外"、"暗中" 做账可以无所谓吗

"账外"、"暗中" 做账是许多企业都常见的事，无所谓。

这个认识是非常错误的，可能因此出现严重的法律后果。

"账外"、"暗中" 作为商业贿赂行为的法定条件，其法律解释见之于《关于禁止商业贿赂行为的暂行规定》第5条第3款，即 "本规定所称账外暗中，是指未在依法设立的反映其生产经营活动或者行政事业经费收支的财务账上按照财务会计制度规定明确如实记载，包括不记入财务账、转入其他财务账或者做假账等"。

因此，"账外" 是指不入正规的财务账，"暗中" 是指不在合同、发票中明确表示。

从司法实践看，行贿者为了掩盖其不法行为，常常以实物或者其他方式支付回扣，例如以折扣、让利、广告费、咨询费、会议费、宣传费、资料费、劳务费、加班费等名义出现，并且在处理账目时采取更多虚假手段。

做假账是为了规避 "账外"、"暗中" 的禁止性规定而不被发现，假账为商业贿赂打开了方便之门，实际上是 "账外"、"暗中" 的一种特殊形式，具有极强的隐蔽性。

确定 "账外"、"暗中" 不能仅从字面上解释和理解，而应以实质含义去分析、判断和界定，不应将任何形式的记录视为入账，尤其是 "账外账"、"小金库" 的账，只要未入法定的正规财务账，即使是账外明示的也为违法。

此外，即使记入正规财务账，只要账目内容属于不真实的假账，仍应视为 "账外"、"暗中"。

"账外"、"暗中" 的最终结果很可能是犯罪，需要警惕。

132. 企业往来资金可以不如实入账吗

企业往来资金不如实入账不是什么大事。

这种认识是错误的，是对商业贿赂的严重性认识不足。

"明示如实入账"是指收支在法定财务账上按照财务会计制度明示如实记载，其含义与"账外"、"暗中"正好相反。符合这种法律规定的，显然就不是商业贿赂。

但是，"明示如实入账"的收支还必须是法律所允许的规范行为，即收支的款物其用途与来源都必须是合法的、正当的、合理的、必需的。

因此，如实入账应该是合法入账。这一标准的意义不仅仅限于明确了如实入账的条件，还在于解决了"账内明示的商业贿赂"的问题。

只要是法律意义上的回扣（而不在其名义上如何掩饰和变化），就不存在合法性的问题。如果卖方支付给买方的款项明示入账，那就不是商业贿赂中的回扣，而是符合《反不正当竞争法》中所规定的折扣。

如果某笔款项不能被规定为收到商品成本中的合法提价，那么它本身就是不能入账的回扣。一定要明示入账的话，就只能是一笔支付给个人的款项记载，这当然也是不合法的。因此，商业贿赂的双方必定要采用隐蔽的方法和手段，通过做假账的形式在暗中进行，这就是商业贿赂的典型特征。

如果一些单位将收受的大件贵重物品确实登记载入了其固定资产账目，然而，只要其来源或者发生的原因不合法，仍然不能改变此行为商业贿赂的违法性质。也就是说，是否将有关大件贵重物品登记载入固定资产账目，不影响商业贿赂行为的构成。

如实明示入账的法律标准取决于法律是否允许有关的款项或大件贵重物品能够公开记入财务账，如果属于法律禁止的行为，即使如实明示入账仍然不能改变商业贿赂行为的性质。

"不做假账"是一条基本原则。

133. 商业贿赂是一个确定的刑法概念吗

商业贿赂是一个确定的刑法概念。

这个看似正确的认识其实是不正确的。

商业贿赂是经营者在经营活动中的一种状态，一种经营活动的表现形式，商业贿赂是一种不法的经营行为。

但是，商业贿赂的表现范围、程度、方式等各不相同，就总体而言，它是行政法调整的概念，商业贿赂中相当一些行为不构成刑法意义上的贿赂犯罪。

某单位为了完成销售任务，给予对方单位账外"感谢费"数万元；

某医院每用掉一个心脏病用的"支架"暗中收受供应商"奖励费"8千元，每用掉一个心脏病用的"起搏器"暗中收受供应商"奖励费"2万元，每用掉一个骨科用的"钢板"暗中收受供应商"感谢费"几千元至几万元不等；

某国企老总在发包工程过程中，委托承包方解决儿子进入"贵族学校"、解决老母住进医院"VIP"病房、解决全家境内外旅游……

这些就是商业贿赂，其中大多数由工商行政管理部门负责查处，只有商业贿赂行为达到了刑法规定的贿赂罪的标准，才由检察机关负责侦查，对于非国家工作人员的贿赂罪，由公安机关负责侦查。

工商行政管理局对不构成刑法规定的商业贿赂类型的犯罪行为具有处罚权。

治理商业贿赂，行政、刑事均负有法律规定的职责。

134. 商业贿赂在司法实践中有明确界定吗

商业贿赂在司法实践中有明确界定。

这个认识是不正确的。

从当前的刑事法律看，司法实践中没有专门的商业贿赂的具体界定和解释。因为，在经营活动、商业活动中的贿赂，构成犯罪的标准，在《刑法》的相应条文中已经有了明确的规定。目前有关商业贿赂概念的界定和解释，是司法机关及司法实践范围之外的行政执法机关（如工商行政管理机关）的界定和解释。

国家工作人员在经营活动中，利用职权收受贿赂，金额超过刑法规定的标准，一般构成刑法意义上的"受贿罪"，完整的理解就是"公职人员受贿罪"；而非国家工作人员在经营活动中，利用职权收受贿赂，金额超过刑法规定的标准，一般构成刑法意义上的"非国家工作人员受贿罪"。

除此以外，在经营活动中的贿赂行为，均由工商行政管理部门负责查处。

因此，刑法中没有专门对商业贿赂的明确界定。

所以，商业贿赂作为一种行为，一般是由行政执法机关进行界定和解释。

135. 商业贿赂在刑法上有明文规定吗

商业贿赂在刑法上没有明文规定。

这个认识存在误区。

《刑法》第163条、第164条原来规定的"公司企业人员受贿罪"、"向公司企业人员行贿罪"（现已修改为"非国家工作人员受贿罪"、"对非国家工作人员行贿罪"），明确了公司企业人员在经营活动中贿赂犯罪的构成要件。

商业贿赂的构成要件同贿赂犯罪有相似之处，所以，商业贿赂是由《刑法》原来的这条规定演变而来。

两者主要区别在于，商业贿赂的范围比《刑法》中相应条文规定的范围要大，构成的程度要轻，商业贿赂还容纳了《刑法》相应条文不包含的"给付财物以外的其他利益手段"。

商业贿赂的行为相当普遍，需要引起重视。

136. 商业贿赂是刑法中贿赂类罪的分支吗

刑法贿赂犯罪中肯定包括"商业贿赂罪"。

这个认识是不正确的。

《刑法》中有关贿赂罪的规定有：非国家工作人员受贿罪（司法解释）、对非国家工作人员行贿罪（第163条、第164条）；公司、企业人员受贿罪（第184条）；受贿罪（第385条、第386条、第388条、第163条第3款、第184条第2款）；单位受贿罪（第387条）；利用影响力受贿罪（第388条之一）；行贿罪（第389条、第390条）；对单位行贿罪（第391条）；介绍贿赂罪（第392条）；单位行贿罪（第393条）。

商业贿赂就民商法、行政法角度而言，有别于《刑法》中贿赂的概念，不是《刑法》中贿赂类罪的某个分支。

所以在《刑法》中见不到"商业贿赂"的字样。

137. 商业贿赂是一个罪名吗

商业贿赂是一个罪名。

这个认识是不正确的。

《刑法》中没有关于商业贿赂的界定，因而，《刑法》中也没有商业贿赂这个罪名。

《刑法》中贿赂罪（专指公职、非公职受贿或对公职、非公职行贿、介绍贿赂）是一种类罪，它包括受贿罪、行贿罪、介绍贿赂罪、单位受贿罪、单位行贿罪、对单位行贿罪，还有非国家工作人员受贿罪、向非国家工作人员行贿罪等类罪的分支。

商业贿赂的行为，如果符合《刑法》标准的，则由其贿赂类罪所涵盖，如受贿罪、行贿罪、非国家工作人员受贿罪、向非国家工作人员行贿罪，以这些罪名定罪。

所以，商业贿赂不是一个罪名，不是《刑法》贿赂类罪中的一个分支，更不是《刑法》中的某个类罪。

明确商业贿赂的概念非常重要。

138. 商业贿赂是法律上的犯罪概念吗

商业贿赂是犯罪概念。

这个认识是不正确的。

商业贿赂行为绝大多数可能不属于犯罪的性质，它属于行政法律范畴，就是一个行政法律的关系，由行政执法机关（工商行政管理部门）进行调整、查处。

商业活动中的贿赂行为严重的，凡触犯《刑法》、涉嫌构成犯罪的，其受贿主体是国家工作人员的，由检察机关根据《刑法》第385条、第386条、第388条、第163条第3款、第184条第2款受贿罪受理侦查；其受贿主体系非国有公司企业人员或非国有金融机构工作人员的，由公安机关根据《刑法》第163条、第164条、第184条相关的非国家工作人员受贿罪、公司、企业工作人员受贿罪受理侦查。

由此可见，商业贿赂或者涉及"行政法规"，或者涉及《刑法》，或者发生在国有单位、国家工作人员中，或者发生在非国有单位、非国家工作人员中，不同的情况具有不同的性质，必须进行不同性质的调整和处理。

因此，商业贿赂不是简单的犯罪概念，而是一个民事、行政、刑事综合的概念。

经营者都要警惕和杜绝商业贿赂。

139. 挪用公款罪中的"个人"包括私人公司吗

挪用公款归个人使用，这个"个人"包括私人公司。

这个认识是不正确的。

我国《刑法》第384条规定：国家工作人员利用职务上的便利，挪用公款归个人使用，进行非法活动的，或者挪用公款数额较大、进行营利活动的，或者挪用公款数额较大、超过三个月未还的，是挪用公款罪。

以上内容中"归个人使用"中的这个"个人"怎么界定呢？

根据全国人大常委会《关于〈刑法〉第三百八十四条第一款的解释》，对于国家工作人员利用职务上的便利，挪用公款"归个人使用"的含义问题作出了明确解释，具有下列情形之一的，属于挪用公款归个人使用。

一是将公款供本人、亲友或者其他自然人使用的；

二是以个人名义将公款供其他单位使用的；

三是个人决定以单位名义将公款供其他单位使用的，谋取个人利益的。

上述第2点中的"以个人名义"怎么理解呢？

司法实践中，认定是否属于"以个人名义"，不能只看形式，要从实质上把握。以下事实，应认定为"以个人名义"：

一是行为人超越职权并逃避财务监管；

二是行为人与使用人约定以个人名义进行的；

三是借款、还款都以个人名义进行。

前述第3点中的"谋取个人利益"怎么理解呢？

司法实践中这个"谋取个人利益"既包括财产性利益，也包括非财产性利益；既包括正当的利益，也包括不正当或者非法利益；既包括事先约定的利益，也包括事先没有约定，但实际已获取的个人利益。

综上所述，挪用公款给个人使用，这个"个人"必须是自然人，如果使用人是私人公司（即使是一个人的公司）不属于自然人，不成立该罪。

140. 贿赂钱款用于公务就不构成犯罪了吗

收受贿赂以后用于公务活动，还需要追究刑事责任吗？

这是一个让许多人困惑的问题，一些涉案的对象也往往在案发后，以赃款"用于公务"来为自己的犯罪行为进行狡辩，企图以此解脱。

根据法律理论和司法实践，贿赂犯罪，请托方和权力方，一方送，一方收，就是犯罪既遂，不存在争议。

所谓将收受贿赂的赃款用于公务，客观上是不成立的。冒着违法犯罪被刑事追究的风险，将敛取的不法钱款用于公务活动，显然不可能，就是有个别的特殊情况，也一定请有关人员予以证明，"怕说不清楚"是自我保护的本能表现。

就是有一些情况，将赃款用于了公务（接待，吃饭，娱乐付小费），其实这是垫付的性质，事后可以报销，所以，这也无法改变受贿的性质。

如果真的是将赃款用于慈善活动、希望工程、扶贫帮困，能不能定罪？结论是肯定的，因为赃款出路的正确性不能掩盖其来路的非法性。将这些不义之财通过捐助的方式支付出去，一是博得了社会的赞誉，博得了社会给予的评价（等于用钱买了荣誉、形象）；二是求得了心理的满足、平衡等个人的自我陶醉（同样不能认为是正当的行为）。

曾经在 5 年前，有过一个引起全国法律界讨论的比较典型的案例，西部地区某县教育局长，利用职权收受贿赂 100 余万元，经检察机关调查，确认其先后将 80 余万元用于了其属下的一些希望小学，其个人实际收受只有 20 万元。

怎么定？全部定，还是全部不定？定 20 万，还是定 100 万？

最终法院以收受贿赂 100 万元，对这个教育局长全额定罪，只是考虑其赃款的出路相比挥霍、进行非法活动的而言酌定从轻。

所以，不要以为赃款用于公务、慈善就可以逃避法律的追究，不可能！

141. 只要有借条就不构成贿赂犯罪了吗

有借条就是合法行为，算不得贿赂。

这个自欺欺人的认识是要自掘坟墓的！

少数一些贪官以为收受贿赂被发现就是犯罪，要受到法律的制裁，但我出具借条，"借"总不能算是犯罪了吧！

广东某市市委书记"借"老板 1500 万元给儿子开办公司，被以受贿罪绳之以法！

北京某厅局级官员"借"大款 1000 万元炒股票，被以受贿罪判无期徒刑！

上海某国企高管，"借"请托人 2000 万元，被以受贿罪判处死缓！

以"借"为名，以"贪"为实，企图规避法律的惩罚，实际是徒劳的。

笔者以为，一个家庭遇有特殊的困难，如孩子得了白血病、老人或者配偶面临换肾、换肝等难以解决的问题，向人借钱，即使借的对象不恰当，但属于情有可原；反之，一些官员家里一方面拥有巨额存款，另一方面却在向请托人"借钱"，这就性质不同了，完全是标准的"以借为名"敛钱。所以，这种情况是很容易界定的。

检察机关查处利用职务为他人谋取利益，收受他人财物的受贿罪，不是看有没有"借条"，而是看有没有收受贿赂的主观故意和客观行为，以"借"为假象，真正的目的是敛钱，照样是受贿罪，必定要受到惩罚。

以借为名，实为受贿，逃脱不了法律的追究！

142. 商业贿赂是市场经济的正常现象吗

一些人认为，商业贿赂是市场经济发展过程中的正常现象，对此抱无所谓的态度。

这种看不到商业贿赂巨大危害性的认识无疑是非常错误的。

近年来，商业贿赂在一些地区和行业中不断地滋生蔓延，影响面越来越宽，严重危害我国社会主义市场经济健康发展。

（1）商业贿赂从根本上背离了市场经济公平竞争的要求，破坏了正常的市场交易秩序

在现实中，经营面临"回扣"表现得很无奈，通常无法抗衡这种"潜规则"，只能屈从以避免在竞争中失去市场机会和份额。"回扣"等"行业惯例"不仅增加了企业运营成本，而且把那些不给回扣的企业排斥在竞争之

外，直接扰乱了公平竞争的市场经济秩序。

（2）商业贿赂阻碍了市场机制的有效运行，破坏了市场资源的合理配置

商业贿赂为假冒伪劣产品大开方便之门，它使交易的天平向行贿者一方倾斜，势必影响社会资源的合理配置和技术进步；同时，商业贿赂为不法经营者生产的假冒伪劣商品提供了销售可能，成为现实经济生活中假冒伪劣商品泛滥的一大诱因，最终损害了消费者的合法权益。

（3）商业贿赂加大了交易成本，增加了消费者的负担，造成社会财富的巨大浪费

商业贿赂，特别是医院医疗器械和药品采购中的腐败贿赂行为，对我国社会保障体系造成了巨大冲击。当前，我国医疗费用和药品价格普遍虚高，其中很大一部分是被中间流通环节截留和被用来支付给予医院采购主管人员和医务人员的高额回扣，从而提高了医疗费用的成本，并转嫁到患者身上，大大加重了患者的经济负担。这些现象不仅使患者个人（家庭）不堪承受，对我国的社会保障体系的正常运转也造成冲击。

（4）商业贿赂已成为滋生腐败行为和经济犯罪的"温床"

相当数量企业的经营、管理、采购、供销人员，教育、卫生、科研单位的管理人员以及政府官员，利用工作之便收受商业贿赂、损公肥私而陷入违法犯罪深渊，严重败坏社会风气，影响社会安定。商业贿赂已成为滋生腐败的"温床"。

（5）商业贿赂损害国内投资环境，降低我国对外资的吸引力

商业贿赂引起国际舆论对我国商务环境的不利评论，将直接影响中国的投资环境，进而影响我国国际形象，成为我国利用外资环境瓶颈。在华工作3年的美国人伊桑·葛特曼写了《失去新中国：美国商业、渴望和背叛的故事》，对我国的商业环境进行批判。英国《观察家报》批评中国大多数公司讲究长期以来形成的拉关系、给回扣的做法。

（6）商业贿赂严重败坏社会风气，阻碍社会主义和谐社会的建设和发展

商业贿赂直接导致市场腐败，还有可能使我国经济"拉美化"：经济增长乏力、提升困难。拉美国家曾经创造了经济奇迹，但因其经济秩序混乱、经济领域腐败盛行，导致人均 GDP 在 3000 美元左右时，经济增长停滞，出

口、投资和消费都受到抑制。

商业贿赂是生长在经济社会肌体上的一颗毒瘤，如果不能得到有效治理和清除，将会造成经济秩序的严重混乱，导致腐败盛行，经济增长乏力，危及社会稳定，侵蚀党的执政基础。

因此，必须下大力气依法进行治理整顿，坚决刹住这股歪风。

143. 住医院、过生日是个人小事吗

住医院、过生日是个人小事，没什么大惊小怪的。

有人是这么认为的，其实这关系着官员的品质和廉洁的大问题。

个别一些领导干部"喜欢"生病、"喜欢"住院，有的是无病呻吟，有的是小病大看。

为什么呢？因为领导生病是大事，也是考察部下的一个重要时机。你有所求，一定有人有所投。于是，来慰问的，来汇报的，来奔忙的应接不暇，来者绝没有空手的。大盒子、大袋子不会少，但太张扬，价值往往又不大，聪明的便是送上慰问金、送上名贵的冬虫夏草，东西不大价值大，而且旁人也看不出，双方心照不宣，皆大欢喜。

一些案件揭露的事实表明，贪婪的领导干部生一次病，可以因此敛钱几万元、十几万元甚至几十万元！

有例为证：时任黑龙江省政协主席的韩某芝（曾任省委常委、组织部长，被判死刑，缓期2年执行），因骨折在上海住院期间多次收受贿赂。其中一次，其属下时任绥化地委书记的马某（被判有期徒刑16年）专程来上海探望韩某芝，一次就送上人民币现金108万元。

再以例为证：时任辽宁省沈阳市市长的慕某新（副省级，被判死刑，缓期2年执行），在中纪委对其进行调查期间住院，竟然照样在病床上收受贿赂100余万元。

还有例为证：时任上海市房产局某处长朱某，因受贿被逮捕，在其家中搜查出来的由各种请托人员送的冬虫夏草就有好几麻袋……

当然，我们也看到一些清廉的干部，生病住院绝不声张，不接受任何慰问的财物，真正的高风亮节啊！

所以，个别一些干部喜欢生病，并且喜欢到处张扬的干部，原因就在此。而有的干部就是真生病，也是严格要求自己，自觉做到对外"坚决保密"，绝不因此敛财，真可谓："廉不廉、看生病；贪不贪、看住院。"

同样，个别一些干部喜欢过生日，不但自己的生日要过，老婆、孩子的生日也要过。当然，他们绝对不是自己在家、在亲属范围里过，而是邀请有求于自己的有钱人、大款们、老板们，其目的是"司马昭之心"大家都很清楚，借机敛财是根本。

上海某区基建管理部门一负责人朱某，借其女儿结婚之机，向一大批在该区开发房产的老板们发出邀请，结果光收受老板们送的礼金就达数百万元。当然，多行不义必自毙，其未等女儿蜜月度完便因涉嫌受贿罪被检察机关逮捕。

四处宣扬自己住院、生日的官员有"司马昭之心"！

144. 把"钱"放入"小金库"就与犯罪无关吗

个人不拿，而把收到贿赂的钱放入小金库就没有事了。

这是一个错误的认识。这种行为可能构成"单位受贿罪"。

单位受贿罪是《刑法》第 387 条的规定，系指国家机关、国有公司、企业、事业单位、人民团体，索取、非法收受他人财物，为他人谋取利益，情节严重的行为。这是我国《刑法》所规定的三种受贿罪之一，其他两种为受贿罪、非国家工作人员受贿罪。

对单位作为犯罪的主体是有个认识过程的。1980 年，我国《刑法》对单位作为犯罪主体是持否定态度的。

1987年1月，全国人大常委会通过的《中华人民共和国海关法》在罚则中规定了单位可以成为走私罪的主体。这也是我国法律第一次明确法人（单位）可以成为犯罪主体。

1988年1月21日，全国人大常委会通过的《关于惩治贪污罪贿赂罪的补充规定》第6条规定："全民所有制企业事业单位、机关、团体，索取、收受他人财物，为他人谋取利益，情节严重的，判处罚金，并对直接负责的主管人员和其他责任人员，处5年以下有期徒刑或者拘役。"明确规定了单位可以成为受贿罪的主体，即单位受贿罪。在吸取了理论研究成果和实际经验的基础上，1997年修订后的《刑法》在第387条两款中明文规定了单位受贿罪。

单位受贿罪的主体是国有单位。它包括国家机关、国有公司、企业、事业单位、人民团体。而集体经济组织、中外合资企业、中外合作企业、外商独资企业、私营企业不能成为单位受贿罪的主体。

这是因为我国是社会主义国家，实行以公有制为主体的经济制度，由于国家机关、国有公司、企业、事业单位、人民团体的性质和在社会主义政治、经济体制中的特殊地位，决定了这些单位违背自己的职责，索取、非法收受他人财物，或者账外暗中收受回扣、手续费，并利用国家给予的权力为他人谋取利益，就会严重损害国家法律的尊严，破坏社会主义经济秩序，并使国家机关正常的职能活动受到严重侵犯，败坏国家机关、国有公司、企业、事业单位、人民团体的声誉，并会给国家利益造成严重损失，因此，必须追究其刑事责任。

根据1999年9月16日最高人民检察院发布施行的《关于人民检察院直接受理立案侦查案件立案标准的规定（试行）》，涉嫌下列情形之一的，应予立案：

一是单位受贿数额在10万元以上的；

二是单位受贿数额不满10万元，但具有下列情形之一的：故意刁难、要挟有关单位、个人，造成恶劣影响的；强行索取财物的；致使国家或者社会利益遭受重大损失的。

单位受贿与个人受贿之区别在于，其不仅以单位名义行事，而且非法收受的财物统一归单位所有，是单位整体收益。尽管主管人员或直接责任人在决策中也起决定性作用，但不改变其为单位意志的体现，不同于他们假公济私、盗用单位之名谋个人好处之实，以及将不法所得据为己有的行为。

虽然受贿主体从国家公职人员变成了国家公立机构的单位受贿，但受贿的本质丝毫没变。它与个人受贿无异的是，在替行贿人谋取私利而换得中饱集体"私囊"的交易中，出卖的是社会赋予的公共权力，彼此交易的"双赢"结果是以社会公共利益的更大受损为代价的。

不规范与犯罪可能就是一步之遥！

145. 钱不给个人，而给对方单位总没问题吧

钱给对方单位总没有问题吧？

这是一个必须辨明白的事，性质不同就会导致后果的不同。

司法实践中，钱给对方单位，如果为了谋取不正当利益，而且具有暗中、账外进行，那可能就是犯罪："对单位行贿罪"。

对单位行贿罪是《刑法》第391条的规定，系指为谋取不正当利益，给予国家机关、国有公司、企业、事业单位、人民团体以财物，或者在经济往来中，违反国家规定，给予上述单位各种名义的回扣、手续费的行为。

对单位行贿罪是个人或者单位为谋取不正当利益，给予国有单位财物，或者违反国家规定，给予国有单位各种名义的回扣、手续费的行为。要引起注意的是，明确是给单位的财物，如果与不正当利益或者违反国家规定有关，又在账外、暗中进行，那么，只要符合立案标准，就要被追究刑事责任。

根据1999年9月16日最高人民检察院发布施行的《关于人民检察院直接受理立案侦查案件立案标准的规定（试行）》，涉嫌下列情形之一的，应予立案：

一是个人行贿数额在10万元以上、单位行贿数额在20万元以上的；

二是个人行贿数额不满 10 万元、单位行贿数额在 10 万元以上不满 20 万元，但具有下列情形之一的：

一是为谋取非法利益行贿的；

二是向 3 个以上单位行贿的；

三是向党政机关、司法机关、行政执法机关行贿的；

四是致使国家或者社会利益遭受重大损失的。

就是给单位的财物，明知对方是账外的收入，将构成向单位行贿罪。

不按正规渠道做，早晚是个事！

146. 为了单位的利益不会有错吧

为了单位的利益不会有错，这只是一些人的认识。

其实这个认识是错误的，《刑法》专门有单位犯罪的界定和解释。

单位行贿犯罪、单位受贿犯罪具有以下要点：

一是其犯罪意图的出发点和犯罪结果的归宿都不是个人，而是单位，其是为了单位的利益去实施犯罪，最终的获利也归单位所有。

二是单位犯罪的刑事责任，由单位的负责人和直接责任人来具体承担，属于财产性的处罚则由单位承担。在追究自然人（单位负责人和直接责任人）刑事责任时，不强调其个人有没有得到好处。

三是单位受贿罪必须是完全国有性质（资金百分之百为国有）的单位才构成，非完全国有性质的单位不构成该罪。

四是单位行贿罪只要是登记注册的任何单位都可以构成该罪。

五是单位受贿罪必须要有单位非法收受他人财物的行为，主要特征是：账外、暗中，即收入没有进入单位正规、合法的财务账，其表现是一种秘密的行为。

六是单位受贿罪必须要有为他人谋取利益的行为，强调的是为他人谋取利益而不强调为他人谋取非法利益。

七是单位受贿罪必须要情节严重，其有一定的数额和情节的要求。

八是单位行贿罪其行贿的目的必须是为谋取不正当的利益，即强调的是不正当利益或者非法利益。行贿的对象是国家工作人员，强调的是以单位的名义将回扣、好处费等行贿给国家工作人员个人。

九是单位受贿罪被刑事追究的起刑点为 10 万元，有特定情节的也可在 10 万元以下追究刑事责任。

十是单位行贿罪被刑事追究的起刑点为 20 万元，有特定情节的也可在 20 万元以下追究刑事责任。

社会生活中，一些国有单位的管理人员常常会产生一种错误的认识，以为只要为了单位的利益，只要我个人不拿钱，就不会有事。这是一种糊涂的、危险的认识。因为，单位受贿罪根本不强调个人拿不拿钱。

一些企业、单位的员工，特别是推销员、业务员、营销员，为了完成内部承包指标、取得业绩，为所在单位谋取不正当的利益而进行行贿活动。有人以为：我是为了单位，或认为是老板希望我这样做的，我不会有事的。这一认识同样是糊涂的、危险的。因为，除了确实存在单位负责人强令或者胁迫的以外，行贿的直接责任人脱不了被刑事追究的干系。

有例为证：某烟草批发部将国家专卖的"中华牌"香烟违规高价卖到外地某单位，外地某单位为此支付了超出国家牌价 100 多万元的差价。烟草批发部将该笔收入纳入单位"小金库"，用于职工福利等开销。结果，烟草批发部一正两副三个经理因构成单位受贿罪，被追究刑事责任，财务负责人因直接经手该笔资金，也被追究刑事责任。外地某单位因为谋取不正当利益，给予对方单位回扣、好处费，结果构成对单位行贿罪，其单位负责人被追究刑事责任。

在此案例中，某烟草批发部的几位负责人并没有中饱私囊，"小金库"也有支出明细记录，钱款也有财务人员管理，但这些均不影响单位受贿罪的构成。

再以例为证：北京某医疗器械有限公司副总经理赵某为推销公司的医疗器械，先后向北京 11 家医疗机构行贿 160 余万元。2007 年 8 月 31 日，北京市丰台区法院以单位行贿罪判处北京某医疗器械有限公司罚金人民币 500 万元，判处该公司副总经理赵某有期徒刑 1 年 6 个月。

赵某认为，自己虽然担任公司的副总经理，但实际上也只是个打工者，之所以这么做，都是在老板的指使下行使的。但法院不予认同和采纳，受单位指使行贿，也是犯罪，照样构成单位行贿罪。

单位可以成为犯罪的主体！

147. 公共财产不拿回家就没事了吗

公共财产只要不拿回家就没有事。

这是一种糊涂的认识。

司法机关认定贪污罪，不是简单看国家工作人员是不是把公共财产拿回家，而且看是不是公共财产失去了所有权。

司法实践中，即使公共财产没有被行为人拿回家，但其将公共财产转移至其个人实际控制下，那么，也同样构成了贪污罪的既遂。

有例为证：某国有医院一财务人员，将应当由单位收入的药品回扣百余万元以化名存入银行，存单没有拿回家，而藏匿在单位的消防箱内，没有任何人知道。后来案发，法院全额定其贪污罪既遂。

因为，虽然银行存单还在单位，但单位对这笔款项已没有了控制权，这笔款项实际处于其个人的实际控制下，这就完成了贪污罪的全部行为。

还有一些国有企业在转制过程中，企业负责人将一部分国有资产藏匿在外，如一些资金不计入总清算账中、应收款暂时不去追讨也不在账目中记载、一些设备放在外面隐匿，案发后，即使没有真正进入个人的"口袋"，但这些财产和资金均按照贪污罪既遂追究刑事责任。

国家工作人员利用职权私下转移国有资产的所有权就是贪污罪。

148. "礼尚往来"与"收受贿赂"界限不清吗

确实有一些人以为"礼尚往来"与"收受贿赂"界限不清，甚至有人因此被绳之以法、身陷囹圄后才明白这其实是有明确区别的。

"收礼"和"受贿"，虽然只是一字之差，但是，涉及罪与非罪或者合法与不法的界限，对于国家工作人员及具有各种权力、具有管理职能的人员来说，是不能含糊的，必须始终清晰地把握住这个界限。

第一，要看馈赠与收受两者之间存在不存在权力上的制约与被制约的关系。如果一个案件的当事人向法官送礼，无论这个礼的价值是多少，送的行为就是行贿行为（超过一定的标准可能就构成了行贿罪）；而这个法官收受了这个礼，那么这个法官至少是严重违纪，如果这个礼的价值超过了一定的度，法官构成受贿罪无疑。

第二，要看送礼的动机。"礼尚往来"一般是平等主体之间的往来，体现的是一种关爱、友谊、情感，表现形式往往是"礼小情谊重"、"小额、必须、合理"。试想，正常关系之间，没有特别的动机，动辄上万、金条、轿车等，能是正常的吗？

第三，要看送礼的表现形式。正常的礼尚往来往往是正大光明的、公开进行的；而行贿、受贿一定是秘密的、暗中的、避人耳目的。因为，权钱交易、滥用权力的特征通常都是具有"不可告人的目的"，见不得阳光，必定是一种私下交易。

第四，"礼尚往来"往往是一种自然的、渐进的、潜移默化的、逐步深化的过程，通常是因为生活环境、学习环境、工作环境、活动环境、偶然环境导致的，就是说是在一种自然的情况下发生、发展的；而行贿、受贿一定是因为"权"和"利"而产生的，一旦离开了这个"权"和"利"，那么，这种交往通常便立即戛然而止。

第五，行贿、受贿的本质特征是一种"交易"。"行贿"的目的，必定是要去换取一种"利益"，受贿的代价，往往是要出卖一种"权力"。其实，行贿者实施"行贿"行为究竟是"冲"人去还是"冲"权去，就可对这个界限一目了然了。

当然，在这里必须再说一下，收受贿赂者不论为行贿者谋取的利益是正当的还是不正当的、不论是否为行贿者谋取了利益还是准备谋取利益还没有开始谋取，都不影响受贿罪的构成。另外，行贿、受贿的载体，无论是金钱还是物品，只要超过了法律追究的标准，都不影响定罪。而且，多次受贿的钱财将被累计计算。

"官员"对于"礼"要谨慎！

149. 收受礼物与贪污罪有关系吗

收受礼物与贪污罪有何相干？即使是构成受贿罪也与贪污不搭界啊！

这个理解是错误的。

《刑法》第394条规定：国家工作人员在国内公务活动或者对外交往中接受礼物，依照国家规定应当交公而不交公，数额较大的，按照贪污罪论处。

根据法律规定，公务人员利用职权在"国内""公务活动"、"对外""交往中""代表国家接受""按国家规定应当上交国家的礼物"，应当上交而不上交的，构成贪污罪。

这里，"国家工作人员"是指构成这个罪的主体，"公务活动"、"交往"是指职务行为，"国内"、"对外"是涵盖了所有的范围，"应当上交"指的是"接受"具体标的物的一定范围，很显然，职务活动中收受礼品不上交，可能构成贪污罪。

司法实践中，这个"礼物"一般是指比较贵重的物品，如金银制品、高档电子产品、名贵手表、照相机、收藏品、纪念品等。

国家对应当上交的礼物是有明确规定的，也是有传统的，毛泽东在对外交往中经常遇有外国的领导人赠送的礼物，毛泽东历来是将收受的礼物全部交到由国家有关部门设立的礼品库，由专门人员进行登记造册保管；朱德、周恩来、刘少奇、彭德怀等领导人都严格按照国家的规定将对外交往中的礼物上交礼品库。

笔者曾经参观过在中国革命历史博物馆中展出的领导人上交国家礼品库的礼物，说明了领导人带头遵守这个规定和他们创造并留下的优良传统。

但在改革开放、市场经济条件下，我党的这个优良传统被一些贪官肆意破坏、任意践踏，因而国家以法律的规范来约束这种不正当的行为，并且对触犯这个法律规范的，严肃追究刑事责任。

有例为证：时任政治局委员、北京市委书记的陈某同，其被追究刑事责任的罪名就是贪污罪，其的犯罪事实就是在对内、对外交往活动中，收受名贵手表、照相机等多件不予上交，占为己有，按照法律规定，被以贪污罪追究刑事责任，加上其滥用职权罪，被判处有期徒刑16年。

这里的"礼物"的性质被认定为公共财产，官员利用职权将"礼物"占为己有就是侵吞了公共财产，构成贪污罪无疑。

收受礼品也要讲规矩、遵守法律。

150. 贪污受贿后为他人谋取的利益没有实现不是犯罪吗

一些人以为虽然收受了他人的财物，但没有为他们谋利成功，或者没有完成谋利，是不构成犯罪的。

这个认识是错误的。

《刑法》规定的贪污罪、受贿罪中"为他人谋取利益"的要件，其内涵指的是，只要对请托人、行贿人"承诺"、"实施"、"实现"利益的这三个状态，或者这三个阶段，只要有其中的一个状态或者具有一个阶段的行为，就具备了"为他人谋取利益"的要件。

明知他人有具体请托事项而收受其财物的，视为承诺为他人谋取利益。

可见，在司法实践中，为他人谋取利益的界定是比较宽泛的，它包括"事先"（还没有具体行为，只是明知或者承诺）；"事中"（正在具体进行中，实现与否是不确定的）；"事后"（已经实现了利益，完成了请托人请托事项的全过程），无论发生在哪个状态或阶段，都属于"为他人谋取利益"。

有例为证：某组织部长收受了60余人为自己买官而送上的贿赂，其中20个行贿人已经得到了提拔，即"买官"成功了，请托事项实现了；另外20个行贿人的请托事项正在进行中，如他们的"买官"要求正在提交常委会讨论、正在提取意见、正在公示阶段，最终结果并不确定；还有20个人的"买官"要求还没有排上议事日程，组织部长仅仅是"知道"了买官请托的要求，表示待机操办，请托事项八字还没一撇；另外有几个人得到了提拔，他们认为组织部长是提供了帮助的，为感谢这个部长而送上了贿赂。

如何定罪呢？毫无疑问，根据法律的规定，这60余人为了"买官"而向组织部长行贿的钱财，应当全额定罪，几个阶段的不同状态并不影响这个组织部长受贿罪的构成。

具有公权力者，不义之财不可取！

151. 行贿者"黑名单"制度没有什么用吗

行贿者"黑名单"有什么用？有些人不以为然。

其实，实现行贿者"黑名单"制度对抑制发生在工程建设、政府采购领域权钱交易具有特别重要的作用和意义。

2012年2月16日，被称为行贿者"黑名单"的行贿犯罪档案查询系统正式实现全国联网。

行贿者"黑名单"指的是：凡是在经营活动中，有过行贿犯罪行为记录的个人和单位均将被输入"黑名单"。这就意味着这些个人和单位在市场经济条件下参与竞争的过程中，面临被排斥在外的结果。

全国所有检察机关都建立有行贿者"黑名单"资料库，如今这个资料库逐级升级至全国联网的程度，凡是被记录有过行贿犯罪行为的个人和单位，将不能参与工程建设投标、政府采购、企业确定供应商等活动的资格。

上海宝钢集团每年有大量的投资、基建、采购等经营活动，该集团在确定业务协作单位的过程中，第一件事就是到检察机关查询行贿者"黑名单"，对凡是出现在"黑名单"上的个人和企业实行一票否决。

如今越来越多的政府机构、企业在选择业务协作方的时候，首先要做的就是查询"黑名单"，也有许多企业因为被列入"黑名单"而被取消资格、逐出了市场的竞争。

上海检察机关还建立了行贿罪"灰名单"资料库。"黑名单"指的是具有行贿犯罪记录的个人和企业，"灰名单"指的是即使没有构成行贿犯罪，但曾经有过行贿行为的个人和企业，也将被记录进入这个"资料库"。

目前，国家有关方面规定，在选择业务协作单位、建立业务选择关系之前，必须进行"黑名单"查询。

行贿者"黑名单"查询制度的出台、升级、完善，将有助于预防腐败行为的发生，对采取不正当行为参与市场竞争的人员和企业将被叫停。

"黑名单"制度对遏制腐败具有不可替代的重要作用。

152. "借"东西与腐败犯罪没有关系吗

"借"人东西，肯定不是腐败。

交往过程中相互借东西是一种非常普通的民事活动，按照习惯的思维，与腐败犯罪肯定没有关系。

这是一种需要具体问题具体分析的概念，不能一概而论。

最高人民法院、最高人民检察院于 2007 年 7 月 8 日发出《关于办理受贿刑事案件适用法律若干问题的意见》第 8 条提出以下意见：

"国家工作人员利用职务上的便利为请托人谋取利益，收受请托人房屋、汽车等物品，未变更权属登记或者借用他人名义办理权属变更登记的，不影响受贿的论定。

认定以房屋、汽车等物品为对象的受贿，应注意与借用的区分。具体认定时，除双方交代或者书面协议之外，主要应当结合以下因素进行判断：

一是有无借用的合理事由；

二是是否实际使用；

三是借用时间的长短；

四是有无归还的条件；

五是有无归还的意思表示及行为。"

有例为证：某税务局干部王某利用职权借某纳税人小轿车用了数年，虽然该车子的所有权还是该纳税人的，但最终该车子的价格被法院认定为受贿金额，构成受贿罪，被判有期徒刑 12 年。

"以借为名"照样逃脱不了法律的追究。

153. "礼尚往来"是合法的吗

"礼尚往来"是人和人之间的一种普遍往来，不是问题。

这个认识对于官员而言，具有极大的危险性。

如今行贿、受贿的方式越来越多，一些为官不正的人既想敛钱，又担心触犯法律，于是采取了各种各样的变异的手法企图规避法律的追究。

于是社会上出现了各种带"礼"字的东西，如礼金、礼卡、礼品、礼酒、礼烟等，真是五花八门、应有尽有。

中国人比较讲究礼尚往来，一般情况下，交往之间有一些礼品往来属于人之常情，但这种民间的习俗一旦成了掩盖腐败犯罪的"挡箭牌"，那性质就变了。

一些官员现金不收，收礼卡、收礼品、收礼物，当然不是普通的东西了，礼卡一收就是数千元、上万元，礼品往往是数千元的衣物、上万元的冬虫夏草、数万元的名酒、天价的名贵烟、价值难以估价的字画、古董、玉器，还有数万美元的高尔夫球场的贵宾卡、数万元的娱乐场所、美容美发的消费卡，包括提供出国旅游的旅行卡、环游世界的邮轮登船卡等。

这种貌似"礼"实为"贿"的行为，是对法律明目张胆的挑衅，《刑法》早就明确规定"国家工作人员利用职务之便，为他人谋取利益，收受他人财物"就是受贿，其中"财物"就包括了各种各样具有相当价值的物品，这种行为理所当然将受到法律的制裁。

国务院在2010年专门制定了规定，明确了国家工作人员利用职务之便，为他人谋取利益，收受的礼卡一律按照收受现金处理。

司法实践中，国家工作人员在公务活动中，凡收受的贿赂，属于高档、贵重物品的，一律按照市场价格（由价格鉴定机构确定价值）累计计算受贿犯罪金额。

掌握着国家公权力的人们，一定要洁身自好，不明不白的东西千万不要随意收受，物品的价值不是送的人说了算，也不是收的人说了算，而是有价格鉴定部门确定，糊里糊涂地触犯法律是非常悲哀的！

154. 亲属之间的馈赠与犯罪无关吗

亲属之间的馈赠肯定与犯罪无关。

这个看似正确的认识是存在误区的。

亲属之间有馈赠，蕴含有亲情的成分，通常情况下是一种正常的私人之间的合法行为，不与任何法律有抵触。

但必须要说明的是，就是亲情之间的馈赠，在其中也不能有与权钱交易的关联性的因素存在。

举一个真实的案例来说明这个问题吧：舅舅是一个政府官员，其利用职权将单位的基建工程项目给外甥承接，外甥为此赚取了相当的利润。在此后的每年节假日，外甥都给舅舅送上了数十万元的现金和礼品，特别是当舅舅的女儿要结婚时，外甥又专门购买了一辆价值20万元的汽车作为贺礼送给了这个表妹。

当事人开始将这些行为拼命往亲情关系方面解释，但可以想一想，如果没有舅舅提供的工程项目，外甥可能在几年中向舅舅送上百万元的现金和汽车吗？

毫无疑问，最终，舅舅作为受贿犯罪嫌疑人被检察机关追究刑事责任，外甥作为行贿人也承担了相应的法律责任。

亲情之间的馈赠也不能与法律发生冲突，也不能突破法律的底线。

亲属在权钱交易过程中属于"特定关系人"，最高人民法院、最高人民检察院于2007年7月8日发出《关于办理受贿刑事案件适用法律若干问题的意见》第11条，对此作出明确规定：

"本意见所称'特定关系人'，是指与国家工作人员有近亲属、情妇（夫）以及其他共同利益关系的人。"

以为亲属之间不存在贿赂犯罪的认识是错误的。

155. 买"便宜货"是人之常情吗

买"便宜货"是人之常情，不是问题。

对于官员而言，这是个误区。

最高人民法院、最高人民检察院于2007年7月8日发出《关于办理受贿刑事案件适用法律若干问题的意见》第1条，关于以交易形式收受贿赂问题提出以下意见：

"国家工作人员利用职务上的便利为请托人谋取利益，以下列交易形式收受请托人财物的，以受贿论处：

（1）以明显低于市场的价格向请托人购买房屋、汽车等物品的；

（2）以明显高于市场的价格向请托人出售房屋、汽车等物品的；

（3）以其他交易形式非法收受请托人财物的。

受贿数额按照交易时当地市场价格与实际支付价格的差额计算。

前款所列市场价格包括商品经营者事先设定的不针对特定人的最低优惠价格。根据商品经营者事先设定的各种优惠交易条件，以优惠价格购买商品的，不属于受贿。"

有例为证：时任上海市房地局副局长的殷某、时任上海市浦东新区副区长的康某、时任上海市国资委副主任吴某利用职权，为请托人谋取利益，嗣后以明显低于市场的价格从请托人处购买一套或数十套房产，分别被判处死刑、缓期2年执行、无期徒刑和有期徒刑11年。

同样，上海市某区卫生局副局长王某，自己的一套住房准备出售，当时的市场价确定为30万元，但长期承接该卫生局建设工程的某包工头坚决表示要以50万元的价格买下。

王某以为这也和拍卖一样，谁出的价格高便卖给谁，高高兴兴地以明显高于市场的价格与包工头成交。不久，经检察机关调查，确认王某涉嫌构成受贿罪，最终被法院判处有期徒刑5年。

案发后该包工头（行贿人）交待，自己长期在卫生局承接建设工程业务，王某又是分管基建的领导，平时曾经送钱、送物给王某，但他均予拒绝，为此担心以后业务做不长，只有"搞定"了领导，才能源源不断地接到工程项目，于是以该房子"交通便利、风水好"为由志在必得，不料王某"中招"。

"人之常情"害死人。

五问 预防和治理腐败

——如何把权力关进制度的笼子里

156. 制定了制度就万事大吉了吗

加强制度建设使人不能贪。

这话被普遍认为是千真万确的，但仅仅是把它作为制定的一项制度，那仅仅是表面文章。

"加强制度建设"，这是一个非常熟悉的字眼，它在反腐败中的重要性不言而喻。但是如今各种制度是应有尽有，为什么还是不断出现贪污贿赂等职务犯罪和腐败现象呢？

人们都看到一个事实是，我们反腐倡廉的制度还少吗？腐败怎么还是"当前最大的危险"呢？

上至党和国家，下到各个单位部门，基本的规章制度应有尽有，各级纪委针对廉政建设的制度、条例、规定更是明确具体。有关禁止大吃大喝的、公款消费的、乱发钱款的、多吃多占的、收受礼金的、以权谋私的、贪污受贿等的规定、制度，几乎年年发、月月谈、天天讲。特别是党的优良传统："密切联系群众"、"全心全意为人民服务"、"不拿群众一针一线"等，讲了半个多世纪甚至是八九十年，可那些贪官为什么还是照贪、照占、照拿呢？甚至现在更是收受金条、房产、汽车、巨额干股，一次就收受1000万元已不属罕见。苏州市副市长姜某一次收受贿赂达8600万元，创造了公务员单笔收受贿赂的全国最高记录，如此这般的贿赂都时有发生而越发严重，我们该如何看呢？

显然，制定出台一些条文、规定、制度等，其实还不能称为制度，真正的制度应该是一种机制，既有规范，又有执行，更有监督、惩罚。那样，贪官们就无法凌驾于制度、法律之上，就不会、不敢无视制度、视法律党纪为一纸空文。同时，他们对制度、法律就会产生敬畏，就会时刻警惕违反制度、触犯法律带来的严重后果。

按照笔者的认识，我们的廉政制度三句话就足矣！就用八十多年前我们党制定的"三大纪律八项注意"中的三句话：

不拿群众一针一线；不搜俘虏腰包；不调戏妇女。

"不拿群众一针一线"，大家想一想，我们的国家利益和人民群众的利益根本上是一致的，一个官员，无论处在什么环境中，始终如一地坚持不贪一分一厘，不拿一针一线，他还是贪官吗？

"不搜俘虏腰包"的本质含义是什么？其实它揭示的就是不能利用权力、地位及其形成的影响谋取私利，而"一切缴获要归公"。俘虏在当时的情况下必定属于弱势群体，你要他的银元、金条，他不敢不给你，因为生杀大权在你手里，我们的官员都能够做到为国家、为公共利益行使权力，而绝对不利用权力谋取私利。

"不调戏妇女"指出的是一个共产党员、革命军人，包括各级官员其道德、作风、修养、素质的问题，君不见如今的贪官哪个不是"道德败坏、腐化堕落""饱暖思淫欲"！这个几千年的古训揭示了一个缺乏道德底线的人的一种必然的结果！

我们在建党、建军初期就对此提出了要求，制定成为纪律，说明这个防线的重要性。如今的贪官，敛钱去养情人、包二奶；因为养情人、包二奶再去敛钱，形成恶性循环，哪有不出事的？所以，我们的官员都能够洁身自好、情趣高尚，那腐败、贪官的帽子还能够戴到你的头上吗？

说这"三句话"顶三百条、三千条，也许有些极端，但仔细想想，如今有关的廉政建设的规定有没有突破这"三句话"的内涵呢？

其要害是要把制度当制度！

所以，制度不能仅仅理解为书面的东西，"纸里印着，墙上挂着，柜中放着"，而必定是要与监督、惩罚紧密地联系在一起的，制度与监督是一个整体。预防腐败，必须建立和完善监督机制的重要意义就在这里。

对于制度来说，条文是标，贯彻、执行、监督、惩罚是本。

157. 靠严厉惩治能够遏制腐败吗

加强打击力度使人不敢贪，也是一句非常热门的话。

严惩贪官，是许多人认为的反腐败的首要手段，认为现阶段腐败高发、多发、"前腐后继"是因为惩治力度还不大。

改革开放以来，我们严惩了一批又一批贪官，但是为什么还是有官员"前腐后继"、以身试法呢？

究其根本的原因，是贪官低估了正义的力量，而高估了自己的能耐。他们以为自己高明、聪敏、精明，别人出事是因为笨，手法愚蠢，而自己干事干净利落、天衣无缝，谁也奈何自己不得，于是变本加厉、无所顾忌在腐败犯罪的道路上越走越远，直到走入死胡同、身败名裂为止。

所以，在严惩腐败贪官的同时还必须关注从源头上预防腐败、预防犯罪，铲除腐败滋生的土壤和条件。惩治腐败，标本兼治是十分重要的、必需的，标和本是对立统一的、辩证的。标是必要的形式，本是问题的关键，所以，标本兼治必须重在治本。

中央提出反腐败要标本兼治重在治本，拓展从源头上防止腐败的工作领域，铲除腐败滋生的土壤和条件，是有其深刻的道理和正确的指导意义的。

我们在反腐败的实践中，不能满足于表面上的种种形式，更要注意抓住源头、实质和关键，不搞形式主义、"花架子"，以扎实的作风和强有力的措施坚决把反腐败斗争进行到底。

党的十七届四中全会提出了"加快推进惩治与预防腐败体系建设"的指导方针，明确了在惩治腐败的同时要加大预防的力度；党的十八届三中全会通过的《中共中央关于全面深化改革若干问题的决定》指出："坚持用制度管权管事管人，让人民监督权力，让权力在阳光下运行，是把权力关进制度笼子的根本之策。"

"必须构建决策科学、执行坚决、监督有力的权力运行体系，健全惩治和预防腐败体系，建设廉洁政治。努力实现干部清正、政府清廉、政治清明。"

这是我们党在长期的反腐败斗争的实践中总结出的一个全新的认识，预防腐败是值得我们认真研究的重要课题。

处理、严惩是标，源头预防是本。

158. 重刑可以杜绝和根治腐败吗

"重刑治腐"表现了人们对腐败的憎恨，是一种愿望。

但现在看来，不是那么简单的。

纵观历史，古今中外不乏有以严厉的酷刑惩治贪官污吏的君主，但无一例外地却没有真正杜绝贪污腐败，腐败反而愈演愈烈。

俄国彼得大帝"用鞭子写成的"严刑峻法无法医治整个俄国官场的贪污贿赂的毒瘤，用当时瑞典公使韦贝尔评述俄国腐败吏治时说的话就可知道："这些贪得无厌的家伙，他们认为，既当了官，就有权吮吸农民的骨髓，有权把自己的幸福建立在农民的破产上。勒索贿赂的方法层出不穷，要弄清他们，像掏干海水一样困难。虽然遵照陛下的圣旨，其中很多手法正在被清除中，但是官吏们却出奇迅速地找到了新的手法，而且更为巧妙。"

俄国彼得大帝、明太祖朱元璋、清朝康熙皇帝都是中外赫赫有名的用严刑峻法治国的堪称雄才大略的君主，尚且不能解决贪污贿赂的社会弊端，其他庸碌、腐败的君主就更不必说了。

朱元璋惩治贪官的刑法不可谓不严酷，其决心不可谓不大，但朝廷内外，贪污贿赂照样盛行，贪官污吏像扑火的灯蛾一样，死了一批，又冒出一批。正如朱元璋自己说的："我欲除贪赃官吏，奈何朝杀而暮犯！"

朱元璋死后，权力腐败更为严重，后来又有宦官得势，他们大权在握，干预朝政，官场腐败，日盛一日，最后竟发展到"高牙大蠹"、"衙门前后皆启窦通贿"，官员出一趟差，便可达"富可敌国"（崇祯语）的程度。直到明末危机总爆发，李自成揭竿起义，崇祯皇帝煤山自尽，明王朝彻底覆灭，这些贪官才被撵下历史舞台。

清朝康熙皇帝惩治贪污腐败也是严刑峻法，砍头、剥皮、灭族不一而足，被处死的著名的贪官污吏就有百人之多，不乏有皇帝身边的重臣、亲信，然而清朝官员的腐败丝毫未见收敛之势。

彼得大帝王朝、明朝、清朝如此，其他各个王朝又何尝不是呢？

著名学者王亚南在他的名著《中国官僚政治研究》中写道："历史学家认为中国一部《二十四史》是相残史，但从另外一个视野去看，则又是一部贪污史。"

虽然历次农民起义、政权更迭都是因为朝廷腐败，但新朝廷又相继陷入腐败不能自拔，因此朝朝相因、代代相传，腐败不能治。其原因在于贪官污吏的涌现是社会腐败的结果，而社会腐败的总根源是专制政体，专制政体的总代表是皇帝，皇帝总认为自己是圣明的，一切讲究天威独断，臣民的本分就是俯首恭顺。

由此而言，纵观古今中外，非但"替天行道"——只反贪官，不反皇帝，解决不了权钱交易的社会弊端，就是"天"——皇帝本人亲自站出来躬行天道，用皇权天威对贪官污吏实施惩罚，甚至是严惩，也扑灭不了贪污贿赂、权钱交易的邪恶烈火。可见，用人治的方法制约权力是解决不了腐败问题的。

贪污贿赂是封建专制政体的必然产物，不瓦解专制政体本身，是绝对解决不了权钱交易的社会弊端的。

中国如此，外国也如此，任何国家和地区均是如此。

159. 老百姓身边的腐败没人管吗

一些群众时有牢骚，认为涉及老百姓切身利益、老百姓身边的腐败往往没有引起各级领导的重视，常有"叫天天不应、叫地地不灵"之感叹。

这个认识是有失偏颇的，实际上，党中央在这个问题上态度是非常明确的。

在 2012 年，中纪委主要领导同志强调，当前和今后一个时期，各地区各部门要在查处面上各类案件的同时，着力查处以下 10 个方面发生在群众身边的腐败问题：

（1）要严肃查处征地拆迁中的腐败问题

重点查处以非法手段强制征地拆迁的案件，违反国家征地拆迁补偿安置政策和标准以及贪污、截留、挪用征地拆迁补偿资金的案件，征地拆迁中官商勾结、权钱交易的案件。

（2）要严肃查处矿产资源开发等领域的腐败问题

重点查处违规审批探矿权、采矿权以及利用矿产资源开发整合谋取非法利益的案件，基层干部违规违纪参股办矿的案件，矿山等重特大安全生产事故背后的腐败案件。

（3）要严肃查处各类学校办学中乱收费问题

重点查处各类学校以各种名目乱收费的案件，学校在招生、基建、采购、后勤等环节以权谋私、收受贿赂等案件。

（4）要严肃查处医药购销和医疗服务中的腐败问题

重点查处医务人员以各种名目开单提成、收受"红包"的案件，药品和医疗器械采购、工程招标投标、项目合作等环节收受贿赂的案件。

（5）要严肃查处食品药品制假售假的腐败问题

重点查处制售假冒伪劣食品药品的案件，食品药品安全监管中失职渎职、纵容放任制假售假并造成严重后果的案件，制售假劣种子和农资、坑农害农的案件。

（6）要严肃查处国有企业领导人员侵占国家、集体利益和侵害职工群众权益的腐败问题

重点查处国有企业领导人员损害国有资产权益的案件，在企业重组改制、资产评估、产权交易、资本运营和经营管理中隐匿、侵占、转移国有资产的案件，搞同业经营、关联交易以及利用企业内幕消息、商业秘密等谋取非法利益的案件。

（7）要严肃查处基层干部吃拿卡要、收受财物的腐败问题

重点查处贪污、挪用、挤占强农惠农富农资金、扶贫资金、救灾救济资金、住房公积金、社保基金的案件，违规收受礼金、有价证券、支付凭证等案件。

（8）要严肃查处执法不公、为黑恶势力充当"保护伞"的腐败问题

重点查处基层干部和司法执法人员执法不公、以案谋私、贪赃枉法的案件，收受贿赂和礼金为黑恶势力充当"保护伞"的案件。

（9）要严肃查处基层干部买官卖官、拉票贿选等腐败问题

重点查处基层选人用人和换届选举中买官卖官、拉票贿选的案件，利用宗教宗族家族势力、黑恶势力干扰、操纵、破坏基层选举的案件。

（10）要严肃查处基层干部作风粗暴、欺压群众、奢侈浪费等腐败问题

重点查处基层干部玩忽职守、滥用职权并造成严重后果的案件，基层干部奢靡享乐、生活腐化、奢侈浪费造成严重影响的案件。

中纪委主要领导同志强调，加强基层党风廉政建设、解决发生在群众身边的腐败问题，既要注重治标，更要注重治本。要加强教育、管理、监督，深化改革，完善制度，不断从源头上铲除基层滋生腐败现象的基础。

习近平总书记在十八届中央政治局第一次集体学习时指出：反对腐败、建设廉洁政治，保持党的肌体健康，始终是我们党一贯坚持的鲜明政治立场，党风廉政建设，是广大人民群众始终关注的重大政治问题。

治理群众身边的腐败可以看到反腐败的深入和实效！

160. 仅靠岗位交流能够解决官员腐败的问题吗

岗位交流能够遏制腐败。

这个认识是不科学、不全面的。干部岗位交流、异地任职交流、挂职锻炼交流等是有关方面推出的一种制约公权力的举措，其是有一定的积极的意义。

其实，干部任职交流并不是新生事物，早在清朝就有这方面的先例。在

山西平遥古城里有一个清朝的衙门，墙上贴着清朝官员任职的有关规定，其中有一条就是：官员不能在老家方圆五百里的范围内任职，其用意不言自明。

但是，笔者认为，干部交流、异地任职仅仅是一种治标的举措，它并不治本。

笔者也是一个被交流任职的干部，笔者发现，在原来的区域任职的时候大约有多个各界人士会经常发出吃饭的邀请，但当被交流到异地任职以后，竟然又增加了多个人士来发出吃饭的邀请。对于贪官而言，"朋友"的圈子越来越大了，敛钱的范围越来越宽了，"地"也越来越肥了！

2012年7月，某报刊发了一篇调研文章，某地对一些异地交流任职的干部进行了跟踪调查，竟然发现其中有一部分干部出现了道德作风方面的问题。因为现在干部被交流到异地任职，一般家属不与官员一起随迁，官员晚上孤独寂寞，一些意志薄弱者经不住诱惑，搞起了婚外情、包起了"二奶"、养起了情妇，这些在原地相当一部分干部可能可以避免的问题，到了新的地方竟然急剧地爆发了出来，值得深思！

有一次笔者去外地一个农村调查，正逢该地在进行村干部的选举，但当地村民对于选举的抵触情绪很大，他们表示不希望选举新的人来担任"村官"，而愿意让原来的"村官"继续留任。

什么原因呢？原来，村民们并不是认为以前的"村官"是个好官，而是认为，原来的干部当了九年的"村官"，房子造起来了，汽车买起来了，孩子出国留学了，亲戚朋友都富起来了，他已经"捞饱"了，让他继续留任也捞不到哪去了，现在再弄一个新的"村官"上去，重新捞起来，村民们可吃不消啊！

这个理由令人心酸、令人啼笑皆非！

无可争辩的事实证明，好的干部、对自己要求严格的干部无论交流到哪里，都是好干部；坏的干部、贪心十足的干部无论交流到哪里，必然是"越交流越腐败"，可见交流本身不能解决官员的廉政问题。

河南省四任交通厅长"前腐后继"接连腐败，他们都是先后被交流的干部，结果都倒在新的岗位上，其中深刻的原因耐人寻味！

岗位交流，对贪官不起作用！

161. 预防腐败机制的建立不可能吗

一些人对预防腐败机制的建立感到没信心，认为不可能。

这种认识过于悲观，是不正确的。

我们说，造成腐败的原因确实是多方面的，要根本治理腐败也是有难度的，但不是说腐败就根治不了。

这种机制，要针对腐败产生的最为重要的一点，就是权力过于集中，而又得不到有效的制约和监督来建立、来完善。

这就需要改革我们的制度，要推进政治体制的改革，要实行教育和惩治并举的方针。

习近平总书记指出：反对腐败、建设廉洁政治，保持党的肌体健康，始终是我们党一贯坚持的鲜明政治立场。党风廉政建设，是广大干部群众始终关注的重大政治问题。"物必先腐，而后虫生。"

十八届三中全会通过的决定指出：坚持用制度管权、管事、管人，让人民监督权力，让权力在阳光下运行，是把权力关进制度笼子的根本之策。

必须构建决策科学、执行坚决、监督有力的权力运行体系，健全惩治和预防腐败体系，建设廉洁政治。努力实现干部清正、政府清廉、政治清明。

因此，建立惩治和预防腐败的机制、体系就显得十分重要和迫切。

诸如，如何进行有针对性的教育、如何规范权力的产生和赋予、如何对权力进行限制、制约和监督，特别是对于官员财产申报制度的出台等。

当然，机制不是简单的制定制度，而是一种综合性的让腐败无法形成、无法得逞、无法蔓延、无法藏身、无法隐蔽的措施，就是形成一种对腐败像"过街老鼠人人喊打"那样的氛围，就如毛泽东讲的那样：只有人人起来监督政府，政府才不敢懈怠。

其实，国际上许多国家和地区已经创建了一些好的模式，我们完全是可以学习、借鉴的，人人关注反腐败，官员自觉反腐败，腐败被遏制的状态也完全是可能实现的。

对于这个问题，已经引起了高层的关注，国家预防腐败局的成立，表明我们对预防腐败的机构建设提到了国家的层面。我们应当相信，经过国家高层领导、各级官员和人民群众的不断努力，一个成熟的预防腐败机制一定会出现在我们的社会生活中。

悲观失望对反腐败于事无补。

162. "治本"仅仅是说说而已吗

"治本"仅仅是说说而已的。

这个认识是非常错误的。

党中央、中纪委提出要进一步拓展源头上防止腐败的领域，要惩防结合，预防为主，标本兼治，重在治本。

但在相当一些人中，对此的认识明显不足，他们满足于表面文章，抓不住实质要领，满足于形式主义，不注重抓根本关键，满足于开会报告，疏忽监督制约。

因此，有的地方、有的部门、有的领域、有的环节腐败依然严重，职务犯罪依然高发、多发。

实际上，治本就是要通过教育、引导，使权力的执掌者时刻牢记权力是人民给的，必须始终为人民的利益所行使，要时刻抑制自己思想深处可能存在的贪婪性、私利性、虚荣心，坚决抵制各种诱惑、拉拢、腐蚀。同时，更必须要注重对权力行使的监督和制约。

当前，在权力监督、制约方面存在的缺陷还是显而易见和较为普遍的，历史和现实的无数事实表明，任何不受制约的权力必定产生腐败。这一点，已经成为全球反腐败的共识。

我们看到，党的十八大以来，反腐败标本兼治、重在治本取得了令人满意的效果，十八大领导集体把党风廉政建设和反腐败斗争提高到新高度。回顾十八大以来的反腐败工作，可以发现反腐败工作有不同以往的几个特点：重拳迭出，贪官胆战，成效明显，民心大振，亮点纷呈，标本兼治，体现在"高"、"硬"、"震"、"控"、"转"五个方面。

（1）"高"

以习近平为总书记的最高领导层高调反腐，对腐败不回避、不含糊、不妥协，旗帜鲜明，以身作则，率先垂范，廉洁从政从最高层做起，为深化反腐败提供了最重要的、根本性的保障。

提出了"党风廉政建设八项规定"、"官邸制"、"不动产登记制度"、"减少军队非作战人员"、"军队反腐"等制度，震慑力极大。

（2）"硬"

新领导集体体现了与腐败势不两立的强硬态度：

坚决查处腐败案件，腐败问题，祸国殃民。坚决惩治和预防腐败，是党中央的一贯立场和坚决态度。

反腐败，只有进行时，没有完成时。在新的复杂条件和形势下，腐败问题依然易发高发。对任何腐败分子都要依法严惩、决不姑息。这绝不是老调重弹，而是全党全国必须达成的共识。

（3）"震"

本着"当前要以治标为主，为治本赢得时间"的理念，坚持"苍蝇"与"老虎"一起打，一大批腐败分子应声落马，惩治腐败的高压态势初步形成，连续出台23个党纪国法形成"带电的高压线"，其威慑力逐步体现。

（4）"控"

十八大以来，最高领导层明确强调"把权力关进制度的笼子里"，强调加强权力制约与监督的顶层设计、系统规划，逐步完善了从腐败苗子、源头治理的规范，提出了"物必先腐而后虫生"的理念，侧重腐败预防工作。

（5）"转"

各级党委和纪检监察机关聚集党风廉政建设和反腐败斗争，转职能、转方式、转作风，反腐败的注意力和力量大大强化，清理腐败存量的进度明显加快。

纪委系统建立了自身廉洁从政的有关规定和部门，强调纪检人员违法党纪国法一律"指名道姓"公开曝光。

治本之道已经初显端倪,"治本"首先是思想上要重视!

163. 为什么对公权力的腐败必须强调制度和监督

现在,反腐败领域公认这样一个观点:公权是腐败存在的必要条件,公权的性质决定了公权具有易腐的倾向,腐败就是公权的异化。

但这并不是说公权必然导致腐败,而只是说公权提供了腐败的可能性。公权的异化并不是公权自己异化,它指的是公权主体在行使公权的过程中的行使行为的异化。因此思考腐败问题,还必须考虑腐败的另一个重要因素:公权主体即人。公权不会自己运作,它必须由人来行使,而对于"人"这个要素,稍微有一点生活经验的人,应该都会相信这样一个事实:人虽不可能是一个完全的"势利人",但至少是部分的"势利人",人是有"势利人"倾向的;人虽不可能全部都有"势利人"倾向,但至少大多数人都是有这种"势利人"倾向的。

那么"势利人"到底指的是什么呢?

"势利人"最早流行于西方古典经济学(也有被称为"经济人"的),后被现代一些政治学家、经济学家借用、继承和发展,成为现代思想界的一个重要分析工具。它具体指的是这样一种人性预设:人都是理性的、利己的,善于进行"成本—利益"分析的"人",人都是具有自利倾向的,追求个人利益的最大化,希望以最小的付出获取最大的利益。

虽说这应该是一个普遍的事实,但传统西方政治学家们却认为并不是这样,或者他们认为政治领域的人不应该是这样,他们倾向于认为:政治生活中的人是利他主义的,其追求的是公共利益。但有专家、学者则倾向于接受这样的设定：人是有"势利人"倾向的，"个人参加政治活动的目的也是追求个人利益的最大化，也以成本—收益分析为根据"。

首先，认为政治领域的人与非政治领域的人并没有太大的区别，"人就是人，并不因占有一个经理职位，或拥有一个部长头衔就会使人性有一点点改变，一个人不管他是在私营企业里领薪水，还是由政府机关发工资，或在其他地方，他还是他"。

其次，基于上述认识，在人与腐败的关系上，有专家、学者认为：由于公权必须由人来掌握，而人又是有"势利人"倾向的，他在公权极强的强制性、利益性和可交换性的鼓舞下，在对腐败进行成本—收益分析的基础上，非常有可能为了谋取私人利益而利用公权侵害公共利益和他人利益，最终导致腐败。

对于这个问题，该如何解决呢？一般说来，解决问题的方法有两种：一种是消除其原因，另一种是控制其影响。对待公权我们必须采用这两种方法。所以，针对人的因素导致腐败的现象，我们也必须采用这样的两种方法。

关于第一种解决方法：消除其原因，也就是消除公权行使过程中人的因素。它几乎完全不可行，正如前面所述，公权不会自己运作，它必须依靠人来行使，人是公权运作过程中必不可少的要素。由此看来，我们只有用控制其影响的方法来解决了。

至于控制其影响，我们可以从三个方面入手。

（1）控制"势利人"的作用范围

虽然事实上并不是人人都是"无赖"，但从政治学、监督学、人性学的角度看，就应该把每个人都设想成是一个"无赖"，所以就应该尽量限制人的作用范围，限制人的自由裁量权，尽量以非人格化的制度取而代之。在制度可以发生作用的地方或制度比人更能发挥作用的领域，甚至一些制度的效果稍逊于人的效果的领域，都应该杜绝自由裁量权或者尽量限制自由裁量权的作用范围，以防止由于人的"势利人"倾向所导致的腐败影响。

（2）以"势利人"对抗"势利人"

公权主体的"势利人"倾向可能导致腐败，但他腐败的结果必然侵害公民的私人利益或公共利益。针对侵害公民的私人利益的腐败，我们就可以用"势利人"对抗"势利人"的方法，赋予公民以有效的监督权。公民也是有"势利人"倾向的，也是具有利己心的，追求个人利益最大化的，即当公权主体的腐败侵害到他的利益时，他就会主动以自己的"势利人"倾向去对抗公权主体的"势利人"倾向，从而有利于抑制腐败的发生和促进腐败的发现。

（3）以制度监督"势利人"

公共选择理论的领军人物布坎南认为："当人由市场中的买者或卖者转变为政治过程中的投票人、纳税人、受益者、政治家或官员时，他的品行不会发生变化。"因此，对于政治家和政府官员，我们要适当地设计出能制约赋予他们的权力和他们在这些权力范围内的行为的法律：制度、规则。

在公共领域，公共利益本身的性质加上公民"势利人"倾向非常可能出现公民集体对它的漠视，如果在这基础上，再加上公权主体"势利人"倾向，那腐败就几乎是不可避免了。

因此，对于侵害公共利益的腐败，我们更需要利用非人格化的制度和监督机制，来监督公权主体的"势利人"倾向，保护公共利益。

164. 贪污贿赂犯罪在不同的时期都有哪些特点

贪污贿赂腐败犯罪的滋生是与建设事业中的体制、机制、法制密切相关的。在不同的时期、在不同的体制转换过程中、在新机制的创建运行过程中，难免有缺憾、缝隙、漏洞和时间差。因此，贪污贿赂腐败犯罪分子必定会钻这些空子来谋取个人的不法利益，其在不同时期也有一定的不同表现形式及发案规律。

（1）计划经济时期

党的十一届三中全会以后的一段时间里，计划经济体制仍然占主导地位，当时物资紧俏，很多物资必须凭证才能购买。因此，当时的经济犯罪主要出现在国有企业的产、供、销部门。如五金家电、机电仪表、纺织、铁路、厂矿、物贸等企业、单位内的厂长经理、供销科长、销售员、会计、出纳、仓库保管员等，占犯罪人员中的绝大部分。犯罪手法主要是收受一些乡镇企业及协作单位的农副产品、金银首饰之类，涉案金额普遍都较小，犯罪人员的行政级别也普遍不高，中高级干部贪污贿赂腐败犯罪发案率很低。

（2）计划经济向市场经济转轨时期

从20世纪80年代末开始，当时经济活动突出的特点是"双轨制"，即大部分物资的生产和销售开始由市场来调节，但国家并没有将物资全部放开，部分生产要素和资源仍然由政府部门控制。另外，新的生产要素市场，如证券、期货交易市场，金融、外汇交易市场，土地批租市场，房地产开发市场，基本建设市场，进出口贸易许可证的流通等开始出现。这样，就不可避免地在经济活动中出现了特有的现象：一边是市场调节，另一边是官场控制。因此，一些当权者和企业管理者相互勾结，利用同一商品两种不同的价格的差异，谋取私利。这个阶段也成为改革开放以来，贪污贿赂腐败犯罪案件高发、频发、多发的一个突出的阶段。当时的几年，每年有6万上下的国家工作人员（含部分集体所有制组织的管理人员）受到法律的追究。有专家称这个阶段为：人、财、物的需求点，体制转换的交汇点，法律政策的滞后点，权力放任的集中点，监督机制的乏力点。

（3）市场经济发展时期

自20世纪90年代中期，随着市场经济活动在广度与深度上的发展，贪污贿赂腐败犯罪逐步渗透到社会经济的各个领域。不仅在经济部门，在科教文卫等以前很少发案的领域也都出现了贪污贿赂犯罪，甚至不少党政机关、司法机关、军队武警也大办"三产"，利用各自的权力、地位谋取利益，其中贪污贿赂腐败犯罪开始高涨。我国加入世贸组织以后，政府职能开始改变，但政府身兼国家行政管理者和国有资产所有者的双重身份没有根本改变，政府部门的资源配置权力仍然占据较大比重，在具有土地规划、国资管理、金融投资、企业上市、税利指标、进出口商品许可证审核等决定权的政府部门中，贪污贿赂腐败犯罪十分猖獗。随着腐败的滋长蔓延，权力机构出现了"卖权"、组织部门出现"卖官"、司法机关出现"卖法"、军队系统出现"卖密"、经济管理岗位出现了"卖公"等的腐败现象，涉及的对象级别也越来越高、涉案的犯罪金额也越来越大、给国家和人民的利益造成的危害也越来越严重，反腐败形势十分严峻。

165. 当前贪污贿赂犯罪案件主要有哪些特点

随着改革开放的不断深入，贪污贿赂等犯罪的表现形式也在不断变化。要预防这些犯罪的发生，需要对这种变化的特点进行分析、研究，积极采取有效的对策和措施，遏制这类犯罪势头。

（1）"三机关一部门"犯罪势头发展化

"三机关一部门"指的是党政机关、司法机关、行政执法机关和经济管理部门。作为国家的权力部门，在市场经济条件下，这些机关部门中的个别一些工作人员经不起各种利益的诱惑，经不起改革开放新形势下的各种考验，利用手中的权力，大肆进行权钱交易，进行贪污犯罪活动，严重损害了党和政府的形象，严重损害了党和政府与人民群众之间的感情，严重败坏了党风和社会风气，给社会主义现代化建设事业带来了极大的危害，广大干部群众对此深恶痛绝。这些掌握着国家管理职权的机关、部门，行使着领导、管理、监督、司法、审核、规划、分配、组织生产等各种公权力，但是，其中的一些工作人员却利用这些权力进行谋取私利的不法活动，诸如：发生在组织、人事、规划、司法、国防等要害部门，发生在金融、基建、交通、土地、粮食等热点部门，发生在文化、教育、卫生、科研、传媒等高端部门，发生在国资管理、国企转制、房产开发、社会保障、社会管理等敏感部门的贪污贿赂犯罪仍在滋长蔓延，涉案金额越来越大，对象层次越来越高，犯罪手法越来越新，窝案串案越来越多，已引起了全党全民的高度关注。因此，严厉打击发生在"三机关一部门"的贪污贿赂犯罪始终是检察机关的工作重点。

（2）国有企业改制环节犯罪隐蔽化

国有企业中的一些不法分子，他们作案的手法已经从以往个人占有型向个人经营型转化。他们认为与其冒险直接截留公共财产，不如逐渐建立一个能够长期获利的企业，再通过生产资料和资本运作逐步转移，这样更隐蔽、更安全，法律追究也较难。因此，他们往往利用国有企业转制中资产评估方式的不完善进行贪污，侵吞国有资产手法十分隐蔽。其主要手法：一是对国有企业土地、无形资产等不予评估，减少国家股份应占份额，造成在新增权益分配中，国家财产的大幅缩水，有关掌权者以极低的价格买下大部分股权后，只要遇上房屋动拆迁等，其中巨额补偿费便可进入自己腰包；二是在改制时，在产权界定、资产评估和债务清理过程中，向有关主管部门及资产评估机构工作人员行贿，以达到将少评和漏评的国有资产据为己有的目的；三是在企业改制前，转移利润，或隐瞒利润（应收款），或先对原企业实施假破产，造成无力清偿债务的表象，以此逃避履行法定义务，最后达到将国有财产中饱私囊的目的。

（3）权钱交易贿赂犯罪期权化

当前，一些不法分子为了逃避法律的追究，受贿者与行贿者之间往往达成一定的默契，专业术语称之为"期权交易"。就是一方利用职权为另一方谋取利益后，暂时不实现自己个人的利益，而是相隔一定的时期后，待时过境迁、风平浪静后，如离开现职或避人耳目后再"秋后算账"实现自己的利益。主要手法：一是双方事先约定，一方给另一方多少干股，先不交付，一定时间后再予以兑现；二是一方给另一方先买好房产、汽车，或在银行存入巨款，选择适当的时机行贿；三是待有关人员退休或辞职离开后，将事先承诺并准备好的巨款一次性行贿，补偿到位。

（4）高科技手段电脑犯罪专业化

利用现代化高科技等专业知识进行贪污犯罪的新类型犯罪案件在增加。如有的不法分子利用掌握的计算机及网络等高新技术实施贪污、挪用公款犯罪。有的金融机构工作人员可以轻易获取银行或本单位系统电脑授权卡作案，或者利用储户或客户遗忘的卡号，从计算机账户管理系统中调出他人的身份证号，顺利破译密码实施贪污犯罪。有的银行、证券等金融机构工作人员非法操纵计算机系统修改他人账户，盗窃电子资金时，专门关闭监控设施后再实施作案。

（5）单位部门内部犯罪群体化

当前贪污贿赂犯罪趋于严重化的一种突出表现是作案的群体化，这是窝案、串案高发的主要原因。一些单位的掌权者与有关工作人员，为了共同的非法利益，利用手中不同的权力，共同联手作案。他们相互有分工、有组织、有预谋地进行贪污、贿赂、私分国有资产等犯罪活动，或以行业、部门之间之职权谋取小团体的利益，侵吞、骗取国有资产，一旦败露便结为攻守同盟，上推下卸，千方百计逃避法律追究。

（6）贪污贿赂犯罪潜逃提前化

近来，越来越多的贪污贿赂犯罪人员，在作案时就计谋好了潜逃国外或境外的退路、后路。他们在案发前通过各种途径将聚敛的公款通过银行或地下钱庄以洗钱的方式转移至港、澳地区或国外，自己甚至为全家提前办理好了出境、出国的手续，一旦事发或引起了有关机关的怀疑、调查，便远走高飞，溜之大吉。

（7）形式多样的赌博诱发延伸化

赌博已经成为滋生腐败和权钱交易的"温床"。近年来，一些国家机关工作人员参与赌博诱发贪污受贿犯罪出现延伸化的势头。而从以往企事业单位、经济管理人员为主，向党政机关、司法机关、行政执法机关工作人员延伸：一是利用赌博的形式掩盖行贿受贿的实质；二是赌博日趋公开化、多样化、随机化；三是利用网络赌博开始猖獗。

（8）权钱交易贿赂犯罪边缘化

从近期揭露的一些职务犯罪的作案手法来看，贪污贿赂犯罪的手法更加隐蔽、更加狡猾、更加多样化。一些不法分子采用貌似不违法的手段，或貌似只违规不犯罪的手段实施犯罪。诸如"合办公司"、"低价购买房产、汽车"、"为特定的人谋取利益"、"以借为名收受房产、汽车"、"委托资金运作"等，妄图规避法律的制裁。但是，2007年下半年最高人民法院、最高人民检察院关于受贿罪的司法解释的出台，使这些人的如意算盘打空了，是犯罪必定要受到法律的追究。

166. 党政机关职务犯罪的预防重点主要有哪些环节

党政机关工作人员的职务犯罪具有其特定的环节和重点，关注和研究这些环节和重点，并且关注它的不断发展和变化，对预防这类职务犯罪具有重要的作用和积极的意义。

（1）人事环节

党政机关的组织人事部门是选拔、推荐、任命、管理、监督国家工作人员的重要部门，掌握着干部提拔、调动、任免等权力。但是，近年来，腐败也不断向各级组织人事部门渗透。跑官、要官、卖官、送官的现象频频发生。

如时任江西省副省长的胡某（被判死刑），为了自己职位的提拔和工作的调动，向有关的组织部门领导和工作人员行贿 8 万余元；如时任黑龙江省政协主席，曾任省委常委、组织部部长的韩某（被判死刑，缓期 2 年执行），通过卖官敛钱 700 余万元；如时任江苏省省委常委、组织部部长徐某（被判死刑，缓期 2 年执行），通过卖官敛钱 600 多万元。

这些事例告诉人们，腐败也正向组织人事部门渗透和侵蚀。因此，组织人事部门的腐败预防绝对不可掉以轻心。

党政机关的组织人事环节预防的重点主要是：必须严格按照中央关于干部任用的有关规定，规范程序，严格纪律，发扬民主，听取民意，认真把关，集体决定，如实反映，不掺私情。坚决杜绝个人私下操作，幕后交易，搞个人意志、一言堂。对提拔任用的干部由于考察、使用失察出现严重问题的，应当追究相关领导和组织人事部门有关人员的责任。

（2）审批环节

政府机关具有非常广泛和具体的审批权限，大到规划、批文、资金、土地、项目，小到执照、补助、救济、减免、特批等。但是现在有个别一些政府部门的工作人员目无法纪，为了谋取个人的私利，任意破坏各种规范、规定，不按程序办事。

如时任国家食品药品监督管理局局长郑某（被判死刑）等一批药监高官，在行使药品审批权的过程中，大搞权钱交易，在个人获取巨额贿赂的同时，导致一批假药、伪劣药品进入市场，社会危害性十分严重；再如上海市的一些政府部门的主要负责人违反国家规定，将巨额社保资金提供给不法商人或不法企业使用，造成了恶劣的影响和严重的后果。究其根本的原因，就是收受了不法分子的贿赂，用权力去做交易。

因此，审批过程预防犯罪重点主要是：必须公开、公平、公正；必须放在阳光下进行；坚决禁止滥用权力、暗箱操作、幕后交易，必须得到监督和质询；审批必须建立在依据规定，客观真实，符合标准，分级负责的基础上，并经得起监督和检验。

（3）监督环节

监督是政府机关的一项重要职能。在政府的管辖范围内，政府的监督权力非常大而广泛，对各种不符合法律、法规、规章的行为要进行干涉、处罚。被干涉者自身的利益不受损失或少受损失，往往会采用各种方法逃避干涉，而最有效的方法就是收买监督者，于是跟监督者"套近乎"、"交朋友"、送钱、送物，提供各种高档的消费等。一些意志薄弱者因此忘记了身份和责任，"猫和老鼠"打成了一片。

监督环节的预防犯罪重点主要是：坚持原则，明确责任，严格依法，抵制收买，不跟被监督者发生任何个人利益上的关系，特别注意以不作为为被监督者谋取利益而收受被监督者贿赂的行为。不作为而损害国家利益和人民群众利益、为被监督者谋取不法利益且造成严重后果的，照样是故意犯罪，是一种典型的渎职犯罪，必须承担刑事责任。

（4）管理环节

管理是政府机关的一项常规、日常的工作，是社会正常发展、运转的基本保证，其范围广泛，种类繁多，意义重大。如工商行政管理、财政税务管理、治安消防管理、食品卫生管理、房屋道路管理、文化演出管理、人口计生管理、社区居民管理等，老百姓把政府的这些基层管理部门称为"七所八所"，其一个重要的特征就是所管理之事、关乎国计民生、百姓利益。但是，管理过程必定触及一些单位或个人的切身利益，管理者也面临着各种诱惑和腐蚀拉拢。

如上海某美食街在建设过程中，饭店经营者为在经营范围、税收、电力、通信、房产、绿化、治安等方面得到利益和方便，纷纷向具有管理职能的"七所八所"的有关人员行贿，结果有 8 个所的 15 个国家工作人员受到刑事处罚。

因此，管理环节的预防犯罪重点主要是：必须保持头脑清醒，严格按照国家规定办事，与被管理者在个人利益上保持距离，自觉抵制腐败的侵蚀。

（5）协调环节

出现了矛盾，遇到了困难和阻力，就需要有关政府部门出来进行协调。实践中凡是涉及需要协调的事项往往具有牵涉的方面多、涉及的各自利益敏感、解决的困难和阻力较大、被协调者的期望值往往很高等特征。于是，有些协调者借机为自己谋利，有些被协调者也会采用一些不法手段收买负责协调的政府工作人员，希望协调者能偏向自己的一方。

上海某区住宅发展局一负责协调的工作人员，利用房产开发商希望帮助协调水电煤等配套过程，从中索取或收受开发商贿赂数百万元；时任北京市副市长的刘某在批租协调某块地的使用权过程中，为个人徇私谋私，擅自决定将该地块提供给其情妇，引起了其他开发商的强烈不满，结果被举报而落马，并受到刑事追究。

所以，协调过程预防犯罪重点主要是：协调者必须时刻牢记自己是政府机关的代表，不是任何被协调方的雇佣者，协调过程必须一碗水端平，必须维护国家利益和其他各方的合法利益，协调过程必须合法、公正、透明，并受到监督和制约，绝对禁止个人有任何谋私行为。

167. 司法机关、行政执法机关职务犯罪的预防重点主要有哪些环节

司法机关、行政执法机关工作人员的职务犯罪仍然呈高发的态势，曹建明检察长在十一届全国人大五次会议上的报告指出 2011 年全国被检察机关依法查处的涉嫌职务犯罪的行政执法人员 7266 人，司法工作人员 2395 人。

加强司法机关、行政执法机关工作人员的职务犯罪预防刻不容缓。

（1）受案环节

举报、报案、控告、起诉者往往都有一种心态，希望受理案件的司法和行政执法机关能够按照报案人的心愿迅速受理并且能够立案。但是，不是所有的报案都能够被受理或被立案的。于是，想方设法疏通受案环节成为一些当事人的重点攻关环节；也有案件的利害关系人则希望受案环节把对自己不利的材料拒之门外，以免受到处理或追究。如某司法机关举报受理部门一工作人员，为徇私情、谋私利，将举报材料原件泄露给被举报人，造成严重后果，结果被判处有期徒刑 4 年。因此，受案环节是案件双方或多方攻关的重点，加强犯罪预防也就非常有必要了。

案件受理环节预防犯罪的重点主要是：依法受理，严格标准，规范程序，公正处事，不得与当事人及其代理人私下疏通、交易、弄虚作假，不得有任何个人利益的往来。

（2）交往环节

司法人员、行政执法人员因为具有特殊的职业和地位，经常会有各种与自己有切身利益的当事人、代理人、关联人向司法人员、行政执法人员请托一些特定的事项，诸如打听案情、请求取保候审、发还被扣押的物品、减轻或免于处理，也有的是请求疏通其他司法人员、行政执法人员提供方便等。

所有请托的背后几乎都隐藏着利益的诱惑，有的在请托前给付，有的在请托后兑现，有的通过特定的关系人转递。但是，不管是什么方式，都是违纪、违法的行为，严重的将构成犯罪。如 2006 年，某司法机关两个资深干部，私下接受案件当事人委托的律师要求疏通关系，为当事人办理取保候审的请托，分别收受该律师经手给予的 10 万元和 8 万元，结果受到严肃查处。

2013 年震惊全国的上海高级人民法院四个法官接受请托人"招待"集体嫖娼的丑闻就是这一环节失察的典型表现。

因此，司法人员、行政执法人员在对待请托的问题上的预防重点主要是：无论是自己经办的案件还是他人经办的案件，都必须保持警惕，不得私下接受涉案的任何请托；不得与请托人及其代理人有任何交易；发现与案件有关的请托情况必须向上级报告并备案。

（3）办案环节

办理案件的过程中，与案件有关联的利害关系人会千方百计打听办案人的情况，想尽办法要同办案人员搭上关系，其目的很清楚，就是希望得到有利于自己的处理结果。有的还希望通过办案人员改变或减轻或加重某些客观事实。当然，其背后也有不法利益的交换存在，如果在这些问题上处理不慎，则可能出现受贿犯罪和徇私枉法等渎职类的犯罪。如某派出所副所长在接受了贿赂后，竟然对涉嫌伤害致死案件的犯罪嫌疑人包庇、放纵，甚至斡旋有关机构出具颠倒是非的尸体检验报告，产生恶劣的社会影响，结果被依法严惩。

因此，办案人员在办案过程中的预防重点主要是：严格办案纪律，规范办案程序，不私下接触与案件有关的任何人员，不与案件当事人、关系人、代理人发生任何个人利益上的关系。

（4）处理环节

案件处理过程是个非常引人注目的过程，因为处理必然涉及一些人的切身利益，由于处理标准存在一定的幅度，当事人和关联人很自然地希望处理的结果对自己有利。于是，对案件处理的有关人员就成为一些人的重点攻关对象。来自各方面的说情、打招呼、施压力、相威胁等情况都会出现，如稍有不慎，就会产生严重的后果。某司法机关一侦查员，在办理一职务犯罪案件的过程中，收受了案件当事人的两件 T 恤衫，结果受到党纪政纪的严肃处理，并被限令调离。

因此，处理环节的预防重点主要是：内外有别，严格保密，集体讨论，慎重对待，坚持原则，依法处理，不畏权势，不怕威胁，坚决不与来自各方面的势力作妥协、作交易，重大的问题及时报告、请示，并注意有效保护自己。

（5）执法环节

执法，主要是行政执法部门，现在具有行政执法权的机构很多，都具有检查、稽查、审核、查封、没收、扣押、罚款、吊销、取缔等的行政处理权。被管理的对象，正当的行为往往希望得到保护，不法的行为往往希望得到照顾。于是，对行政执法人员进行各种各样的拉拢、收买。确实有个别一些行政执法人员经不住诱惑，成为执法犯法的典型，几乎每年都有行政执法人员因此被判刑。此外，有些执法部门，如城管、交运、环卫等部门的一些执法人员对待弱势群体、普通人群进行粗暴执法、无据执法、随意执法、诱惑执法等现象也时有发生，严重损害了党和政府的形象，严重破坏了党和政府与人民群众之间的感情，与和谐社会的建设格格不入，影响极坏，危害很大；有的执法人员则徇私舞弊，不作为，因此涉嫌渎职犯罪的情况也很突出。

所以，行政执法环节的预防重点主要是：严格依法、讲究规范，文明执法、讲究效果，抵制诱惑、讲究纪律，不贪便宜、讲究廉洁，不搞交易、讲究形象，处罚公正、讲究原则，坚决杜绝执法的随意性和粗暴性。

（6）监管环节

监管场所是监管工作的重点，作为司法行政管理部门，承担着改造罪犯、重塑人生的重要职能。在监管过程中行使着改造考核、劳动分配、接见安排、惩罚奖励、疾病证明等职权。为了早日恢复自由，一些监管服刑对象及其家属会寻找各种机会和关系对监管执法人员进行拉拢，以物质利益引诱以达到不法利益的实现。

如不法商人周某（2007 年 12 月被以行贿罪等多项罪名判处有期徒刑 16 年）在前一次因触犯法律而被监管的时间里，把 4 个分别属于公安机关、监狱管理机关的监管执法人员拉下了水，教训十分深刻。

据最高人民检察院公布，2014 年监管机关中 172 名监管人员违反国家法律和有关规定，对一些被监管人员违法进行"减刑"、"假释"，被追究刑事责任。

因此，监管环节的预防重点主要是：严格执行监管法律法规，依法规范进行监管，杜绝与监管对象及其家属私下交易，禁止出现特殊的服刑人犯，对考核、减刑、假释、疾病证明、保外就医等必须集体研究，公开透明，包括向服刑人员公开，力求公正、公平。公安看守所、检察驻监所的人员也必须注意这些问题。

168. 金融机构职务犯罪的预防重点主要有哪些环节

现阶段金融机构职务犯罪同样呈高发多发态势，预防这类职务犯罪要把握以下重点环节：

（1）放贷环节

金融机构的放贷业务具有风险性大、敏感性强的特征。为了能够顺利获取贷款，一些需要资金的客户把金融机构放贷人员作为重点攻关的对象，于是，请吃、请玩、请游、送钱、送物、送礼……有的符合贷款条件的获得了贷款，有的不符合贷款条件的，也获得了贷款，更有的实际是诈骗的行为，结果也因此骗取了贷款。究其根本的原因，就是金融机构放贷人员获取了个人好处后，竭力为对方提供便利，为他人谋取利益。信贷系统的许多案件都有这类情况出现。

因此，放贷环节中预防的重点主要是：严格审核，规范程序，双人操作，客观报告，集体讨论，多层把关，明确责任，加强监督，严禁与客户有任何私下交易，严禁接受客户的任何好处。

（2）吸储环节

吸收储蓄资金是金融机构的一项重要的业务活动，也是业绩考量的标准之一。当前，金融机构之间的竞争相当激烈，吸储完全是一个买方市场。于是，为了扩大业绩，各个金融机构也使用了各种方法和手段。你有求于人，人家也借机提出种种要求，有的经办人要个人的好处，有的要特别优惠的条件等，更有的私下与你联手搞交易，个人发财，让金融机构吃亏。诸如此类，非常容易发生经济犯罪和渎职犯罪。

因此，吸储环节的预防重点主要是：依法操作，规范程序，杜绝暗箱，禁止交易，不以任何不法或违规的方法和手段去实现一些眼前的利益。

（3）经营环节

金融机构经营的业务很多，而且主要都是与一些大单位、大项目、大资金打交道。金融机构要把项目做大，客户单位为更大的利益需要金融单位的支持和配合，往往需要双方的协作，取得利益的双赢。司法实践中时有发现一些关联的人员便在其中掺杂了个人的利益，而不顾国家和单位的利益，结果不断发生挪用公款、挪用资金、非法经营、行贿受贿、违规操作等问题，大都造成了国家资金的重大损失。

如银行高管：时任中国建设银行党委书记、董事长张某，时任中国建设银行行长王某，时任中国光大集团有限公司董事长朱某，时任中国银行副董事长、中国银行香港总裁刘某，时任中国银行副总裁丁某，时任中国银行副行长赵某，时任中国华夏银行行长段某，以及时任中国银行广东省开平市分行行长余某（侵吞4.85亿美元），时任中国银行哈尔滨分行行长高某（侵吞6亿多元），时任农业银行河南方城县支行行长高某（侵吞1亿元），时任北京商业银行中关村支行行长霍某（受贿7000万元），时任北京商业银行前门东支行行长曾某（受贿2500万元），时任工商银行北京亚运村支行行长刘某（受贿1300万元），时任交通银行深圳分行行长余某（受贿1680万元）等，都是在经营活动中违法犯罪而翻船落水。

所以，金融机构在经营过程中必须加强职务犯罪的预防，其要点主要为：合法经营，规范操作，集体决定，严格监督，定期申报，行踪公开，坚决杜绝个人决定、幕后交易、违规操作，特别是要对一把手限制权限、加强监督，切实把各种经营活动置于完善的监督程序之下，发现各种不良的苗子及时予以消除或纠正。

（4）监督环节

金融监督是非常关键和不可缺少的重要职能，特别是在当前，金融机构正处在转型的关键时期，国家赋予各商业银行运用信贷资金充分权力，但相应制度、监管体制、内部治理机制尚未到位，监督不力，这非常容易出现问题。目前金融业务和金融管理方面发生的违法犯罪问题都与监督不力有关。就金融机构的监督而言，一方面要对其放出去的资金进行监督，另一方面是在金融机构的内部进行监督。但有的监督者因为个人也得了好处，于是监督也变得软弱无力，形同虚设，任凭严重后果不断扩大；有的因为官僚主义，缺乏起码和必要的制约措施，结果发生了难以弥补的损失。

如中国农业银行河北省邯郸市分行几个经济警察（金库看守员）在长达1年多的时间里，竟然数十次监守自盗，将金库里的现金5000余万元弄出去购买彩票，结果被挥霍一空，案件震惊全国。为什么那么严重的问题、那么长的时间里竟然没有发现任何蛛丝马迹呢？该银行的负责人玩忽职守，严重不负责任是出问题的根本。当然，有关负责人均被追究刑事责任也是理所当然的了。

金融机构监督环节的预防重点主要是：责任明确，监督到位，抵制收买，克服官僚，措施有力，铁面无私，只有自己过得硬，监督才能有效果。

（5）管理环节

金融机构的管理状态是反映这个单位整体水平、整体能力、整体面貌的窗口。每个工作人员都有具体的职责，都有一定的工作范围，都有特定的联系层面，只要管理到位，就难以出现问题；反之，就会问题不断，矛盾重叠，甚至发生职务犯罪的情况。

如有的金融工作人员利用特定的管理职能到客户单位要求购买打特定折扣的房产，有的要求客户长期提供给自己交通、通信工具或电脑；有的经常与客户打工作麻将、打牌，以赌博名义借机敛钱；有的经常接受客户请吃、请喝、请玩等；甚至有的与客户勾结共同挪用公款、资金或进行各种为个人或小团体谋利的不法活动。如此这般，时间长了哪会不出问题呢？

金融机构的管理非常重要，其预防的重点主要是：严格管理，严密程序，严明纪律，慎重交友，规范处事，不谋私利。

（6）经手环节

职务犯罪的一个主要特征就是经手、经管，金融机构中的个别工作人员就是利用经手、经管的职务之便实施犯罪。

如上海某国有金融机构一工作人员，负责每天上门去某大医院吸收存储的资金（医院当天的营业收入），每次少则数万元、十数万元、多则数十万元，结果他每次将吸储的资金截留一部分，然后用于个人消费和挥霍，至案发时其已截留公款150多万元，构成犯罪。还有的工作人员接受请托或谋取个人利益后，利用经手的业务公章、文件、账单等私下出具虚假的金融业务证明，被不法分子利用，造成严重后果。诸如此类均说明，金融机构经手、经管环节的预防不可忽视。

金融机构经手、经管环节预防的重点主要是：明确职责，规范手续，强化复核，有力监督，定期检查，适时换岗，涉及重要的业务事项必须两人或两人以上同时进行，并且落实双重复核制度，切身堵塞各种漏洞。

169. 工程建设领域职务犯罪的预防重点主要有哪些环节

现阶段工程建设领域职务犯罪同样呈高发多发态势，预防这个领域的职务犯罪要注意把握以下重点环节：

（1）规划环节

工程、基建规划领域是一个权力大、范围广、资金足、专业强的要害部门，同时也是一个高垄断、高风险、高集中、高统筹的敏感部门，涉及开发、建设、改造、动迁等诸多环节，享有审批、策划、协调、调整、配套决定等权力。一些建设项目的投资商为了获取更大的利益，在规划方面希望诸如在容积率、配套设施、规划期限等总体方案的审批和决定上得到关照而费尽心思。

鉴于规划的细小出入会导致收益的重大落差，因此实力雄厚的投资商会不惜一切代价进行攻关，动用一切关系进行疏通，采用一切手段进行拉拢。于是，一些意志薄弱者成了投资者利益的代理人，作了权钱交易的牺牲品。近年来，在规划领域发生的职务犯罪也时有发生，且有扩大蔓延的趋势。

因此，规划领域的预防重点主要是：依法规划，照章办事；集体研究，民主决策；健全制度，强化监督；坚决杜绝幕后交易，坚决抵制长官意志和个人违规决断。

（2）发包环节

工程建设领域的发包环节是职务犯罪的高发部位。在基建工程项目处于卖方市场的态势下，一个工程项目必定有无数家施工队伍来争夺，几乎到了谁握有项目谁"大爷"、谁拿到项目谁发财的地步。于是，围绕着工程的发包、招投标而行贿、受贿现象多发、易发、高发起来。按规定必须公开招标的，有的却以议标、评标、陪标、邀标等来代替。为了个人利益，不惜破坏公平竞争的机制。有的还故意泄露标底，私下篡改标书，甚至公然弄虚作假，不惜滥用权力以身试法。

上海某高等专科学校分管基建的副校长方某，10年中将所有工程项目全部指定给其私交甚密的一个包工头做，然后在包工头处获取贿赂数十万元，结果被绳之以法。基建系统贿赂犯罪最集中的部位就是发包环节，因此，发包环节的预防不能轻视。

因此，发包环节预防重点主要是：公开招标，规范程序；公正评标，实地考察；公平竞争，数据说话；公信至上，加强监督；坚决抵制说情、打招呼，坚决杜绝私下交易、幕后操作，坚决制止一切违规的行为。

（3）监督环节

工程建设领域的法律、法规及规章制度已经比较齐全和完善，但是，每年在基建领域发生的职务犯罪案件，绝对数还是占较大比重。于是，加强基建领域各个环节的监督就成了一个不可缺少的制约因素。但是，违法犯罪者"道高一尺、魔高一丈"，"我花代价，把你一并拿下"。质量监督站、工程监理部、招投标管理办公室、房屋土地资源管理局等基建监督管理部门成了重点攻关目标。这些年，这些监督管理部门的职务犯罪案件不断发生，且呈上升趋势。

如时任上海市房屋土地资源管理局副局长殷某、陶某、土地资源管理处处长朱某等具有这方面权力的公职人员，就是在监督管理的岗位上大搞权钱交易，结果被绳之以法。

因此，基建监督管理环节预防重点主要是：依法行政，管理规范，监督到位，不谋私利，公开透明，阳光操作，坚持原则，不被收买。

（4）采购环节

工程建设领域中的采购环节是职务犯罪的高发部位。基建的采购涉及设备、材料、配件等，都是大采购，处在买方市场的采购领域历来是卖方利益争夺的阵地，一些负责采购业务的经管者经不住蜂拥而至的攻关、诱惑，纷纷败下阵来。

时任上海某远洋运输集团某基建工程总指挥陆某，利用工程采购的决定大权，大肆贪污受贿，结果采购来的机械设备不合格，钢材的型号不符合标准，有关的施工材料是劣质的，造成国家利益的重大损失，被追究刑事责任。

因此，采购环节预防的重点主要是：集体采购、统一实施，阳光采购、公开招标，比较采购、优胜劣汰，科学采购、节能节资，分职采购、互相制约，责任采购、审计验收。

某远洋运输集团吸取经验教训，建立了规范采购的机制：需要采购的部门提出具体的采购事项；决定采购的部门审批采购的必要性；价格审核部门确定采购的经费限额；执行采购任务的部门按审批的标准具体落实；验收复核部门认真检验登记。结果，仅仅施行短短几个月时间就同比节省2000多万元，上海市工业党委会同检察机关在该集团召开现场会，推广这一有效的采购机制。

（5）验收环节

工程建设领域中的项目验收环节关系到工程质量的保证，关系到工程交付使用的可行，也关系到建设方的利益能否实现或实现利益的大小。所以，能够顺利通过验收是建设方十分关注的大事，一些工程项目机构特意安排专人负责此事。当然，凡是存在种种问题的，他们就会采用一些攻关手段，收买验收人员。社会上经常曝光一些房屋建筑质量出问题的事件，经检查，都有验收合格的手续，往深处调查，其中必定发现有部分验收人员是被收买后违规操作所致的。一些已经暴露出来的案件事实，如几座竣工不久或正要竣工的大桥的垮塌事件就充分说明了这一点。

因此，工程验收环节必须加强职务犯罪的预防。其预防的重点主要是：严格依法，科学公正；坚持原则，不作交易；私下关系，坚决回避；实事求是，百年大计；监督制约，集体把关；责任明确，失职必究。

（6）结算环节

工程结算是涉及投资、建设双方利益的敏感事项，在结算过程中发生问题的也时有所闻。常见的是结算中掺杂虚假的内容，高估冒算，甚至甲乙双方通谋，把个人或小团体的不法利益纳入结算，侵吞国有资产，实施犯罪。由于工程项目涉及的金额一般都很大，稍有出入不易被发现，特别是有关各方联手作案，具有隐蔽性，社会危害性极大。国家重点项目粤海铁路建设总指挥部 5 名领导成员，经通谋竟然虚构一层地基的资金投入，然后集体私分，每人获得上千万元，最终经过十多次的审计才真相大白，均被绳之以法。

因此，加强结算环节的监督、管理，防止违法犯罪的现象出现十分必要。结算环节预防的重点主要是：严格审计，遵守程序；规范核算，剔除水分；各司其职，依据充分；不讲情面，拒绝交易；加强复核，监督到位。

170. 教育卫生领域职务犯罪的预防重点主要有哪些环节

现阶段教育卫生领域职务犯罪同样呈高发多发态势，预防这类职务犯罪要注意把握以下重点环节：

（1）管理环节

教育卫生领域的管理是具有很强的综合性、科技性、知识性、专业性、社会性特征的专门性工作，涉及社会各个方面，关系社会各个家庭，因此该领域具有相当高的职业标准和专业要求，社会的期望值也非常高。但是，市场经济条件下，一些学校校长、医院院长却因职务犯罪被依法惩处。究其原因，都是利用教学、医疗等管理的职能，在诸如资金运作、附属企业、规划建设、招标投标、招生培训、职称岗位等环节实施权钱交易类的犯罪，教训深刻。

时任上海某国家级重点大学常务副校长吴某某、上海某重点大学副校长周某某、上海某高等专科学校副校长方某某、上海某三等乙级医院院长余某某、上海某三等甲级医院副院长洪某某都是学者、专家、教授，有的还是博士生导师，甚至是院士候选人，但均因经不起诱惑，在履行职责的过程中进行权钱交易，结果成为阶下囚。据统计，教育卫生领域，特别是掌握着主要管理权力的中高层领导，在管理环节因腐败犯罪被绳之以法的占该领域职务犯罪的近10%。

因此，教育卫生领域管理层的犯罪预防也不能掉以轻心。其预防重点主要是：加强法治观念，接受组织监督；正确履行职权，进行民主决策；倾听不同意见，慎重对待请托；时刻牢记身份，坚持为人表率。

（2）采购环节

教育卫生领域的采购系统是职务犯罪的重灾区，历年来在这个部位发生的贪污受贿案件都比较突出，在教材采购、教具采购、电脑采购、药品采购、器械采购、基建采购等环节中不断发生犯罪案件。

如时任上海某三等甲级医院采购部门负责人金某、某重点大学图书采购部门负责人王某等，都是利用采购的职权收受贿赂，被追究刑事责任。治理教育卫生领域采购系统的腐败已刻不容缓。因此，要针对这个领域的特点，积极有效地开展反腐倡廉的教育，建立健全行之有效的监督制约机制，提高有关工作人员自觉抵制腐败的免疫力。据统计，教育卫生领域在采购环节因腐败犯罪被绳之以法的占该领域职务犯罪的25%。

因此，教育卫生采购环节预防重点主要是：加强警示教育，提高法律意识；完善采购机制，实行职能分离；整顿采购队伍，提高人员素质；实行阳光采购，监督审核到位。

（3）协作环节

在市场经济的条件下，教育卫生领域的协作工作也不断发展起来，合作办学、合办医院、设立分校、开办分院，还有的是个人执业医师进驻医院开设专业门诊等，协作模式也各种各样，利益分配也各不相同。在与不同的利益集团、不同的主体性质、不同的资金来源协作处事的情况下，面临的都是新情况、新问题，相应的监督机制往往还跟不上位。因此，防止在对外协作过程出现问题也必须纳入预防犯罪的视线之内。如某国有教卫机构搞了一家半紧密型的协作单位，由于疏于监督管理，该单位成了个别上级领导的"皮夹子"、"小金库"和行贿的滋生地，结果上下共有 4 个单位负责人因贪污贿赂犯罪被刑事追究。据统计，教育卫生领域在业务协作环节因腐败犯罪被绳之以法的占该领域职务犯罪的 10%。可见教卫系统在选定提供医疗器械、教育用品的协作单位时，要引起特别足够的重视。

因此，协作过程预防重点主要是：集体决策，依法办事；程序透明，制约有效；明确责任，财务规范；不设小金库，不搞账外账；严禁任何个人利益掺杂其中。

（4）监管环节

监督管理是教育卫生领域十分重要的一个环节，实际上起的是把关的作用，学校买哪些教学用品，买谁家的校服，医院怎样建设，采购渠道如何建立等，都需要严格把关，特别是医院药品、医疗器械的进入，必须非常慎重，这不是简单的涉及多少钱的问题，而是涉及人命关天的大事。有个别监督管理人员也为了一些个人利益、局部利益或小团体的利益，对必须监管的事项眼开眼闭、放弃责任、放任自流，全国一度假药盛行，其中一个重要原因就是国家药监部门领导滥用职权、玩忽职守。

国家食品药品监督管理系统从上到下一批官员，如曾任国家食品药品监督管理局局长郑某，被判死刑并已执行外，还有该局药品注册司司长曹某，被判死缓；该局药品注册司助理巡视员卢某，被判有期徒刑 14 年；国家药典委员会常务副秘书长王某，被判无期徒刑；中国药学会副秘书长刘某，正在提起公诉中，4个厅局级官员及属下200多名有关人员受到查处，他们大肆受贿、滥用职权、玩忽职守给国家和人民的利益造成了重大的损失。

因此，教育卫生领域监管部门的犯罪预防不单单是本部门廉洁行政、廉洁教学、廉洁行医的问题，而且还是被监管部门和监管人员的廉政建设的问题。监管环节的预防重点主要是：健全制度，监督到位；坚持原则，不讲情面；公开标准，不谋私利；发现苗子，绝不姑息。

（5）基建环节

教育卫生领域在基建过程中发生职务犯罪的情况也比较严重，学校要扩大规模，要改善教学环境；医院要上层次、上等级，要大规模改造和建设新的建设项目，与所有的建设项目相似，一定存在各种利益的诱惑，一些包工头许诺的代价越开越大，交易的手法越来越隐蔽。不少人经不住诱惑，"楼还没造上去，人却先掉下去了"。

上海市卫生计划委员会副主任、上海某电视大学、某师范大学、某大型医院分管基建的主要领导都是翻船落水在这个环节。据统计，教育卫生领域在工程建设环节因腐败犯罪被绳之以法的占该领域职务犯罪的35%。因此，基建方面的犯罪预防要作为重中之重来抓，切不可疏忽。

教育卫生领域基建环节预防重点主要是：公开招标，程序透明；集体决策，内行把关；正门敞开，后门关闭；监督制约，私交回避；不馋不贪，拒绝私利。

（6）资金环节

教育卫生领域的资金运作管理是一项重要的工作。监督防范不力必定出现问题，甚至造成国有资金的重大流失。

时任天津大学校长就是在运作学校资金的过程中，不经过集体研究，不接受任何监督，个人独断专行，结果造成国家教育资金损失1000多万元，最终被罢免全国人大代表，并且受到严肃处理。时任上海某重点大学财务处处长私下挪用学校教育资金1000余万元为个人炒股，最终被追究刑事责任。时任上海某医科大学附属医院一财务人员，挪用医院资金860余万元参加网上赌球，结果输得荡然无存。进入2012年，上海检察机关又发现某大学财务处长挪用公款数百万元，被刑事追究。2013年上海市卫生系统、教育系统仍然有领导干部因为涉嫌职务犯罪而被绳之以法。据统计，教育卫生领域在资金监管环节因腐败犯罪被绳之以法的占该领域职务犯罪的20%。可见，教育卫生系统资金监管千万不可掉以轻心。

因此，在这个环节中要注意的预防重点是：责任明确，环环相扣；制度健全，不留空隙；监督到位，步步把关；及时检查，堵塞漏洞。

171. 国有企事业职务犯罪的预防重点主要有哪些环节

现阶段国有企事业中的职务犯罪同样呈高发多发态势，据上海检察机关的调查，发生在国有企事业单位中的职务犯罪日趋严重，平均每个涉嫌犯罪嫌疑人的犯罪金额高达280万元。因此这些单位要强化管理，预防要把握以下重点环节：

（1）转制环节

国有企业的关停并转是适应市场经济发展的必然选择，特别是在国企转制的过程中，涉及国家、企业、职工的多方利益，必须按照国家改革的总体方针、政府有关的具体方案循序渐进地、稳妥而规范地进行。但是一些利欲熏心者竟然借国企改革转制的机会，钻各种空子，千方百计为个人谋取私利。

如时任上海电气集团董事长、党委书记王某（共同贪污3亿元、受贿21万元，被判死刑，缓期2年执行）利用企业改制的机会，通过各种非法手段，最终将某国企转制到自己个人和老婆的名下，伙同他人共同贪污金额高达3亿元。还有的是少估多留、暗中截留、养利在外、秋后去收等不一而足。

利用国企改制实施犯罪是当前职务犯罪的一个突出的表现，必须引起重视。

因此，国企转制环节预防重点主要是：加强法律意识，规范转制程序；

严格审计评估，回避切身利益；落实监督机制，严禁谋取私利；公开透明阳光，取缔幕后交易。

（2）采购环节

国企采购领域的犯罪一直居高不下，呈高发案率，每年国有资金因此流失的难以估量，每年都有一批国家工作人员在这个环节上落马。实行市场经济体制后，国家放开了绝大多数资源领域的价格。因此，在采购过程中，常常价格是可以协商、可以明暗双重操作，名称可以张冠李戴等，由于一些制约措施还待完善，目前确实还存在不少漏洞，因而一定程度上也诱发了此类犯罪的发生。舍近求远、舍好求劣、舍廉求贵、舍真求假、舍公求私，成为采购领域的表现特征，抓好采购领域的廉政建设刻不容缓。

因此，采购领域的预防重点主要是：分职管理，限制权力；分清责任，透明采购；分开职能，各司其职；分别监督，堵塞漏洞。

（3）基建环节

国企的基建同其他行业的基建一样，都是职务犯罪多发、易发、高发的部位，"楼上去、人下去"的现象频频发生。某商业一条街改造，路两边造了一批高楼，结果楼房还未及验收，一些人却纷纷锒铛入狱。犯罪环节不外乎出在发包、土建、采购、装修、设备、招商、租售等过程中。

据检察机关统计，2007 年至 2011 年，发生在国企领域中基建工程环节的职务犯罪案件与同期相比，仍然存在高发、多发的态势，涉案金额仍然居高不下；据国家审计署 2012 年 6 月公布的审计报告，2008 年至 2010 年，中央某石化集团有 31 个建设项目未按规定进行招标，涉及金额高达 16.66 亿元。2008 年至 2010 年，中国某电信集团公司所属单位部分大额采购未进行招标，涉及金额 6753.75 万元。明眼人都可以想象，在近年国家对工程建设领域腐败的治理、管理要求越来越高、规范越来越明确的情况下，故意违反招投标的规定，绕开国家三令五申而我行我素，其中有什么"猫腻"、"交易"是可想而知的，查下去没有腐败犯罪案件才怪呢！

因此，基建系统的预防重点主要是：公开招标，程序透明；明确责任，严格鉴定；加强监理，不搞交易；环环制约，预防先行。

（4）协作环节

国企的内外协作领域是不可疏忽的预防违法犯罪的重点，许多国企因发展生产的需要，建立了各种形式的协作关系，如设立分厂、联营厂、配套厂，性质也各不相同，有公公合作、公集合作、公私合作、中外合作；投资方式也是多样性，独资、合资、股份制、承包制等。由于实际存在的地位差异，被制约方就要不断采取各种手段来保持同制约方的密切关系。

一些企业以前送的是大米、青鱼、老母鸡，现在送的不但是礼金、提货券、现金卡，已发展到送汽车、房屋、干股；还有的是制约方把协作的被制约方当成"皮夹子"，到那里去报销个人消费的发票，提供个人及家属吃喝玩乐的资金，甚至违法套取现金予以挥霍、私分等。因此，加强协作领域的廉政建设，也不能掉以轻心。

令老百姓深恶痛绝的"三公消费"也是国企的一个通病，一些企业主要领导开高档车、请豪华宴、走马灯一样出国近年来仍然有蔓延的趋势。2010年笔者在调查中发现某国企（房地产开发公司）几个领导在协作接待过程中，一顿饭也就8个人，竟然吃了68万余元！究竟吃的什么？原来，每个人都喝了几瓶进口的高档葡萄酒"拉菲"，每瓶单价是2.8万元！如此这般下去，老百姓不造反才怪呢！

2012年3月，全国"两会"期间，有人大代表深刻指出，老百姓对这些腐败的容忍度已经到了临界点！

协作环节其实也是抑制"三公消费"的环节，预防重点主要是：牢记自己是人民公仆，手中掌握的是国家的资金，规范协作工作，加强监督制约；不搞打擦边球，不谋取个人私利；不吃、拿、卡、要、玩，不稀里糊涂混；不要让群众戳脊梁骨。

（5）管理环节

国企管理涉及人、财、物各个方面，在管理的一些环节上，有的管理人员不讲原则、不遵守法律规范，结果触犯法律。如侵吞公共财产、挪用公款、收受贿赂，每年发生在国企管理层面上的职务犯罪往往要占全部职务犯罪案件的60%～70%。如时任上海电气集团董事长、党委书记王某（被判死刑，缓期2年执行）、副总经理韩某（被判无期徒刑）、财务总监徐某（被判有期徒刑 7 年）利用国有企业管理职权大肆贪污受贿等犯罪，被绳之以法，教训深刻。

2012 年 5 月，上海某中级人民法院公布，2009 年至 2011 年，其所辖的 10 个区县法院共审判侵犯国有资产犯罪 91 件（不包括非侵犯国有资产的贿赂犯罪案件），涉案 123 人。犯罪金额共计 3.2 亿元，人均犯罪金额 260 万余元。而刑法规定的立案标准是 5 千元、大案标准是 5 万元，260 万元是 5 万元的 52 倍！

这类案件涉及工程建设、房地产、金融业、医疗服务业等。涉及罪名：贪污罪 60 件，占 66%；挪用公款罪 20 件，占 22%；私分国有资产罪 10 件，占 11%；国有公司人员失职罪 1 件，占 1%。

其特点：涉案金额大，危害后果严重；窝案串案多，多个犯罪主体沆瀣一气；犯罪手段多样化复杂化；具有隐蔽性和欺骗性；"小金库"现象严重，成为腐败黑洞。

因此，国企管理层面预防重点主要是：加强自律，接受监督；联系群众，不搞特权；大公无私，抑制贪婪；以身作则，不贪不沾。

（6）处理环节

国企的处理环节也是容易出问题的一个部位，在企业发展、变化的过程中，经常要面临对人、财、物的处理。就人而言，涉及调动、任用、分流、下岗、除名等；就财而言，涉及投资、集资、融资、用资；就物而言，涉及厂房置换、设备出售、物资调整，包括边角料、工业垃圾的处置等。在各类问题的处理中，常常涉及各个方面的利益，也难免出现权钱交易的现象。

如时任上海某进出口公司党委副书记兼纪委书记的纪某，在处理员工调动、辞退、处分的过程中收受当事人的戒指、字画等财物，被判有期徒刑 6 年；如时任上海某印刷公司负责人的朱某在处理纸张边角料时收受回扣，被追究刑事责任；如时任上海某重型企业负责人李某在处理一批淘汰设备时收受贿赂，被绳之以法。

据统计，近年来在国企改制过程中，因为在处理一些财、物环节缺乏监督、缺乏管理，有相当一部分掌握权力的国企主要领导被绳之以法，而且几乎都是侥幸心理、自以为是，以为"神不知鬼不觉"，可以"瞒天过海"，结果都是犯罪金额巨大、后果相当严重，对国家、对企业、对家庭、对自己都是一种祸害。

因此，在这个环节中预防重点主要是：集体决定，有效监督；规范操作，不苟私情；严格核价，登记复核；权能分离，责任明确；限定权限，不搞破例。

172. 农村村官职务犯罪的预防重点主要有哪些环节

现阶段农村村官职务犯罪同样呈高发多发态势，也是造成农村群体事件、社会不稳定因素的诱因，2007 年至 2011 年上海检察机关共查处"涉农"案件 154 件、178 人，其中村官占了相当大的比例，预防这类职务犯罪要注意把握以下重点环节：

（1）土地环节

农村土地现在也成了一些开发商的关注目标，特别是靠近城市的郊区农村，其土地更是不断看好。一些村官为了谋取不法利益，不顾国家有关法律和政策，进行各种名目的土地违法交易，某村官在土地出让的过程中竟然收受贿赂达 100 多万元。因此，土地类的犯罪成为了当前的打击重点之一，在这个环节上加强犯罪预防势在必行。

土地环节预防重点主要是：严格依法办事，必须群众同意；程序全部公开，价格依法确定；严禁不法交易，杜绝暗箱操作；手续规范清楚，审计复核保障。

（2）动迁环节

城市的扩大和新农村的建设，使农村居民的动迁成为村官的一项日常工作，特别是涉及城市、市政性质的动迁，国家将拨付专项资金进行补偿，于是一些村官便动起了歪脑筋。上海某村几名村官把不属于动迁范围的亲属私下纳入动迁户名单中，结果骗取了国家专项资金，每人都达几十万，被依法追究刑事责任。

因此，农村动迁环节中的预防不可忽视，其重点主要是：明确法律责任，规范操作程序；公开动迁范围，确认补偿名单；监督申报过程，复核补偿结果；对照资金总账，节余部分公示。

(3) 资金环节

农村要发展，资金往往成为瓶颈，于是，农村集资成为一种解决资金不足的法宝。由于先天不足的原因，农村组织对资金，包括集资的资金、企业的资金、贷款的资金、国家专项下拨的资金等的管理、运用缺乏经验，一些村官便有了可乘之机，把集体的资金当作自己个人的钱袋子。

据报道，广东省东莞市辖下某农村一村官（村委会主任），几年中挪用包括集资的资金在内的公款，几百次出入澳门去豪赌，结果输掉公款1亿多元，成为全国挪用公款去境外赌博输额最大的第一人。近年上海检察机关也查处过一个村官，其伪造假发票、假凭证680多份，从村里财务部门套取现金1千余万元，上百次去澳门豪赌，被挥霍一空。

据上海检察机关统计，2007年至2011年，上海检察机关查处的150多件"涉农案件"、"村官案件"中，其中有40余件发生在资金管理环节，几乎占1/3。

因此，农村资金环节的预防必须加强，其重点主要是：健全资金管理机构，制定资金管理规则；监督资金运作过程，明确资金理财责任；落实资金专业人员，堵塞资金风险漏洞。

(4) 规划环节

农村规划是建设新农村的重要组成部分，把农村规划好、建设好、发展好，村官们责无旁贷。但是一些村官却利用农村规划的职权谋取个人私利，乘机大发横财。某农村几个村官在规划中弄虚作假，虚报冒领，既骗取国家的补贴，又侵吞集体的财产。农民们无可奈何地称："一年土、两年富、三年成为大财主！"嘲讽的就是这类村官。这些村官的行为，严重损害了农民群众的切身利益，严重破坏了党与农民群众的感情，不加关注，不加惩治，后患无穷。

2010 年发生在广东省的"乌坎"事件，在国内外造成了极其大的影响，其导致严重后果的导火线就是村官在土地规划过程中，暗箱操作、中饱私囊，引起了群众的严重不满，后来在省委领导的重视下，推翻了不合法的规划，把土地还给了农民，同时依法查处了腐败的村官，老百姓才心安气顺。

因此，农村规划环节预防重点主要是：村官必须公选，处事必须公道；权力要有限制，监督不可忽视；规划须得公允，账目透明公开；定期审计检查，及时查处贪官。

（5）企业环节

农村办的企业，在国家经济建设中具有不可忽视的地位和作用，不但对农村的发展、对农民生活质量的提高起到了重要的作用，对国家的经济发展也有积极的推动作用。但是，不可否认，一些乡办、村办企业因为机制灵活、管理简单、成本低廉，在业务交往中成了腐败的诱因。企业需要业务、需要设备、需要技术，均有求于他人，以前是送农副产品，如鸡、鸭、鱼、米之类；现在是送金条、干股、别墅、汽车、巨额钱财或提供吃喝玩乐的场所，甚至发展成为提取个人用于挥霍现金的"保险箱"。

改革开放以来，上海最早处决的几个贪污、受贿犯罪人员都是在与农村企业的业务交往中实施的犯罪。可见，这个环节忽视不得。当然，农村企业自身的建设也很重要，发生在农村企业管理人员中的犯罪也要注意和加强防范。

因此，乡镇企业这个环节的预防重点主要是：民主决策，遵章守纪；依法经营，账目公开；过程透明，定期检查；原则坚定，强化监督；诚实守信，杜绝行贿。

（6）救济环节

目前在农村中确实还有一定数量的困难群众、弱势群体，他们因为疾病、伤残、缺少劳动力等，还过着较贫困的生活。党和政府非常重视和关心这些群众，制定了相应的政策，通过各种途径帮助他们改善生活。其中，对困难户给予救济、定期发放救济金就是一种有效的措施。但是，个别的农村干部竟然把目光转移到了救济金上。

2006 年，上海某农村（乡镇）一负责发放救济金的干部竟然利用职权，克扣应发的救济金，然后拿着赃款去赌博、去买彩票。然而那些没有按时、足额拿到救济金的都是孤独老人、五保户，他们没有文化，没有自我保护的意识和能力，只能默默忍受贫困。这种伤天害理的犯罪行为不惩治、不防范如何了得！

因此，农村扶贫救济环节中的预防重点主要是：选人一定要严，制度一定要全；过程必须透明，回访不能缺少；送钱两人上门，检查监督周到；堵塞各种漏洞，防腐木鱼常敲。

（7）综合环节

"涉农"案件、村官案件近年来有上升的趋势，在一些领域和环节居高不下，涉及的范围几乎涵盖了所有具有权力的部门和岗位。

据笔者统计，2007年至2014年，上海"涉农"与村官职务犯罪案件涉及的岗位、部门和环节有：村主任、村支部书记、村委、镇工会主席、镇村建办、镇市政管理站、镇动迁办、道路管理、镇渔港监督、镇蔬菜公司、镇事业办、镇经济园区、镇环境规划服务中心拆违队、镇劳务所、镇农机站、农机监理站、镇农业服务中心、镇规划和环境服务中心、镇社保服务中心、镇房管所、镇农业管理中心农业科、镇安监队、区就业促进中心、有线服务、通信管理、水利排灌站、供销社合作联社、镇村企业、动物疾控中心、果蔬园区、金融机构等。

涉及的领域有：村镇管理、资金管理、工程发包、公用事业、民政社保、行政执法、动迁评估、动物检疫、商品采购、淡水养殖、技术推广、银行管理、安全监察、水利排灌、农机管理、规划测绘、园艺种植、农业发展、卫生服务、林业管理、畜牧兽医、土地城建、企业管理、环境绿化、公路交通、蔬菜种植、劳务管理、社会救济、儿童福利、医保专管、社区事务、房地产开发等。

其中涉及村长、村书记的80余人；涉及管理部门的150人；涉及经营服务企业的60余人。

因此，全面加强"涉农"管理机构公职人员的廉政教育、强化监督；全面加强村官的政治素质、思想素质、道德素质，全面加强各种权力的监督制约刻不容缓。

173. 驻外人员职务犯罪的预防重点主要有哪些环节

随着改革开放力度的不断加大，国家机关和国有企业派驻境外、国外的人员也日趋增多，在远离国家、单位和组织的外部环境里，能不能牢记自己的使命，遵守自己国家和派遣单位组织及被派遣所在国家、地区的法律是一个不容忽视的大问题。笔者曾经到一个在世界五大洲都有派遣机构的央企进行调研，感到我们的国家工作人员在外派期间，遵纪守法、廉洁自律非常重要，在复杂的环境里经受住考验，这个问题必须提到重要的层面来研究和认识。

（1）交往环节

国家机构、国有企事业单位的驻外人员是受委派到境外履行职务的公务人员，其在境外的行为也必须严格遵守国家的法律和有关规定，当然还必须遵守驻在国的法律和有关规定。在远离祖国和组织的环境里，必须自觉加强遵纪守法的意识，特别是在与各类人员、各类单位交往的过程中要保持警惕，有些交往的对象会送礼、送物，直至给回扣、给各种所谓的个人好处，有的公务人员以为人在境外，没人会知道，便心安理得地照单全收。

上海某局一女处长程某，利用职务便利以损害国家利益的行为给外方提供利益，在境外期间收受了外方的巨额钱款，外方还为其在境外设立了银行账户，最终受贿案情暴露，被判无期徒刑；上海某国有企业集团一总经理常某在境外收受贿赂，并把赃款存入境外银行，也被检察机关查获，被判刑。还有境外的某些组织以给工作、请吃喝、供旅行、办移民、发奖金、给经费的方式同你套近乎，目的是从你这里获取国家机密、军事机密、工业机密、商业机密，如你没有足够的警惕，可能在不知不觉中被拖入危害国家安全、泄露国家机密的犯罪泥坑。所以，在外（境外、国外）交往千万不可掉以轻心。

因此，对外交往环节预防的重点主要是：严格遵守外事纪律，规范履行公务职责；对外交往不卑不亢，事无大小勤于汇报；拒绝接受违法利益，保持警惕防入圈套。

（2）开销环节

驻外公务人员在驻在国的各类费用开销同国内是不同的，许多国家没有消费后提供发票或提供消费凭证的做法，驻外人员一般是将公款打入个人的信用卡进行消费，实际上是在没有监督的情况下使用公款，"靠自觉花钱，凭良心消费"，向单位报销、核账时也是凭个人的记录和说明照实入账。因此，一些国有单位的驻外人员钻这个空子，反正没有人检查、监督，在境外任意挥霍公款，进酒吧、赌场、娱乐场所，购买个人贵重物品等均用公款消费，真可谓："一个月傻、三个月土、六个月开始变小富、一年绝对是暴发户！"

上海某国有企业一驻澳门施工机构的管理人员，在短短的半年时间里，个人挥霍公款150多万港币，造成施工人员的工资都发不出，被判11年有期徒刑。最近几年，驻外及外派机构官员腐败犯罪后，为逃避制裁，往往携款潜逃海外，发生在金融领域、国有企业中的较多，党政机关中个别腐败官员，甚至级别较高的领导干部，近几年也开始或明或暗地汇入海外潜逃的逆流。

因此，加强驻外人员的廉政自律意识很重要，预防重点主要是：把好选派关口，加强自律教育；建立规范制度，严格操作程序；上下经常沟通，注意反常变化；定期回国述职，完善境外监督。

（3）接待环节

驻外机构、驻外人员一个主要的任务是接待国内来的各种人员。出国指导的、考察的、检查的、慰问的、路过的、旅游的、探亲的、因私的等，五花八门，应有尽有。其中确实存在一些腐败现象，其主要表现就是接待人员全部用的是公款开销，甚至去赌场、娱乐场所、色情场所都用的是公款，包括分发所谓的"零用钱"、送高档礼品等。一些人以为，在国内不允许的，在境外都是合法的。便肆无忌惮"如鱼得水"起来。现在被查处的一些领导干部职务犯罪案件，其中有不少犯罪事实是在境外实施的。

如 2007 年，时任国有某大型航空公司党委副书记兼副总经理的吴某（被判处有期徒刑 11 年），4 次去香港、澳门进行公务活动，每次都在境外收受"零用钱"港币 10 万元，其中有几笔钱是国内某国有企业委托境外的接待人员专门送上的。

因此，对驻外机构和人员的行为规范，职务履行的规范必须引起重视。当然，深层次的问题是，驻外机构的一些上级委派机构的领导，把驻外机构当作自己的"私人港湾"、"度假胜地"、"世外桃源"，有意营造这种规避制约的机构和方式。在这种情况下，单独规范驻外机构显然是治标不治本，必须从委派机关这个根子入手。加强这个环节的预防刻不容缓。

因此，驻外接待环节其预防的重点主要是：规范驻外机构，上级自身严谨；勤于驻外教育，领导以身作则；明确驻外职责，及时考核检查；密切驻外联系，掌握实际情况；加强驻外审计，防止出现问题；完善驻外监督，确保廉洁自律。

（4）采购环节

驻外采购是驻外工作的日常事务，所有驻外的日常基本保障都要靠就地采购来实现。一些发达的、法治比较完备的国家或地区，要想通过采购谋取私利几乎没有可能，弄不好还要受到当地法律的制裁。但是，许多发展中国家由于各种监管的措施还不够完善和成熟，存在漏洞，有些驻外人员就会在这个过程中进行谋私的行为。如某大型国企集团有驻外机构近百家、驻外人员上千人，曾经发现一些驻外人员这方面的违规违法情况，个别的还相当严重，给国家造成了重大损失。因此，也要注意在这方面加强防范。

因此，驻外采购环节预防重点主要是：加强教育，严格手续；制度完善，细节明晰；账目规范，监督到位；经常检查，定期复核。

（5）协调环节

进行利益的协调是驻外机构和人员的基本工作任务，在协调过程中代表的是国家的利益、国有企业的利益。但是，曾经发生过境外的一些利益集团以不法手段收买我方人员，以蝇头小利获取巨大的利益，也有某些领导干部因此落马。

如上海某大型国有企业主要负责人在境外洽谈一重大国家项目的过程中，接受了对方的一些利益，结果将重要的工程标的泄露给对方，造成国家利益重大损失。所以，对外协调、谈判、合作也要有廉洁自律的意识。

因此，驻外协调环节预防重点主要是：集体决策，底线预设；互相制约，责任明确；回避私下，杜绝暗箱；坚持原则，抵制收买。

174. 股份制企业职务犯罪的预防重点主要有哪些环节

股份制企业是随着改革开放而不断发展起来的一种符合市场经济发展的新经济组织，其虽然与国有企业的性质具有明显的不同，但在职务犯罪预防、遏制腐败方面应当讲其要求则完全是一样的，在股份制企业中，根据管理人员身份、地位、职责的不同，虽然有"国家工作人员职务犯罪"与"非国家工作人员职务犯罪"之区分，但其职务犯罪客观方面的标准是相同的。

（1）管理环节

受国家机关、国有企业委派到股份制企业中从事管理的人员是国家工作人员。股份制企业同国有企业有不同之处：一是管理决策层有其他投资者利益的代表，受委派者可能处于从属的地位。二是党组织对企业中的其他投资利益代表没有直接的制约作用，党组织的活动大多在业余时间进行。三是受委派人员与其他投资者利益代表的收入可能存在较大的差异，外方委派的人员的收入可能是我方委派人员的数倍、十数倍。四是企业人员结构组成的来源不同、国籍不同、信仰不同、观念不同、习惯不同、收入不同，可能不受我方意识形态的影响（纯国内机构投资的股份制除外）。基于这些不同的因素，受委派人员会产生一些不平衡、不服气、不甘心、不敢干的意识，在一些环节上降低了要求、放弃了责任，有的也发生了贪污、受贿的情况。因此，受委派人员也必须要加强预防意识。

因此，受委派的管理人员其预防重点主要是：牢记代表国家利益的身份，坚持维护国有投资增值的责任，时刻接受党组织的监督，所有行为严格遵守法律规定，不以任何方式谋取不法利益。

（2）资金环节

股份制企业的资金管理与国有企业不完全一样，在股东大会闭会期间基本上由董事长、总经理决策。由于监督的体制、形式、方法不同，董事长、总经理决断的权限比较大，容易产生一个人说了算的情况。特别是在资金的管理、运作的环节上，往往一句话、一支笔就决定了巨额资金的走向。

如时任上海某上市股份公司董事长兼总经理吴某，在企业经营管理的过程中，大肆贪污、受贿、行贿、挪用资金，被判无期徒刑；时任上海某股份制集团董事长郁某，利用其掌管资金的职务便利，以广告费的名义将公款100多万元打入房产公司，以支付其个人的购房款，构成职务侵占罪，被判有期徒刑4年；时任上海某上市股份制企业财务总监叶某，利用职权将公款1000余万元打入股市，为个人炒股营利，被追究刑事责任。所以，股份制企业的高管，特别是受国家或国企委托的管理人员对资金的管理一定要依法规范，谨慎操作。

因此，股份制企业在资金环节的预防重点主要是：严格遵守法律法规，规范运作企业资金；加强资金监督管理，杜绝个人随意决定；重大资金必须论证，程序过程公开透明。

（3）交往环节

股份制企业有其特殊性，在业务交往中可以突破国有企业的惯例或框框，但是必须注意，突破不能以违反法律和规定为前提，特别是股份制企业的高管不能过度强调股份制的特殊而独断专行、为所欲为，应当严格按照董事会的授权，有限制、有依据、有制约地行使权力。要时刻明确，手中权力的使用必须对董事会、股东大会、全体股东负责。

因此，股份制企业交往环节预防重点主要是：规范化，透明化；合法化，程序化；制度化，民主化。

（4）内幕环节

股份制企业，特别是上市公司，企业经营的优劣可以影响股市，也与企业高管的切身利益联系紧密。因此，有些股份制公司的高管采用虚假做账、隐瞒真相、暗箱操纵、内幕交易、发布虚假信息等手法谋取不法利益。最近一些股份制企业高管被调查处理，有的被刑事立案侦查，其中存在内幕交易、违规操纵等不法行为是主要的原因。

因此，股份制企业内幕控制环节预防重点主要是：依法守法，警惕违法；公开透明，规范内幕；加强监督，诚信经营。

175. 其他经济成分企业相应犯罪的预防重点主要有哪些环节

其他经济成分企业一般指非公企业，亦即新经济组织、新社会组织，即非国有集体独资的经济组织，社会团体和民办非企业单位，简称为"两新"组织。

根据中央的统一部署，要加强"两新"组织的反腐倡廉建设。要求非公有制企业、市场中介组织、社会团体、民办非企业单位、基金会等"两新"组织的反腐倡廉建设，促进"两新"组织健康发展。

中共上海市纪委、市委组织部、市委统战部、中共上海市社会工作委员会、市监察局于 2010 年 8 月 18 日发出通知（沪纪〔2010〕107 号），颁布了《上海市推进"两新"组织反腐倡廉建设的若干意见（试行）》。

"两新"组织在执行这些规定的同时，要根据自己企业、组织的具体情况，重点在以下环节加强腐败的预防。

（1）求助环节

其他经济成分的企业是指非公有制的企业，其中主要以中小企业、民营企业、新型企业等为重点。在市场经济的条件下，这些企业受到制约的因素很多，处在比较弱势的状态，存在不少困难，诸如资金、业务、人才、质量保证等。面对激烈的市场竞争，为了在市场上占居一席之地；为了企业的生存、发展，必定要进行各种途径的努力尝试。有的遇到了冷落、推诿、扯皮、刁难，有的遇到吃、拿、卡、要的暗示或明索。于是，自觉不自觉地实施送钱、送物，甚至采取向有关人员巨额行贿的行为，也有的因为得到了帮助和关照，为了表示感谢，为了继续保持关系，主动实施送礼、行贿等行为。

这些情况虽然事出有因，有不得已而为之的因素在内，但是毕竟是涉嫌违法，甚至犯罪，既破坏了市场经济公平竞争的规则，又助长了腐败分子嚣张的贪婪性，一旦暴露还很可能脱不了受到法律追究的干系。每年都有一定数量的行贿人员受到查处，都是基于这类情况。

2007年，上海某区一民营企业负责人为了获取工程业务，向基建管理部门的公职人员行贿20余万元，被法院以行贿罪判处有期徒刑6年。有人说，"行贿就是花钱买官司啊"！此话不假，行贿真是害人又害己。

因此，这类企业的预防重点主要是：坚持依法经营，切实完善管理；避免家族决策，依靠能人智慧；不搞行贿手段，加强自我保护；建立正常关系，坚持诚实守信；杜绝歪门邪道，承担社会责任。

（2）评定环节

一些企业负责人在企业有了一定的发展以后，很自然地产生一种攀爬的心理，希望快速提高企业的社会地位和层次。如现在针对企业的评奖、评优、上等级、授称号、入许可网络、纳入供应商范围等，对企业今后的发展具有举足轻重的促进作用。这种想法本身并没有错，但是如果通过不正当的手段去获取的话，那么就有点本末倒置了。

但是，由于种种原因，一些企业感到，如通过正常途径可能无法如愿以偿，或者企业本身确实还存在不符合条件的因素，于是，有些企业负责人为了能够实现这个目的，便采用送钱、送物，甚至用行贿的手段来拉关系、搞交易，有的因此陷入了违规、违法的泥坑。

因此，这个方面的预防重点主要是：依法办事，实事求是；不怕刁难，不做交易；诚实经营，端正风气。

（3）解困环节

中小企业、新办企业等，可能存在某些主客观条件的不足，在经营业务、发展生产的过程中，难免会出现这样、那样的问题。有的因此会受到职能部门一定的处罚，如违规使用劳动力、超范围经营、税务偷漏、消防不合格、发生安全、质量事故等。有的企业负责人不能正确对待，自以为是关系不硬、路道不粗所致，于是想方设法找门路、通关系，甚至以行贿的方法希望得到免责或减少、减轻处罚。不知道这样一来，旧疤未除又添新痕，既可能把国家履行监督管理职能部门的工作人员拉入违纪、犯罪的泥坑，自己也可能因为涉嫌行贿罪而被追究刑事责任。因此，这类问题也要加强法制意识，不要糊里糊涂地触犯法律。

这个环节预防重点主要是：加强法律意识，规范企业行为；认真改进不足，客观解释原因；绝对拒绝行贿，不搞幕后交易；遭遇不公对待，申诉举报反映。

（4）投资环节

有些企业因为经营情况不佳，结果是病急乱投医，不分原则是非，什么赚钱干什么。于是，有的非法集资，有的非法经营，有的虚开增值税发票，有的甚至干起了欺诈的行为。这些情况，理所当然要受到法律的制裁。其中，有的是故意所为，犯罪的恶性程度严重；有的是不懂法律，法制观念淡薄，属于盲目无知。但是，这都不会影响法律的追究。前一种情况完全是罪有应得，而后一种情况就有点得不偿失了。因此，在这方面强化犯罪预防至关重要！

投资环节预防重点主要是：具备法律意识，保持头脑清醒；规范企业行为，坚持正当经营；不受利益诱惑，黑手必遭报应；诚实守信第一，凡事三思而行。

（5）经营环节

一些不占市场优势的企业在经营过程中，也必须完善企业的管理。这些企业本身的创业就不容易，发展很艰难，如果因为管理不善，又发生企业钱财被侵吞的情况，那更是雪上加霜。之所以发生问题，其根本原因是企业只注重效益而忽视管理。造成企业损失的情况不外乎两种：一是外来的侵害，如产品被骗、被合同欺诈、被非法无限制扣押应收款等；二是内部的侵害，如管理人员吃里爬外、侵占企业财产、损害企业利益等。因而，这也是必须引起重视的。

因此，这个环节预防重点主要是：管理到位、制度健全；加强制约、防范优先；责任明确、授权有限；规范经营、违法不干。

（6）推销环节

一些企业因为缺少市场，为推销产品或服务项目，占领市场份额，便通过建立营销员、业务员队伍四处攻关。如一些药品、医疗器械、保健用品经营企业，一些保险公司、证券咨询公司、房产中介公司等，对这些推销人员实行的是少量基本工资，主要靠拿提成的分配方式，多销售多收益。于是，推销人员便"八仙过海、各显神通"，多通过送回扣、给好处的方法推销产品。

甚至，一些企业专门对推销人员进行"培训"，教授如何行贿及与各类人打交道的方法。其结果是害了一批公职人员，害了一批推销人员，更是破坏了正常的市场经济秩序，败坏了社会风气。如果推销的是伪劣产品的话，还损害了消费者的合法权益，危害极大。从近年来的司法实践来看，不少行贿、受贿案件都是属于这种情况。

如某医疗器械公司推销员向几家医院推销治疗心脏病用的"支架"，然后给医院有关人员回扣，几年下来累计金额巨大。结果，被检察机关查获，行贿方、受贿方均被追究刑事责任。因此，推销行业预防犯罪不可忽视。

推销环节预防重点主要是：依法经营，公平竞争；服务周到，质量取胜；杜绝行贿，不搞歪门；保护自己，长远考虑。

其他经济成分企业或企业人员犯罪的侦查管辖，分别属于检察机关、公安机关。如行贿罪，因行贿罪与受贿罪是对偶犯罪，受贿罪构成人员的主体一定是国家工作人员，那么行贿罪就一并由检察机关管辖处理；如挪用公款罪、贪污罪，如果其他经济成分的企业或企业人员伙同国家工作人员共同作案，而国家工作人员是利用职务犯罪的话，那么作为共同犯罪的同案犯，也由检察机关管辖处理；其他经济成分企业或企业人员实施的侵占、企业人员受贿、挪用资金、虚开增值税发票、合同失职、各类诈骗等犯罪均由公安机关管辖处理。

176. 加强监督的重要性是现在才认识到的吗

加强监督是如今反腐败中的一项重要的举措。

但监督的提出，绝对不是现在才有的事。

黄炎培先生等 6 位国民党参政会参政员于 1945 年 7 月 1 日至 5 日，应中共中央的邀请，访问了陕甘宁边区首府延安。访问期间，毛泽东特意问黄炎培先生："看了解放区，感想怎样?"

黄炎培先生答："我生 60 余年，耳闻的不说，所亲眼看到的，真所谓'其兴也勃焉'，'其亡也忽焉 '，一人，一家，一团体，一地方，乃至一国，不少单位，都没有能跳出这周期率的支配力。大凡初期时聚精会神，没有一时不用心，没有一人不卖力，办事尽心尽力，也许那时艰难困苦，只有从万死中觅取一生。既而环境渐渐好转了，但精神也渐渐放下了。有的因为历史长久，自然的惰性发作，由少数演为多数，到风气养成，虽有大力，无法扭转，并且无法补救。"

"一部历史，'效忠宦成'的也有，'人亡政息'的也有，'求荣取辱'的也有。总之，没有能跳出这个初兴后亡的'周期率'。中共诸君从过去到现在，我略略了解了的，就是希望找出一条新路，来跳出这个周期律的支配。"

黄炎培先生是最早提出"周期率"问题的。纵观中国历史数千年，没有一个朝代不是"初兴后亡"的。黄炎培先生在解放区看到了中国的未来，但他的担心不无道理，反映了全国人民的心愿，这对于将要夺取全国胜利、夺取全国政权的中国共产党来说，无疑是一个非常值得人深思和迫切需要解决的历史课题。

当时，毛泽东回答说："我们已经找到了新路，我们能够跳出这个周期率。这条新路就是民主，就是要人民真正当家作主，积极负责地管理国家事务，严格认真地监督政府和公务人员，只有让人民来监督政府，政府才不敢松懈。只有人民当家作主，人人起来负责，才不会人亡政息。"

"周期律"问题是中国历史几千年来的一个几乎难以突破的规律。

毛泽东提出的："让人民来监督政府和公务人员"是突破"周期率"的一个关键的法宝，就是在经过了半个多世纪的今天来看，是多么重要，是多么关键，是多么一针见血啊！

监督！监督！监督！

177. 监督具有哪些功能

监督，就是指监察、督促。腐败的实质是公权力的滥用，而监督则是权力运作体系的制约因素。它的政治功能在于防错纠错，实现政治体制的自我净化。监督是制约的一种方式，它具有特定的制约作用。

(1) 监督具有纠错功能

经常性的广泛的监督，虽然不可能绝对防止权力的滥用，但是由于监督方式较为便捷，监督范围全面，特别是因为监督主体的广泛性而带来的监督参与者众多，因此可以迅速帮助、督促权力的行使者及时纠正错误行为，对错误的行为进行必要的调整。

(2) 监督具有参与功能

监督是一种积极的参与。权力所有者是广大人民群众，因此人民群众可以通过行使监督权广泛地介入政治生活，表达自己的意志和愿望，并且对各种权力主体、权力行为实行有效的控制，使权力的行使者能够始终代表人民的利益，遏制权力的滥用，有效防止腐败现象的产生。

（3）监督具有督导功能

监督的目的不仅仅是在于控制，而且还在于导向和鼓励。在反腐败斗争中，通过监督，及时地对所监督事项的活动过程及结果的真实性、可靠性作出评价，并且对影响管理行为的相关因素进行科学的分析，能为被监督者的决策和行为提供科学依据，及时地、坚定地支持被监督者大胆而又审慎地行使职权，履行职责。

（4）监督具有预防功能

监督通过事前监督，提前发现和排除权力行使过程中可能出现的问题和潜在的弊端，从而达到防患于未然的目的。这不仅能够提供超前性的保护屏障，而且便于及时采取措施，对减少损失、提高权力运行的有效性具有积极的意义。

（5）监督具有教育功能

广大社会成员可以在参与监督的过程中，接受民主与法治的教育，确立正确的权力观，不断提高参与意识和参与能力，提高对领导干部手中权力监督的有效性，从而为民主建设提供巨大的社会力量和社会基础，促进民主建设的发展。

（6）监督具有警示功能

有效的监督可以形成一种对滥用权力的威慑力，无论是为了谋取私利而掌权，还是在掌权过程中产生谋取私利的念头，在有效的监督面前，掌权者必定不敢轻举妄动，一旦发现其有滥用权力的行为，就采取必要的措施予以处理，严重的可以令其身败名裂、身陷囹圄。这样，所有掌权者都不会轻易以身试法，都不敢执迷不悟而走向人民的对立面。

无论是以个体的形式出现的个人的腐败，还是以组织、部门等形式出现的单位腐败，其本质都是对公共权力的滥用。中国共产党作为执政党，各级党政机关及其领导干部拥有党和人民赋予的各种领导、管理国家的权力。一旦权力的行使游离了有效的监督，就容易滋生滥用公共权力的现象。因此，必须加强对权力行使的监督，把监督置于反腐败体系的关键地位。

178. 网络监督可以替代机制监督吗

如今网络监督成了一种有效揭露腐败的措施，一些贪官在网络抨击目前原形毕露，人们拍手称快。

那个倒霉的安监局长杨某人，从延安车祸现场的微笑，到被曝拥有十几块、几十块、上百块名表及名裤腰带、名牌衣服，再到被省纪委认定为"严重违纪"被撤职、进一步调查，这是一场网络监督的成功，也是网民揭露贪官的又一次胜利。

这些年来，包括网络监督在内的群众监督越发显示其威力，自网民揭露的南京江宁区房地局长"天价烟"，网络报道的安徽某地局长夫妻反目、由妻子几天几夜守住保险箱等检察机关来调查，网络流传的云南某发改委某官员淫乱照片，网络揭露的山西某局长被小偷盗取五千万而曝光贪腐丑闻，网络还暴露了多个地方发生"二奶"单个或者"组团"举报"二爷"而揭露腐败官员行为，均是源于网络的力量，于是一些贪腐官员纷纷落马。

人们看到，通过网络的监督，一些贪官接连不断地被揭露出来，其积极意义是促进社会塑造着一种新秩序。这种秩序，一方面是维护现行的法律制度，另一方面就是公民和公权力所达成的合作、治理的规则。

随着现代网络的飞速发展，网络监督这种非常规的手段，恰恰为许多重大腐败案件的暴露，为纪检机关、司法机关提供了重要的线索，"网络力量"正成为反腐败斗争中日益强大的一支有生力量。事实上，对权力的约束和监督，以及相关制度的完善，都有一个过程。制度不会自动完善，其动力来自官方的努力，更需要公民监督的推动。

但是，我们必须看到，网络随意的监督、媒体选择性监督、群众自发的监督，均不足以预防和治理层出不穷、日趋严重的腐败。实践证明，由于缺乏天然的权威性，以网络监督为代表的民间力量监督，无法从根本上遏制腐败，仅仅是形成一种舆论压力和道德压力。

民间监督如果没有形成一定的力量，往往也是苍白无力的、稍纵即逝的。即便是力量集中、舆论强烈，也必须依赖政府及相关部门的措施。如"天价烟"中的当事人周某、"表哥"杨某人，如果没有当地纪委出面，那么期望最终解决问题、揭露真相恐怕还有待时日。

重要的是，面对网络监督在内的民间自发性的监督，我们的领导层要充分认识到，这反映的是人民群众对当前腐败的强烈义愤，传达的是一种民意的分量。如何适应、研究并且用好民间自发监督这支队伍，使其最终形成反腐败的有效力量，一定成为各级政府，尤其是纪检机关需要研究的课题。

让权力在阳光下运行，才有可能将权力关进牢笼；让权力在最广大公众的目光中接受监督，才会让贪污腐败无所遁形。当一桩桩偶发的网络反腐日益演化为有效的反腐形式，"意外"、"倒霉"将成为"常态"，"网情民意"将集中汇聚成为重要的"制度力量"。

反腐败斗争具有长期性、艰巨性和复杂性，有着广泛民众基础的网络围观并非防治腐败的"零余者"，媒体监督也一直是不可疏忽的重要手段，但是制度的力量才真正是国家系统、稳定、持久，甚至是加强民间的监督力量。

当多种手段实现制度性的有机结合，反腐败网络和威力将实现倍增效应，贪腐者纵然手段高明，百般防范，哪怕不抽名烟、不戴名表、不住豪宅、不开名车……在制度的力量下，他们的落马将成为一种必然。

以机制来遏制腐败是根本性的。

179. 国有企业职务消费治理不了吗

国家机关的"三公消费"治理都举步维艰，更何况国企的职务消费了。

许多人对国企的职务消费不抱很高的希望。

这个认识可能长久不了了。

职务消费是根据公权力的标准，在职场中行使各种权力、享受一定待遇而理应的消费，当然是公款的性质。

其实，更具体一些说，职务消费就是指办公场所及工作条件的提供、公务交通工具、通讯工具、办公用品（如电脑、书籍等）及公务接待费、招待费、考察费、培训费等。

公众、纳税人非常关注的"三公消费"（公务接待、公车使用、公款出国）是其中主要内容。更广义地看，所有职务活动中的消费，都是职务消费。

国有企业属于国家资产，特别是央企，其往往具有垄断的地位，实力非常强大，在当前改革开放、市场经济条件下，在国际大市场中驰骋，与跨国公司竞争和合作，眼界宽了、视野大了，正面效应不容赘述，负面效应也水涨船高，已经引发了严重的腐败。

笔者在工作中了解到，某大型国有企业领导人员，八个人吃一顿饭，消费竟然达到65万元之巨！其中喝掉名酒"拉菲"（当时每瓶售价近3万元）就有十几瓶。

某央企老总每次应酬，非"皇家礼炮"（洋酒）不喝。

某国有企业领导，凡是消费，无论是公是私，均拉公务消费卡，其中不乏家庭消费、亲朋好友消费，甚至情妇、二奶消费。

国有企业，特别是央企是我国经济发展的支柱和领头羊，央企的所作所为，给其他企业起到的是"风向标"的作用。央企、大型国企管理层职务消费是奢侈、铺张还是简朴、节约，必然会起到"示范"的效应，也必然会在社会中造成相当的影响。

对国有企业、特别是央企领导人员的职务消费，国家有关部门在2009年就将此纳入了监督的范围，有专门的文件予以规定。职务消费是国有企业领导人员的一种隐性收益，小额、合理、必需，有助于更好地履行职责，但是，没有制约、不讲节制，必然会被扭曲成为变相的福利、炫耀的资本，甚至是铺张浪费、挥霍公款、贪污腐败的诱因。

中石化老总陈某因为腐败犯罪，利用职权谋取私利2亿多元，依法被判处死刑，缓期2年执行。其在任上就大言不惭地说过："每月交际花费个一二百万算什么，公司一年上缴税款二百多亿，不会花钱，就不会赚钱。"就是这个陈某，在国企中挥霍公款出了名的，粗粗估算，其每天的公款挥霍达4万元。

类似陈某这种国企领导人员的腐败现象，这种肆无忌惮挥霍公款的劲头还没有被根本遏制，老百姓、纳税人对此义愤填膺、民心难平！

对国有企业领导人员职务消费无法无天的现状如何治理，监督无疑是唯一的行之有效的办法。

中纪委领导指出，有关职务消费，必须在这几个方面加强监督：

第一，明确将职务消费纳入财务预算；

第二，职务消费必须公开透明，在阳光下运行；

第三，职务消费必须规范合适，有章可循、有规可依；

第四，以制度保证企业员工有知情权、监督权；

第五，国有企业中凡是上市公司的，其透明度还应该扩大到社会，广大股民也应当有知情权、监督权。

如此这般，职务消费一定走上正轨，腐败现象也必然减少，国有企业领导人员与员工的关系也一定融洽，企业的发展也一定有了更有利的保障。

阳光下运行是遏制腐败的最有效的方法。

180. "三公消费"公开就万事大吉了吗

"三公消费"公开是一大进步，反映了国家顺乎民意、下决心治理这个顽症的一项明智的举措。

但是，仅仅是公开还不是根本，还没有解决源头的问题，治理"三公消费"必须要有配套的措施和手段。

据公开报道，2012年7月19日，92家中央部委在其网站上公布了"三公消费"的情况，占98个中央部委的93.8%。

从已经晒出账单的 92 个部门的"三公消费"看，从不足百万到超过 20 亿的均有，不同部门的差距相当大。其中有的是人多，有的工作性质不同，显然不能相提并论，但如何配置的、怎么使用是合理的、必需的，也要让公众知情。

对于公开了的"三公消费"，不具体说明用途、理由，公众怎么知道支出 5607 万的与支出 2 个亿的哪个更加趋于合理？

显然，公众想要得到的并非只是一组数字，更想探究这组数字本身是否具有合理性。毋庸讳言，一些部门的"三公消费"的数字依然与公众的理解存在偏差，其实际计算以及审核监督过程，仍然令很多人感到神秘。

不可否认，我国政府推进信息公开取得了很大的进步，但仍然与公众的期待存在差距。这需要政府在完善预算管理制度的同时，更深入细致地向公众解释每一笔钱是怎么花的，同时也要把管理制度向公众公开，让公众监督政府有据可依，充分发挥各渠道监督作用，推动政府信息公开透明。

2012 年 7 月 9 日国务院公布了《机关事务管理条例》，进一步要求各级政府定期向社会公开"三公经费"，并提出县级政府严控"三公经费"的规模和比例。国务院还明确提出要细化公开的内容，尤其是细化中央部门"三公经费"的解释说明，并明确省级政府两年内全面公开"三公经费"。

中央部门 2012 年公开"三公消费"的态度是值得肯定的，初步显示了规范与及时，有助于公众更好地了解情况，化解疑问。

当然，作为一种常态监督，对"三公消费"的监督，还必须进行规范和形成一种行之有效的长效机制。

对于"三公消费"的监督，应该建立综合治理机制，事前设立"三公消费"的标准，并且经过人大的批准，这体现在预算编制中要合理；预算执行过程中，"三公消费"的每个环节都应该有监督；事后有问责机制。当然，这需要一定的时间才能达到公众期望的效果。

"阳光是最好的防腐剂。""三公消费"公开作为预决算公开的突破口，应该做好并且逐步细化说明，让公众看得懂，这样政府在预算执行中的随意性就会得到遏制。

以公民权利来制衡政府权力，对于中国未来的发展非常重要。

治理"三公消费"还要继续努力。

181. 灰色权力及收入无法治理吗

黑色权力及收入都无法根治，灰色的更无从谈起了。

确实，灰色权力及收入的治理有难度，但完全是可以被治理的。

所谓灰色权力，指借助公权力的影响力，通过配偶、子女、亲戚朋友等特定关系人，在市场中或者暗地里对各种紧俏资源、稀缺资源的获取、倒卖，进行资本运作，或者不公平交易等，以获得巨额利益的权力行为。

灰色权力的出现和形成，已经为经济社会发展带来了严重后果。一是直接影响市场在资源配置中的决定作用的发挥；二是直接威胁着市场的公平和公正；三是从根本上阻碍着我国真正市场经济的形成和完善；四是扭曲了国家整体的利益格局，加剧了官民冲突；五是加快社会财富向少数人集中，吞噬人民的福利。

破解灰色权力毒瘤，是我国在新的历史条件下推进改革的重大使命。

第一，要对国有资本和国有企业进行重新思考和定义。国有资本在国家对一些关键领域要发挥重要作用，不等于国有企业必须垄断某些行业，更不能通过垄断保护国有企业，破坏市场经济的公平公正原则。

第二，制定各类参与市场竞争主体公平竞争的法律法规，通过法律的手段确保各类主体的公平和公正。

第三，对党政官员及其子女、配偶等涉猎商业活动的行为进行严格管束。面前我国虽然已经建立了这方面的相关制度和规范，但是并没有得到很好的执行。

第四，我们不区分政务官和事务官，类似于西方的那些权力很大的政务官，在中国是终身制的，不像西方国家这类官员都是随着政党的进退而进退。

因此，对于一个中国的领导干部来说，其多年的从政经历，完全使其可能形成一个很大的权力关系网络。因此，如何从源头上防止灰色权力的产生、蔓延，成为未来反腐倡廉应该认真研究解决的问题。

第五，改革国有企业内部的管理方式。包括：取消所有国有企业实际上的行政级别；建立国有资本运营和国有企业管理者队伍，与党政官员进行整体切断；尽量减少党政机构与国有企业领导人员之间的调动等。

灰色权力必须杜绝，灰色收入必须禁止。

182. 反腐败靠网民监督是最有效的吗

如今一些贪官及一些屡禁不止的腐败现象靠网民在进行监督、揭露，除此以外，几乎没有太好的机制和办法。

乍听起来、看起来，好像就是这么一回事。

南京市江宁区房地局长周某就是因为抽"天价烟"被网民穷追不舍，最终被司法机关查出巨额贪污受贿，被判处有期徒刑11年。

云南某地发改委官员因为参与集体淫乱，在网上曝光后，被有关部门查出腐败犯罪问题，被绳之以法。

广西来宾某烟草公司总经理韩某写有淫乱内容的"日记门"在网上曝光，最终被有关部门查出腐败犯罪问题，被绳之以法。

黑龙江鹤岗煤矿瓦斯爆炸事故，造成108人死亡，山西王家岭煤矿瓦斯爆炸事故，造成38人死亡，上海浦东"钓鱼执法"事件造成严重不良影响，温州南站动车追尾事故，造成重大伤亡等，都是经过网民的监督，最终被有关部门查明均属于人为责任事故（事件），而先期都被说成是"自然灾害"或者是"正常现象"。

最近，网民又揭露了陕西省安监局局长杨某"微笑哥"成为"表哥"的不正常现象，揭露了湖北省麻城这个国家级贫困县小学生背着课桌上学，而该县的政府大楼却是装修豪华的"白宫",其领导的表也颇为可观的不正常现象。

诸如此类,不一而足。

腐败问题的揭露,网民能够屡屡"得手",可见,一些官员的腐败已经渗透到了其生活的细节,表面上看是这些贪官"防范意识不强",实际上是贪官们对自己的腐败已经麻木、习以为常。

但因此就认为反腐败靠网民监督、揭露才能是真正有效的,其实不然,这样的认识是不正确的。

网民的智慧再强大,火眼金睛再厉害,也只能是"巧遇"、"撞到",偶尔为之,它毕竟不能成为一种机制、一种常态。

网络监督,是人民群众监督的一个重要组成部分,其积极作用,特别是在现今社会生活中的积极作用是不可低估的,网络监督没有条条框框,而且传播快、针对性强、揭露问题深刻而令一些贪官及其一些"保护伞"们胆战心惊。

这就是网络的力量,人民群众的力量!

当然,我们看问题还必须理性、冷静、客观,网民监督不失为是监督机制中的一个重要的监督,但是,由于网民的地位、角度、认识的局限性,其作用在某些情况下,必然受到制约或者出现误差(造谣的、侮辱人格的除外——这可能需要追究刑事责任),所以说,网民监督,短期间可能是有效的,一针见血的方法也是具有冲击力的,但腐败不能仅仅靠贪官的"失误"、"防范不足"来得到根本的遏制。

君不见如今一些贪官不戴表了、赃款不存入银行了、名贵烟不装在普通烟盒里了、公开的娱乐场所不去而进"会所"了,这就说明,反腐败要依靠一种行之有效的长效机制,一种全方位的有力监督,从源头上遏制腐败。

反腐败仅靠网民的火眼金睛,必定是有限的、表面的、短期的,而我们需要的是从一开始官员就不敢贪婪的机制,这才是根本性的!

当前我们要思考的是,不能让"腐败之毒或甚于毒食品之毒"!

183. 检察机关反贪污贿赂工作总体上是怎样的

最高人民检察院检察长曹建明 2013 年 10 月 22 日在第十二届全国人民代表大会常务委员会第五次会议上发布 2008 年以来最高人民检察院关于反贪污贿赂工作情况的报告。

在这个报告中，我们可以看到自 2008 年以来，全国各级检察机关反贪污贿赂工作的一个基本情况，可以大大加强人民群众对反腐败、惩治腐败犯罪的信心，这个报告主要内容如下：

查办和预防贪污贿赂犯罪是法律赋予检察机关的重要职责。党中央对反贪污贿赂工作高度重视，纳入全面推进惩治和预防腐败体系建设整体格局进行部署、提出明确要求。全国人大及其常委会及时修订完善相关法律规定，加强执法检查和监督指导，为反贪污贿赂工作提供了重要保障。全国检察机关认真贯彻党的十七大、十八大关于反腐败斗争的决策部署，坚持反腐败领导体制和工作机制，不断加强和改进反贪污贿赂工作，为促进反腐倡廉建设、推动科学发展、保障群众权益、维护和谐稳定发挥了积极作用。

一、忠实履行职责，依法查办和预防贪污贿赂犯罪

认真贯彻标本兼治、综合治理、惩防并举、注重预防方针，加大反贪污贿赂工作力度。2008 年 1 月至今年 8 月，全国检察机关共立案侦查贪污贿赂犯罪案件 151350 件 198781 人，提起公诉 167514 人。人民法院判决有罪 148931 人，占已审结案件的 99.9%。通过办案为国家和集体挽回经济损失 377 亿元。

（一）依法惩治贪污贿赂犯罪

深入研究贪污贿赂犯罪特点和规律，积极拓宽案件线索来源渠道，立案侦查的案件中，群众举报 48671 件，占 32.1%；检察机关自行发现 53532 件，占 35.4%；纪检监察机关移送 14354 件，占 9.5%；犯罪嫌疑人自首、其他

执法司法机关移送和其他来源 34793 件，占 23%。在全面履行职责的同时，突出查办大案要案，立案侦查县处级以上国家工作人员 13368 人，其中厅局级 1029 人、省部级以上 32 人；立案侦查贪污受贿 100 万元、挪用公款 1000 万元以上案件 4834 件。不断加大对贿赂犯罪的查办力度，立案侦查利用职权索贿受贿的国家工作人员 65629 人，故意拉拢腐蚀国家工作人员的行贿犯罪嫌疑人 23246 人。2008 年至 2012 年查处的受贿、行贿犯罪人数比前 5 年分别上升 19.5% 和 60.4%。

（二）深入查办经济社会发展重点领域的贪污贿赂犯罪

坚持把服务大局、促进发展作为反贪污贿赂工作的重要使命，围绕中央转变经济发展方式等重大部署，组织开展一系列专项查办工作。一是加强与行业主管部门、行政执法机关的配合，积极参与治理商业贿赂专项工作，依法查处土地出让、产权交易、医药购销、政府采购等领域涉及国家工作人员的贿赂犯罪案件 56963 件。二是为遏制工程建设领域腐败，确保政府投资安全，2009 年 9 月以来，检察机关积极参加工程建设领域突出问题专项治理，在项目审批、招标投标、规划调整、质量监管等环节立案侦查贪污贿赂犯罪案件 26575 件。三是持续开展查办涉农贪污贿赂犯罪专项工作。最高人民检察院分别于 2008 年和 2012 年部署开展查办涉农职务犯罪、查办和预防涉农惠民领域贪污贿赂犯罪专项工作。各地检察机关围绕农村基础设施建设、惠农政策补贴、退耕还林等环节，共立案侦查虚报冒领、截留侵吞、中饱私囊的国家工作人员和农村基层组织人员贪污贿赂犯罪案件 68152 件。

（三）重视查办发生在群众身边、群众反映强烈的贪污贿赂犯罪

坚持把人民群众关注点作为反贪污贿赂工作的着力点，共立案侦查社会保障、医疗卫生、教育科研、扶贫救灾、环境保护等领域的贪污贿赂犯罪案件 79955 件。针对食品安全事件频发、严重危害人民群众生命健康安全的情况，集中开展依法严惩食品安全领域贪污贿赂犯罪工作，推动健全食品安全监管长效机制。同步介入重大安全生产事故调查，严肃查办国家工作人员收受贿赂放纵违法违规生产，以及不法业主以行贿方式逃避安全生产监管等犯罪案件，促进安全生产监管体系建设。今年初，最高人民检察院部署开展查办和预防发生在群众身边、损害群众利益职务犯罪专项工作，进一步促进解

决涉及群众利益的热点难点问题。

（四）着力从源头上预防贪污贿赂犯罪发生

按照中央更加注重治本、更加注重预防、更加注重制度建设的要求，结合办案加强贪污贿赂犯罪预防工作，共向发案单位、相关部门提出预防建议178185件，促进健全权力运行制约和监督体系。围绕灾后重建、南水北调等37904个重点工程项目，深入开展专项预防工作。建立2727个预防职务犯罪警示教育基地，推进预防教育进党校和行政学院，创作推广廉政宣传短片、预防职务犯罪公益广告，广泛开展预防宣传和警示教育，推动形成廉荣贪耻的社会氛围。完善行贿犯罪档案查询系统并实现全国联网，共受理查询311.9万余次。普遍建立惩治和预防职务犯罪年度报告制度，加强对贪污贿赂犯罪的原因分析和预防对策研究，为各级党委政府决策提供参考。

二、创新完善机制，提高反贪污贿赂工作水平

针对贪污贿赂犯罪新情况新特点，紧紧依靠人民群众的参与和支持，密切与有关方面的合作，进一步健全反贪污贿赂工作机制。

（一）健全举报工作机制

加强举报中心建设，开通全国统一的12309举报电话，最高人民检察院和1161个地方检察院建立网上举报平台，构建了来信、来访、电话、网络"四位一体"举报体系。及时核查处理新闻媒体及网络舆情反映的腐败问题，引导网络举报在法治轨道上运行。对实名举报优先办理，及时答复。在举报线索流转的各个环节严格落实保密制度，坚决惩治打击报复举报人等行为。实行举报线索集中统一管理、集体评估、定期清理等制度，防止有案不办、压案不查。建立举报不实澄清制度，对经查证举报失实、给被举报人造成严重影响的，在一定范围内澄清事实、消除影响。

（二）健全协作配合机制

一是按照"分工履职、依法办案、协调配合"原则，健全与纪检监察机关的协作机制，既明确职责分工，依法独立办案，又强化沟通配合，形成反腐合力。二是加强与行政执法机关的联系，健全行政执法与刑事司法衔接机制，共同推进反贪污贿赂工作。三是为解决涉案信息查询难、收集难等问题，与有关部门建立健全信息共享和快速查询机制。最高人民检察院会同14个部

委建立实名制信息快速查询协作执法机制，实现组织机构代码、民航旅客等信息全国联网查询。四是与公安、海关等部门密切配合，完善追逃追赃机制，加大境内外追逃追赃力度，共抓获在逃贪污贿赂犯罪嫌疑人6694名。

（三）健全侦查一体化办案机制

充分发挥检察机关领导体制优势，对重大疑难复杂案件和跨地区、跨部门案件，采取上级检察院交办、提办、督办、指定异地办理等方式，加强统一指挥、组织协调和侦查协作。最高人民检察院对1186件重大案件组织专案侦查、进行挂牌督办。加强检察机关各内设机构在查办职务犯罪工作中的协调配合，落实线索移送、情况反馈、重大案件提前介入引导取证等工作制度，增强查办案件的整体效能。

三、强化自身监督，确保严格规范公正文明执法

认真落实修改后刑事诉讼法，完善执法规范和监督制约机制，提高执法水平和办案质量。2012年贪污贿赂犯罪案件的起诉率、有罪判决率比2008年分别上升4.6和0.23个百分点，撤案率和不起诉率分别下降1.8个和4.6个百分点。

（一）加强反贪污贿赂工作规范化建设

一是围绕反贪工作中容易发生问题的关键环节，加强制度建设，制定和完善人民检察院刑事诉讼规则和检察机关执法工作基本规范等规范性文件，进一步明确管辖、受理、立案、案件交办等程序和标准。二是先后组织开展规范文明执法、办案安全防范、同步录音录像等专项检查，集中解决特权思想、霸道作风、受利益驱动办案、滥用强制措施、违法扣押冻结涉案财物等突出问题，建立健全规范执法长效机制。三是依法规范侦查取证活动，严格按照法定条件和程序采取强制措施，完善和落实非法证据排除机制，坚决防止刑讯逼供、暴力取证等行为，尊重犯罪嫌疑人、被告人和其他诉讼参与人依法享有的诉讼权利，切实加强人权保障。

（二）强化检察机关内部监督制约

一是在落实立案报上一级检察院备案、撤案和不起诉报上一级检察院批准制度的基础上，实行职务犯罪案件审查逮捕上提一级改革，省级以下检察院立案侦查的贪污贿赂犯罪案件，需要逮捕犯罪嫌疑人的，必须报上一级检

察院审查决定。二是明确规定讯问贪污贿赂等职务犯罪嫌疑人，必须按照"全面、全部、全程"的要求进行同步录音录像。从2013年1月起，在报请审查逮捕、移送审查起诉时，必须随案移送同步录音录像资料。三是实行案件集中管理，组织研发全国检察机关统一业务应用系统，普遍设立案件管理部门，对办案实行流程监控、质量管理、案后评查、综合考评，统一接收、保管、移送涉案财物，统一管理、开具法律文书，强化全程管理和动态监督。

（三）完善外部监督制约机制

一是实行人民监督员制度，选任18140名人民监督员，对查办贪污贿赂等职务犯罪案件中应当立案而不立案、拟撤销案件、拟不起诉等"七种情形"进行监督。2008年以来，共将13265件贪污贿赂犯罪案件提交人民监督员监督。二是深化检务公开，定期举办检察开放日、举报宣传周等活动，积极宣传查办和预防贪污贿赂犯罪职能，及时公布重大案件办理情况，提高执法透明度。一些地方检察机关建立案件程序性信息同步网络查询和在线服务系统，保障当事人及其近亲属、人民群众更好地监督办案工作。三是对于法院判决无罪的贪污贿赂犯罪案件认真复查，定期开展办案质量分析，深入查找和解决自身执法中存在的问题。四是制定实施加强律师执业权利保障工作等规范性文件，完善侦查、审查逮捕、起诉等环节听取律师意见制度，保障律师的会见权、阅卷权和调查取证权。

（四）自觉接受人大及其常委会的监督

主动向人大及其常委会报告反贪污贿赂工作情况，认真贯彻人大的决定和要求。新疆、吉林、贵州、河南、安徽、甘肃、黑龙江等省级检察院就反贪污贿赂工作向同级人大常委会作了专项报告。18个省（自治区、直辖市）和部分较大的市人大常委会制定了加强预防职务犯罪工作的决议或条例。积极配合人大组织的专题调研和执法检查，认真办理、及时反馈人大代表的议案、建议，邀请人大代表视察反贪污贿赂工作，诚恳听取批评和意见。

四、加强反贪队伍建设，提升执法公信力

坚持把反贪队伍建设放在突出位置，制定实施加强职务犯罪侦查队伍执法公信力建设的意见，严格教育、管理和监督。

（一）突出抓好思想政治建设

组织反贪干警认真开展学习实践科学发展观、政法干警核心价值观、践行检察职业道德等教育实践活动，深化社会主义法治理念教育，着力解决执法理念、纪律作风等方面的突出问题。结合反贪工作实际，引导检察人员牢固树立办案力度、质量、效率、效果相统一的业绩观，增强人权意识、程序意识、证据意识、效率意识和监督意识，坚持惩治犯罪与保障人权、程序公正与实体公正等"六个并重"，做到理性平和文明规范执法。

（二）切实加强执法能力建设

深入推进反贪队伍全员业务培训，切实提升发现犯罪、侦破案件、收集证据、运用法律等能力。开展修改后刑事诉讼法专题学习培训，制定反贪侦查工作贯彻实施修改后刑事诉讼法的指导意见。针对反贪工作实践性强的特点，广泛开展岗位练兵和业务竞赛，不断提高执法办案能力。加强人才队伍建设，建立由办案能手组成的三级人才库，有针对性地加强培养锻炼。

（三）深入推进纪律作风建设

坚持更高标准、更严要求，狠抓反贪队伍廉洁从检各项工作。建立廉政风险防控机制，实行反贪部门领导干部廉政档案、反贪局长重大事项报告、反贪干警违纪违法情况分析通报制度。建立完善"一案三卡"、执法档案等制度，加强对反贪干警履职情况的明察暗访。对侦查办案活动提出"十个依法、十个严禁"的要求，抓住群众反映强烈的问题进行专项检查和整改。2008年以来，共查处214名违纪违法的反贪干警，其中追究刑事责任22人。

五、当前反贪污贿赂工作存在的问题

近年来，反贪污贿赂工作取得新进展，但仍存在不少问题和不足：一是办案力度有待加大。一些检察机关和检察人员对查办贪污贿赂犯罪案件存在畏难情绪，缺乏攻坚克难的勇气。一些地方反贪部门力量不足，案多人少矛盾突出，影响办案工作开展。二是工作机制有待完善。案件线索管理、侦查资源整合、侦查预防一体化等机制不够健全，一些地方检察机关与有关部门的协作配合不够顺畅和规范，依靠人民群众开展反贪污贿赂工作还不到位。三是能力素质有待增强。一些检察人员执法理念存在偏差，重实体轻程序、重打击轻保护、重办案轻预防。有的过分依赖言词证据，侦查信息化程度不高。队伍专业化程度总体偏低，熟悉经济、金融、证券、科技等专业知识的侦查人才不足。四是执法规范化水平有待提高。一些地方受利益驱动办案、违法扣押冻结处置涉案财物，在办案中仍存在严重侵犯当事人合法权益等问题，少数干警特权思想、霸道作风严重，有的以权谋私、滥用权力。对这些问题，最高人民检察院将高度重视，认真解决。

六、深入贯彻党的十八大精神，进一步提高反贪污贿赂工作法治化水平

近年来，在党中央的坚强领导下，党风廉政建设和反腐败斗争深入开展，一些领域消极腐败现象滋生蔓延势头得到遏制。但当前腐败现象依然多发，滋生腐败的土壤依然存在，反腐败斗争形势依然严峻复杂。党的十八大突出强调坚持中国特色反腐倡廉道路，全面推进惩治和预防腐败体系建设。习近平总书记多次就党风廉政建设和反腐败斗争作出重要指示，对新形势下加大惩治腐败力度提出新的更高要求，为反贪污贿赂工作指明了方向。检察机关要认真贯彻党中央关于反腐倡廉建设的重大部署，充分认识当前反腐败斗争的长期性、复杂性、艰巨性，以更鲜明的态度、更坚定的决心、更有力的措施，全面履行查办和预防贪污贿赂犯罪职责，不辜负党和人民的期待与重托。

（一）保持惩治贪污贿赂犯罪高压态势

坚持有案必查、有腐必惩，"老虎"、"苍蝇"一起打，既突出查办大案要案，又注意查办群众反映强烈的案件。进一步突出办案重点，严肃查办发生在领导机关和领导干部中的贪污贿赂犯罪案件，严肃查办发生在重点领域和关键环节的案件，严肃查办国家机关工作人员索贿受贿、失职渎职等案件。深入推进查办和预防发生在群众身边、损害群众利益职务犯罪专项工作，坚决惩治危害民生民利的贪污贿赂犯罪。推进治理商业贿赂等工作常态化，加大对行贿犯罪惩处力度。进一步畅通举报渠道，完善举报实名答复、举报人保护、举报奖励等工作制度，强化举报线索管理和监督，加强网络举报和涉腐网络舆情研判处置，及时公正有效处理群众举报。落实贪污贿赂犯罪案件一审判决上下两级检察院同步审查制度，强化对审判活动、刑罚执行活动的法律监督。加强与各国、各地区反贪机构的交流合作，完善境外司法协作和

追逃追赃机制。

(二) 更加重视贪污贿赂犯罪预防工作

加强侦查预防一体化机制建设，结合办案深化预防。创新预防宣传内容和载体，充分运用典型案例开展警示教育，增强国家工作人员的廉政意识和法治观念。全面开展重点项目专项预防，做好行贿犯罪档案查询工作。深入分析重点领域、关键环节贪污贿赂犯罪的发案特点、规律，进一步加强预防咨询、检察建议、年度报告等工作，促进反腐倡廉制度体系建设。探索完善专业化预防与社会化预防相结合的有效形式，积极推动党委领导的预防职务犯罪工作机制建设，努力从源头上预防和减少贪污贿赂犯罪发生。

(三) 大力加强反贪污贿赂能力建设

推进反贪队伍专业化建设，加强全员素能培训、岗位练兵和实战训练，提高侦查技能和执法水平。完善侦查一体化办案机制，加大上级检察院督查、指导力度，增强突破复杂疑难案件能力。加强侦查信息化和装备现代化建设，全面推进使用检察机关统一业务应用系统，提升反贪污贿赂工作科技含量。坚决贯彻修改后的刑事诉讼法，进一步规范执法行为，严格依法适用强制措施，支持和保障律师依法执业，确保依法文明办案。紧密结合党的群众路线教育实践活动，在反贪部门深入开展"整顿作风、严明纪律、规范执法"专项教育检查活动，进一步解决执法不公正、不廉洁等突出问题。完善和落实自身监督制约机制，主动接受人民群众监督。加强反贪机构建设，充实整合办案力量，强化职业保障。

(四) 积极营造良好的执法环境

更加自觉地把反贪污贿赂工作置于党委领导和人大监督之下，主动争取有关方面的支持，解决工作中的困难和问题，排除办案阻力和干扰。进一步规范和完善与纪检监察机关在查办案件中的协调配合机制，增强工作合力。会同人民法院做好司法解释等工作，统一执法尺度。健全与公安机关、行政执法机关的协作机制，确保反贪侦查工作顺利进行。深入开展形式多样的法制宣传教育，推动形成全社会支持、参与反贪污贿赂工作的良好氛围。

检察机关将以这次全国人大常委会听取和审议专项工作报告为契机，坚持以邓小平理论、"三个代表"重要思想和科学发展观为指导，牢记使命，锐意进取，不断加强和改进反贪污贿赂工作，努力为推进反腐倡廉建设、保障经济社会科学发展、实现中华民族伟大复兴的中国梦作出新的更大贡献！

184. 如何理解惩治腐败不可忽视外力的作用

执政党的腐败，是关系到党和国家生死存亡的大问题。列宁从建立苏维埃政权后，就一直十分重视这个问题，列宁在党内建立了专门的机构，监督和解决党员干部的腐败。但是，有一个问题始终摆在这里：反腐败的机构也是党领导的，它要听从党的指挥，如果党的领导人甚至党的"一把手"腐败了，那么该由谁来管？对这个问题，列宁也始终没有提出解决的办法来。

靠"自律"来解决党内的腐败，当然是个好办法，期望利用党的自身的力量和觉悟，加强自律，去克服贪污腐败，然而，这仅仅是一种理想的想法而已。

从社会学和管理学的角度，光依靠自律，是不能彻底解决党内腐败的问题的。反腐败的过程中，自己既是"运动员"，又当"裁判员"，这在管理的过程中就会出现功能的缺失，达不到预期的管理效果。

从管理学的角度看，党的腐败问题，其"裁判权"和"监督权"一定要设置在外部。在自律的基础上，再加上群众和舆论的监督作用，才能更上一层楼。反腐败的效果好不好，也要群众说了算，而不是自己。特别是在市场经济条件下，权钱交易、权力资本化是个普遍现象，要增强反腐败的透明度，增强群众和舆论的监督作用，才能奏效。这种监督利大于弊，不要怕别人讲话。对于群众的意见和不满，不要压制，压是解决不了问题的。

要学大禹（因势利导），而不要学他的父亲鲧（一味靠堵）。不管是好的意见，还是坏的意见，都要妥善处理。对于执政党，它掌握着全部的"政府资源"，所以一定要强化外部的监督与制衡，才能有效抵制腐败现象。

要加强这两种监督，就必须首先要加强我国的"民主政治"建设。

这是老一辈无产阶级革命家陆定一同志晚年思考的几个问题之一，他专门谈的是如何解决党内腐败问题的思考。陆定一同志对腐败问题的思考非常深刻，其揭示了对权力多种监督制衡的重要作用，对我们当前从源头上解决腐败问题有重要的指导意义。

185. 如何深刻理解群众身边的腐败将成为反腐败的重要战场

治理群众身边腐败将成为反腐败重要战场。

中央领导同志在加强基层党风廉政建设座谈会上强调，在继续加大力度查办大案要案特别是高中级领导干部违纪违法案件的同时，把着力解决发生在群众身边的腐败问题摆上更加重要的位置来抓。这向外界传递了一个重要信号：治理群众身边的腐败将成为反腐败斗争的重要战场。

从近年案件查办情况看，基层的一些单位和领域腐败案件易发多发，窝案、串案明显增多；一些违纪违法人员级别虽低，但涉案金额之大、影响之恶劣，令人发指。辽宁抚顺"土地奶奶"罗某贪污受贿、山西蒲县"煤官"郝某贪污挪用公款等案件，都是这方面的典型案例。

基层党员干部是党在基层执政的骨干力量，广大群众往往就是通过身边党员干部的言行来评价党和政府的。当前，我国正处于社会矛盾的凸显期，群众利益和社会公平问题更加敏感、备受关注。群众身边的腐败问题，直接侵害群众权益，极易引发激烈矛盾冲突，导致个人极端事件或群体性事件，这已经成为影响党群干群关系、损害党和政府形象的一个重要因素。巩固党的执政基础，完成党的执政使命，需要我们下更大决心、用更大气力解决发生在群众身边的腐败问题。

对于这些消极腐败现象，群众看得最清、感受最深，也最有发言权。解决发生在群众身边的腐败问题，需要我们从人民群众最不满意的地方改起，从人民群众最盼望的事情做起。当前和今后一个时期，要坚决查办群众反映强烈的突出问题，特别是征地拆迁、矿产资源开发、学校办学、医药购销和医疗服务、食品药品制售、选人用人等领域的腐败问题，用基层反腐败斗争的新成效取信于民。

解决发生在群众身边的腐败问题，需要加强案件查办力度，需要加强对基层干部的教育管理和监督，更需要深化改革、健全制度，从源头上铲除基层滋生腐败现象的土壤。重要的是，必须科学合理配置权力，切实改变重要领域和关键岗位的权力被少数人集中行使的现状；健全权力运行机制，实行重要事项集体决议，实现权力行使全程公开；充分发挥群众监督作用，切实解决权力监控缺位和弱化问题；要坚持滥权必究，加大对腐败者的惩处和问责力度，绝不搞"法不责众"，绝不能姑息迁就。

186. 上海社保资金等腐败案有什么教训和警示

2006 年至 2007 年发生在上海的社保资金等腐败案件，涉及违法、犯罪的领导干部级别之高、人数之多、金额之大、手法之新、危害之重为近年来所罕见，教训极其深刻。它"对党和国家的事业造成了极大损害；对市委的威信和形象造成了极大的伤害；对上海改革发展造成了严重的负面影响；对上海干部队伍的思想造成了恶劣的影响"。

这类案件的教训主要是：

第一，领导干部要始终保持思想上的清醒，按照党章的要求，严格要求自己，做到以身作则，表里如一，不谋取任何私利，不做说一套、做一套的"两面人"。

第二，领导干部要时刻牢记手中的权力是党和人民赋予的，必须不折不扣地为党和人民掌好权、用好权，绝对杜绝以权谋私、权钱交易、滥用职权。

第三，领导干部要慎重对待社会交往，要时刻牢记自己的身份责任，时刻注意自己的言行举止，时刻维护共产党员的形象，不乱交"朋友"，不"傍大款"，不搞"小圈子"。

第四，领导干部要切实严格要求自己的亲属和身边的工作人员，首先自己要经得起权力、金钱、美色等各种利益诱惑的考验，以身作则，严于律己，严格要求自己的亲属和身边的工作人员，防止亲属和身边的工作人员利用自己的职权、地位和影响谋取私利。

第五，领导干部要恪守道德准则，作风正派、情趣高尚、讲操守、重品行，坚决自觉抵制各种不正之风，抵制各种腐朽没落的剥削阶级思想，防止腐化堕落。

习近平同志针对上海的这类腐败案件提出，领导干部要过好五关：

第一，要切实过好思想关，仔细算好利益账、法纪账、良心账；

第二，要切实过好权力关，做到为民用权，有限用权，公正用权，依法用权；

第三，要切实过好社会关，慎重对待社会交往和自己的言行举止；

第四，要切实过好亲属关，管好自己，对亲属和身边工作人员严格要求；

第五，要切实过好生活关，慎独、慎欲、慎微。

习近平同志对领导干部"过五关"的要求非常重要，具有深刻的教育意义和实践意义。

第一，在思想关方面，领导干部要仔细算好利益账、法纪账、良心账。贪官们一旦案发，贪污受贿的钱财不但要被全部没收，而且还要丢官、丢位、失去自由，有的还会引发家庭的变故，甚至家破人亡；你以权谋私、滥用职权，严重违反党纪国法，给党的事业和国家的利益造成重大的损失，并且严重损害了党和政府的形象，必须承受相应的责任和后果；你拿着人民的俸禄，却不顾人民群众的利益，无视人民群众的嘱托，一心为个人谋取私利，你怀里揣着不义之财，良心上安稳吗？踏实吗？你会经常受到良心的谴责和煎熬。

第二，在权力关方面，领导干部一定要时刻牢记手中的权力是人民给的，必须要不折不扣地为人民用权，如果你思想上以为权力是某个个人赋予的，或是以为你自己本事大，是你自己个人的，那么你一定无法做到有限用权、公正用权、依法用权，因此而出问题，甚至出现严重的后果那是必然的。

第三，在社会关方面，社会交往不谨慎，眼睛只盯住"大款"们，跟他们称兄道弟、无话不说、无所不做，放松对自己的起码要求，甚至搞"小圈子"，手中的权力被用来谋私，用公权力互相为对方谋私，为不法分子、不法商人谋私，最终被不法分子、不法商人拖下水的前车之鉴太多了，手中有权的人们一定要提高警惕、引以为戒。

第四，在亲属关方面，自己能够过得硬，亲属、身边的工作人员才有可能也过得硬，自己不正，奈何他人。领导干部一定要以身作则、表里如一，不能做"台上一套、台下一套"，"人前一套、人后一套"，"外面一套、家里一套"的"两面人"，在严格要求自己的同时，严格要求自己的亲属和身边的工作人员。

第五，在生活关方面，领导干部要慎独、慎欲、慎微。慎独，就是始终保持清醒的头脑，牢记政治责任，加强法律意识，绝不人云亦云、人做亦做、人贪亦贪。慎欲，就是要提高自己的控制力、抵御力、免疫力，对人的本性所反映的贪婪欲、占有欲、情色欲等各种欲望要有自律力，经得起权力、钱财、情色等的各种考验。慎微，就是关注小节，控制苗子，把握初始。人的控制力，特别是领导干部对权欲、贪婪、情色等控制的阀门一旦失灵，哪怕仅仅开了个小口子，腐败一定会像汹涌浪潮直灌而入，一发而不可收，几乎所有结局可悲的大贪官都是从细微处没有把好关开始，到身败名裂而告终，最终后悔莫及。

187. 一首小诗为何深得贪官之心

这首名为《贪婪之心》的江南小令，令许多贪官对照自己的经历而感慨万分，并且纷纷为之动容，据说还在一些监狱中服刑的昔日贪官们之间流传。他们普遍承认，这就是自己以前生活的写照。

贪婪之心

终日奔忙只为饥，才得有食又思衣。

置下绫罗身上穿，抬头却嫌房室低。

盖了高楼与大厦，床前缺少美貌妻。

娇妻美妾都娶下，忽虑出门没马骑。

买得高头金鞍马，马前马后少跟随。

招了家奴数十个，有钱没势被人欺。

时来运转做知县，抱怨官小职位卑。

做过尚书升阁老，朝思暮想要登基。

一朝南面做天子，东征西讨打蛮夷。

四海万国都降服，想和神仙下象棋。

洞宾陪他把棋下，吩咐快做上天梯。

上天梯子未做好，阎王发牌鬼来催。

若非此人大限到，升到天上还嫌低。

玉皇大帝让他做，定嫌天宫不华丽。

大贪官李某在看守所两年多的关押期间，对这首诗爱不释手，能够背得滚瓜烂熟，还教看守所里的其他在押人员背诵，并用这首诗教育同监室的其他人。李某很有感触地说："这首江南小令比喻我从前的欲望是很贴切的。"

真可谓是：

身后有余忘缩手，

眼前无路想回头。

贪婪是导致腐败犯罪的内在的根本原因，所有腐败犯罪分子，之所以腐败堕落犯罪，最终成为国家和人民的罪人，其内在的贪欲之心的恶性膨胀一定是其根本的动因。因此，每个公职人员，特别是掌握着各种权力的各级领导干部，必须时时处处注意抑制和消除每个人都可能存在的、都可能随着外部条件发展变化的贪婪之念、贪欲之心，因为，抑制贪欲是廉政自律的最根本的内在举措。

前车之鉴，不可忽略；

后悔无门，切莫重演！

188. 反腐败如何做到设计与操作完美结合

习近平总书记指出：当前反腐败斗争形势严峻；要以猛药去疴、刮骨疗毒、壮士断腕的勇气坚决消除腐败；对腐败分子坚决一查到底，坚持苍蝇老虎一起打；坚决查处腐败案件，对任何腐败分子都要依法严惩、绝不姑息。腐败问题，祸国殃民。坚决惩治和预防腐败，是党中央的一贯立场和坚决态度。

李克强总理指出：反腐败，只有进行时，没有完成时。在新的复杂条件和形势下，腐败问题依然易发高发。对任何腐败分子都要依法严惩、绝不姑息。这绝不是老调重弹，而是全党全国必须达成的共识。

我国制度有一些瑕疵问题，具体如下：

（1）违规行为的发现机制问题

由于监督渠道不够开放畅通，对违规行为的发现主要依靠体制内的上级和专门监督机构。公众举报虽然不少，但由于政府信息公开不足等原因，往往难以切中要害。同时由于缺乏保证公众举报得到充分受理核查的有效机制，采取选择性查处的操作余地很大。因而始终难以突破少数人监督多数人、圈内人监督圈内人的无力无效困境，"信息不对称"和代理链过长、监控不够及时有效的问题一直存在。"上级无力监督，同级无人监督，下级无法监督"，这一广为流传的段子，就是对此困境的真切写照。

（2）制度悬置问题

唯有权力能够制约权力，一种权力在遇到足够强有力的对抗性权力抗衡制约前，任何书写在羊皮纸上的法律和制度对它都是无效的，都可能被不羁的权力轻易悬置。由于缺乏有效的权力分置制约机制，一旦某一个位足够高、权足够重的"大人物"以权压法、以权压"制"，将制度弃之不顾，现有低位价的技术主义制度设计就只能徒呼荷荷，无可奈何，就像江西省原副省长胡长清所说的："牛栏关猫，进出自如"，他这样级别的领导完全可以随意地把制度撇在一边，自由行动。

不仅如此，这种只能视权势者意愿决定用还是不用的制度，还可能沦为极少数人别有用心的权力斗争的工具，近来被揭露出来的一些影响特别重大的案件已经证明或者正在证明这一点。

正是由于这个根本缺陷，现有众多反腐制度的效能都不免大打折扣。这就好比建造一座房子，如果地基、梁柱等基本的框架结构没有建造好，却将大量的心思花在窗棂门楣等上面，即使再精工细活，造出来的房子也难免先天不足。

因此，要想从根本上解决腐败问题，必须在制度设计中既注重技术性设计，也注重顶层设计。顶层设计就是为廉洁的政治大厦建造地基梁柱等框架结构。看似琐碎，却必不可少的技术性设计，就是为廉洁的政治大厦提供一块块墙砖屋瓦和窗棂门楣。只有将科学的顶层设计与严密的技术性设计有机结合起来，两厢为用，才能充分发挥制度的效用，将腐败的魔爪牢牢禁锢于制度约束范围之内。

顶层设计反腐制度，必须具备三种意识：一是要有问题意识，针对现有制度的主要和根本的缺陷，即发现机制失灵和制度悬置的问题，有的放矢地进行补救。二要有全局意识，将反腐制度设计与国家基本制度优化改进统筹起来考虑，既锐意改革，又循序渐进，争取最优的制度变革效果。三要有互动意识，既要继续发挥好体制内力量的作用，也有创造条件让民间力量充分参与反腐制度的设计、落实和评估。没有草野力量的参与，仅凭传统的庙堂力量，不可能打赢反腐败的"人民战争"。

189. "耿飚之问"给我们今天的干部有什么振聋发聩的启示

1991年，已经从党和国家领导岗位上退下来的老一辈无产阶级革命家耿飚同志，重返半个多世纪前战斗过的陕甘宁陇东某县。晚上，他住的招待所外面人声鼎沸，黑压压得来了一群"告状"的农民群众，诉说他们对一些县乡干部的不满。怎么劝说大家都不肯离去。

这个县的干群关系十分紧张，耿飚同志决定给省地县的干部讲一次话——不批评、不责备，给大家讲了一段往事，提了一个问题。

50年前，耿飚同志任副旅长的八路军129师385旅就驻扎在这里，一个二十来岁的战士偷偷闯入了一户老百姓的家中，强奸了这户农民家中的一个年轻姑娘。这件严重违反法纪、军纪的事件引起了老百姓的极大愤慨，群情激奋，极大地损害了人民军队的形象，旅部经过研究决定对这个战士公开执行枪决，以平民愤。

一天早上，在部队驻地村头，旅部召开群众大会，公开处决违纪的战士，全体战士和老百姓黑压压得围了一片。

突然，姑娘的父母跟跟跄跄冲了进来，双双跪在了旅首长的面前，为那个犯了纪律的战士求情。耿飚还是毫不让步，决定执行死刑。

一对老人巍巍颤颤地冲进了广场，也双双跪了下来，那是姑娘的爷爷奶奶，他们也来给战士求情。耿飚向父老乡亲们说，人民军队铁的纪律是必须执行的，绝不宽恕！

不料，一个年轻女孩子冲出人群来到会场中间，跪在旅首长面前求情，说"不怪那个战士，是我自愿的，战士是个好人"，要求枪下留人。耿飚斩钉截铁地说，共产党的军队是为人民群众打天下的，欺压人民群众的，绝不能成为其中的一员，人民军队的纪律必须执行。

然而，耿飚话音未落，数百个群众"黑压压"得跪倒了一片，哭着说共产党都是好人，就绕了这个战士，让他戴罪立功吧！

农民出身的全旅战士看到父老乡亲哭成一片，也情不自禁痛哭起来，竟然也"黑压压"得跪倒了一片。耿飚反复说明八路军的纪律，可老百姓和部队战士一个也不肯起来。耿飚只得流着眼泪接受了群众的恳求。

耿飚的故事讲完了，他激动地问道："现在，我要问问今天在座的你们这些人，不管哪一个，如果犯了事，老百姓还会替你们求情吗?!"耿飚的一席话，全场鸦雀无声……

"耿飚之问"，我们必须作出回答。"老百姓还会替你们求情吗?!"值得我们每一个共产党员干部想一想。

至于一些贪官更是大肆贪污、腐败堕落，要让老百姓为你求情的可能性是不言而喻的。

"耿飚之问"是深刻的，是尖锐的，或许还是逆耳的，唯其如此，在今天尤其振聋发聩。让我们深深地想一想"耿飚之问"，以我们的行动交出人民满意的答卷！

190. 柳州人民为何不忘柳宗元

凡到过广西壮族自治区柳州市的人，都会感到柳州当地人频频说到唐代在此担任地方官的柳宗元。往事越千年，柳宗元为什么仍然会让今天的柳州人念念不忘呢？

查诸史籍，柳宗元治理柳州，做了大量有利于百姓的事情：引导人们"凿井百口"，改变了长期以来饮不净生水的习惯；释放奴婢，终结了"以男女质钱，约不时续，子本相牟，则没为奴婢"的落后风俗；重修孔庙，创办学院，带头破除迷信，提升了人的文化素质和文明程度。

柳宗元不仅扎实做事，而且清廉为官。他在柳州任上四年而卒，临终时家人竟然连丧葬费用都出不起，最后由好友刘禹锡资助其灵柩并帮助运回家乡，其廉政不言自明。柳宗元为政有功德，立身有政德，所以赢得了百姓爱戴。正如郭沫若先生诗句所咏叹的："柳州旧有柳侯寺，有德于民民祀之。"

政声人去后，民意闲谈中。千载而下，类似的佳话不断在中国政治史上产生，尤其是在共产党人的执政历程中"情景再现"。在河南各地，老百姓流传这样两句话："走遍河南山和水，至今怀念仁书记"，这"仁书记"，是指兰考县的焦裕禄、林县的杨贵、辉县的郑永和；在福建东山，每逢清明，人们会自发去老书记谷文昌坟前烧香，"先祭谷公，后祭祖宗"成为当地习俗。

从唐代流芳千古的柳州刺史，到老百姓称颂的一批批共产党的优秀领导干部，尽管世易时移、情景变幻，但其中隐含的如何立身、用权、做事的道理，在岁月的淘洗和打磨中，反而放射出更加夺目的光芒。

执政为民是根本，有首歌唱的是"老百姓是天，老百姓是地"，就是这个道理。我们党从成立那天起，就把人民利益镌刻在自己弄的旗帜上，多少仁人志士为之拼搏奋斗、流血牺牲，唤起亿万人民"打江山、跟你走"。我们党执政60多年来，无论是方针政策始终以人民根本利益为旨归，还是焦裕禄、孔繁森、杨善洲等党的干部为官一任、造福一方，不断诠释着"权为民所用、情为民所系、利为民所谋"。

廉洁清正壮根基，历览前贤国与家，成由勤俭败由奢，对今天的共产党人来说，应对"四个考验"，化解为"四个危险"，需要时刻自重、自省、自警、自励，讲党性、重品行、作表率，做到立身不忘做人之本、为政不移公仆之心、用权不谋一己之私，才能保持共产党人政治本色，成为群众信得过的"主心骨"。

这些道理并不陌生，但总有一天党员干部不能真正领悟并践行到位。有的脱离群众、高高在上，有的以权谋私、与民争利，有的华而不实、专务虚名，有的丧失信仰、腐化堕落。这些人的共同点就是背离了党的宗旨，对党和人民的事业造成损害。

从古至今，丰碑从来都是由事业和民心铸就的。干部把群众放在心上，为群众利益无私奉献、埋头苦干，才会在群众心里留下永恒的印记。面对古代先贤的风范，当代先进的事迹，每一个党员干部，需要不断地从思想和行动上拷问自己：入党为了什么？当官做了什么？事后留下了什么？

191. 如何警惕官场上的"精神贿赂"

所谓官场上的"精神贿赂"，就是指一些厚颜无耻、心术不正、动机不良之徒，以花言巧语、阿谀奉承的方法和形式来迎合上司，讨得欢心，求得好感，从而达到自己不可告人的目的的一种伎俩，也就是人们通常非常鄙视的拍马屁、抬轿子、戴高帽等。

有哲学家说过：奉承者不用花钱，但绝大多数的人却不自觉地向奉承者付出巨款。

与物质贿赂赤裸裸的利诱相比，精神贿赂更具有形式上的灵活性和行为上的隐蔽性。它只需要一张无所不能的巧嘴、一盘随时出现的笑脸、一副不知羞耻的媚骨、一个居心叵测的心眼。大贪官张某（湖北省天门市市委书记，因腐败犯罪已被判重刑）为了迎合上司，竟然煞费苦心研究"下级学"，还准备出版《下级学》这本书，毫无疑问，他曾经达到过目的，但也因此失去了人生，成了阶下囚。

作为具有领导身份的官员，手中或多或少都掌握着一定的权力，自然而然地就会成为"精神贿赂"的重点对象，其被腐蚀、被拉拢、被迷惑、被利用的机会肯定就多许多。如果这些官员自身不正、自身稳不住神、沉不住气、分不清良莠、辨不清真假，对"精神贿赂"缺乏免疫力，将很容易被一些别有用心之徒所俘虏，导致失聪、失明、失察、失策，不仅会助长溜须拍马的不正之风，严重败坏党风政风，而且必定带坏一种风气，最终误国误事。

对于具有权力的官员而言，面对"精神贿赂"，一定要时刻保持清醒的头脑，引起高度警惕，自觉加强党性修养和党性锻炼，自重、自省、自警、自励、自律，正确认识自己，客观评价他人，既要勿媚于人，又要防范别人的献媚，真正让自己耳聪目明、心清气正，努力培养高尚人品，提升思想境界，守住自己的精神家园，从而使"精神贿赂"退避三舍，没有市场。

192. 如何遏制贪官职务犯罪潜伏的空间

在我国的官场上，一些贪官的仕途经历暴露出来的是"带病提拔"、"带病任职"、"越腐越升"、"边腐边升"这个值得引起人们警觉的突出问题。

腐败性质的职务犯罪，其有一个不同于其他普通刑事犯罪的特点，就是作案人从开始作案到暴露、被揭露，几乎都存在一段相当长的"潜伏期"。如果讲，杀人、抢劫、盗窃等普通刑事案件是一种"急性"发作的疾病，那么，贪污贿赂等职务犯罪就是一种"慢性"发作的疾病。

2012年上半年曝光的江西省南昌市委常委、南昌县委原书记汤某颇为典型。其1991年开始涉足仕途，从镇长助理到镇党委书记、开发区管委会主任、县委书记，再到副市长、市委常委，直至2009年受到查处，走过来近20年的贪腐之路，如今其已被法院判处死刑，缓期2年执行。

笔者曾经与有关专家作过分析统计，自1991年以来的20年间，在被公开报道的腐败官员案例中，绝大多数贪官的潜伏期在6年左右，其中43%潜伏期在10年左右，11%潜伏期在15年左右，1.4%潜伏期竟然长达20年以上。如时任中共中央政治局委员、上海市委书记的陈某宇，自20世纪80年代开始腐败，且持续不断，直到2006年9月因问题暴露才被调查，其间长达20年，在这期间，他也从一个工厂的普通技术人员升迁至党和国家领导层。

贪官们多年潜伏难以被发现的根本原因除了职务犯罪更趋向于隐蔽化、智能化外，在于我们当前的制约权力的机制还没有完全形成，还有明显的不足。我们在官员被选拔、任用、调动、挂职、交流、考核、测评、监督、财产公开、政务公开等诸多方面还存在漏洞。一些官员政治素质滑坡、个人私欲膨胀、加上管理方式不合理、监督措施不到位，便自然而然地为一些贪官提供了一个"潜伏期"。

如何不让贪官有这般的"潜伏空间"，这成为当前加快推进惩治和预防腐败体系建设提出了一个极为重要、极为紧迫、极为现实而严峻的问题。

那么美国是如何监督官员的呢？我们可以看看美国 2011 年 12 月 7 日被判处 14 年监禁并被罚金 2 万美元的伊利诺伊州州长罗德·布拉格耶维奇腐败案给我们以启迪。

布拉格耶维奇有着与我们一些贪官极为相似之处，如他出身贫寒，早年刻苦努力，有政治抱负，初涉政坛也算清廉，一度还被称为"干净先生"，并还是以"改革者"的姿态出任州长的。自 2003 年年底，前任州长乔治·赖安因腐败落马后其接任，他一上台便信誓旦旦发誓"当个守法的州长"。伊利诺伊州的公民没有相信布拉格耶维奇的信誓旦旦，从他宣誓就职的第一天起就死死地盯着了他，正如美国前总统小布什所言："权力被关在笼子里。"直至 2008 年 12 月 9 日布拉格耶维奇被捕，其任职五年，被时时处于较低之下，使其没有一丁点谋私的空间。

美国伊利诺伊州对布拉格耶维奇的监督具有以下几个方面：

一是对其申报家庭财产进行质疑。布拉格耶维奇在非营利组织担任年薪 50 万美元的职务，其妻子帕蒂谋求某公司年薪 15 万美元的职务。二是包括推荐联邦参议员在内的政务全部公开透明，其以推荐议员的名义谋取私利，结果被推荐者被参众两院"拒之门外"。三是重视公民举报。一儿童医院院长称，布拉格耶维奇曾索要 5 万美元竞选资金以换取"政府支持"，有关部门即立案调查。四是媒体的"扒粪"。《芝加哥论坛报》始终追踪对布拉格耶维奇和州政府的腐败调查，布拉格耶维奇气急败坏，威胁该报的母公司撤换"州长批评者"，否则州政府将取消其财务援助，但舆论监督依旧。五是司法提前介入。布拉格耶维奇卖官待价而沽的电话，全被联邦调查局窃听，从而其贪腐的证据铁板钉钉。

布拉格耶维奇咎由自取，下场可悲。这个案件让我们看到，美国官场的政治运作有如此强大的制衡力量和严密的监督体系，贪官的心存侥幸谈何容易，腐败后想掩盖、想隐蔽、想潜伏，没门！

大量事实雄辩地证明，贪官的潜伏期越长，对党、国家和人民的事业破坏就越大，党的执政资源也就流失越多，压缩乃至杜绝贪官的"潜伏期"，确实值得我们深思，"任重"，"道"可不能太远呵！

193. 解决腐败问题缺乏有效办法吗

一些人认为"教育、制度、监督、惩治"多管齐下，在一定的时期内也没有让腐败得到根本性的好转，于是对反腐败丧失了信心，认为腐败这个毒瘤，没有解决的有效办法了。

这种认识显然是不正确的。

笔者的导师，曾为笔者《反贪侦查岗位必备素能全书》作长篇序言的中国人民大学教授、著名法学专家何家弘先生对中国反腐败的分析和对策具有积极的意义。何家弘先生认为，当下中国的腐败不仅仅是个体性腐败，而是制度性腐败，是社会学腐败。

所谓个体性腐败，即主要因为个人的道德品质低劣导致的偶发性腐败。在任何国家和地区，无论社会制度是否健全，这种腐败都可能存在，犹如普通刑事犯罪中的杀人、盗窃、强奸等一般犯罪。

所谓制度性腐败，即主要因为社会制度缺陷导致的多发性腐败。在这种制度下，不仅坏人、恶人会腐败，不好不坏的一般人也会腐败。（何教授没有进一步说下去，其实，一个不好的制度、不完善的制度，好人也会变坏、好人也会腐败——作者注。）

由于人类的先天基因中既有善缘也有恶端，所以社会中的大多数人都可归入不好不坏的范畴，于是这些制度缺陷就很容易造就出串贪、窝贪、片贪。所谓社会性腐败，即主要由于社会环境和文化传统的因素造成的普遍性腐败。它与制度性腐败往往有常态联系，但它已不仅是政府官员的腐败，譬如社团、企业、学校、医院等。

如果是个体性腐败，那么反腐败的基本措施就应该是严惩犯罪者，威慑一般人。但是，面对制度性腐败和社会性腐败，仅靠惩罚个体来反腐败就难见成效。"杀一"不能"儆百"，"朝杀"还有"暮犯"，因此必须通过完善社会制度和改造社会环境来全面防范腐败。

就当下中国的腐败状况而言，我们只有采取特别措施才能甩掉腐败的重负，开启反腐倡廉的新纪元。

何家弘教授认为，"创新"官员财产申报制度对于全面防范腐败来说具有重要意义。鉴于当下中国的官员群体中拥有"不适宜申报之财产"的官员数量之多，于是建议或可以创新的笔画一幅"中国反腐路线图"，用"附条件的特赦"来换取官员财产公开申报制度的出台。

第一步，由全国人大常委会通过一项决议：凡是在规定期限内如实申报全部家庭财产而且在申报之后未犯新罪的国家官员，其申报财产视为合法财产，不受追查。初次申报之后，国家官员每年要按期申报新增加的财产。

第二步，设立"中华廉政扶贫基金"，鼓励国家官员在申报之前将多余财产以实名或匿名的方式捐献给该基金，捐款不问来源。

第三步，由国家领导人带头申报家庭财产，副处级以上国家干部必须申报，科级国家干部自愿申报，移居外国的前国家干部也可以参加申报。所有申报材料都要在网上公开，允许公民查阅。

第四步，在检察机关的反贪污贿赂部门、反渎职侵权部门、职务犯罪预防部门，以及纪检监察系统的案件查办部门和国家预防腐败局的基础上，组建国家廉政总署、省级廉政署和地市级廉政分署。廉政总署隶属于最高人民检察院，廉政署和廉政分署直接受廉政总署领导，与地方检察机关没有隶属关系。

第五步，制定廉署工作规章，提升反腐办案能力，允许廉署查办案件时使用技术侦查手段和基础信息库，如不动产信息交易库、股票交易信息库、汽车等贵重财物交易信息库等。

第六步，廉署通过两条路径严查官员财产公开申报情况：第一，分别在各级国家官员中随机抽取10%的人进行审查；第二，根据公民的举报情况对有关官员进行审查。凡是未如实申报的官员，一律依法查办，追究刑事责任。

查办情况向社会公开。

第七步，完善政务公开和廉政建设的规章制度，建立严防、严查、严惩的反腐败长效机制，逐步减少国家官员的特权，构建为官清廉、依法做事的行为环境。

任何制度创新都是由人设计和推动的，执政者应该有开明之心和大智大勇，为中华民族的子孙后代创建更好的制度。

何家弘教授的设计思路，有其一定的合理性和可操作性，而且具有广泛的群众基础，反映了群众的良好愿望，他突出的核心问题是：第一，要清除腐败滋生的土壤和条件，权力暴露在阳光下就难以出现腐败；第二，对出现的腐败进行严厉的打击，不管涉及到谁，一视同仁，坚决一查到底；第三，领导人带头，以身作则、为人表率，锻造出一支广大人民群众放心、满意的公务员队伍，真正成为人民的公仆。如果可以进入实际操作运行，那么，一支廉洁为民的公务员队伍的出现和壮大、贪官越来越少的局面就会呈现在大家的面前。这比老是局限在"说教"、"宣传"、"定制度"的层面上而言，具有非常实际的、现实的意义。

当然，机构的设置、关系的理顺需要漫长的周期，这往往也可能成为一些位高权重的人抵制"动真格"机制建立的借口，毕竟要在自己身上开刀不是一件容易的事，所以，人们期望具有开明之心、大智大勇的执政者站到反腐败的前沿阵地上来，为中华民族的子孙后代创建更好的制度作出我们当代人应有的贡献。

反腐败，对贪官们动真格确实到了关键的时候了！

194. 怎样看待遏制房地产领域腐败是当务之急

2014 年 11 月，新华社发布消息称，河北省纪委通报了多起官员腐败案件，其中，秦皇岛市北戴河供水总公司总经理马某因涉嫌受贿、贪污、挪用公款被查处。该案中，除了上亿现金和 37 公斤黄金（现在已经达到了 70 余公斤了），68 套房的疑似房地产腐败行为也再引关注。还有中远集团副总经理徐某除了巨额受贿外，还有 37 套房产；上海海关副关长卞某受贿 1000 万元的同时还具有 6 套房产；已经被判处死缓的上海房地局副局长殷某拥有房产 40 余套；被判处无期徒刑的上海浦东新区副区长康某拥有房产 30 余套。

连同此前为人所熟知的"房叔"、"房姐"、"房奶"、"房爷"、"房祖宗"案、刘某案、谷某案，加之被查处的国级大贪官周某、徐某都拥有多套房产，可见房地产领域腐败在分布人群的职位级别上，上至国级、省部级高官，下至村长、村支书，可谓"老虎"、"苍蝇"并存。

据中央纪委监察部网站 2014 年 10 月初消息，房地产领域是官员腐败的重灾区，其中官商勾结、多占住房和办公用房超标现象十分普遍。在 2013 年以来被巡视的 21 个省份中，有 20 个省份发现了房地产腐败，占比高达 95%。

人民网舆情监测室监测显示，自 2013 年 9 月中央第一轮巡视结束后至 2014 年 11 月 19 日，与"房地产腐败"相关的媒体报道评议量达 23.5 万篇、微博关注度 5.3 万余条；相比之下，自 2012 年 9 月至 2013 年 9 月，同一话题的媒体、微博关注度仅分别为 17 万篇和 2.6 万条，对比可见，中央多轮巡视反腐对"房地产反腐"这一话题热度的驱动效应明显。

盘点官员与房地产腐败"共生共荣"现象如下：

第一，官商勾结、跑官卖官。这是房地产腐败中最普遍存在的现象。少数官员借由房地产寻租积累不法利益，或从中卖官鬻爵，或从中为升迁积累行贿"筹码"。多轮"巡视反腐"中因涉房地产腐败而落马的官员，不少人的贪腐冲动来自买官卖官。贵州省安顺市原市长王某、广东省广州市原副市长曹某均是相关典型。

第二，毛贼大盗、小官巨贪。近期的中央巡视尤其指出，多地"苍蝇式腐败"问题突出。其中，拥有多套住房可谓"小官巨贪"的"标志"。无论是刚刚被查处的马某案，还是昔日多地被曝光拥有数十套房产的村支书，虽职务级别较低但腐败行径令人咋舌。这些人或是把握房地产交易重点领域的国土、住建部门的低职级干部，甚至只是村官，或是企图凭借投机性住房谋利的其他领域"小官"，其"巨腐"轨迹往往与房地产不无关系。

第三，大贪当道、一把手腐败。2014 年的中央首轮巡视发现，一把手违纪违法案件不仅数量多、危害大，而且呈现上升趋势。在此方面，前有刘某案、谷某案等省部级（或以上）高官动辄数百套的房产，后有南京市原市长季某等地方政府一把手插足寻租。一把手涉腐行为中，房地产腐败无疑是一个重要主题。

从媒体和专家舆论可以了解到：官商勾结型涉房腐败利益链抬高房价、腐蚀公信，危害巨大。房地产领域之所以成为腐败的重灾区，就是因为官商之间的权钱交易。这不仅造成国家公共资源的浪费、损害人民群众的利益，更严重影响了政府部门的执政公信力和党的执政之基。

195. 怎样遏制涉房腐败

要遏制涉房腐败，须从以下七个方面入手：

（1）长效化遏制涉房腐败，须立法和问责同行

指望这一次整改来解决多年来的积弊不太现实，长效化遏制涉房腐败需要完善顶层设计，加强国家法律的规范作用。有专家建议，对于资金密集、

利润丰厚、权力集中的领域，必须加强对相关资金项目的监督管理，加强监管和问责力度，重点抓好党政一把手和基层领导干部这两头，对一切腐败问题"零容忍"。

（2）涉房反腐当不忘与土地改革并行

要彻底改变房地产行业的现行游戏规则，还须从土地改革与法治建设开始。在当前的土地制度下，土地所有权被垄断，购地权在政府部门手中，地方政府部门官员大权在握，却缺乏法治环境的约束与保障，相关部门官员必然会利用手中行政权力与过度的自由裁量权为己谋利。

从广大网民的观点可以了解到：35%的网民关心集中、重点治理房地产腐败行动，能否有效为房价"降温"；三成网民表现出对重拳斩断房地产腐败官商勾结利益链的期待，建议加强房地产领域尤其是基层领导干部的行政权力监管；近两成网民着眼于从立法层面加大房地产反腐力度，包括加大刑事责任追究、受贿者和行贿者均应受罚等；13%的网民肯定中央巡视组剑指房地产腐败这一"重灾区"；还有部分网民建议，治理涉房腐败应尽量少让有关部门"自查自纠"，纪检部门当加大督查力度，以保障反腐的独立性和效果。

从舆情舆论的反映可以了解到：遏制涉房腐败尚须多部门和上下级纪检部门"合纵连横"、持续共同发力。一方面，治理涉房腐败尚须纪检部门与国土、住建、审计、财政、人大、司法等多部门长期配合，共同发力。人大当担负起立法保障职能，重视"出台《公共资源法》"、"加大对房地产腐败官员的法律追责力度"等舆情和建议，让反腐改革于法有据；国土、住建部门应牵头建设好不动产统一登记制度等，为"查房反腐"提供有力保障；纪检、行政、政法部门则应加大办案过程的衔接，用党规、法律震慑房地产领域的官商勾结。另一方面，房地产领域的反腐工作中，因往往触及一把手权力或"窝案"、"串案"，相关地方利益盘根错节，故强化上级纪委对下级纪委的领导就十分重要。此外，打造跨多部门的执法信息资源共享平台，无疑能有效提升查办质量和效果。

（3）纪检部门"巡视反腐"、常态反腐与接受外部监督力度不容懈怠，干部提拔当加大"查房"力度

涉事、涉案部门"自查自纠"会否保证反腐公平公正的担忧，值得思

考。仅靠中央和地方"巡视反腐"显然不够，唯有地方纪委、派驻纪检组、重点机关的纪检部门更加重视土地出让、工程招投标等重点领域的举报线索，并积极通过微博、微信等加大动态信息公开力度，对违法违规人员绝不留情、严厉问责，查处一起曝光一起，方能起到警示效果。此外，拟升迁干部若有存疑的涉房腐败问题，则纪检、组织部门应分外留心，重点掌控，防止"睁一只眼闭一只眼"而让官员"边升边腐"、损害政府公信。

（4）房地产易腐环节应重点加大行政审批监管和"一把手"权力监督，推动简政放权改革

房地产开发的土地买卖、金融贷款、工程招投标、质量查验、房屋上市等环节，是广为业内外所认可的"官商勾结腐败高危风险区"。有鉴于此，针对这些"易腐"环节，行政部门当重点加强行政审批监管，深化"简政放权"改革，并与纪检机关联合，加大对这些领域内一把手和基层官员权力的监督制约力度，以遏制"长官意志"和"小官巨贪"冲动对房地产腐败蔓延的助推作用。

（5）源头上遏制涉房腐败仍须法制化约束和顶层设计

多项配套查处涉房腐败的制度尚须顶层设计、统一推进。在此方面，推进征地拆迁信息的公开透明，将国有土地出让金纳入财政预算，尤其是不动产登记制度和公共资源市场化交易平台制度的顶层设计可谓备受瞩目。尽快实现"查房联网"、建立统一的公共资源交易平台等，尚须国家层面的整体推进，相关地方试点的教训和经验当积极总结、推广。

（6）中央"巡视反腐"督促地方重视治理涉房腐败，多地积极表态整改获赞

在中央纪委接连通报多地涉房腐败问题突出后，我们看到，多地负责人旋即表态，并拿出了各具特色的整改"杀手锏"。如河北将进行"专项治理"、江苏明确责任主体并限期整改、辽宁将出台《辽宁省国土资源执法监察综合整治办法》等行动获赞。毋庸置疑，中央多轮巡视有力督促地方高度重视并整改普遍存在的涉房腐败问题，昭示了推进反腐"攻坚战"的决心；地方一把手、负责人积极表态并切实整改，利于弥补长期以来房产领域"官商勾结链"对政府公信的损伤，但整改成效尚须时间和实践检验。

（7）跨部门合力整治涉房腐败利于提振反腐公信

据媒体公开报道，面对房地产领域的"行业性腐败"问题，目前住建部已经增设"反腐败协调小组"，在中央纪委驻住建部纪检组的直接领导下工作，协调涉房腐败案件办理事宜。这足以表明涉房腐败的查处已经进入了高层级跨部门合作阶段，无疑是"加码"治理涉房腐败的重要信号，类似信息当保持一定的新闻宣传和舆论引导力度，以提振舆论对治理涉房腐败的整体信心。

房老虎们的日子不好过了，还是要回味《小兵张嘎》电影中的一句话："别看今天闹得欢，小心将来拉清单！"

196. 反腐败与国家治理是不相干的吗

在当今的社会生活中，人们把反腐败看成是各个领域、每个官员的事，还没有从国家责任、国家治理的高度去认识、去掌控，这也是反映了长期以来我们反腐败力度不断加大而效果不甚明显的一个重要原因。

有专家指出，国家治理的历史就是权力与权利的博弈。

公共权力是一把"双刃剑"，古往今来，公共权力在给人类带来诸多利益的同时，也给人类带来了不少灾难。

英国政治学家阿克顿深刻指出："权力导致腐败，绝对的权力导致绝对腐败。"

正是权力的两重性才决定人类社会需要建立一整套严密规范科学有效的权力监督制约体系。

公共权力作为一种治国的工具，既有较大的影响力和支配力，又具有较强的腐蚀性和扩张性。

从本质上讲，公共权力理应来自人民的授予。人民之所以需要拥护、承认或者默许公共权力，是因为权力可以保护权利，维护公益。对公共权力而言，无论是没有监督的制约还是没有制约的监督都是十分危险的，必然会对公民的权利产生潜在的威胁。

在充分发挥公共权力正能量的同时，强化权力的制约和监督，是古今中外的一项重大政治课题。古今中外在强化权力制约和监督方面作出了长期的探索，并且积累了许多有益的经验。

西方不少国家坚持分权制衡原则，以权力制约权力，秉承事前监督优于事后惩戒的预防腐败理念，建构了一系列预防性制度。

不仅如此，在近年来通过的一些国际组织反腐败公约中，预防腐败措施均占一定的比例。比如，2003 年通过的《联合国反腐败公约》第二章专门规定了"预防措施"，共设十条规定预防腐败犯罪，足以表明国际社会对腐败犯罪预防的高度重视。

我国古代很早就有监察、御史、弹劾、谏官等方面的制度。其中不少制度在历代反腐保廉中发挥了积极的作用。

中国共产党高度重视对权力的监督和制约，纵观中国共产党的历史，可以发现历任党的领袖和党的文献，都对权力监督和制约有许多重要论述和明确的规定。所有这些制度和规范对我国当前深入推进反腐倡廉建设、加快推进惩治和预防腐败体系建设具有重要的借鉴作用。

党的十八大以来，习近平总书记多次强调要健全权力运行监督和制约体系，把"权力关进制度的笼子里，形成不敢腐败的惩戒机制、不能腐败的防范机制、不易腐败的保障机制"，明确规提出了一系列关于反腐败斗争的新思想、新观点、新论断。《中共中央关于全面深化改革若干重大问题的决定》对"强化权力运行制约和监督体系"作出了专门的要求，集中体现了以习近平同志为总书记的党中央预防腐败的重要思想，不仅深刻阐述了我国转型社会时期强化权力制约和监督的极端重要性和紧迫性，而且为我国新时期"筑牢权力之笼"，规范公共权力在阳光下有效运行指明了政治方向。

《"筑牢权力之笼"与预防职务犯罪司法研究报告》（以下简称《研究报告》）紧密结合我国预防职务犯罪的司法实践，深刻阐释了"筑牢权力之笼"的法治意蕴，系统阐述了"筑牢权力之笼"理念下司法预防的法治内涵、法律规范、实践探索、发展趋势、基本策略和改革路径，提出"以查案预防为基础、以建制预防为主导、以警示预防为主线、以咨询预防为保证的'四位一体'司法预防模式",健全"以职能化为基础、效能化为重心、专业化为主导、法制化为保障"的职务犯罪预防运行机制，契合了党中央关于强化权力制约和监督的重要思想，有效回应了权力运行的现实需求，也顺应了广大人民群众的热切期盼，进而为我国全面加强制度反腐和法治反腐提供了重要的理论指导和实践参考。

我国权力结构和运行机制总体上符合我国国情，权力制约和监督体系也日益健全和成熟，能够实现好、维护好、发展好最广大人民根本利益，但也必须看到，我国的权力配置和结构不尽科学，决策权、执行权和监督权之间有的没有形成有效制约，有的权力过于集中，有的权力边界不清晰，有的权力缺乏法律规范，有的权力监督制约乏力，各种监督不能形成有效的合力，等等。这些问题的存在，凸显我国"把权力关进制度的笼子里"的体制、制度和机制建设刻不容缓。就此层面而言，强化权力制约和监督不仅是全面深化改革、推进国家治理现代化的重要内容，而且也是全面加强反腐败斗争的系统工程。

预防职务犯罪工作实质上是"筑牢权力之笼"的司法职能活动，也是强化权力制约和监督的重要环节。《研究报告》在总结职务犯罪预防实践经验的基础上，深刻领会党中央和习近平总书记"把权力关进制度的笼子里"的科学内涵，牢牢把握形成"不敢为、不能为、不愿为"预防机制这个治本之策，坚持源头治理，正确处理惩治腐败与预防腐败的关系，强调通过制度反腐，建立常态化、科学化的惩治和预防腐败体系，提出"'筑牢权力之笼'必须坚持'零容忍'的反腐理念；必须牢牢把握预防工作法定职责，把查办职务犯罪案件与查找制度漏洞有机结合；必须推动预防工作法治化，通过修改相关法律或出台司法解释等方式，从职能和工作层面使预防工作的责任主体有法可依、有规可循"。这些思考都体现了与时俱进的创新精神，具有较强的现实性、针对性和指导性。

"筑牢权力之笼"并非一朝一夕之功，难期一蹴而就，而且常常是道魔角力，博弈难料。每一个国民在"筑牢权力之笼"的问题上却是利益相关主体。只有大家齐心协力，而且坚持不懈，方能成就其功。既能避免"牛栏关猫"式的瞎忙，又可防止"锁脱门开"式的失察；既可防止笼子过大而对权力毫无羁束力，又可避免笼子过窄而使权力难济其功，从而实现"把权力关进制度笼子"的预防理念与"权为民所用"的根本宗旨。

197. 四川省巴中市白庙乡的公开透明对我们有什么启示

在 2010 年全国人代会闭幕前两天的 3 月 12 日，社区上的一个帖子《中国第一个全裸的乡政府》，让名不见经传的四川省巴中市白庙乡立即成为全国舆论关注的中心、全国各大媒体争相报道的对象，并惊动了国务院。

这篇名为《四川省巴州区白庙乡政府机关 2010 年 1 月公业务费开支公示》的帖子显示，1 月份，乡政府支出公业务费 44 笔，共 8240.5 元，其中最大的一笔开支是，1 月 24 日招待"财务预算公开民主议事会观摩来客"，花费 1269 元；最小的一笔开支为"购买信纸"，花费 1.5 元。在公示的表格中，每笔开支的证明人一栏都填写着乡纪委书记"陈加才"的名字。在乡政府网站上，还公开了包括乡党委书记、乡长等所有公务员的工资单，乡党委书记张映上的工资合计为 2929 元，乡长欧明清的工资为 3136 元，基本工资、级别工资、工作补贴等所有工资项目全部列出。

（1）一"裸"惊天下

从四川省会成都到巴中市区一般需要 7 个多小时的车程。从巴中市区到白庙乡大约 50 公里，中间还要经过 10 公里左右的石子路，从巴中市区到白庙乡需要 1 个小时的车程。

白庙乡位于大巴山深处，海拔 1000 多米，总人口 1.1 万，人均年纯收入 3300 多元，乡财政基本靠国家转移支付。此外，白庙乡还是四川省委党校新农村建设研究中心的实验基地和巴中市委党校的教学联系点。

目前乡政府靠租用的房子办公，房子的背后是裸露的岩石。白庙乡政府门前有一个大型展板，其上贴满了乡政府公示的一些内容，其中就有一、二月份的公业务费支出。

在白庙乡党委办公室里，36岁的乡党委书记张映上有些紧张和压力，成为网络红人的他要面对那么多的媒体记者显然心理准备还不够，或许还因为公业务费中的招待费受到了网友的质疑。2010年1月，招待费用达到5425元，占总开支的65%以上。由于公示了招待费的用途带来的压力，有的区级部门领导退还了白庙乡政府支付的接待费，有的单位甚至还打电话给他询问究竟，前来采访的有关部门纷纷自掏腰包解决就餐问题。

"一月份招待费占的比例比较大，一是因为统计人员不专业，把参观的费用、会务人员生活餐、工作人员加班餐也算入了招待费；二是因为一月的总结检查会议多，来客比较多。而我们乡一年的公业务费十来万元，招待费2万多元。"张映上解释了网友质疑一月份招待费比例较高的问题，"我们刚搞这样的网上公示，肯定有不完善的地方。通过媒体的报道质疑，我们看到了自己的不足。"

对于网上对公开的内容是否经过了技术处理的质疑，陈加才说，"公业务经费支出，要先申报，得到许可后才能承办。每月上旬乡里召开由10多人组成的财务领导小组会议，经办人在会上就开支作出说明，大家认可后，纪委书记签证，然后经乡长审批，最后由乡党委书记审批盖章，才能报销。我们已经试行了两个月了"。

（2）有人顾虑这样"得罪人"

白庙乡全裸晒账本的直接起因是2010年1月24日在专家观摩指导下的预算公开和民主议事活动。

会议在白庙乡中心小学一间教室内进行。参会专家有中国与世界研究所所长李凡、四川省委党校新农村建设研究中心副主任彭大鹏博士以及时任巴中市委副秘书长王国旗等。参加会议人员包括区人大代表、政协委员，各村（居）委会代表，在外工作人员，大学生村官，回乡创业青年，教育工作者，退休老干部，社会知名人士代表等72位社会各界代表，来自全乡11个村（居）委会、64个村（居）民小组。巴中市委、巴中市人大以及巴州区委派人旁听。

每个参会人员手中有一份"巴州区白庙乡 2010 年财政预算公开资料"，包括：巴州区白庙乡 2009 年度财政决算情况说明，2010 年财政预算编制原则和口径，2010 年财政支出预算表（预算内），2010 年单位在职人员工资情况表，2010 年单位离退休、长赡人员情况表，2010 年村干部工资预算，四川省巴州区白庙乡财政预算公众参与试行办法等 7 份材料。

正式会议之前，白庙乡党委书记张映上首先阐明会议主题："我们最大的希望，就是让你们对政府的财政预算提意见，听取大家对政府办公益事业的意见，并投票表决出最盼望办的公益事业。"

在讨论中共有 14 名参会代表先后发言并提出问题及建议。针对提出的问题，乡长欧明清这样回答："农网改造确实存在问题，我们在 2010 年要千方百计想办法完成。"张映上作答："没有解决好老百姓的饮水难问题，我感到非常惭愧。我们的财政资金全靠转移支付，我们公开财政预算的目的，就是让老百姓来提建议，把最有限的财力用在刀刃上，解决老百姓最需要解决的问题。"

最后，张映上做小结发言。发言前，他特意走到发言桌前面，面向参会代表深深两鞠躬："财政预算公开是亮政府家底，顺应了民意；代表集中议事道出了百姓心声，集中了民智；我们这样做的目的是保障群众的知情权、监督权，是发挥群众参与全乡社会经济发展的主体作用，也促使我们干部从老百姓最盼的事做起。"

"这可谓开我国中西部省区财政预算公开之先河。"世界与中国研究所研究员孟元新事后评价说。

"活动结束后，王国旗秘书长对我说：'能不能把公业务费在网上公开？'我回答说：'完全可以。'随后我马上和班子成员进行了研究。当时有人有顾虑，认为把招待上级领导的接待费公开了，容易得罪人，百姓看见一次吃了三四百元会对我们有看法。还有人认为，这样会影响上面对我们的项目资金的投入。"张映上告诉记者。

但在王国旗等人的鼓励下，张映上等人最终把《白庙乡 2009 年财政决算情况说明》、《白庙乡 2010 年财政收入项目表》、《白庙乡 2010 年财政预算支出项目表》和一、二月份《乡政府机关公业务费开支表》挂上了白庙乡网站。

(3) 并非偶然的"全公开"

网上公示公业务费，尤其是招待费，无疑会触动一些官场潜规则，白庙乡为什么敢于率先吃螃蟹呢？

张映上说："近年来，中央、省、市、区委政府要求政务财务公开，李书记（巴中市委书记李仲彬）要求'让一切权力在阳光下进行'，而要让财政权在阳光下被晒出来，就得公开，锁在柜子里那就不是晒出来。有的老百姓看见一些干部吃吃喝喝，心里很不是滋味，为了消除误会，就要通过公示让数据和事实说话。"

"白庙乡的实践，在巴中不是个例，不是偶然。"在巴中市委宣传部提供给记者的材料中这样写到。

白庙乡成为"第一全裸政府"的背景，不少官员都谈到一个人——巴中市委书记李仲彬，大家认为这和李仲彬在巴中推行的"阳光党务"、"阳光政务"、"阳光权力"有密切联系。事实上，李仲彬在听取了王国旗关于白庙乡的做法汇报后对王国旗说："请转告张映上，市委支持他。"

而李仲彬在成都市新都区执政时就提出了"阳光政府""裸体政府"的概念。李仲彬在担任巴中市委书记后，巴中向百姓开放了党委常委会、全委会，人大常委会，政府常务会，乡（镇）党委会。

在这样的大环境和氛围中，巴中市委党校想找一个单位搞财务公开的试点。王国旗征求一些单位意见时，不少单位认为，公开财务是好事，但怕惹非议。巴中是贫困地区，靠自身的力量很难发展，很多项目靠向上争取，其中的一些公关活动不好公开，还有人认为公开财务会束缚自己的手脚，会影响职工的福利，因为有的收费是在打政策的擦边球。因此，顾虑重重。

为此，王国旗把情况向李仲彬做了汇报。这时，白庙乡党委书记张映上进入了王国旗的眼帘。张映上是巴州区大河乡人，曾做过白庙乡纪委书记和大河乡乡长，2007 年 9 月就任白庙乡党委书记，正攻读四川省委党校的公共管理专业研究生。张映上经常到巴中市委党校的教学点上课。在与张映上的接触中，王国旗感觉张映上有政治责任感和忧患意识。而白庙乡的前任领导因为党务、政务、财务不公开，导致干部、群众意见很大，最后下台。张映上认为，"百姓对政府有误解，很多是因为财务没公开，公开便于百姓与政府的关系改善"。

就这样，自称"无整钱贪心"的张映上在 1 月 24 日的民主议事会后把乡政府的账本晒上了网。

"没想到网络的力量这么强大，让白庙乡的财务裸晒做法成为全国关注的中心。当初我们到处找影响力比较大的媒体报道，人家都不理睬呢。"一直指导白庙乡政务公开的王国旗不无感慨地说。

无独有偶，社区上的帖子上网时间是 3 月 12 日，当时，正值在全国"两会"期间，而此前的 3 月 5 日，国务院总理在政府工作报告中提到，"要深入推进政务公开，创造条件让人民批评政府、监督政府，同时充分发挥新闻舆论的监督作用，让权力在阳光下运行"。

据悉，国务院已要求四川省政府把白庙乡的做法写成专报送交国务院。

笔者有感而发，反腐败固然具有长期性、艰巨性、复杂性的一面，但真正能够完全做到权力运行在阳光下，那么限制权力谋私和滥用、有效遏制腐败其实也很简单。

198. 光凭考核能够解决贪官现象吗

加强干部考核，把优秀的干部提拔到重要岗位上来，这话应该是不错的，但如今在重要岗位上的领导干部都是经过层层考核的，怎么贪官层出不穷呢？怎么"边腐败边提拔"现象愈发严重呢？

有媒体报道，2012 年 12 月 15 日有关部门举行了中国廉政制度创新学术研讨会上，香港学者刘九龙提交了研究论文《中国内地落马官员带"病"提拔现象研究》，指出十年来中国内地有 43 名省部级高官因腐败而落马。

笔者从司法实践得出的结论，中国落马的省部级高官平均腐败隐蔽期达

10 年，而 10 年前则是 6 年。近年来被揭露的大贪官陈某宇、薄熙来、刘某军，他们腐败隐蔽期超过 20 年！而 20 年之前他们仅仅是比较普通的官员，甚至有的当时还不是官员。这里就有一个回避不了的问题，一些官员"边腐败边提拔"的问题。

"边腐败边提拔"现象意味着腐败官员，包括高官，他们在不断升迁的过程中，不仅能够通过组织推荐、民意测验、上级考核、纪委把关、高层讨论、领导拍板、通过公示等一系列选拔任命程序，还能够安然通过离任审计等一系列"关卡"；意味着腐败官员不仅能够确保自身高枕无忧，同时还能够到更高的权位攫取更大的权力。其攫取的权力越大，暴露的可能性越小，形成一个恶性循环。

实践中选拔任命官员时，往往会事先设定一定的选拔条件，有些条件是党和国家选拔任命制度强制设定的，有些是为了更好地选拔合适任用岗位的人才，灵活附加设定的，加在强制设定条件基础上，进一步细化限定参选人年纪、担任某个职务达到的年限、是否有过某种经历、历练、是否参加过党校培训等。但问题在于，这些条件设定的权力往往掌握在个别"伯乐"手中，具有很大的隐形指定性、不确定性和随意性，也不具有公开性、公平性和透明性。最后，制度程序看起来都似乎非常完美，但"千里马"究竟如何，就"天知道"而无法保证了。

历史与现实都表明，凡是靠个别"伯乐"、靠关系、靠关起门挑选出来的"千里马"，往往会出问题。可以说，只要不改变以少数人意见为主提拔官员的机制，不改变关起门来选人的问题，"带病提拔"问题就不会从根本上得到遏制。

近年来，中央出台一系列政策，完善干部选拔任用制度，这些政策的一大特点就是强调民主公开原则，把选拔官员的权力交给人民群众，把整个选拔过程置于人民群众的监督之下。只有贯彻落实民主公开原则，官员升迁由民主选举投票决定，变"伯乐相马"为人民群众"选马"，变关门选人为公开选人，这样"带病者"才难以"过关"。

需要强调的是，贯彻落实民主公开原则，还有一个重要方面，就是要公示官员的财产，推进政府信息公开，强化新闻舆论监督。当然，这涉及到建立健全官员家庭财产申报和公开制度，并把这项制度纳入法律框架内，通过法律程序实施财产申报，用法律的威慑力进行监督。

如此，方能彻底斩断"边腐败边提拔"的利益通道，"带病提拔"问题才能够得到根本的遏制，才能真正地让广大人民群众放心满意。

"带病提拔"当休矣！

199. 为什么说政策性腐败的严重性不能低估

所谓政策性腐败，是指国家权力部门在制定、执行国家有关政策过程中，借政策之名假公济私，将政策异化成谋利平台的腐败行为。

在当前反腐高压态势下，钱权交易式的违规性、违法性腐败的操作空间日趋缩减，而利用运作政策的政策性腐败势头渐盛，国家发改委多名官员腐败，几乎都是利用制定和运作审批权、检查权、监督权等大肆进行腐败，从已经被揭露的一些案件看，已经渗透于多个领域，尤其是"热门"领域，如对药品生产许可证、药品价格的认定等，毫无疑问，政策性腐败已成为中国当前一切腐败的靶心，其对国家发展的危害性、对政府形象的损害性、对完善社会主义市场经济的破坏性而导致的严重后果绝对不能低估。

（1）腐败在政策制定和执行层面都可能发生

政策，就是对公共资源权威性的分配制定标准，谁掌握这项政策制定权谁就意味着掌握了权力和资源，就容易产生权力寻租的空间，政策性腐败包含"制定层面的腐败"和"执行层面的腐败"。

"制定层面的政策性腐败"，一个典型案例就是商务部原正司级巡视员郭某的"立法式腐败"。从北京大学法律系毕业后进入商务部条法司工作到落马，郭某几乎参与了商务部近20年来全部外资审批政策法规的起草和修订，他利用法律政策中的模糊地带，把制定政策和解释法规的职能转化为权力寻租，向企业个人输送利益。郭某案还牵出了国家工商总局外商投资企业注册局原副局长刘某、国家外管局管理检查司原司长许某和综合司原司长邹某等人。业内人士指出，这是一个盘踞中国外资审批领域多年的官商利益同盟。

制定层面的政策性腐败危害甚大。不是基于公共利益考虑，而是倾向于某一利益集团或者某些既得利益团体，或者是出于维护本部门、本系统的利益制定政策，此类腐败纠正起来的难度和代价都很大。从国家层面出台的大多数政策，大多有科学的决策和论证过程，体现的多为公共利益，部门利益基本上都被排除在外了，怕的就是一些部门和地方出台的政策，成为一些利益团体的代言人。

与制定层面相比，更大面积的政策性腐败体现在执行环节。"程序上非常合法、合理，表面上没有突破政策规定的任何界限，但实质上是借助资源的分配和权力的执行来谋取私利，但你拿我没招，因为我是按照政策办事，我的行政行为在政策允许范围内。"反腐败专家庄德水先生一针见血指出，政策性腐败具有天然的"谋利便利性"。

（2）项目和资金审批过程中易衍生腐败

在中国的决策体系中，有法律决策和政策决策之分。法律决策是依照法律规定作出的决策，政策决策则是依据政策作出的决策。政策决策具有非常大的灵活性，因此，很容易产生腐败。譬如，国家实行分税制改革之后，中央政府为了支持地方特别是中西部地区的发展，加大了转移支付的力度。但是，如何转移支付、转移支付实施和资金额度并没有明确的法律规定，"发改委、财政部、农业部、科技部、工业和信息化部、商务部都是政策性转移支付的主要部门，这些部门每年转移支付资金的审批额度少则数千万元，多则几十亿元，其中绝大部分要经过各个部委的司、局、处负责人审批，在这个过程中容易衍生出各种各样的腐败"。

此外，为了推动经济发展、引导产业结构调整，国家各个部委每年都会出台大量的引导性政策，并投入配套的政策扶持资金。"这些带有政策性的专项资金，一般都是政府无偿资助的性质，都是政策性腐败的高发区。于是，一些企业和个人'跑部钱进'、公关送礼，而一些手握审批权和专项资金管理权的政府官员，把此作为兑换利益的筹码，进行权钱交易。"

在近年来被查办的部委官员中，把政策赋予的权力运用到极限的，当属刘某和陈某。据检察机关指控，刘某利用担任国家计划委员会产业发展司司长，国家发展和改革委员会工业司司长、副主任等职务便利，为他人在项目审批、设立汽车4S店等方面谋取利益，单独或与其子共同非法受贿3558万余元。而财政部企业司综合处原处长陈某，则利用掌握国家政策资金管理权，十年间共染指八种专项资金，其中矿山、乳粉和物联网领域的专项政策扶持资金被其数次利用，多次索贿，金额高达2454万元。

（3）大量惠民政策补贴被套取侵吞

"在地方，尤其是基层，大量的民生补贴、惠民资金被违法套取和侵吞的案件目前高发。国家惠民利民的好政策，被腐败分子异化成牟利工具。"

当前，国家改善民生的重要手段之一就是通过惠民利民政策实施的。国家惠民利民政策要得到落实，往往分三步走：第一步，中央和地方推出若干政策措施，如西部大开发、振兴东北老工业基地、中部崛起、新农村建设等；第二步，大多数政策转化为具体项目来实施，如大型商品粮生产基地项目、人畜饮水、乡村道路、农村沼气等项目；第三步，投入资金为项目建设作支撑。这三步，用一句形象的话来概括，就是"项目跟着政策走，资金跟着项目走，监管跟着资金走"。

在基层，一些特定领域已成为政策性腐败的"重灾区"。如湖南省检察机关查办的涟源市商务局原局长易某、原党组书记刘某滥用职权案。易某和刘某等5人因受利益驱使，违反规定，先后指使涟源市天和食品有限公司、桥头河屠宰场、龙塘屠宰场、杨市屠宰场从2008年至2011年编造病害猪无害化处理数7740头，四次非法套取中央预拨的"病害猪无害化处理专项补贴资金"共计248万余元，使国家和人民利益遭受重大损失。

（4）莫让政策成为腐败的避风港

不可否认，政策性腐败是监管不严所致。但一些部门在出台政策前，完全是在行政体制的内部封闭运行，在这个过程中既没有立法监督，也没有社会监督，政策出台后转化为具体的项目和资金，最终成为腐败分子竞相争夺的资源。

任何政策的设计，不能只重授权、轻担责，执行政策的部门和人员，权利与责任必须对等挂钩，对于利用政策以权谋私的行为，要制定可行的预防措施和惩戒性措施。

从政策制定到政策执行再到政策评估，要全方位建立政策监管体系，监察部门和审计部门要全程实施监督。反腐专家庄德水建议，对一些国家部委现有的政策制定权和政策执行权要进行适当剥离，全国人大常委会可以对国务院各部委出台的政策进行审查，必要时可以针对重大政策调整召开大型听证会，充分听取社会各界的意见。重大政策实施过程中，全国人大常委会可以要求政策实施机构定期向全国人大常委会提交专项报告，接受审查和监督。

法律制度的完善是遏制我国政策性腐败的必由之路。一些专家指出，要减少对中央政府的授权立法事项，进一步强化全国人大常委会的决策权力，中央政府所属部委实施的重大扶持政策和补贴政策，要得到全国人大常委会的批准，要制定专项法律文件，严格依照法定程序实施扶持政策或者补贴政策。另外，任何政策的出台都应当符合国情，不能让政策对抗法律的执行，成为腐败的避风港，政策的制定和执行要纳入法治轨道。

政策性腐败的严重性绝对不能低估。①

---

① 参见汪文涛：《拿什么遏制政策性腐败》。

六问 法治思维

——应该掌握哪些必备法律知识

200. 国家工作人员就是公务员吗

国家工作人员就是公务员。

这个认识是不正确的。

根据我国《刑法》规定，国家工作人员的范围是：

一是国家机关中从事公务的人员，即在国家权力机关、行政机关、司法机关、军事机关中从事公务的人员；

二是在国有公司、企业、事业单位、人民团体中从事公务的人员和国家机关、国有公司、企业、事业单位委派到非国有公司、企业、事业单位、社会团体中从事公务的人员；

三是"其他依照法律从事公务的人员"，具体包括：依法履行职责的各级人民代表大会代表、依法履行审判职责的人民陪审员、协助乡镇人民政府、街道办事处从事行政管理工作的村民委员会、居民委员会等农村和城市基层组织人员以及其他由法律授权从事公务的人员。

按照法律的规定，国家工作人员包含三个层面的人员，而国家公务员仅仅是其中的一个层面的人员。

国家公权力就是集中在以上这些人员的手里。

检察机关反贪污贿赂部门查处的职务犯罪对象主要就是这个范围中涉嫌职务犯罪的人员。

201. 村官不是公权力官员吗

村官不是公权力官员。

这个认识通常是正确的，但是，具有不确定性。

村官（村委会主任、村书记、村委会委员）的身份应该就是农民，从理论上讲，农民肯定不属于国家工作人员，因为他们掌握的并不是公权力。

但是法律是对村官有专门的规定，根据 2000 年 4 月全国人大常委会通过的《关于〈中华人民共和国刑法〉第九十三条第二款的解释》，村民委员会等农村基层组织人员协助人民政府从事下列行政管理工作，属于《刑法》第九十三条第二款规定的"其他依照法律从事公务的人员"：

一是救灾、抢险、防汛、优抚、扶贫、移民、救济款物的管理；

二是社会捐助公益事业款物的管理；

三是国有土地的经营和管理；

四是土地征用补偿费用的管理；

五是代征、代缴税款；

六是有关计划生育、户籍、征兵工作；

七是协助人民政府从事的其他行政管理工作。

上海市检察机关自 2007 年至 2011 年查办村官和涉农的案件中涉及有关农村的部门、环节和领域有：

村主任、村支部书记、村委会委员、镇工会主席、镇村建办、镇市政管理站、镇动迁办、道路管理、镇渔港监督、镇蔬菜公司、镇事业办、镇经济园区、镇环境规划服务中心拆违队、镇劳务所、镇农机站、农机监理站、镇农业服务中心、镇规划和环境服务中心、镇社保服务中心、镇房管所、镇农业管理中心农业科、镇安监队、区就业促进中心、水利排灌站、供销社合作联社、镇村企业、动物疾控中心、果蔬园区、金融机构。

毫无疑问，村官在特定情况下也是属于具有公权力的人员，是"其他依照法律从事公务的人员"，涉嫌以上七个方面的犯罪，也由检察机关侦查。

村官对于廉政建设也不能忽视啊！

202. 只要在司法机关立案前交待问题就是自首吗

一些人认为，只要在司法机关立案前交待问题就是自首。

这是个界定不清、不正确的认识。

自首有"主动"、"彻底"交待自己犯罪问题的基本要求。

根据司法解释，单位组织和司法机关已经掌握了涉嫌犯罪的问题，即使在纪委"双规"期间被迫作出交待也不能认定为自首。

在司法机关刑事立案前，只交待小头（小部分）隐瞒大头（大部分）不能认定是自首。在被司法机关立案后，能够主动交待司法机关尚没有掌握的主要问题，或者大部分问题，才可认定是自首。

对于自首，属于具有法定的从轻、减轻或者免除的情节。

最高人民法院、最高人民检察院于 2007 年 7 月 8 日发出《关于办理受贿刑事案件适用法律若干问题的意见》第 12 条，提出的意见中明确：

"依照本意见办理受贿刑事案件，要根据刑法关于受贿罪的有关规定和受贿罪权钱交易的本质特征，准确区分罪与非罪、此罪与彼罪的界限，惩处少数，教育多数。在从严惩处受贿犯罪的同时，对于具有自首、立功等情节的，依法从轻、减轻或者免除处罚。"

有例为证：上海某局级领导干部许某因严重违纪问题被市纪委实施"双规"，开始他拒不承认自己有任何问题，但在政策感召下，最终作出了交待。

后来案件移送检察机关侦查，在检察机关立案前，许某在"双规"期间确实已经全部交待了自己的问题，但根据法律规定，在纪委先掌握了他问题的情况下再交待，不能认定为自首。

自首是有明确界限的。

203. 用公款放高利贷，高利贷部分不受法律保护吗

放高利贷，毫无疑问是法律明文禁止的不法行为，无论是用公款还是私款，肯定不受法律的保护，这是相当多人的普遍认识。

其实这个认识是不正确的。

先举个案例，某大型国有企业的财务处长居某，架不住朋友愿意出高额利息借取钱款的恳求，私下将单位公款1000万元以高利贷的形式出借给了朋友。一年之后，这个朋友归还了全部借款，同时也兑现了承诺，以高于银行利息25%的金额向该国有企业支付了利息。

居某将出借钱款的正常利息部分进入了企业财务账目，而将高于正常利息的高利贷利息部分予以侵吞。

案发后，检察机关指控居某犯了贪污罪，向法院提起了公诉，但居某的辩护律师提出，居某侵吞的是高利贷利息部分，高利贷是国家禁止的非法行为，不应该受到法律保护。

但法院经审理后，没有采纳辩护律师的意见，按照贪污罪判处居某有期徒刑12年。

这里揭示了一个浅而易见的道理，母体是公共财物，其孳息物同样也是公共财产，无论它是不是属于不当利益。

试想，人民公社的母牛生了一头小牛，小牛会是饲养员的吗？肯定不是！小牛就是有八条腿，多出来的四条腿也是人民公社的，绝对不会是饲养员的。

同样道理，某国有食品企业仓库管理员曹某，一天发现自己管理的仓库里盘盈（多出来的无主物品）50 箱罐头，价值 5 万元。曹某委托前来提货的某单位采购员偷偷地将这 50 箱罐头夹在正常货物中运出单位销售，此后曹某侵吞了该笔货款。毫无疑问，案发后曹某被以贪污罪判处有期徒刑 5 年。

其实道理也很简单，不管罐头是怎么多出来的，肯定不是属于仓库管理员个人的，它一定是曹某所在的国有企业的，即使是客户疏忽少提了货，食品企业也有保管的责任和义务，一旦灭失就要承担赔偿的责任，所以，无论怎样说，该批盘盈的罐头一定是本单位的公共财产，利用职务之便予以侵吞就是贪污罪。

母猪是人民公社的，其生出的猪仔绝对不会是饲养员的。

204. 法院不可以直接受理刑事案件吗

刑事案件都需要经过侦查机关的侦查，法院不可以直接受理刑事案件。

这是许多人的认识，这个认识是不全面、不正确的。

人民法院根据法律规定，对有些刑事案件是可以直接受理的（《刑法》分则第三章第一节规定的犯罪案件，严重危害社会秩序和国家利益的除外）。

修改后的《刑事诉讼法》第 18 条第 3 款规定，自诉案件，由人民法院直接受理。第 204 条规定，自诉案件包括：告诉才处理的案件；被害人有证据证明的轻微刑事案件；被害人有证据证明对被告人侵犯自己人身、财产权利的行为应当依法追究刑事责任，而公安机关或者人民检察院不予追究被告人刑事责任的案件。最高人民法院《关于执行〈中华人民共和国刑事诉讼法〉若干问题的解释》对上述刑事诉讼法规定的由人民法院直接受理的案件范围作了如下解释：

第一，告诉才处理的案件：

（1）侮辱、诽谤案（《刑法》第 246 条规定的，但是严重危害社会秩序和国家利益的除外）；

（2）暴力干涉婚姻自由案（《刑法》第 257 条第 1 款）；

（3）虐待案（《刑法》第 260 条第 1 款）；

（4）侵占案（《刑法》第 270 条）。

第二，人民检察院没有提起公诉，被害人有证据证明的轻微刑事案件：

（1）故意伤害案（《刑法》第 234 条第 1 款）；

（2）非法入侵住宅案（《刑法》第 245 条）；

（3）侵犯通信自由案（《刑法》第 252 条）；

（4）重婚案（《刑法》第 258 条）；

（5）遗弃案（《刑法》第 261 条）；

（6）生产、销售伪劣商品案（《刑法》分则第三章第一节规定的，但是严重危害社会秩序和国家利益的除外）；

（7）侵犯知识产权案（《刑法》分则第三章第七节规定的，但是严重危害社会秩序和国家利益的除外）；

（8）属于《刑法》分则第四章（侵犯公民人身权利、民主权利罪）、第五章（侵犯财产罪）规定的，被告人可能判处 3 年有期徒刑以下刑罚的案件。

对于上述 8 项案件，被害人直接向人民法院起诉的，人民法院应当依法受理。对于其中证据不足、可由公安机关受理的，或者认为对被告人可能判处 3 年有期徒刑以上刑罚的，应当移送公安机关立案侦查。

第三，被害人有证据证明对被告人侵犯自己人身、财产权利的行为应当依法追究刑事责任，而公安机关或者人民检察院已经作出不予追究的书面决定的案件。

此类案件需要受到下列条件的限制：

一是被害人能提供证据证明被告人的行为构成犯罪；

二是对被告人的行为应当依法追究刑事责任；

三是被告人的行为侵犯的是被害人的人身权利或财产权利；

四是公安机关或者人民检察院作出了不予追究被告人刑事责任的书面决定。

所以，人民法院对符合以上种类和条件的刑事案件可以直接受理。

205. 犯罪嫌疑人被羁押的时间是两个月吗

许多人以为被刑事羁押的人其被羁押的时间是两个月。

对这个问题搞不清楚的人比较多，其实，法律对此是有明确规定的。

刑事诉讼期间，是指公安机关、人民检察院、人民法院以及其他诉讼参与人，在规定期限内应当完成一定诉讼活动的时间限制。如刑事拘留的期限为 3 日，特殊情况可以延长 1 日至 4 日（需报请逮捕的，审批期限为 7 日），对流窜作案、多次作案的可延长至 30 日（需报请逮捕的，审批期限为 7 日）。逮捕后的侦查羁押期限为 2 个月等。

准确计算刑事诉讼期间，是保障正确执行刑事诉讼法和维护犯罪嫌疑人或被告人合法权益的重要体现。

计算刑事诉讼期间应当包括以下几个方面：

（1）刑事诉讼期间的计算标准

根据修改后的《刑事诉讼法》第 103 条的规定，期间以时、日、月计算。

例如，公安机关、人民检察院对被拘留或者逮捕的人，应当在拘留或者逮捕后的 24 小时内进行讯问，并通知被拘留或者逮捕人的家属，这个期间就是以"时"为计算单位；公安机关、人民检察院对被拘留的人，认为需要逮捕的，应当在拘留后的 3 至 7 日内提请人民检察院批准（决定）逮捕（人民检察院自行侦查案件的逮捕审批称"决定"），这个期间是以"日"为计算单位；公安机关、人民检察院对于犯罪嫌疑人的侦查羁押期限不得超过 2 个月，补充侦查应当在 1 个月内完成，对于下列案件可以再延长 2 个月：

①交通十分不便的边远地区的重大复杂案件；

②重大的犯罪集团案件；

③流窜作案的重大复杂案件；

④犯罪涉及面广，取证困难的重大复杂案件。

这个期限以"月"为计算单位。

侦查人员在对刑事诉讼期间进行计算时，应根据不同的情况来计算办案中的期限。

（2）刑事诉讼期间的计算方法

根据修改后的《刑事诉讼法》第103条第2款的规定，期间开始的时和日不算在期限以内。也就是说，在计算期间时，当时、当日不计算在内，从开始的次时、次日起计算。

例如，公安机关、人民检察院于4月29日20时拘留犯罪嫌疑人，如果以"时"来计算期间时，就从4月29日21时开始算起，应在24小时以内的4月30日21时（不包括21时）以前把给被拘留人家属的通知书发出；如果以"日"为计算单位，就从4月30日开始计算，"五一"国际劳动节法定假日不得对在押的犯罪嫌疑人、被告人顺延，就应在5月2日至6日（包括2日和6日）以前将犯罪嫌疑人提请人民检察院批准（决定）逮捕；以"月"为计算单位的，实际上还是以"日"为起算时间。

例如，犯罪嫌疑人于4月29日被逮捕，被捕后的侦查羁押期限为两个月，即从4月30日开始计算，其期间为4月30日至6月29日。

（3）刑事诉讼期间的重新计算

根据修改后的《刑事诉讼法》第158条的规定，在侦查期间，发现犯罪嫌疑人另有重要罪行的，自发现之日起依照本法第154条的规定，重新计算侦查羁押期限。犯罪嫌疑人不讲真实姓名、住址，身份不明的，侦查羁押期限自查清之日起计算。重新计算侦查羁押期限的期间，不应包括批准期间的时和日在内。

例如，4月29日发现犯罪，侦查机关负责人于5月4日批准重新计算侦查羁押期限，那么计算时就应该从4月30日开始，而不是从5月5日开始。

所以，在侦查期间，被羁押的犯罪嫌疑人最长的羁押期间（公安）为5个月加37日（拘留最长为30日，报捕7日），（检察）为5个月加17日（需要逮捕的在14日内作出决定，特殊情况下，可以延长3日）。

以上所讲，是侦查期间的羁押时限，是指侦查机关立案至侦查终结的期间，此后还有公诉审查阶段、审判阶段，一般分别是 1 个月的期限，有需要的，可以延长（退回补充侦查）1 至 2 次，每次 1 个月。

但是，还有一些例外，刑事诉讼法规定：在侦查期间，发现犯罪嫌疑人另有重要罪行的，自发现之日起重新计算侦查羁押期限。

犯罪嫌疑人不讲真实姓名、住址，身份不明的，应当对其身份进行调查，侦查羁押期限自查清其身份之日起计算，但是不得停止对其犯罪行为的侦查取证。

对犯罪嫌疑人作精神病鉴定的期间不计入办案期限。

所以，具有以上情形的犯罪嫌疑人，其在被侦查期间的羁押期限是不确定的。

因此，简单认为多少日子是不准确的，需要具体分析、计算。

206. 加强土方车管理，其就不肇事了吗

土方车肇事是缺乏管理。

表面上看，这个认识是对的，其实却是个伪命题。

近年来，一些大中城市接连发生土方车（含搅拌车、垃圾车）肇事的事件，就上海地区，根据报道，几乎每个月都会发生好几起死亡事故，有的一次就死亡二三人。

这些接连不断的事故引起了社会舆论的高度关注，也引起了有关方面的重视，于是采取了一系列的措施，诸如重新制定制度、重新培训驾驶员、安装转弯侧等、加强车辆的检测、安排驾驶员合理的作息时间、控制加班加点、严禁超载，可谓用心良苦。

可是，说句老实话，如此多种措施加强管理，可土方车（含搅拌车、垃圾车）连续肇事的情况没有根本得到改变，仍然每个月还是有好几起死亡事故的发生，且仍然连续不断。

什么原因呢？人们深入思考过没有？

根据调查了解，一些大中城市的土方运输工程领域有些是被一些恶势力所垄断、控制的。

垄断就要出问题，这些不法土方车老板一味为了赚取高额的利润，根本不顾人民群众的安危，于是"超载"、"赶速度、抢时间"、"随地倾倒"便频频发生也不足为怪了。

所以，我们看问题要抓住问题的本质，治标，形式五花八门，可永远解决不了根本的问题；治本，抓住问题的关键，一切迎刃而解！

抓土方车肇事的问题，抓反腐败，抓"三公消费"，都要抓住关键、抓住本质，这样才是真正的抓！

只做表面文章是没有用的！

207. 戴了"招投标"帽子工程就合法了吗

通过"招投标"的工程，肯定是合法的。

这个观点有"此地无银三百两"之嫌。

工程建设领域的腐败高发，已经不是一个新问题了。早在2009年8月18日，中央决定用两年时间专项治理工程建设领域突出问题，其目的就是要下大力气坚决遏制工程建设领域腐败现象易发多发的势头。

中央要求，必须着力解决工程建设领域存在的突出问题，要以政府投资和使用国有资金特别是扩大内需项目为重点，认真查找和纠正项目决策、城乡规划审批、土地审批和出让、工程招标投标、物资采购和资金管理使用、工程建设实施和工程管理质量等重点部位和关键环节查找的突出问题。

许多工程项目都通过了"招投标"的形式，可是工程建设领域的腐败犯罪仍然高发、多发。可见，有了"招投标"仅仅治了标，没有治本。

《中华人民共和国招投标法实施条例》于2012年2月1日起施行。4月

14 日，国务院办公厅转发改委、法制办、监察部《关于做好招投标法实施条例贯彻实施工作的意见》的通知，针对实践中存在的规避公开招标，搞"明招暗定"的虚假招标及串通投标等突出问题，作出了明确的禁止性规定。

形式上有了"招投标"还不能真正解决工程建设领域中高发的腐败犯罪问题。

208. 新驾驶员交通肇事追究驾校责任有道理吗

新驾驶员交通肇事追究驾校的责任。

看起来很有道理，某省出台规定，当新驾驶员发生严重交通事故，要追究驾驶员培训学校的责任。

初看起来，这个规定相当严厉，确实大有遏制交通事故从源头抓起的气势。

但这个规定却经不起推敲，因为新驾驶员发生严重交通事故的原因是各种各样的，不问青红皂白简单地就追究培训学校的责任有道理吗？

结论必然是否定的。试想，如果这个规定在逻辑上站得住脚，那么，新出生的婴儿出院回到家里后再生病，是不是要追究妇产科医生的责任？高中毕业生考不进大学，是不是要追究中学的责任？拿了大学毕业证书的学生考不出公务员系统，是不是要追究大学教授的责任？领导干部成为腐败分子被绳之以法，是不是要追究党校的责任？

整天琢磨"标新立异"毫无意义！

209. 懂法律就不会违法犯罪了吗

懂了法律就不会犯罪。媒体上经常有这样的说法。

这话完全是错误的。

笔者一句话就可以揭露这个认识的荒谬性。试想，如果这个论点成立，那司法机关的工作人员岂不是都不会犯罪了？他们中哪个不懂法律！

媒体也好，领导也好，持这种错误认识的大有人在。

报载"某某人杀人抢劫，完全是一个法盲……"

贪官忏悔："我因为不懂法，落得悲惨的下场，将来有机会出狱，我一定认真学习法律，做一个法律工作者，保证自己永远不再犯罪……"

写文章、写报道的都是高等院校新闻专业的高材生；说上面这段忏悔的是时任贵州省省委书记的刘某，因为腐败犯罪已经被判处无期徒刑。表面看看都是高级别、高层次的人，竟然不懂基本的原理！

他们的误导，把"懂法律"和"遵守法律"混淆了起来。

时任最高人民法院副院长的黄松有；时任沈阳市中级人民法院院长的贾永祥；时任重庆市司法局局长的文强等，他们就是搞法律的，甚至是法律专家，执法的行家里手，最终都成了严重违法乱纪、严重犯罪的大贪官、腐败分子，这与"懂法律"有关系吗？

四川省农村一老太太，提醒教育当省交通厅副厅长的儿子郑某（因受贿罪一审被判死刑，二审改判死刑、缓期2年执行）："你给我的钱，我不要，你拿回去自己用，但记住，在城里当官，不该拿的钱千万不要拿！"儿子听了泪流满面，因为他心里明白，自己受贿已经过千万了。

当老太太听到儿子被判死刑的消息后便一命呜呼了。

一个是不识字的农村老太太，一个是具有博士学位、国务院特殊津贴获得者的厅局级党员领导干部，哪个懂法律？

懂与不懂，是相对的；守法与不守法是绝对的！

210. 刑讯逼供的根源是禁止性的规定缺失吗

刑讯逼供是有令不禁、有禁不止。

面对严重后果、恶劣影响，一些领导为此声嘶力竭、火冒三丈。

可是，因为没有抓住要害，火白发、嗓白喊。

近年来，一些地方的司法机关、侦查部门连续发生了刑讯逼供而导致严重后果的事件，如已见诸报端、媒体的杜培武冤假错案，佘祥林冤假错案，赵作海冤假错案，张辉、张高平冤假错案……

杜培武，昆明市公安局戒毒所民警，1999 年 2 月 5 日被以故意杀人罪判处死刑，缓期 2 年执行；2000 年 7 月 11 日被宣告无罪。

佘祥林，湖北省京山县雁门口镇农民，1998 年 9 月 22 日被以故意杀人罪判处有期徒刑 15 年；2005 年 4 月 13 日被宣告无罪。

赵作海，河南省商丘市柘城县老王集乡赵楼村农民，2002 年 12 月 5 日被以故意杀人罪判处死刑，缓期 2 年执行，2010 年 5 月 9 日被宣告无罪。

张辉、张高平，安徽省歙县农民，2004 年 4 月 21 日被以故意杀人罪、强奸罪分别判处死刑、无期徒刑；同年 10 月 19 日分别被改判死刑缓期 2 年执行和有期徒刑 15 年；2013 年 3 月 26 日被浙江省高级人民法院宣告无罪。

念斌，福建省平潭县澳前村农民，被控投毒罪，自 2006 年 7 月 27 日起的 8 年里，四次被判死刑，2014 年 8 月 22 日被宣告无罪。

呼格吉勒图，内蒙古自治区呼和浩特人，1996 年 4 月 9 日被控强奸杀人罪，于 61 天后被执行死刑。2014 年 12 月 15 日被宣告无罪。

以上这些震惊全国的冤假错案的出现，无一不是刑讯逼供所致，而且其刑讯逼供之手段令人发指！

从媒体公开披露的材料看，个别司法人员为了达到一些个人的目的（政绩、破案率、提升、评比、显摆、发泄、报复、赌气），对无辜群众进行惨无人道的刑讯逼供，一些手段甚至比"渣滓洞"还有过之而无不及！

我们国家法律历来禁止刑讯逼供，早在建党建军初期的"三大纪律八项注意"中就有"不虐待俘虏"的规定（指的还是俘虏）；宪法中具有"尊重和保护人权"的条文；刑法中有"严禁刑讯逼供"的规定……

是没有规定吗？答案是否定的！

实际上，这种情况的发生，完全是一种文化的缺失。因为愚昧、摧残、杀戮，把自己的快乐建立在他人的痛苦之上，任何一个具有真正"文化"的人是绝对做不出来的。

文化是什么？文化就是人的道德、修养、信仰、追求，是人类的文明、是一种积极的向上的、不断寻求前进、进步的时代精神。

刑讯逼供完全是与其背道而驰的！它是一种倒退、是一种堕落、是人性的一种泯灭！

所以，要遏制刑讯逼供，首要的问题是必须提升司法人员的政治信念、文化素质、道德修养。

当今，大家对文凭的重视已经到了无以复加的地步，学士、硕士、博士辈出，一些领导们虽然文章也写不好，可"博士"已填在了简历里、印在了名片上；一些老板们虽然普通话还讲不好，可"博士"已出现在一些报刊上、媒体里！

整个社会文化素养的提升，司法机关应该首当其冲。

一支没有文化的军队是愚蠢的军队！

211. 国家法律与民间传统是对立的吗

国家法律与民间传统是对立的，有人这样认为。

其实，这个认识是不正确的。

社会共生是人的基本存在方式，而共生必须有一定的外在约束。靠什么来约束呢？当然是法律，但是，光靠法律是远远不够的，还需要有民间的传统道德来形成一个完整的整体。

这是因为具有习惯性与神圣性的民间传统能够在一定范围内整合人与人之间的分歧，是维护微观社会秩序的重要力量。

民间传统是民主生活样式背后的规则，是一种约束、一种方式。它包括风俗、道德、仪式等。民间传统往往是一种潜规则，它不一定具有明文的规定，但约定俗成，具有一定之规，是人们共同形成、共同遵守的，它对法律往往是一种细化和补充。

国家法律与民间传统是不对立的。

如果一个家庭，长者不慈爱，幼子不孝顺，夫不讲责任，妻不守妇道，即使家庭成员遵纪守法，但如此这般能够建立起和睦家庭秩序吗？如果社区缺乏优良传统，邻里冷漠，公共事务无人关心，即使社区无人犯罪，能够建立起和谐的社区秩序吗？如果行业缺乏优良传统，为师者不遵守师道，从业人员不讲职业道德，即使无人犯罪，能够建立起良好的行业秩序吗？

由此可见，法律不能替代民间传统，也不能承担民间传统的功能。

当然，作为历史文化沉积的民间传统，难免夹杂着一些糟粕，形成"恶俗"，对此，必须以人权为标准，予以清除。

近年来，我国民间传统遭受到西方民间传统的严峻挑战。如热衷于西方礼节，热衷于西方婚仪，热衷于西方节日……

于是，丢失民间传统的后果需要引起重视。每天电视节目中暴露的"老人感叹没有人赡养、父母抱怨子女不孝顺、被救者忘恩负义、假冒伪劣商品防不胜防……"

所以，社会共生，必须加强法治建设，但不可忽视弘扬和恢复优良的民间传统，因为，民间优良传统有利于维护良好的民间秩序，也是社会发展的必要张力。

法治少不得，传统不可丢！

212. 公平就是平分吗

公平就是平分，有些人觉得分配不公，如此认为。

这个认识是有失偏颇的。

公正、公平、公道、正义是同一概念，正义一般用在比较庄重的场合；公平、公道一般用于社会生活的日常领域；公正则介于正义与公平、公道之间，也适合用于任何场合。

古希腊思想家亚里士多德说："公正的实质，全在于平等；公正就是平等的利害相交换的行为，是等利交换和等害交换的行为。"

通俗地说，就是种瓜得瓜、种豆得豆；善有善报、恶有恶报。这是积极的公正。以眼还眼、以牙还牙，你不仁、我不义，这是等害交换，是反面的、否定的、消极的公正。

在社会生活中，权利与义务的交换或分配，是公正的根本问题。

社会应该怎样分配权利与义务呢？其实就是"索取"和"贡献"。社会分配给每个人的利益，就是每个人所贡献的利益。

每个人不仅应该享有基本权利，而且应该完全平等地享有基本权利。因为，虽然每个人才能有大小、品德有高低、贡献有多少，但在创建社会这一最基本、最重要的贡献上完全相同。

非基本权利分配是比例平等，每个人所享有的非基本权利的多少，与自己所作出的贡献的多少之比例，应该完全平等。就是说，谁的贡献大，谁便应该享有较大的非基本权利；谁的贡献小，谁便应该享有较小的非基本权利。

因此，社会固然应该不平等地分配每个人的非基本权利，但是，这种非基本权利不平等的分配应该完全依据贡献的不平等，从而使人所享有的权利与自己所作出的贡献的比例达到平等。

基本权利完全平等与非基本权利比例平等，显然是平等原则的两个侧面。可以说，一方面，每个人因其最基本的贡献完全平等——每个人一出生便都同样是缔结、创建社会的一个股东——完全应该平等享有基本权利。另一方面，每个人所享有的非基本权利的不平等与自己所作出的具体贡献的不平等的比例，应该完全平等。

因此，不能简单地说，公平正义就是平等分配。但是，权利的平等分配，正是社会公正的根本原则。

公平不能简单地理解为是平分。

213. 只要判缓刑就能照样当领导吗

被判缓刑无所谓，照样当领导。

这是一种不懂法的愚昧认识。

根据国家有关规定，被判处缓刑的对象，其不能担任国家或集体、企事业单位的领导职务。

曾经有媒体曝光，某省有几个官员触犯了刑法，被判处缓刑，但他们领导照当，待遇照旧，甚至已经被判处有期徒刑入狱的，还在原单位领取工资、享受各种待遇。

看来，法盲不仅仅是犯罪分子。

被判处缓刑，其性质是触犯了刑法的犯罪，含义是：犯罪行为需要追究刑事责任，被判处徒刑，但具有不需要立即执行的条件，可以缓期执行，缓刑期间是考验期，在考验期期间，不能担任各种法律规定禁止的领导职务。

就是个体企业、民营企业也一样，处于缓刑考验期间的对象，不能担任单位企业的法定代表人、负责人。一些老板被判处缓刑，觉得无所谓，"吃官司好比打只嗑聪，我个体户什么都不影响，公司照开、老板照当"，其实，其任职及行为是受到一定程度限制的。

根据最高人民法院、最高人民检察院、公安部、劳动人事部联合发布的《关于被判处管制、剥夺政治权利和宣告缓刑、假释的犯罪分子能否外出经商等问题的通知》指出：

"对被判处管制、剥夺政治权利和宣告缓刑、假释的犯罪分子，公安机关和有关单位要依法对其实行经常性的监督改造或考察。被管制、假释的犯罪分子，不能外出经商；被剥夺政治权利和宣告缓刑的犯罪分子，按现行规定，属于允许经商范围之内的如外出经商，需事先经公安机关允许。"

"犯罪分子在被管制、剥夺政治权利、缓刑、假释期间，若原所在单位确有特殊情况不能安排工作的，在不影响对其监督考察的情况下，经工商管理部门批准，可以在常住户口所在地自谋生计，家在农村的，亦可就地从事或承包一些农副业生产。"

"犯罪分子在被管制、剥夺政治权利、缓刑、假释期间，不能担任国营或集体企事业单位的领导职务。"

可见，犯罪是要付出代价的。

214. 经集体讨论给对方好处不会是犯罪吧

集体讨论的事，该不会是事吧？

不一定，就是经过集体的讨论，但因为违反国家法律，也可能构成犯罪，如"单位行贿罪"。

单位行贿罪是《刑法》第 393 条的规定，系指公司、企业、事业单位、机关、团体为谋取不正当利益而行贿，或者违反国家规定，给予国家工作人员以回扣、手续费，情节严重的行为。

单位行贿罪，也称之为"公贿"。它是单位为谋取不正当的利益，以单位的名义行贿，结果由单位得益的一种犯罪。它不仅冲击公平竞争的市场经济秩序，腐蚀国家工作人员，而且更多的时候侵害到国家的公有财产制度，具有双重的社会危害性。

根据1999年9月16日最高人民检察院发布施行的《关于人民检察院直接受理立案侦查案件立案标准的规定（试行）》，涉嫌下列情形之一的，应予立案：

一是单位行贿数额在20万元以上的；

二是单位为谋取不正当利益而行贿，数额在10万元以上不满20万元，但具有下列情形之一的：

（1）为谋取非法利益而行贿的；

（2）向3人以上行贿的；

（3）向党政领导、司法人员、行政执法人员行贿的；

（4）致使国家或者社会利益遭受重大损失的。

因行贿取得的违法所得归个人所有的，依照本规定关于个人行贿的规定立案，追究其刑事责任。

挂集体的招牌也不能干违法的事！

215. 刑法没有禁止性规定的事就可以放心大胆去做吗

"法无明文规定不为罪"，这是刑法的一个原则——"罪刑法定"原则。

但如果就此认为刑事法律没有明确禁止的都可以去做那就大错特错了。

"卖淫嫖娼"、"个人吸毒"是不是犯罪？肯定不是，因为刑法没有明确规定卖淫嫖娼、吸毒是犯罪，那是不是说明大家可以随心所欲地去卖淫嫖娼、吸毒了？显然是不行的。

对于卖淫嫖娼，刑法只对具有这两种情况的追究刑事责任：一是容留、胁迫、暴力、以营利为目的；二是明知自己有性病，再与他人卖淫嫖娼的。对于吸毒，刑法对自己个人吸食毒品的，没有明确规定是犯罪。

刑法没有规定卖淫嫖娼、吸毒是犯罪，其中有一个因素，是考虑刑法作为最后的惩罚手段，不宜任意扩大惩罚与打击面，对一些轻微的、涉及的人群面比较大的，可以通过治安条例、劳动教养等作行政处罚比较合适。

所以，我们不但要了解刑法的禁止性规定，还要了解行政处罚中的禁止性规定，还要遵守社会道德底线，刑事法律规定的是为官做人的最低标准，是底线，但作为一个领导干部、公务员、管理者，有文化、有品位、有素养的人光遵守最低标准是远远不够的。

因此，领导干部还要具有党的纪律观念，所有为保证全党行动一致，巩固党的规范和约束、维护党和人民的利益所作的各项规定都是党的纪律。

作为执政党，党必须在宪法和法律的范围内活动，共产党员必须遵守国家的法律，遵守国家法律和法令也是党的纪律。

党的纪律包括：政治纪律、组织纪律、群众纪律、宣传纪律、人事纪律、经济纪律、外事纪律、保密纪律。

其中政治纪律、组织纪律、群众纪律尤为重要。

党的纪律是执政党保持先进性的立足之本；

党的纪律是领导干部廉洁从政的基本要求；

党的纪律是共产党员群众路线的根本保证。

法律是最低标准，道德是高尚美德。

216. 离婚后不义之财就不能从原配偶那里追缴了吗

一些涉嫌犯罪的对象为了保住不义之财，以"净身出户"来规避法律对其不法财产的追究。

这种企图是徒劳的，是不可能得逞的。

司法机关查处案件，主要是查清犯罪事实、查获犯罪嫌疑人，以证据来证实犯罪的发生和实施犯罪的人。

一些贪官自以为离婚了"净身出户"就能保住不义之财，这完全是掩耳盗铃，其目的不可能得逞。

有例为证：某电力公司财务部负责人邱某，将公款数亿元提供给金融掮客进行炒作，嗣后从金融掮客那里收受贿赂千余万元。面临案发，邱某与妻子办理了离婚手续，"净身出户"，以为这样即使自己被判刑，财产可以被保住。

司法机关经过仔细的调查，以确凿的证据认定在其前妻处的千余万元财产系其犯罪所得，于是予以查封、调取、扣押。

需要注意的是，对于明知是犯罪所得的财产，故意予以隐匿的，也将被依法追究刑事责任。《刑法修正案（六）》取消了原来的窝藏、转移、收购、销售赃物罪，修改为掩饰、隐瞒犯罪所得、犯罪所得收益罪。

所以，司法机关对于这类"净身出户"的情况，不会束手无策、无动于衷，相反，对于掩饰、隐瞒犯罪所得、犯罪所得收益的人将追究刑事责任。

防止"聪明反被聪明误"！

217. 司法机关审讯时都是把灯光射到对象脸上吗

经常有人问笔者，你们审问对象的时候，是不是把"探照灯"（老百姓的语言）打到他的脸上？笔者只能摇头苦笑。

为什么群众认为司法机关讯问犯罪嫌疑人的时候，是把"探照灯"打在对象的脸上呢？都是电影、电视剧惹的祸，你看看，几乎每一部描写侦查过程的电影、电视剧，侦查人员审讯对象时，总是第一：在晚上，黑咕隆咚的，讯问室光线暗淡，显得很神秘兮兮；第二，讯问桌上必定有一盏台灯（老百姓称"探照灯"），不是照在桌子上，而是照在对象的脸上；第三，讯问人员盛气凌人，态度强硬，一副嫉恶如仇的神情……

其实，真实的情况根本不是这样的。司法机关凡具有讯问场所的，其装修、布置是具有国家统一标准的，就检察机关而言，就必须按照《人民检察院办案工作区设置和使用管理规定》、《人民检察院办案用房和专业技术用房建设标准》建设。

一是讯问室的灯光是吸顶嵌入式的，任何人不可能随意接触到灯泡、电源等可能危及人员安全的设施。

二是讯问无论是白天还是晚上进行，室内光线是非常明亮的，根据《刑事诉讼法》的规定，讯问重大案件要求进行全程录音录像；检察机关全部实行了讯问职务犯罪嫌疑人全程录音录像的规定要求，讯问室如果黑咕隆咚的，录像能够清晰吗！

三是讯问时把灯光射到对象脸上，完全是一种侵犯人权的不文明的违规行为，而且具有变相刑讯逼供之嫌，在司法实践中是绝对不允许、不存在和不可能出现的。

四是刑事诉讼法对讯问有专门的要求，在讯问犯罪嫌疑人时，不得以暴力、威胁和欺骗的方式获取供述，检察机关在执行刑事诉讼法过程中，进一步明确了讯问犯罪嫌疑人的具体规定，如禁止采用暴力、威胁的方式或者变相使用暴力、威胁取证。不能出现故意、主动与犯罪嫌疑人有肢体上任何程度的冲突，也不能出现在精神上对其折磨或利用环境设施对其制约的行为。

五是司法机关侦查及其讯问强调"理性、平和、文明、规范"，强调办案中坚持客观公正，平等谦和待人，不能颐指气使甚至意气用事、知法犯法，强调在办案中做到语言文明、行为文明、作风文明，摆事实、讲道理，不蛮横、不动粗，其核心是尊重涉案人员的人格尊严，保障诉讼参与人特别是犯罪嫌疑人、被告人的合法权益。

六是《刑事诉讼法》第 57 条规定，侦查人员有出庭说明情况的情形，法庭认为需要，可以通知侦查人员出庭对证据收集行为和过程的合法性作出说明。

由此可见，一些具有不符合以上情况的行为都不可能在侦查过程中出现，因为一旦出现这些违法情形，将依法追究有关人员的责任；另外，法庭认为需要，可以调取讯问时的录音录像，这些严格的措施保证了侦查和讯问活动的规范性。

平和、理性、文明、规范是司法机关执法的指导方针！

218. 司法机关可以随意叫你"跟我走一趟"吗

"跟我走一趟"是司法人员的常用语。我们经常可以在影视剧中看到这一幕，司法人员叫有关人员"跟我走一趟"，但这不是可以不分情况予以滥用的。

司法机关执法都必须根据法律的规定，《刑事诉讼法》规定，对犯罪嫌疑人行使拘传、拘留等，要出示法律文件和证明文书，其前提是必须对已经立案的犯罪嫌疑人实施，对于没有被立案的人员，不能采取限制人身自由的强制措施。

所以，司法机关对于没有被立案的人员不可以随意叫你"跟我走一趟"。行政执法机关更没有权力可以让人"跟我走一趟"了。

正确的方法是：司法人员要告知："请你协助调查"，并且出示法律文件和证明文书，而且必须征得当事人的同意，只有对已经立案的犯罪嫌疑人，如果不接受传唤，得以拘传（拘传是强制手段的一种）。

平时日常生活中我们看到的、遇到的，仅仅是司法人员的一种调查而已。公民要懂得和学会维护自己的合法权益！

219. 合资企业与职务犯罪没有关系吗

中外合资企业的高管不属于国家工作人员是众所周知的认识。

国有企业与外资合资了，一些人犹如脱缰的野马，以为不再受到检察机关的监督了，于是更加得自由自在起来。

其实，这是对法律不了解的一种表现。

法律对国家工作人员有明确的界定，其中有一条是这么规定的：国家机关、国有企事业中的管理人员，被国家机关、国有企事业委派到非国有企业从事管理工作，仍然属于国家工作人员。

司法实践中，对于国有公司、企业改制为股份制有限公司后，原国有公司、企业的工作人员和股份有限公司新任命的人员中，凡代表国有投资主体行使监督、管理职权的人员，以国家工作人员论。

上海某股份有限公司是国有资产监督管理委员会的直属企业，是中国高科技领域一家外商投资股份制公司，也是国外某企业的中国旗舰公司。该公司性质系中外合资企业，该公司副总经理吴某在企业管理过程中，实施了权钱交易的不法行为，其被认定为受国资委委派到中外合资企业从事管理的人员，最终被以国家工作人员（委派）追究刑事责任。

所以，目前许多大中型合资企业的高管是由国资委管理的，他们属于国资委委派，在中外合资企业承担国资的保值、增值、管理、防止国有资产流失的职责。

同样道理，由国资委委派到中外合资企业从事管理的人员，触犯法律，实施了贪污受贿的行为，仍然由检察机关负责侦查。

不要简单以企业性质说事，重要的是看职能。

220. 侦查阶段无力退赃会被认为态度不好吗

在侦查阶段，不能按照侦查人员的要求积极退赃，肯定是态度不好。这也是人们通常的普遍认识。

其实，在其中有认识上的误区。

案发，积极退赃，是司法机关对犯罪嫌疑人的要求，也是犯罪嫌疑人认罪、悔罪的一种表现，在侦查阶段，侦查人员往往要求对象能够退出赃款赃物，因为积极追赃也是侦查人员的职责。

但是，根据法律规定，犯罪嫌疑人只要在法庭判决前能够积极退赃，全部退赃的，仍然属于是认罪、悔罪的一种表现。

所以，犯罪嫌疑人有条件、有能力在侦查阶段及时退赃的，尽早退赃是应该的，对自己的最终处理也是有利的。然而，犯罪嫌疑人一时退赃确实有困难，只要向侦查人员说明情况，可以宽限时日再退，无论在侦查阶段还是在审判阶段，都不会因此导致侦查人员对自己的不好印象而产生对自己不利的结果。

个别侦查人员不分青红皂白，毫无商量余地地迫使犯罪嫌疑人即时即刻退清全部赃款是不对的，犯罪嫌疑人可以提出意见、控告，保护自己的合法权益。

司法实践中，凡在法院一审判决之前能够退赃的，均是积极主动退赃的表现。

221. "搞定"司法机关就太平无事了吗

司法机关可以被"搞定"吗？

有些人是这么认为的。其实，这是一种异想天开，也可能是骗子的伎俩。

经常可以听到，一些涉嫌刑事犯罪的当事人或者家属，到处打听，谁认识司法机关的人，希望能够约出来"聚一聚"，花点钱，以为这样对案件的处理可以得到关照……

其实这是一种不懂法的表现。

司法机关的行为是一种国家行为，其内部有着严格的法律规范，绝对不是一两个人可以说了算的，无论司法人员个人，还是司法机关本身，其都有被监督制约的程序法的规定。

《刑事诉讼法》规定，讯问犯罪嫌疑人，侦查人员必须两人或者两人以上；侦查机关对具有犯罪嫌疑的人立案，侦查人员提请报告后，要经过至少三级审批，重大的还要经过上级侦查机关的审批备案；

公安机关要逮捕犯罪嫌疑人必须经过检察机关的批准，检察机关对公安机关决定不予立案的，可能存在问题的，可以责令公安机关说明不立案的理由；

检察机关侦查的职务犯罪嫌疑人需要逮捕的，必须报上一级检察机关审查批准，对下一级检察机关不予立案的，上一级检察机关可以进行监督，要求说明理由，根据需要，还可以决定指定其他检察机关管辖，也可以提上来自己进行侦查；

检察机关对自己侦查的职务犯罪案件需要撤销案件的，必须提交人民监督员进行审议，必须提交上级检察机关审查批准；

法院实行的是四级二审制度，不服一审判决结果的，可以上诉，进行二审；检察机关认为一审、二审存在问题的，可以提请抗诉；对最终判决认为不服的，还可以进行申诉，所以这些都是司法机关之间、司法机关内部的各种监督。

特别是检察机关作为国家的法律监督机关，其有一个职能，就是接受公民的控告、申诉，任何公民对国家机关、国家工作人员的贪污贿赂、滥用职权的行为可以提出控告、举报和揭发；检察机关对侦查机关侦查活动、审判机关的审判活动实现监督，诸如此类，想通过搞定个别人要达到自己个人的不正当目的和不正当利益是不可能的。

还要说明的是，人大对司法机关具有监督权，党的各级政法委员会对各级政法机关具有监督权，这都是对司法机关正确行使权力的保障。

社会实践中，期望通过认识司法机关一个人、几个人，甚至认识司法机关的领导，要把案件"搞定"，其实是不可能的。

那么，社会生活中也确实有人知道、看到、听到身边有人因为"搞定"了司法机关的人，案子得到了照顾、帮助，甚至不了了之……

其实，这里有几种情况，第一，案件本身被依法处理了，当事人自我感觉得到了"关照"，自以为是花了钱财、下了功夫的作用，这其实完全是一种错觉，有的被一些不良律师、司法掮客占了便宜，被人家卖了还在为别人数钱；第二，确实有个别司法人员徇私舞弊进行了非法操作，得逞了一时，但鉴于司法机关内部的严格制约，加上人民群众举报渠道的畅通，一些得逞一时的案件最终被纠正，违法违纪的司法人员必定受到责任追究，这标准是"赔了夫人又折兵"；第三，确实也有个别司法机关作出了违法的、错误的、颠倒黑白的处理结论，但因为有严格的内部制约，经过上级机关的监督，最终被纠正的也大量存在。

前不久，清华大学研究生状告山东省政府在自己老家动拆迁过程中的违法行为，被山东省政府出台的文件所否定。但山东省政府的这个决定，最终为国务院所撤销，认为其存在违法行为。

越来越趋向完善的法律规范告诉我们，相信法律，相信正义，任何个人是无法撼动法律的！所以，当对司法机关的处理过程、处理决定存在异议的时候，反映、控告、举报的途径和渠道是众多的，一定要走正当的渠道和途径，千万不要让一些不法分子，包括司法机关内部的个别不良分子钻了法律的空子，害人又害己。

企图搞定司法机关是越来越不可能了！

222. 挂上"健身"的招牌就合法了吗

不能收钱，不能收礼，玩玩高尔夫"健身"总没有问题吧？

许多官员就是这么认为的。

一些官员对普通贿赂已经不感兴趣了，因为风险太大，难免发生疏漏，弄得不好身败名裂。于是一些新名目、新花样应运而生。

如今，全国各地迷上高尔夫的领导干部多了起来。他们经常全国各地飞来飞去，三亚、珠海、深圳、佘山、武夷山、长白山……全国各地已经建起有四百多个高档球场，到处留下了他们的足迹。

自己花钱也就算了，可是官员哪有自己花钱的？头等机票、五星宾馆、名贵餐饮、专门服装、高档球杆、娱乐游玩……可想而知，不是公款就是"贿"款，"高尔夫"腐败由此而生！

国家某部司局级干部秦某，在业务活动中，与请托人某公司老板高某熟悉，高某了解到秦某有一个"健身"的嗜好，迷上了高尔夫，于是经常利用节假日陪着秦某全国各地找球场打高尔夫，美其名曰，共同健身。

渐渐地秦某球技提高了，随之胃口也大了起来，要自己寻找球伴打球了，于是高某专门购买了80万元的几张著名高尔夫俱乐部的会员卡送给了秦某。

最终，秦某案发，被以收受贿赂罪判刑。

"健身"也是有可能触犯法律的！

223. 官员"好心办坏事"与法律无关吗

以良好的愿望,做了效果不理想的事,属于"好心办坏事",吸取教训、下不为例,与法律无关,这是一些人的认识。

实际上,对于国家工作人员而言,这个认识是非常危险的。

某市市长姜某在市长办公会议上提出,要用超常的思维、超常的办法发展经济。在研究新市区建设规划的市长办公会议上,姜市长提出电视台和电视塔要建在全市最高的滨江大堤上,也不要论证设计了,就照着某沿海大城市的明珠塔的样子建造。

不久,市长在有关负责人的陪同下到电视塔工地视察"献礼工程",指示在建市五十周年前,新电视塔一定要投入使用。

省里防汛安全检查组到市里检查,认定该电视塔建设项目属于无规划、无设计、无审批的"三无"项目是非法建筑,责令无条件拆除。

因为姜市长滥用职权的行为导致了国家的重大损失,被检察机关以涉嫌渎职罪追究刑事责任。

这种"好心"是要不得的!

224. "检察院"可以称为"检查院"吗

社会上许多人搞不清"检察院"是干什么的。

在各地、各级检察院每天收到的控告举报信中,大约有60%至70%的信封上写的是"检查院"。

有一年笔者在单位值班，一大早碰到过一对农村来的青年夫妇到检察院。有一段对话。

笔者问："你们找什么地方？"

回答："找检查院！"

问："这就是检察院，有什么事？"

答："我们来检查身体，我老婆怀孕了，专门来看看胎位正不正？"

问："对不起，这里是检察院，不检查身体。"

答："检查院不检查身体，那是检查什么的？"

……

大家不要以为这是笑话，它不但曾经发生在上海，甚至也发生在其他地方。2000 年笔者参加上海市检察院代表团考察东三省，在哈尔滨检察院，当时该院的反贪局长、全国人大代表孙桂花对笔者讲，在他们那里，也同样发生过农民到检察院来检查身体的情况！

在人民群众中搞不清检察院的人比比皆是，所以，我们的法治宣传力度、检察工作的宣传力度还需要大力的强化。

"检察"的含义是法律监督，与"检查"大相径庭。

225. "被告"和"被告人"是一回事吗

当今社会上搞不清和滥用"被告"、"被告人"的比比皆是。笔者在几个政法大学开设了"职务犯罪侦查实务"课程，其间问本科生，"被告"和"被告人"有什么区别，360 多名读法律的二至四年级的学生竟然一个都回答不上来。后来在给法律研究生上课时，笔者也提出了这个问题，也只有个别学生能够搞明白。毫不奇怪，笔者在给一些检察机关上课时发现，多年从事法律工作的不知道这个区别的也大有人在。

所以，一些媒体、电影、电视剧在这个概念上出错则见怪不怪了。著名女演员主演的电影《国家公诉》中的检察长，在法庭上，她作为公诉人面对贪污犯罪的官员慷慨陈词，一口一个"被告"，令人啼笑皆非；许多媒体经常出现诸如"行凶杀人被告受到审判"、"被告在法庭上交代了贪污犯罪的事实"，诸如此类也令人哭笑不得。

怪不得演员、怪不得编剧、怪不得记者，更怪不得学生，因为一些法学专家自己也没有搞明白，笔者查看了《现代汉语词典》（1978年12月第一版，1979年9月第9次印刷，第49页）、《法学词典》（1984年12月第二版，第797页）、《简明社会科学词典》（1984年12月第二版，1987年5月第八次印刷，第852页）竟然发现，这些工具书在"被告"和"被告人"的解释中都是错误的，称"被告人"简称"被告"（《法学词典》、《简明社会科学词典》），称"被告"就是"被告人"（《现代汉语词典》），真是胡说八道、误人子弟啊！

我们不妨看看最具权威的由胡乔木先生主编的《中国大百科全书·法学》的解释：

"被告"是民事诉讼活动中的当事人之一，民事诉讼当事人包括原告和被告。以自己的名义提起诉讼，请求法院保护其权益，因而使诉讼成立的人，称为原告。与原告相对的一方，被控侵犯原告权益，需要追究民事责任，并经法院通知其应诉的人，称为被告。

"被告人"是依法被控诉犯罪，并且由司法机关追究刑事责任的人，简称被告人。刑事诉讼是围绕解决被告人的刑事责任问题而展开的。

被告人在刑事诉讼中的地位比较复杂，首先，他是一方的当事人，为保障其合法权益不受侵犯，法律赋予他享有充分的诉讼权利。其次，他对于自己是否犯罪、犯何种罪最了解，因此他的陈述和辩解是证据的一种。最后，他可能是科刑的对象，为防止其逃避侦查、审讯，必要时可以采取强制措施以限制其自由。①

---

① 胡乔木主编：《中国大百科全书·法学》，中国大百科全书出版社1984年版，第422、655页。

所以，"被告"和"被告人"是完全不同的两个概念，是不能乱用的。

226. "侦查"与"侦察"都是法律概念吗

侦查是一种刑事法律的专门性的强制性的活动。指侦查机关在办理刑事案件过程中，为了搜集、审查证据，揭发、证实犯罪，查获犯罪嫌疑人，并查清犯罪的具体情况所进行的强制性的专门活动。其主要内容包括：依照法律规定进行专门调查工作（讯问、询问、勘验、检查、搜查、扣押物证、书证、鉴定等）和采取强制措施（拘传、取保候审、监视居住、拘留、逮捕等）。其目的在于查明案件的全部情况，确定是否构成犯罪，依法应否追究刑事责任，并为提起公诉做好准备。它是起诉前的准备程序，一般从立案开始，至案件作出是否移送起诉的决定而终结。它是整个刑事诉讼程序的基础，直接影响逮捕、起诉、审判工作的质量。[1]

侦察是军事用语，"为了弄清敌情、地形及其他有关作战的情况而进行活动"。[2]

为什么说"侦察"是一个军事用语而不是法律用语呢？从字义上来看，"侦察"仅仅是观察，而不具有实质性的措施和手段（如军队的侦察兵，他的任务是观察、了解、掌握敌情，一般没有消灭敌人有生力量的任务）；而"侦查"，其不但有观察、了解、掌握的含义，而且具有强制措施、调查取证等法律赋予的特殊权力和手段。

所以，在历来的《刑事诉讼法》包括 2013 年 1 月 1 日实施的修订后的

---

[1] 胡乔木主编：《中国大百科全书·法学》，中国大百科全书出版社 1984 年版，第 741 页。

[2] 中国社会科学院语言研究所词典编辑室：《现代汉语词典》，商务印书馆 1979 年版，第 1453 页。

《刑事诉讼法》中，只有"侦查"而没有"侦察"。

同时，在《中国大百科全书·法学》、《法学词典》等有关法律的书中没有"侦察"这个词的一席之地，道理很简单，因为"侦察"不是法律概念，更不是法律用语。

所以，人们可以发现一些机关和人员自称"刑事侦察机关"、"刑事侦察局"、"刑事侦察员"、"刑事技术侦察"、"刑事侦察手段"等，许多电影、电视剧作品的字幕上把"侦查"打成"侦察"，有的教科书还把"侦查"解释为"同侦察"，人为地把二者混为一谈，这是不学无术、自以为是、想当然的结果。

227. "拘"和"捕"是一回事吗

"拘"和"捕"有区别吗？

老百姓搞不清楚，但一些文人墨客乃至专家学者也搞不清楚！

在一些描写反贪、反黑的电影、电视剧里经常可以看到司法人员对犯罪嫌疑人说："你被拘捕了！"其实这是胡编乱造，没有法律依据，完全是错误的。

"拘捕"其实是拘留和逮捕两个法律概念，拘留就存在多种不同的性质，有属于犯罪的性质，也有不属于犯罪的性质，是不能混淆的。

拘留可以分为"行政拘留"（治安拘留）、"司法拘留"、"刑事拘留"。

"行政拘留"是对于行政违法行为，按照法律应当被拘留的，会被行政机关处以行政拘留的处罚。而最常见的行政拘留的产生，往往是违反了《治安管理处罚法》的规定，由公安机关决定和执行，所以通常也有叫"治安拘留"。一般由公安机关对违反治安条例的人员实施的强制措施，最长期限为15日，如果有两种以上的违法行为，可以合并执行，最长不超过20天，主要是对不构成犯罪的人员进行，诸如随意打人、谩骂他人、聚众赌博、打架斗殴等轻微的违法行为。

"司法拘留"是人民法院为了保证审判活动正常进行，对实施了严重妨害诉讼活动的人，采取短期限的限制其人身自由的一种强制措施。一般由法院决定和执行，最长期限为 15 日，主要是对违反法庭的规定、不执行法院的判决或者裁定等的行为人进行，诸如"老赖"欠债不还的，一般予以司法拘留 15 天的处罚，它也不是一种刑事处罚，是一种惩罚性的强制措施。

"刑事拘留"主要是对触犯刑法的犯罪嫌疑人实施的一种羁押的强制措施，通常是具有刑事侦查权的机关决定并实施，如人民检察院、国家安全局、公安局（含海关缉私警察局），它有明确的期限，刑事诉讼法规定，刑事拘留最长为 14 日（其中 7 天用于提请逮捕），公安机关对于流窜作案、多次作案、结伙作案的重大嫌疑分子，可以用以提请逮捕的拘留最长为 30 日。

逮捕是一种比较严厉的强制措施，任何人不经过人民检察院批准或决定或者由人民法院决定，并由公安机关执行，不受逮捕。根据《刑事诉讼法》第 79 条的规定：对有证据证明有犯罪事实，可能判处徒刑以上刑罚的犯罪嫌疑人、被告人，采取取保候审尚不足以防止发生下列社会危险性的，应当予以逮捕：可能实施新的犯罪的；有危害国家安全、公共安全或者社会秩序的现实危险的；可能毁灭、伪造证据，干扰证人作证或者串供的；可能对被害人、举报人、控告人实施打击报复的；企图自杀或者逃跑的。对有证据证明有犯罪事实，可能判处 10 年有期徒刑以上刑罚的，或者有证据证明有犯罪事实，可能判处徒刑以上刑罚，曾经故意犯罪或者身份不明的，应当予以逮捕。

被取保候审、监视居住的犯罪嫌疑人、被告人违反取保候审、监视居住规定，情节严重的，可以予以逮捕。

所以在实践中，"拘捕"是不能混为一谈的。

228. "英雄"、"功臣"犯罪后可以减轻刑事处罚吗

在一些人中，存在"英雄"、"功臣"犯罪后的刑事处罚可以减轻的错误认识。其实这个情况在司法实践中是不存在的。

"法律面前人人平等"是宪法原则，无论以前作出过什么贡献，无论以前有过什么功劳，无论以前获取过什么荣誉，只要是实施了犯罪行为，构成犯罪的，都必须接受法律制裁。

但因为曾经是"英雄"、"功臣"，在量刑时可以得到减轻的待遇吗？结论是否定的，昔日的功劳不能折抵刑期，但与恶贯满盈的作案人员相比，可以作为酌定情节结合案件的整体情况通盘考虑。

中国共产党历史上，有好几个著名的"英雄"、"功臣"犯下了严重的罪行，如陕甘宁边区秘书长、老红军谢步升，犯了贪污罪；抗日军政大学第六队大队长黄克功，是战斗英雄，却枪杀恋爱对象；新中国成立后不久，天津地委书记、老革命、战斗英雄刘青山，石家庄市委副书记、老革命、老地下党员张子善，最终均被判处死刑。

在当今我们的司法实践中，无论以前是"英雄"还是"功臣"，只要是触犯了法律，构成了犯罪，那就必须受到法律的制裁，任何人都不能例外，在笔者的侦查生涯中，曾经依法侦查的案件中涉嫌犯罪嫌疑人就有"战斗英雄"、"劳动模范"、"非典功臣"、"三八红旗手"、"新长征突击手"等，昔日的楷模沦落到犯罪的下场，我们内心也非常难受，甚至可以说是"于心不忍"，但"人有情法无情"，法律就是无情的，只要是犯了罪就必须依法办理。

曾经的"非典英雄"，国家食品药品监督管理总局厅局级干部曹某庄，

因受贿千余万被处于死刑、缓期 2 年执行；曾经的"公安英模"重庆市副市长王某军，触犯法律被四罪并罚，判处有期徒刑 15 年；曾经的"打黑英雄"重庆市司法局局长文某，严重犯罪被判处死刑就是其中典型的案例。

这里必须要说明的是，法律上的"立功"专门指的是"对司法机关没有掌握的他人的犯罪行为进行检举揭发，并且经司法机关查证属实"，所以此"立功"绝不是他"立功"，是不能混为一谈的。

因此而有，功劳不抵罪、党票不抵罪，这对司法机关来说是一贯的。

229. "党组"与"党委"是一回事吗

在我们的日常生活中，经常可以听到"党组"或"党委"的提法，一般人都以为，那是一回事。其实不然。

中国共产党的党组和党委是完全不同的两个概念。

党组和党委在其组成人员、目标任务、领导关系方面具有明显的区别。

党组的成员，是由批准成立党组的党的委员会从非党组织领导机关担任负责工作的党员中指定的。

如各级人民检察院均建立有党组，其由中国共产党的中央、省委、市委、区委、县委等批准的相应检察机关的党组，党组的成员是由批准其成立的党委指定的，成员一般是担任负责工作的党员；检察机关是非党组织领导机关，党组成员一般是该院的领导。检察机关建立了党组以后，不再建立党的委员会，其建有的是机关的委员会。

党委及其成员是由党的代表大会或党员大会选举产生的。

党组不是一级党委，党组的任务不像党的委员会那样负有统一领导所属地区（或单位）的工作的责任，它只发挥自己的指导作用。

检察机关的党组实际上也行使党的委员会的职能。

在领导关系方面，党组必须在批准它的党的委员会的领导下工作，如检察机关的党组均接受批准它的党的委员会的领导，如党中央（省委、市委、区委、县委），但党组不负责批准积极分子入党的事项。

而党委在代表大会期间，在本地区（或本单位）范围内，执行上级党组织的指示和同级党的代表大会的决议，定期向上级党组织汇报，党委或者上级党委具有批准积极分子入党的最终决定权。

230. 行政处罚与行政处分是一回事吗

一些人分不清行政处罚和行政处分的区别。其实这是具有不同性质的两回事。

行政处罚与行政处分具有五大不同：

（1）执行的主体不同

行政处罚由特定的国家行政机关（如公安机关、工商行政管理机关等）作出，行政处分是被处分者职务上所依属的国家机关、企事业单位的管理机构作出。

（2）形式和处罚不同

行政处罚的形式主要有：警告、罚款、行政拘留、没收、劳动教养，吊销许可证和执照、扣留财物、责令停产停业等。

行政处分的形式主要有：警告、记过、记大过、降级、降职、撤职、开除留用察看和开除。

（3）执行的依据和适用的对象不同

行政处罚是依据某种特定法律或行政法规对违反该特定法律或行政法规的行为进行制裁。行政处分适用于轻微违法尚不够刑事处罚的行为或违反内部规定的人。

（4）适用程序不同

程序包括制裁程序和不服制裁的申诉程序。行政处罚的制裁程序一般是通过对违法询问调查取证，由行政主管部门作出裁决书，发给当事人。对不服行政处罚的，受罚人可以根据有关法律、法规的规定，向作出处罚的机关要求复议或向上一级行政部门提出申诉；对复议或申诉的裁决仍然不服的，还可以在法定期间内向人民法院起诉，有的还可直接向人民法院起诉。

行政处分的程序一般为受理和立案、调查取证、本人申辩、提出意见、审批、通知本人及归档。被处分人对处分决定不服的，可以要求复议，或向上级主管机关及行政监察机关提出申诉。但被处分人不能向人民法院提起诉讼。

（5）制裁的目的和出发点不同

行政处罚的适用，其目的偏重于对违法人员的经济制裁，通过经济上的惩罚触动其物质利益，以达到惩戒的目的。而行政处分的适用，其目的则偏重于对违法人员政治上的制裁，通过处分触动其政治上（或行政上）的利益，从而达到惩戒目的。

上海在 2014 年 12 月 31 日发生的外滩踩踏事件，造成人员重大伤亡，2015 年 1 月 21 日上海宣布了对责任人的处理，11 名负责干部被撤销职务，这就是行政处分，至于被撤销党内职务的，则是党纪处分。

231. "国家机关工作人员"与"干部"是一回事吗

我们的日常生活中，经常有人将"国家机关工作人员"与"干部"混淆，认为是一回事，其实这种认识是有误的。

"干部"的含义是指在国家机关和公共团体中起骨干作用、担任或者承担管理和领导职能的人员，通常指在党和国家机关、事业单位、军队、人民团体中担任一定公职的人员。与"国家机关工作人员"这一概念相比，"干部"不是一个法律概念。

根据国家法律的规定，"国家机关工作人员"具有明确的界定范围，而"干部"一词至今未有相关的法律、法规的明确解释和界定，其所包含的人员范围是不明确的，如未成年人可以成为"少先队干部"、"班干部"，但未成年人肯定不能成为国家机关工作人员，因为其未达到行为能力年龄。

总体而言，"干部"不一定是国家机关工作人员，因为中高等院校的教师、公有制性质医疗机构中的医务工作者、国有文艺团体中的文艺工作者，都可以属于广义的"干部"范畴。而"国家机关工作人员"也不一定都是"干部"，根据司法解释，在国家机关中工作的聘用制人员等虽然未列入国家机关人员编制，不具有干部身份，但是其中代表国家机关行使职权时，属于"虽未列入国家机关人员编制但在国家机关中从事公务的人员"，视为国家机关工作人员。

"国家机关工作人员"具体包括：

一是在中国共产党的各级机关（乡镇以上）中从事党务的人员；

二是在各级国家权力机关中从事公务的人员，包括在各级人大常设机构、办事机构中从事公务的人员；

三是在各级国家行政机关及其组成部门、办事机构、直属机构中从事公务的人员；

四是在各级审判机关中从事公务的人员和正在履行职务期间的人民陪审员；

五是在各级检察机关中从事公务的人员；

六是在各级军事指挥机关、管理机关中从事公务的人员，包括现役军官和文职干部；

七是在各级政协机关中从事公务的人员，包括在各级政协常设机构、办事机构中从事公务的人员；

八是在依法行使国家行政管理职能的行政性事业单位、行政性公司中从事公务的人员；

九是受国家机关聘任或委托，在国家机关或其他非国家机关组织中从事公务的人员，或者虽未列入国家机关人员编制，但在国家机关中从事公务的人员。

国家机关工作人员是有法律明确界定的。

232. "国家机关工作人员"与"国家工作人员"是一回事吗

有许多人认为"国家机关工作人员"与"国家工作人员"是一回事，其实，这是两个不同的概念。

国家机关工作人员在刑法中是一个十分重要的概念，它不仅是国家工作人员的基础概念，而且是一些犯罪的特殊主体或从重处罚对象。

国家工作人员包括国家机关工作人员和准国家工作人员，在理解这一概念的时候，应当注意以下两个问题：

一是明确界定"国家机关"的范围必须有法律依据。依据《宪法》第三章关于国家机构的规定，我国的国家机关应当包括权力机关、行政机关、审判机关、检察机关以及军事机关。在以上这些国家机关中从事公务的人员，就是国家机关工作人员。

二是准国家工作人员，即指《刑法》规定的"以国家工作人员论"的人员。主要包括三种情况：

第一，国有公司、企业、事业单位、人民团体中从事公务的人员；

第二，国家机关、国有公司、企业、事业单位委派到非国有公司、企业、事业单位、社会团体中从事公务的人员；

第三，其他依照法律从事公务的人员。

这些人不属于国家机关工作人员的范畴。

233. "从事公务" 就是给公家干事吗

给公家干事就是"从事公务"，这个理解和认识在社会日常生活中比较多见，但在法律意义上是不正确的。

公务是指公共事务，它包括国家事务和集体事务两个方面。但是《刑法》上的公务只指国家事务，不包括集体事务，即作为在国家机关中从事公务的国家机关工作人员，其所从事的公务应严格地限定在国家事务的范畴中。

具体讲，法律上的"公务"具有以下四个特征：

一是管理性。即对国家事务进行管理。这种管理，是从事组织、领导、监督、实施等管理性的职务活动，处于管理主体地位。

二是国家代表性。在具体表现形式上，从事公务是以国家机关名义进行的。

三是人员特定性。公务活动必须是具有一定职务身份的人员所进行的职务活动。

四是合法性。公务活动必须在国家赋予的管理权限内（即法律规定的权限内）行使，超出权限范围进行活动就不是从事公务。

因此，法律意义上的"从事公务"，是指代表国家机关、国有公司、企业、事业单位、人民团体等履行组织、领导、监督、管理等职责。

公务不同于职务。所谓职务，在一般意义上，是指"职位所规定应该担任的工作"。而在法律意义上，职务则意味着获得一定的法定身份，代表国家、集体或者社会团体执行一定的具有管理性质的事务。职务与公务是有区别的，职务的范围比较广泛，妨碍职务的行为并不一定会破坏到国家管理职能。

但是公务行为则不同，它的范围有一定的限制。它不仅如职务一样需要一定的法定权力和身份，而且这种行为还必须是一种国家管理行为或者由国家管理行为所派生出来的行为，所以在该种行为中的一些非正常现象（如渎职、主体廉洁性遭破坏等），就会破坏国家的管理职能。

可见，公务带有国家管理的性质，而职务则包含有社会管理的性质，公务的范围要比职务的范围狭窄。

公务不同于劳务。一切以劳动力为主从事生产性、经营性、社会服务性的活动，都叫劳务。公务与劳务的区别在于：

一是公务只能存在于国家机关、国有公司、企业、事业单位、人民团体中；而劳务不仅存在于上述组织中，还可以存在于私有制企业等单位中。

二是公务是在国家机关、国有公司、企业、事业单位、人民团体的各种工作职能部门中，从事组织、领导、监督、管理等职务活动；而劳务主要是从事具体的物质生产活动或服务性劳动，多是一种体力付出。

三是从事公务的人员一般按其职务享有处理一定国家事务的权力；而从事劳务的人，一般都接受从事公务人员的管理，不具有处理国家事务的权力。

公务也不同于私务。公务与私务的区别表现在：

一是公务是代表国家，以国家名义进行的活动；而私务是代表个人，不具有国家代表性、社会公共性，是以个人名义进行的活动。

二是公务具有国家事务的管理性质；而私务则不具备国家代表性，即使私务中存在一定的管理职能，也只是一种个人行为。

三是公务是以国家利益为中心，为国家利益服务；而私务是以个人利益为中心，有着明确的个人目的。

所以，一般情况下，医院中的普通医务人员、学校中的普通教员（不具有组织、领导、监督、管理职务及职能的）不属于从事公务的人员；体育赛事中的裁判人员也不属于从事公务的人员。

正确区分公务、劳务与私务是非常重要的。

234. 举报、控告、报案是一回事吗

社会生活中一些人对举报、控告、报案有什么不同搞不清楚，因此往往影响自己（个人或者单位）正确、有效地行使公民和单位的正当权利，增加不必要的麻烦。因此，搞清楚这几个概念具有积极的意义。

举报是指机关、团体、企事业单位和个人向司法机关和有关部门举报、揭发犯罪嫌疑人的犯罪事实或者犯罪嫌疑人线索的行为。

控告是指机关、团体、企事业单位和个人向司法机关揭露违法犯罪事实或犯罪嫌疑人，要求依法予以惩处的行为。

报案是指机关、团体、企事业单位和公民（包括被害人）将发现的犯罪事实或犯罪嫌疑人向司法机关报告的行为。

报案、控告和举报事项的明确程度有所不同：

控告人就是被害人。所以对于所控告的内容较为具体和明确。

报案的基础上发现犯罪事实，至于是谁犯罪所为，报案人通常是不清楚的。

举报的内容也涉及具体的人和事，但举报人不是不法行为的直接受害人，因而在举报内容上一般没有控告那么明确和具体，可能仅仅是一个线索。

各级人民检察院都设立有举报中心，专门接受个人和单位的举报、报案和控告，方式有来信来访、电话举报、网络举报等多种形式，举报中心还不定期地在闹市地段设立举报宣传并接受举报。特别是近年以来，全国各级检察机关陆续设立了社区检察室，在为社区进行检察服务的过程中接受举报，这大大加强了检察机关与人民群众的联系，也方便了人民群众对腐败犯罪问题的举报。

检察机关对接到的举报、控告、报案，如果发现其反映的内容不属于检察机关管辖的，则会向有管辖权的机关或者部门移送，并且将移送情况向署

名举报人反馈。

检察机关对于以真实姓名举报的人，均会及时反馈处理结果，并且为举报人保密，对于举报的事实被查证属实的，将按照规定给予举报人以奖励。

检察机关提倡公民实名举报。实名举报是指举报人在举报时留下真实姓名、单位、联系地址、联系方式等的行为。

公民要勇于行使监督公权力和反对社会歪风邪气的权利，大胆以真实姓名举报。

235. 署名举报会受到打击报复吗

许多人认为，当今社会对各种腐败犯罪问题和社会歪风邪气进行署名举报会遭致打击报复，因而目前大量举报均系匿名形式，或者干脆私下"发牢骚"、"骂娘"而不敢举报。其实这是对司法机关接受举报的规定不了解，是大可不必的。

检察机关对举报人有一整套的保护措施，各级人民检察院对举报人的保护措施具体是：

一是举报材料由专人录入计算机，加密码严格管理，未经授权或者批准，任何人不得调看。

二是举报材料不得随意摆放，无关人员不得随意进入举报材料处理场所。

三是向检察长报送举报材料时，应当用机要专用袋密封，并填写机要编号，由检察长亲自拆封。

四是严禁泄露举报内容以及举报人姓名、住址、电话等个人信息，严禁将举报材料转给被举报人或者被举报单位。

五是调查核实情况时，严禁出示举报材料原件或者复印件；对匿名举报材料除侦查工作需要外，严禁进行笔迹鉴定。

六是奖励举报有功人员，涉及举报有功人员的姓名、单位等个人信息的，应当征得本人同意方可公布。

法律对举报人有法律上的保护措施，具体是：

一是只要不是捏造事实、伪造证据，即使控告、举报的事实有出入，甚至错告的，也要和诬告严格加以区别。

二是公安机关、人民检察院或者人民法院应当保障报案人、控告人、举报人及其近亲属的安全。报案人、控告人、举报人如果不愿意公开自己的姓名和报案、控告、举报的行为，应当为他们保守秘密。

三是各级检察机关对打击报复举报人及其近亲属的案件要认真受理，经过调查，证据确凿的，根据情节轻重，区别性质，分别作出处理；尚未构成犯罪的，提出检察建议，依法追究刑事责任。

四是国家机关工作人员滥用职权、假公济私，对控告人、申诉人、批评人、举报人实行报复陷害的，处 2 年以下有期徒刑或者拘役；情节严重的，处 2 年以上 7 年以下有期徒刑。

五是对举报人因受打击报复，受到人身伤害或者名誉损害、财产损失的，检察机关应当支持其依法提出赔偿请求。

当然，对举报人也提出自我保护的要求，具体要注意：

一是注意方式，举报要秘密进行；

二是举报前后，不要随便和他人议论自己所举报的情况；

三是举报后不要在公共场所用电话咨询、了解举报查处情况；

四是不要多头举报；

五是提供的举报线索要真实、详细、准确。

腐败已经处于人人喊打的境地，打击报复举报人的现象必将越来越少，人们要坚信，邪气永远压不过正气！

236. 违法肇事，一定要承担法律责任吗

毫无疑问，违法肇事，肯定是要承担相应的法律责任的，因为有"违法"作为前提，还有什么可以解脱的！

这是人们的普遍认识，但是，这个认识过于简单，是不全面的。

据《广州日报》报道，广东佛山 16 岁女孩李舒舒，为了救出即将被货车撞击的 1 岁女童雯雯，紧急将其推开，导致自己腿部被碾轧。有关部门认定，李舒舒突然横穿道路妨害交通安全，应在事故中负一定的责任。

李舒舒是否需要承担法律责任，是需要搞明白的。

如果见义勇为造成事故，要承担责任，显然是不合理的；那么让本不该负全责的货车司机负全责，也是不公平的。

根据法律的规定，这种行为称之为"紧急避险"。

紧急避险是为了使公共利益、本人或者他人的人身安全和其他权利免遭正在发生的危险，不得已采取损害法律所保护的公共利益或他人利益的行为。

其要件是：

一是必须针对紧急危险。这种危险可以来自人的行为，自然界的自发力，以及其他一切有可能发生实际危害的偶然事实。

二是紧急危险必须是正在发生的。已经过去的和未来的危险都不能作为紧急避险的理由。

三是紧急避险必须是实际存在的。假象的紧急危险的情况下使他人遭受损失的应负一定的法律责任。

四是损害他人的权利必须是出于不得已。如果用其他手段能够避免这种危险，则此项损害他人的行为不能认为是紧急避险。

五是紧急避险的行为所保全的必须是法律保护的权利，否则不能适用紧急避险的规定。

六是损害不可过当，即损害他人的利益必须比所保全的利益轻。

我国法律规定，紧急避险行为不负刑事和民事责任；超过必要限度造成不应有的损害的，应当负法律责任，但应当酌情减轻或者免除处罚；对于避免本人危险的规定，不适用于职务上、业务上负有特定责任的人。

所以，广东佛山16岁女孩李舒舒的行为属于紧急避险行为，不应该负刑事、民事的法律责任，有关部门对其责任认定是错误的，反映出这个单位法律水准的低下和执法能力的机械，与北京一些单位在暴雨导致的水灾面前不顾人民群众的死活照收"通行费"、照贴"违停单"的做法是一脉相承的，是别人在水中，他们在岸上。

"最美女孩"李舒舒的行为属于"见义勇为"，应当受到表彰！对于其因此造成的损害赔偿、支付的费用（自己受伤的救治费用），应由政府"见义勇为"专项基金买单。

"见义勇为"是必须弘扬的时代精神！不能让"见义勇为"者流血又流泪！

237. "激情杀人"可以从轻处罚吗

某地法官在审理一起杀人案时，认为该杀人者是"激情杀人"，予以轻判。

这其实是错误的，因为迄今为止我国现行法律上根本就没有"激情杀人"这一说。

2012年3月4日，北京市27岁的许某驾驶小轿车与47岁的行走者孙某发生碰擦，随后双方出现了口角，随后许某竟然驾车将孙某撞倒后反复碾轧致其死亡。

9月4日，北京市第一中级人民法院以故意杀人罪判处许某有期徒刑15年，该法院认为许某"属于激情杀人"。

我国刑法没有"激情杀人"的规定，相关司法文件明确规定的是"因被害人过错或者基于义愤引发的或者具有防卫因素的突发性犯罪，应酌情从宽处罚"。这是目前我国审理此类案件仅有的法律依据。

我国的许多案件，例如被告人不堪被害人长期侮辱、迫害或者虐待而杀人，为维护法律和道德而"大义灭亲"、"为民除害"等，均可据此获得从宽处罚。

审视许某一案，被害人孙某仅是在被碰擦后与被告人发生了口角，并没有重大过错，更没有非法侵犯行为在先，在此情况下，被告人虽然属于临时起意、情绪激动而杀人，却完全不同于我国刑法意义上的有关规定。

从许某这件案件看，其具有自首、积极赔偿并取得了被害人家属谅解等法定、酌定从轻、减轻情节，不判死刑是有法律依据的。但令人质疑的是，在于法院认定被告人属于"激情杀人"，并且将其作为酌情从轻的情节之一，这就令人匪夷所思了。

"激情杀人"是自 2011 年药家鑫杀人案件以来第二次进入公众的视野，当时中国公安大学的李玫瑾教授也提出了药家鑫是"激情杀人"，还形象地分析药家鑫长期弹钢琴，他杀人时的刀是往下用力的，是"弹钢琴杀人法"，以此来证明其"激情"。

所不同的是，药家鑫杀人案中的"激情杀人"的辩解没有被法院采纳，药家鑫被处以死刑，而许某案件却被法院判决明确认定。

许某案件有"自首"、"积极赔偿、死者家属取得了谅解"等情节，已经可以从轻处罚，法院再将"激情杀人"作为从轻处罚的理由显然是不恰当的，是于法无据的。

从许某杀人案与药家鑫杀人案比较，前者的恶性程度远远要甚于后者，而前者仅仅是有期徒刑 15 年，而后者已被执行死刑，二者差距如此之大，说明我们的执法标准还不够一致。

这种情况已经引起了法律界、司法界的重视，对所谓的"激情犯罪"将在学理上、法理上及其"内涵"、"外延"作进一步的阐释，相关司法解释也将对其可能影响量刑的具体情节予以明确规定。

法院应该审慎地适用法律，不应该在现行法律之外滥用非法律术语，以免导致社会认识的误差，给人造成司法可以随意、宽容杀戮的印象。

"激情杀人"没有轻罚之理！

238. "伏法"与"服法"的意思是一样的吗

在日常生活中，经常听到、看到"认罪伏法"、"认罪服法"，不少人以为"伏法"与"服法"是一个意思，是一回事。

因为，人们可以发现在一些媒体的文字中，如电视节目中的字幕、报刊上的文章里"伏法"与"服法"的用法是不作区分的。

如某报纸有一篇文章《盗窃学生电脑，庭上认罪伏法》，笔者一看就知道编辑没有弄明白"伏法"的含义，盗窃电脑不可能被判处死刑，更不可能在法庭上被处死。

因为根据我国刑法规定，只有盗窃金融机构、珍贵文物，且数额特别巨大、情节严重的，才可判处死刑。盗窃电脑，属于普通盗窃罪，就是盗窃得再多，也不可能被判处死刑。这说明文章作者、编辑缺乏这方面的知识。

笔者在高校法律专业开讲的课程及有关司法机关培训考试中发现，分不清"伏法"与"服法"的大有人在，这也就不能大惊小怪了。

其实，这是不懂基本法律概念、不熟悉这两个词语真正含义的表现。

"伏"字的含义是（1）趴，脸朝下，体前屈；（2）倒下，歪斜，倒伏（例：麦子倒伏）。

"伏法"在这里是指罪犯因为犯了死罪，被处决的意思。

"服"字的含义是（1）衣裳；（2）吃、用；（3）作、担任、参加、吃官司（例：服务、服役、服刑）；（4）顺从、相信、敬佩、承认。

"服法"在这里是指罪犯对于被指控的犯罪表示认罪、悔罪、接受法律惩处的意思（被判处死刑的除外）。

所以，"伏法"与"服法"两词读音相同，用法则截然不同。

"伏法"是指罪犯被执行死刑，不能用在被判处死缓及以下的罪犯身上；

"服法"是指服从法院的判决。可见，二者最大的区别在于"伏法"是失去生命，而"服法"是积极改造，重新做人的表示。

因此，常见的"认罪伏法"是指罪犯被执行了死刑，是已经发生的"过去式"，不能逆转；"认罪服法"则是指罪犯服从、接受法律的惩处，是正在发生的"进行时"，可以逆转。

要懂法，这两个词千万不能搞错。

239. 修改后的刑事诉讼法与打击和控制腐败有直接关系吗

有些人认为修改后的刑事诉讼法仅仅是进一步规范了刑事诉讼程序的问题，对打击和控制腐败犯罪没有直接的关系。

这种观点和认识在司法人员中也有一定的市场，这显然是错误的。

2012年3月14日，十一届全国人大第五次会议作出的《关于修改〈中华人民共和国刑事诉讼法〉的决定》，对现行刑事诉讼法进行了修改。在当前反腐败形势依然严峻、任务依然艰巨的背景下，修改后的刑事诉讼法增加和完善了多项制度，从多个方面强化了对腐败犯罪的打击和控制，是推进反腐倡廉建设的重大举措。

（1）强化了对特别重大的贿赂犯罪的打击力度

贿赂犯罪具有隐蔽性强、智能化程度高、行为人相互之间是利益共同体，案件调查取证难。反腐败工作必须加大对贿赂犯罪的打击力度，"特别重大的贿赂犯罪"的特征通常是指具有涉案金额大、具有重大社会影响、涉及国家重大利益等犯罪情节的贿赂犯罪。修改后的刑事诉讼法主要从两个方面突出"特别重大的贿赂犯罪"的特殊性，强化了对该类犯罪的打击。

第一，对"特别重大的贿赂犯罪"规定了律师会见的限制。修改后的刑事诉讼法在完善辩护制度的同时，也注意突出特别重大的贿赂犯罪的特殊性，在明确保障辩护律师侦查阶段会见权的同时（一般不需要经过侦查机关的批准），又作出例外规定：特别重大的贿赂犯罪案件等三类犯罪，在侦查期间，律师会见在押的犯罪嫌疑人的，应当经侦查机关许可。

第二，对"特别重大的贿赂犯罪"设计了指定居所监视居住制度。修改后的刑事诉讼法完善了监视居住的适用条件，其中特别是针对"特别重大的贿赂犯罪"等三类犯罪，增加规定了指定居所监视居住的制度。检察机关在查处"特别重大的贿赂犯罪"发现可能在有碍侦查的情况下，可以适用指定居所监视居住的措施（当然为了防止被滥用，专门规定了必须报上一级检察机关批准）。

（2）适当延长了传唤、拘传的时间

刑事诉讼法修改前规定的"传唤、拘传持续的时间最长不得超过十二小时"的时限无法满足办案的需要。多数职务犯罪案件难以在12小时内取得突破，贿赂案件尤为明显。为解决侦查实践中遇到的难题，2012年刑事诉讼法修改作出了延长传唤、拘传时间的规定。修改后的《刑事诉讼法》第117条第2款规定："传唤、拘传持续的时间不得超过十二小时；案情特别重大、复杂，需要采取拘留、逮捕措施的，传唤、拘传持续的时间不得超过二十四小时。"

（3）增加了规定技术侦查的措施

《刑事诉讼法》修改前，相关法律没有赋予检察机关技术侦查的权力。修改后的《刑事诉讼法》在第二编第二章专门增加技术侦查一节，对相关问题作出了较为全面的规定，主要内容：

第一，明确了技术侦查措施的使用主体，规定公安机关和人民检察院在案件侦查过程中可以采取技术侦查措施。

第二，明确了技术侦查措施的适用对象即案件范围，规定对重大的贪污、贿赂犯罪等五类特殊案件，根据侦查犯罪的需要，经过严格的批准手续，可以采取技术侦查措施。

第三，规定公安机关可以决定由有关人员隐蔽身份实施侦查，可以依照规定实施控制下交付。

第四，明确采取技术侦查措施收集的材料可以作为证据使用。

第五，规定了侦查人员的保密义务。采取技术侦查措施获取的材料，只能用于对犯罪嫌疑人的侦查、起诉和审判，不得用于其他用途，侦查人员负有保密义务。

第六，规定了有关单位和个人的配合和保密义务。

（4）增加规定贪污贿赂犯罪案件违法所得没收程序

修改前的《刑事诉讼法》未对腐败犯罪违法所得的财产没收问题作出规定。修改后的《刑事诉讼法》在第五编第三章专门规定犯罪嫌疑人、被告人逃匿、死亡的案件，其违法所得的没收程序，可以视为对实践中存在的某些问题的回应和对国际反腐败经验的借鉴。

修改后的《刑事诉讼法》规定：对贪污贿赂犯罪等重大犯罪案件，犯罪嫌疑人、被告人逃匿，在通缉一年后不能到案，或者死亡的，依照刑法规定应当追缴其违法所得及其他涉案财产的，检察机关可以向人民法院提出违法所得没收程序。

以上四个方面的内容，说明修改后的《刑事诉讼法》对打击和控制腐败犯罪是具有直接的意义和作用的。

修改后的《刑事诉讼法》不仅仅是对侦查活动的规范和限制。

240. 如何解读新出台的政府采购法实施条例

2014 年 12 月 31 日，国务院总理李克强主持召开国务院常务会议，审议通过《政府采购法实施条例（草案）》。国务院审议时认为，必须深化改革，建立过硬的制度约束和管理措施，着力减少环节、提高效率，厉行节约，构建规范透明、公平竞争、监督到位、严格问责的政府采购工作机制，管住乱伸的"权力之手"，铲除滋生腐败的土壤，把宝贵的公共资金花在刀刃上。

毫无疑问，改革开放以来，腐败案件中的一个重要组成部分来自于招投标环节的腐败犯罪。这次国务院审议通过这部法律条例，就从政府招标采购需求的提出、确定标准到招标采购、履约验收、遴选和组成评审委员会、公开招标信息、公布中标及成交结果等方面进行明确要求和细化，是在进一步织密我国政府采购法等法网，对改进政府采购法执行和净化政府采购都是利好。

但问题是，以往一些地方执行政府公开采购规定不力，"天价采购"、"黑心采购"事件频发等，并不仅是政府采购法规定不够明确或者说没有政策规定，而是政策执行不力。

一方面，地方政府及具体的采购管理部门不能够正确认识政府采购乱象的严重性和危害性，在政府采购需求的提出、招标公告发布、评标人员组成等中标对象确定前的一系列相关问题上，组织不力、把关不严，甚至根本就存在"肥水不流外人田"的思维，或者沆瀣一气共同作弊，或者被收买，招标公告尽可能短时间公告、投标标准尽可能向地方（企业、公司等）倾斜，以致一些地方政府采购中的人情标、关系标、地方标、串标、围标等现象严重，甚至一些时候干脆就是领导一句话就事先确定执行人（中标人），再着手组织公开招标，此时的政府公开招标就完全成了掩盖不法黑标的幌子。

另一方面，由于对履约执行和验收问题不重视，或者是故意放水黑标、人情标等，有关方面在相关项目中标后履约验收时虚于应付、疏于监管，使得政府采购最终得到的东西或服务，要么天价要么质次，从根本上违背了政府集中公开采购质优价廉、阳光反腐等目的，使得政府公开招标成了标准腐败的遮羞布。

由此可见，要想政府采购法以及配套的政府采购法实施条例等规定能够有力执行，强力纠治地方政府招标采购乱象以及遏止乱伸的"权力之手"，使有限的、宝贵的公共资金花在刀刃上，就要在增强各级各地严格落实政府采购法规定意识、严格提升相关规定执行力等方面下功夫。

（1）加强公共招标采购事前事中监管服务

相关部门应当不断探索完善公共招投标办法，比如实施全程网络电子招标采购，并全程或适时介入招标工作中，为招标采购的阳光、高效、廉洁运行"保驾护航"。

（2）强化事后监督

公共采购价格高或低、质量好与坏等，只要与市场一比较便知。如果公共采购与市场差距明显，就要及时倒查该品种（批次）物品或服务是经过谁手勾划（需要）、谁手批准（签字）进入招标单位，又是通过哪些部门、哪些人员进入当地公共招标采购目录，又是如何最终竞标成功的。然后要求相关责任人和责任单位说明原因，不能合理说明原因的或者说即使能够说明原因，但价格、质量与社会比明显有偏差的，纪检等监督部门就要及时启动倒追机制，对严重违规者，要及时依法依纪处理。

当然，要使"倒追法"对公共招标采购起到切实的"事后"监督作用，还急需一些配套措施，比如加大公共招标采购地域和层级协查机制，建立公共招标价格等异常举报、追责和激励制度，尽快从国家层面建立起公共采购商品或服务交易所制度，让公共采购商品或服务价格也和其他商品价格一样全国透明，让采购黑幕无处上演。[1]

----

① 参见余明辉：《遏止公共招标乱象重在提升政策执行力》。

七问 廉以立身

——怎样理解廉政文化

241. 见死不救是群众的责任吗

"围观群众上百人无一伸出援助之手";

"全车人无一上前";

"边上的人都作壁上观"。

这些非常熟悉的谴责性语言经常见诸媒体报端。

其实这是一种非常错误的认识,是思想、立场的错误。

扶贫帮困、见义勇为是我们民族的美德,全国各地不断涌现出一批又一批为了国家和人民的利益不惜牺牲自己的利益,甚至不惜牺牲自己生命的平民英雄,诸如最美女教师、最美驾驶员、最美打工者、最美保姆、最美妈妈……毫无疑问,他们最美的地方是心灵美!因此,他们的感人事迹震撼人心、激励人民,真可谓可歌可泣!

但很多年来,我们在弘扬这种最美精神的同时,不断在谴责面临危机、危急、危险情况发生的时候,有些人无动于衷、袖手旁观、冷漠围观……

表面上看,这种道德的谴责、鞭挞言之凿凿、言之有理,然而,仔细想想,深入分析,这种谴责、鞭挞竟然是强词夺理、毫无道理!

我们说,面临危机、危急、危险情况发生的时候,群众能够奋不顾身、见义勇为,这种中华民族最美的精神应当大力弘扬、表彰,并且政府和社会应该解除这些英雄们的后顾之忧,决不能让英雄们流血又流泪!

但是,面临危机、危急、危险情况发生的时候,就是周围有人、或者有许多人、有上百人无动于衷、袖手旁观、冷漠围观,我们就能够高高在上、趾高气扬、指手画脚、自以为是地予以谴责、鞭挞吗?

不可以!

道理很简单,因为普通群众没有责任和义务救命、救险、救灾!

他们往往赤手空拳,没有经过必要的培训,没有持有必要的工具,没有掌握必要的技能；他们身上没有制服、腰间没有警棍、屁股后面没有手枪，在危难来临的时候他们理应得到政府的保护、得到公权力的保护、得到社会避险手段和设施的保护！

应该挺身而出的是我们的官员、我们的警察、我们的司法人员、我们的共产党员们！我们是人民供养的人民公仆，危难时刻我们不上谁上？我们不冲谁冲？我们不死谁死？

负有社会责任的人民公仆，见难不上、见危不冲、见死不救就是失职！就是玩忽职守！就是渎职犯罪！

理性的官员，善良的人们，要搞清事物的本质，保护国家和人民的利益，这是我们吃人民的食粮、拿人民的俸禄的官员、公仆的职责，没有任何理由推卸责任！

是我们决策的失职、是我们管理的失职、是我们工作的失职，绝对不能拿无辜的群众问事；是我们的缺位，不能把矛盾的焦点转向群众！

因为，我们是人民的公仆！

242. 群众受到损失是防范意识不强吗

我们经常会看到媒体上出现一些权力部门推卸责任、责怪群众的论调，如发生紧急、危险情况时，围观群众"没有一人上前相助"；群众被屡屡盗走自行车、助动车，是群众"自我防范意识不强"；群众的合法权益受到了侵犯，是群众"缺乏法律意识、自我保护意识"；一些高楼居民夜遭"飞贼"盗窃，是群众"疏于关严门窗"。

反正，出现各种问题，责任都是在群众，在受害者自身。有一份重要的报纸，针对回乡的农民工在火车上财物屡屡被盗的情况严重时，提醒农民工"长途旅行，在睡觉的时候，要保持清醒的头脑"。写这篇文章的记者、编辑们，你给农民工做个示范，你在睡觉时头脑能够清醒吗？

群众相对权力而言，经常是处在一种弱势的状态，他们没有受过专门的擒拿格斗和武打训练，腰里没有警棍，屁股后面没有手枪，他们有义务凡事都冲锋在前吗？

群众的自行车、助动车往往都是前后好几把锁，再被盗，是防范意识不强吗？

住在高楼的居民是不是最好在窗子外装上铁栅栏才安全呢？

凡是群众自发见义勇为的，毫无疑问，应当表彰、弘扬，但群众在没有思想准备，甚至没有搞清楚事情真相的突发事件面前，在没有人组织指挥的情况下，在一下子辨不清谁是好人、谁是罪犯的时候，群众的不作为能够指责吗？

保护人民、服务人民是政府的职责、是司法机关的职责、是行政执法机关的职责，是受国家授权、委托，拿国家的俸禄，享受国家给予待遇的"公仆"们的职责，这种职责是神圣的、是法定的、是不可推卸的！

据某报派记载，某地一派出所所长见死不救，造成严重后果；某地一"110"接警后没有及时出警，造成多死、多伤的严重后果，均被检察机关反渎职侵权部门追究刑事责任，所以真正有责任的是特定的部门和特定的人员，对此是不能本末倒置的。

243. "花钱买太平"可以维持稳定吗

和谐社会就是花钱买太平。

社会上有这种认识的人很多。

虽然目前社会确实存在这样的情况，但是，就这个认识而言，肯定是有失偏颇的。

社会上确实有些人只顾自己的利益，无限制地提出各种要求，得不到满足就采取激化矛盾的方法，而确实有一些政府、单位委曲求全，无奈迁就，换来了一时的太平。

而社会都无条件地迁就，盲目满足这类要求，那么，这必然会伤害其他群体的利益，使那些遵纪守法、通情达理的人员或群体感觉不公平。

最终的结果往往是，"花钱"安顿了一部分人，却引起更多人的心理不平衡。这样的"花钱买太平"，只会导致花钱越多、不太平的人也越多的状况。

有例为证：某市政府对一旧区进行改造，大部分人按照动迁政策迁走了，最终留下几户"钉子户"漫天要价，动迁部门实在没有办法，采取了"花钱买太平"的方法，虽然全部完成了动迁任务，但新的矛盾出现了，原先迁走的又回来了，上访、堵路、集会……闹得不可开交，人为的"逼良为娼"的现象出现了。

如此这般，决不是"太平"、"和谐"，而是制造新的矛盾。

我们说，对于人民群众正当合理的要求，应当及时、妥善予以解决，不能拖延、扯皮，要避免因为官员的官僚主义而导致人为的矛盾激化；对于不合理的要求，应当采用说理、引导的方法予以解决；对于不讲道理、唯恐天下不乱的人员，应当采取有效措施，绝对不能一味迁就而造成社会新的不公平。

"花钱买太平"该休矣！

244. "廉政文化"就是唱歌、跳舞、搞展览吗

把"廉政文化"仅仅作为一种形式，是认识上的错误。

一些单位"唱廉政歌"、"跳廉政舞"、"搞廉政宣誓"、"签廉政协议"、"发廉政信息"、"编廉政警句"、"印廉政台历"、"设廉政信箱"、"办廉政展览"、"组织廉政旅游"、"汇编廉政文集"……

一些单位举着"廉政文化"的"幌子"，大慷国家之慨，买服装、租场地、搞展览……弄得不亦乐乎。

可老百姓则怨声载道，称之为劳民伤财。

其实，假以必要的形式来推进廉政文化的建设是必要的，通过各种有效的形式来熏陶、感染、影响人们的思想、意识、理想、信念、提升人的素质和文化，是很有必要的。

但是，需要明白的是，这一切仅仅是治标，只注意抓形式而忽视根本就是本末倒置。

"文化"更多的是在潜移默化中积累或者滑坡的，形式往往就是一阵子，而积累、沉淀是一个漫长的过程，需要坚持不懈的努力。

同样是承载着中华文化的"两岸三地"，在台湾，排队没有人"加塞"、"插队"，乘电梯大家都自己站在右侧、左侧则让给急需赶时间的人，商场里没有喧哗；在深圳罗湖口岸，出境排队时，一些"高鼻子、蓝眼睛"的家伙也肆无忌惮地"加塞"、"插队"，而一进入香港，同样遇到排队入境的情况，竟然没有一个人"加塞"、"插队"。

在许多国家和地区，官员发生一些不廉洁的情况，诸如用公款（公务卡）买了一瓶红酒、因私事用了一下公车，甚至用公用信笺写了一封私人交往的信函都受到严厉的抨击，有的还因此掉了"乌纱帽"。

值得引起注意的是，他们并没有通过"唱歌"、"跳舞"、"喊口号"、"表决心"等来搞廉政，但廉政深入人心。当然，我们有我们的国情，但从中应该给我们哪些启发和借鉴，是值得深刻思考的。

关键是要抓本！

245. "雅"是文化吗

人们普遍认为，"雅"就是文化。"雅贪"就不是文化！

雅贪（或称雅贿），是有别于常规贪污受贿的形式，而是一种以"优雅式贿赂"的新形式出现的新变种。

雅贪，它往往不是以真金白银为行贿、受贿的方式手段，而是冠以名人字画、古董玉器、名贵艺术品等具有"文化"外表的帽子、借口，而实际上干的仍然是权钱交易的勾当。赤裸裸的权力与金钱交易被遮蔽在貌似文人雅趣的珠帘后，展示在人们面前似乎是一种很具文化、体现文雅、很有品位的往来。

雅贪，并不是什么新生事物，其历史由来已久，究其源头，至少可以追溯到汉代。相比古人，今天官员们的"雅贪"操作起来其手法可谓千奇百怪、五花八门，令人叹为观止！

从笔者这些年办案实践中所见到的"雅贪"的情况看，其中以文物古董为媒介的"雅贪"最为常见，其表现主要有六种：

一是以假当真，行贿人以高价购买下赝品字画，然后送给行贿人，并且告诉受贿人，如果认为不喜欢，随时可以凭发票去退货，然后取回现金。这种交易行贿人、受贿人和出售字画的店铺几方都是心知肚明，无非就是让店铺多赚了些手续费而已。

这种情况，贿赂双方认为，一旦案发，往往因为是"赝品"而难以认定真实的价值，所以有一定的市场。

二是以真作假，行贿人将收藏真品以"赝品"的名义和低廉的价格心照不宣地卖给受贿人，然后暗示受贿人，可以找时机转手卖出套现，这好比许多贪官利用职权以打折的手法低价购买房产，然后高价出售，大肆敛取中间差价，这种倒手的交易就完成了。

这种情况，贿赂双方以为支付和收取了费用，具有了合理的成分，打折是"一个愿打一个愿挨"，与别人不相干，所以一度非常流行。

三是瞒天过海，一些官员将一些所谓的低价收藏品放到拍卖行进行拍卖，一些行贿人为了达到既讨好又安全的目的，故意以明显高于市场价格将藏品拍下来，特别是通过手机电话进行交易，不露姓名和相貌，在拍卖行的掩护下，权钱交易就这样安全地完成了，而当事官员是心知肚明的。

这种情况，贿赂双方以为非常隐蔽，难以被发现，能够规避法律的追究，所以也比较多见。

四是暗渡陈仓，有行贿人不知道受贿人喜欢什么收藏品，为了达到万无一失的目的，于是委托"说得上话"的中间人以离奇的高价先从受贿人手中买下某种收藏品，稍隔时日，再由行贿人将该收藏品送到受贿人手上，藏品仅仅"旅行"一遭，钱便大把大把地捞进。

这种情况，贿赂双方非常明白，就是利用特意增设的中间环节来掩盖贿赂的实质，在某些地方非常有市场。

五是无心插柳，有行贿人将不太值钱的东西送给受贿人，因为价值不大，受贿人往往也不太在意，然后，专门有中间人偏偏看中了这个不值钱的东西，把它吹捧得天花乱坠，志在必得，于是出高价作"欢天喜地"状把它收入囊中，钱将这样不知不觉地送到了受贿人手中。

这种情况，贿赂双方是一种事先准备的"防范"，就是防范一旦被非议、案发，可以以没有收受贿赂的故意而逃避惩罚，是一种周密设计的"智能"犯罪，有一定的市场。

六是制造巧合，行贿人故意陪受贿人去古玩店"闲逛"，然后"捡漏"低价买到了收藏品，再一鉴定，竟然是价值不菲的真品，买者于是心安理得，送者的精心安排也达到了目的。

这种情况，贿赂双方是交往较深，又相互提防的一种心态，想要、想送，又担心一方出事而连累自己，于是设计出这种情景，是比较高级的一种贿赂方式，在一定层面的官场中有市场。

"雅贪"与通常人们所见的贿赂在认定上确实有一定的难度，如被"捡漏"、"打眼"、"机遇"、"巧合"所掩护的"心照不宣"，其受贿的犯意比较隐蔽，但并没有本质上的不同，只要通过各种证据证明故意的存在，完全能够归到"以其他交易形式非法收受请托人财物的"这一条里，只是在价值的计算上有不同的方法，这种"雅贪"价值的认定，往往可以是以第三方（如国家认可的价格认证机构）作出的价格为准。

古人云：好船者溺，好骑者坠，君子各以所好为祸。闻名世界的行贿人赖昌星也有一句"名言"：官场上的制度、条例再严我也不怕，最怕的是领导干部没有嗜好。这也从另一面揭示了"雅贪"的症结所在。

要斩断"雅贪"利益链，必先杜绝官员收礼的恶习，要把官员财产申报制度建立、健全、完善起来，要把权力关进笼子里，要消灭贿赂手法创新和斩断"雅贪"腐败链条，必先消除送礼者"被迫无奈又非送不得"而"死缠滥送"的需求和权力的腐败空间。这是"终极反腐"的最有效措施，是一种制度化反腐的根本要求。

其实，不论是赤裸裸的金钱，还是古董、字画、艺术品，只要进入了政务和权力活动中的等价交换，就是权钱交易，就是贿赂行为。这完全无关文化、无关雅俗。

"雅贪"是当今反腐败的一个劲敌，我们不但要及时设立"防火墙"，而且要让"高压线"带上"高压电"，决不因为"雅贪"披上了"文化"、"艺术"的外衣而逃避惩处。

"雅贪"绝不会逃脱被揭露、被惩处的结果。

246. "包公情结"正常吗

社会生活中一些群众盼望找到清官、遇见"包公"，期望能够"公正"解决自己的"冤屈"，这就是所谓的"包公情结"。

宋代包拯做官以断狱英明刚直、执法不避亲党而著称于世。包青天的故事被历代文人竞相传诵，包公成为不畏强权、铁面无私、公正廉洁的象征。千百年来，在中国人民的心中，包公情结根深蒂固。

笔者认为，包拯执法如山、铁面无私、公正廉明的精神是值得现在的司法人员学习的，因为这些精神也是所有司法人员应当具备的。

但是国人（多为无权无势的普通群众）的包公情结毕竟是封建社会的产物，是封建社会文人追求社会公平正义的一种理想化的表达。在依法治国的今天，如果不能理性对待包公情结，会产生影响司法公正、司法权威、社会稳定的负面效应。

包公情结在现实生活中有哪些表现呢？

其一，不走司法程序，热衷于上访。一些当事人对处理结果不满意，认为没有达到心理的价位，于是跑上级、跑省里、跑北京，期望得到其心目中的"包公"式的领导，然后一个批示而获得案件或者问题的圆满解决。

其二，走完司法程序后，对结果不满意，仍然坚持不懈地上访，不断地"缠讼"、"闹访"，期望出现"包青天"而一锤定音，扭转乾坤。

其三，越级上访，认为找的官越大越好，期望遇到一个"包青天"能够主持公道，于是找门道、托关系，甚至以一面之词骗取官员的批示，以此压人，达到目的。

包公情结的危害性是显而易见的，它不但影响社会稳定，而且浪费了行政资源、司法资源，这种维权方式容易产生不良的社会影响。

包公情结带有浓厚的封建色彩，对法治社会建设具有一定的负面影响。在现实条件下，要想立即彻底消除民众的包公情结不太现实，但我们应该理性对待，坚持法治原则，逐渐消除包公情结带来的负面影响。

具体而言，司法机关要坚决维护"法律面前人人平等"、"公平、正义"的原则，秉公执法，取信于民；各级官员不要再对司法处理的案件随意作出批示，这种批示行为破坏了宪法赋予公民的依法申诉、控告的规则，造成真正实现行政权与司法权的分离；教育申诉控告的主体，树立依法申诉控告的理念。让申诉控告的主体、公众自觉地形成依法申诉控告的理念，习惯司法规则，服从司法的终极裁决。

大家可以借鉴：美国总统选举中，小布什和戈尔之间曾产生过谁当总统的选举纠纷。当司法裁决后，双方马上结束纠纷，戈尔自觉服从司法裁决，并理性地、有风度地向胜方小布什祝贺。这个经典案例，足以让我们深刻地认识到司法权威和公信力的重要性。

刚正不阿、秉公执法是必需的，而包公情结要不得。

247. 群众应该是全能的吗

当今的社会，把人逼成"全能型"的了。

对此，一些官员无动于衷，还振振有词"群众要懂得分辨各种有害东西，要学会自我保护……"官僚主义严重之极令人深思。

山东的一个村支书，为了办一个村办企业，被骗子骗去群众集资的钱数十万，可是报案无门，没有人搭理他。

于是这个支书砸锅卖铁凑齐两万元钱只身去"抓"诈骗犯。两年中他足迹遍布几个省，行程几万里，最终发现了诈骗犯的下落，然后领着警察才把罪犯抓获。

贵州省黔西南州一个县城连续发现小孩失踪达数十人，报案却被告知不受理，还说什么：会不会贪玩走失了、会不会是走亲戚去了……

于是几个失踪孩子的家长自发组织起来，在一些路口要道守候，发现嫌疑人后自行跟踪取证，但还是没有人搭理。最终遇到有良知的记者写了内参，报到了总理的案头，总理批示下令迅速调查后，30 天破案，追回被拐卖孩子83 人。

陕西省农村一个父亲，儿子被同村恶霸捅死，警察发现了关键线索，但按兵不动。

于是这个农民选择了放弃一切，连续 8 年追凶，终于煞费苦心、苦尽甘来，凶犯被抓获，血债终偿。

南方某地一个企业，研发一个科技项目，但审批手续繁琐，几年时间盖齐了一百多个章，把一个高级工程师、技术专家逼成了公关高手……

一个重病患者，看不起医生，只得自己看医书、采草药，终于把自己练成了半个医学专家……

某大城市一个孩子的母亲抱着孩子去儿童医院看病，医院预告，排队等候的时间需要四个小时，孩子的病等不得，于是凭以往的经验自己买药，让孩子的烧退了……

如今群众可要会检测新居内的污染；要会查看大米中的石蜡；要会检查西瓜蒂上的针眼；要会辨蔬菜里的农药；要会看出猪肉中的瘦肉精……

如果警察忠于职守，如果食品监察一丝不苟，如果政府服务到位这些本末倒置的事情何至发生！

干自己不该干的事，在当今的社会生活中大量存在，家庭主妇为了对付不法分子的毒食品，纷纷成了"辨毒专家"，专家学者为了科研经费纷纷成了"社会活动家"。

仔细观察那些被迫成为"全能专家"的状况，我们可以看清那一个个失职的部门和官员的腐败！

所有政府部门都负起责任，所有官员公仆都忠于职守，社会一定和谐、腐败一定下降！群众不应该是全能的！

248. 信息社会没有秘密可保吗

一些官员以为，当前是信息社会，没有秘密可保。

这是一种十分错误的，且是非常危险的认识。

自 2011 年 5 月以来，我国宏观经济数据多次被泄露。最高人民检察院渎职侵权检察厅负责人在国新办举行新闻发布会，通报了两起泄露涉密经济数据案件查办情况。国家统计局干部孙某、中国人民银行干部伍某因故意泄露国家秘密罪，分别被判处有期徒刑 5 年和 6 年。

国家保密局负责人表示，不仅要追究造成直接泄密责任人的责任，还要追究领导人员的责任，绝不会网开一面，姑息迁就。

孙某、伍某等人泄露国家秘密案件中所泄露的宏观数据，查明的主要包括以下 9 种：国家宏观经济数据主要有工业增加值、城镇固定资产投资同比增长、国民生产总值（GDP）、全民消费价格指数（CPI）、工业产品出厂价格指数（PPI）、消费品零售总额、人民币贷款增加、广义货币同比增长、狭义货币同比增长（M1）。

经保密行政管理部门鉴定，部分数据在国家正式公布前，属于机密级国家秘密，部分数据在国家正式公布前属于秘密级国家秘密。

据介绍，重要经济数据泄露以后的危害主要表现在三个方面：

政府的公信力受到了影响；

经济秩序遭到了破坏；

给经济运行带来危害。

每一次经济数据泄露以后，股市发生异常波动，异常波动背后就有一些不公平的现象出现，所以维护及确保经济数据安全是经济部门和保密部门一项重要的职责。

根据有关部门在案件调查过程中反映出的问题，孙某、伍某泄露涉密经济数据案件背后确实有利益驱动。

在案件调查过程中发现，案件背后确有利益驱动：有的通过和证券从业人员建立合作关系，利用证券机构从业人员指导其买卖股票、谋取利益；有的通过参加证券机构举办的一些活动，比如，讲座、恳谈会等，获取高额的讲课费用。但泄密的主要原因还是泄密者本人保密法治意识淡薄造成的。至于这起案件的中间人，相信检察机关一定会依法追究其应当承担的法律责任。

按照《保密法》第49条的规定，有关机关单位发生重大泄密案件，不仅要追究造成直接泄密责任人的责任，还要追究领导人员的责任。目前这项工作正在进行当中，绝不会网开一面，姑息迁就。

据了解，目前我国经济数据泄露案件的主要特点体现在：

涉案人员呈现年轻化、高学历的特征；

银行、证券等金融行业从业人员、个别新闻媒体非法刺探国家秘密情况严重；

少数经济部门的个别工作人员，经不起利益诱惑，为谋取私利不惜以身试法；

我国少数经济部门的保密管理还存在漏洞，需健全保密措施，强化监管。

我国将建立涉密经济数据专项督察制度，实行重点督察、专项检查。这些案件发生以后，国家保密局配合国务院办公厅下发通知，就涉密经济数据产生、使用、保管部门的具体保密措施做了严格规定。同时，国家保密局组织了专项检查，对我国涉密经济数据产生、使用、保管的 21 个部门进行了专项的保密检查。

媒体预测我国重要经济数据的行为必须在法律允许范围内进行。一些媒体，特别是一些境外媒体对我们的一些重要经济数据进行预测，由此判断我们经济运行的态势，"我们注意到了，确实有些媒体比较准确地预测了我们的经济数据"。这是一件很正常的事情，也是世界各国通行的一种做法。但是，这种预测行为必须在我国法律允许的范围内进行，打擦边球不行，超出法律的界限更不行。

在近期发生的涉密经济数据泄露案件查办过程中，有关部门确实发现了一些不正常的现象。比如有的境外媒体偷梁换柱，夹带私货，以引用我政府官员在某些公开场合以发言为名，将我国涉密经济数据对外披露。还比如，有的境外媒体通过多种渠道、多种方式向我经济部门和金融证券行业的从业人员核对求证他们的预测数据。

这些都是必须引起官员们警惕的，因为国家秘密不是小事。

249. 各类事故主要起因都是天灾吗

我们的社会事故、灾难多发，真可谓多灾多难，许多人认为，这都是老天爷惹的祸，怪天灾。

其实，这个认识是个误区。

仔细分析一下就可以明白，我们的社会，那么多的灾难、事故，很多都是人祸，而绝不是天灾！

煤矿爆炸几百次了，哪个是天灾了！新造的楼房垮塌了，高层的楼房烧完了，在建的高架倒下了，哪个是天灾了？火车出轨了、动车追尾了、汽车坠崖了，哪个是天灾了？

毒奶粉、地沟油、铬胶囊、假药品、污染水、毒气体、艾滋血、霉粽子、陈年月饼、彩色馒头，哪个是天灾了？

假文凭、假政绩、假官员、调包计、当裸官、包二奶、养情妇、私生子、冒名上大学，哪个是天灾了？

强拆迁、恶城管、抓上访、打记者、吹黑哨、吃空饷、宠恶少、缉网民、钓鱼执法、被精神病，哪个是天灾了？

所以，这类问题的根本原因，我们不能视而不见、自欺欺人，要面对现实、面对事实、面对真实！

不妨再想想，就是纯自然灾害的大地震，大量的学校倒了，可是，同样位于大地震震中的"桑枣中学"，原来是个 17 万元的烂尾楼，校长叶志平到处"化缘"，把校舍一次一次地牢牢加固了，大地震中 2100 多名学生无一伤亡！

我们不能妄言，地震中倒塌的学校都存在腐败，可是，没有倒的学校是共产党干部、慈善爱心人士一块砖、一粒砂的仔细检验、严格把关、特别的付出、用全部心血铸就的！

如果每个校长都是叶志平，大地震中不是可以少死许多人吗！

地震遇到人祸，最最苦的是广大的老百姓！不抓住腐败这个恶魔，百姓永无宁日。

古人云：天作孽，犹可违；人作孽，不可活！

天灾我们躲不过，人祸我们不能容！

250. "城管"可以随意没收当事人的生产资料、运输工具吗

城管没收小商小贩的生产资料、运输工具是天经地义的。

因为这种镜头太多了,人们已经见怪不怪了。

城管是行政执法队伍,没有限制人身自由的权力,城管执法需要扣押物品,必须出具写明法律依据的文书、当面清点物品、出具扣押清单,否则,就是执法违法。

城管队伍的设立,本身没有问题,但在全国老百姓眼里的形象极其不佳,该不该想一想,这是如何形成的?是不是有些领导把城管当作"别动队"、"狗仔队"、"狼牙棒"?

没有人纵容,共产党领导下的队伍中会出现这种不受老百姓欢迎的人吗?

当然,指名道姓的是指城管,实际上城管现象比比皆是,还不仅仅指的是城管。

我们也欣喜地看到,一些地方的城管经过清理整顿,面貌已有改观,作风也在改变,崭新的形象正在形成,希望坚持下去!

不管你戴的是大盖帽还是破草帽,记住,人民是天,人民是地,人民是我们的衣食父母、玉皇大帝!

与人民群众对立决没有好下场!

251. 人之初，性本善吗

人之初，性本善，这是从小读《三字经》就知道的至理名言。

随着年龄不断增大，知道的也多了起来，竟然还有"人之初、性本恶"的名句，这是两千年前荀子老先生的发明创造，想想也是有道理的。

这就麻烦了，人一出生，究竟是好人还是坏人？为此请教了无数人，都是公说公有理、婆说婆有理，于是乎，终于发现这是个"先有鸡还是先有蛋"的怪圈问题。

从事反贪侦查工作几十年，接触了许许多多贪官污吏，发现有的贪官，曾经是表现非常优秀的人才，出身贫苦，根红苗正，从小努力，学业有成，事业成功，但最终成为阶下囚，令人匪夷所思；也有的贪官，从小贪婪，心术不正，不学无术，但善于钻营，投机取巧，弄权术于股掌之中，最终成为阶下囚，这倒也是理所当然。

照笔者看，这两个观点都有道理，但也有缺陷，不能客观、全面和完整解释我们社会人群的本质现象，过于极端。

《尚书·大禹谟》中有两句话："人心唯危，道心唯微。"这两句话揭示了人具有危险的"人心"与微妙的"道心"。

所谓"道心"就是道德之心、理性之心，精微高妙，具有善性。"人心"指"人欲"，它很危险，具有恶性。人具有理性与欲望、善性与恶性二重性，这是中国古代关于人性的基本思想。

事实证明，两重人性是所有人都具有的共同人性。荀子说："君子之与小人，其性一也"；"尧、舜之与桀、纣，其性一也"。

恩格斯的论述中，也引用过西方的谚语："人的本性，一半是天使，一半是魔鬼。"

这个论断，让我们顿时茅塞顿开，那些永远也搞不清楚的"怪圈"问题被迎刃而解。

每个人的心中都有善性，所以"道不远人"，"人皆可以为尧舜"，关键取决于你是否加强善性修养。每个人心中又都有恶性，所以一旦放松要求，尽可能由圣而凡，甚至沦为魔鬼。

法国现代小说家莫泊桑告诫人们：如果说人的一大错误是拒绝承认人的动物本性，那么人的另一个更大的错误便是拒绝承认人的天使本性。这些批评和忠告对于今天的人们仍然具有振聋发聩的警示意义。

抑制人"魔鬼"的一面，开发人"天使"的一面，是我们政治思想教育、品德修养教育以及反腐败工作的立足点、出发点和终结点！

"魔鬼"与"天使"有时就是一步之遥！

252. "三八"仅仅是妇女节吗

大家都知道，三月八日是国际劳动妇女节，仅仅是"三八"妇女节吗？

可能大家不知道的是，三月八日还是"警示日"！

为什么说三月八日是"警示日"，因为在 2000 年 3 月 8 日，最高人民法院下达了对时任江西省副省长胡长清执行死刑的命令，处决了这个腐败犯罪的省部级高级领导干部。

为什么要在三月八日对胡长清执行死刑？笔者以为，这时正逢全国"两会"期间，全世界都在关注中国，我们向全世界宣布，中国共产党反腐败是坚决的，旗帜鲜明的，只要是搞腐败，不管涉及谁，坚决一查到底，决不手软！

临死前，胡长清又一次感叹，如果我们有一些发达国家那样的监督制度，我一受贿就被抨击，我一找女人、一包二奶就被曝光，我怎么会有今天呢？

记住胡长清的临终感叹，记住三月八日还是警示日！

253. "三大纪律八项注意"过时了吗

笔者近几年在一些大学法律学院（专业）开设了现代法律实务课程，对当代大学生有一定的了解。如今的大学生都是90后，兴趣广泛，知识面非常丰富，电脑、歌星、游戏无所不知。

但是，当笔者讲到许云峰、赵一曼、渣滓洞、小说《红岩》时，他们都不知道了；讲到安业民、向秀丽、欧阳海、麦贤得、刘英俊、门合、李贡，五六十年代的楷模，他们都不知道了；讲到"三大纪律八项注意"，他们更不知道了。

"三大纪律八项注意"过时了吗？

答案是否定的。

就笔者长期从事和研究的反腐败的领域而言，如今的各种各样的预防腐败的制度、措施几乎都没有突破"三大纪律八项注意"的基本内容！

"不拿群众一针一线"，我们广大人民群众的根本利益与国家利益是一致的，如果官员都能做到一尘不染，一分不贪，会是贪官吗？

"不搜俘虏腰包"，这指的是不能利用权力、地位谋取私利，俘虏为什么不敢拒绝被搜查腰包，因为此时他是弱者，胜利者是强权势力。所以我们党早就规定"一切缴获要归公"，这就是要求公权力者不能以权谋私！

"不调戏妇女"指的是人的道德、文化、修养、素质，我们党在80多年前就有这方面的规定。

好了，就这三条，就这80多年前的三条，是不是可以看出，它涵盖了当前我们所有廉政建设、预防腐败规定的本质要求？

据报载，我们目前有省部级以上制定的廉政建设、预防腐败的各种规定三千多种，仅中纪委出台的规定就超过了三百种，其实，讲极端一点，就这三条就能解决问题！

这里，我们要明白几个问题：第一，反腐败是我们党一贯的方针和政策，从建党、建军初期我们就有反腐败的规定和要求；第二，廉政建设的制度不在于多，而在于执行；第三，"三大纪律八项注意"仍然具有强大的生命力，绝对没有过时！

继承党的优良传统和作风，不能不讲"三大纪律八项注意"！

254. "开玩笑"能逃避刑事责任吗

"开玩笑"不是什么大事，与刑事犯罪沾不上边。

许多人都这样认为。

但生活实践中，因为"开玩笑"被追究刑事责任的也不是个例。

上海某区房地局财务人员江某将要发放的单位工作人员的工资占为己有，不辞而别。检察机关为此实施了追逃，终于将其绳之以法。江某到案后称是与领导"开玩笑"、"吓唬、吓唬"领导的，但侦查机关以事实证明，其这个借口站不住脚，最终被法院以贪污罪追究刑事责任，因为法律明确规定，携款畏罪潜逃的以贪污论处。

2012年6月30日，山东某地汽修厂三个青少年"开玩笑"，两个人将另外一个按住，把拆掉风炮的充气管塞入其肛门充气，结果造成重伤，两个"开玩笑"的青少年被追究刑事责任。

数年前，广东东莞、上海某区也发生过同类的案件，工人"开玩笑"向工友肛门充气，结果造成工友死亡，法庭上肇事者均称是"开玩笑"，但无法躲避刑事责任。

2012年7月，南方某地一单位几个白领相互之间"开玩笑"，一个说，谁能将这瓶白酒一口气喝掉，我给100元钱，一个刚刚大学毕业不久的90后女白领竟然一口气喝下了这瓶40度的白酒，几个小时后，同事发现其趴在桌子上不动了，叫也叫不醒，于是马上送去医院，但终于不治死亡。

虽然这个90后女白领自己有责任，能不能喝酒、以前喝没喝过酒应当是知道的，但"开玩笑"的几个白领需要承担一定的责任是肯定的。至于是否要承担刑事责任则要看具体情况，但承担民事赔偿责任是无疑的。

"开玩笑"往往不能成为挡箭牌，挡住刑事责任的追究。

我们每个人要明白一个基本道理，就是任何人没有权利用他人的健康乃至生命开玩笑。作为每天和机器设备打交道的修理工，应当对机器的巨大威力比常人更有认识，从"认知能力"上说应当超越常人。

判断"开玩笑"是否需要追究刑事责任，主要看这个"玩笑"造成他人伤害后果的程度，是一种"结果犯"的形态，即以伤害结果来衡量责任的程度；而判断这种犯罪是故意或者过失，其中最重要的依据就是当事人的预见能力和认知能力。

从这个意义上说，指控他们几个"肛门充气"的肇事者最合适的罪名应当是故意伤害罪而非过失伤害罪。

乱开玩笑要不得！以开玩笑来逃避刑事责任不可能！

255. "老实人总归是吃亏的"是旷世真理吗

老实人吃亏，似乎是被公众广泛接受和认可的真理，现今社会更是如此。其实这个认识误人误己，还很可能误了自己的下一代。

不可否认，在现实生活中，老实人吃亏的事例很多，"老实人吃亏"在中国几乎就是一句口头禅，其流传时间之久、流传地域之广、流传阶层之多，充分说明它被大家的认可度和正确性。

让人们困惑的是，"老实人"本来是一个带褒义的称谓，如今变成了带有"傻瓜"、"白痴"、"不开窍"色彩的代名词。

毛泽东早就说过，一些人"吃亏在于不老实"；20世纪五六十年代，整个社会提倡"做老实人、说老实话、办老实事"，但这些话现在几乎没有了市场，听不见了。

《古文观止》中两千多年前楚人的一篇文章《卜居》，写的就是屈原对做老实人产生的种种困惑，因而向楚国太卜郑詹尹请教如何做人的故事。

文章借屈原之口连设八问，最后概括世相的那句话很有名，即所谓的"蝉翼为重，千钧为轻；黄钟毁弃，瓦釜雷鸣；谗人高张，贤士无名"。

但历史上，楚国那些令屈原困惑的人，名字几乎都没有留下，而屈原却流芳百世，人们年年纪念他。

但人们还有无数的事实和例子说明，吃亏就是在于不老实，这就是真理。

安徽省原副省长王某，靠投机钻营当上了副省长，看似不老实的人得了大便宜，眼红了一大批人。可是，王某权力大了、地位高了，其不老实的本性也大爆发了，最终不到50的年龄因为贪污腐败，被依法处决。笔者想，如果其还在较低的位置上，即使不老实，但也不至于死啊！

上海市委原秘书长孙某、上海市社保局原局长祝某、中国银行原副总裁刘某都是当年69届初中毕业生，曾经都当过知青。二三十年光阴，他们都坐上了权大位高的重要岗位，可是，他们不老实，结果也就50岁上下，均被判了重刑，进了监狱，而那些老老实实的同龄人，也许有的还在做保安、当保姆，但大家还在充分享受着尊严和自由。

最终的结局证实了这个真理，吃亏在于不老实。

上海市土地规划局原副局长胡某，原来是同济大学教授、博士生导师，可谓是搞学问的一介书生，但被提拔到政府部门担任了领导，没几年便锒铛入狱，案发时年仅45岁，犯罪金额高达千万余元。如果其还是在学校当教授，可能铸下如此大罪吗？

上海市委办公厅前副主任秦某，原来是华东师范大学的教员，被市委组织部从一大批人中挑选出来，担任了市委主要领导的秘书，结果因为贪污受贿，被依法判处无期徒刑，年龄也就40来岁。如果其老老实实当教员，很可能不至于毁掉下半辈子。

还是这句话，吃亏在于不老实。

社会生活中就是这样，不老实的人，也许是比一般人要多占便宜、多占光，但长久不了；而那些老老实实的，看似经常吃亏，但当不老实那些人失去了生命、失去了自由的时候，真正占便宜的却正是他们这些老实人。

中国有句古话："人在做，天在看。"不老实的人做不老实的事，因为见不得人，所以必定躲躲闪闪、鬼鬼祟祟，一旦风吹草动就胆战心惊，长期这样的日子会幸福吗？而那些老老实实的人，粗茶淡饭、光明正大，日子也许艰辛、地位可能低下，却享受着天伦之乐，没有畏惧，从不担心。

事至如今，如果让人们选择，究竟是做老实人好呢，还是做不老实的人好，结论肯定是一样的。

上海市国资委原副主任吴某，是她所在的下乡崇明农场知青中最幸运的了，年纪轻轻就是厅局级领导干部了，当大家为购买房子省吃俭用、绞尽脑汁时，她竟然利用职权以极低的价格购买了豪宅，看似占了几百万元的大便宜了。然而，新居未住却东窗事发，其被判处有期徒刑11年，如今她在监狱天天泪流满面，她说，现在最大的愿望是做一个下岗女工。

社会生活中，一些家长"言传身教"，教唆孩子穿马路"闯红灯"、乘公交"抢座位"、排队"加塞子"，看似比老实的孩子"聪明"，可是，当这些不良的意识成为习惯之后，一旦遇到合适的机会，必定会暴露出来，那么可悲的结果出现也是理所当然的了。至少，这些当年的家长的晚年一定是痛苦的、悲惨的！其中道理是想象得明白的。

英国19世纪著名思想家卡莱尔说过："我们没有能力去阻止已经发生的事情，但有能力去改变已经发生的事情对我们现在生活的影响。接受已经发生的，改变可以改变的。"

还是做老实人吧，上天会保佑你的！

256. 巨奖可以拯救道德吗

一些政府部门及其官员，以为巨奖可以唤起人们的良知、善心，以为巨奖可以拯救道德。这其实是一种美好的但毫无意义的幻想。

近闻，福建省提高了见义勇为奖励金额，见义勇为者的奖金从原来的8

万元提高到 12 万元，见义勇为一等奖奖金也由原来的 6 万元提高到 10 万元。

广州市等一些城市都提高了见义勇为的奖金。政府的用意和目的很清楚，就是期望靠巨额奖金来拯救沉沦的社会道德、来化解冷漠和无情。

但实践证明，这种以为靠巨额奖金就能够解决问题的想法是不切合实际的，其目的也是难以实现的。

为什么巨额奖金起不到应有的效果呢？

其实道理很简单，大量的见义勇为者几乎都是出于一种"救难"、"抢险"、"奉献"的本能，绝对不是利益诱惑的结果。见义勇为的核心是"义"而不是"利"。

2011 年 10 月，震惊全国的广东省佛山市那个 2 岁的女孩小悦悦，两次遭汽车碾轧，18 个路人经过，视而不见，对这些已经习以为常的冷漠，恐怕再多的利益也不会吸引他们，而那个靠捡垃圾维持生计的老太太陈贤妹却与这 18 个人完全不同，她毫不犹豫地伸出了援手，义无反顾地救起来这个小女孩，她说："我不怕，平时见到老人摔倒我也会扶，总要有人去帮助。"当政府给予她巨额奖金后，尽管她生活困难，十分需要钱，可是她分文不取，全部捐给了那个生命垂危的小女孩。

平心而论，这 18 个路人并非良心丧尽，现实生活中有时良知会失败，原因在于人们有太多的社会经验，让人们"直觉"到风险所在。

面临险情、危难能否出现见义勇为的人，并不是奖金不够多的问题，而首先是整个社会必须弘扬正气、无私奉献的精神大力发扬的问题。

群众看到，个别官员在权钱交易、都在"三公消费"，谁带头弘扬正气？

群众看到，个别官员豪车、豪宅，巧取豪夺、中饱私囊，谁再带头挺身而出？

群众看到，个别官员说的比唱的好听，说一套、做一套，谁还义无反顾、无私奉献？

整个社会风气的沦丧，根本是需要各级官员要有共产党人的味道，要像"人民公仆"，要廉洁自律、端正作风、以身作则、带头为之！

其次，政府必须要建立保护见义勇为者利益的措施和机制，人们见义勇为不是为了巨额奖金，但起码是不能惹事上身、背上官司。见义勇为过程中存在的问题是，救了人，被救的人不承认，甚至还遭讹诈；救了人，政府不承认；救了人，自己落下一身病、一身伤，还要背上一身债，这也是社会上都看到的"英雄流血又流泪"现象。

最后，社会环境的优化，这背后是法律明确责任、政府的积极保障、媒体舆论的坚定支持、爱心企业组织的援助奉献，甚至小到"老板"对见义勇为者因为助人迟到的小小宽容……这一切可以让人们安心挺身而出，不再选择冷漠。

政府改变观念，官员转变作风，只要恢复密切联系群众的优良传统和作风、坚持全心全意为人民服务的宗旨意识，见义勇为的困惑不难解决。

喜欢钱的人，看重钱的人，习惯于把钱作为万能的法宝，企图用钱解决一切问题；而见义勇为的人群他们恰恰表现的是一种精神，而这种精神是用钱买不到的！

发生在见义勇为这个问题的认识上，官员与群众之间存在的这种差距，就是我们当今社会许多问题的症结所在。

2011年11月25日，北京大学副校长在网上发表了"撑腰体"，对见义勇为的学生予以坚决的支持，博得了网民们的追捧，高风险状态下，有高端人士出面撑腰，有官员帮助降低风险，比巨额奖金重要得多！

综上所述，拯救道德、改变社会风气，最紧迫的不是有没有巨额的奖金，而是要有一个先进分子组成的群体，带头去做，这个群体，就是我们的共产党员、我们的各级官员，我们有这个责任和义务！

同时，最大限度地降低见义勇为者见义勇为行为的风险，政府要站出来撑腰，司法机关要站出来撑腰，用救助和保障机制、以制度来撑腰。

见义勇为永远是中华民族骄傲的美德！

257. 社会诚信的缺失是老百姓的原因吗

一些官员、一些媒体总是指责社会上有些人缺乏"诚信"，并且给予各种有力的谴责。

其实，社会诚信的缺失、建立诚信体系的难度，其根本原因不是在这里。

2011年10月19日，国务院常务会议指出："当前社会诚信缺失问题依然相当突出，商业欺诈、制假售假、虚报冒领、学术不端等现象屡禁不止，人民群众十分不满。"

因此，建立健全全社会的诚信系统，加大对失信行为惩戒的力度，在全社会形成守信光荣、失信可耻的氛围，十分紧迫。

其实，根本原因在于政府及其部门，以及公职人员。

无论是个人和个人之间，还是个人和社会组织之间、社会组织和社会组织之间，诚信都不是单向的，只有相互"交换"诚信或者信用，形成互信，那么，单个诚信或者信用主体的诚信信息才能具有社会意义。

这里指的"交换"，不是两个诚信或者信用主体之间简单地互换诚信信息，而是将自己的诚信信息"上交"，由政府和有关部门进行采集、整合、协调，以建成一个覆盖全社会的、权威而完备的"诚信信用信息"平台，既保证诚信信用主体的信息不被非法利用，也对工作失信行为进行有效监督、约束和惩戒。

那么，这里就提出来一个谁来带头"率先诚信"的问题了。

国务院常务会议提出："政府及其部门在社会诚信和信用体系建设中要起示范带头作用。这要求公职人员也要为建立社会诚信信用体系做出实际的贡献。"

公职人员应当没有绝对的隐私，其隐私权是受到一定限制的，其收入情况、财产情况、婚姻家庭情况、家属从业情况等个人信息不但要如实申报

"上交"，而且应当按一定的程序向社会公开，接受群众监督和舆论监督。

当前，人民代表、人民群众要求官员财产申报制度出台的呼声很高，全国人大代表已经七次提案，要求尽快出台这个法律规范制度，但是，众所周知，其遇到的阻力不小。如此这般，这个问题的症结就比较明确了，一些官员不接受，且千方百计抵制财产信息的公开，一批人不想公开、不敢公开、不能公开，他们要"保护自己个人的隐私"，可是，官员、公众人物的隐私是受到必要限制的，换一种角度说："公众人物没有隐私。"

官员信息见不得人、政府信息躲躲闪闪，在这种情况下，整个社会诚信如何建立是值得深思的。

我们欣喜地看到，党的十八大后，国家已于2014年5月成立了不动产登记局，建立不动产统一登记制度，将"统一登记机构、统一登记依据、统一登记簿证、统一登记信息平台"逐步落实到位。

2014年12月22日李克强总理签署第656号国务院令，公布《不动产登记暂行条例》，以上举措对信息公开具有重要的意义。

不从根本处着手，拿老百姓说事，显然是本末倒置了。

258. "革命功臣"被处死是怎么回事

如今的一些年轻人，特别是一些年轻的领导干部几乎不知道"黄克功"这个名字，也没有听说过"黄克功杀人案"这个事件，这不能不说是个遗憾。

在我党我军的历史上，毛泽东亲自批准处死的案件不多，而一个与毛泽东患难与共、出生入死，从井冈山就开始追随他的一个老红军、革命军队中的领导干部，却因杀人犯罪被毛泽东亲自批准公开枪毙，这个昔日的功臣就是时任抗日军政大学六队队长黄克功。

1937年秋天，在延安发生了一起轰动一时的"黄克功杀人事件"，毛泽东"挥泪斩马谡",一个曾经功勋卓著、勇冠三军的红军将领被公审枪毙了。

红军一、二、四方面军在陕北会师时,黄克功已经是一位身经百战的旅长了。其少年时代参加红军,跟着毛泽东经历了井冈山的斗争、参加了二万五千里长征,是"老井冈山"革命斗争中留下来为数不多的将领。当时,黄克功才26岁,身材高大、英俊潇洒,不但具有丰富的斗争经历,而且战功显赫,是许多人追捧的对象。

在延安的抗日军政大学六队有一个女学员,叫刘茜,才十六岁,与许多热血青年一样,为了革命来到了延安。黄克功、刘茜,一个是队长,一个是学员,刘茜敬仰英雄的经历,黄克功仰慕女孩的容貌,两人在接触中逐步产生了好感,谈起了恋爱。但一个出生于农村,一个来自城市,时间一长,双方都发现了对方的问题,黄克功不太讲卫生,不刷牙,开口闭口就是"老子当年"之类的,刘茜渐渐地产生反感,便移情别恋。

1937年10月5日晚饭后,黄克功到已经调到陕北公学的刘茜处,想跟刘茜再谈谈,两人沿着延河边散步。据黄克功事后交代,那天晚上,他要求与刘茜公开宣布结婚,刘茜不同意,并且提出终止恋爱关系。黄克功气急之下拔出勃朗宁手枪恫吓,哪知刘茜并不屈服,气急败坏的黄克功失去理智,不顾一切地开了枪,刘茜当场死亡。

对当时案发的情况,如今有两种说法,一种说法是,事后黄克功没有当一回事,回到宿舍一边擦枪一边对警卫员讲,"他妈的,这个女人侮辱我们革命军人,我把她干掉了!"另一种说法是,黄克功回到住处就擦枪,人在床上辗转侧翻、彻夜难眠,早上警卫员发现他的衣服上有血迹,当接到保卫处通报后便向校部作了汇报。

黄克功事件在边区党政军内外引起了强烈的震撼,影响极坏。经过认真调查核实,中共中央、中央军委决定将黄克功交边区高等法院审判,审判长雷经天即将黄克功收监羁押。

黄克功因情杀人,在延安简直是骇人听闻,在革命队伍的将领中是绝无仅有的,一时人们议论纷纷。

可黄克功自恃有功,无视法纪、军纪,自以为最多受个处分,当毛泽东及中共中央、中央军委决定公审黄克功的消息传出后,不少人纷纷出面讲情,一些"老井冈山"也通过不同的渠道向毛泽东讲情，毛泽东不为所动。

公审那天，来自各部队、机关、学校的万余人按指定地点集合，集体参加公审大会。毛泽东和张闻天也远远地向公审大会处张望，直到公审即将开始时，毛泽东才背着双手，低头离开。

公审大会上陕甘宁边区高等法院的法官、陪审员、起诉人、证人、辩护人和法警都到场后，担任刑庭审判长的雷经天宣布开庭。起诉人与证人先后向法庭陈述了黄克功杀人案的全部细节。随后各单位代表发表了对这一案件的分析、要求，以及结论性的群众意见，然后黄克功被押进了法庭。

边区高等法院宣布了诉"黄克功案"的公诉书，然后让黄克功发表个人申诉。黄克功交代了杀人犯罪的经过，作了扼要的检讨，他强调："她破坏婚约是侮辱革命军人。"

审判长雷经天特意问他："在哪些战斗中受过伤、挂过彩？"黄克功拉开衣服，人们看到他的臂部到腿部伤疤连着伤疤，犹如打结的老树皮。黄克功历数了参加过的许多战斗的名称。

最后，黄克功用真诚的目光望着审判长，请求让他讲述最后一个愿望："……死刑如果是必须执行的话，我希望我能够死在与敌人作战的战场上，如果允许，给我一挺机关枪，由执法队督阵，我要死在同敌人拼杀中。如果不合刑律，那就算了。"

随后，边区高等法院进行宣判，审判长雷经天庄严地宣布，判处黄克功死刑，立即执行。黄克功拉了拉衣角，平静地看了会场一眼，举起了一只胳膊高喊："中华民族解放万岁！"随后再次向天空望了一眼，便跟着行刑队穿过坐在东北侧的人群，向刑场走去。

就在黄克功走到会场边时，只见一匹快马在会场外停下，一位战士翻身下马，将一份文件交给了审判长雷经天。不一会儿，主席台传出了声音："信，毛主席的信。"黄克功在会场边也听到了，他停下了脚步，他比任何人都关心这封信。因为在公审前，他专门给毛泽东写了一封信，承认了自己的罪行，请毛主席定夺。

大会主持人招手让黄克功回到原来的位置上，因为信中建议要当着黄克功本人的面，向公审大会宣读。毛泽东信全文：

雷经天同志：

　　你及黄克功的信均收阅。黄克功过去的斗争历史是光荣的，今天处以极刑，我及党中央的同志都是为之惋惜的。但他犯了不容赦免的大罪，一个共产党员、红军干部而有如此卑鄙的、残忍的、失掉党的立场的，失掉革命立场的，失掉人的立场的行为，如赦免他，便无以教育党，无以教育红军，无以教育革命，根据党与红军的纪律，处他以极刑。正因为黄克功不同于一个普通人，正因为他是一个多年的共产党员，正因为他是一个多年的红军，所以不能不这样办。共产党与红军，对于自己的党员与红军成员不能不执行比一般平民更加严格的纪律。当此国家危急革命紧张之时，黄克功卑鄙无耻残忍自私至如此程度，他之处死，是他自己的行为决定的。一切共产党员，一切红军指战员，一切革命分子，都要以黄克功为前车之鉴。请你在公审会上，当着黄克功及到会群众，除宣布法庭判决外，并宣布我这封信。对刘茜同志之家属，应给以安慰与体恤。

毛泽东 1937 年 10 月 10 日

　　随着雷经天声音停止，大家再将目光转向黄克功时，他才如梦一般醒来，他又高呼那口号，连呼三遍，随后走出会场。

　　当时的延安正处于不断发展的时期，成了拯救国家和人民命运的希望，像一块巨大的磁铁，吸引着不少热血知识分子、青年和进步人士不远千里、历经艰难，慕名来到延安参加革命。当时涌入延安的人群络绎不绝，成分也相当复杂。黄克功案件的出现，无疑是对革命队伍形象的一种打击。由于黄克功地位、经历特殊，功勋卓著，在此案问题上，共产党的态度如何，直接影响到延安军民的情绪。而毛泽东坚决果断，平息了人们的疑惑，重申了共产党及军队更为严格的纪律要求。此后，延安风气始终井然有序。

　　黄克功案件的处理，对我们当今的反腐败仍然有极大的教育意义。

　　打铁就得自身硬！

259. 浪费是小事吗

在国人眼里，浪费不算个事，特别是公款浪费比比皆是，见怪不怪。

说实在的，大家看到，凡私人正常请客，几乎没有扔一半的，就是有剩下的，往往也是打包带走！

说实在的，开私家车的，没有一个人能够在车子里睡得着午觉，你想想，发动机在响，心里面"十元"、"二十元"像计价器在跳，一个午觉耗油百把元，谁能够睡得着？

说实在的，官员和家人自费旅游，个个都是算着花，讨价还价，哪个会一掷千金？

诸如此类，整个国家每年耗费的公款是一万个亿！（数据来自中共中央党校《学习时报》）

整个社会浪费的现象太多了。

举不胜举，不一而足！

这种现象已经引起了人民群众极大的愤慨，也引起了中央主要领导的高度关注。我们终于欣喜地看到中共中央总书记、中央军委主席习近平于2013年1月底作出批示，要求厉行节约、反对浪费。

习近平指出：广大干部群众对餐饮浪费等各种浪费行为特别是公款浪费行为反映强烈。联想到我国还有为数众多的困难群众，各种浪费现象的严重存在令人十分痛心。浪费之风务必狠刹！要加大宣传引导力度，大力弘扬中华民族勤俭节约的优秀传统，大力宣传节约光荣、浪费可耻的思想观念，努力使厉行节约、反对浪费在全社会蔚然成风。各级党政军机关、事业单位，各人民团体、国有企业，各级领导干部，都要率先垂范，严格执行公务接待制度，严格落实各项节约措施，坚决杜绝公款浪费现象。要采取针对性、可操作性、指导性强的举措，加强监督检查，鼓励节约，整治浪费。

中共中央办公厅为此发出通知指出，习近平同志的这一重要批示，是深入贯彻落实党的十八大精神和中央政治局关于改进作风、密切联系群众八项规定的新要求，反映了广大干部群众的呼声和愿望，表明了中央厉行勤俭节约、反对铺张浪费的鲜明态度和坚定决心，体现了中央关心群众生活、注重改善民生的为民情怀。各地区各部门要充分认识狠刹浪费之风的重要性和迫切性，采取有力措施落实好习近平同志重要批示。

笔者认为，浪费成风的现象与当前浮躁的社会心态密不可分。"由俭入奢易，由奢入俭难"，浮华奢靡将腐蚀党的执政基础，削弱党的执政力量，破坏党和人民群众的血肉联系，也将导致社会性的浮华和制度性的腐败。

随着经济快速发展，社会转型步伐加快，消费主义的观念泛滥，在很多人眼中，奢靡和铺张意味着"成功"和"地位"。拜金主义狂潮会将社会推入物质的绝对崇拜中，对社会价值体系和社会心态带来严重的负面影响。

"善禁者，先禁其身而后人。"在社会风气的形成中，领导干部，特别是主要领导干部"一把手"是关键。党内存在的奢侈浪费、形式主义、官僚主义等作风问题，腐蚀党群、干群关系。领导干部必须以身作则、率先垂范，才能有效刹住浪费之风，树立节俭新风。

广大人民群众坚决支持中央厉行节约反对浪费的主张！习近平的讲话使广大人民群众看到了中央领导从严治党的决心与力度。广大人民群众迫切希望让干部作风的转变引领文明新风，使铺张浪费的行为成为过街老鼠，从源头上遏制"舌尖上的腐败和浪费"，让节省下来的财富、资源去支援困难群众、资助失学儿童、帮助缺水的母亲，而让各级领导干部与老百姓走得更近，同时也不再肆意地浪费这个地球上并不充裕的资源。

习近平总书记最近又指出：公款姓公，一分一厘都不能乱花；公权为民，一丝一毫都不能私用。

2013年中央专门出台了厉行节约反对浪费的有关规定，我们每一个领导干部、共产党员都要认真贯彻落实，不能含糊。这些规定总结如下：

中共中央办公厅、国务院办公厅《关于党政机关停止新建楼堂馆所和清理办公用房的通知》；

中宣部等五部门通知：要求制止豪华铺张，提倡节俭办晚会；

中共中央纪委、中央党的群众路线教育实践活动领导小组《关于落实八项规定精神坚决刹住中秋国庆期间公款送礼等不正之风的通知》；

财政部、国管局、中直管理局《中央和国家机关会议费管理办法》；

中共中央纪委《关于严禁公款购买印刷寄送贺年卡等物品的通知》；

中共中央、国务院《党政机关厉行节约反对浪费条例》；

中央纪委《关于严禁元旦春节期间公款购买赠送烟花爆竹等年货节礼的通知》；

中共中央办公厅、国务院办公厅《党政机关国内公务接待管理规定》。

毛泽东早就说过："贪污和浪费是极大的犯罪。"这话已经有半个多世纪了，今天听来仍然令人振聋发聩！

260. 如何建设廉政文化

党风廉政问题是关系党和国家前途命运、生死存亡的问题。加强反腐倡廉建设，是中国特色社会主义建设的应有之义和必然要求。按照历史唯物主义观点，权力的廉洁和腐败，既是一种政治现象，又是一种文化现象，是社会存在与社会意识、主观世界与客观世界诸多因素交互作用的结果。

惩治和预防腐败，建设廉洁政治，制度是根本、是关键、是保证，必须建立以权力监督和制约为重点的"制度防线"。但制度绝不可能尽善尽美，更不是万能的，必须解决"制度管不到、管不好"方面的问题，发挥文化独特的功能与作用，建立与制度相呼应的"思想防线"。

（1）思考之一：文化、廉政文化的内涵与特性

"文化"一词最早见于《易经》，其词源意义是"文治教化"，简而言之就是文治、德治，与武治、法治相对应。文化就其内涵，从广义上讲是人类社会所创造的物质财富和精神财富的总和；就常用意义上讲，是指与物质世界相对应的整个精神文明，包括知识，如社会科学、自然科学；道德信仰，

如伦理、宗教；艺术，如文学、音乐、绘画。其中道德信仰在整个文化体系中居核心地位。作为意识形态的文化是一定社会政治和经济的反映，又作用于一定社会的政治和经济。"廉政"的"廉"是指人对待财物的一种正确态度，"政"则是指政治、政权、政府。廉的基本要求是"不取不义之财，不贪不义之利"。在这种进步的义利观指导下，行使公共权力的过程就是廉洁从政，简称"廉政"。所谓"廉政文化"，就是关于廉洁从政的知识、信仰、价值观和与之相应的行为规范、传统习惯和社会风气的总和，是政治文明和精神文明、廉政建设与文化建设的有机结合。廉政文化大致包括四个方面的内容，即廉洁的政治文化、廉洁的社会文化、廉洁的职业文化和廉洁的组织文化。

廉政文化的特性：

其一，廉政文化是先进文化。

社会主义廉政文化是体现社会主义核心价值体系的先进文化，是社会主义先进文化的重要组成部分。它弘扬真、善、美，鞭挞假、丑、恶，传播清正廉明、健康向上的价值观和制度规范，最终维护的是最广大人民的根本利益。

其二，廉政文化是道德文化。

其主要内容关乎如何修身立德、做人做官，是社会人文道德的重要组成部分。

其三，廉政文化是群众文化。

人民群众的精神追求，是廉政文化得以产生滋养的土壤；人民群众的支持和行动，是廉政文化传承发展的基石。

其四，廉政文化是实践文化。

它既是理论观念问题，更是实践行动问题，离开社会实践，便失去其存在的价值。

其五，廉政文化是综合文化。

它渗透于伦理学、政治学、法学、社会学、民俗学、文学艺术之中，是以廉政为主题的"文化"，又是以文化为载体的"廉政"，既倡廉又倡俭，既倡正又倡和，与和谐文化、节俭文化、法治文化等相辅相成，互为补充。

（2）思考之二：廉政文化像无形的制度，是反腐倡廉强有力的道德和精神力量

辩证唯物主义认为，社会存在决定社会意识，社会意识对社会存在具有

能动反作用。体现为观念形态和以道德为核心的文化，一旦内化于心，便成为人们内心评判是非曲直的"法官"，发挥着导向人、激励人、约束人、凝聚人的作用。

正如恩格斯指出："道德是具有特殊规定的内心的法。"廉政制度的作用是使人"想贪而难能"，廉政文化的作用是使人"能贪而不为"，前者形成的"廉"是基于外部强制力的"廉"；后者生成的"廉"是骨子里的"廉"。

现实生活中不难发现，无论制度如何完善，执法如何严厉，抗拒贪腐诱惑的最后防线，都在人能否秉持道德操守、坚守思想防线。文化一旦根植于人们的心中，将起到法律制度不能替代的作用。

黑格尔在他的《法哲学原理》中指出："道德教育净化理论的真谛，在于使政府官员并不只靠外力的制约，而是从思想上堵塞不法行为的产生，形成一种自我约束的道德规范和主观意志的法。"菲尔丁有一句名言："在一个法纪最松弛的国家，有良心的人会给自己制定出立法者所忘记制定的'法律'。"

因而，有人形象地说："廉政文化就像一只无形的手，一张构建在心中的道德之网。法律制度之网能网住的是几条大鱼，道德之网所能阻挡的是所有的鱼。"具体来说，廉政文化对于反腐倡廉各种要素具有以下基础性作用：

一是有利于增强教育的感染力。

反腐倡廉教育能否入耳、入脑，感召人心，既取决于内容又在于形式。"相貌端正，表情呆板"的说教常常使人敬而远之，"主题严肃、语言干瘪"的灌输常常使人望而却步。廉政文化以文化的形式传播先进的廉政价值观念、制度和规范，"训育"社会民众养成良好的廉洁习惯，"化育"公职人员形成廉政信仰，其感染力、感召力、感化力在很多情况下是其他教育形式难以比拟的。

二是有利于增强制度的执行力。

反腐倡廉制度没有文化情感的认同，就难以发挥预期的社会效应。研究表明，制度是人类管理社会的理性选择，但并非唯一选择，任何好的制度只对有制度认同和修养的人才能真正发挥作用。历史上用严刑苛法治腐的先例很多，因缺少社会文化基础半途而废、寸步难行而事与愿违的教训不少。如同"锁头防君子难防小人"一样。更何况制度永远存在漏洞，容易滞后。在充分发挥制度动力方面，文化的功能是使制度根植于人心，内化为价值观和信仰，最终转化为自觉维护执行廉政制度的行动。

三是有利于增强监督的感召力。

反腐倡廉监督的真正伟大在于民主。没有民主，就没有现代政治文明，也就不可能有切实有效的监督。毛泽东曾经说过："只有让人民来监督政府，政府才不敢松懈。只有人人起来负责，才不会人亡政息。"廉政文化作为面向社会的大众文化，播撒廉政的种子，种植廉政的理念，其结果就是唤起人们的监督意识，把群众动员起来，形成人人监督政府、"人人问廉问贪"的局面。

（3）思考之三：党政干部是全社会的道德标杆，要做廉政文化的实践者和表率

搞好党风和社会风气，"党是整个社会的表率，党的各级领导同志又是全党的表率"。这是邓小平同志的一贯思想。

党政干部模范实践廉政文化，既是从政要求，又是职责所在。党政干部的从政行为对全社会具有示范效应。如果权力滥用、腐败迭生，公众法律意识必然淡漠，社会道德水准必然下降。腐败者的社会地位越高，社会影响面便越宽。

在我国，有"上行下效"的文化传统，纵观历朝兴衰，风气衰败大都源于官场腐败，官员腐败是腐败社会化的诱因和"龙头"。即使在以廉洁为重要治理目标的资本主义国家，重视法治也不能不重视公职人员和政府领袖的道德影响。

李光耀曾经这样讲："我要是不以身作则，遵守制度，那整个国家的法治体系就可能名存实亡。"现实生活中，一些地方风气不正的重要原因之一，就是有权有位的党政干部不清不正、贪腐滥权。

党的先进性决定了党员应该具有崇高的道德修养。发挥廉政文化对全社会的导向教育作用，首先必须彰显党政干部对全社会的示范表率作用，用其先进的廉政思想和榜样力量来推进廉政文化建设。

（4）思考之四：廉政文化建设既要以党政干部为重点，又要面向全社会，重视环境和风气的改造

人是社会关系的总和，是一定社会环境的产物。人在改造客观世界的同

时，其主观世界也在受客观世界的改造。党政干部既是组织内的"政治人"，又是组织外的"社会人"，其党风廉政状况一方面主导着社会风气，另一方面又无时无刻不受到社会大环境、大气候的影响，两者互相作用，互为因果。

政治学有这样一个逻辑，有什么样的政府，就有什么样的民众。但在大多情况下，有什么样的民众就有什么样的政府，社会民众的价值观、道德观、生活方式，造就与之相对应的政府公职人员。社会庸俗腐败文化是导致权力滋生腐败现象的营养土，也是助长权力腐败现象蔓延成风的深层次原因。

从国际经验看，腐败在一些地方之所以泛滥，其中一个原因就是腐败在社会中被视为"正常"。而一些国家之所以能保持高度廉洁，其重要原因在于历史文化传统和社会环境的清正。

如被评为世界上廉洁程度第一的芬兰，在廉政方面流行最广的一句话是"公务员可以接受一杯啤酒，但如果喝上葡萄酒就危险了"。对贪污零容忍流淌在其民族性格与文化中。

当腐败成为一种社会文化时，一切反腐败制度措施都将大打折扣。腐败现象并不可怕，真正可怕的是一个社会丧失了文化和道德上的良知，失去了对腐败是非判断的素养。

因此，"廉政文化"从全社会角度看也可以说是"廉洁文化"。"廉洁"既包括掌握公共权力者廉洁从政，也包括不掌握公共权力的其他社会成员洁身自好。

廉政文化建设既要针对党政干部这个掌握公共权力、在推动经济社会发展中有举足轻重作用的重点人群，又要面向与党政干部有着鱼水关系的全体公民。后者相应工作都做好了，转型时期的经济社会环境就可以大大净化，党风廉政状况就可以大大改善，精神文明和和谐社会的建设就会大大加快。

（5）思考之五：廉政文化建设要认真总结我们党的历史经验，重视用先进文化武装人，充分挖掘利用红色资源

马克思主义经典著作中包含着丰富的廉政文化思想，廉政文化思想是毛泽东思想、邓小平理论和"三个代表"重要思想的重要组成部分。马克思主义把廉政作为政治学的重要内容来研究，构成了马克思主义思想文化的重要内容。

马克思曾经说过："不可收买是最崇高的政治美德。"恩格斯也在著作中论述过贪污腐化及其对官吏的监督。由于时代的原因，马克思、恩格斯没有无产阶级政党执政的经历，但他们却在对巴黎公社经验的总结中，提出了无产阶级取得政权以后要防止国家机关和公职人员由"社会公仆"变为"社会主人"的重要思想。

其主要内容包括：国家公职人员产生上的普选制，人民群众对国家公职人员的监督制和罢免制，工人工资制和国家议行合一的政体。列宁在继承和发展马克思主义学说的基础上，对如何反对官僚主义、贪污腐化等问题进行了探索。

毛泽东同志早在革命战争时期就提出要着重从思想上建设党，主张"奖励廉洁，禁绝贪污"，强调我党的宗旨是全心全意为人民服务，走民主新路跳出"历史周期率"，要求全党做到"两个务必"。

始终高度重视精神文明建设，发挥自身独特的思想文化优势和政治优势，是我们党取得革命建设和改革成功的宝贵经验。从井冈山精神、延安精神、长征精神，到大庆精神、雷锋精神、焦裕禄精神，再到抗洪抢险精神、抗震救灾精神，感天动地，气壮山河。其中所蕴涵的浩然正气、蓬勃朝气、昂扬锐气，无一不是廉政文化的筋脉、灵魂、源泉和要素。

面对今天市场经济条件下一些地方人心浮躁、诚信缺失、道德滑坡、世风败坏的严峻现实，总结、传承、弘扬红色文化对于廉政文化建设的意义，既重大又深远。

（6）思考之六：廉政文化建设要扬弃传统，深入挖掘我国历史文化资源

中华民族积淀深厚的5000年传统文化，为我们留下了一个弥足珍贵的思想宝库，这其中蕴藏着丰富的廉政文化内容。

早在上古时代，"大道既隐"，贪人出现，虞舜就告诫官员，要"直而清，简而廉"。"廉"作为一种官德和治国思想，最早在西周初年《周礼》中有过论述："以听官府之六计，弊群吏之治。一曰廉善、二曰廉能、三曰廉敬、四曰廉正、五曰廉法、六曰廉辨。"意思是说，考察官吏治绩的优劣，要从善（善于办事）、能（能执行政令）、敬（尽职守责）、正（品行方正）、法（守法不失，执法不阿）、辨（能明辨是非，头脑清醒）六个方面去进行。

六种行为和品德，都冠以"廉"字，意思是"既断以六事，又以廉为本"，可见"廉"在官德中居首位，是中国古代对为政者最基本最重要的道德要求。

中国传统文化中的廉政思想，有三个方面尤其值得借鉴。

一是儒家文化中的伦理思想。如强调为官从政要正，"政者正也"；主张"先教后刑"、"徒法不足以自行"，认为有了法律，还要具有道德高尚的人来执行法律；提倡"欲而不贪"、"惠而不费"，用理性约束私欲，节俭行事；重视文化人、以德治国等，将政治和道德融为一体，有明显的伦理政治化和政治伦理化的特征。

二是政治文化中的清官现象。用诸如包拯、海瑞、于成龙等清正廉明、为民请命、铁面无私、伸张正义的清官典型，寄托理想，导向社会，榜样官吏，教化民众。歌颂清官，鞭挞贪官，是中国文化中一个经久不衰的主题。

三是浩如烟海的贬贪颂廉文艺作品。最早在《诗经》的《国风》中，就有民间老百姓口传并经文人润色的讽刺贪贿暴敛的诗歌，如《硕鼠》。两千多年来，汉赋唐诗、宋词元曲、明清小说，一直到晚清民初的谴责笔记小说，都有抑恶扬善，揭腐颂廉的生动篇章。其艺术感染力与思想震撼力相得益彰，发人深省。

同时，我们必须反对传统文化中催生消极腐败现象的毒素。特别是要摒弃封建的权力私有观念，强化服务人民的公仆意识；摒弃封建特权思想和宗法观念，强化法治意识；摒弃封建迷信思想，强化民主科学意识。

(7) 思考之七：廉政文化建设要面向世界，认真研究借鉴世界各国以文化促廉政的经验

反腐倡廉是一个世界性的课题，也是一个世界性的难题。从文化视角抓廉政建设，把思想道德元素注入国家廉政工程，成为许多国家的成功经验。

有的国家不断丰富和调整道德行为规范体系，设立专司廉政文化的政府道德署，制定《公务员道德法》。随着社会的发展，道德和法律调整的范围会相应地发生一些交叉变化，许多行为从道德领域中进入了强制性的法律范围，成为法律规范的一部分，而一些从前被法律所禁止的行为，也会转入道德领域，成为道德规范的内容。

有的国家重视经常化的廉政教育，带来良好的社会风气和廉洁高效的官场风气。有的国家倡导"耻感文化"，虽不是刑律，但已经成为精神意义上的刑律，人们对"耻"的畏惧甚至超过了对"罪"的畏惧。

世界各国包括西方国家在廉政方面的一些具体做法，我们要正确对待，借鉴其长，结合国情，洋为中用。同时，我们要清醒认识，西方以个人主义、利己主义和享乐主义为核心的主流价值观对我国精神文明和人文道德建设的冲击和毒害，必须旗帜鲜明地坚决防范抵制。

（8）思考之八：廉政文化是一个春风化雨、持久显效的工程，必须构建长效机制

反腐倡廉建设和文化建设的长期性、复杂性、艰巨性，决定了廉政文化建设的长期性、复杂性、艰巨性。文化作为思想、观念、意识形态范畴的东西，一旦形成便具有很强的稳定性，要吐故纳新、使之改变，绝非一朝一夕所能。

应当看到，我国几千年封建历史文化传统遗传下来的旧观念、旧习俗还会长期顽固存在，同时在经济全球化背景下，西方强势文化全面渗透，对人们的思想和观念产生冲击，社会价值取向呈多元化态势。廉政文化建设，说到底就是用先进思想战胜落后腐朽思想，用先进文化战胜落后腐朽文化。

这两个"战胜"，必然是一个此长彼消、我强他弱，充满斗争和曲折的过程，不可能像盖高楼大厦那样立竿见影，指日见效。这就要求对廉政文化建设的累效性有足够认识——工作越累积，效果越明显；时间越长久，作用越巨大。

因而，搞廉政文化建设，应当面对眼前现实，力求快见成效，但绝不能满足于轰轰烈烈地搞几次活动、热热闹闹地掀起几个高潮就津津乐道、评功摆好，应当以长远的眼光、战略性的思维，在构建长效机制上下功夫，作为"永不竣工"的基础工程来抓。

针对当前"思想上不重视、责任主体不明确、协调机制不顺畅"等问题，在组织保证上，要明确"党委统一领导，党政齐抓共管，纪委组织协调，部门各负其责，依靠群众支持和参与"的领导体制；在工作机制上，要注重整体和长远规划，加强前瞻性研究，明确各部门责任，整合各方面资源，

强化服务保障，严格考评标准，强化奖惩措施；在依靠力量上，要完善党员干部、社会公众和专业工作者参与机制，搭建有效平台，充分调动三方面的积极性、创造性；在工作创新上，要从政治、精神、物质多方面，对新理念、新作品、新成果进行激励褒奖，以促进与时俱进、推陈出新。

261. 村官党政 "一肩挑" 是先进经验吗

一些地方的农村，把村官党政 "一肩挑" 作为经验推广。

这其实是违反宪法原则的事，一些媒体还到处宣扬，殊不知这是一种违宪的导向。

按照 "一肩挑" 的要求，村民委员会主任必须是共产党员，不是党员的村民就没有资格当村民委员会主任。

在正常情况下，一个村里必然要有村党支部书记，这是毋庸置疑的，既然村支书 "一肩挑" 了村主任，那就说明，村主任必须是共产党员。不是党员怎么能够当村支书呢？

其结论就是非党村民不能当村委会主任，如果非党村民当了村主任，那还能 "一肩挑" 吗？

同样，在正常情况下，一个村里必然要有村委会主任，既然村主任要 "一肩挑" 村支书，显然，不是共产党员也是行不通的。

这种不是共产党员就不能当村委会主任的做法，是明显的违宪行为，可惜，我们的一些媒体没有看出其中的问题，还在津津乐道作为经验介绍。

在中华人民共和国的宪法里，从来没有非共产党员不能当村民委员会主任的条文，甚至没有非共产党员不得当国家主席的条文。法律没有明文禁止的，即是可为的。再说，非党选民可以当选国家主席，却不可以当村委会主任，这是什么逻辑呢？

以党内选举代替村民选举，这也是明显的违宪行为。

农民群众都知道，村支部书记，是党内选举的；村委会主任，则是村民选举的，这其中当然有党员，也有非党员，既然村支书是当然的村主任，即所谓的"一肩挑"，那么，党内的选举就取代了村民的选举，即使村民不选举村支书当村主任，村支书也照当村主任。

一些地方实质上取消村民——农村公民对村民委员会主任的直接选举，而农村公民选举村民委员会的直接选举，是我国的宪法和法律所赋予的。

在没有全国人大通过修宪予以改变的情况下，任何地方、任何部门、任何领导，凡以任何名目来取消或者虚化农村公民对于村民委员会主任的直接选举权利，都是违宪之举。

中华人民共和国的宪法和中国共产党的党章中，都明白地表述了这样的概念：中国共产党领导人民制定了宪法和法律，必须带头模范地遵守宪法和法律。

如果农村的那些基层领导搞所谓的"一肩挑"是学习不够、不懂法律，那么，我们的媒体为此推波助澜就是不予思考、缺乏常识、闭着眼睛搞违宪行为了。

看来，无论是搞违宪之举的农村基层领导，还是宣扬违宪之举的新闻媒体，都很有必要用宪法和党章来对照一下自己的活动。

应当明白，任何人搞违宪的活动，不管他有什么好听的名头，都是不允许的，都是需要废止的，也是不应当宣扬和推广的。

"文化大革命"违宪的严重后果和教训值得重视！

262. 网络赌球是"小玩玩"吗

有些人以为在网络上玩玩游戏是小事，值不得大惊小怪，于是有人玩起了网上赌球。

网上赌球是一件非常危险的、涉嫌犯罪的大事！用公款赌球往往还涉及职务犯罪，绝不可小视！

笔者的职务犯罪生涯中，查处过多起国家工作人员，因为迷上了网络赌球而导致的职务犯罪，教训深刻。

某大医院财务部门收费员王某，31岁，在某届"世界杯"期间，迷上了网上赌球，开始是想"小来来"，没想到赢了几万元后便一发不可收了，于是天天关注、场场下注，结果是输光了自己的积蓄，还不甘心，而后动起了挪用公款的念头，不到一年的时间，王某参与了网上的各种赌球活动，最终输掉公款近千万元！

某司法机关财务处出纳员余某，80后，是个刚从警校毕业不到一年的小青年，下班后经常与一些不务正业的"朋友"混在一起，渐渐地迷上了网上赌球活动，参加了境外赌博公司开设的网站赌球活动，开始是好奇，逐步上瘾，结果入不敷出，一门心思想"翻本"，于是动起了公款的念头，仅仅一次"世界杯"，就输掉公款860万元！

以上两例都是属于职务犯罪，最终都被绳之以法，被判处重刑，两人在狱中后悔莫及，可谓教训深刻。

一些不法人员利用网络在境外赌球公司进行网站注册，并通过其开设的银行账户进行足球比赛的赌球赌博活动，引诱国内人员进行赌球，值得警惕。

那么网络赌球是怎么泛滥的呢？司法机关在侦查过程中了解到，如犯罪嫌疑人李某，其将一部分赌注通过互联网报给其注册的赌博公司，等投注的球赛结束，由其与赌博公司通过银行账户进行总账结算后，再分别与投注人进行结算。

另外，无论输赢，赌博公司均会以其上报投注的金额的1%至3%不等比例的报酬反馈给李某；同时，犯罪嫌疑人白某、黄某合伙开盘进行足球比赛的赌球赌博活动，并分别发展数十人向其投注，两人以赌注报给李某，由李某以反馈1%至2%的报酬给白、黄二人。

三个犯罪嫌疑人自开始赌球到合伙开设赌场的几个月的时间，有数十人通过他们三人进行赌博活动，涉及的赌资达一千余万元。

开设足球博彩网站发布虚假赌球信息也是犯罪嫌疑人惯用的手法。如犯罪嫌疑人朱某与其弟在未与政府通信管理部门、工商管理部门办理相关手续的情况下，即分别在北京某网络技术有限责任公司上海分公司、上海某网络信息技术有限公司申请了4个网站，租用虚拟主机空间作为经营网站。

他们在网页上发布足球赛事及虚假的足球赌球预测信息，要求会员获取赛前信息的必先注册入会，入会费为880元至4800元不等，另收300元至800元的场次费。

这些不法分子还通过媒体进行忽悠，如在《足球报》、《南方体育报》、《体坛周报》等报纸上刊登网站的广告，并在多家银行以多人名义开设了十几个银行账号，将账号公布在网页上，供会员汇款，10个月内共收到会费400余万元。

网上开设赌场，投入低、产出高，借一间房，备几台电脑、几部电话即可；网络注册经营简便，网上操作也十分便利，网站开设的越多，点击率也越高，吸纳的会员越多，非法获利也必然越多。

赌博没有公正可言，网上赌球到处都是陷阱，利用职权用公款参与赌博，那就不仅仅是赌博罪！

网络赌博者当戒！

263. "吃空饷"不是什么大事吗

有关日益增多的"吃空饷"的现象，有的人认为不是什么大事，用不着大惊小怪；有的人认为是一种严重的腐败犯罪行为，必须严厉惩治。

究竟应该如何对待呢？

"吃空饷"的行为直接侵害了国家对财政、人事及劳动力管理等事项的规律秩序，行为人不劳而获、坐享其成，其行为具有一定的危害性和当罚性。但到底如何来处罚，则具体问题要具体分析。

"空饷"领取者不外乎是两种人，一种是国家工作人员，比如拿"旷工饷"、"病假饷"的人；另一种已经不是国家工作人员，或者根本就不是国家工作人员，甚至没有这个人，比如吃"冒名饷"、"私人饷"的人。

对于第一种人员，他们领取了不应该领取的工资报酬，是一种贪污行为，对于这类"吃空饷"者，可依据《刑法》第 382 条、第 383 条的规定以贪污罪定罪处罚。第二种人的行为带有诈骗的性质，可以按照《刑法》第 266 条关于诈骗罪的规定追究相应的法律责任。对于"多头饷"的行为，如果基于公务活动领取"空饷"的，因符合窃取、骗取及非法占有公共财物性质，应当按照贪污罪论处。对国家工作人员利用职务上的便利为请托人谋取利益，要求或者接受请托人以给近亲属以及其他特定关系人挂名领取"空饷"的，应以受贿罪论处。

对于"冒名饷"、"死人饷"，基于主体的不同可能存在不同性质的犯罪，如果是国家机关、国有企事业单位等工作人员，利用职务便利领取"冒名饷"、"死人饷"的，按照贪污罪论处；如果未利用职务便利，属于骗取国家财产，可按照诈骗罪论处。

对领取"违纪违法犯罪人员饷"的人员，尤其是因犯罪被判刑的人，领取"空饷"的行为，一般不能按照犯罪论处，但对发放"空饷"的单位直接责任人可以区分其行为性质，按照滥用职权罪或者玩忽职守罪论处。

"吃空饷"之所以能够屡屡得逞，不是"吃空饷"者的欺骗手段多么高明，而是发放"空饷"者在看守国家财产时闭上了他们应当睁大的眼睛。如果不治这个"闭眼病"、"睁眼瞎"，"吃空饷"的现象不仅不会杜绝，还会更加猖獗。

那么，治疗"闭眼病"、"睁眼瞎"的药方在哪里？

应当按照刑法关于滥用职权罪、玩忽职守罪的相关规定，对发"空饷"者进行处罚。如此，国家财产或者集体财产的看门人必定会睁大眼睛，防止有人"吃空饷"，更不会出现"看门人"与"吃空饷"者沆瀣一气，共同侵吞国家财产或者集体财产的现象。

道理很简单，"一把手"或领导干部利用职权"吃空饷"，是贪污罪无疑；管理人员被"人家"吃了空饷，则是滥用职权罪或者玩忽职守罪无疑；其他人员以欺骗的手法"吃到了空饷"，那是诈骗罪无疑！

"空饷"吃不得！

264. 官方抢先表态是负责任的态度吗

第一时间就公布事实真相、表明态度是官员的一种负责任的态度。

许多人会这样认为，这是千真万确的道理。

其实，在一些情况下，这是一种非常不负责任的表现，甚至是一种腐败的反映。

2012年5月10日，云南省巧家县某社区便民服务大厅发生了爆炸案，造成4人死亡。当地政府、公安机很快就锁定了当场死亡的当地农民赵某系爆炸案的犯罪嫌疑人。

但是，这个犯罪嫌疑人其实是清白的，他只是这起案件的受害人之一。这件案件真正的犯罪嫌疑人另有他人。

2012年8月7日云南省昭通市公安局宣布：轰动一时的"5·10"巧家县爆炸案告破，犯罪嫌疑人为邓某、宋某，他们花了100元雇用赵某，让他进入拆迁赔偿现场，并用手机实施遥控爆炸，赵某并未参与策划本案。

经过认真侦查的结果，当地人邓某、宋某是真正的凶犯，

那么，当地政府、公安局为什么要抢先表态呢？

首先他们确认疑犯的赵某，称赵某有"犯罪记录"，其性格孤僻、言行极端，有报复社会的心理。其次，他们否定爆炸与当地征地拆迁有关。当时，巧家县副县长、公安局长杨某甚至以"局长的政治前途"来担保，赵某就是犯罪嫌疑人。

对于原先案件通报中不严谨、不确切，而给赵某及其家属带来的误导和影响，昭通市公安局作出了诚恳的道歉。

我们说，除了道歉，更应该反思这起案件的全过程。为什么猜想走到了证据的前头？为什么证据远未达到"排除一切合理怀疑"的法定标准时，公安机关就急于替当地政府"解围"？

事实上，就在爆炸案发生前几天，事发地就发生了因为征地纠纷而故意焚烧摩托车的事件，所以当时舆论矛头指向了当地政府可能的滥用职权和失职行为。但在未查清案情的情况下，官方却以赵某在网上的只言片语为依据，急忙提出"报复社会"的结论。

现在真相大白了，赵某是被人利用的"肉弹"；具有讽刺意味的是，真凶邓某、宋某两人正是因为"对被征收土地和房屋补偿不满"才实施的爆炸。而案发之初巧家县政府就坚决否定此案与"征地"有关。

在事实不清、舆论压力巨大的情况下，最老实、最负责任的态度，就是先彻底查清案情——如何取得炸药、使用什么起爆装置、有没有同谋等犯罪事实——调查明白，而后公之于众。相反，在未查清事实的情况下，企图先声夺人，只会弄巧成拙，自贬公信。

唯有司法保持中立严谨，敬畏真相，不屈从于权力的短期利益，才能作为疏导民意、化解误会的中流砥柱。

官方"闭着眼睛说瞎话"抢先表态往往是愚弄百姓，推卸责任、官官相护的腐败根源的体现，有愈演愈烈之趋势，比如某大城市一新建的楼房倒了，官方表态是因为"压力差"；某大城市发生"钓鱼执法"事件，官方表态是"证据确凿"；某煤矿发生大爆炸，死亡108人，官方表态是与汶川地震相同的"自然灾害"，还有没有天理？还讲不讲公道？

可见，腐败不仅仅是官员利用职权敛钱的问题，无视法律、不顾事实、草菅人命、推卸责任、误导舆论等，都是腐败的表现，是更深层次的腐败，是绝对不能容忍的！

官员应该怎么当、官员代表谁的根本利益、官员的立足点在哪里，这一切都是要深思的！

265. 家风与廉政建设没有关系吗

家风是什么？如今社会生活中在一些家庭，可能想都没有去想过。一段时间以来，有关官员家风的传闻引起了不少人的关注和议论。

为什么官员的家风问题会形成当前社会生活中热议的话题呢？很显然，这些年来，人民群众耳闻目睹一些官员的贪污腐败，往往与家庭有关，真可谓是"发酵于家门之内；败露在屋檐之外"。

从职务犯罪侦查实践有关统计可以看出，官员涉及的贪污贿赂腐败案件，有 70% 都与官员的老婆、孩子，甚至情妇等有关。

由此，那些好的家风就显得高尚、珍贵，令人怀念和受人称颂。

最近，网络上出现一张照片，华国锋同志遗体告别仪式现场，其四个子女在旁肃立，下面有一句话："华国锋同志四个子女无一经商、无一出国"；今年两会期间，网络上有一则消息，李先念同志的女儿李小林透露，其父亲不允许儿女经商，父亲严厉地对他们说："那么谁要经商，我打断你们的腿！"网络上新近还披露，焦裕禄同志在临终前对妻子交代："我死后，你会很难，但日子再苦也不要伸手向组织上要补助、要救济，你要把孩子教育成为革命接班人。"这些消息被点赞无数，可见民心所向。

其实，这种真正的共产党人的家风是非常多的，刘伯承元帅在家里的电话机旁贴了一张纸条：孩子们，电话是国家给爸爸工作上用的，你们绝对不能私用。老红军甘祖昌将军离休以后，主动离开首都北京，与妻子一起回乡当农民，一直干到去世；周恩来总理没有子女，他侄女周秉鉴通过关系，走后门当了兵，周总理知道后，硬是让她脱下了刚刚穿上的军装！

翻看历史，拂去岁月的风尘，我们还可以了解历史上一些清官注重家风建设的不朽故事。清朝曾国藩，这位曾文正公为朝廷建功立业，可谓位高权重，其却深知家风紧系着家庭的兴衰安危，即使家里有奴婢，子弟们也不能够随便差使。他曾经对自己四个为官的弟弟说：从古至今，官宦人家，大多只有一二代就享尽荣华了，主要的原因是子孙后代开始骄横跋扈，紧接着就是荒淫放荡，最后就是落得个抛尸荒野的下场。他再三告诫自己的子孙后代，必须是"半耕半读，勤俭持家，以继承祖先的优良传统"。他在位 20 年，死的时候留给子孙、家族的只有两万两银子。除了乡间一个老屋外，没有建造别的房子，也不曾买过一亩田地留给子孙。《颜氏家训》里说："父子之严，不可以狎；骨肉之爱，不可以简。简则慈孝不接，狎则怠慢生焉。"说明对于家庭的德行，长辈必须以严肃、正气的态度来关心它的沿袭和传承，一丁点都马虎不得。

封建朝代的官员对家风问题尚且如此清醒，更何况以为人民服务为宗旨的共产党人。然而，不得不严峻地看到，眼下有些官员放松家庭的伦理道德、放弃良好家风的建立，使他们"位尊而无功、奉厚而无劳"，在重大问题上任由亲属子女胡作非为，不但不加以阻止，甚至充当"保护伞"，损害党和人民的利益，造成恶劣的影响。

家风不正，说到底因为"主心骨"软了、斜了、歪了、乱了。由于不良社会风气对党风政风的冲击和侵袭，一些官员自身世界观、人生观、价值观变形，从而淡化了宗旨意识，放弃了理想追求，于是哪还有家风建设和家属教育的理念和心思呢？

古语说"门内不理，无以整外"。一个连自己的家人都带不好的人，怎么能期望他服务百姓、造福一方呢？因此肩负"人民公仆"称号的各级官员，如若有志于"权为民所用、情为民所系、利为民所谋"，就应该铭记唐代诗人罗隐的名句"国计已推肝胆许，家财不为子孙谋"，以及李克强总理对政府官员的忠告，"为官发财，应当两道"。要知取信于民，从建设好家风始。

266. 作风建设靠一次活动就能高枕无忧吗

少数领导干部把作风建设当做权宜之计，上面强调了，收敛一下，紧一阵子；有关学习教育活动告一段落了，则死灰复燃，一切老样子。

其实这种态度无论是对党组织还是对自己都是非常不负责任的，甚至是非常危险的。

习近平总书记2014年5月在指导考察河南省兰考县县委常委会班子专题民主生活会时强调，作风建设是永恒的课题，已经采取的措施、形成的机制要扎根落地，已经取得的成效要巩固发展，关键是要在抓常、抓细、抓长上下功夫。

习近平总书记郑重指出，无论是正在开展第二批活动的单位还是已经告一段落的单位，都要在改进作风上讲认真，做到善始善终、善作善成。不能表面上热热闹闹，实际上用形式主义反对形式主义，影响活动健康发展。

抓常，就是要把作风建设时刻摆上位置、有机融入日常工作，形成抓作风促工作、抓工作强作风良性循环；抓细，就是要对干部群众特别是基层群众反映的作风问题一一回应、具体解决；抓长，就是要反复抓，不能三天打鱼两天晒网，集中抓的时候雷霆万钧，平时则放任自流。

形式主义之所以成为"四风"之首，不仅在于其普遍、大量存在，还由于很多时候，官僚主义、享乐主义、奢侈之风多多少少要面对党纪政纪的硬约束，而形式主义相比较之下则带有更大的欺骗性，可谓这是"四风"中的最难啃的硬骨头。

事实上，不仅以形式主义反对形式主义的现象在一些地方和部门仍然存在，以形式主义反对官僚主义、享乐主义、奢侈之风的现象也不鲜见。正如当年的"四菜一汤"规定最后被一些人搞成数字游戏，四个盘子中装几十个佳肴，一个汤变成了天价的"佛跳墙"；如今又出现了"三公"消费"换马甲"、穿"隐身衣"等现象，一些会所进入隐蔽状态，避人耳目；一些冠以"农家乐"的场所也偷梁换柱成为高档消费的新据点。

正如人民群众深刻指出的，规则的制定者在研究制度如何形成约束时，一些受约束的官员也在研究如何规避约束之策。

其实，随着作风建设的要求深入人心，广大干部群众对反对形式主义举双手赞成，对变着法子的形式主义深恶痛绝，成了改进作风建设的强大的监督力量。什么是作秀，什么是真正的联系群众，老百姓一眼就看出来了。

如某地省部级官员在植树节期间种树，他们统一手戴白手套，拿着最新的铁锹，穿着统一的高档镶拼式雨靴，在事先挖好的坑里填几锹土、倒半桶水便完事，老百姓看了非常不舒服，而我们看到，2014 年 3 月，习近平总书记参加植树节，没有戴白手套，穿自己的工作鞋，而且连续种了好几棵不同品种的树。

大家经常看到，少数一些官员下基层，都喜欢前呼后拥，穿当地提供的军大衣，我搞不明白，难道自己就没有可以穿的衣服了吗？至于视察前、接待上级"巡视"前采取提早打招呼、搞预演，拼命粉饰太平；那些由上级参加的群众座谈会、意见听取会、干部考察会，凡参加的人都是事先周密选择、挑选的，如此这般能够听到真正的群众呼声和意见吗？

所以，我们广大的领导干部必须认清大势，丢掉幻想，勇于解剖自己，敬畏民意、体察民情、顺应民心，把群众的急难险重之事抓紧抓好，才能赢得党和人民的信任。

作风建设是一项长期不能放松的思想建设，对于各级领导干部、公权力执掌者而言，脱离群众，没有摆正自己与人民群众的关系，热衷于花拳绣腿、表面文章，自作聪明、愚弄百姓是形式主义屡禁不绝、愈演愈烈的根本原因，也是作风建设的大敌。

要做好官，先从与人民群众拉近距离开始！

267. 道德修养对官员清白为官的重要意义有哪些

　　清白为官是党和人民群众对各级官员的基本要求，但一些人，也包括一些官员认为在现在这种氛围下，难以实现。

　　这种认识是非常错误的，可以想象，对清白为官没有信心，是一些官员对思想道德的追求放弃了，标准降低了，先进性、公仆心丧失了，那么可以肯定，这些官员是不可能做到清白为官的，人民群众理所当然是不放心、不满意的。

　　习近平总书记今年两次去河南省兰考县考察，其强调，面对纷繁复杂的社会现实，党员干部特别是领导干部务必把加强道德修养作为十分重要的人生必修课，自觉从中华优秀传统文化中汲取营养，老老实实向人民群众学习，时时处处见贤思齐，以严格标准加强自律、接受他律，努力以道德的力量去赢得人心、赢得事业成就。

　　习近平总书记的这一重要论述，深刻阐明了领导干部加强道德修养的重要意义、实践路径和目标要求，是对清白为官的内涵、标准的丰富和发展，对于加强领导干部道德修养具有重要的指导意义。

　　(1) 中华民族历来重视道德修养

　　在我国历史上，注重修身立德、为官清廉，是许多思想家推崇的政治主张，也是正直的士大夫终身恪守的为官准则。早在西汉时期，就有"以德配天、明德慎刑"的思想。春秋时期思想家管子提出，"礼义廉耻，国之四维"，"四维不张，国乃灭亡"。而继承发展了这一思想的儒家"德治"理论，其核心内容就是"为政以德"，强调"修身、齐家、治国、平天下"。孔子指出："为政以德，比如北辰，据其所而众星拱之。"就是在焚书坑儒、尊崇法家的秦代，也非常重视为官之德。湖北云梦出土的《云梦秦简》在《为吏之道》篇提出了一套封建官吏应该遵循的道德品行的行为规范，并概括为"五善"、"五失"，强调凡为吏之道，必精洁正直，慎谨坚固，审悉无私，正行修身。纵观中国历史，凡是盛世、治世，都有着吏治清明、政风清正引领的良好社会风尚。相反，凡是衰世、乱世，都是官德不彰，政风不正，最终导致民怨沸腾，甚至揭竿而起。总之，悠久的中国历史，既蕴涵着重视道德修养的优良传统，也饱含着道德建设的治乱教训，而这些都是我们需要今天认真吸取和借鉴的。

（2）中国共产党始终强调领导干部道德修养

我们党始终重视领导干部的道德修养，在井冈山和中央苏区时期，毛泽东提出首先要从思想上建党，要求每一个共产党员都要重视思想道德修养。在延安时期，毛泽东提出共产党员特别是党的干部在各方面包括道德修养方面都应该成为模范，并号召全党学习白求恩精神，做"一个高尚的人，一个纯粹的人，一个有道德的人，一个脱离了低级趣味的人，一个有有益于人民的人"。正是党的干部以身作则、身体力行，才形成了一心为公、艰苦朴素、清正廉洁、关心群众的"苏区干部好作风"和"只见公仆不见官"的"延安作风"，使当时的苏区和陕甘宁边区的社会风气为之一新，并在新中国成立后的相当长的时间里，使全社会形成了良好社会风气，进而转化为战胜各种困难、推进事业发展的强大力量。

党的十一届三中全会后，邓小平指出："党和政府愈是实行各项经济改革和对外开放的政策，党员尤其是党的高级负责干部，就愈要高度重视，愈要身体力行共产主义思想和共产主义道德。否则，我们自己在精神上解除了武装，还怎么能教育青年，还怎么能领导国家和人民建设社会主义。"习近平更是反复强调，我们的用人标准为什么是德才兼备，以德为先，因为德是首要、是方向，道德之于个人、之于社会，都具有基础性意义，做人做事第一位的是崇德修身。90多年来，中国共产党人的高尚道德人格，始终是党赢得人民群众拥护和支持的重要法宝和战胜各种困难和风险的强大力量。

（3）道德修养的养成需要领导干部终身努力

加强道德修养需要领导干部终身努力。习近平提出，领导干部的党性修养、思想觉悟、道德水平不会随着党龄的积累而自然提高，也不会随着职务的升迁而自然提高。领导干部的道德修养和主观世界改造，是一个需要终身不懈努力的过程。当前，党员领导干部队伍中道德滑坡、行为失范的问题比较严重地存在，一些党员领导干部的失德失范事件造成了恶劣的社会影响。因此，加强党员领导干部道德修养，已经成为一项刻不容缓的重要任务。

领导干部自身的道德修养不仅关系个人的口碑和政治生命，而且关系到党的形象，影响社会风尚。每一个党员领导干部都要以史为鉴，自觉从中华民族优秀传统文化中汲取营养，努力学习和践行包括党的优良传统在内的中华优良传统，陶冶道德情操，升华思想境界，完善优良品格，培养浩然正气，做到自重、自省、自警、自励。要以严格标准加强自律，时刻用共产党员标准要求自警，严格遵守廉洁从政的各项规定，在任何情况下都要守住做人为官用权的底线，筑牢拒腐防变的道德防线。领导干部的道德修养，既要靠严格的自律，更要靠严格的他律。

"不矜细行，必累大德。"加强道德修养、提升精神境界不可能一蹴而就，更不可能一劳永逸。需要时时处处要求自己、检点自己、修正自己、提高自己，持之以恒、坚持不懈地加强道德修养，只有这样，才能成为一个顶天立地的人。

自觉是一个人的最高境界，需要终身努力和修行！

268. 家庭可以不讲文化随心所欲吗

家庭是社会的细胞，是可以随心所欲的地方，人们普遍有这样的认识。

其实，家庭，特别是中国人的家庭，是中国传统文化的重要组成部分，家庭文化是中国传统文化的核心。

中国传统文化与西方传统文化的根本区别是"天人合一"与"天人相分"的不同，中国人强调"人本位"，而西方人强调"神本位"，其实有专家指出，家庭文化才是中西方文化的根本差异。

西方没有家庭文化的历史传统，中国却不然，中国是具有几千年传承的家庭文化传统。从西方历史文化可以发现，家庭在古希腊神话中是一种非常负面的东西。赫尔阿德与荷马讲述的诸神家谱和人类英雄之家的故事，充斥着乱伦、通奸、杀戮、夫妻反目、兄弟互杀，亲属之间你死我活等血淋淋的史实比比皆是。而关爱、和谐、温暖、谦让等人类家庭中常见的正面形象，则甚为罕见。

古希腊思想家柏拉图在《理想国》中提出，为了城邦而废除家的主张，亚里士多德在其《政治学》中仅仅把家当作一种财产看待，与中国古人把家看作居住、丧葬、迁徙、械斗、生产等内涵丰富的一种社会组织的观念相去甚远。

奥地利学者赖因哈特·西德尔在《家庭的社会演变》一书中说："直到近代历史的早期，欧洲人们还没有血缘家庭的概念，只好用'有老婆和孩子'这一说法来转述。"

与西方不同的是，中国则具有丰富的家文化传统。单是《汉语成语大辞典》记载的涉及家的成语就有近五十条。

西方基督教削弱了世俗的家文化的培育和发展，中国的家文化则抑制了宗教的发展。学者杨效斯曾经指出，由于古希腊、罗马世俗家庭文化薄弱，基督教拟制的"家"文化乘虚而入。圣父（上帝）先于生父，神父亦称之为"父亲"。圣母也先于生母，修女称之为"姐妹"。耶稣说："凡遵循上帝旨意的人，就是我的兄弟姐妹和母亲了。"

因此，西方的家观念长时期是由教会与世俗之家混合而成。教会之家对世俗之家的补充、保护性远不及其异化与破坏性。亚伯拉罕杀子祭神的故事，是以亲情作为信仰的牺牲的典范，凸显了追求世俗性家庭幸福与出世性神圣幸福的根本冲突。其逻辑是：世俗化导致家庭价值衰落，故人们只有回归教会，才能恢复家庭价值。基督教这种主张实际上抑制了西方世俗而发达的家文化的发展。

与西方不同的是，中国根深蒂固的家文化抑制了宗教的发展。史学大师范文澜早就指出，中国本土没有国外一神教的主要原因就是儒家文化的发达，而儒家文化最强调的就是修身、齐家。本土道教既要敬神仙，还要敬祖宗。

西方思想家长期缺乏家文化的关注与研究，早有论者指出，在一定程度上，一部西方哲学史，就是家庭概念在其中短期出现后逐步消失的历史。

从柏拉图的《理想国》到罗尔斯的《正义论》，甚至本应站在母亲、妻子一边为家长说话的女权著作，多数都对家庭抱持忽视、怀疑、贬低的态度。这与许多西方思想家幼年缺父少母、成年以后保持单身、缺乏正常家庭生活密切相关。失去母亲或者父亲，霍布斯是在幼年，康德是十三岁，黑格尔是十一岁，伏尔泰是七岁，斯宾诺莎和莱布尼茨是六岁，桑塔亚那是五岁，尼采是四岁，巴斯卡是三岁，休谟与罗素是两岁，笛卡尔和萨特是一岁，卢梭与蒙田则不足一岁。赫拉克利特、柏拉图、笛卡尔、斯宾诺莎、莱布尼茨、康德、叔本华等都没有结过婚。

与西方不同的是，中国古代思想家对于家文化有大量的著述，创造了丰富的家的理论，思想家们也大都椿萱并茂，结婚生子，具有正常的家庭生活。

因此，把握中西文化之别，首看家庭文化。

269. 官员家属与廉政建设没有关系吗

近年来，官员与家人一起被送上审判席的案例多了起来，于是，官员管好亲属被进一步提上了议事日程，在这个问题上，官员必须以身作则、做好表率。

孔子曰："子帅以正，孰敢不正？"领导干部要胸中有公心、心中有主见，做到不听枕边风，不听子女谗言，严格按法规和程序用权办事；要慎言慎行、不贪不占，自觉纯洁"三圈"，不该拿的钱不拿、不该张的嘴不张，用自身实际行动感召亲属，共同筑起拒腐防变的稳固防线。

管好亲属必须纯正家风、立好家规。在纯正家风上，毛泽东同志有著名的"三原则"：恋亲不为亲徇私，念旧不为旧谋利，济亲不为亲撑腰；周恩来专门制定了《十条家规》严格要求亲属；曾主管国家经济工作长达 26 年的李先念同志始终不许孩子经商。军队领导干部应弘扬、传承好的家风，切实当好家庭的"掌门人"，不仅自己要清正廉明，也要对亲属严加管教。

管好亲属必须学法知法、敬畏法纪。领导干部应加强法纪知识的学习，做到知法、懂法、敬法、畏法，头顶常悬党纪国法这个"达摩克利斯之剑"。同时，要向亲属普及法律知识，讲清"天网恢恢疏而不漏"、"贪念一起后悔一生"等道理，引导他们树立正确的人生观价值观。

"领导干部家属子女腐败类型"案件一直呈上升趋势，且多数是窝案串案，涉及面广，影响恶劣。据有关数据显示，80% 的高官腐败案都与家庭成员有着密切的关系。亲属在领导干部走向腐败堕落的过程中充当"催化剂"、成为"中转站"、形成"共同体"，犹如领导干部政治仕途上的"阿喀琉斯之踵"。

家庭是社会的细胞。管好亲属，对于促进领导干部以身作则搞好部队党风廉政建设，推动反腐败斗争深入开展至关重要。

习近平总书记曾经严肃指出，各级领导干部特别是高级干部要自觉遵守廉政准则，既严于律己，又加强对亲属和身边工作人员的教育和约束。如果领导干部遇事先看关系不管原则，处理问题只管人情不按程序，有事不管对错只论亲疏，势必会让亲情绑架公权，置党纪国法于不顾。

出现"亲情腐败"的思想成因有多种：有的忽视教育、疏于管理，对亲属出格言行不管不问，出了问题才大吃一惊；有的苦心经营、公权私用，像商人一样经营家族利益，可谓一人得道、鸡犬升天；有的明修栈道、暗渡陈仓，让家属子女代其收钱收物，最终害人害己；有的是非不分、耳根子软，被家属子女牵着鼻子走。

亲情腐败不可小觑啊！

八问 观察借鉴

——其他国家及地区怎样治理腐败

270. 腐败是全世界顽症，治不好了吗

　　一些人缺乏对腐败的正确认识，希望一个早上就把腐败彻底根治，当感到不可能时，又走到另一个极端，认为腐败是全世界的通病，治不好了。

　　这种认识是对反腐败斗争长期性、复杂性、艰巨性认识的缺失，是一叶障目，脱离实际，犯了急性病。

　　要充分认识反腐败斗争的长期性、复杂性、艰巨性，就要深刻分析腐败现象产生、滋长、蔓延的社会历史原因。

　　（1）腐败现象产生的土壤和条件还大量存在

　　我国正处在体制深刻转换、结构深刻调整、社会深刻变革的时期，制度、体制、机制方面还不完善，存在一些漏洞和薄弱环节。从世界各国的发展历程看，当一个国家处在经济结构转型、经济快速增长的变革阶段，往往是腐败现象的高发期。西方发达国家建立和完善市场经济体制一般都经历了上百年或更长的时间。在他们的发展过程中，都出现过腐败非常严重甚至猖獗的情况。我国实行改革开放不过30年，社会主义市场经济体制初步建立，经济社会发展正处于一个关键时期，在这个时期，各种矛盾集中，腐败现象容易发生。由于一些领域中制度、体制、机制还不完善，尤其是适应新形势下反腐败要求的法律法规体系还不健全，制度存在不落实、执行不得力的问题，发生腐败现象的土壤和条件还大量存在，使得一些人进行腐败活动有机可乘。

　　（2）反腐败面临错综复杂的国际政治背景

　　我国当前的反腐败斗争是在错综复杂的国际政治背景下开展的。经济全球化的发展趋势，国际政治格局的深刻变化，使反腐败斗争增加了新的复杂性。在对外开放的条件下，剥削阶级的思想文化、价值观念和腐朽的生活方式乘虚而入，不同程度地影响和腐蚀着一些国家公职人员。20世纪80年代末90年代初，发生的苏联解体和东欧剧变，具有复杂的、多方面的原因，腐

败是其中的一个重要因素。一些敌对势力借此大做文章，称腐败是"共产党和社会主义制度带来的"，断言"共产党解决不了自身的腐败问题"。这些舆论动摇了一些人的信念，使之思想上出现了迷茫，世界观、人生观、价值观发生了扭曲。国际敌对势力通过各种方式，极力将其腐朽没落的思想文化意识和生活方式向我国渗透，拉拢腐蚀我们的国家公职人员，特别是领导干部。目前，跨境、跨国腐败犯罪不断增加，反腐败斗争变得更加复杂化。

（3）反腐败斗争广泛艰巨，任重道远

正确认识反腐败斗争的长期性、复杂性、艰巨性，也是由腐败本身的多变性和顽固性所决定的。随着反腐败斗争的不断深入，腐败分子针对的目标、采用的手段、表现的形式也在不断变化，诸如"买卖"、"置换"、"占用"、"投资"、"赌博"、"合办公司"、"委托理财"、"以借为名"等就是近年来一些领导干部利用职权或职务影响，变相收受钱财的形式和手段。

当前，所谓的"权力期权化"也日趋突出，一些领导干部为逃避法律的追究，与不法商人勾结，谋取个人的"期权"利益，即在任上实施"权力寻租"，离职或退休以后再谋取巨额回报。其表现为，腐败的隐蔽性更强，腐败的手法更多，腐败的时间跨度更长，从而使对腐败犯罪的查处更加艰难。

值得指出的是，一些"大老虎"利用高位大权使整个家族暴富，敛取不义之财数亿、数十亿，对整个国家的、社会的破坏力极大，后果十分严重。"打老虎"也会遇到重大阻力，"老虎"们也不会坐以待毙，因此排除干扰阻力"打老虎"是当前反腐败的"重头戏"之一。

总之，反腐败斗争十分艰巨，任重道远，整个改革开放的全过程都要坚持反腐败。如果看不到反腐败斗争的长期性、复杂性、艰巨性，期望毕其功于一役，只能是不切合实际的幻想。

认清反腐败斗争的长期性、复杂性、艰巨性，坚定不移反腐败，一定会取得反腐败的最后胜利！

271. 腐败问题是中国特有的吗

腐败问题是中国特有的，中国搞不好了。

这种观点是错误的，绝对化了。

腐败问题是世界难题，世界上几乎所有国家和地区面对日益高发的腐败都在绞尽脑汁，都在下大力研究遏制腐败的问题，所以，腐败问题绝对不是中国特有。因此，几十年来，联合国及国际组织先后出台了一系列的有关反腐败的国际公约，当前，国际上有哪些主要的有关反腐败的公约呢？

《公民权利和政治权利国际公约》，联合国大会于 1966 年 12 月 16 日通过，1976 年 3 月 23 日生效。条约共 53 条。主要内容为：所有民族均享有自决权，一切人不分种族、性别、宗教、语言都享有本公约所确认的权利，即人人有生存权，有自由和人身不可侵犯权，有思想、信念、宗教、言论、结社等自由，婚姻自由，家庭和儿童受到保护，法律面前人人平等。

《反涉外公务员贪污公约》，1997 年世界经济合作组织拟定，它提供了一个稳定的国际反贪体系，严禁涉外的立法、司法及行政系统官员贪污，不论这些官员是任命的还是选举产生的。该公约中的涉外公务员包括了政府控股公司职员以及国际组织的官员。

《联合国打击跨国有组织犯罪公约》，2003 年 9 月 29 日正式生效。它对国际间有组织的犯罪进行全球范围的关注和打击提出了目标。

《联合国反腐败国际公约》，2005 年 12 月 14 日正式生效。它是第 58 届联合国大会于 2003 年 10 月 31 日通过，历时两年多起草完成的，该条约是联合国历史上通过的第一个指导国际反腐败斗争的法律文件，为世界性的反腐败斗争以及国际反腐败合作提供了国际法的依据与保证，是国际社会反腐败协调行动的一个重要的里程碑。

它的主要精神体现在：从腐败行为中获取的利益都将被剥夺；腐败犯罪

所得资产要追回；争取国际合作中的主动地位等。该公约还规定：为了遏制资金的非法流动，可以没收犯罪分子的赃款，使他的犯罪意图最终不能得逞。

《联合国反腐败国际公约》第 1 条表明，制定该公约的目的主要是：第一，倡导、加强防止和打击腐败犯罪的各项措施，使之更加有效；第二，倡导、提供防止和打击腐败行为的国际合作和技术支援；第三，倡导对公共事务和公共财产以廉洁、负责和适合的方式管理。

该公约特别关注防止和打击腐败犯罪的透明度，主要条款有：第 5 条第 1 款关于防止腐败的一般性措施，第 7 条第 1 款、第 4 款关于公共领域中的预防腐败，第 9 条关于政府采购及公共财政管理，第 10 条关于对公共管理透明度的规定以及第 12 条第 2 款关于私人领域防止腐败的规定等。

该公约还从法律上对以下犯罪行为做出了界定：贿赂国家公职人员（第 15 条）；贿赂外国及国际政府组织公职人员（第 16 条）；公职人员贪污及挪用转用公共财产（第 17 条）；公职人员或其他人员利用权力进行不正当交易（第 18 条）；渎职（第 19 条）；非法收入（第 20 条）；在私营领域中的贿赂和贪污行为（第 21 条、第 22 条）等。

中国政府高度重视国际反腐败合作，派出代表团参加了公约谈判的全过程，对公约的完成作出了积极贡献。中国政府于 2003 年 12 月 31 日签署了这一公约。目前，已经有 140 多个国家签署了这一公约，并得到包括中国在内的 80 多个国家的批准。

坚定反腐败的信心是每个共产党员的责任！

272.“透明国际”公布的廉政指数与我们无关吗

“透明国际”与我们无关。

这个认识现在看来不够准确，存在误区。

"世界反腐败国际组织"，又被称为"透明国际"、"透明国际组织"，它是由德国人彼得·艾根发起，会同两名退休官员及一名义工于1993年成立的，它的总部设在德国柏林。目前它在约100个国家或地区设有分会。它是世界上唯一的一个非营利、非党派、非政府、以反腐败为使命的国际组织。

该组织的主要策略是：激起社会关注，建立反腐联盟，开发反贪工具，设定廉洁标准，监测贪腐活动。

（1）发布腐败指数

从1995年起，该组织每年发布1次评定世界各国清廉程度的"清廉指数"（显示一个国家公务员清廉的程度），这一指数已成为国际金融机构及发展援助机构评估各受援国投资风险的重要指标和参数。该组织又自筹资金，委托"盖洛普调查机构"进行各国行贿情况调查，每两年发布一次"行贿指数"（显示一个国家商人在海外行贿的程度）。这个排名清楚表明，许多发达国家的出口公司在海外大肆行贿，其程度和手段不输给发展中国家。

（2）腐败指数来源

该组织腐败分析数据主要来自民间调查机构"盖洛普调查机构"，其曾经在62个国家进行的近6万次访谈，此外还选取了世界12个权威机构，如世界银行、世界经济论坛、瑞士洛桑管理学院、普华永道会计公司等的18个分项指标，最终得出的腐败洞察指数采用10分制：10分表示最廉洁，8.0~10.0分之间表示非常廉洁，5.5~8.0分之间为轻微腐败，得分在5.5分以下的国家或地区则被认为存在严重的腐败。

（3）组织结构特点

该组织把自己定位为：公民社会的组织。它不需要讨好和取悦特定的利益集团和国家，它不认为第三世界国家必然比发达国家更腐败，也不认为腐败是一个特定国家的文化，相反它认为发达国家在消除国际腐败方面更负有特别的责任。

为了防止自己组织内部的腐败，它的资金来源为各国发展援助机构、基金会及企业，总部向各分会提供有效的启动资金，鼓励各分会自筹资金，以保障其独立自主。该组织有一套公开、透明的考核制度，不允许任何会员以公谋私、贪污国际援助机构的款项。各分会上报给总部的账目，必须经过当地独立的会计和审计审查。为了奖励那些敢于揭露腐败、坚持真理的人士，该组织每年还颁发一次"清廉奖"，给那些勇于揭露腐败行为的人士以舆论支持和实质奖励。

15年来，该组织帮助加拿大、韩国、巴西及非洲一些国家制定反腐败规划，赢得了这些国家政府的赞同。

（4）数据说明问题

该组织发布的"2006年全球腐败指数排行榜"（简称CPI），涉及世界上163个国家或地区，是目前为止规模最大的一次：芬兰、冰岛、新西兰并列为全球最清廉的国家，从近年的数据看，新西兰已经连续七年清廉指数排名第一；海地得分最低，几内亚、伊拉克、缅甸排在海地之前；在总体排名中取得进步的有中国、印度、日本、黎巴嫩、土耳其等国。

在所有163个国家或地区中，腐败比较严重的国家占了约75%，几乎包括所有的低收入国家，这说明世界上的多数国家，依旧面临着严重的国内腐败情况。

中国大陆在2005年排名为第78位，2006年跃进至第70位，但在近年又下滑至77位。国际社会普遍认为，这显示中国政府打击贪官的努力收到了明显的成效，但是高官腐败的问题还很严重。中国香港排名第12位，中国澳门排名第26位。中国台湾则从2005年排名第32位退至2006年的第34位，对这个结果，中国台湾地区的一些民间组织猛烈抨击了陈水扁政府。

（5）反腐需要渐进

该组织东南亚及大中华地区事务专员表示："反腐败没有药到病除的良方，需要一点一滴地改造，在社会结构中不断增加透明和制衡两种精神。"

该组织提供的信息限于其特定的局限性，未必能够完全准确地反映各国的腐败状况，近阶段来看，也不可能完全达到客观公正。一些排名落后的国家，特别是南亚、东南亚的一些国家对其每次排名的抨击十分强烈，称其是"西方殖民主义的工具"。

但其积极的意义还是显而易见的。因为重要的是，它揭开了腐败产生的温床。因此，世界上许多国家都认为，该组织每年公布的这些数据信息，对于国际社会来说，是一笔不小的财富。中国从原来排斥的态度逐步转变为接受，近年也加强了与"透明国际"的联系，邀请其来中国交流访问，其积极作用正在不断扩大。

（6）未来发展设想

在该组织发布"清廉指数"和"行贿指数"后，许多发展中国家都要求该组织在此基础上再制作一个"藏污纳垢指数"，以显示哪个国家窝藏别国贪官藏匿的不义之财最多。这个榜单该组织也一直想做，但现在该组织的资金援助几乎全部来自西方发达国家，而有些发达国家又乐意隐藏和保护别国贪官贪污来藏匿在他们国家里的不义之财，因此几乎不可能指望它们会向"藏污纳垢指数"这种项目捐赠，由于资金无法落实，这个项目至今无法付诸实施。人们期望在未来发展中有合适的解决办法。

反腐败已经成为全世界的潮流、共同的主题！

273. 高薪能够养廉吗

提高收入改善待遇使人不要贪。

高薪养廉是许多人非常感兴趣的话题，一些专家学者不断地在为其"鼓而呼"。

笔者作为从事反贪事业 30 年的检察官，通过实践和经过思考，认为这是一个伪命题，大家可以想想，所有贪官都不是弱势群体，许多还是高收入、高待遇，为什么他们还要拼命以权谋私、大肆敛钱呢？

这种说法时至今日还很有市场，2012 年"两会"期间，有一位全国知名学者代表（全国政协常委）还振振有词地提出"足薪养廉"的意见，认为我们现在腐败严重是因为收入太低，如果实行高薪，就能养廉。

因此，相当一段时间相当一些单位实行"廉政奖金制"，设定一定的时限，在这个时限内，不出廉政问题的，发给该奖金。如浙江省某市某机关，设定每个干部 30 万元为廉政奖金，只要这个干部工作到退休而没有发现廉政方面的问题，就可以一次领取这笔奖金。但是，这些单位并没有因此真正解决腐败的问题。因为这本身就是个伪命题。笔者试想，如果有人行贿某个官员大于 30 万，如给个 35 万、100 万；甚至 300 万、500 万，这 30 万又能起什么作用呢？

事实是，现在揭露出来的一些贪官，特别是一些高级别的贪官，他们个个都不缺钱，有的年收入十几万元、几十万元，甚至有的达上百万元，可他们照贪不误、毫不手软、毫不满足。

如时任全国人大常委会副委员长的成克杰，身为国家领导人，利用职权照样敛钱 4000 多万元；如时任上海电气集团党委书记、董事长的王成明，年收入过百万元，可他照样伙同他人贪污敛钱 3 个多亿；如时任河北省国税局党组书记、局长的李真，年纪不到 40 岁，却已敛钱 3800 余万，他在案发后交代，他个人计划，年过 50 岁时，敛钱要过 1 个亿！前不久被判处死刑的时任杭州市副市长的许迈永，其腐败犯罪的金额高达 2.46 亿，创造了全国公务员职务犯罪涉案金额的最高记录！

按照一些"专家"、"学者"的意见，要高薪养廉，笔者估计，得给许迈永之流 5 个亿，也许他能满足！

但你想想，可能吗？到了 5 个亿，他的目标一定是 10 个亿，到了 10 个亿，他的目标一定是 50 个亿，到了 50 个亿，他要与李嘉诚找差距，到了李嘉诚的身价，他肯定要与比尔·盖茨比身价！毫无疑问，这就是贪官私欲膨胀无止境的必然逻辑！

对贪官而言，你给他再多的钱，他能满足吗？他能有罢手的一日吗？古今中外无数事实证明，这显然是不可能的。

又有人说，世界上有高薪养廉成功的国家和地区，好像这个观点不是空穴来风，是有先例的。其实这也是个伪命题！

笔者说，一些人就根本没有认真研究过、思考过这个问题，只知其一不知其二！世界上哪个国家、哪个地区仅仅是靠高薪而养廉了？

香港特区前特首曾荫权，仅仅因为乘坐了几次商人的私人交通工具，仅仅在装修房子的时候超过了一些标准，仅仅是在出访期间超标准住了几天豪华房间，结果不但退出了全部超标准的费用，而且受到了严厉的抨击，其在立法会多次痛哭流涕、五次深刻检讨！

香港特区前财政司长梁锦松，仅仅是在汽车调整税率前购买了一辆汽车，占了 3.8 万港币的便宜，事后尽管他主动罚自己，捐出了 38 万港币给慈善基金会，但丝毫没有得到民众的原谅，结果不但丢了乌纱帽，而且身败名裂，还差点受到法律的制裁。

新加坡是高薪，但不知大家是否知道，新加坡有一种酷刑——鞭刑，凡是有恶意程度的男性违法和犯罪，都有可能被科以鞭刑。有一个例子，一个美国的 16 岁少年，因为恶作剧将别人的一辆汽车的表面划坏了，结果被科以鞭刑！美国总统给新加坡前总理李光耀打招呼也没有改变这个结果！

德国交通部长因为带孙子参加公务活动，享受了一些公务接待的待遇，结果丢了乌纱帽；加拿大的两位部长因为坐专机去巡视，结果丢了乌纱帽；美国总统克林顿与白宫实习生有不正当关系，差点丢了总统宝座！

综上所述，世界上究竟有没有单纯靠高薪养廉的国家和地区，大家应该明白了吧！奉劝一些"专家"、"学者"赶快走出书斋，千万不要在狭小的屋里想当然的"闭门造车"了，不懂装懂一定会误导他人！

事实证明，所有的贪官都绝不是因为钱少而成为腐败分子的，他们成为腐败分子的根本原因是：极端的贪婪性、极端的私利性、极端的无法性。

收入，高薪是标，抑制贪婪、限制权力是本。

274. 新加坡是靠高薪养廉的吗

新加坡是高薪养廉，许多人证明认为确实如此。

其实，这个认识是片面的。

请看看新加坡的廉政建设的机制是怎样的：

新加坡公务员的高薪和各项完备的经济保障措施是世界各国中十分典型的。但他们认为，仅有这些措施还远远不够。要保证政府的廉洁高效，还必须有严格的对公务员的管理配套措施，使公务员不想去贪、不用去贪、不敢去贪、不必去贪，并尽职尽责地努力工作。

为保持工作效率和廉政，新加坡公共服务委员会制定了《公务员手则和纪律条例》（以下简称《手则》），每个部都设有常任秘书，负责公务员的管理。《手则》有 209 条，每款之下还有若干条细则，对公务员的外表举止、工作态度和纪律要求都有极为详细、严格的规定。按时上下班、上班时间未经许可不准擅离办公室被列为第一条。对上班时着装和发型的规定是：必须整洁、正派，不许穿时装或奇装异服；男公务员不准留长头发，长发的概念是前额不过眉毛，鬓发不遮过耳根，脑后不盖过衬衣领子。

《手则》规定，上级官员不准向其下属借钱，也不准向与他有工作联系的下属借钱，任何官员借钱与人不准收取利息。作为政府公务员，公职和私利必须截然分开，不准公务员直接或间接利用职权或官方信息为本人或亲友谋取私利，不准直接或间接允许别人利用公务员所属部门名义或职位支持他人或私人团体。

对请客送礼，《手则》规定得更为严格。除了退休者外，任何在职公务员不准接受下属馈赠的礼品和有价证券，不准以政府职务的名义受邀参加私人或团体的宴请活动，如确有必要出席，需得到所属部常任秘书的批准。甚至对最高一级公务员即常任秘书的社交活动也有限制规定，如常任秘书要参加外交应酬，需得到部长或副部长批准，并只有在部长或副部长出席时，常任秘书才允许参加。

新加坡是商业社会，公民有权参与股票、期货、金融交易商业活动。公务员，尤其是高级公务员，处在关键岗位上的公务员手中有权，信息灵通，有利用主管工作之便为个人谋利之条件，因此《手则》在这方面的规定格外严格。《手则》规定，公务员的所有时间为政府支配，在业余时间从事商业或贸易活动，必须得到公共服务委员会和财政部常任秘书的书面批准。公务员允许在公共挂牌的股市购买股票，但严禁以直接或间接手段谋取任何一家在新加坡营业的公司股份。

为了对公务员实行财务监督，实行公务员收入申报制度。每年的7月1日，每个公务员必须如实向所在部的常任秘书申报其本人、配偶和靠其供养家庭人员在私营或国营公司股票投资和所得的具体数目，个人购房（本人居住的除外）和其他财产的详细情况，必须随时向常任秘书报告。

新加坡政府对防止贪污有一整套非常严密的制度，任何岗位都有上下级制约，互为监督，对某些关键岗位，公务员不得在同一岗位上任职时间过长，每3年一次检查反贪污条例和措施，以发现漏洞，及时堵塞。还专门规定公务员严禁接受别人赠送的金钱、礼品、贷款、酬金、赏金、佣金、有价证券、财产和动产或不动产的股份。严禁接受别人的邀请担任兼职、兼工或签订合同。

新加坡公务员严禁利用职权保护别人免受处罚或设法使别人免受处罚等，这些都被视为是违法行为；如有违反者，公共服务委员会纪律检查局将予以查处。为了接受社会和公众的监督，设有投诉举报局。为了严厉打击贪污犯罪，还设有直属总理府的反贪污局。该局铁面无私已是闻名遐迩，不管谁违反规定，一经发现，严惩不贷。

新加坡对公务员的处分有允许辞职、警告、强制退休、特别处罚、降职、停职和开除等，触犯法律的，由司法机关处理。

新加坡实行的公务员制度使廉政建设取得了成效。据有一年的资料，全国65000名公务员，因违纪受到处罚的仅99人，每1000人中占1.5人，其中犯贪污罪的7人，每1000人中仅占0.17人。

你还认为新加坡是高薪养廉吗？

275. 北欧的廉政建设是怎样的

北欧五国是世界上最廉政的国家，在"透明国际组织"每年公布的世界各国（地区）政府及公务员廉政排名表上，排在最前列的一直是北欧国家。

北欧，是一个政治地理名词，特指北欧理事会的五个主权国家：丹麦、瑞典、挪威、芬兰、冰岛。这五个国家所形成的区域有一个令人瞩目的特点，就是被誉为世界廉洁之地。

在世界各国政府廉洁自律总排名中，芬兰、丹麦并列第一。"透明国际组织"每年公布的各国"清廉指数"中，在总分是 10 分的情况下，北欧五国得分几乎都在 8 分以上，均属于廉洁国家，其中芬兰在近 10 年内有 7 年位居榜首，丹麦有 7 年位居第三，瑞典和冰岛均位列前十。

北欧国家廉洁情况主要体现在三个方面：

（1）较少发生高官腐败丑闻

北欧国家高级官员多数比较清廉，官员腐败丑闻并不多见。冰岛自 1918 年成为主权国家以来，一共只有 4 名高官因腐败辞职，最近的一次还是发生在 20 世纪 80 年代。1995 年，瑞典副首相萨林女士因使用公务信用卡购买个人衣物，被媒体曝光后被迫辞职。2002 年，芬兰文化部长苏维·林登利用职务之便批准为其亲属拥有股份的一家公司提供 17 万欧元的政府赞助费而被调查。这已经算是近些年来北欧国家影响较大的高级官员腐败丑闻。

（2）较低的腐败案件发生率

据芬兰司法部公布的资料，自 1990 年至 2007 年的近 20 年，被法庭判定有腐败犯罪的只有 85 人，其中 2000 年到 2004 年的 5 年间只有 12 人。2008 年，芬兰中央调查局公布，警方每年登记关于滥用职权和违反政府保密制度的举报只有 90 例，而关于贿赂的举报每年只有 15 例左右。丹麦近年来仅发生 20 多例腐败案件，主要涉及行贿、受贿。瑞典前议会监察部专员克劳兹·埃克伦德甚至表示："我当了 16 年的议会监察专员，从未遇到一起官员腐败案件。"

（3）腐败案件性质较轻，犯罪金额较低

在丹麦发生的腐败案件中比较典型的是驾驶员为了早一天拿到驾驶执照，给承办警官送了 500 丹麦克朗（约合人民币 6000 元）。近年来，芬兰查处的金额最大的受贿案是芬兰海事局案，芬兰海事局局长和两名高级管理人员接受船务公司礼品、信用卡和国外旅游招待，全部涉案金额不足人民币 80 万元。

体制和环境对北欧廉政建设具有积极影响，主要体现在以下三个方面：

北欧各国没有经历大规模的资本原始积累，第二次世界大战后，各国逐渐认识到资本主义的矛盾与弊端，开始探索新的发展道路，形成了既不同于欧美其他发达国家，又不同于社会主义国家的政治、经济模式，即所谓的"北欧模式"。这种模式，有着资本主义的发达经济，而又没有其他资本主义国家中常见的贫富分化；以生产资料所有制为基础，但又有远于其他欧美国家的公共福利。这种独特的发展道路，加上特有的历史和文化传统，对北欧诸国的廉政建设有着重要的影响和作用。

（1）稳定的政局

北欧长期由社会民主党执政，因此其理念和施政政策得以延续和一以贯之的执行，北欧人排斥暴力，不主张搞激进式的社会变革，使得北欧各国在第二次世界大战后的几十年间，保持了基本制度和体制的稳定。这些都是为廉政建设提供了一个可靠、稳定的外在环境，也在客观上减少了因体制变革、经济转型等产生腐败问题的可能空间。

（2）透明的行政

透明与公开是北欧的一个主要原则。瑞典议会早在1766年就确立了政务公开的原则，是世界上第一个执行政务公开的国家。芬兰政府关于信息公开的立法始于1951年，是经合组织中最早就信息公开立法的国家之一。根据芬兰《公开法》，国家预算以及各部门的预算建议在通过之前必须在互联网上公布，政府档案馆以及公共部门的所有档案不仅对专家和研究人员开放，而且对新闻界和公众开放。公开透明的行政，使公共权力始终置于民众的视线之内，有助于遏制专权和腐败行为的发生。

（3）集体的决策

自17世纪以来，芬兰各级政府都坚持集体决策，并在此基础上实施审查官制度，在行政长官决策过程中，审查官可以对该决策提出质疑，并进行独立调查。如果审查官没有签署意见，该决策没有法律约束力。芬兰人认为，如果决策部门只由一个人说了算，就容易导致腐败。这种传统的集体决策有效遏制了家长制作风和个人独断行为，保证了政府决策的公正性，大大减少了权力型腐败的发生。

北欧各国普遍拥有一套全民参与、他律与自律有机结合、完善有效的廉政措施。这些措施同北欧国家在政治民主、经济民主和社会民主制度一起，有效保证和促进了北欧国家的法治和持续发展。

（1）成熟的反腐败立法

早在 20 世纪初，北欧国家就开始制定反腐败法律。瑞典于 1919 年、1962 年、1978 年先后制定和完善了《反行贿受贿法》，将贿赂犯罪的主体由公务员扩展到企业的职员。芬兰在 20 世纪 20 年代就制定了《公务员刑法》，并不断加以修订和完善，后又制定了《审计法》、《政府采购法》、《工程招投标法》，这 4 部法典成为反腐败的基本法律依据。丹麦虽然没有专门的反腐败法典，但在刑法典中明确规定了一个贪污、受贿罪的罪刑标准。总体看来，北欧国家反腐败立法有两个特点：

①腐败犯罪起刑点较低

在瑞典，收受价值超过 200 瑞典克朗（约合人民币 200 元）的礼物就可视为腐败。芬兰对收受贿赂的判罚不需要看其对公职是否真正产生影响，只要收受了会影响公务员公职行为的贿赂（或贿赂承诺），将足以构成刑罚的条件，只要公务员的行为会削弱公众对政府行为的公正性的信心，该公务员的受贿罪名就成立。在挪威，公务员接受低利息贷款、免费旅行等都可能被视为受贿，甚至接受荣誉头衔和有关部门的推荐也可能被视为受贿。

②对腐败的处罚较轻

北欧五国是世界上最廉政的地区，但是令人奇怪的是，他们不是靠使用重刑来保持廉政的；相反，他们对腐败的处理是世界上最轻的。

如芬兰对腐败犯罪的最高刑罚为有期徒刑 4 年，丹麦、冰岛等对腐败犯罪的处罚相对其他国家和地区而言，也是很轻微的，瑞典法典规定，受贿罪至多 6 年的监禁，构成行贿罪的一律判处罚款或者 2 年以内的监禁。北欧国家公职人员一旦被定罪，除丧失优厚的经济收入和福利保障外，还被视为缺乏诚信与道德而无法在社会立足，这种打击是致命的。

（2）建立全方位监督体系

北欧国家普遍建立起了议会监督、政党监督、舆论监督、民众监督、专门机构监督五位一体的监督体系。特别是北欧国家的舆论监督和民众监督，形成了一道严密的预防腐败犯罪的法网，做到了见腐败就揭露，不廉政就下台，有犯罪必惩罚，这就从根本上消除了任何有贪欲之心的官员的侥幸心理。

全方位的监督体系，是北欧国家廉政建设的重要保证。

（3）公开透明的舆论监督

在北欧，新闻媒体的监督作用是十分重要的。2002 年 5 月，芬兰《晚报》披露，文化部长苏维·林登利用职务之便批准向其拥有股份的一家高尔夫公司提供 17 万欧元的政府赞助，结果引起了专门机构的调查。一周之内，林登便被迫辞职。

在芬兰，政府档案馆以及公共部门的所有档案材料不仅对专家和研究人员开放，而且也对新闻媒体和公众开放。

瑞典是最早开放政府档案记录供民众查询的国家。早在 230 多年前，瑞典公民就有权查看政府官员直至首相的财产及纳税清单，该制度一直延续至今。在芬兰，实行金融实名制度和官员财产信息公开制度，公众和新闻媒体可以查阅到官员的财产、工资、纳税情况。2007 年 8 月，挪威首都奥斯陆市市长因瞒报 150 万瑞典克朗（约合人民币 200 万元）的遗产收入，被媒体揭露后被迫辞职。

在北欧，如果哪个政府官员私人账户上出现了不明进项，或有不正常的消费，那很可能就要面临有关机构的调查。

（4）北欧廉政体系的启示

北欧五国廉政建设非常成功的事例，给我们以积极的借鉴意义和启示。治理、惩处、制约、预防腐败，其根本的出路在于构建国家廉政体系，在加强法律和经济制度建设的同时，构建一套完善的廉政制度监控体系，严格规范权力的运作方式，让所有公权力的执掌者处在严密的监督体系之下，使所有具有贪欲之念的官员无法轻易实现贪污腐败。

北欧的廉政建设成就对我们现阶段加快建立惩治和预防腐败体系建设具有积极的借鉴意义，北欧官员的廉政理念已经深入人心，监督体系已完善成熟，这是值得我们研究和思考的。

笔者的导师，全国政协常委、社会学家邓伟志教授访问北欧，所见所闻感触颇深。他告诉笔者，北欧的几个国家，全国公车只有 4 辆，一次他在某国访问，住在宾馆，该国首相前来看望他，出人意料的是，该首相竟然是骑着自行车来的，根本没有警车开道、没有前呼后拥、没有跟班成群。

我们从中应该领悟到些什么？

276. 新西兰是靠高薪养廉的吗

新西兰是世界上最廉洁的国家，连续七年排名第一。

有人说，他们是因为富裕，是靠高薪养廉。

其实，这是片面的认识，只知其一不知其二。

透明国际（世界反腐败国际组织）于 2011 年年底发布全球清廉指数报告，其中新西兰排名第一，当选为全球最清廉国家。紧随其后的是芬兰和丹麦。

排名最后的国家是索马里和朝鲜。按照从 0（非常腐败）到 10（几乎没有腐败）的评分标准，排名前十的清廉国家还有：瑞典、新加坡、挪威、荷兰、澳大利亚、瑞士和加拿大。美国排名第 24 位，中国大陆排名第 75 位（2010 年排名第 78 位），印度为 95 位。

新西兰被称为"世界上最后一片净土"，其中，更重要的是，这片自然环境的净土也是政治环境的净土。

2011 年 12 月 1 日，透明国际组织发布贪腐印象指数报告，对全球 183 个国家和地区进行点评排行，新西兰清廉程度排名首位，而这已经是新西兰连续六年位居首位，其中该国政治家及公务员的清廉度竟然获得满分，也因此被誉为"真正的阳光下的国家"。

在世界范围内贪腐蔓延的今天，新西兰是如何独善其身的？

透明国际认为，新西兰之所以少有腐败现象，主要得益于三个方面：

一是政府行政透明；

二是各方面监督有力；

三是公民意识强烈。

三者形成一种互补的关系，缺一不可。（请注意，其中并没有高薪养廉

的原因）

行政透明让阳光洒向源头。

新西兰把推进政府管理体制改革作为从源头上遏制腐败的重要措施。20世纪80年代，新西兰在配合经济领域的自由化和私有化过程中，也对政府管理体制进行大刀阔斧的改革。近年来，新西兰又以加强科学决策、强化绩效责任为目标，积极推动建立"公共管理"型政府。

在这个原则指导下的政府模型管理层级简洁，人员职责明确，雇佣关系简单。根据规定，新西兰总理和内阁（均为议员）向议会负责，内阁各部部长向总理负责，各部门首席执行官向部长负责并受聘于国家服务委员会。

各部门首席执行官负责管理本部门的所有人、财、物，代表政府与本部门的公务员签订雇佣合同，确立完成本部门任务和工作所适宜的组织机构和管理模式。除此以外，中央政府相当一部分的服务职能被转移或下放给一些半官方或民间机构。

据统计，新西兰全国只有120位国会议员和28位部长级官员。在小政府、大社会架构下，政府机关在很多问题上管理范围和权限都十分有限，只扮演政策统筹和调控角色，不再涉足具体运作，在很大程度上避免了权钱交易和权力滥用，为遏制腐败源头奠定了基础。

新西兰政府十分重视各级官员的操行培养，强调高层公务员要在廉洁奉公方面起表率作用，各部部长要以身作则，明确行为不端者将被解职或须主动辞职。各政府机关也分别制定本部门的应当遵守的从业准则，将公务员的勤政廉政观念培养作为日常工作的一部分。这些法规和准则虽然制定机关各不相同、所涉群体也千差万别，但都要求公务员坚守"敬业、廉洁和政治中立"三大原则，把促进团结、与不正之风作斗争列为主要道德规范，强调"公务员应该诚实地、不偏袒地执行他们的公务，并避免可能危及他们廉政，或引向利于冲突境地的行为"。

为规范政府公务员执政行为，加强队伍建设，新西兰还在学习外国先进经验基础上，连续颁布了《国家部门法》、《雇佣关系法》及《公务员行为准则》等一系列法律、法规。在一系列行政法规的规范下，新西兰各级政府在选拔、考核、任免和奖惩等方面都形成了一套较为成熟的机制。例如，所有公职人员岗位出现空缺都须通过媒体提前向社会公布，详细说明岗位要求和工作职责，工资待遇也明码标价。整个招考过程更是高度公开、透明，在此基础上真正实现了择优录用。

至于公务员在工作过程中出现责任事故，辞职或解聘也是很正常的。这套通过法律固定下来的用人制度保证了公务员队伍的高素质。

你还说新西兰是高薪养廉吗？

277. 美国是靠高薪养廉的吗

美国是世界上经济最发达的国家。

美国是高薪养廉。

其实，这个认识是不正确的。

美国是世界上公认的官员贪污腐败较少的国家，制度健全是主要原因。

自 1978 年美国实施官员财产申报制度以来，上至总统，下至普通官员，都必须按时如实填写财产申报表格，由联邦道德署负责收存，并接受公众查询和监督。对拒不申报者，轻则处以罚款，重则要判刑、蹲监狱。

（1）财产申报把高官拉下马

2007 年，美国田纳西州的 2 名县专员（相当于县长）和 2 名司法官（相当于县公安局长）因为迟交财产申报表长达 8 个月之久，面临每人 10000 美元的处罚。负责受理该州财产申报事务的州道德委员会执行主任布鲁斯·安德鲁菲说，该州大大小小有 6700 名县一级官员需要向该委员会提交财产申报表，其他人都按时上交，而唯独上述 4 个官员一再拖延，已经到了不能容忍的地步。

因为申报财产不实、违规而下台甚至吃官司的官员，在美国大有人在。

1989 年，美国众议院议长詹姆士·赖特被迫辞职。起因是有关部门发现他曾经 69 次违反国会对议院财产收入的法规，包括曾超规定赚取讲课费，而他的妻子贝蒂曾超额收取别人赠送的礼品等。赖特也是 200 年来美国首位因为财产申报问题被迫辞职的众议院议长。

（2）详细规定申报财产范围

美国的官员财产申报制度，是特殊历史事件下的产物。

1974 年，"水门事件"东窗事发，时任总统尼克松被迫辞职。此后，美国政坛掀起了一股廉政风潮，针对尼克松执政时期出现的大量腐败和滥用权力现象，一系列的制度改革应运而生。从此，凡担任公职的人员（包括候选人）必须接受各种严格审查，包括申报财产状况。1978 年，美国国会颁布了《政府行为道德法》（1989 年修订为《道德改革法》），正式确立了官员财产申报制度。

这项规定，各类官员须在任职前报告并公开自己以及配偶的财产状况，包括收入、个人财产等，以后还须按时申报。对财产申报资料的接收、保管办法、保管期限、公开方式、查阅手续、审查以及对拒绝申报和虚假申报的处罚办法，也都作了详细的规定。

什么样的人需要申报财产呢？在行政机构部门内，工资级别在年薪大约 5 万美元及以上的官员都必须申报。这一规定同样适用于国会议员、联邦法官以及国会和联邦法院的一些雇员。

（3）申报时间也有严格的要求

美国官员不仅在职时要申报财产，在任职前和离职后也同样要申报。任何将担任法定需申报财产职位的人员，在任职后 30 天之内必须申报本人、配偶以及所扶养子女的财产状况；在职官员和雇员每年 5 月 15 日之前，需要申报上一年度个人、配偶和扶养子女的财产状况；离职官员和雇员，则需要在离职 30 天内递交离职财产报告，申报表上的签字和填报日期必须为离职之后。

278. 加拿大是靠高薪养廉的吗

许多人以为加拿大一直在世界廉政排名中名列前茅，其各级政府官员能够比较廉政，较少发生腐败，主要靠他们"高薪养廉"，其实这个认识是不全面、不正确的。

2012 年 11 月，加拿大伦敦市市长丰塔纳被指控在 2005 年任联邦内阁部长时，两次用公款支付儿子的婚礼费用，分别为 1700 加元和 19000 加元，丰塔纳预定于 2013 年 1 月出庭受审。

这是加拿大正在进行的一起反腐败调查，丰塔纳的涉案金额不算大，但不管你曾经是部长、现在是市长，照样要接受法庭的调查和聆讯。加拿大对公职人员的严格监督可见一斑，而不是我们通常认为的，他们仅仅是靠"高薪养廉"。

加拿大是国际社会公认的廉洁程度较高的国家，他们主要得益于政府建立和不断完善的一整套惩治和预防腐败体系，加拿大整个社会对公职人员的任何腐败行为"零容忍"。

在加拿大众多防腐反腐法律法规中，2006 年颁布的《联邦问责法》最为综合，包括《信息公开法》、《选举法》、《刑法》等诸多法律相关规定，涉及个人和机构对政党的政治捐款额度、限制公职人员当说客、保护举报人等。

《联邦问责法》是当时的保守党政府有感于前任政府因腐败垮台的教训而力促的最大立法成就，希望以此打造全新"问责文化"。

2004 年，当时的自由党政府曝出在执行遏制魁北克省分离运动的"国家统一计划"过程中有腐败现象，致使上千万美元资金流向一些与自由党关系密切、未做多少实际工作的广告公司。腐败丑闻令当时的反对党保守党提出对政府不信任案并获议会通过，自由党政府由此下台。

除《联邦问责法》外，加拿大还有规范公职人员行为的《利益冲突法》，旨在从财产申报、回避、离职后行为限制、收礼限制等方面防止公职人员以权谋私；防止行政和立法领域腐败的《游说法》，旨在从注册登记、开展游说、罚则等方面规范游说活动；政务公开化和透明度的《信息公开法》等等。

从 2004 年 4 月开始，加拿大政府还要求各部门在网站上公布政府官员的旅行、招待和会议费用、价值超过 1 万加元的合同、价值超过 2.5 万加元的赠款和捐款。

加拿大专业而独立的全民税收制度被公认为是防止腐败的有效手段。根据这一税制，每个人的财务状况都高度透明，官员不必另行申报财产。申报个税时，申报者必须说明每一笔收入来源。如果个人银行账户发生异动，或出现与个人收入不符的财产，当事人报税时无法解释合法性，就会面临腐败调查。这就增加了公职人员贪污的难度，使他们不敢冒险违规。

加拿大不是靠"高薪养廉"由此可见一斑。

279. 美国是如何查处腐败官员的

2007 年 7 月，美国曝光了几起政府官员及有关官员腐败的丑闻。就在当年 7 月的一天，美国联邦调查局凌晨出动，从床上将那些贪官们一一捉拿归案，这次行动，总共抓了 11 个官员，包括 2 名州议员、2 名市长、3 名市政会成员，以及几名学校董事会成员。

这些官员到底犯了何等大罪，需要这么在半夜三更大动干戈？

根据美国联邦调查局透露，这些官员都是因为收受贿赂而遭逮捕的。这些官员到底收受了多少贿赂呢？根据透露，其中受贿金额最大的是 17500 美元，最小的为 1500 美元。这些贪官他们每人向联邦调查局交纳的保证金高达 20 万美元，如果罪名成立，这些贪官将面临每人要在联邦监狱里待 20 年。

1500 美元，折合人民币 11200 余元，也就是说，他们收受的贿金不到人民币的 2 万元，却要交纳 20 万美元的保证金，甚至还要获刑 20 年。

有关人员将近年来中国国内被判刑的贪官，按照贪污受贿的金额数排了个"腐败五十强"名单。此"腐败五十强"贪污受贿金额总共为人民币 70.414 亿元，人均 1.4 亿多元，约折合美元 1877.7 万元。那几个被床上抓起来的美国贪官同他们相比，连个零头也不及。但是，就对此贪官的惩处而言，美国人则要比我们严厉得多。

对照目前我国的《刑法》，受贿罪以受贿金额大小和情节轻重基本上分为 4 等，其中以受贿金额 5 千元（刑法规定的起刑点）、5 万元（司法机关确定的大案起始点）、10 万元（司法机关确定的金额巨大的起始点）为 3 条基本界线。由此可见，假设那些美国贪官如果是在我国国内处理时，当在受贿相当人民币 5 千元上下量刑，即使"情节特别严重"，也只是 10 年以下有期徒刑，而目前我们的司法实践中，这类案件多在 5 年以下量刑；此外的绝大多数则均为徒刑缓刑；再轻一点的"由所在单位或上级主管机关酌情予以行政处分"，而不用刑事处罚。中国与美国在政治、法律、意识形态、价值观念等许多地方存在重大的差异，但显而易见的是，美国对贪官的惩处远比中国严厉得多。

其实，我们国内的"腐败五十强"，无不是从贪图数千元、数万元的小利开始步入犯罪的泥坑的。贪小利而无大风险，贪官们的贪欲、自负、心理价位、侥幸心理便会不断膨胀、不断恶性发展而欲罢不能，等腐败犯罪到了一定的程度、到彻底暴露则为时已晚，追悔莫及了。

美国对区区千元之贪污渎职犯罪，绝不轻描淡写，照样漏夜抓之，照样手铐脚镣伺候，照样 20 年的刑期恭候，那些个贪官还敢或还能走到那种地步吗？

美国贪官极少的重要原因之一可能就在这里。

280. 中国香港特区是靠高薪养廉的吗

世界上究竟有没有靠高薪养廉的国家（地区）？

这是许多人之间存在误区的问题。

有人振振有词地讲，世界上有许多高薪养廉的国家，如新加坡、中国香港特区、加拿大等，一些专家学者在批评高薪养廉观点的同时，也承认世界上有靠高薪养廉的国家，这其实是个貌似正确的伪命题。

请看看，中国香港特区社会是如何对待官员腐败的：

1998 年，中国香港特区政府印务局局长，一个香港籍英国人，已经是首长级高官，为香港特区政府服务了几十年，月薪有十几万港元。该局长爱好艺术，快退休时，他出版自己的画集，熟识的印刷商资助他一些纸张，价值 3 万港元，结果事情被廉政公署发现，并且对此进行了调查，后来法庭认定他未经许可收受利益，违反香港《防止贿赂条例》，判处罚款。此外，近百万港元的长俸也被取消。

2000 年，中国香港特区政府税务局局长，因为将税务局的一批文件、表格等的印刷业务直接提供给自己的一个做印刷业务的朋友，虽然经查，该局长并没有从中获取任何好处，但其仍然被免职。因为，中国香港特区政府有关条例规定，公务活动不能有任何私利掺杂其中，印刷业务应该有税务局专门的办事机构去落实，局长直接与熟悉的朋友进行业务交往违反了中国香港特区政府规定的政府官员不得触犯"利益冲突原则"。其被免职也就是理所当然的了。

2005 年，香港高级警司冼某，这个专门负责打击有组织犯罪及卖淫行业的警察，因为接受了女商人林某安排多名妓女为其提供的性服务，尽管林某并没有要求冼某为其提供任何利益，但法庭认为，林某在案中获得的利益，是与冼某建立良好关系，方便她日后向冼提出要求，冼某最终被判刑入狱

2 年。

2006 年，香港廉政公署一女官员向负责官员告假，称因身体严重疾病，没有起立行走之力，只能在家卧床休息。在中国香港特区政府机关，病假也能享受较高的薪水。这女官员没有想到的是，廉政公署派出纪律监督人员，每天在其家附近观察，了解其是真病还是装病。结果发现她其实没有病，每天照样出去购物、喝茶、会客等，纪律监督人员把这一切全部摄录了下来。结果，认定该女官员违反了香港政府规定的"诚信原则"，受到了严厉的处理：被逮捕，罪名是"骗取病假工资罪"。

2007 年 7 月 5 日晚上，中国香港特区政府广播处长朱某公然搂着一名冶艳女子（据说是陪酒女）行走在大街上，结果被媒体记者碰见，报纸等作了曝光并进行了大量的抨击。7 月 9 日，朱某面对媒体黯然宣布辞去职务。据报道，朱某可能还要面对香港公务员事务局的纪律聆讯，他已经失去月薪 17 万港元的职位，如受到处理还将失去一次性退休金 900 万港元和退休后每月长俸 5 万多港元的待遇。

你还以为香港是高薪养廉吗？

281. 中国香港特区廉政公署是怎样对待外逃贪官的

香港特区廉政公署穷追"外逃贪官"韩某达 35 年之久，不久前终于追回其过亿的资产。香港特区廉政公署没有满足于赃款的"如数"追缴，由于资产升值等原因，韩某的家人所交出的总值高达 1.4 亿港元的资产，是韩某当初贪污数额的整整 35 倍！香港特区廉政公署通过法律手段彻底剥夺腐败分子及其家人的既得利益，真正让贪官倾家荡产、身败名裂。

（1）不明财产就是罪

韩某绰号"肥仔 B"、花名"长洲仔"，是地道的香港人。韩某 1940 年加入当时的香港皇家警察部队，1969 年升为总华探长。随着官职不断提升，韩某捞得盆满钵满，买屋又买地，物业遍布何文田豪宅区以及繁华的西洋菜街、通菜街，这些物业全是 1960 年至 1970 年韩某影响力最大的时候买的。部分交易资料显示，韩某购买上述物业多用现金，绝少采用担保贷款的方式。韩某行事谨慎，全部物业均由妻子及母亲的名义买入，还做了信托证明，称部分物业是用子女的钱买的，由长辈代为持用，企图瞒天过海。此外，韩某还有 124 万港元的商业投资，包括名车、名表、珠宝以及约 70 万港元的银行存款。

至 1971 年 8 月退休离港，他拥有的资产与官职收入极不相称。在警队服务长达 31 年，其间，他薪水收入大约仅为 193852 元。但在 1971 年退休时，他的资产总值已超过 415 万元，超出官职收入 20 多倍，差距之大令人震惊。于是廉政公署介入调查。

20 世纪 70 年代后，腐败现象早已令香港民怨沸腾。当时新港督麦理浩履新后，表示要打击腐败，韩某自知不妙，开始为自己铺设后路。1971 年 8 月，只做了几个月总探长的韩某提前退休。1974 年移民加拿大，后潜逃至台湾。

韩某外逃，警方长期追捕，韩某辗转世界一些城市逃匿，多年来无一日不处于惊慌之中，无法安享不义之财，最后客死他乡。

（2）穷追不舍 35 年

1976 年 2 月，港府颁令通缉韩某，廉政公署引用《防止贿赂条例》，起诉韩某的财富与官职不相称。此案理想的结果是将韩某缉拿归案，定罪判监并充公他所有的赃款，法律公义得到完全的伸张，但是由于当时韩某已经移居加拿大，通缉和追逃相当曲折。

1976 年 6 月 22 日，加拿大警方根据香港廉政公署发出的要求引渡的文件，在温哥华的韩某豪宅中将其逮捕。监禁 5 天后，韩某以 25 万加元获得保释，不过法官收走了韩某的英国等 3 本护照。

1977 年 3 月 2 日，引渡聆讯正式开始。香港廉政公署援引《防止贿赂条例》第 10 条，指控韩某财产与担任公职的收入不符，要求将其从加拿大引渡回港。但韩某的律师指出，港府对韩某的指控未能引用加拿大 1970 年修订的

《逃犯法例》，加拿大联邦法院最终判韩某上诉获胜，聆讯终止，韩某被释放，3 本护照也获归还。

1978 年 1 月 24 日，加拿大联邦上诉法院下令再次拘捕韩某，并重新开始有关引渡的聆讯，但此刻韩某已经潜逃至台湾。由于香港和台湾之间并无引渡惯例，廉政公署对于韩某一直束手无策。

（3）贪官死了也不放过

1999 年 8 月，韩某在台湾去世。香港廉政公署无法起诉一个死人，改为通过民事诉讼方式，向韩某的遗产受益人展开追讨，令韩某的资产数目曝光。

2000 年，香港律政司提起诉讼，申请将涉案的物业冻结及充公，并向韩某遗属追讨涉嫌贪污得来的资产。韩某的家属向法庭申请驳回律政司的诉讼，他们援引《时效条例》中"涉及合约、侵权行为或清算账项的诉讼，不可以于诉讼因由产生的 6 年后提出"的条款，指政府早在 1976 年即已知悉韩某贪污行径，却迟于 2000 年 3 月才入禀法院要求追索贪赃，已超过了法定的时限。

但法官在判词中表示，韩某作为政府雇员，对其雇主拥有"受托责任"，"在韩某收取贿赂之时，政府便已即刻成为信托的受益人，其受贿得来的财产从未属于过韩某，而是应该属于香港政府"。

法官指律政司并非基于韩某受贿行为提出诉讼，而是根据《信托法》，向韩某取回他应向政府交付的信托受益。同样，根据《时效条例》规定，如"关乎任何欺诈或欺诈性违反信托，而受托人乃其中一方或参与者"，涉及信托财产的诉讼不受起诉时间的限制，故法院裁决律政司的起诉并不受时间的约束。

经过 30 多年的不懈努力，香港廉政公署最终追讨到已故贪官韩某的过亿资产。香港廉政公署没有满足于赃款的"如数"追缴，由于资产增值等原因，韩某家属于 35 年后交出的资产，是其当初贪污数额的整整 35 倍，达 1.4 万元。韩某一案，案情复杂，香港廉政公署调查了众多的相关人员，辗转了世界不少城市，准备了上万页的文件，经过了几代人的不懈努力，成本和付出很大，但它彰显了法律精神，表明了廉政公署不惜代价反贪的决心，这也是香港成为廉政之都的精神所在。

（4）追缉贪官不会停止

锲而不舍，誓要讨还公义的精神，贯穿于香港廉政公署 33 年的历史始终。

香港前总警司葛某是赫赫有名的"大老虎"，1973 年提前退休时，被发现有 430 万港元解释不清。后来逃离香港的葛某被引渡回香港受审，并被判入狱 4 年。葛某案虽然在刑事方面早已宣判，但是在民事上，对葛某的所收到的贿赂款的追讨到今天都没有结束。1985 年，政府成功拍卖葛某在英国的房产，冻结其名下当地银行存款，追回了 40 多万元港元。1994 年，政府再次入禀法院追讨葛某 640 万港元的贿赂款及利息。尽管葛某的钱早已去了外国银行，追讨非常困难，但廉政公署坚决不罢休，不把葛某的贿赂款全部追回来，他的案卷就一天不会封存。

目前，香港还有 22 名在逃贪污警员和 5 名前公务员尚被廉政公署通缉，吕某、颜某等人都在通缉之列。由于他们人在海外，碍于引渡条例的限制，但廉政公署仍然不放弃努力，冻结了在通缉名单上贪官的资产。

（5）贪官日子绝不好过

香港年长一些的市民，对"四大探长"吕某、蓝某、韩某及颜某不会陌生，他们四人曾经在 20 世纪五六十年代叱咤黑白两道，代表了在那个黑暗的岁月里，执法人员如何滥用权力、中饱私囊。香港廉政公署在 1976 年通缉"四大探长"，四人先后逃往海外，现在韩某、蓝某已客死他乡，吕某、颜某还在通缉中。

吕某，历任港岛、九龙总探长，因传闻他的身家高达 5 亿港元，所以又有"五亿探长"的绰号。其在 1940 年加入警队，1958 年升为探长。60 年代初调往油麻地警署，1962 年 3 月，与蓝某一起升任总探长。1976 年 11 月 4 日，廉政公署冻结他在港约 3000 万港元的资产，并发出通缉令，至今有效。律政司于 2000 年没收其 840 万港元。

蓝某，涉嫌贪污的钱高达 1 亿港元。1974 年，蓝某逃往加拿大，其家人称他于 1989 年在泰国因心脏病逝世。蓝某的资产亦被廉政公署冻结至今。

颜某，20 世纪 60 年代末调职当时被视为"油水地"的油麻地警区当华探长，官阶虽在总探长之下，但其滥用职权、中饱私囊丝毫不在他人之下。

1976 年，他决定退休并移居台湾，据称现在泰国隐居。他的资产被冻结，目前仍在被通缉中。

282. 中国香港特区廉政公署是如何反腐的

（1）一场静默的革命

20 世纪 60 年代，香港的经济开始起飞，人口也急剧增长。但与此同时，贪污风气也开始盛行，遍及几乎所有公共服务领域。例如，救护人员索取"茶钱"后才送病人上医院，消防人员开水喉救火之前要收"开喉费"，考驾驶执照要给考牌官递上"红包"，连医院里的"亚婶"（护工）也只有在收取"打赏钱"后才给病人派发开水。广大市民对贪污现象虽然厌恶但又无可奈何，靠行贿来换取自己本应享受的公共服务已经成为社会潜规则。

在政府部门中，警务人员的贪污现象尤其严重。不少香港影视作品中都反映了那一时期的社会现实，如 1975 年拍摄的《廉政风暴》，90 年代刘德华主演的《五亿探长雷洛传》等。最近的一部是 2009 年出品的《金钱帝国》，香港著名导演王晶执导，梁家辉、黄秋生、陈奕迅主演。从这部电影的英文名字"I Corrupt All Cops"（"我贿赂了所有警察"）中可以想到，香港境界当时的贪贿现象有多么严重。虽然当时香港也沿袭英国模式在警队内设立"反贪污部"（the Anti－Corruption Branch），但这种自我监督的反贪污模式根本难以扭转警界的贪腐之风。

1973 年，即将退休的香港警察总警司葛某（Peter Godber）被发现拥有与其官职收入不相称的巨额财产。在警方调查期间，葛某凭借一张警务人员机场禁区通行证绕过出境检查，潜逃回英国老家。消息见报后，香港积蓄已久的民怨爆发，市民在港岛维多利亚公园集会抗议，大学生手持横幅上街游行，"反贪污、捉葛某"的喊声响彻维港上空。为了平息民愤，港督麦理浩爵士（Murray MacLehose）委任高级副按察司（英文称 Senior Puisne Judge，香港当时的法官职位之一）百里渠（Alastair Blair – kerr）成立调查委员会，彻查葛某逃脱的原因并检讨当时的反贪工作。百里渠在随后的报告中建议成立一个脱离警方的独立反贪机构，此建议获港英政府接纳。

1974年2月15日，"总督特派廉政专员公署"（香港回归后改称"廉政公署"）宣告诞生，政府承诺市民要开创一个廉政时代。廉署成立后，经过将近一年的艰苦努力，终于将葛某引渡回香港受审。最终，葛某被裁定贿赂罪名成立，入狱4年。

葛某案是廉署办理的第一宗案件。此后，廉署反贪锋芒锐不可当，接连办理了多起警队内部的集体贪污大案。1977年10月，廉署在一次午夜突击行动中拘捕了九龙三个分区的100多名警务人员，引发了"警廉大冲突"。2000余名警务人员上街游行要求削减廉署权力，否则将停止执法工作。部分警员更是冲击廉署总部，打伤廉署职员多人，警队出现哗变现象，直接危及香港法纪及社会秩序。

在政府紧急会议上，也有部分官员认为应该解散廉政公署。面对前所未有的危机，港督麦理浩一方面颁布"局部特赦令"对部分历史贪污罪行予以赦免，另一方面召开立法局紧急会议，在一天之内"三读"通过了《警队（修正）条例》，授权警务处长对任何不服从命令的警务人员立即开除，不得上诉。就这样，政府向全社会表明了捍卫廉政公署制度的决心，"警廉冲突"逐步平息。在生死存亡的紧要关头，廉政公署制度得以保存。

经过这一系列事件，廉署赢得了普遍的赞誉和尊重，市民对香港法治重拾信心。由此，香港社会掀起了一场"静默的革命"，市民对贪污的态度从无奈接受转变为公开唾弃，进而积极举报，打击贪污。

今天，中国香港特区已经成为世界上最廉洁的地区之一。在"透明国际"发布的2009年全球清廉指数排行榜上，香港在180多个国家和地区中排名第12位。公正、廉洁和秩序，已经深深融入香港社会的血脉，成为香港人核心价值的一部分。

(2)"三管齐下"反贪污

自建立之初，廉署就确立了执法、预防和教育"三管齐下"——法律打击腐败、预防控制腐败、教育绝缘腐败的反贪策略。通过严格执法使人不敢贪污，通过完善制度使人不能贪污，通过宣传教育使人不想贪污。循着这样的思路，廉政公署设立了三个专责部门，即执行处、防止贪污处、社区关系处。

执行处负责接受举报、调查贪污；防止贪污处负责审查政府部门及公共机构的工作常规及程序，提出防贪建议，此外也应私营机构的要求开展免费防贪咨询；社区关系处负责教育市民认识贪污的危害，争取市民对肃贪工作的支持。

廉署前任副专员郭文纬曾经这样比喻："执行处是打击贪污的拳头，其他两个处是堵住贪污的手掌。"据《香港特别行政区廉政公署2009年年报》数据显示，截至2009年12月，廉署工作人员共计1268人。

——执行处。执行处是廉署最大的部门，有职员941人，占总人数的74%。因为部门太大，所以执行处同时设两名处长，分别负责对政府部门和私营机构贪污的调查，廉署副专员兼任执行处首长。凡是有关违反《防止贿赂条例》、《廉政公署条例》、《选举（舞弊及非法行为）条例》的举报，都由执行处进行调查。2009年，执行处共接获贪污举报3450宗，选举投诉221宗。全年完成调查3178宗，提出检控342人。被检控人员中，政府部门和公营机构人员31人，私营机构人员及市民311人。

——防止贪污处。这个处是廉署最小的部门，只有51人，占4%。防止贪污处的职责，是减少政府部门和公共机构运作上的贪污风险。2009年，防止贪污处共完成80项审查研究，范围包括采购、公共工程、外判服务、执法、资助计划、规管制度（如发放牌照）等；在政府部门和公共机构草拟法规、制定政策初期，向它们提出防贪建议529次。另外，还应私营机构的请求，377次向它们提出防贪建议。

——社区关系处。共159人，占总人数的13%。2009年，社区关系处与电视台合作拍摄了电视连续剧《廉政行动2009》，每集平均有137万人观看，该剧曾于2009年12月在中央电视台播放。年内，该处为23347名政府人员提供诚信培训，为6400余名公共机构管理人员举办168个防贪研讨会，为各行各业36597名员工安排了776次防贪培训讲座。社区关系处设有专门负责与内地联络的"香港内地联络组"，该组年内为大约5200名诸如笔者这样的内地访客安排了149次讲座,介绍廉署的反贪经验。

除上述三个专责部门之外,廉署还设有一个行政总部,117人,占总人数的9%。行政总部人员虽然不多,但任务不轻,负责人事管理、财务管理、物料装备、办公室策划,同时还负责廉署的训练工作、后勤总务、职员福利和职业安全健康事宜。2009年4月,廉署新设了一个廉政建设研究中心,专门从事反贪理论研究和实证调查分析,这个中心也隶属于行政总部。

(3)高效运转的奥秘

通过观察了解,可以感觉廉署的工作相当富于效率,是一个高效运转的机构。如行政总部,这个部门承担着全署的后勤保障和综合支援,工作范畴相当于内地检察机关办公室、政治部、财务装备局、研究室的职能之和,但人员占总人数的比例却很小。

又如业务工作,在官方网站主页上,我们可以看到廉署向全社会做出的服务承诺:"四十八小时内对贪污举报做出回应;两个工作天内对非贪污举报做出回应;两个工作天内要求提供防贪意见的人士做出回应;两个工作天内对要求提供倡廉教育或资料的人士做出回应。"如果超出承诺期限,市民可以向"廉政公署事宜投诉委员会"投诉。这个委员会独立运作,成员由香港特区行政长官从立法会议员和社会贤达人士中委任。对每一件投诉,这个委员会都会以书面形式回复投诉人。

为什么廉署的运转可以如此高效?首先要看到的一点是:廉署的综合保障工作内容并没有内地检察机关那么大。后勤方面,廉署人员不着制式服装,没有福利分房,不养庞大的车队。除了少量工作用车,全署只有专员、副专员二人配发公车,其余人员都驾私家车。

笔者曾经数次访问廉署,接送笔者的公车均由接待的部门向保障部门专门申请,专车专用,廉署接待人员不陪坐。文秘方面,廉署的会议不像内地那样多,公署成立36年来没有开过一次全署人员大会,即便新专员上任也不开大会;文字工作的任务也不重,不需要准备大量的各类"执法检查"或"专项活动"汇报材料。人事方面,廉署人员的晋升由上司视工作表现决定,无须"民主推荐",也不进行"干部考察";工资标准按立法会通过的"薪级表"确定,什么职务拿多少薪水,清清楚楚,基本上没有什么争议。执行处下属一支近千人的卧底队伍，竟然就由一名助理处长负责，包括人员姓名、隐蔽身份、工作情况、调动考核等，其他任何人不予干涉。正因为这样，廉署才可以把绝大多数人力投入业务工作上，行政总部才能够以不到一成的人力为超过九成的人员提供支援保障。

除了工作内容上的客观差异，廉署的高效还有深层次的管理体制上的原因。一方面，廉署工作人员"能进能出"。他们不是"国家干部"，端的也不是铁饭碗，他们的身份就是政府雇员。如果工作不称职，不但可以被降职，还可以被解雇。相对于其他政府部门，廉署对职员的解雇权要大得多。

根据《廉政公署条例》第8条的规定，如果廉政专员对任何职员的操守产生怀疑，他有权随时将其解雇，而且无须说明理由。自成立以来，专员行使这一职权解雇的廉署职员不下百余人。1993年，时任廉政专员的施百伟（Bertrand de Spevile）曾经将执行处副处长徐家杰解雇，这是在廉署丢掉饭碗的最高级别官员。

另一方面，廉署在用人上唯才是举。人员晋升的关键因素是才干和实绩，年龄和资历放在次要考虑的位置。以执行处为例，下设四个调查科，分为16个大组，大组之下分设若干小组。调查科的领导叫助理处长，大组的领导叫首席调查主任，小组的领导是总调查主任。如果工作出色，年轻人30多岁就可以干到总调查主任（月薪69275港元至86515港元）；如果表现平平，可能多年原地踏步，50多岁还是普通的调查主任（月薪31280港元至49480港元）。表现欠佳的，还可以降职。职务越高，则薪水越高，别人眼红也没有用。因此，无须开会强调，无须思想教育，绝大多数职员（包括资深职员）工作都十分努力，能够做到爱岗敬业。

而负有考评员工职责的领导人员（总调查主任以上），对下属的评价必须做到公允持正，不得滥用职权。如果考评下属过程中被证实徇私舞弊、嫉贤妒能，这将被视为危害廉署的整体利益，当事领导可能会面临被解雇的风险，失去所有的一切。这样的机制，基本上可以保证工作努力的职员获得他应该获得的待遇和荣誉。所以，人人不用扬鞭自奋蹄。

（4）与内地反贪机构的差异

香港廉署的职责与内地相比，有相似的地方，但也有不少区别。据笔者观察，主要的差异有以下几处：

其一，贪污的含义不同。香港所说的"贪污"，实际上指的是贿赂，"贪污"一词是习惯用法，约定俗成。其实香港法律使用的术语也是"贿赂"，如《香港法例》第 201 章的名称就是《防止贿赂条例》。而内地所指的"贪污"，即侵吞公款或公物的行为，在香港属于盗窃，由警察机构负责调查。

其二，管辖的范围不同。香港廉署与内地反贪局最大的区别在于，不但负责调查政府机构的贿赂行为，同时也负责调查私营机构的贿赂行为。执行处设两名处长，他们的职务称谓分别是"执行处处长（政府部门）"、"执行处处长（私营机构）"，分工一目了然。

为什么会是这样？廉署防止贪污处处长陈志新曾经这样解释："香港是一个统一的社会，对待廉洁不应有双重标准。你不能说，有廉洁的公务员，却有习惯于贿赂的商人，这两者相遇，会发生什么事情呢？社会的标准应该是单一的，每个人都应该廉洁。"所以，大陆的人们看到，财政司前司长梁锦松调税前买车贪便宜的问题由廉署调查，私人性质的珠宝金行公司老板谢瑞麟的行贿问题也是由廉署调查的状况。

另外，廉署还负责调查涉及香港法例第 554 章《选举（舞弊及非法行为）条例》的罪行，这在内地属于检察机关反渎职侵权部门管辖。

其三，贿赂的构成不同。香港特区法律禁止公务员未经许可接受利益，即便没有受贿的动机，即便接受的利益与公务无关，仍可能构成贪污。允许接受的利益，其范围和标准在《接受利益（行政长官许可）公告》中有详细规定。

例如，公务员可以在特别场合（如生日），从私交好友处接受价值不超过 1500 元的礼物，而且利益提供者不能使接受人的下属；如果是借款，公务员从私交好友处每人每次借款不准超过 3000 元，从其他人士处借款不准超过 1500 元，而且提供人不能是下属，并且必须 30 日内还清。否则，都将触犯《防止贿赂条例》，构成刑事罪行。

其四，利益的范围广泛。香港包括礼物、借款、报酬、佣金、职位、契约、任何服务或优待、执行或不执行职责，都属于禁止接受的"利益"。唯一的例外是现场款待，只要是当场招待的食物或饮品，不论价值多高都不包括在法律禁止之列。

其五，没有立案标准的限制。理论上贪污一元都会受到追究，廉署将其称为"零容忍"的肃贪理念。就是没有立案的金额标准，根据需要，一元钱也可以立案予以追究。不像大陆根据刑法条文贪污贿赂必须达到5000元才够立案标准，而大案标准必须达到50000万元。

曾经有一位内地到香港定居的女士，在香港法院打官司，胜诉了。后来她买了一个果篮送给法官，结果反而受到追究。电影《2046》拍摄的时候，有一个娱乐记者为了进入拍摄现场拍照，塞给门卫300元港币，结果被判入狱3个月。据说最"微不足道"的案子，是一名下班探员看到有警员接受小贩贿赂价值10元的手表，当即将其拘捕。

香港廉署的工作还有一个特点是亲身举报和实名举报的比例很高，在全部举报中占70%以上。很显然，市民对廉署的工作有着莫大的信任和支持。正因为如此，上一任廉政专员罗范椒芬女士为那句家喻户晓的标语增加了两个字，改为："香港胜在有你和ICAC（Hong Kong our advantage is you and the ICAC）。"有人形容说，每个人心中都有一座廉政公署，这才是香港社会最让人心动的地方。

（5）人性化的执法水平

电影《金钱帝国》中对廉署成立之初时的办案景象是这样描绘的：审讯室冷气开到最大，桌上一盏刺眼的台灯，然后是漫长的讯问。时至今日，这样的场景已经不可能再出现了，廉署执法的人性化水平已经达到了相当高的标准。

笔者多次参观过廉署的审讯室，曾向香港同行详细了解过各种设施的用途。审讯室中最醒目的，当属那张三角形的桌子，这种形状是由英国心理专家设计的，他们认为方形的桌子对抗性太强，圆形的又太过融合，二者都不适合调查询问的用途，只有这种三角形最合适。房间的一端，墙上装有两个摄像头，一个拍摄室内全貌，一个拍摄计时和温度计读数。房间另一端设有一面"广角镜"，确保可以拍摄到每一个角落，避免疑犯用来记录室内温度，确保室内保持常温，避免疑犯抱怨室温过低或过高，影响证供的可信度。

审讯室设有三部录像机，讯问开始就同时启动，同步生成三本录像带。讯问结束后，一本作为原版录像带当作封存，封条上须有办案人员、疑犯双方签名；一本由办案人员使用，日后提交法庭作为呈堂证供；另一本交给疑犯自行保留。如果双方对录像内容有争议，或提交法庭的录像带出现故障，即启用封存的那一本。目前大陆的检察机关职务犯罪侦查部门除了讯问录像不提供给犯罪嫌疑人保存之外，其他的均借鉴了廉署的做法。

讯问期间，如果疑犯觉得疲倦或者身体不适，可以要求休息或者见医生。廉署大楼一共有 17 间由廉署自行管理的羁押房，供疑犯休息，室内被褥洁净，光线明亮。其中有 6 间是专供较长期（数月）羁押人士（一般属于"污点证人"，需要等待至出庭作证后才解释）使用的"豪华房"，配有独立的卫生间和遥控电视。疑犯每日伙食标准为 70 港元，节日则提高到 110 港元，饮食包括面包、水果、鲜奶、盒饭，还有咖啡供应。

羁押在此，除了羁押室比较小（几平方米）及丧失人身自由，其他方面难以挑剔。这样的羁押标准，简直好得似乎过于"奢侈"了。

除了执法文明，廉署的服务意识也相当到位。2009 年，廉署专门负责内部监察的执行处 L 组一共受理了 38 宗非刑事投诉，内容包括廉署职员行为不检、举止粗鲁、疏忽职守、未彻底进行调查、未向举报人透露调查详情、未书面回复举报人、未解释中止调查的原因、拒绝提供廉署人员的姓名等，甚至还包括一宗拒绝借用廉署大楼洗手间的投诉。对于上述所有投诉，廉署均一一进行了调查，经"廉政公署事宜投诉委员会"审核，认为其中两宗投诉有事实依据，13 宗无事实依据，其余的仍在调查过程中。对于那宗拒绝借用洗手间的投诉，投诉委员会认为廉署职员指示投诉人使用附近加油站的洗手间而非廉署大楼洗手间的行为不当，当事人因而被上司劝诫。

在廉署的官方网页上，可以见到了一个名为"公署电话册"的链接，点入一看，里面公布有总调查主任以上所有高级官员的姓名、部门、职位、分管工作和电话号码，整整 4 页文档。其中排在第一位的，就是现在廉政专员汤显明先生。他的电话号码是 28263111。不要以为这可能是"专员秘书"的电话，因为接下来就能看到专员私人助理钟慧芬女士、行政总部主管黄卓惠娟女士等人的号码。这个电话册每月更新一次，首页还注明了下次更新的具体日期，确保市民能够联系到即时在任的"领导干部"。从这些细节上，让人们深深感受到了廉署提供的公共服务高水准。

283. 中国香港特区是如何反腐的

（1）香港特区是如何管住公款消费的

2011 年 12 月 14 日在北京闭幕的中央经济工作会议，再次强调要加强预算管理，严格控制"三公"等一般性财政支出。在过去的 2011 年，公开"三公"经费（因公出国、出境经费，公务用车购置及运行费，公务接待费），一直是社会各界热议的话题。而在香港特区，类似的消费基本上不可能发生，究其原因，在于对公务消费有着严格的规定和措施。

（2）管住吃喝和旅行

香港特区对公务员的各项管理制度已经从形成到发展，逐步走向成熟。最新数字显示，至 2011 年 3 月底，香港特区共有 16.66 万名公务员，预计到 2012 年 3 月底，公务员职位总数将增至 16.82 万个。

作为全港最大的"雇主"，香港特区政府管理着这近 17 万员工。虽然有近 6000 亿港元（1 港元约合 0.81 元人民币）的财政储备，特区政府对于公务消费的控制依然十分严格。目前，有《公务人员（管理）命令》、《公务员（纪律）规例》和《公务员事务规例》3 份文件，规范公务员的录用、薪酬、福利津贴等事项。

2011 年 5 月，港府民政事务局局长曾德成出席立法会会议时，首次披露过去 3 年香港公务员宴会开支的账单明细。从 2008 年到 2010 年，港府用于宴请的公款只有 600 多万港元。原来，香港公务员出差以及其他公干时，必须严格遵守《公务员事务规例》。根据这一条例，公干期间公务人员的开支，包括住宿、膳食、洗衣、应酬、交通、零用杂费等，一律由公务员从已领取的膳宿津贴中自行支付，不再报账。要求也是非常严格。比如，出发当天在香港的饮食等费用一律不计算在内；而部门首长的津贴以及任何人超额支出，必须经公务员事务局局长审批。

在吃饭方面的规定也比较细。根据有关规定，公务午餐及晚宴的开支上限分别为每人 350 港元及 450 港元；而每一笔招待费的清单上，主人及客人的人数都得一清二楚。有些部门还出台自己的规定，比如 2010 年年底，香港特区环境保护署向各下属局及部门发出内部指令，鼓励在公费举办的中式宴会上，点菜不超过 6 道，吃剩的饭菜必须按规定打包带走，否则视为浪费。

这些规定不仅仅适用于普通公务员，特别行政区行政长官曾荫权也不例外。前段时间公布的一份曾荫权的外访开支记录上记载着：2007 年 11 月底至 2010 年 10 月，3 年外访 40 余次，支出 98.7 万港元。其中，赴上海世博会参加"香港活动周"开幕仪式等 6 次活动都是当天往返。记录中还写着："行政长官赴美休假期间顺道出席活动，机票自理。"据悉，这样"顺便"公务的案例不止一次，"自理"交通费共约 1.86 万港元。

（3）公务用车规定多

在办公用品开支上，香港特区政府也是限制重重。比如，按照有关规定，港府办公室地毯的使用年份不少于 6 年才可以更换，办公室内墙粉刷不少于 4 年才可以翻新。所以，走进香港特区的行政机关，很少见到金碧辉煌的崭新大楼，许多是老式的房屋，屋内摆设和布局也常常是数年不变。

对公务员的用车规定也非常明晰。香港特区近 17 万公务员拥有不到 7000 辆公务车。这些车辆的采购、分配、使用由香港财经事务及库务局下属的物流服务署统一负责，形成了一个权责明确、精于高效的政府车辆管理体系。想公车私用，报批手续相当复杂，基本上难以实现。在香港特区，也只有 20 多名政府高层拥有公务车，而且，这些车的车号完全被媒体掌握，随时随地接受媒体和民众的监督。

对此，有记者曾有机会体验过。有一次，一记者到一个十分偏僻的中学采访，当天只有该记者一个人到场。活动结束后，记者在往门口方向走，时任教育署署长的张建宗也正好坐专车准备离校，便邀请记者一同坐车离开。上车后，记者正准备向张建宗道谢，他却先一步严肃地对记者解释："有必要事先跟您说一下，这次我请您跟我一起坐车，是因为这里的交通实在不方便，我才破例带您上车。这中间并没有涉及任何的利益关系，希望您能明白。"他还告诉记者，平时如果他不在车上，就算是其家人，也不能坐他的这部专车，以防止公车私用，造成不好的社会影响。

此外，港府公务员以公职身份出席某些场合获得的礼物，都被视为部门利益，不能被据为己有。某某日获赠一件摆设，某某日获赠一本书，某某日获赠一幅书法……行政长官每月收受的公务礼品都会公布在相关网站上，公众可以任意查询。

（4）从源头上管起来

香港特区鲜见以任何理由挥霍公款有一个政策背景，就是香港特区政府在编制公务开支预算时细致入微，必须得过三大"关口"，不给过度开支留下任何"暗门"。

第一道关是香港立法会。作为政府开支的把关人，立法会要对每年的年度预算进行严格的质询和审核。2011年年初，香港媒体披露曾荫权出访的明细账单，统计精确到了每一港元，详细记载曾荫权在出访期间的每项活动日期、地点、行程、机票费用及其他开支情况，这都是按照立法会的要求而做，"以确保每毫公款都被善用于社会"。

第二道关是民众和媒体。在财政预算制定的过程中，政府须向社会和民众汇报阶段性进展，民众觉得哪里有质疑或不合理，政府要给出解释，再根据民众反馈修改，如此往复。每年3月，香港财政司司长会宣读新一年的财政预算案。预算案文本非常详细，政府部门添置座椅或者更换灯泡的支出，都会列在其中，以便让议员更好审核，公众更好监督。此外，财政司司长一般会在某日上午11点左右宣读预算案，但政府允许记者当天上午9点就可以拿到预算案的文本。于是，很多记者拿着文件，一边听报告，一边仔细审阅。在每项开支里"挑毛病"。

第三道关是审计署。预算案经过立法会审批通过之后，实施过程中还要由香港审计署负责审计。审计署通常会每年两次披露其审计结果，供所有市民阅读。以前有这样的案例：香港特区某政府部门曾为两任前负责人举行饯别晚宴，第一次人均支出750港元，第二次人均支出650港元。审计署认为这不符合香港财政"适度和保守"的原则，要求两位负责人退还相关款项。

当然，香港特区政府的公费支出管理也有不足之处。比如，负责审计的审计署毕竟也是一个官僚管理的监管机构。记者尝试翻阅审计署过去的报告，发现不少报告的建议多年来都没有执行，也有一些政府部门利用公务之便去钻法规的空子，挥霍了不少公款。也许，从人性的弱点看，没有谁不想奢侈消费。但只要制度设计严密、执行严格、监管严厉。人性的弱点就没有办法释放出来，所谓的公款吃喝难题也能得到化解、预防。从这个层面上说，港府管理上的一些经验还是值得借鉴。

284. 中国香港特区对腐败官员是如何"零容忍"的

（1）其严重性就在于触犯利益冲突

香港对官员的利益冲突防范严密。1971 年就颁布了《防止贿赂条例》这部重要的廉政法规，2008 年又作了修订，使特首在受普通法有关贿赂的罪行规管的基础上，又被纳入禁止公职人员索取或接受利益条文的规管范围，并规定任何现任或前任特首，若生活水准或控制的财产与其薪俸不相称，又未能向法庭作出圆满解释，即属触犯法例。此外，特首必须申报并公开财产。

《香港特别行政区基本法》以及《防止贿赂条例》、《防止选举舞弊及非法行为条例》和《廉政公署条例》等法律法规，是香港打造廉洁社会的牢固法治"基石"。也可以说，这些都是特首的"紧箍咒"。

（2）依法念"咒"确保廉洁

香港立法会是念"紧箍咒"有力的一个"唐僧"。它除了立法，还定期举行质询会议，这是它监督政府的主要途径。

质询非常严格，一旦问到，都要向立法会交代。2012 年 2 月 29 日，议员谢伟俊就曾荫权的连串事件质询了三个问题，其中提到"特首办公室有何制度，记录行政长官曾接受各式款待或优惠；有何机制实时让公众翻查上述记录；若没有制度或机制，会否立即设立？"对此，"当局代表行政长官"立即在当天的 13 时 55 分"谨复"作出"交代"。

　　具有完全的执法独立性的廉政公署，也是念"紧箍咒"的一个"狠"角色，正是它，对香港成为"廉政之都"起到了巨大的作用，被赞誉为"香港胜在有 ICAC（廉政公署）"。

　　廉署也是香港特区最重要的部门之一，署长是除特首外唯一需由中央政府批准才能任命的一个职位。

　　审计署每年都会对政府各部门的费用开支进行严格审计，且事无巨细，凡官员平均办公面积、公车使用记录、公务出访入住的酒店、邀请艺人出席活动的酬金、活动购买的饮用水费用等一一在列。审计报告全文公开，市民都可以下载"研究"并监督。

　　公开，是香港特区一项非常重要的廉政制度。审计报告必须公开，官员财产申报也是公开透明。1998 年 9 月开始施行的现行财产申报制度，申报主体选择的依据就是该岗位是否有较多机会可能引致利益冲突的情况。港府每年都会公布政府高官的私人财产，且丝毫不漏。董建华申报的一份清单中，一包花生米也赫然在册。2005 年 7 月 1 日，曾荫权接任特首时，就将家庭财产全部公之于众。

　　此外，自 1997 年起，特首收到的礼物每月也都必须列清单公布。特首以公职身份接受的超过 400 港元的所有礼物均需上交政府，不能留下私享。

　　香港特区的媒体几乎达到了无孔不入的境地。他们念起"紧箍咒"来更令"孙悟空们"头痛。

　　曾荫权的连串事件，都是媒体率先曝光的。2012 年 2 月 15 日，特首参选人唐英年也被媒体曝光地库违建，从而引发了"地库风波"，第二天唐英年即承诺将及时拆除，并就此事向市民道歉。

　　（3）整体清廉可见可感

　　确实，香港特区社会整体非常廉洁。"三公消费"是清廉度的"温度表"。

2011年5月18日，民政事务局局长公布了特区政府过去三年公款吃喝的账单明细：2008年花费190.1万港元，2009年202.3万港元，2010年217.1万港元。这缘于政府制定了严格的餐饮标准，不论是部门领导还是刚入职的低级别公务员，午餐、晚餐人均上限分别为350港元和450港元。而且，公务接待必须提前申请报备，内容包括宴请人数、宾客名单、宴请缘由、陪同人员、预计费用、人均支出等，且每一项涉及公款的开支都必须精细量化。

这就是"适度和保守"原则。如果公务接待超过标准，那逃不过舆论的抨击，更逃不过被调查、退赔费用的结果。

2009年，媒体曾经激烈抨击审计署存在办公场所超标准，每月浪费公款14万港元。特别是有为两名前专员举行饯别宴会，人均开支分别为650港元和750港元，两餐花费逾4.7万港元，远远超过标准上限。在舆论的强大压力下，两位前专员不得不退回宴会全部开销。

公务用车同样规定严格。目前，香港公务人员有17万人，首长级以上官员大约1200人，然而，只有特首、政务司司长等各个司局级的正职配有专车，加上立法会主席、终审法院的首席法官，全港享有专车待遇的公职人员仅20余名。政府车队规模从2003年至2011年，减少了1000多辆。

在香港特区，可以说没有谁敢公车私用。媒体掌握着高级官员的所有公车车号。哪个若公车私用，根本避不开媒体镜头。曾有官员驾公车上班途中顺路载孩子上学，下班时顺路停车在路边到菜市场买菜，都被媒体曝光，最终不得不站在镜头前道歉。

这么严苛，都是为了防范利益冲突。

这次舆论对特首曾荫权的抨击、民众对他的"愤怒"，也是缘于其涉嫌利益冲突，担心其利益输送。确实，在香港，一旦涉嫌利益冲突、利益输送，就是严重事件。

总之，在香港特区这样的政制环境，尤其是拥有健全完善的廉政制度以及民众对腐败"零容忍"的地方，哪怕贵为特首，也必须头戴"紧箍"，并时时被众多"唐僧"无情念"咒"。这既是特首及官员的不幸，也是特首及官员之幸，更是香港特区之大幸。

285. 在中国香港、澳门特区什么人都能去澳门赌场吗

香港、澳门真自由，在那里生活可以随心所欲。

一些人以为在香港、澳门工作、生活的人真幸福，他们可以随时出入赌场，自由、潇洒，不像我们大陆，有那么多的限制。

其实这是个错误的认识，香港特区、澳门特区他们政府及其政府官员的廉洁程度远在我们大陆之前，在世界反腐败国际组织（透明国际）公布的廉政指数排名上，香港位列第 12 位，澳门位列第 26 位，台湾位列第 34 位，大陆位列第 77 位，2012 年、2013 年第 80 位，2014 年第 100 位。

笔者要告诉大家的是，在香港、在澳门，特区公务员是不能进入赌场的，谁胆敢越雷池一步，将受到法律的严厉惩罚！

从人性化角度出发，他们出台一个特例，每年年初一至年初三，澳门赌场对政府公务员开放三天，只有在这三天里公务员参与博彩是合法的、允许的。

所以，香港特区、澳门特区的政府及其公务员的廉洁程度远远领先我们大陆，他们是有一整套严厉的法律制约的，在香港，对政府官员、公务员廉洁要求是"零容忍"，有一元钱的问题就可能被调查。

香港特区前特首曾荫权，在任职财政司司长时，因为用单位的公用信笺写了一封信给孩子的老师，结果被曝光，受到严厉的抨击，最终曾荫权作出了深刻的检讨才平息事端。

至于那里的"红灯区"、"麻雀馆"、"娱乐场所"、"色情酒吧"等特殊场所，政府公务员是没有人去的，偷偷摸摸去的都没有，道理十分简单，一旦被人举报、被"狗仔队"拍下照片公布，那就是身败名裂、丢掉饭碗，甚

至是被"聆讯"（起诉）的事！

在香港特区，在澳门特区，什么人干什么事情、什么人去什么地方、什么人穿什么衣服、什么人购买什么东西，均是有一定之规的，绝对不是可以随心所欲的，他们的这种监督完全是自觉的，是长期的廉洁自律氛围熏陶的结果。

敬畏法律、自我监督，是最有效的监督，是监督的最高级阶段。

286. "国际反腐败日"是怎么回事？

也许有一些人不知道世界上有一个"国际反腐败日"，这是怎么一回事呢？

其实，当今在整个世界，绝大多数国家和地区都在不同程度地遭受到腐败之害，几乎所有国家和地区都在高举反腐败大旗，不断研究针对腐败日趋严重的对策和措施，反腐败已经成为全球各国的共同主题。

于是，自 2003 年起，每年的 12 月 9 日成为联合国确定的"国际反腐败日"，而且每年都会确定一个主题，2012 年的主题是：今天就开始反腐行动。2013 年的主题是：全球腐败的严重性、原因和对策。2014 年的主题是：打破腐败链。

腐败是一个几乎影响到是世界上所有国家的复杂的社会、政治和经济现象的危险因素，它严重威胁着一个国家的发展与稳定，是对社会产生广泛腐蚀作用的"隐性恶疾"。

2003 年 10 月 31 日，第 58 届联合国大会通过了《联合国反腐败公约》。同年 12 月 9 日至 11 日，联合国在墨西哥梅里达举行国际反腐败高级别会议，正式签署《联合国反腐败公约》。此后，联合国决定将每年的 12 月 9 日确立为"国际反腐败日"，以纪念公约的签署和唤起国际社会对腐败问题的重视与关注。

2005 年 12 月 14 日《联合国反腐败公约》正式生效，成为联合国历史上第一个指导国际反腐败斗争的法律文件，为世界性的反腐败斗争以及国际反腐败合作提供了国际法依据与保证。

目前全球已有 140 个国家签署了该公约。中华人民共和国全国人大常委会于 2005 年 10 月 27 日审议批准了该公约。

反腐败已经成了全球每个国家和地区，甚至是每个人关注的热点。

287. 拉美国家中的智利为何连年高居全球清廉排行榜

许多人都知道，拉美国家中，不少属于腐败现象非常严重、腐败原因根深蒂固的地区。一些国家普遍存在政府声望不高、行政效率低下，官员形象衰败的问题。

但是，拉美国家中的智利却是别有一番天地。

同属于拉美国家的智利，除了偶尔听到一些对政客和法官卷入腐败丑闻的指控外，政府官员很少涉及贪污腐败丑闻。

根据国际透明组织近年连续统计数据，智利和乌拉圭被评为最少腐败的国家，在全球清廉排行榜上一直保持在前 20 至 22 位之间。

智利政府为什么能始终保持清廉的形象？智利的反腐败经验有什么值得其他国家学习和借鉴的地方？

（1）人穷志不短，官员讲清廉

值得智利人骄傲的是，近年来智利整个国家的经济形势发展得非常好，执政者不管是来自左翼还是右翼，在治理国家方面都非常尽心尽职、精明能干、全力以赴。老百姓感到满意的是整个国家总体上不腐败：政府不腐败、警察不腐败、商界不腐败、金融不腐败、教育文化医疗不腐败，整个国家上上下下、各个领域、每个环节都崇尚诚实、清廉、洁身自好。

智利政府和民众明白一个道理,智利是地球顶端的一个小国,当邻国阿根廷有着广袤的牧场和丰富资源的时候,智利还是一个很穷的国家,老百姓口袋里的钱少得可怜。但智利人不偷不抢,人穷志不短,对自己的文化传统感到自豪。这一传统就是政府的公共服务非常清廉,总统和国家领导人都十分干净。

智利在西班牙人殖民统治之前,整个国家非常穷,几乎没有富人,人们从不抱有奢望,也不指望快速致富。为了生存,人们必须依靠自己的勤劳和努力。当时,由于常年与印第安人作战,智利人需要有严明的纪律。人们团结一致,生活非常清苦,但很守规矩。这场战争持续了300年之久,智利人世世代代遵纪守法,得以生存。因此,智利人在拉美是最遵守公德、最遵纪守法的公民。

随着智利社会经济的发展,特别是最近几十年来智利创造了拉美奇迹,国力和老百姓的生活水平大幅度提高,但政府工作依然保持清廉高效,没有丝毫的懈怠。智利政府官员和警察不腐败,因为他们有议会的监督约束,有司法的监督约束。要是哪个部长或者省长市长在运用权力过程中出了问题,议会有权要求全国审计总署开展调查。

智利结束军人统治以来,总统换了一届又一届,但从未听说哪个总统有经济丑闻。即使在智利军人统治期间,皮诺切特总统虽然遭到了腐败指控,但没有发现确凿的证据。

(2)高官行得正,下属亦自律

受到智利人民广泛称赞的国家审计总署,是20世纪20年代成立的,它不接受政府的领导,不接受政府的指令,是行政、司法和立法之外几乎完全自治的机构。审计长由总统提名,通常由全国德高望重的人士或者非常有信誉的律师担任,经过参议院批准。审计长只有在受到国会谴责和弹劾的情况下才能被解职,总统也不能解除审计长的职务。审计总署成员都是专业技术人员,做出的评判不带有任何政治偏见。

据智利太平洋基金会执行主席曼弗莱德·沃尔夫教授说,智利前任总统皮涅拉可能是世界上最富有的领导人,其财富不下于20亿美元。皮涅拉是靠发行银行卡起家的,其商业王国涉及许多领域,在一些公司有战略投资,其中包括曾经拥有南美最大的航空公司 24% 的股份。

尽管智利的法律没有规定，但皮涅拉当选智利总统后，他根据顾问的建议卖掉了航空公司的股份，以避免出现利益冲突。与此同时，皮涅拉把自己家里的财富全权信托给几家银行打理，自己及家人不参与银行的投资决策，也不处理这些财富。

由于智利总统和政府高官行得正，所以下面的官员均能够做到自律。

(3)《阳光法案》是反腐败的利器

智利审计总署成立于 1927 年，它不隶属于政府任何部门，根据宪法对政府的工作进行政治监督、司法监督和行政监督。审计总署拥有 1800 名审计人员，以及不同领域的工程师和其他专业人员，其中半数人员在首都圣地亚哥办公，其余人员分布在地区审计署。审计总署的主要职能是监督政府的工作，审计政府进行的公共工程项目，包括政府的采购与拍卖。

在政府部门批准的工程项目合同，在项目上马前，首先要经过审计署审核。审计署首先审核这些项目合同是否合法。审核时间最多不超过 15 天，在规定时间内必须做出答复。如果法律上没有问题，审计署就放行通过。但在一些大型公共建筑项目、地铁等基础设施建设项目以及政府采购与销售等重点工程进行期间，如果接到举报，审计署随时派人进行调查，核实项目的经费开支等情况。审计署无权审计私营企业的项目，但要是私营企业的项目涉及政府部门的投资，审计署一定要对公共部门的投资进行审计。

审计署审计的范围包括总统办公室和政府各部委的工作、州政府和市政府以及全国紧急办公室，还包括审计监督武装部队陆海空军和警察部门的工作。对州政府和市政府审计的范围包括卫生、住房、州立大学、税务局、海关、地铁、铁路以及其他与政府有关的机构，国有企业与协会的工作也纳入审计总署的审计范围。但是，审计总署不审计议会、司法机构和中央银行的工作。

智利审计总署还是政府公务员的"档案馆"，每个官员每个月工资多少，家里有多少套住房，什么时候购买的，有多少财产，股票收入是多少，档案里清清楚楚。此外，政府公务人员的能力水平如何，有没有被哪个单位解聘过，有无其他经济犯罪活动或者前科等，这些资料在审计署的档案系统都可以查得到。

如果总统需要提名某个公务员担任部长职务，总统首先把提名报告送到审计总署，先查一下这个人有没有什么问题，弄清楚了，总统才会宣布提名。如此这般，智利公务员的腐败率始终控制在1%的水平。

（4）大力推行信息公开透明

为了便于公民对政府实行有效的监督，智利政府大力推行政府信息公开透明，人们通过互联网可以了解各政府部门的政策法规、计划安排、财政预算和年度决算等信息。此外，智利建立了一套完备的公务员管理制度。根据从 2009 年开始生效的《阳光法案》的要求，每个公务员进入智利政府部门工作的时候都要公布个人以及配偶的财产，包括住房、工资收入和持有多少股票，每年银行利息多少，此后每四年需要报告一次。

除了出于国家安全的需要保密的信息以外，所有的资料包括都要在网站上公布，人们可以随时上网查阅执行资料。为了执行相关法律，智利专门成立了自治的《阳光法案》委员会，帮助裁决在执法过程中出现的争端并对不合作的政府部门进行制裁，同时还负责培训相关人员。

因此，智利在公务员录用方面奉行公平、平等、竞争和择优的原则，防止出现裙带关系和官员带病上岗与晋升的情况。有了《阳光法案》，一切资料都可以在网上查到。全国审计总署的使命是保持政府廉洁。至于如何处置犯有贪污腐败行为的官员，这是一个刑事犯罪问题，由司法系统进行处理。

智利的腐败预防应该给予我们哪些启示，值得思考。

288. 美国的权力监督是怎样进行的

（1）网上晒财产折射权力运行透明度

第二次世界大战后，美国联邦政府建立起一套反腐败机制，由关于政府道德的法律、规章以及执行这些法律规章的机构所组成。实行权力运行公开透明，是美国反腐败的特色和亮点。

美国《国家信息法》规定，联邦政府所有机构都有义务保证任何人都有查询并利用所有政府文档的权利。美国的司法也是公开的，除涉及国家安全、商业秘密和青少年被杀案件外，任何人都可以自由旁听法庭审理案件。美国联邦最高法院和地方法院所有的法庭都设有媒体专用席，以方便媒体及时报道庭审情况。

2009年奥巴马总统举行了道德行为宣誓，同时要求政府高级官员也要签署一份道德行为宣誓，并向全社会公开。

美国联邦政府设有行政机构职业道德办公室（OGE），纽约市设有道德管理中心。他们的主要职责是：提供道德法律规章的咨询，道德规范培训，执行和管理官员的财产申报，执行与道德法律相关的制度，调查和评审道德项目等。美国联邦政府有130多个行政分支机构，400多万名行政雇员和30多万名主要行政官员（含总检察长），要在网上填报个人财产（含债务）申报表，公众都可以上网浏览。个人保密财物另行填写申报表，经有关部门许可，公众也可以查询。纽约市30多万名行政雇员和8000多名重要行政官员必须每年按季度分4次进行个人财产申报。纽约市道德管理中心有一套科学的财产申报电子表格挂在网上，每个项目按金额和价值多少分为若干档次，行政雇员们可对号入座填写。电子表格要填写全面并须预览后才能保存、提交，有避免漏报错报的功能。行政雇员们如不及时进行财产申报，可对其罚款200美元。

公众如果对行政雇员财产申报有异议，政府道德委员会可要求其家庭成员进行财产申报并向社会公开。纽约市前检察长因私人房屋装修后还未付款，没有就该项目进行申报，被公众投诉，引起了对其的调查。

美国颁布的道德行为准则以及财产申报制度，其预防意义大于惩罚意义。

（2）将监督交给公众确保法律执行有力

美国检察机关属于政府行政部门，大部分的检察长办公室设在政府办公楼。"水门事件"后，美国各级政府陆续设立了道德委员会，主要任务是监督政府从行政首长到普通职员的不作为、慢作为、乱作为的问题。

美国公众对政府运行情况非常重视，各党派团体或民间自发成立的非营利性监督机构很多，经费来源于社会捐助，捐款使用受税务机构监管。其监督越有成效，接受的捐款就会越多，从而形成了监督的良性循环。这些机构成了公众参与监督政府及雇员和法律制度执行情况的重要渠道。

美国的法官、律师和陪审团成员对检察官的监督非常到位，据专业职责办公室（OPR）统计：对检察官不当行为的举报占了总数的65%以上。令人敬佩的是，在美国这个允许同性恋者合法存在、倡导信仰自由的移民国家，一纸"在不见天的地方禁止抽烟"令却得以不折不扣执行。美国的罚款措施并不严厉，违者罚款200至2500美元，但关键是当你不小心违反了规定，就会随时被公众投诉。相关部门如未及时处置，还会受到问责。

美国是施行判例法的国家，一些禁止性条款后面都附有若干个判例。美国的判例法除了可操作性外，还有政府道德委员会和利益冲突委员会对执行情况进行行政问责，以及党派团体及民间监督机构和新闻媒体所进行的"普遍的、无形的"监督，因此具有很强的执行力。

（3）细致明了的禁止性规定规范权力运行

美国的法律规章对雇员的权力行使规定得很严、很细、很明了。《美国法典》第18卷201（b）条规定："禁止雇员从其他途径获得任何薪水、捐献或任何补偿。"《行政部门雇员道德行为准则》第2章、第3章规定，禁止雇员从禁止的渠道索要或接受礼品，也禁止雇员因为其公职而获得礼品。礼品包括任何奖金、好处、折扣、娱乐、款待、贷款、债务偿还期的延后，以及其他有货币价值的东西。它包括服务及培训、交通、地方旅游、食宿，无论是以实物提供、购买票券、预先支付或事后报销等形式。禁止雇员知道并默认的送给雇员的父母、兄弟姐妹、配偶、孩子或其他与雇员有关系的亲属的礼品。但也规定有例外的情况，每次从一种渠道雇员可以接受主动提供的、总的市场价值不超过20美元的礼品，同时依照本款，从任何个人处获取的单项礼品的总市场价值在每个公立年度不超过50美元。同时禁止雇员向官员的上级给予、捐献，或为其索要礼品；禁止雇员从比其薪水少的雇员处获得礼品等。这些"君子之交淡如水"的规定，表现了美国在腐败问题上的"零容忍"态度。

美国于1978年在国会设立了"独立检察官"一职，还设立了监察长制度，主要任务是调查高级官员的腐败犯罪和规范政府权力行为等。联邦司法部也设置了职业责任咨询办公室（PRAO）、专业职责办公室（OPR）、监察长办公室（OIG）等机构，以加强对检察官等行使权力的管理和监督。对违犯雇员道德行为准则，行政不作为、乱作为、不到位的问题，主要是由各级监察长办公室、审计长办公室和道德委员会进行监督，并在每年 10 月开始对行政雇员全年工作进行调查评估，对工作失职或不尽职进行业务审计和问责。对署名或未署名的举报，各级监察机构都是直接调查，从不下转。

美国的行政处分体现了宽严相济的特点，主要有：一是警告，给予 6 个月至 1 年的考察期；二是换岗，这种人被叫作"火鸡"（美国人很避忌的词，意思是火鸡特别呆、特别傻）；三是解除合约；四是辞退；五是移送司法机关处理。在美国，如果法官和检察官有不当行为，律师协会根据监察机构的调查建议，可以对法官和检察官作出停止执业或吊销执业执照的决定。被吊销执业执照后很难重新取得执业资格。凡是被行政处分的行政雇员，处分情况会被记入个人的诚信档案，跟随本人一辈子。一个在诚信上有污点的人，在美国是很难找到工作的。

289. 美国联邦首席大法官制对我们有什么启示

2009 年 1 月 21 日，现任首席大法官罗伯茨在国会大厦主持了美国第 44 任总统奥巴马就职宣誓仪式，这是他担任首席四年多以来第一次履行该项职权。总统宣誓仪式并不顺利，罗伯茨在领读誓词时频频出错。有媒体报道称，他"把整个仪式给搞砸了"。以至于几天以后，罗伯茨又重新主持奥巴马总统的宣誓仪式。这在美国历史上是第一次。好在这仅仅是个仪式，对总统的合法性不产生影响。

作为美国政府三大分支之一的首脑，首席大法官主持总统的宣誓仪式，是普通公众了解首席的最直接途径，也是首席公开行使职权为数不多的机会之一。历史上，美国第三任首席大法官埃尔斯沃斯，第一次主持了总统亚当斯的就职典礼，并逐渐演变为传统和习惯沿用至今。不过，宪法文本并没有规定首席这一职权；甚至，联邦宪法第 3 条（司法条款）对首席大法官这一职位都只字未提，只在第 1 条（国会条款）中授予首席大法官一项特定职权：主持参议院对总统的弹劾审判程序。这也是首席大法官这一职位设置的宪法基础。

现实中，主持弹劾这一职权的行使概率很低。1868 年，首席大法官蔡斯主持对约翰逊总统的缺席弹劾，因一票之差没有成功。百余年后的 1973 年，首席大法官伯格主持对"合众国诉尼克松"案的听审，否决了尼克松拒绝交出录音资料的诉求，17 天后，尼克松辞去总统职务。25 年后，首席大法官再次出现在公众视野，伦奎斯特主持对克林顿总统的弹劾，并宣布总统无罪。对总统的弹劾，能想到和能列举的，美国建国两百多年来也许仅此三例。至于首席大法官在此过程中的作用，用伦奎斯特本人的话讲："我其实无所作为。"而主持弹劾程序，形式大于实质。

因此，所谓"伟大的首席"，并不是说首席这一职位被宪法明文规定得多么重要和与众不同，而是在历史的长河中，由多位杰出的、充满理想和激情的首席们的不懈努力，奠定大多数人印象和直觉中的"伟大"。这里的"伟大"仅指大家公认，与权力无关，属于无形的东西，是首席的个性特征甚至道德力量。比如马歇尔，执掌最高法院长达 34 年，通过司法审查制度，最终将西方三权分立从思想和文本转为实践，联邦最高法院在人民生活中不再可有可无，是名副其实的伟大首席。再比如厄尔·沃伦，正是在他的带领下，最高法院被贴上司法能动主义标签（其核心观点是"活着的宪法"），被誉为继马歇尔法院之后，极富创造性的法院。时至今日，美国最高法院仍然还传承着沃伦法院的部分遗产，首席的作用功不可没。

在美国法院内部，特别是在履行纯司法职能时，首席大法官职权与其他大法官相比，差别不是很明显，是"兄弟"、"兄妹"，而非领导者与被领导者。这一点，仅从字面就能准确理解，掌门被命名为首席，而不是"院长"或其他。在美国最高法院，决定案件胜负、宪法如何被解释的关键性因素是票数。与其他八位大法官一样，首席只有一票，该票代表的分量并不更重，而且必须少数服从多数。如果试图左右判决，只能通过个人观点与推理对其他大法官产生影响，以及在此过程中的坚持与妥协，而不是凭借首席大法官这一职务。

纵观美国法院历史，最有"权势"和最具有影响力的大法官往往不是首席，而是手握关键一票的那位。已退休的奥康纳大法官被誉为美国权力最大的女性之一，就是因为当时最高法院自由派和保守派力量势均力敌，作为经常持中间派观点——也有人称其为温和保守派，批评者称其为"秋千派"——兼具女性亲和力的她，手中一票，往往能赢得多数意见和法院意见，从而成为案件判决结果最终决定者，因此有人说是奥康纳而不是伦奎斯特在执掌最高法院。1989 年，在韦伯斯特诉生育健康服务中心一案中，正是奥康纳关键性的一票，再次拯救了 1973 年罗伊案所确立的原则，妇女享有堕胎权。

但作为大法官中的领衔人，首席毕竟还承担某些专有职责，如主持言词辩论、投票程序以及大法官内部讨论会议等。其中，指定法院多数判决意见的执笔者，是首席的一项重要职责，如果应用得当会对判决产生重大影响。被人称为"沃伦法院司法实践的总设计师"的布伦南大法官，不仅是沃伦大法官的挚友和左膀右臂，更是沃伦法院能动司法理念的积极践行者，在其担任大法官 34 年间，特别是在沃伦法院时期，多次被沃伦指派撰写多数法律意见。20 世纪 60 年代，继布朗案铲除种族隔离篱笆之后，沃伦法院积极向"议会席位分配不公"这一宪法难题发起进攻，其中最具代表性案件是贝克诉卡尔案，当时的沃伦法院内部就是否审理该案产生严重分歧，布伦南大法官秉承一贯的自由派立场，坚定支持审理该案，并代表法院撰写多数意见，确立"一人一票"选举原则。沃伦首席把指派撰写多数派法律意见这一职权通过一定的技巧发挥到极致，证明掌门权力并非总是"最小"，有时候也"很大"。

不过，物极必反。紧随其后的首席大法官伯格试图充分灵活应用这一职权，比如通过多种不合惯例的方式，尽量使自己处于多数方意见之列，获得自己或指派别人撰写法院多数意见的机会，从而塑造带有自己风格的最高法院。但是，他没有成功。他招致其他多数大法官的厌恶、不满甚至抵制，他本人也在身体仍然很健康的情况下宣布退休。

290. 新加坡反腐败机制对我们有什么启示

新加坡是全世界为数极少的在高度发展经济的同时，又有效地遏制了腐败现象蔓延的国家。新加坡政府在 1959 年自治和 1965 年建国初期，贪污现象猖獗，渗透到社会各个层面，但到 20 世纪 70 年代，仅用了不到二十年时间，就已经转变成为一个廉洁的政府，在世界反腐败国际组织公布的"廉政指数"中是唯一进入前十位的亚洲国家。

新加坡贪污调查局成立于 1952 年，是全国打击和防止贪污贿赂行为的最高机关，独立设置，只属总理公署。局长由总理直接任命，只对总理负责，不受其他任何人的指挥和管辖，是一个国家强力部门。我国香港廉政公署也是仿效、学习新加坡贪污调查局而建立的。

特别值得一提的是，反贪机构拥有类似秘密警察部门的独立、完整的秘密调查权。目前在世界范围内仅限于新加坡、我国香港特区等个别政府，这些国家或者地区政府和官员的廉政情况比起其他国家和地区要好，有不容忽视的内在联系。

为了保证贪污调查局能够有效地与贪污行为作斗争，新加坡先后制定并多次修订完善《防止贪污法》等法律，使贪污调查局在执行公务时不必借助警察或者其他国家强力部门的力量，就可以独立地行使以下特殊权力：一是调查权。贪污调查局可以在无检察官允许的情况下，行使《刑事诉讼法》赋予警方调查的任何权力，调查人员则被视为警察身份。二是秘密调查权。贪污调查局有权进行跟踪，进行秘密调查，如果发现可疑行为，可采取卧底、窃听、录音、秘密拍摄等方式收集证据。三是特别搜查权。在执行重大调查任务时，贪污调查局可以武力搜查任何地方、任何账目以及任何银行的任何保险箱，并有充分权力要求任何人揭发或交出调查方所需要的全部材料、文件或物品。四是逮捕权。贪污调查局可以不用逮捕证就逮捕涉嫌贪污罪行的任何人，包括对其他行为存在合理怀疑的人。

贪污调查局对总理负责，但由于其拥有独立、完整的秘密调查权，不需借助其他国家部门，因此对任何涉嫌贪污人员，即使身居政府部长、国会议员等高位、要职，甚至是执政的人民行动党高层，也可以不须报经总理同意而自行立案调查。

贪污调查局为了保证其权力的正确、恰当使用，也有权力制衡机制。一是贪污调查局对涉嫌贪污行为没有检控权和定罪权。检控权由律政部门负责，而定罪由法院负责。二是若贪污调查局内部人员涉嫌贪污须进行调查，虽然也由贪污调查局进行，但被调查官员必须停职，包括局长在内。此外，贪污调查局只对总理负责，但总理不能干预贪污调查局的工作。

廉政建设的根本在于制度上进行规制。在新加坡"一切有关政府官员的权力力求简单明了"。这样非常便于民众举报。

在此基础上，还由国会制定一系列规范公务员行为的法规，包括《公务员法》、《公务员指导手册和纪律条款》、《防止贪污法》、《财产申核法》等。如《防止贪污法》仅在"主要犯罪行为及其处罚"中就规定了"一般贿赂罪"、"与代理人贿赂交易的犯罪"、"贿赂撤回投标罪"、"与议员有关的贿赂罪"、"与公共机构人员有关的贿赂犯罪"、"妨碍查处贪污贿赂行为的犯罪"六大方面的内容。其中对涉嫌贪污的"收取报酬"的规定范围极广：既包括金钱、礼物、证券、财产及任何利息，也包括任何职位、就业或合同和任何贷款、债务的支持、免除、解除、清偿，还包括任何服务、恩惠及利益，如提供保护及不受惩处、处分、纪律、诉讼或处置等，以及各种实施的延缓，甚至包括对上述报酬的承诺或许诺。

新加坡有关法律把公务员收受礼品也列入贪污范围。在新加坡一名贪污法官可被罚款十万新元，或者监禁五年甚至七年，或者二者兼施，公务人员还将面临被革职、降职、被迫退休等严厉的惩罚。

为了使公务人员有较高的自律性，新加坡还制定了廉政教育制度，主要是对公务员定期进行反贪防腐法律制度的教育，同时对全民进行反腐防腐教育和举报腐败行为的教育。正是通过无处不在的廉政教育，新加坡政府以至整个社会形成了一种廉洁的政治文化，形成了良好的反贪教育机制。

291. 加拿大反腐败机制对我们有什么积极的借鉴作用

　　加拿大是国际公认廉洁程度较高的国家，政府之所以能够保持较高的廉洁程度，根本原因就在于加拿大建立了一整套完善的惩防腐败体系，并能在实际工作中贯彻到底。具体来说，加拿大的反腐败分别在法律体系、体制框架、反腐败机制等方面，对我国反腐败工作具有积极的启发意义。

　　系统、健全的法律体系是加拿大反腐败工作的重要特征。加拿大从联邦到省、市都制定了详细完备的法律法规，形成了一套健全的反腐倡廉法律体系，覆盖反腐倡廉的预防、侦查和惩治各个阶段，有力支撑各项反腐倡廉工作的有效运转。反腐倡廉法律体系的建立，严格规定了加拿大政府各个部门的职责，使每个部门的活动都有法律依据、职务支撑，从而确保了部门活动的权威性。同时，加拿大政府非常注重根据新问题、新情况及时有效地修订、完善相关法律法规。加拿大作为一个法律体系相对成熟的国家，仍然非常注重法律体系的不断修订和完善。例如《游说法》就是游说领域出现丑闻之后，为避免再次出现类似问题而及时完善出台的法律规定。当前，加拿大反腐败法律体系中起到重点支撑作用的主要有以下八部法律：《加拿大选举法》、《利益冲突法》、《游说法》、《金融管理法》、《审计总长法》、《信息公开法》、《公务员揭露保护法》和《加拿大刑事法典》。

　　为保证反腐败的有关法律法规得到切实的贯彻和落实，加拿大建立了一套完善的反腐倡廉工作组织体系。一方面是在反腐链条的每一个环节均设置常规性专职反腐机构。加拿大各行政层在反腐的预防、侦查和惩处各阶段均设立了专门的职能机构，形成了"廉政专员办公室、监察专员办公室、游说登记办公室、审计长办公室"四位一体的独立监察架构，构成了加拿大反腐组织体系的一大特色。同时，针对腐败高发易发领域成立"专门反腐机构"，如设立"政府采购监管办公室"以重点负责审查政府采购行为；设立"安大略省市政委员会"，以负责对公众有关市级土地规划和土地使用的申诉做出裁定。另一方面就是引导社会多方力量共同参与反腐。如"加拿大问责制促进会"就是众多反腐社会组织的典型代表。作为一家根据加拿大《非正式组织法》注册的民间组织，促进会的主要职能是教育加拿大人如何成为一名腐败的揭发人，同时为揭发人提供支持服务，如发现丑闻、搜集证据、利用社会力量等。它的目的不是反对政府，而是希望通过自身努力推动全社会提高透明度和问责力。而社会媒体在反腐中能够比较充分发挥舆论监督的作用，是惩防腐败的重要压力与推动。同时，加拿大法律通过合理的制度设计积极保护社会个体揭发腐败，从而使加拿大社会公众参与反腐败的积极性和主动性非常高。

加拿大在反腐败的实际操作过程中，非常重视预防工作，努力从源头上防止腐败发生。其做法是：

（1）注重从道德高度从严界定腐败

在加拿大，反腐败不仅仅是针对定罪化的腐败问题，更是从职业道德高度来界定腐败行为。例如，公职人员用公家电脑做个人私事虽不是犯罪行为，但是这种违背职业道德规范的行为却属于腐败范畴。

（2）注重防止公权力与个人利益的冲突

加拿大在《利益冲突法》指导下，积极推出了一系列"防止利益冲突"的具体措施，以确保公共利益与私人利益的严格分开与互补影响，从而有力防止了官员利用公职获取个人经济利益，防止了官员的个人经济利益影响到其公务决定，有效切断了官员利用公权力谋取私利的腐败链条。

（3）注重政府信息主动、全面公开

根据加拿大《信息公开法》，加拿大政府部门通过网站、媒体等尽可能的公共渠道平台，只有不涉及秘密的政府公共事务信息，全部向社会无障碍公开，努力营造透明、阳光的工作环境，从而极大降低了腐败发生的可能与风险。

（4）注重对公务员的反腐倡廉教育培训

特别是加拿大预防腐败机构通过为官员提供政策建议开展反腐教育活动。如当官员遇到一些涉及腐败问题时，则可能会向这些机构咨询寻求建议，加拿大反腐机构积极利用这些机会开展富有成效的教育，帮助官员解决实际问题，有力地推进反腐倡廉工作的开展。

（5）注重发挥反腐监督功能

一方面是独立的外部监督，加拿大预防腐败组织和机构具有人事独立、运作独立和调查结果独立公布的权利；另一方面是强有力的内部监督，主要通过严格保护制度来鼓励内部人举报，同时通过公务人员休假、轮值等制度安排来避免公务人员由于长期在一个岗位上而发生腐败。

在注重预防的同时，加拿大非常强调对腐败的有效侦查与严厉惩处。主要表现在：

一方面，积极利用现代科技大幅提高侦查腐败水平。广泛采用现代财务监控分析技术反腐，同时引入现代图像识别技术反腐，从而有力地促进了反腐工作的全面、深入开展。

另一方面，对腐败行为实施公正严厉的惩处。《加拿大法典》将犯罪分为可诉罪（较重的犯罪）或即决罪（相对较轻的犯罪），所有的腐败犯罪划归为可诉罪，由此可见加拿大对腐败的严厉措施。除了一般性规定外，加拿大对某些专门领域的腐败，还设定了针对性的严厉惩罚措施。

292. 李自成的教训过时了吗

李自成的教训过时了吗？

如今的大学生几乎不大知道这个历史人物了。

公元 1644 年 3 月 19 日，这在中国历史上是一个不能抹去的、永远值得纪念的日子。

这一天，中国农民起义领袖闯王李自成头戴白毡笠，身着蓝箭衣，骑着乌龙驹，在无数群众的欢呼声中，率领着与朱明王朝浴血奋战、顽强抗争十几年的起义大军，浩浩荡荡开进了北京城，终于坐上了武英殿的宝座，开始真正拥有了大顺王朝的千里江山。

然而，农民起义军在攻入北京城推翻明王朝不久，若干起义首领因为胜利而忘乎所以、骄傲自大起来。因胜利而骄傲，因骄傲而松懈，因松懈而腐化，因腐化而失败，因失败而垮台。好景不长，仅仅过了 42 天，1644 年 4 月 30 日，李自成便从英武殿的宝座上撤了下来，仓促率部退出了北京城。以后，便节节败退，才一年的时间便血染九宫山，几乎全军覆灭，胜利果实丧失殆尽。

一代杰出的农民英雄、一支势不可挡的起义大军，何以功败垂成？历史史实证实：除了有重要的外部原因以外，更为主要的是其队伍自身内部的原因。李自成在夺取政权的漫长岁月中，其领导的农民起义队伍纪律严明、英勇善战、不怕牺牲、万众一心，喊出了"杀一人如杀我父，淫一妇如淫我母"这样震撼人心的口号，深得人心。"想闯王、盼闯王，打开大门迎闯王。"可见，当时的农民起义军受到了人民的广泛拥护、欢迎和爱戴。因此，起义大军势如破竹、势不可挡，直至夺取政权。

可是，问题在于起义大军，特别是一些起义军的首领、高级将领、昔日功臣，一旦政权在握、江山到手，他们却迷失了方向。天天陶醉在胜利的喜悦之中，夜夜笙歌燕舞，挥霍无度，尽情享乐，个个贪赃腐化，巧取豪夺，中饱私囊。昔日的政治追求、精神面貌、严明纪律荡然无存。终于，他们以生命和鲜血、以教训和遗憾为中国农民起义史写上了沉重的一笔。

前事不忘，后者之师。中国共产党人把李自成失败的教训深深地印在自己的头脑中。

1944 年 3 月，郭沫若的《甲申三百年祭》在重庆《新华日报》上发表。中国共产党中央委员会把《甲申三百年祭》定为延安整风的重要文件，在全党和全体干部中进行了深入持久的以史为鉴的教育。

1944 年 4 月 12 日，毛泽东在延安高级干部会议上说："近日，我们印发了郭沫若论李自成的文章，也叫同志们引以为戒，不要重犯胜利时骄傲的错误。"

1944 年 4 月 23 日，毛泽东在中国共产党第七次全国代表大会上致开幕词时再次强调："我们应该谦虚、谨慎、戒骄、戒躁，全心全意为中国人民服务。在现时，为着团结全国人民战胜日本侵略者，在将来，为着团结全国人民建设新民主主义的国家。"

1944 年 4 月 18 日、19 日，《解放日报》全文刊载《甲申三百年祭》。5 月 19 日至 26 日，《解放日报》又刊登了苏联科尔内楚克的剧本《前线》。6 月 7 日，中共中央宣传部、军委总政治部向各级党委和政治部发出联合通知，指出：这两篇作品对我们有重大的意义，就是要我们全党首先是高级领导同志，无论遇到何种有利形势与实际胜利，无论自己如何功在党国、德高望重，必须永远保持清醒的头脑与学习态度，万万不可冲昏头脑，忘乎所以，重蹈李自成与戈尔洛夫（《前线》中的主人公）的覆辙。

1944 年 11 月 21 日，毛泽东又写信给郭沫若，鼓励他再写一些类似《甲申三百年祭》的史书。他说："小胜即小骄傲，大胜更骄傲。一次又一次吃亏，如何避免此种毛病，实在值得注意。倘能经过大手笔写一篇太平军经验，会是很有益的。"

1949 年 3 月 23 日，毛泽东、朱德、刘少奇、周恩来、任弼时等中央领导，率领中共中央机关和人民解放军总部人员，由河北省平山县西柏坡村出发，进驻解放不久的北平市。临行前，毛泽东说："走！进京赶考去！我们绝不当李自成，我们都希望考个好成绩！"

李自成功败垂成的教训告诉我们：外部的暴风骤雨、艰难困苦并不可怕，可怕的是我们的内部自身出问题。一个政党，一个国家，其内部出问题就是自身的腐败，腐败的最终结果就是政权的垮台，就是死亡。我们一定要以史为鉴，决不能让历史的悲剧在中国共产党人身上重演。

"我们不学李自成！"（毛泽东语）

293. 鼓励基层越级打"小报告"的汉武帝是如何反腐的

正是因为"言事变"制度，使得刘彻成为鼓励群众百姓打"小报告"的皇帝中的"第一人"。

作为开创了西汉王朝"最鼎盛繁荣时期"的汉武帝刘彻，其身上带了太多的光环，他一生致力于加强中央集权的伟大事业，在反贪腐这一领域有所作为自然也不奇怪，甚至在某些方面还具有开创性的贡献。

在汉代，主抓监察工作的御史大夫备受重视，甚至被提升到与丞相同一级别，位列"三公"（指丞相、御史大夫和太尉）。

但是，汉代皇帝们却发现，御史大夫的高位并没有给国家的监察工作带来多少益处，甚至，这种高位使得这些监察官员们高居庙堂之上，不能很好地深入基层了解地方实情。

在此背景下，刘彻借鉴了他爷爷汉文帝刘恒的工作方法，时不时地临时调派身边的亲信到基层核查走访，并将此行为称为"刺"。

经过一段时间的实践，刘彻在元封五年（即公元前106年）正式宣布设立"刺史"这一职位。"刺史"制度也成为中国古代反贪史上第一次因为专门反腐而设立的制度。

当时，刘彻将全国分成了13个监察区，每个区叫作部，每部派出一名官员，中央的主管官员叫司隶校尉，派到地方的叫刺史。

刺史的地位在当时是相当高的，相当于钦差大臣，而且是常任的，并不是临时的，甚至在地方还有自己的常设办公地点。

此外，汉武帝刘彻在位时也曾专门下诏书建立"言事变"制度，明令保障吏民的言论自由权，当然，攻击皇帝的言论除外。

"言事变"制度，鼓励基层的官员、民间人士乃至平头百姓越级上书、诣阙言事，在向政府表达不满或提出建议的同时，踊跃检举揭发作奸犯科的不良官员。

正是因为"言事变"制度，使得刘彻成为鼓励群众百姓打"小报告"的皇帝中的"第一人"。

294. "钓鱼执法"抓贪官的隋文帝是如何反腐的

在隋文帝坚持高调反腐的一生中，最令他引以为傲的就是破天荒地发明了"钓鱼执法"的反腐"高招"。

同样是头顶巨大荣誉光环的帝王，隋朝开国君主隋文帝杨坚历来被人们认为是一位较为贤明开化的君王，经过他前期的治理，隋王朝在短期内出现了难得的富庶和安定局面，所有这些，与杨坚铁面肃贪的措施不无关系。

他积极强化对官员的监督，《隋书》中有记载，杨坚曾让亲信"密查百官"，发现贪腐行为便严惩不贷。

隋文帝在任期间，曾经有过一次罢免河北 52 州贪官污吏 200 人的记录，导致了河北官场"整体沦陷"的局面。

在隋文帝坚持高调反腐的一生中，最令他引以为傲的就是破天荒地发明了"钓鱼执法"的反腐"高招"。

隋文帝在任期间，曾命令人悄悄把金银财宝以及丝绸和南方出产的缎子送给一些大臣和官员，以此来衡量一个大臣和官员是不是有贪贿行为。

假若某个大臣接受了金银财宝等钱物，不但以贪贿罪处理，甚至还面临在朝堂之上当着其他大臣的面被砍下头颅的风险。

隋文帝用这种"钓鱼执法"的反腐高招，搞得满朝文武胆战心惊，如履薄冰。

在开皇十三年（即公元 593 年），隋文帝曾暗中派人向一些他认为可能有贪腐行为的官员行贿，晋州刺史、南阳郡公贾悉达，显州总管、抚宁郡公韩延等官员都中了隋文帝的"计"而被砍头。

这种"钓鱼执法"的手段简单而直接，却成绩赫然，受贿官员面对的风险如此之高，铤而走险者自然望而却步。于是，隋初的贪腐之风也就此基本禁绝。

295. 重典反腐"杀人如麻"的明太祖是如何反腐的

相比前两位皇帝登基前的身份，朱元璋出身于布衣，可谓白手起家，这多多少少也使朱元璋的反腐手段多了几分跟出身相关的"特色"——杀人，就是这位平民皇帝在任期间最大的反腐手段。

朱元璋时代，贪污杀头的起刑点是 60 两白银，如果按照购买力折算的话相当于如今 1200 元人民币，这样的重典治腐可谓中国历史上登峰造极的一景。

有一次，朱元璋发现御史宇文桂身藏十余封拉关系拍马屁求"上进"的信件后，立即派人对中央各部和地方官府进行调查。

结果发现从上到下贪污腐败现象极其严重，他立即诏令天下："为惜民命，凡官吏贪赃满六十两者，一律处死，决不宽贷。"

由于明初的中书省下属吏、户、礼、兵、刑、工六部中大量留用元朝的旧官吏，以及一些造反起家的功臣，这些人贪赃枉法的现象非常严重。朱元璋为此下诏，声称从地方县、府到中央六部和中书省，只要是贪污，不管涉及谁，决不心慈手软，一查到底。

这样的酷刑治贪下，也直接导致了明初官场风声鹤唳，甚至出现了一些手戴枷锁的官员审案的情况发生。

后来，为解决官员因涉贪而"青黄不接"的困境，朱元璋还专门成立了培养人才的国子监，为年轻读书人提供入仕升迁的机会。朱元璋对这些新科进士和监生厚爱有加，还经常教育他们要尽忠至公，不为私利所动。

然而，洪武十九年，朱元璋派出大批进士和监生下基层查勘水灾，结果发现有141人接受宴请，收受银钞和土特产品，朱元璋的做法是全部杀头，一个不留。

洪武十八年（即公元1385年），朱元璋"总结"了他多年的反腐经验和成果，编撰了整肃贪污的纲领——《大诰》。

这部耗时近两年时间编纂的刑典，堪称是中国有史以来最严格的治腐法典，书中对朱元璋亲自审讯和判决的一些贪污案例成果进行了详细的记录，书中还阐述了他对贪官的态度、办案方法和处置手段等内容。

朱元璋甚至还下令，国内必须每户有一本《大诰》，如果没有，将治欺君之罪。

然而，面对这样的严酷治腐方式，朱元璋貌似仍不解恨，他认为，如果仅仅是斩首就太便宜贪官们了，后来他规定，如果官员犯贪污罪被斩首的，处死后还要将官员剥皮添草以示众。

为了便于操作，朱元璋下令在地方官府的广场边设立一座土地庙，将腐败官员剥皮的刑场就放在这里，民间因此称此庙为"皮场庙"。贪腐官员被处死，皮剥下来后，用草填充，制成"贪官标本"并悬挂起来，"使之触目惊心"，以此警示官员要廉洁自律。

296. 明朝朱元璋是如何治理贪官污吏的

朱元璋由农民起义军领袖登上皇帝宝座以后，把治理官风的重点放在惩办贪官污吏上，提出"杀尽贪官"的口号。下令："凡官吏贪赃满60两者，一律处死，决不宽贷。"据《明史·刑法制》载："太祖开国之初，惩元季贪冒，重绳赃吏。揭诸司犯法者于申明亭，以示威。"

朱元璋"重绳赃吏"体现在《明律》里，其规定：凡收受贿赂枉法曲断案者，受一贯钱（1000 钱）以下的打 70 板子，受 80 贯钱的处以绞刑；即或没有枉断但接受了当事人财物的，一贯以下打 60 板子，120 贯打 100 板子并充军流放 3000 里，为官者撤职，永不录用。

对于那些监督法律执行的官吏，如都察院、按察司等，倘若犯贪污受贿罪，加刑二等处置。

《明律》中规定：老百姓不仅可以越级到京都控告地方官的贪赃枉法及其他罪行，而且还可以把有实据的贪官污吏押送到京都处置。

朱元璋曾经说过："往日朕在民间，见州县官吏多不体恤黎民，往往贪色好财，饮酒废事，凡民疾苦，视之漠然，心中异常愤恨。而今要平立法禁，凡遇官吏贪污枉法蠹害百姓者，决不宽恕！"（明太祖实录）

朱元璋对贪官所施刑罚，严酷得令人毛骨悚然。他以挑筋、断指、削膝、斩手等酷刑对贪官进行严惩，甚至推出"剥皮实草"的极刑——官吏贪污受贿 60 两银子以上的，除了抄没家产和妻子当奴仆外，本人斩首剥皮，这还不算完，皮剥下后还要填上稻草、石灰，做成"臭皮统"，挂在贪官任职衙门的"公座"之旁，以便使在任官员触目惊心，引以为戒。

不仅如此，朱元璋在处理具体案件中，也毫不手软，常常大开杀戒，一件案子往往牵连诛杀的人数以万计。如洪武十五年的"空印案"和洪武十八年的"郭恒案"，就牵连诛杀了 80000 余人，主要是官吏和大地主。

洪武十八年（1385 年），一位御史揭发户部侍郎（相当于现在的财政部副部长）郭恒有贪赃的行为。朱元璋立即下令调查，结果查出郭恒和户部各司郎中（相当现在的司长）、员外郎（相当现在的副司长）结成贪污团伙，勾结各省派到中央交纳课税的官员，采取多收少纳的手法，一共贪污国库物资折合粮食达 2400 万担。这一下触怒了龙颜，朱元璋盛怒之下，立即下令将户部侍郎郭恒以下所有贪官全部处以死刑。凡牵连到各省、府、县的官吏，统统处死，前后共杀了几万人。

朱元璋终身治贪，直到临死，他还嘱咐下属："我死以后，内外文武百官要竭尽天智，辅助新君，安抚百姓，切不可再重蹈覆辙，干那贪赃枉法害民又害己的事了。"

297. 抄家最多的雍正皇帝是如何反腐的

历史发展到中国最后一个封建王朝——清朝，腐败也随着经济、文化等发展达到登峰造极的阶段。在当时的清朝官场之中，官员们将之称为"陋规"并明码标价确定下来。

康熙帝亲手开创了"康乾盛世"，但也为子孙留下了无尽的烦恼。

据史料记载，雍正帝接手清朝帝国之时，吏治腐败、税收短缺、国库空虚，国库储银仅八百万两，亏空的数字却大得惊人。

雍正说："历年户部库银亏空数百万两，朕在藩邸，知之甚悉。"又说，"近日道府州县亏空争粮者正复不少"，"藩库钱粮亏空，近来或多至数十万"。

如此看来，那时的大清帝国，竟是一副空架子，看似强盛无比，内里却空空如也。雍正帝认为，造成这样局面的根本原因就是吏治腐败。所以，他下决心整顿吏治。

雍正元年正月，雍正连续下了十三道谕旨，颁布到所有总督、巡抚、布政司、知府、知州、知县、文官武官，告诫他们不许贪污，不许受贿，不许克扣；武官不许吃空额，违者严重治罪。

随后雍正便派出直属自己指挥的钦差大臣，代表朝廷去各地查账，还从各地抽调了一大批候补州县人员随钦差到各省一起查账，查出的贪官污吏，就地免职，然后从钦差团队里选一个同级官员接任，雍正也开创了监察者接任罢免者之职的先例。

雍正处理腐败分子的手段也算是独辟蹊径，他不像以往的其他皇帝抓到贪官就入狱或者杀头，而是先抄家，要钱。所以，后来历史界有一种说法，如果谁欠了雍正的钱是要倒霉的。

在雍正时期，官员造成的亏空一经查出，一方面严搜衙署，另一方面要行文原籍官员，将其家产查封，家人监控，追索已变卖的财物，杜绝其转移藏匿赃银的可能。

官员贪腐罪行一经核实，雍正就会把他的家底抄个干净，连他们的亲戚、子弟的家也不放过。仅雍正元年，被革职抄家的各级官吏就达数十人，其中有很多是三品以上大员。

其实，不仅仅是其他官员，雍正连自己的家人也不放过。

雍正的十二弟允祹被查处后，还不起钱，祈求雍正宽赦，雍正不允，逼得允祹只好将家中器物当街变卖。

不仅仅是自己亲弟弟，雍正就连死人也不放过，广东道员李滨、福建道员陶范，均因贪污致亏空案被参而畏罪自杀。

那时，还没有万能的"抑郁症"可供涉贪官员们使用，雍正也根本不信任何试图脱罪的理由，他亲自下旨，要自杀的官员家人承担赔偿，包括其父母亲戚都在内，都要为贪污分子买单，还不起就抄家。

雍正曾直截了当地告诉文武百官："朕平生最憎虚诈二字，最恶虚名。"

雍正，用他独有的反腐制度去根治腐败，使得当时的社会风气逐渐改变。仅仅五年，大清国库储银就由康熙末年的八百万两增至五千万两。

后人曾有"雍正一朝无官不清"的说法，也是对雍正治国反腐的历史评价。

298. 清朝的皇帝都是腐败的吗

清朝是腐败的皇朝。

可是，康熙皇帝惩治贪官对我们是有警示意义的。

笔者亲历并且发现了这一段历史的记载：在中国甘肃省北部安西县城85公里处，有一个清朝康熙年间开始建造的小城——桥湾城。

因作为政府专家考察团成员，笔者于2003年曾经到过这样一个值得令人深思的小城，也专门考察了历史留给我们的告诫和警示。

在这个小城中有一个反腐败博物馆，至今还保存着清朝康熙年间留下来的人皮鼓、人头碗。博物馆中还列出清朝的贪官100多人的名单，历数着他们的罪状。它是我国反贪文化的重要历史见证，足以给人们敲响警钟：做官必须清正，做人必须心正。

据史记载，当年，康熙皇帝做了一个梦，梦见自己在西北某地巡游，在荒无人烟的沙锁中，忽然，出现了一片绿洲，但见清水湾环，向西流去，河旁有两棵大树，树上挂着金光耀眼的皇冠、玉带，旁边有一座金碧辉煌的城池，真似"天上神仙境、人间帝王家"。

梦醒以后，康熙皇帝非常高兴，觉得梦中之境，必是上天赐予自己的边关要隘，即按梦中之境，绘图查访。后来到了茫茫戈壁的桥湾一带，见到这里碧水西流，河旁两棵高大的梧桐树，树上挂着草帽、草腰带，与康熙梦中之景恰成吻合，唯一美中不足的是没有那座金碧辉煌的城池。康熙闻之大喜，立即下诏，拨巨款派程金山父子到此督修一座九里九的军事防御城。因为，当时新疆葛尔丹叛乱，修一座防御城是为团结西部各少数民族，加强西部边疆军事防御、屯军、屯粮，利用古丝绸之路和桥湾城，开辟中原与西方各国的友好往来。

不想，程金山父子领命来此，见这里荒凉偏远，想康熙皇帝日理万机，哪能来此巡游，便见财枉法，贪污巨额建城银两，草草修了一座小城交差。

后来，钦差大臣西巡，想要目睹一下这座耗资巨大的城池，可是他被眼前的情景惊呆了。回京后，将此情况奏圣上。康熙皇帝龙颜大怒，降旨将程金山父子处死，并且用程金山的头盖骨做成一只头骨碗——人头碗，用其两个儿子的头盖骨反扣在一起，中间用白银雕刻的二龙戏珠镶嵌鼓面而形成鼓架，上下鼓面用他们脊背上的皮蒙制而成——人皮鼓。随后，将这个人皮鼓挂在城门上，告诫世人为官不可贪，为人必须正。

后来为了警示后人，康熙皇帝又在离桥湾城西北250米处的地方修建了一座气势恢宏的皇家寺院——永宁寺。在寺院里面供奉着康熙皇帝的龙袍马褂，悬挂着人皮鼓、人头碗，以警示后人。

封建王朝也反腐败！

299. 中国古代的"反腐皇帝"给我们什么启示

"猛药去疴、重典治乱"、"刮骨疗毒、壮士断腕"、"见善如不及，见不善如探汤"……在年初的中央纪委第三次全体会议上，习近平总书记在讲话中多次引用成语、典籍，"铁腕反腐"让人印象深刻。

习近平历来注重在反腐倡廉、群众路线等方面向古人借智慧。这样的做法，广为称道。

中国古代社会针对官员的腐败问题，历朝历代都曾采取不少措施和手段，有成功也有失败的案例。

自公元前 221 年秦始皇当皇帝到 1912 年宣统退位，历经 2133 年，中国大约有 492 位皇帝。作为封建社会反腐工作的最终决策者，皇帝在"普天之下，莫非王土"的封建理治下，对于贪腐的态度却不尽相同。

有些皇帝本身就是腐败的实践者或包庇者，他们卖官鬻爵，贪赃枉法，有些皇帝为了个人利益甚至向官员行贿。但也有些皇帝，出于维护统治的需要，在反腐败方面，作了许多努力。

作为反腐决策的最终"大佬"，皇帝们曾经采用过的各种招数，或许可以为当前的政府治贪提供不少经验。

如前所述，汉武帝鼓励基层越级打"小报告"，检举揭发不良官员；隋文帝"钓鱼执法"抓贪官，对贪污受贿官员是很好的监督与杜绝；明太祖重典反腐，编纂的《大诰》是当时中国最严格的治腐法典；雍正被戏称为"抄家最多的皇帝"。

相比中国两千多年漫长的封建历史而言，这些皇帝们确实结结实实地打在贪官污吏"死穴"上，让贪官污吏无处藏身，给历史留下了浓重的一笔。或许，在我国大力"打苍蝇老虎"的今天，能给我们一些启示。

综上所述，这些皇帝们都不约而同地对当时的积弊敢于大动干戈、大刀阔斧，无论涉及什么人，都决不宽贷。在那些贪墨成风的年代，不下这样一个决心，就刹不住腐败之风。

以史为鉴，可以知兴替。

300. 俄国彼得大帝是如何惩治贪官污吏的

俄国罗曼诺夫王朝的第四代沙皇——彼得大帝是一位著名的专制君主，他在惩治贪官污吏方面颇为强硬。

彼得大帝是位铁腕人物，他亲自制定了国家敕令，并且在敕令的开头语中写道："治国之道莫过于坚决维护各项国家法令，制定法令而不维护它，或者像洗牌时，把各种花色的牌混合在一起那样玩弄它，法令就会形同一纸空文。"敕令强调法令的威严，凡破坏法令者，一律处死。

彼得大帝明确宣布："凡损公肥私的罪犯，一律处于死刑，决不饶恕。"他还在另一道敕令中规定："严禁所有掌握实权的官吏受贿、充当承包商。凡敢冒此大不韪者，处以体刑、没收财产直至死刑。"

公元 1721 年，彼得大帝下令绞死了西伯利亚省督加加林公爵，罪行是敲诈勒索、侵吞公款，甚至将为皇室从中国买来的珠宝据为己有。尽管加加林公爵一再认罪，请求让他进修道院度过余生，但彼得大帝仍坚持当众把加加林绞死在司法院大厦前。

值得一提的是加加林重大贪污舞弊案的坚决揭发者总督察官涅斯捷罗夫，在加加林被处死后不久，也因为贪赃徇私和掩盖犯有收受贿赂、窝藏逃兵等罪行的雅罗斯拉夫尔省的省督察官罪行，而被彼得大帝特设法庭判处死刑。

沙皇的密友库尔巴托夫由于贪污国库款 16000 卢布被关进监狱，没等到判决书下达，库尔巴托夫便死于狱中。

伟大的俄罗斯诗人普希金曾经评价彼得大帝惩治贪官污吏的法令："看来是用鞭子写成的。"

拓展阅读之一
廉政箴言解读

一、高层声音

道德是人们经济生活与其他社会生活的要求的反映，不同的阶级有不同的道德观，这就是我们的善恶论。

——毛泽东《关于人的基本特性及其他》（1943 年 12 月 17 日）

我建议重读一个《资治通鉴》，治国就是治吏，礼义廉耻，国之四维，四维不张，国之不国。如果一个个干部寡廉鲜耻，贪污无度，胡作非为，而国家还没有办法治理他们，那么天下一定大乱，老百姓一定要当李自成，国民党是这样，共产党也是这样。

——毛泽东《张子善、刘青山事件》的批示

刘青山、张子善是 1931 年和 1933 年入党，经过土地革命战争、抗日战争和解放战争严峻考验的老干部。刘青山参加过 1932 年农民暴动，曾经被国民党逮捕，在敌人的严刑逼供下，坚贞不屈，案发前是中共石家庄市委副书记。张子善 1934 年被国民党逮捕入狱，曾参加狱中的绝食斗争，在敌人面前表现了共产党人的英雄气概，案发前是天津地委书记。他们的确曾经是党的干部中的佼佼者，曾经在不同的领导岗位上出生入死地苦斗过，曾经为新中国的诞生作出过自己的贡献。但是，进城后，他们在资产阶级思想和生活方式的腐蚀下，贪污腐败、蜕化变质，成了人民的罪人。1952 年 2 月 10 日被判处死刑。

我们的共产党和共产党所领导的八路军、新四军是革命的队伍。我们这个队伍完全是为着解放人民的，是彻底地为人民的利益工作的。

——毛泽东《为人民服务》，1944 年 9 月 8 日毛泽东
在延安张思德同志追悼会上的讲话。

张思德，四川仪陇人，中共中央警卫团战士，1923 年参加红军，经历长征，负过伤，是一个忠实为人民服务的共产党员，1944 年 9 月 5 日在陕北安塞县山中烧炭，因炭窑崩塌而牺牲。

共产党是为民族、为人民谋利益的政党，它本身决无私利可图。它应该受到人民的监督，而决不应该违背人民的意旨。它的党员应该站在民众之中，而决不应该站在民众之上。

——毛泽东《在陕甘宁边区参议会上的讲话》（1941 年 11 月 21 日）

　　这种先锋分子是襟怀坦白的，忠诚的，积极的与正直的；他们是不谋私利的，唯一地为着民族与社会的解放；他们不怕困难，勇往直前；他们不是狂妄分子，不是风头主义者，而是脚踏实地富于实际精神的人们。他们在革命的道路上起着向导的作用。

——毛泽东《论鲁迅》（1937 年 10 月 19 日）

　　只有让人民来监督政府，政府才不敢松懈。只有人民当家作主，人人起来负责，才不会人亡政息。

——毛泽东《与黄炎培先生的谈话》（1945 年 7 月）

　　1945 年 7 月 1 日，毛泽东对到延安访问的国民党参政会参政员黄炎培先生提出的："一部历史，'政怠宦成'的也有，'人亡政息'的也有，'求荣取辱'的也有。总之，没有能够跳出这个初兴后亡的周期律。"当时，毛泽东回答说："我们已经找到了新路，我们能够跳出这个周期律。这条新路就是民主，就是要人民真正当家作主，积极负责地管理国家事务，严格认真地监督政府和公务人员，只有让人民来监督政府，政府才不敢松懈。只有人民当家作主，人人起来负责，才不会人亡政息。"

　　毛泽东在延安窑洞里同黄炎培先生的这次对话也被称为"窑中对"而成为佳话。

　　国要有国法，党要有党规党法。党章是最根本的党规党法。没有党规党法，国法就很难保障。各级纪律检查委员会和组织部门的任务不只是处理案件，更重要的是维护党规党法，切实把我们的党风搞好。对于违反党纪的，不管是什么人，都要执行纪律，做到功过分明，赏罚分明，伸张正义，打击邪气。

——邓小平《解放思想，实事求是，团结一致向前看》（1978 年 12 月 13 日）

　　要整好我们的党，实现我们的战略目标，不惩治腐败，特别是党内的高层的腐败现象，确实有失败的危险。

——邓小平《邓小平文选》

　　要教育全党同志发扬大公无私、服从大局、艰苦奋斗、廉洁奉公的精神，坚持共产主义思想和共产主义道德。

——邓小平《贯彻调整方针，保证安定团结》（1980 年 12 月 25 日）

　　要批判剥削阶级思想和小生产守旧狭隘心理的影响，批判无政府主义、极端个人主义，克服官僚主义。要恢复和发扬我们党和人民的革命传统，培养和树立优良的道德风尚，为建设高度发展的社会主义精神文明做出积极的贡献。

——邓小平《在中国文学艺术工作者第四次代表大会上的祝词》（1979 年 10 月 30 日）

现在有些青年，有些干部子女，甚至有些干部本人，为了出国，为了搞钱，违法乱纪，走私受贿，投机倒把，不惜丧失人格，丧失国格，丧失民族自尊心，这是非常可耻的。

　　　　　　——邓小平《党和国家领导制度的改革》（1980 年 8 月 18 日）

干部不只是要年轻，有业务知识，就能解决问题，要有好的作风。要全心全意为人民服务，深入群众倾听他们的呼声；要敢说真话，反对说假话，不务虚名，多做实事；要公私分明，不拿原则换人情；要任人唯贤，反对任人唯亲。

　　　　　　——邓小平《在中国共产党全国代表大会上的讲话》（1985 年 8 月 23 日）

解放思想、实事求是、积极探索、勇于创新，艰苦奋斗、知难而进，学习外国、自强不息，谦虚谨慎、不骄不躁，同心同德、顾全大局，勤俭节约、清正廉洁，励精图治、无私奉献，这些都是应该成为新时期我们推进现代化建设，所要大力倡导和发扬的创业精神。

　　　　　　——江泽民《在八届全国人大一次会议上的讲话》（1993 年 3 月 31 日）

党能够领导人们建立新中国，确立社会主义制度，开创改革开放和现代化建设的新局面，也一定能够依靠自身的力量、依靠人民的支持克服腐败现象。

　　　　　　　　　　　　　　　　　　——江泽民

共产党人时时刻刻都应该把党和人民的利益放在首位，对个人的名利地位应该看得淡一些。我们来到这个世界上，对名位钱财之类，生不带来死不带去，总要多做些有益于国家、社会和人民的事，这才是人生价值的根本体现。

　　　　　　——江泽民《治国必先治党，治党务必从严》（2000 年 1 月 14 日）

各级领导同志更应该自重、自省、自警、自励，在各方面以身作则，树立好的榜样。要求别人做的，自己首先做到，禁止别人做的，自己坚决不做。

　　　　　　——江泽民《领导干部一定要讲政治》（1995 年 9 月 27 日）

要不怕鬼，不信邪，坚持真理，维护党的原则，旗帜鲜明地同各种错误思想、不良倾向和邪恶势力作斗争，在重大原则问题上，决不能含糊，决不能退让和屈服。

　　　　　　——江泽民《在全军政治工作会议上的讲话》（1999 年 7 月 8 日）

要促使社会风气的进步，必须搞好党风，各级领导同志必须以身作则，不能搞"两张皮"，对别人讲马克思主义，而自己却搞那些乌七八糟、见不得人的事。

　　　　　　——江泽民《宣传思想战线的主要任务》（1996 年 1 月 24 日）

各级领导干部都要始终保持高尚的精神追求和道德情操，坚持严于律己、清正廉洁，老老实实做人，干干净净做事，时刻警惕权力、金钱、美色的诱惑，坚决同一切腐败行为作斗争，用实际行动推进反腐倡廉建设，真正做到为民、务实、清廉。

——胡锦涛2010年4月6日重要讲话见《人民日报》2010年4月7日第一版

必须重点加强对领导干部的思想道德教育，使各级领导干部真正做到自重、自省、自警、自励，以身作则，率先垂范，并带头同腐败现象作斗争。

——胡锦涛《大力弘扬求真务实精神，大兴求真务实之风，继续深入开展党风廉政建设和反腐败斗争》（2004年1月12日）

只有坚持艰苦奋斗，心中装着人民群众，始终同人民群众同呼吸、共命运、心连心，才能保持我们党同人民群众的血肉联系，才能增强抵御腐朽思想侵蚀的能力，才能不断与时俱进、开拓创新。

——胡锦涛《坚持发扬艰苦奋斗的优良作风，努力实现全面建设小康社会的宏伟目标》（2002年12月6日）

古人说，"志正则众邪不生"。领导干部打牢思想基础，筑严思想防线，说到底就是要牢固树立马克思主义的世界观、人生观、价值观，牢固树立正确的权力观、地位观、利益观。

——胡锦涛《大力弘扬求真务实精神，大兴求真务实之风，继续深入开展党风廉政建设和反腐败斗争》（2004年1月12日）

共产党员都要坚持高尚的精神追求，培育高尚的道德情操，养成良好的生活作风，自觉抵制拜金主义、享乐主义、极端个人主义的侵蚀。

——胡锦涛《在新时期保持共产党员先进性专题报告会上作的讲话》（2005年1月14日）

要生活正派、情趣健康，讲操守，重品行，注重培育健康的生活情趣，保持高尚的精神追求。

——胡锦涛《全面加强新形势下的领导干部作风建设，把党风廉政建设和反腐败斗争引向深入》（2007年1月9日）

这个重大的责任，就是对党的责任。我们的党是全心全意为人民服务的政党。党领导人民已经取得了举世瞩目的成就，我们完全有理由因此而自豪，但我们自豪而不自满，决不会躺在过去的功劳簿上。

新形势下，我们党面临着许多严峻挑战，党内存在着许多亟待解决的问题。尤其是一些党员干部中发生的贪污腐败、脱离群众、形式主义、官僚主义等问题，必须下大气力解决。全党必须警醒起来。

——习近平《下大力气解决贪污腐败等问题　打铁还需自身硬》（2012 年 11 月 15 日）

反对腐败、建设廉洁政治，保持党的肌体健康，始终是我们党一贯坚持的鲜明政治立场。党风廉政建设，是广大干部群众始终关注的重大政治问题。"物必先腐，而后虫生。"近年来，一些国家因长期积累的矛盾导致民怨载道、社会动荡、政权垮台，其中贪污腐败就是一个很重要的原因。大量事实告诉我们，腐败问题越演越烈，最终必然会亡党亡国！我们要警醒啊！近年来我们党内发生的严重违纪违法案件，性质非常恶劣，政治影响极坏，令人触目惊心。各级党委要旗帜鲜明地反对腐败，更加科学有效地防治腐败，做到干部清正、政府清廉、政治清明，永葆共产党人清正廉洁的政治本色。各级领导干部特别是高级干部要自觉遵守廉政准则，既严于律己，又加强对亲属和身边工作人员的教育和约束，决不允许以权谋私，决不允许搞特权。对一切违反党纪国法的行为，都必须严惩不贷，决不能手软。

——习近平《对一切违反党纪国法的行为都必须严惩不贷》（2012 年 11 月 17 日）

中共中央总书记、中共中央军委主席习近平 22 日在中国共产党第十八届中央纪律检查委员会第二次全体会议上发表重要讲话。他强调，全党同志要按照党的十八大的部署，坚持以邓小平理论、"三个代表"重要思想、科学发展观为指导，坚持标本兼治、综合治理、惩防并举、注重预防方针，更加科学有效地防治腐败，坚定不移把党风廉政建设和反腐败斗争引向深入。

——习近平《更加科学有效地防治腐败　坚定不移把反腐倡廉建设引向深入》（2013 年 1 月 22 日）

习近平说，全体共产党员特别是党的领导干部，要坚定理想信念，始终把人民放在心中最高的位置，弘扬党的光荣传统和优良作风，坚决反对形式主义、官僚主义，坚决反对享乐主义、奢靡之风，坚决同一切消极腐败现象作斗争，永葆共产党人政治本色，矢志不移为党和人民事业奋斗。

——习近平《弘扬党的光荣传统和优良作风　坚决同一切消极腐败现象作斗争》（2013 年 3 月 17 日）

中共中央政治局 4 月 19 日下午就我国历史上的反腐倡廉进行第五次集体学习。中共中央总书记习近平在主持学习时强调，历史的经验值得注意，历史的教训更应引以为戒。面对复杂多变的国际形势和艰巨繁重的改革发展稳定任务，实现"两个一百年"奋斗目标，实现中华民族伟大复兴的中国梦，必须坚持党要管党、从严治党，积极借鉴我国历史上优秀廉政文化，不断提高党的领导水平和执政水平、提高拒腐防变和抵御风险能力，确保党始终成为中国特色社会主义事业的坚强领导核心。

——习近平《借鉴历史上优秀廉政文化　不断提高拒腐防变能力》（2013 年 4 月 19 日）

习近平指出，人心向背关系党的生死存亡。党只有始终与人民心连心、同呼吸、共命运，始终依靠人民推动历史前进，才能做到坚如磐石。开展党的群众路线教育实践活动，就是要把为民务实清廉的价值追求深深植根于全党同志的思想和行动中，夯实党的执政基础，巩固党的执政地位，增强党的创造力凝聚力战斗力，使保持党的先进性和纯洁性、巩固党的执政基础和执政地位具有广泛、深厚、可靠的群众基础。

习近平强调，总体上看，当前各级党组织和党员、干部贯彻执行党的群众路线情况是好的，党群干群关系也是好的，广大党员、干部在改革发展稳定各项工作中冲锋陷阵、忘我奉献，发挥了先锋模范作用，赢得了广大人民群众肯定和拥护。这是主流，必须充分肯定。同时，我们必须看到，面对世情、国情、党情的深刻变化，精神懈怠危险、能力不足危险、脱离群众危险、消极腐败危险更加尖锐地摆在全党面前，党内脱离群众的现象大量存在，集中表现在形式主义、官僚主义、享乐主义和奢靡之风这"四风"上。我们要对作风之弊、行为之垢来一次大排查、大检修、大扫除。

——习近平《要把为民务实清廉的价值追求深深植根于全党同志的思想和行动中》（2013 年 6 月 18 日）

反腐败高压态势必须继续保持，坚持以零容忍态度惩治腐败。对腐败分子，发现一个就要坚决查处一个。

——习近平在中国共产党第十八届中央纪律检查委员会第三次全体会议上的讲话。（2014 年 1 月 14 日）

二、先贤呐喊

君子喻于义，小人喻于利。

——孔子《论语·里仁》

文意是："君子通晓于义，而小人只通晓于利。"解读：出现"君子喻于义，小人喻于利"的根本原因，是有无中心思想，子曰："君子义以为质，礼以行之"，做什么不做什么君子都是"义之与比"后才为之的。君子转物。君子行事因为按"义以为质"，所以能做到："不义而富且贵，于我如浮云"；"可处有，可处无"；"衣敝缊袍，与衣狐貉者立，而不耻者"。正由于君子建立起了自己的内心标准——义，所以能够"泰而不骄"、"病无能焉，不病人之不己知也"，"内省不疚，夫何忧何惧"，"君子求诸己，小人求诸人"，等等差别，都源于行事时这一点用心的不同，而君子小人立分。

词解：喻：了解，明白，这里指看重。利：私利。具体含义：具体含义是指认为君子与小人价值指向不同，道德高尚者只需晓以大义，而品质低劣者只能动之以利害。君子于事必辨其是非，小人于事必计其利害。所以君子可以晓以大义，而小人则只能动之以利害。君子看重道义，小人看重利益。

过则勿惮改。

——孔子《论语·学而》

文意是：有了过错就别怕改正。人非圣贤，谁能无过？知错能改，就没有比这更好的了。在这个问题上，有两种错误倾向，一是原谅自己，得过且过，认为人人都可能犯这样的错误；二是表面认错，表面改正，没有真正自觉地吸取教训，纠正错误。因此，我们不是害怕出错，而是怕不改正错误；不是怕不认错，而是怕认识不到错误根源，再去犯错。

士不可不弘毅，任重而道远。

——孔子《论语·泰伯》

孔子的这句话是说，志向远大的人不能不刚强而有毅力，因为他任重道远。志向远大，压力和责任也就越大，就越需要钢铁般的意志和坚忍不拔的毅力。在明清之际，有一位史学家谈迁，他早年就立志写一部真实可信的明朝史书，由于家里穷，只好利用替别人抄书的机会学习，搜集资料。1647 年，经数易其稿，史书终于写成了，可是书稿却被偷了。谈迁在悲痛之中鼓起勇气，发愤重写。1653 年，他又寻访有关人士，搜集史料，艰苦写作，终于将 43 万字的《国榷》一书再次完成。

其身正，不令而行；
其身不正，虽令不从。

——孔子《论语·子路》

文意是：他自己行为端正，不下命令，人们也奉行；他自己行为不端正，即使下命令，人们也不奉行。

每日三省吾身。

——孔子《论语》

经解：每天要三次对自己的言行进行对照与反思。

礼之于正国也，犹衡之于轻重也，绳墨之于曲直也，规矩之于方圆也。

——孔子《礼记·经解》

经解：礼之于正国也，犹衡之于轻重也，绳墨之于曲直也，规矩之于方圆也。故衡诚县，不可欺以轻重；绳墨诚陈，不可欺以曲直；规矩诚设，不可欺以方圆；君子审礼，不可诬以奸诈。《礼记》是中国古代一部重要的典章制度书籍。《礼记》是战国至秦汉年间儒家学者解释说明经书《仪礼》的文章选集，是一部儒家思想的资料汇编。《礼记》的作者不止一人，写作时间也有先有后，其中多数篇章可能是孔子的七十二弟子及其学生们的作品，还兼收先秦的其他典籍。

鹦鹉能言，不离飞鸟；猩猩能言，不离禽兽。今人而无礼，虽能言不亦禽兽之心乎？

——孔子《礼记》

经解：鹦鹉虽然能够学人讲话，但其毕竟还是鸟类；猩猩也能有人类似的表达能力，但其还是属于野兽。如果现在的人没有约束，就是能够讲话，但其本质不是与鸟类野兽一样了吗？

以力服人者，非心服也，力不赡也；以德服人者，中心悦而诚服也。

——孟子《孟子·公孙丑上》

文意是：用武力使人屈服，并不是真的让别人真心服气，只是力量不足罢了！

孟子（公元前372年~前289年），战国时期鲁国人。中国古代著名思想家，教育家，战国时期儒家代表人物。著有《孟子》一书。继承并发扬了孔子的思想，成为仅次于孔子的一代儒家宗师，有"亚圣"之称，与孔子合称为"孔孟"。有作品《孟子》流传后世。

诚者，天之道也。

——《孟子·离娄上》

文意是：诚实信用，历来就是人世间的大道理。

富贵不能淫，
贫贱不能移。

——《孟子·腾文公下》

富贵不能淫：即使自身富贵，但也不做过分的事，不穷奢极侈，不为声色所迷。贫贱不能移：即使自身贫困，但身虽贫而志不贫，不为五斗米折腰，不做不仁不义之事。

贫则见廉，富则见义。

——《墨子·修身》

文意是：贫困的时候就能看出廉洁的修养，富裕的时候就能看出义的修养。

无羞恶之心，非人也。人不可以无耻。

——《孟子》

孟子提出："无羞恶之心，非人也。"把这种道德感看成是人与禽兽相区别的标志之一。知耻对于人来说是极其重要的。康有为也曾说过："人之有所不为，皆赖有耻心。"这也就是说，凡为善之心，皆起自人的正确的荣辱观念；凡为恶之念，皆起自人羞耻感的丧失。行自身出，身由心使。俗语云："人心齐，泰山移。"说的就是人的心理和精神状态的巨大力量。古人所谓"人心正则国治，人心邪则国乱"，其中包含有深刻的道理。前贤提倡的"富贵不能淫，贫贱不能移，威武不能屈"的大丈夫人格，志士"不为五斗米折腰"的气节，先烈"人不能低下高贵的头颅"、"人的身躯怎能从狗洞里爬出"的豪气，激励着无数人为正义、为自由、为尊严而战。

人不知羞耻，乃不能成人。

——《荀子》

荀子（约公元前313年～前238年），名况，字卿，因避西汉宣帝刘询讳，因"荀"与"孙"二字古音相通，故又称孙卿。汉族，周朝战国末期赵国猗氏（今山西安泽）人。著名思想家、文学家、政治家，儒家代表人物之一，时人尊称"荀卿"。曾三次出齐国稷下学宫的祭酒，后为楚兰陵（今山东兰陵）令。荀子对儒家思想有所发展，提倡性恶论，常被与孟子的性善论比较。对重整儒家典籍也有相当的贡献。

锲而舍之，朽木不折；锲而不舍，金石可镂。

——《荀子·劝学》

文意是：一个凡事都要坚忍不拔的道理：雕刻几下就丢开，即使是一块朽木也不能折断，雕刻不停，即使是金石也能刻动。据说，东汉乐羊子的妻子鼓励丈夫出门求学，一年后乐羊子因想家回来探望，他妻子就剪断织布机上的线，告诫他学习要坚持下去，不能半途而废，否则就和这断线难成布一样。乐羊子听了，深受感动，回去加倍努力，终于学有所成。

志不强者智不达，言不信者行不果。

——《墨子·修身》

墨子（约公元前468年～前376年），名翟（dí），鲁人。墨子是我国战国时期著名的思想家、教育家、科学家、军事家、社会活动家，墨家学派的创始人。创立墨家学说，并有《墨子》一书传世。

文意是：不坚持信念的人，他的智慧一定不高；说话不讲信用的人，他不会去行动。

自胜者强。

——《老子·三十三章》

文意是：能战胜自己的是强者。所谓"自强"，是指自己奋发图强，不用别人督促、检查就努力拼搏；同时，更是指战胜自身的缺陷和弱点，把阻挡自己前进的困难勇敢地踩在脚下。德国音乐家贝多芬与耳聋、贫困和疾病搏斗了一生，给时人留下了巨大的音乐财富，他说："人啊，还是靠自己的力量吧！"可见，成为强者的关键是不断战胜自己，超越自我。

靡不有初，鲜克有终。

——《诗经·大雅·荡》

这是一句古老的格言。文意是：事情不难有开始，罕见的是坚持到底。靡，没有。鲜，少。体育场上有句话叫"坚持就是胜利"。拿破仑也说过，"胜利将由最有耐力的人获得"，在前进的道路上，肯定会遇到艰难险阻，遇到各种诱惑，意志不坚决的人，往往自己败下阵来，放弃了原来宏大的志向，成了虎头蛇尾，半途而废。让我们用"靡不有初，鲜克有终"这句话时常提醒激励自己。

天行健，君子以自强不息。

——《周易·乾》

文意是：天体运行不知疲倦，君子应该效法，自强不息。中华民族的优秀儿女很早就在天地万物中吸取前进和奋斗的力量。他们以天体运行为榜样，生命不息，奋斗不止。鲁迅先生曾概括说："我们自古以来就有埋头苦干的人，有拼命硬干的人，有为民请命的人，有舍身求法的人"，这些人就是中国的脊梁。

国家之败，由官邪也。

——《左传》

文意是：国家如果出了问题，那么其原因一定是政府官员腐败所致。

《左传》原名为《左氏春秋》，汉代改称《春秋左氏传》，简称《左传》。旧时相传是春秋末年左丘明为解释孔子的《春秋》而作。《左传》实质上是一部独立撰写的史书。它起自鲁隐公元年（公元前722年），迄于鲁悼公十四年（公元前453年），以《春秋》为本，通过记述春秋时期的具体史实来说明《春秋》的纲目，是儒家重要经典之一。

左丘明，姓左丘，名明（一说姓丘，名明，左乃尊称），春秋末期鲁国人。左丘明知识渊博，品德高尚，孔子言与其同耻。曰："巧言、令色、足恭，左丘明耻之，丘亦耻之；匿怨而友其人，左丘明耻之，丘亦耻之。"太史司马迁称其为"鲁之君子"。

俭，德之共也；侈，恶之大也。

——《左传》

俭，德之共也；侈，恶之大也。
节俭，是善行中的大德；奢侈，是邪恶中的大恶。

骄奢淫逸，所在邪也。

——《左传·隐公三年》

骄奢淫逸：逸：放荡；原指骄横、奢侈、荒淫、放荡四种恶习。后形容生活放纵奢侈，荒淫无度。《左传·隐公三年》："骄奢淫逸，所自邪也。"示例，《歧路灯》第二十一回："况且是丰厚之家，本有骄奢淫逸之资；况且是寡妇之子，又有信惯纵放之端。"近义词：骄奢淫逸、穷奢极欲。反义词：节衣缩食。用法：联合式；作谓语、宾语；含贬义。春秋时期，卫庄公十分溺爱他的儿子公子州吁，促使他固执放荡，为所欲为，横行霸道。大夫石腊劝告卫庄公不要把州吁培养成骄横跋扈、奢侈腐化的人。庄公死后，州吁杀死哥哥卫桓公，自己做国君，因为性情残暴，被石腊用计杀害。

千丈之堤，以蝼蚁之穴溃；
百尺之室，以突隙之烟焚。

——《韩非子·喻老》

《韩非子·喻老》这篇文章包括政治、战争、财政税收等多方面的治国问题，也包括教育、历史、个人修养等方面的内容。其中"生于忧患，死于安乐"是非常著名的一章。全篇原文共16章。
本段意思是：千里大堤，因为有蝼蚁在打洞，可能会因此而塌陷决堤，百尺高的楼，可能会因为烟囱的缝隙冒出的火星引起火灾而焚毁。

胜而不骄，败而不怨。胜而不骄者，术明也；败而不怨者，知所失也。

——《商君书·战法》

文意是：做工作要善于总结经验教训。"胜不骄，败不馁"，胜而不骄，是由于头脑清醒；败而不怨，是由于吸取教训。特别是工作中出现了失误，埋怨人是最容易的，也是最没有出息的。只有通过认真总结，才能扬长改过，振奋精神，以利再战。

后轻者重之端，小者大之源，故堤溃蚁孔，气泄针芒。

——《汉书·陈宠传》

语出汉代陈宠《清盗源疏》："臣闻轻者重之端，小者大之源，故堤溃蚁孔，气泄针芒，是以明者慎微，智者识几。"文意是：严重的事是以轻微的事为开端的，比喻忽视小处会酿成大祸，做好小事，认真对待和完成最简单、最可行的事情。陈宠（？～106），沛国洨县（今安徽固镇）人。先祖世习律令，宠传其家业。初为州郡吏，后辟司徒府，掌狱讼，断案公平。迁尚书，上书要求去烦苛，行宽政，被章帝采纳。因得罪外戚窦宪，和帝初出为太山、广汉太守。又历官廷尉、司空等。在职不徇私情，熟悉法律，常断难案，并兼通经学，号为任职相。

人人好公，则天下太平；
人人营私，则天下大乱。

——刘鹗《老残游记》第九回

文意是：天下人如果都能出于公心，那么天下就会太平无事；如果人人都谋求私利，那么天下就会陷入混乱。这句话概括了"好公"和"营私"的不同后果，从中可以引申出做任何事情都要有公心的结论。如果人人都能以公心对待别人，对待工作，就会创造一个良好的社会环境，从而促进各项事业的发展。

故天将降大任于斯人也，必先苦其心志，劳其筋骨，饿其体肤，空乏其身，行拂乱其所为，所以动心忍性，曾益其所不能。

——孟轲《孟子·告子下》

文意是：上天将要把重大任务落到某人身上，一定先要苦恼他的心意，劳动他的筋骨，饥饿他的肠胃，穷困他的身子，他的行为常常不能如意，这样，便可以震动他的心志，坚韧他的性情，增强他的能力。行，运送，做事。这段名言告诉我们，困难痛苦是走向成功的踏板，要用干大事业的壮志豪情面对磨难，用百折不挠的毅力对待挫折，让自己迅速走向成熟，达到理想的彼岸。

前事不忘，后事之师。

——刘向《战国策·赵策》

文意是：人们要牢记历史的经验教训，防止重蹈覆辙。列宁说，"忘记过去就意味着背叛"，俄罗斯有谚语说，"只有瞎子才两次掉进同一个井里"。这些都说明向历史学习、向前人学习的重要性。毛泽东同志在新中国成立前让人们读总结李自成起义失败教训的《甲申三百年祭》，郭沫若同志让大家多读点中国近代史，都是为了以历史为鉴，让人们少犯错误，不犯大错误。

夫君子之行，静以修身，俭以养德。

非淡泊无以明志，非宁静无以致远。

——诸葛亮

文意是：德才兼备人的品行，是依靠内心安静精力集中来修养身心的，是依靠俭朴的作风来培养品德的。不看轻世俗的名利，就不能明确自己的志向，不是身心宁静就不能实现远大的理想。诸葛亮（181～234年），字孔明，号卧龙（也作伏龙），汉族，琅琊阳都（今山东临沂市沂南县）人，蜀汉丞相，三国时期杰出的政治家、战略家、发明家、军事家。在世时被封为武乡侯，谥曰忠武侯；后来的东晋政权为了推崇诸葛亮的军事才能，特追封他为武兴王。

恢宏志士之气，不宜妄自菲薄。

——诸葛亮《出师表》

文意是：发扬光大志士的气概，不要看不起自己。妄，胡乱，过分。坚忍不拔、百折不挠的背后是强烈的自信心，是一定能够胜利成功的意志。德国诗人歌德说的好："失掉财富，你几乎没有丧失什么；失掉荣誉，你就失去很多；失掉勇气和自信，你就失掉一切。"当然，增强自信和勇气，关键是提高自己各方面的素质，认真学习，刻苦磨炼，才能永远高高挺起自信的脊梁。

成人不自在，自在不成人。

——罗大经《鹤林玉露》卷九

这句话虽然浅显，但很实在。要有作为，就不能自由自在；要自由自在，就不会有作为。前苏联作家奥斯特洛夫斯基曾说过，"钢铁是怎样炼成的？钢是在烈火里燃烧，高度冷却中形成的，于是它变得坚固而无所畏惧"。要在社会这所大学校、大熔炉里成才，就要自觉遵守纪律，严格训练要求，刻苦磨炼毅力意志，让自己长大成人，百炼成钢。

古之立大事者，不唯有超世之才，亦必有坚忍不拔之志。

——苏轼《晁错论》

著名文学家苏轼的这句话含义深刻。它说明意志品质是克服一切困难的保证。本世纪初，在美国边打工边学习的冯如，为了国家繁荣富强，壮大民族志气，下决心研制飞机。经过十几年艰苦奋斗，不怕困难，不怕挫折，忍饥挨饿，到处筹集资金，终于在1909年9月研制成功了中国人制造的第一架飞机，实现了他"习机不成，誓不返国"的志愿。孙中山在参观后赞扬说，"我国大有人在！"

天下之事，成于有志，而败于自辍。

——蒲道源《送罗寿甫北上序》

文意是：天下的事情，成功在于有理想志向，失败在于中断停止。干事业，自己中断停止，关键由于懒惰和害怕。懒惰是面对困难不愿再做努力和抗争，羡慕庸庸碌碌无所作为的生活；害怕是担心自己承受不了眼前的困难，几次失败就彻底摧毁了他的信心和勇气。要奋斗，就会有牺牲，勇敢坚强的人要向艰难困苦挑战，而绝不能自己吓破了胆，灰溜溜地败下阵来。

苦心人，天不负，破釜沉舟，百二秦关终属楚；有志者，事竟成，卧薪尝胆，三千越甲可吞吴。

——蒲松龄

这里说的是两个人们熟知的历史故事。秦朝末年，项羽志气豪雄，破釜沉舟，将秦王朝的土地收为楚有；春秋时的越王勾践卧薪尝胆，坚韧不拔，以数千甲兵灭掉了吴国。两个故事都是在极端艰难困苦，看似不可能的情况下，最后取得了成功。因此，我们说，有了坚韧不拔的意志毅力，世界上没有办不成的事。

不戚戚于贫贱，
不汲汲于富贵。

——陶渊明

文意是：不为贫贱而忧愁，不热衷于发财做官。陶渊明（约365年～427年），字元亮，号五柳先生，谥号靖节先生，入刘宋后改名潜。东晋末期南朝宋初期诗人、文学家、辞赋家、散文家。东晋浔阳柴桑（今江西省九江市）人。曾做过几年小官，后辞官回家，从此隐居，田园生活是陶渊明诗的主要题材，相关作品有《饮酒》、《归园田居》、《桃花源记》、《五柳先生传》、《归去来兮辞》、《桃花源诗》等。

富贵不淫贫贱乐，
男儿到此是豪雄。

——程颢

文意是：拥有富贵能够不贪图享乐，居于贫穷能够保持乐观，男儿到了这种境界可以算得上是英雄豪杰了。这句话告诉我们要善于在不同的环境中保持清醒的心态，不被欲望所驱使，这是一种洒脱超然的生活态度。程颢（hào）（1032～1085），字伯淳，人称明道先生，原籍河南洛阳，生于湖北黄陂县。宋代大儒，理学家、教育家，封"先贤"，奉祀孔庙东庑第38位。与程颐为同胞兄弟，世称"二程"。

国正天心顺，官清民自安。

——冯梦龙《警世通言·金令史美婢酬秀童》

语出明朝冯梦龙《警世通言·金令史美婢酬秀童》："从来国正天心顺，自古官清民自安。"文意是：自古以来只有一个国家的政体清廉为民这样才能顺应天意符合民心，自古以来只有当官的为政清廉老百姓才能安居乐业。冯梦龙（1574～1646），明代文学家、戏曲家。字犹龙，又字子犹，号龙子犹、墨憨斋主人、顾曲散人，吴下词奴、姑苏词奴、前周柱史等。汉族，南直隶苏州府长洲县（今江苏省苏州市）人。他的作品比较强调感情和行为，最有名的作品为《古今小说》。《喻世明言》、《警世通言》、《醒世恒言》，合称"三言"。"三言"与凌濛初的《初刻拍案惊奇》、《二刻拍案惊奇》合称"三言两拍"，是中国白话短篇小说的经典代表。

与其浊富，宁此清贫。

——姚崇

宁可清贫，不作浊富。宁愿清白而遭受贫困，决不污浊而享受富贵。宋·释道原《景德传灯录·招庆道匡》："宁可清贫自乐，不作浊富多忧。"姚崇，原名元崇，字元之，武则天时，因与一反叛突厥人同名，故而以字行（有的说是改名元之）。开元元年（713年），因避年号讳，又改名崇。陕州硖石（治所在今河南省三门峡市东南）人，永徽元年（650年）生。历事武则天、唐中宗、睿宗、玄宗诸朝，任宰相，多次出任地方长官，为唐朝前期一名臣。开元九年（721年）卒。

苟利国家生死以，岂因祸福避趋之。

——林则徐

假如对国家有利，我可以把生命交付出来；难道可以有祸就逃避，有福就迎受吗？这是我国近代第一位民族英雄林则徐诗中的两句，原诗全文如下：赴戍登程口占示家人（清）林则徐。力微任重久神疲，再竭衰庸定不支。苟利国家生死以，岂因祸福避趋之。谪居正是君恩厚，养拙刚于戍卒宜。戏与山妻谈故事，试吟断送老头皮。林则徐（1785～1850）字元抚，福建闽官（今福建省福州市）人，是清朝后期政治家、思想家和诗人，是中华民族抵御外辱过程中伟大的民族英雄，其主要功绩是虎门销烟。官至一品，曾任江苏巡抚、两广总督、陕甘总督和云贵总督，两次受命为钦差大臣；因其主张严禁鸦片，抵抗西方的侵略，坚持维护中国主权和民族利益深受全世界中国人的敬仰。

封侯非我意，但愿海波平。

——戚继光

封侯非我意，但愿海波平。文意是：作为一个守卫海疆的军人，我所立下的军功，不是为了封侯，只要能够守卫海疆就是我最大的心愿了。戚继光（1528～1588），明代抗倭名将、民族英雄、杰出军事家。字元敬，号南塘，晚号孟诸，山东蓬莱人（一说祖籍安徽定远，生于山东济宁）。出生将门，自小立志疆场，保国卫民，曾挥笔写下"封侯非我意，但愿海波平"的名句。17岁袭父职任登州卫指挥军事。25岁被提升为署都指挥军事，负责山东全省沿海防御倭寇，取得了令人瞩目的功绩。嘉靖三十四年（1555年），戚继光被调到倭患严重的浙江任都司全书，不久升参将，镇守宁波、绍兴、台州三府。嘉靖三十五年（1556）9月，倭寇800余人侵入龙山所，他率军迎击，接敌没几回合，明军怯战，纷纷溃退。

众人皆以奢靡为荣，
吾心独以俭素为美。

——司马光《训俭示康》

文意是：当今许多人都以奢侈浪费为荣，而我心中却坚定地认为节俭朴素是一种美德。

司马光（1019～1086），北宋杰出的史学家和散文家，字君实，陕州夏县涑（sù）水乡（今山西运城安邑镇东北）人，世称涑水先生。自幼嗜学，尤喜《左氏春秋》；及长，学识更为渊博。仁宗（赵祯，1023～1063，北宋第四代皇帝）宝元（1038～1040）初中进士，英宗（赵曙，1064～1067）继位前任谏议大夫，神宗（赵顼，1068～1085）熙宁（1068～1077）初拜翰林学士（唐时始设此官，相当于皇帝的秘书兼顾问，参与机要，宋代以后权位日低）、御史中丞（官名，始于周期，东汉以后专司弹劾之任）。他在政治上是保守派，顽固地反对王安石的变法，因而曾自请任西京御史台（御史府长官），退居洛阳十五年，专门从事《资治通鉴》的编撰。哲宗（赵煦，1086～1100）继位后任尚书左仆射（yè）（秦始设，后分左右，即正副宰相），上任后立即废除新法，数月后，卒。追赠太师，温国公，谥（shì）文正，著作收在《司马文正公集》中。

其为疗也，有四难焉：
自用意而不任臣，一难也；将身不谨，二难也；骨节不彊，不能使药，三难也；好逸恶劳，四难也。

——范晔《后汉书·郭玉传》

本节选自《后汉书·方术列传》，作者范晔（公元398年～445年），字蔚宗，顺阳（今河南淅川）人，南朝宋时著名的史学家，著有《后汉书》，《后汉书·郭玉传》记载了东汉和帝（刘肇，公元89年～105年在位）时名医郭玉的事迹。郭玉，广汉雒（今四川广汉北雒城镇）人，著有《针经》、《诊脉法》传于世。这段话告诉人们，难以治疗的病有四种：刚愎自用、自作主张而不听劝告的病难以治疗；保养、调养不注意而引起的病难以治疗；由于自身的原因不能用药的病，难以治疗；好逸恶劳导致的病，难以治疗。

历览前贤国与家，成由勤俭败由奢。

——李商隐

　　这一诗句告诉我们，历观前代王朝和古老的家风，往往勤俭节约意味着成功，奢侈浮夸意味着失败。这是唐代大诗人李商隐在总结唐朝由盛世走向衰败的历史教训时写下的警世名言。李商隐，晚唐著名诗人。擅长骈文写作，诗作文学价值也很高，他和杜牧合称"小李杜"，与温庭筠合称为"温李"，因诗文与同时期的段成式、温庭筠风格相近，且三人都在家族里排行第十六，故并称为"三十六体"。其诗构思新奇，风格浓丽，尤其是一些爱情诗写得缠绵悱恻，为人传诵。但过于隐晦迷离，难以索解，至有"诗家总爱西昆好，独恨无人作郑笺"之说。因处于牛李党争的夹缝之中，一生很不得志。死后葬于家乡沁阳（今沁阳与博爱县交界之处）。李商隐于唐文宗开成三年（公元847年）进士及第。

　　士而不先言耻，则为无本之人。

——顾炎武

　　顾炎武（1613~1682），字宁人，号亭林，曰："耻之于人大矣！……士而不先言耻，则为无本之人。"《与友人论学书》原名绛，字忠清。明亡后改名炎武，字宁人，亦自署蒋山佣，学者尊称为亭林先生。汉族，南直隶（清改江南省）苏州府昆山县（今江苏苏州昆山）人，明末清初著名的思想家、史学家、语言学家。顾炎武与黄宗羲、王夫之并称为明末清初三大儒。他说："士而不先言耻，则为无本之人；非好古而多闻，则为空虚之学。以无本之人而讲空虚之学，吾见其日是从事于圣人而去之弥远也。"（《文集》卷三）因此，他认为只有懂得羞恶廉耻而注重实学的人，才真正符合"圣人之道"。否则，就远离了"圣人之道"。所以，"博学于文"、"行己有耻"，既是顾炎武的为学宗旨和立身处世的为人之道，也是他崇实致用学风的出发点。

三、智人指点

　　要立志做大事，不要立志做大官。

——孙中山

　　孙中山（1866~1924）1920年5月16日，孙中山在上海国民党本部的一次演讲中说，我常劝人要立志做大事，不要立志做大官。有些人从前办党事很有才力，到后来都拼命要做大官，无形中就把党事废置了。孙中山的话是包含深刻历史教训的肺腑之言，值得认真思考。

　　威武不能挫其气，
　　利禄不能动其心。

——李大钊

李大钊（1889～1927）字守常，河北省乐亭县人。中国最早的马克思主义者和共产主义者，是中国共产党的主要创始人之一。1920年3月，李大钊在北京大学发起组织马克思学说研究会。10月，在李大钊发起下，北京共产主义小组建立。1921年中国共产党成立后，李大钊代表党中央指导北方的工作。在党的二大、三大和四大，他都当选为中央委员。1927年4月6日，奉系军阀张作霖勾结帝国主义，闯进苏联大使馆驻地，逮捕了李大钊等80余人。李大钊备受酷刑，在监狱中，在法庭上，始终大义凛然，坚贞不屈。4月28日，军阀不顾广大人民群众和社会舆论的强烈反对和谴责，悍然将李大钊等20位革命者绞杀在西交民巷京师看守所内。李大钊第一个走上绞架，从容就义，时年38岁。

清贫，洁白朴素的生活，正是我们革命者能够战胜许多困难的地方。

——方志敏

方志敏（1899～1935）江西省弋阳县人。1922年8月加入中国社会主义青年团。1923年3月转入中国共产党。1928年1月，参与领导弋横起义，创建赣东北苏区，领导组建中国工农红军第10军。1934年11月初，方志敏奉命率红军抗日先遣队北上，任红10军团军政委员会主席。至皖南遭国民党军重兵围追堵截，艰苦奋战两月余，被7倍于己的敌军围困。终因寡不敌众，于1935年1月27日在江西玉山陇首村被俘。被捕那天，两个国民党士兵搜遍方志敏全身，除了一块时表和一支自来水笔，没有一文钱。诚如方志敏所说："清贫，洁白朴素的生活，正是我们革命者能够战胜许多困难的地方。"在狱中，面对敌人的严刑和诱降，正气凛然，坚贞不屈。写下了《清贫》、《狱中纪实》、《死！——共产主义殉道者的记述》、《我从事革命斗争的略述》等著作。1935年8月于南昌就义。遗骨现安葬于南昌市郊梅岭。

人生应该如蜡烛一样，从顶燃到底，一直都是光明的

——肖楚女

肖楚女（1893～1927）原名树烈，学名楚汝，字秋。原籍湖北黄陂，生于湖北汉阳。1911年参加武昌起义。1919年5月，积极参加五四反帝反封建运动，1921年7月参加恽代英发起组织的共存社。1922年8月加入中国共产党。1924年8月任中共中央驻四川特派员，领导重庆社会主义青年团工作。1925年5月，到上海与恽代英一起主编《中国青年》。1926年1月，去广州任国民党中央宣传部干事兼中国国民党政治讲习班教授，并协助任国民党中央代理宣传部长的毛泽东编辑《政治周报》。10月底任黄埔军官学校政治教官。12月任黄埔军官学校国民党特别党部宣传委员会政治顾问。1927年2月兼任华侨运动讲习所讲师。4月15日，在广州的反革命大屠杀中被国民党反动派逮捕，4月22日在狱中英勇不屈，壮烈牺牲。

满目云山俱是乐，一毫荣辱不须惊。

——黄兴《为萱野长知书联》

黄兴（1874～1916）字克强，是辛亥革命的领导者之一，曾为推翻清政府出生入死，浴血奋战。全句的意思是：放眼万物，都给人带来喜悦，豪放的心胸对于荣辱都不吃惊。它充分表达了一颗宽广博大的胸怀。为祖国人民牺牲奉献的人，只会把国家民族的荣辱记在心上，不会计较个人的恩怨是非，他们永远以奋斗为乐，以奉献为荣。

路是脚踏出来的，历史是人写出来的。人的每一步行动都在书写自己的历史。

——吉鸿昌

吉鸿昌（1895～1934）字世五，河南省扶沟县吕潭镇人。抗日民族英雄，爱国名将。1913 年入冯玉祥部，因骁勇善战，屡立战功，从士兵递升至军长。1930 年 9 月，吉鸿昌部被蒋介石改编后，任第 22 路军总指挥兼 30 师师长，奉命"围剿"鄂豫皖革命根据地。吉鸿昌大义凛然地说："我能够加入革命队伍，能够成为共产党的一员，能够为我们党的主义，我人类的解放而奋斗，这是我毕生的最大光荣。"1934 年 11 月 24 日，经蒋介石下令被杀害于北平陆军监狱。

中国公共的东西，实在不容易保存。如果当局者是外行，他便将东西糟完，他是内行，他便将东西偷完。

——鲁迅《而已集·谈所谓"大内档案"》

鲁迅（1881～1936）浙江绍兴人，20 世纪中国新旧文化转型时期出现的文化巨人。他不但是伟大的思想家、文学家，还是卓越的小说家，以生动的形象描绘世态人情，而且是杰出的杂文大师，以深刻的社会批评和文化批评，分析人性优劣，暴露社会弊端。

中国人的官瘾实在深，汉重孝廉而有埋而刻木，宋重理学而有高帽破靴，清重贴括则有"且夫""然则"。总而言之，那灵魂就在做官，行官势、摆官腔、打官话。

——鲁迅《华盖集续编·学界的三魂》

唯有民魂是值得宝贵的，唯有他发扬起来，中国才有新进步。

——鲁迅《华盖集续编·学界的三魂》

事实是毫无情面的东西，它能将空言打得粉碎。

——鲁迅《花边文学·安贫乐道法》

空谈之类，是谈不久，也谈不出什么来的，它终必被事实的镜子照出原形，拖着尾巴而去。

——鲁迅《1934 年 12 月 10 日致萧军、萧红》

先烈们来自集中营的告诫：

1. 防止领导成员腐化；
2. 加强党内教育和实际斗争的锻炼；
3. 不要理想主义，对组织也不要迷信；
4. 注意路线问题，不要从右跳到"左"；
5. 切勿轻视敌人；
6. 重视党员特别是领导干部的经济、恋爱和生活作风问题；
7. 严格进行整党整风；
8. 惩办叛徒、特务。

——中美技术合作所被囚禁共产党员向党的报告

被国民党反动派关押在重庆渣滓洞、白公馆集中营的共产党员们在狱中坚持对敌斗争的同时，冷静思考，认真总结经验教训。1949 年 1 月 17 日，是江姐的丈夫彭咏悟同志遇难周年纪念日，渣滓洞的难友们纷纷向江姐致敬。江姐当天起草了一份讨论大纲，要求大家对被捕前的情况、被捕后的案情以及狱中学习的情景进行总结。当时狱中党组织委托罗广斌"注意搜集情况，征求意见，总结经验，有朝一日向党报告"。1949 年 2 月 9 日，罗广斌被转押到白公馆。他广泛听取大家的意见，在生命的最后时刻，大家敞开胸襟，直言无忌，既没有思想束缚，也没有空话套话，完全是凭着对革命的忠诚，披肝沥胆地道出自己的意见和想法，也托付给了罗广斌。1949 年 12 月 25 日，罗广斌同志在越狱脱险的第 28 天，将总计两万字题目为《关于重庆组织破坏的经过和狱中情形的报告》交给了新中国成立后的重庆党组织，其中第七部分"狱中意见"即以上八条。

手莫伸，伸手必被捉。

——陈毅

手莫伸，伸手必被捉。党与人民在监督，万目睽睽难逃脱。九牛一毫莫自夸，骄傲自满必翻车。历鉴古今多少事，成由谦逊败由奢。陈毅在 1954 年参加中共七届四中全会后写了《感事抒怀》组诗，《七古·手莫伸》是其中之一。

陈毅（1901～1972）字仲弘，四川省乐至县人。1919 年赴法国勤工俭学。1921 年回国。1922 年加入中国社会主义青年团。1923 年加入中国共产党。新中国成立后，任华东军区司令员兼上海市市长，人民革命军事委员会副主席。1954 年任国务院副总理。1958 年兼外交部部长。还曾任国务院外事办主任，外交学院院长，中国人民外交学会名誉会长，中共中央军委副主席，第一~三届国防委员会副主席，第三、四届全国政协副主席。是中共第七、九届中央委员，第八届中央政治局委员。1972 年 1 月 6 日因患肠癌在北京逝世，享年 71 岁。

如烟往事俱忘却，心底无私天地宽。

—— 陶铸

陶铸（1908~1969）号剑寒，湖南省祁阳县人。1926 年入黄埔军校第五期学习，同年加入中国共产党。大革命失败后参加南昌起义，在叶挺部任连长。1940 年到延安，任中共中央军委秘书长、总政治部秘书长兼宣传部长。解放后任第四野战军兼中南军区政治部主任，1955 年任广东省委书记、第一书记，1960 年任中共中央中南局第一书记，1965 年被任命为国务院副总理，1966 年 8 月在中共中央八届十一中全会上被选为中共中央政治局常委。1967 年 1 月遭到江青等人的陷害和打击，1969 年 11 月 30 日在安徽合肥含冤病逝，1978 年 12 月 24 日，中共十一届三中全会为他平反昭雪。

常求有利别人，不求有利自己。

—— 谢觉哉

谢觉哉（1884~1971）字焕南，湖南宁乡人。1918 年至 1919 年受进步思想影响，积极参加五四运动，1921 年加入毛泽东等人创建的新民学会。1923 年加入中国国民党，1925 年加入中国共产党。1933 年进入中央苏区，任中华苏维埃共和国临时中央政府和毛泽东的秘书。1934 年 10 月参加长征。新中国成立以后，历任中央人民政府内务部长、中央人民政府法制委员会委员、政务院政法委员会委员。1959 年 9 月，在中共八大上当选为候补中央委员。1959 年 4 月，任最高人民法院院长；1964 年 12 月至 1971 年任政协全国委员会副主席；1966 年 5 月，在中共八届十一中全会上被递补为中央委员。

生活的理想，就是为了理想的生活。

——张闻天

张闻天（1900~1976）字闻天，江苏省南汇县人（今上海市浦东新区）。1919 年参加五四运动，随后在报刊上公开介绍《共产党宣言》中的"十条纲领"，是在中国最早宣传马列主义的先驱者之一。1925 年 6 月初，在上海参加中国共产党，同年 10 月赴莫斯科中山大学学习，1931 年年初回到上海任中宣部长，后任政治局委员、书记处书记、中华苏维埃共和国人民委员会主席（相当于总理）等职。新中国成立后历任中国驻苏联大使、外交部第一副部长、"八大"的政治局候补委员。在 1959 年 7 月庐山会议上，他直言"大跃进"以来"左"的错误，被错误地定为"彭（德怀）、黄（克诚）、张（闻天）、周（小舟）反党集团"，"文化大革命"中受到迫害，1976 年 7 月 1 日病逝。

人，只要有一种信念，有所追求，什么艰苦都能忍受，什么环境也都能适应。

——丁玲

丁玲（1904～1986）字冰之，湖南临澧人，中国当代著名作家、社会活动家。《太阳照在桑干河》是丁玲的代表作品之一，曾获斯大林文艺奖金。1986 年 3 月 4 日在北京逝世。

每件事情在成就之前，都要经过很多磨难和努力。

——郭小川

郭小川（1919～1976）原名郭恩大，出生于河北省丰宁县凤山镇（原属热河省）一个知识分子家庭。1937 年 9 月 20 日参加八路军，同年加入中国共产党。1948 年到 1954 年，先后任冀察热辽《群众日报》副总编辑，兼《大众日报》负责人；《天津日报》编辑部主任。1955 年到 1961 年，任中央作协党组副书记、作协书记处书记兼秘书长、《诗刊》编委。1962 年调《人民日报》任特约记者至"文化大革命"。1970 年，随中国作家协会到湖北咸宁五七干校劳动锻炼。1976 年 10 月因意外引起的火灾不幸逝世，终年 57 周岁。

一是不盲从，不附和，依理智为归。如遇横逆之境遇，则不屈不挠，只问是非，不计利害。二是虚怀若谷，不武断，不蛮横。三是严谨，专心一志，实事求是。

——竺可桢《科学之方法和精神》

竺可桢（1890～1974）字藕舫，浙江上虞人。中国卓越的科学家和教育家，当代著名的地理学家和气象学家，中国近代物理学的奠基人。他先后创建了中国大学中第一个地学系和中央研究院气象研究所；担任浙江大学校长 13 年，被尊为中国高校四大校长之一。1974 年在北京逝世。

我生 60 余年，耳闻的不说，所亲眼看到的，真可谓"其兴也勃焉"，"其亡也忽焉"，一人，一家，一团体，一地方，乃至一国，不少单位，都没有能跳出这周期律的支配力。大凡初期时聚精会神，没有一时不用心，没有一时不卖力，办事尽心尽力，也许那时艰难困苦，只有从万死中觅取一生。既而环节渐渐好转了，但精神也渐渐放下了。有的因为历史长久，自然的惰性发作，由少数演为多数，到风气养成，虽有大力，无法扭转，并且无法补救。

——黄炎培

黄炎培是国民党参政会参政员，1945 年 7 月 1 日至 5 日，应中共中央的邀请，访问了陕甘宁边区首府延安。这是毛泽东问黄炎培"看了解放区，感想怎样？"后黄炎培的一段话。

理想的人物不仅要在物质需要的满足上，还要在精神旨趣的满足上得到表现。

——黑格尔

格奥尔格·威廉·弗里德里希·黑格尔（1770～1831），德国哲学家，出生于今德国南部符腾堡州首府斯图加特。1801 年，30 岁的黑格尔任教于耶鲁大学，直到 1829 年就任柏林大学校长，其哲学思想才最终被定为普鲁士国家的钦定学说。1831 年在德国柏林去世。

人的一生可能燃烧也可能腐朽，我不能腐朽，我愿意燃烧起来。

——尼古拉·阿列克塞耶维奇·奥斯特洛夫斯基

尼古拉·阿列克塞耶维奇·奥斯特洛夫斯基（1904～1936）苏联作家于 1904 年 9 月 29 日出生在乌克兰维里亚村一个贫困的农民家庭，他排行第五，11 岁便开始当童工。1919 年加入共青团，随即参加国内战争。1929 年，他全身瘫痪，双目失明。1930 年，他用自己的战斗经历作素材，以顽强的意志开始创作长篇小说《钢铁是怎样炼成的》。小说获得了巨大成功，受到同时代人的真诚而热烈的称赞。1934 年，奥斯特洛夫斯基被吸收为苏联作家协会会员。1935 年年底，苏联政府授予他列宁勋章，以表彰他在文学方面的创造性劳动和卓越的贡献。1936 年 12 月 22 日，由于重病复发，奥斯特洛夫斯基在莫斯科逝世。

人的一生不应该虚度年华、碌碌无为，而应该将"整个的生命和全部精力"都"献给了世界上最壮丽的事业——为人类的解放而斗争"！

——尼古拉·阿列克塞耶维奇·奥斯特洛夫斯基

这句奥斯特洛夫斯基的经典名言曾经激励了几代人，人的一生应该怎么度过，他给了你答案！

你若要喜爱你自己的价值，你就得给世界创造价值。

——歌德

约翰·沃尔夫冈·冯·歌德（Johann Wolfgang von Goethe）（1749～1832）是 18 世纪中叶到 19 世纪初德国和欧洲最重要的剧作家、诗人、思想家。歌德除了诗歌、戏剧、小说之外，在文艺理论、哲学、历史学、造型设计等方面，都取得了卓越的成就。

人生的价值，并不是用时间，而是用深度去衡量的。

——列夫·托尔斯泰

列夫·托尔斯泰，俄国作家、思想家，19 世纪末 20 世纪初最伟大的文学家，19 世纪俄国伟大的批判现实主义作家，是世界文学史上最杰出的作家之一，他被称颂为具有"最清醒的现实主义"的"天才艺术家"。主要作品有长篇小说《战争与和平》、《安娜·卡列尼娜》、《复活》等，也创作了大量的童话，是大多数人所崇拜的对象。他的作品描写了俄国革命时的人民的顽强抗争，因此被称为"俄国十月革命的镜子"。列宁曾称赞他创作了世界文学中"第一流"的作品。他的作品《七颗钻石》、《跳水》、《穷人》已被收入人教版和冀教版小学语文书。

一切利己的生活，都是非理性的，而是动物的生活。

——列夫·托尔斯泰

人与动物的不同，人具有理性，具有精神，具有调整和控制自己的能力，一切为了私利那必定是被人所不齿的。

生活只是在平淡无味的人看起来才是空虚而平淡无味的。

——车尔尼雪夫斯基

尼古拉·加夫里诺维奇·车尔尼雪夫斯基（1828～1889）　（俄文：Николай Гаврилович Чернышевский，英文：Nikolay Gavrilovich Chernyshevsky）。俄国革命家、哲学家、作家和批评家，人本主义的代表人物。1828 年 7 月生于萨拉托夫城一个神父家庭。18 岁进彼得堡大学文史系。从此经常接近先进知识分子团体彼得拉舍夫斯基小组，潜心研究黑格尔唯心主义哲学和费尔巴哈唯物主义哲学，对法国空想社会主义也产生浓厚的兴趣。1850 年大学毕业，次年重返萨拉托夫，在中学教授语文，宣传进步思想。

一个没有受到献身的热情所鼓舞的人，永远不会做出什么伟大的事情来。

——车尔尼雪夫斯基

为了人民的利益甘愿抛头颅、洒热血，随时准备献出自己的生命，这就是一种精神，一腔热血，一种成就伟大事业的动力！

一个人的价值，应该看他贡献什么，而不应当看他取得了什么。

——爱因斯坦

爱因斯坦是德裔美国物理学家（拥有瑞士国籍）、思想家及哲学家，犹太人，现代物理学的开创者和奠基人，相对论——"质能关系"的提出者，"决定论量子力学诠释"的捍卫者（振动的粒子）——不掷骰子的上帝。1999 年 12 月 26 日，爱因斯坦被美国《时代周刊》评选为"世纪伟人"。

我从来不把安逸和享乐看作是生活目的本身——这种伦理基础，我叫它猪栏的理想。

照亮我的道路，并且不断地给我新的勇气去愉快地正视生活的理想，是善、美和真。要是没有志同道合者之间的亲密感情，要不是全神贯注于客观世界——那个在艺术和科学工作领域里永远达不到的对象，那么在我看来，生活就会是空虚的。人们所努力追求的庸俗的目标——财产、虚荣、奢侈的生活——我总觉得都是可鄙的。

——爱因斯坦《我的信仰》

　　一个有志向的强者，绝对不会把安逸和享乐这种"猪栏的理想"作为自己的生活目的，他一定鄙视财产、虚荣和奢侈。

　　不要慨叹生活的痛苦！——慨叹是弱者！

——高尔基

　　马克西姆·高尔基（？～1936）苏联伟大的无产阶级作家，社会活动家。他出身贫苦，亲身经历了资本主义残酷剥削与压迫，对他的思想和创作发展产生了重要影响。登上文坛后，他塑造了一系列工人和无产阶级革命者的英雄形象，抨击了西方资本主义制度和反动思潮。代表作有《海燕之歌》，自传体三部曲《童年》、《在人间》、《我的大学》等。

　　过去属于死神，未来属于你自己。

——雪莱

　　珀西·比希·雪莱（Percy Bysshe Shelley）（1792～1822），一般译作雪莱，是英国文学史上最有才华的抒情诗人之一，更被誉为诗人中的诗人。其一生见识广泛，不仅是柏拉图主义者，更是个伟大的理想主义者。创作的诗歌节奏明快，积极向上。

　　先相信你自己，然后别人才会相信你。

——屠格涅夫

　　伊凡·谢尔盖耶维奇·屠格涅夫（俄语：Иван Сергеевич Тургенев；英语：Ivan Serg-eevich Turgenev）（1818～1883），俄国作家，批判现实主义小说家、诗人和剧作家。
　　生于贵族家庭。早期写诗，1847年至1852年发表《猎人日记》，揭露农奴主的残暴，因此被放逐。在监禁中写成中篇小说《木木》，对农奴主表示抗议。后期长篇小说《烟》（1867年）和《处女地》（1877年），否定贵族反动派和贵族自由主义者，批评不彻底的民粹派。

　　一切有权力的人都容易滥用权力，这是万古不变的经验，防止滥用权力的办法，就是以权力约束权力。

——孟德斯鸠

孟德斯鸠，法国伟大的启蒙思想家、法学家。孟德斯鸠不仅是 18 世纪法国启蒙时代的著名思想家，也是近代欧洲国家比较早的系统研究古代东方社会与法律文化的学者之一。他的著述虽然不多，但其影响却相当广泛，尤其是《论法的精神》这部集大成的著作，奠定了近代西方政治与法律理论发展的基础，也在很大程度上影响了欧洲人对东方政治与法律文化的看法。除此包括《波斯人信札》、《罗马盛衰原因论》。

如果不是怨恨别人，而是包涵、宽容，不仅可以使生活多一些相互关心和舒畅，而且也是对人的品格的提升。

——培根

弗朗西斯科·培根（1561～1626），英国哲学家、思想家、作家和科学家。被马克思称为"英国唯物主义和整个现代实验科学的真正始祖"。他在逻辑性、美学、教育学方面也提出了许多思想。著有《新工具》、《论说随笔文集》等。

一个自身无德的人见别人有德必怀嫉妒。

——培根

顺境的美德是节制，逆境的美德是坚忍。这后一种是较为伟大的一种德性。

——培根

最能保人心神健康的预防药，就是朋友的忠言规谏。

——培根

思想中的疑心就好像是鸟中的蝙蝠一样，永远是在黄昏中飞的。疑心使君王倾向专制，丈夫倾向嫉妒，智者倾向寡断和忧郁。

——培根

在我认识希亚达母女之前我就已经很有钱了。可当我站在贫病交加生命垂危却拾巨款而不昧的母女面前时，我发现她们最富有，因为她们恪守着至高无上的人生准则，这正是我作为商人最缺少的。我的钱几乎都是尔虞我诈、明争暗斗得来的。是她们使我领悟到了人生最大的资本是品行。我收养希亚达既不是知恩图报，也不是出于同情，而是请她给我当一个做人的楷模。有她在我的身边，我会时刻铭记，哪些该做，哪些不该做，什么钱该赚，什么钱不该赚。我死后，我的亿万资产全部留给希亚达继承。这不是馈赠，而是为了我的事业能够更加辉煌昌盛。

——爱迪生

爱迪生（1847～1931），美国人，一生中取得 1093 项发明专利权，为人类的文明和进步作出了巨大贡献，据说智商为 160。爱迪生在 1879 年创办了"爱迪生电力照明公司"，1880 年，白炽灯上市销售，1890 年，爱迪生已经将其各种业务组建成为爱迪生通用电气公司。1892 年，汤姆·休斯顿公司与爱迪生电力照明公司合并成立了通用电气公司，开始了通用电气在电气领域长达一个世纪的统治地位。

四、恶小不为

万分廉洁，止于小善；
一点贪污，便是大恶。

一个人能够较长时间地廉洁自律，但在某一个环节中没有把握好自己，那么将是前功尽弃，将产生难以挽回的严重后果。

上海一学徒工出身的局级领导干部石某，多年来一直是劳动模范、优秀共产党员，但在临近退休之时却没有保住晚节，利用权力收受贿赂被判处有期徒刑 10 年。

不虑于微，始贻大患；
不防于小，终亏大德。

不在细微的地方注意预防可能出现的不良后果，那么必然出现不良后果；不在小节方面严格要求自己，那么必将损害自己的良好形象。

某机关局长在驾驶着挂着某某局铭牌的车外出途中遇前方突发事故而见危不救，结果引起群众的公愤，被上级有关部门撤销职务，通报批评。

山陵之祸，
起于毫芒。

山崩地裂的巨大灾难，往往其在开始时候仅仅是一些看似极小的因素。

1986 年 1 月 28 日震惊世界的美国哥伦比亚航天飞机坠毁的根本原因仅仅是一块隔热泡沫的脱落、散热板焊接不到位所致。人又何其不是这样呢？身陷囹圄的那些贪官们，开始时也仅仅是收受几条烟、几瓶酒而已，而结果却是身败名裂、家破人亡！

小洞不补，大洞吃苦。
小节放纵，大节必失。

航行中的船只如果发现了小的漏洞，不及时采取措施，那么洞逐步扩大以后将面临无法弥补的灾难；一个人在小的方面就表现出不能自控的贪婪，那么其在一些大的方面必然会走向反面。

古代有一则故事，一名妇女看到自己三岁的孩子拿了邻家的针，不但没有制止，反而认为孩子聪敏，结果孩子长大以后因为盗窃被处死刑，临刑前，称还要再吃一口母乳为名咬下了母亲的乳头，责怪母亲养不教。

患生于所忽，
祸起于细微。

不良后果的产生，往往是由于一开始的疏忽；重大灾难的出现，往往是没有注意及时消除一些细小的隐患。

十几年前导致包头空难事故的原因就是飞机起飞前没有除尽飞机机翼上冻结的冰块，结果造成了机毁人亡的重大事故。由此可以想到，我们对自己、对下属、对家人的一些不良的细节，千万不能忽视，要及时纠正或消除，以防后患。

千里之堤，溃于蚁穴；
似锦前程，毁于一念。

千里的堤坝就是被一些蝼蚁蛀空了基础而垮塌；美好的前程就是被自己一时的贪念而葬送。

大贪官李某（原河北省国税局局长）刚进政府机关时曾经决心做一个焦裕禄式的领导干部，但是在第一次收受了一条香烟以后虽然提心吊胆了半个月，但发现并没有引起任何人的注意，于是便一发不可收，不到10年，李某成了贪污受贿一千余万元的大贪官，最终被处以死刑。

贪心由微而起，贪不遏则害人害己；
嗜欲因纵而虐，欲不止则迷心毁身。

小贪不及时遏制住，必然毁了自己害了别人；欲望任其肆逆不能有效控制一定毁了身心。

某卫生医疗单位心内科主任、资深专家宋某因为利用职权在选择医疗器械采购环节收受贿赂，结果不但被绳之以法，不仅毁了自己连累了家庭，而且使所在单位也因此蒙受巨大损失，引进医疗器械花费的巨额资金也付之东流，更导致了广大患者切身利益的损失。

不以善小而不为，
不以恶小而不惩。

不能以善事太小而不值得去做，也不能以坏事太小而任其发展，不去纠正。

职务犯罪的对象几乎都不是一个晚上就成为腐败分子的，而都有一个发展、渐进的过程，对一些问题的苗子不及时制止则后患无穷。上海某机关一出纳员挪用公款数万元，财务处长发现后没有采取任何措施，结果不到一年，该出纳员挪用公款850余万元参与网上赌球将公款输光，出纳员被法院判处有期徒刑20年，财务处长也因玩忽职守罪被判刑。

拘小节，言行举止点点滴滴；
做大事，德能勤绩方方面面。

一个优秀的人，其在生活交往的每个细小的环节都能严格自律；其在工作学习的所有方面一定恪尽职守尽心尽责。

雷锋同志无论是在部队执行任务期间还是在离队探家途中，都能够以一个共产党员、革命战士的标准严格要求自己，在平凡的岗位上作出了不平凡的贡献，成为全国人民学习的榜样，"雷锋精神"鼓舞鞭策了几代人。

小善积多，得益天下；
小恶除早，免生后患。

扶贫帮困、希望工程，我为人人，每个人能够尽自己的一份力，整个社会就一定和谐；坑蒙拐骗、吃喝嫖赌，人人围堵，每个人能够提高自己的警惕性，那么社会丑恶现象、坏人就难以形成气候、横行霸道。

上海一下岗女工倾其所有义务到安徽砀山县贫困农村小学支教，一去就是十几年，受到了农民们的热烈欢迎，这种高风亮节恰恰是对具有贪婪恶念的人的一种对照和反衬。

滴水常击，水滴石穿；
小利常贪，身败名裂。

具有坚强的毅力，坚持不懈，人生的目标一定能够实现；不拘小节，贪婪膨胀，面临的一定是被社会淘汰的恶果。

某国有企业仓库负责人，一开始是偷偷拿些仓库里溢余的小物品，见风平浪静便一发不可收，结果发展到结伙监守自盗，被判重刑。

黑白分明隔一线，
廉腐相克差一克。

许多大是大非仅仅是一条明确的界限；常见的贪婪奉献就在于一念之差。

上海市政府某部门负责人王某担任领导干部几十年，从来不接受他人的贿赂，在即将离开领导岗位前夕，对不法商人提出送其巨额贿赂的表示虽然有过犹豫，但思想斗争的结果竟然是照单全收，最后被法院判处无期徒刑。

由俭入奢易，
由奢入俭难。

贪图享受、挥霍浪费不教自会；艰苦朴素、克己奉公需要磨炼。

绳从细处断，
祸由贪念生。

绳索往往是在最薄弱的地方断裂，人生往往是在贪婪的念头中被毁。
无数贪官落马的事实告诉我们，拉你下水的人一定是从你最薄弱的地方下手，只要你心存贪念，肯定屡试不爽、百发百中。某干部原来还是比较自律的，不与业务关系单位人员拉拉扯扯，但当对方了解到他喜欢收藏后，便经常送上贵重的收藏品，投其所好令你欲罢不能，其结果便是可想而知的了。

宁走百步远，
不留一念贪。

为避免危险靠自己的力量，走再长的路也是舒心踏实的；头脑留有贪婪的念头，就是得到便宜，那也是暂时的，贪念膨胀，后患无穷。一些贪官开始是利用职权买些紧俏品、便宜货，贪点小便宜，久而久之不再满足小打小闹，便大肆贪污受贿，结果落得身陷囹圄的可悲下场。

生活艰苦一些，力气多花一些，心安理得；
便宜多占一些、利益多得一些，难以安心。

一些贪官当初在生活比较艰苦的环境里确实感到充实幸福；一旦拥有了权力、生活逐步舒适起来，却感到寝食难安、噩梦缠身。
阶下囚黄某昔日在没有拥有权力的时候，虽然生活清苦，但心情愉快，过得踏实；当担任了领导拥有了权力，特别是集聚了大量不义之财之后，却担惊受怕、食不甘味，整天神经兮兮，得了严重的神经衰弱症，令人咋舌的是，进来监狱后他的这个毛病倒减轻了。

思想防线不抓，好比温水煮青蛙；
自觉抵御侵蚀，就是牢固扎紧篱笆。

　　潜移默化是蜕化变质的必然途径，严格自律是防止堕落的有效措施。大量的案例证明，大贪官往往是从不正之风、贪小便宜开始的，长年累月、积重难返、难以自拔、无法脱身便成了后悔莫及的阶下囚。

　　税务局某干部被老板拉去色情场所潇洒了一回，从此一发而不可收，由被动到主动，结果贪污受贿滑入了犯罪的泥坑。

　　清廉则年如一日，好过；
　　贪婪则日似一年，难熬。

　　每天非常充实地工作，没有任何欠账，轻松愉快，而贪污受贿把柄在他人手里，不知道哪天东窗事发，日子难过。某走私犯罪分子被绳之以法以后，一些与之有权钱交易的海关工作人员个个提心吊胆，寝食不安，一个官员竟然消瘦了二十斤，还被查出了肾癌！

　　清正廉洁，心底坦荡，不怕半夜鬼来敲门；
　　贪污受贿，提心吊胆，担心任何风吹草动。

　　曾在政府机关工作的贪官蒋某说，案发前的一段日子，听见警车的鸣笛声就心跳加快，血压升高，手脚冰凉，那个日子可真是难熬啊！

　　心底无私天地宽，白天不做亏心事，半夜不怕鬼叫门；
　　心怀叵测度日难，时时刻刻把心端，担心利剑头上悬。

　　某国家机关工作人员利用职务之便在敛取了大量不义之财后，担心东窗事发，便辞去了公职，结果在社会上又遭到了黑恶势力的敲诈，便又离乡背井隐居起来，在被检察机关绳之以法之时，他反而定下心来，他深有体会地说，今天可以睡个安稳觉了，在外的日子没有一天不是在战战兢兢、担惊受怕中度过的。

　　扣错第一颗纽扣一错到底；
　　挡住第一次诱惑一路顺风。

　　生活常识告诉我们，第一步非常重要，廉政建设也是同样的道理。没有清醒的头脑，那么很可能就是一步错、步步错。

　　某官员张某将请托人给的贿赂自以为是"劳务费"、"感谢费"，从来者不拒到主动索取，结果数年下来累计数额巨大，被判有期徒刑15年。

从小虐待小动物，大了可能敢杀人；
从小骄纵贪婪欲，掌权一定是贪官。

"三岁看到老"是有道理的，行为举止必须从小矫正，贪婪心必须从小抵御，廉政自律必须从小抓起。一个人心底里存在贪婪，一旦拥有了权力，成为腐败分子是必然的。

据报载，某家庭父母对独生子百依百顺、宠爱有加，结果该子长大以后稍有不顺就对父母拳脚相加，父母忍无可忍之下把亲生儿子给杀了，当然自己也付出了沉重的代价。

孔融让梨，意义深远；
抑制贪婪，娃娃抓起。

在大人娇惯下长大的孩子将来一定是不会好好孝敬老人的，你准备住养老院吧。

骄纵生于奢侈，
危亡起于细微。

财富是把"双刃剑"，如果没有正确的财富观，那么一定是穷的时候合家欢聚、其乐融融，而富的时候妻离子散、众叛亲离。

社会生活中有些人就是天天盼望天上掉馅饼，个别的真的中了大奖，但结果呢？夫妻反目、家破人亡。

反腐当从自身做起，
倡廉应由小处着手。

一切领导干部要在人民群众中具有威信，那么必须首先对自己的言行举止严格要求，在不起眼的地方就能廉政自律。

朱镕基同志曾经面对前来送礼的人严肃地问："全国人民都有吗？"吓得送礼者拔腿就跑，无地自容。朱镕基同志铁面无私、廉政自律是众所周知的。

勿以官小而不廉，
勿以事小而不清。

不能认为自己的地位不高、权力不大而在廉洁方面放弃要求；不能认为一些小事无关紧要、无碍大局而突破规矩。许多贪官开始就是收受几条烟、几瓶酒，但结果都是犯罪金额巨大，贪婪就像吸毒，开始不慎，悔恨终身。

吃人嘴软，拿人手短；

交友不慎，悔恨终身。

大凡贪官都有一个共同的致命伤，那就是"傍大款"，千万牢记，不要为了蝇头小利而出卖自己的政治生命。

某局级领导干部王某与不法商人张某打得火热，对其贿赂来者不拒，心想张某是名人、政协委员、研究生毕业，是有素质的，不料张东窗事发，牵出了王某，王某锒铛入狱，自此才感到后悔莫及。

人的贪心往往是由小变大，从无心到有意，直至大到贪得无厌的决堤。但你一旦认识人性的这一弱点，你就会去克服，去警觉，去防范，包括人性的另一个弱点，碍于名利。

能够认识到自己人性的弱点，那是头脑清醒的开始。

朱镕基教育孩子是非常严厉的，一次他的儿子捡回来一块地毯，想垫在自己房间的音响下面，朱镕基知道后勃然大怒，甩了儿子一巴掌，立即令儿子哪里捡的送回哪里去。几十年过去了，有没有听到朱镕基儿子有什么丑闻？绝对没有！

一日得失看黄昏，
一生成败看晚节。

廉政自律不是一朝一夕的事，必须坚守始终、坚持终身。

上海某市某副区长张某退休以后接受了以往的请托人的巨额贿赂，结果被法院判处有期徒刑13年，晚节不保以致遗憾终生。

人格人品定注人生，
党风党纪奠基党运。

当官就是做人，人格人品是做人的根本，从严治党是防止亡党亡国的根本。大凡贪官都存在"傍大款"、"包二奶"等恶习，可见人格人品决定人一生的价值取向，领导干部尤为如此。

时任济南市人大主任的副省级干部段某长期保养情妇，当情妇提出要名分的要挟后，段竟然雇凶把情妇炸死，结果不到两个月就被判处死刑，命赴黄泉。

自古雄才多磨难，
从来纨绔少伟男。

曲折磨难能够锻炼人的意志，养尊处优难以出现雄才大略。

人们可以看看周边的一些不学无术的"富二代"、"官二代",一掷千金,然而你想过吗,他们一旦离开了父母的地位、钱财可能立即被社会淘汰。

自控能力是人与动物最本质的区别。

人与动物的相同之处是都有欲望,所不同的是,人能够控制欲望,而动物却不能,能够对各种不法利益、不法行为滋生出来的欲望进行有效的控制,那么就是一个真正的人。

> 牛毛细雨湿衣裳,
> 私心杂念毁名节。

不要小视牛毛细雨的威力,在廉政建设上也不能忽视贪婪的念头出现,一旦积重难返必身败名裂毁名节。

时任政治局委员、北京市委书记的陈某,喜欢收藏手表、照相机,从收受第一只起发展到一发不可收,敛财金额巨大,结果与滥用职权罪数罪并罚被判有期徒刑16年。

> 凡立大志者,
> 贫贱不能移,
> 富贵不能淫,
> 威武不能屈。

古人的告诫流传了几千年,可见其是旷世箴言,人生大志是任何力量所不可撼动的。

> 宁可毁人,
> 不可毁誉。

把自己的气节看得比生命重的人,不会被任何利益裹倒。被国民党反动派关押在渣滓洞、白公馆集中营的先烈们,面对国民党反动派的金钱、美女等利益的引诱,不为所动,宁可选择死,也绝不卑躬屈膝,表现了共产党人大无畏的革命气节。

> 宁可穷而有志,
> 不可富而失节。

人穷志不穷是中华民族的传统美德,著名爱国将领叶挺被关押在反动派的监狱里,面对利诱不为所动:"人的身躯怎可从狗洞子里爬出",就是表现了这种高尚的民族气节。

要有常在河边走的谨慎,

要有常在火山口的敬畏，
分分秒秒保持高度警惕，
时时刻刻具有忧患意识。

权力就是风险，具有风险意识就能应对风险，失去必要的警惕就可能被风险吞噬。

某集团公司副总竺某，自以为是证券、财经方面的行家里手，自信不会在这个方面出问题，在运作企业上市过程中通过出让法人股为自己赢利，被司法机关认定受贿数百万元，结果被判处死刑，缓期2年执行。

士皆知耻，则国家永无耻；
士不知耻，为国之大耻。

全体人民以讲文明为荣，整个国家就是和谐社会，人人都陷于损人利己、尔虞我诈，那是整个社会的耻辱和悲哀。我们各级领导干部就是在这方面起带头作用的排头兵，必须严以律己，身先士卒，率先垂范。

家是浪子的港湾，
孝是为人的本质，
有家就能有归宿，
有家就会感温暖，
家庭和睦万事兴。

贪官们在大肆贪污受贿、违法乱纪的时候，早就把"家"抛到九霄云外去了，其结果必然是导致妻离子散，家破人亡，可悲可叹！

女贪官何某进监狱时孩子还未成年，在狱中天天"望家兴叹"，这个时候她才深切体会到家是多好啊！珍惜自己的家，廉洁自律不可疏忽。

一屋不扫，何以扫天下；
一家不治，何以治天下？

家庭、子女都没能治好、教育好，怎么谈得上治国平天下呢？自己都没能管住，何以讲得响让队伍过得硬呢？当领导的要扪心自问自己做得怎么样？

个别官员子弟不学无术、横行霸道，什么坏事、丑事都与他们有关，被群众称为"衙内"、"恶少"，养不教父之过啊！为官的父母们该从自身找找原因了。

傍大款、包二奶是家破人亡、走向灭亡的提速；
卖权力、搞交易是断送前程、身陷囹圄的必然。

一个人有什么样的朋友，直接反映着他的为人，贪官们几乎个个都傍大款、包二奶，从被揭露的事实来看，没有几个能脱这个俗。

曾经与不法商人赖某星、黄某裕、张某、周某等交朋友、打得火热的贪官们现在都在哪里？无一不是在大墙内、铁窗里！

五、明镜高悬

一身正气为人，
两袖清风处世。

为官要有正气，才能不严自威；处世不能贪婪，必能所向披靡。

福建省委前书记宋德福同志自担任领导干部以后，严格要求自己，他的家族没有一个经商，他无论出国出差从来不领取任何补助，他有吸烟的习惯，但竟然从来没有收受他人的一盒烟，宋德福同志虽然已经因病去世，但他绝对是共产党员、领导干部的楷模。

以身作则管得住小节，
襟怀坦白顶得住歪理；
胸有大志耐得住寂寞，
廉洁自律守得住清贫。

灯红酒绿、花花世界可以让人纸醉金迷、意志消沉；寂寞清贫、艰难曲折一定能够促使你不忘使命、发愤图强。

杂交水稻专家袁隆平长期深入农村山区，几乎一辈子在农村与农民在一起搞科研，一身汗、两腿泥，终于在培育优质高产水稻品种领域作出了重大的贡献。

贪欲的膨胀的必然规律：
终日奔忙只为饥，才得有食又思衣；
置下绫罗身上穿，抬头却嫌房室低；
盖了高楼与大厦，床前缺少美貌妻；
娇妻美妾都娶下，忽虑出门没马骑；
买得高头金鞍马，马前马后少跟随；
招了家奴数十个，有钱没势被人欺；
时来运转做知县，抱怨官小职位卑；
做过尚书升阁老，朝思暮想要登基；

一朝南面做天子，东征西讨打蛮夷；
四海万国都降服，想和神仙下象棋；
洞宾陪他把棋下，吩咐快做上天梯；
上天梯子未做好，阎王发牌鬼来催；
若非此人大限到，升到天上还嫌低；
玉皇大帝让他做，定嫌天宫不华丽。

这首《江南小令》在全国许多监狱的贪官们中流传，他们几乎异口同声地表示："这首诗比喻我们从前的欲望是很贴切的。"希望官员们能够从中有所警示，千万不要到了监狱再去背这首诗。

贪婪是腐败犯罪的恶之源，
淫欲是家破人亡的导火索。

贪污腐败的思想根源是贪婪，它导致身败名裂；淫欲腐化的促使因素是好色，它引起家破人亡。贪婪的下一步就是淫欲，淫欲的下一步就是贪婪。

贪婪没有止境，
欲望不会封顶。

才四十岁的大贪官李某曾经给自己定过一个目标，那就是"年过五十，官要至副总理，钱要过一个亿"；无独有偶，上海某区烟草专卖局局长张某，贪污受贿四千余万元被绳之以法，他交代，自己曾经打算，"敛钱至一个亿便洗手不干了"。可见，贪婪是无底洞，永远不会被填满。

家有黄金数吨，不过一天吃三顿；
家有房屋数幢，不过睡觉床一张。

简单的道理，贪官们在案发前就是想不明白，直到进了监狱才如梦初醒，可为时已晚。
上海某局级领导干部、年过半百的女干部吴某利用职权低价买房，虽然得到了数百万元的便宜，但终因触犯法律，案发后被法院判处有期徒刑11年，导致新房未住住班房，天天在监狱里流眼泪，何苦呢！

嘴不馋，心不贪；
私不谋，利不占；
色不迷，戒不犯；
生不悔，死不憾。

不馋、不贪、不色、不占是廉政自律、当清官的立足之本。

看看都是生活小事，但反映的是人的本质，最终决定的是人的命运，可谓"细节决定成败"。一些干部几乎天天沉溺于酒店宾馆、娱乐场所，这种状态不引起自警，跌跟斗是迟早的事。

贪如火，不退则燎原；
欲如水，不遏可滔天。

贪婪的苗子不及时止住，那就会越烧越旺；欲望的念头不及时克服，那必然汹涌如潮。一下子成为大贪官的为极个别，贪官"成长"的一般规律是有一个量变到质变的过程，在这个过程中没有警惕、没有约束、没有自律，那么身败名裂就必然到来。

陈某宇自20世纪80年代中就开始腐败，到2006年9月被接受调查为止，二十年的时间发展成了贪污受贿、滥用职权、腐化堕落的大贪官，被法院判处有期徒刑18年。

国计已推肝胆许，
家财不为子孙谋。

为民掌权就是要披肝沥胆，绝对不能为子孙后代谋取不法利益。

老一辈无产阶级革命家黄克诚将一生积蓄全部交了党费，不给子女留下分文，却给子女留下了革命传统，体现了一个老共产党员的优秀品质。

廉为至宝，
一生光明磊落；
洁为资本，
百世享用有余。

廉洁能够保持一身英名，并且能够延续良好的家风。

周恩来同志一生廉洁自律、光明磊落，他的为人处世是各级领导干部的楷模，邓小平同志说："我们的党员、干部，特别是高级领导干部，一定要努力恢复延安的光荣传统，努力学习周恩来等同志的榜样，在艰苦创业方面其模范作用。"

莫作官仓鼠，
甘为孺子牛。

当官绝对不能如鲁迅所说的那样，糟蹋公共财产，而要时刻牢记做人民的公仆。

个别一些官员公款吃喝一掷千金，公车私用无所顾忌，公款出国大肆挥霍，这不就是"官仓鼠"吗？值得警惕啊！

廉则民爱，碑自立；
贪则民弃，墓自掘。

金杯银杯不如群众的口碑，贪污受贿、跑官买官难以逃脱群众的唾弃。

时任安徽省副省长的王某在担任阜阳市主要领导期间，利用职权大肆贪污受贿，为官一任祸害一方，群众气愤地说："只要反腐不放松，早晚抓住王某。"果不其然，若干年后，王某被绳之以法，被法院依法判处死刑，导演了自己掘了自己坟墓的悲剧。

俭以养德，
廉以立身。

俭朴能够培养人的美德，廉洁能够弘扬人的正气。领导干部时刻要牢记："建设节约型的政府，建设节约型的社会"，严格要求，廉洁自律，在位一任，造福一方。

据报载，2010 年 6 月某地粮食局几个领导仅一顿公款吃喝就花费两万余元，人均两千余元；时任南京市江宁区房地局长的周某光一盒烟就是 150 元，被网上披露后，引起了有关部门的重视，结果查出其贪污受贿 120 余万元，被判有期徒刑 11 年。

能吏寻常见，
公廉第一难。

纵观历史，有能力的官员比比皆是，但要成为一个毫不利己、专门利人、克己奉公的人民公仆是不太容易的、有难度的。你算算，历史上留下"清官"美名的官员有多少？

我们是共产党领导的社会主义国家，公廉应该是所有权力执掌者的基本道德准则。

钱色两把利剑，
廉洁一副盾牌。

钱财、美色对人的诱惑是显而易见的，坚持廉洁自律就能有效防止这种诱惑。根据有关方面公布，贪官包养情妇的占贪官的 95%，要知道，仅凭官员的工资是无法满足情妇的需求的，所以一定是要靠贪污受贿才能来满足的，因而危险和祸根就此埋下了。

诗堪入画方为妙，
官到能贫乃是清。

诗的最高境界是能够具有美妙的画意，官的最高境界是鞠躬尽瘁、不谋私利，清清白白做人。

县委书记的榜样焦裕禄同志一生清廉，身后没有留下任何财富，但他留下的清贫、俭朴、奉献的精神财富是世代相传、千古不朽的。

清如秋菊何妨瘦，
廉似梅花不畏寒。

清贫有时候是会表现出比较寒碜，然而廉洁能够抵挡住一切诱惑。

上海有个离休老干部，这个20世纪30年代参加革命的老太太，一辈子清苦、节俭，临终前竟然倾其所有拿出毕生积蓄交党费百万元。

身安不如心安，
屋宽不如心宽。

贪图安逸难以心里平静，违法乱纪心里肯定不安。

时任上海某国有企业集团公司党委书记、董事长的王某利用企业改制之机大肆贪污受贿，侵占了价值三个亿元的国有企业的房产，他在狱中交代，每当房产涨价时自己心里就十分不安，因为侵占的金额又增大了，罪恶更深重了，为此寝食不安，惶惶不可终日，最终其被判处死刑，缓期2年执行。

廉贪一念间，
荣辱两世界。

对为官者而言，廉政自律必须坚持始终，什么时候出现贪念，什么时候就会面临身败名裂的威胁。

上海某局级班子三个领导成员以"住房补贴"的名义，集体私分了巨额资金的"小金库"，结果被分别判处有期徒刑10年，其中的一个女干部，先前没有任何违纪违法行为，真是一念之差，遗憾悔恨终身。

由廉入贪易，
失足悔恨迟。

在诱惑面前抵挡不住，思想滑坡是非常容易的，失去了自由才感到悔恨那就迟了。

某领导干部长期以来基本上能够自律，也比较廉洁，但面临国有企业改制的情况下，滋生了贪念，秘密转移国资数百万元，为此其后半生将在监狱里度过，后悔莫及。

乐自廉中出，
烦自贪里来。

廉洁自律的人，其内心是踏实快乐的，贪污受贿的人，其有理不断的烦恼。

不索取、不贪婪，"宁可人负我，我决不负人"。具有如此信念的人，心情愉快，心底踏实，然而一些贪官拥有了巨额财产，保养了多名情妇，却天天担心他人出事牵连、情妇反目曝光，害怕东窗事发，真可谓坐卧不安，日子难熬啊！

廉不廉，看生病；
贪不贪，看住院。
要看领导是好是坏，
就看领导下班以后跟谁在玩。

这是来自群众的语言，它深刻地揭示了贪官们敛财的伎俩，其实一个官员廉不廉，群众心里一本账。时任黑龙江省委常委、组织部长的韩某住院期间仅收受贪官马某的贿赂就达 46 万元；时任辽宁省沈阳市市长的慕某住院期间收受贿赂达 100 多万元。一些官员热衷于与一些老板"大款"们打高尔夫、打网球、打桥牌、打麻将，群众是非常鄙视的。

宁可清贫自乐，
不可浊富多忧。

这是生活的哲理，干干净净为民做官是乐在其中的，而拥有再多的不义之财也难以愉快幸福。当中央出台领导干部财产申报制度的规定后，一些拥有不义之财的官员们可担心了，如实申报不行，隐瞒不报也不行，那可怎么办哟！

腐败是灾祸前兆，
廉洁是幸福源泉。

党的历史及改革开放以来无数的事实证明，官员的灾祸均是由腐败引起，官员的幸福一定是廉洁造就。这个结论如今身陷囹圄的贪官们的体会最为深刻。

贪婪淫欲就是催命剂，
廉政自律才是长寿药。

大凡贪官能够健康长寿的确实少见，什么原因呢？专家学者得出了结论，心理不健康是致命伤。长寿的秘诀有很多，根本的一条就是没有贪欲，清心寡欲、襟怀坦白、心理健康。

贪婪和幸福永远不会手牵手。

想通过贪污受贿来达到幸福是绝对不可能的，贪婪和灾祸才是紧密相连、难以分割的。

上海某区副区长，刚年过五十的康某利用职权敛钱拥有了十七套房产，在广大老百姓一房难求的情况下，康某太幸福了！可是，不久东窗事发，康某被判处死刑，缓期2年执行，房产一套也用不上了，因为漫长的下半辈子他将在监狱里度过。

心无私欲，自然会刚；
人无邪念，自然公正。

心底无私必然刚正不阿，没有邪念一定公平正义。
人民的好法官，北京市海淀区人民法院知识产权庭庭长宋鱼水，经手案件千余件，无一错判、误判，因为她的心中只有公平、正义。而余祥林、陈振海冤假的杀人案的出现，不外乎办案人员急于破案、逞能、邀功、扬名等私心所致，于是乎，心有邪念难以公正。

人钻进钱眼儿就是囚，
囚走出钱眼儿就是人。

群众语言，非常形象，日常生活就是这样，贪官就是被钱俘虏了，于是成了囚犯，囚犯汲取了教训，回归社会，遵纪守法于是又成了人。

"贪"字近乎"贫"，
"婪"字近乎"焚"。

几笔之差，意义完全不同，靠自己的能力挣干净的钱，心里踏实，贪婪之心恶性膨胀，那就是玩火自焚，必定身败名裂、家破人亡。

奢是祸胎，是薄俗，是坏兆，是恶源，是贪根；
廉是传统，是美德，是底蕴，是品质，是福源。

奢靡让人道德滑坡，廉洁令人思想升华，真正幸福快乐的人，特别是掌握权力的人，其一定是廉洁的，根本原因就是干干净净做事、老老实实做人。

俭，德之共也；
侈，恶之大也。

高尚的人品道德一定不是表面上的缤纷华丽，而灯红酒绿、挥金如土、醉生梦死绝对是道德的沦丧。许多贪官不正是在这种氛围里跌倒的吗？

廉政犹如登高，越往上越神清气爽；

贪婪犹如掘井，越往下越自陷难拔。

清廉，清清白白，没有任何精神负担、心理负担，一定神清气爽。贪婪，鬼鬼祟祟，东躲西藏，整天怕露馅曝光，日子难熬啊！

人见利而不见其害，必贪；
鱼见食而不见其钩，必亡。

贪官都是鸵鸟，只顾前而不顾后，先尝甜头，后吃苦头，你看看，贪官揣着金钱搂着美女个个春风得意，可在监狱里，哪个不是泪流满面、痛不欲生。

一文虽微，能污清白人格；
万金昂贵，难收公道人心。

一文钱可以逼死英雄汉，但也足以折射出人格的高低，金山银山耀眼，但难以买到人心。多少革命先烈，在敌人的重金、高官、美女的引诱下，革命意志毫不动摇，高唱国际歌昂首走向刑场。

以权交友，权倾则情绝；
以利交友，利尽则人散。

建立在既得利益基础上的友情不可能是牢固的，"大难临头各自飞"就是这种不正当关系的写照。
重庆市某区一个干部不再掌握工程发包权力后，行贿人不依不饶，这个干部担心案发，不但先前收受的贿赂全部还给了行贿人，为了封口，还倒给了行贿人二十多万元，最后还是案发，这个干部因受贿罪被判刑入狱，行贿人也被以敲诈勒索罪判刑入狱。

一个追求奉献、把心贴近百姓的人是不会贪婪的，
一个结党营私、把手伸向利益的人是必定垮台的。

一个清廉的官员其一定能够心系人民群众，以人民的利益为一切工作的出发点，而一个贪婪的官员一定是背离人民群众的根本利益，甚至鱼肉百姓，垮台是必然的。
上海某镇政府一个发放救济金的干部，几年中竟然贪污其经手发放的救济金数十万元，令弱势群体雪上加霜，最终被判重刑。

恭维、溜须、拍马会得到一些个人的、片刻的、短暂的好处，却孕育着更加长久的、无法弥补的灾难。

如今的官场上跑官买官时有所闻，那些人通过不正当的手段确实得到了既得利益，但是没有一个最终能够逃脱灭亡的结果。

你看看，向重庆市公安局原副局长文强买官的那些官员，曾经是坐上了梦寐以求的官位，可现在呢，个个在监狱里哭泣。

看透皇帝新装的人最后是一个不谙世事的小孩，让那些见多识广的大人们汗颜。

讲真话，讲实话，讲老实话是人品高尚的反映，可惜，现在能够讲真话、听真话的氛围太窄了，全国"两会"上几个代表讲了十几分钟的真话，赢得了十几次的掌声就充分说明了这一点。

其实一个人学会正视自己、打碎自己，就是重新黏合的开始，就会打造一个崭新的人生。

不断对自己进行反思，就能看到自己的不足，就能弥补和修正自己的不足，但是在一片赞美声中有些人做不到这一点。

著名漫画家华君武每次办画展时，必定向被其在极左的年代里伤害过的一些人员道歉，感情真挚，一次不漏，这种不文过饰非、貌似一贯正确的高风亮节打造了一个真正的人。

学习再多，那是外因；
制度再全，那是他律；
收入再高，难遏贪欲；
反腐倡廉，靠自己坚定不移的抵御力。

学习是外因，制度是他律，钱多不能制约贪婪，预防腐败的立足点是筑牢自己的思想防线，不断提高自身的免疫力。

时任沈阳市副市长的大贪官马某（被判死刑），其地位不可谓不高，收入不可谓不多，制度不可谓不知，但其竟然在中央党校学习期间还多次溜到澳门去豪赌，他的事例说明了什么？

六、感恩奉献

要想人不知，
除非己莫为。

千古哲理，只要是做了坏事，那么暴露是迟早的事。

贪污贿赂犯罪都是偷偷摸摸、暗中私下进行的，一些贪官之所以敢而为之，就是自以为无人知晓，事实是纸永远包不住火，隐藏得再深的贪官也迟早要被挖出来。

人是三节草，三穷三富过到老。

人是三节草，三富三穷过到老。人是分阶段的，不可能总是这样，也不可能总是那样，一节一节，一段一段；穷到难时别馁，富到极时别躁。对生命来说，人鬼神都在，人在中间通两界，升上去是神，坠下来就是鬼。抛开鬼神念，其实做人很容易，心平下来就是人。

廉外则可以大任，
少欲则能临其众。

廉洁的人能够不负众望肩负大任，不贪婪的人能够令人信服赢得尊重。日常生活里，老百姓不是看你有多大的能耐，而是更关注你是不是具有良好的人品。

养浩然正气，树风云大观。

正气浩然要靠平时培养，良好风气能够改变世界。
方志敏、江姐、赵一曼、刘胡兰等无数革命先烈面对死亡大义凛然、坚贞不屈，弘扬了一代人的浩然正气，在新的历史时期，我们每个共产党员、领导干部不也需要这种浩然正气吗？

道德、慈善、福喜让人幸福一生，
贪婪、淫欲、诡异使人后悔一世。

奉献是幸福的源泉，贪婪是后悔的必然。
综观热衷于奉献的人们，在捐出自己的财富时没有一个不愉快、不幸福的，事后也没有一个会后悔的，而再看看贪官们的"忏悔录"，通篇没有一个是不后悔的。

忍养安，乐养寿，爱养福，善养运，佛养心，道养行，学养德，诚养誉，礼养和，动养身，天养地，古养今，廉洁自律养天伦之乐、幸福平安。

良好的修养是人品高尚的必然。
一个人的修养必须从点点滴滴、时时刻刻来修炼，而浮躁、虚荣、无信、纵欲、贪婪是修养的大敌。

天作孽，犹可违；
自作孽，不可活。

自然灾害是无法抗拒的事，人祸就不能原谅了。贪污受贿、腐败犯罪，导致身败名裂、家破人亡完全是自作自受。

良药苦口利于病，
忠言逆耳利于行。

千古良言，含义深刻，令人深省。

时任沈阳市中级人民法院院长的贾永某（被判处无期徒刑），在服刑的监狱中说，我担任领导干部几十年，没有听到过一句能够让我脸红心跳的批评，如果有人及时提醒，我不至于落得如今这样不可收拾的结果。

作德，心逸日休；
作伪，心劳日拙。

做正派无私的人，心情必然愉快，怡然自得。做坑蒙拐骗的人，心力必然憔悴，处心积虑。人生长寿的第一原因是心情愉快，心理健康。

有德有才是合格品，
有德无才是残次品，
有才无德是危险品。

来自群众的语言，官员必须德才兼备，否则迟早会被淘汰出局。

白求恩同志既有高尚的国际共产主义精神，又有精湛的医疗技术，被毛泽东喻为是一个高尚的人。同为医生的某医学博士后，虽然也具有一流的医疗水平，但因为利用权力收受药品和医疗器械供应商的巨额贿赂，结果成了阶下囚，可见，有才无德是危险的。

人处逆境，靠他人相助的可能性极小，全靠自己的条件去应对，这些条件包括：良好的心态、勤奋的作风、坚韧的毅力和守诺的信誉。

优秀的官员要具有在逆境中生存的能力，靠自己良好的心态、作风和毅力。

"文化大革命"中，邓小平同志被下放到江西一家小农机厂劳动，面对逆境能够不屈不挠、不卑不亢，保持了良好的心态和身体，为以后的复出打下了基础，正确面对逆境，邓小平同志可谓是楷模。

生活累，一小半源于生存，一大半源于攀比；
精神累，一小半源于事务，一大半源于盲目。

做明白人，当清醒官，切戒无端攀比、盲目跟风，不顾人民的利益大搞形式主义、文山会海、表面文章、花架子，必定劳民伤财，群众愤慨。

据报载，某地领导为获取荣誉，竟然以油漆绿化山体，这种劳民伤财、盲目攀比的庸官作为令人嗤之以鼻。

感知、感恩、感悟。
感知方能坚持真理，
感恩方能把握自己，
感悟方能刚强无比。

感知、感恩、感悟是人生哲理，值得陪伴人生一辈子。

曾经有记者问 110 米栏世界冠军刘翔的父亲，刘翔能够不断克服各种困难，刻苦锻炼，成为一个为国争光的人才，你从小是怎么教育刘翔的？刘翔的爸爸说，就是教刘翔学会感恩。

学会感恩。感恩方能知足，知足方能敬畏，敬畏方能自律，自律方能奉献，奉献方能幸福快乐。

感恩是让人愉快幸福的源泉。感恩就是摆正自己的位置，感恩就是正确对待国家、集体和他人，学会感恩就能成为一个脱离低级趣味的、高尚的人。

汶川大地震期间，中央电视台赈灾晚会上天津一民营企业姓张的青年老总一次捐出一亿元，他说我是唐山地震的孤儿，没有党和国家就没有我，在党的改革开放政策下，我先富了，我不能忘记自己的社会责任，一方有难八方支援，我与妻子商量后决定捐款一亿元。小伙子的话语感动了所有的人。

在团体生活中，力求特立独行、标新立异时，可曾想过，这正是破坏和谐之美的行径。

整体观念、大局意识是人具有修养程度考量的重要因素。

据报载，一些地方的领导，为了政绩大搞什么"世纪工程"、"形象工程"、"政绩工程"，结果把一些自然环境改造得不伦不类，真是劳民伤财、祸国殃民！

奉献，是培育廉洁的沃土；
享乐，是滋生腐败的温床。

无私奉献能够促进廉政自律，贪图享乐必然诱发人的贪婪。

一些官员热衷于吃喝玩乐，热衷于公款高档消费，直至发展到严重违法乱纪，结果纷纷被群众举报，几乎都是因为享乐而导致腐败受到了查处。

勿以身贵而贱人，勿以独见而违众。

不可乘喜而多言，不可乘快而易事。

平等待人、整体观念、谦虚谨慎、诚实信誉是修身养性的重要因素。

2009 年中，在一些官员口中出现了"雷人"的语言，诸如"我是北京派下来的，和你们市长一样大"、"你是为党说话还是为群众说话"、"要跳楼别到二楼，去五楼"……这些官员思想深处已经没有了共产党员的味道，遭到群众的唾弃是必然的了。

一粥一饭当思来之不易，

半丝半缕恒念物力维艰。

勤俭不能忘本，奢侈链接腐败。

大贪官、省部级领导干部王某、胡某（均被判处死刑），都是孤儿出身，从小就生活在极端贫困的环境里，每天三顿饭都无法保证，当官以后，他们因为大肆贪污受贿、腐化堕落、挥霍公款、一掷千金，究其思想上的根本原因，就是忘本。

穷到难时别馁，

富到极时别躁。

胜败、穷富难以预料，保持一颗平常之心非常重要。

世界巨富比尔·盖茨，拥有富可敌国的财富，但他非常热衷于慈善事业，捐出了巨额的资金给社会，他还呼吁，所有富人，都应该捐出自己财富的一半给社会，他的行为能够给我们一些什么启示吗？

源清流自洁，

身直行始正。

把握廉洁自律的基本要素，抓源头，必定能够不断提高抵御各种各样的诱惑侵蚀的能力。从遏制贪念一闪念开始，在源头上注意预防腐败，可以保证在各种环境下不走错路。

上海某局级干部孙某，开始一些年还是能够廉政自律的，但是到了领导岗位以后却经不起考验，陷入了腐败犯罪的泥坑，被判有期徒刑 11 年，这就说明为官的要经常检点自己存在的问题，保证不偏离方向。

莫言富贵长可托，
木槿朝看暮还落。

再好的演出也必然落幕，不要指望不义之财可以长久永存。

历史上的大贪官和珅生前敛财无数，但在其死后所有不义之财均被没收纳入国库，和珅要地下有知一定捶胸顿足、悔不当初。

以富人而下人，何人不尊；
以富人而爱人，何人不亲。

为了国家和人民的利益能够付出、奉献一定会得到人们的尊敬和爱戴。

汶川大地震发生后，上海一个普通的退休工人姓沈的老太太，毅然卖掉自己的房产得款近五百万元全部捐给了灾区，她的义举受到了全社会的尊敬。

生命的长短用时间计算，
生命的价值用贡献计算。

生命的长短，人是无法绝对控制的，而人的一生对社会的贡献价值，则是必须付出才能实现的。

女英雄刘胡兰牺牲时才十五岁，雷锋同志因公殉职时才二十二岁，重庆地下党《挺进报》负责人陈然烈士就义时才二十四岁，他们对国家、对人民利益的巨大贡献和生命的价值是无法计量的！

眼前荣华富贵如浮云，
身后美名褒扬重千斤。

荣华富贵都是表面的、暂时的，不可能永恒不变，而社会和人们在你身后美好的评价是珍贵的、永久的，名垂青史的人一定是人民爱戴的人。

焦裕禄为人民鞠躬尽瘁，虽然去世几十年了，但老百姓仍然念叨他、怀念他，焦裕禄无愧为领导干部的榜样。

松竹梅，岁寒三友；
公正廉，官德三宝。

为官的品德必须坚持奉公、正义、廉洁，犹如松竹梅的品格一样。

老红军，原海军政治部副主任段德彰，一生俭朴廉洁，离休以后保持了人民军队的优良传统，热心为人民服务、为社会服务，他不顾年老体弱，为学生们讲革命传统教育课几百场，他的一生就具有松竹梅的风格，他给我们留下的就是公正廉品格的宝贵财富。

在欲而不欲，
居尘不染尘。

面临物欲横流的社会弊端能够严格自律，处于唯利是图的不良风气能够洁身自好是做人为官的底线。

解放军总医院外科主任严蔚冰从医几十年，救治病人无数，但从来没有收过病人的一个红包，没有接受过一次吃请，表现了共产党人、革命军人的全心全意为人民服务的优秀品质。

"打开"心灵之窗，"关闭"贪欲之念，"添加"为民之举，
"删除"私利之弊，"链接"律己之格，"断开"弄权之路，
"收藏"依法之行，"刷新"幸福之感，"点击"感恩之心，"保持"诚信之品。

让自己的头脑如同电脑一样，发挥无穷的功能，但千万不要忘记防止病毒的侵入。

在是非面前要有辨别能力，
在诱惑面前要有自控能力，
在警示面前要有对照能力。

防贪防腐的根本是要有自律、自控意识和辨别、洞察能力。

上海某区卫生局副局长平时还比较廉洁自律，从不收贿赂，但一包工头得知他要出售一套房子时，故意抬高二十万元买进，为的是今后能够继续承接该局的基建工程项目，副局长自以为买卖是自愿的，高价卖房的钱收得心安理得。不料，其这一行为被司法机关认定为新型贿赂犯罪，结果被法院判处有期徒刑5年。

富不过三代，别指望我荣华富贵世世代代；
孝不过三代，哪去找你八代祖宗祖祖辈辈。

最好的传家宝是勤俭、勤劳、勤奋，贪官企图以巨额财产保持世代富贵是徒劳的；同样道理，老人在世时应当孝敬、体贴、关心，再好的坟墓也不可能永世相传。

古人有一首诗，其中两句"万里长城今犹在，不见当年秦始皇"说的就是这个道理。

清贫廉政得民心，
心正坦荡一帆顺。

　　"群众高兴不高兴，群众放心不放心"是为官合格与否的重要标准，也是能否获得群众信任不被唾弃的唯一途径。

　　某单位负责人被司法机关绳之以法后，群众自发燃放鞭炮，某地区负责人调离时，群众自发"送行"抛撒纸钱"送瘟神"，这种不得人心的干部被群众唾弃是必然的。

　　腐败一时千夫指，
　　廉洁一世万古传。

　　人民群众最痛恨的是腐败，人民群众最拥护的是清官。
　　和珅没有一个人不骂他，海瑞没有一个人不敬仰他。

　　为名利而刻骨铭心，终身受苦；
　　为大众而废寝忘食，一生幸福。

　　为名利所累，得不丧失，为人民服务，乐在其中。
　　北京的掏粪工时传祥一辈子为人民掏粪，乐此不疲，上海的海轮服务员杨怀远一辈子给群众挑小扁担，乐在其中，我们从中应该感悟到些什么？

　　艰难困苦，玉汝于成。
　　生于忧患，死于安乐。

　　艰苦的环境可以磨炼人的意志品格，沉迷于享乐难以成为坚强的斗士。
　　艰苦的日常生活中，许多人在有目标、有追求的时候，能够不怕困难，勇往直前，但一旦生活好了，停歇下来便失去了斗志，精神萎靡、日薄西山。所以艰难令人坚强，安乐使人凋亡。

　　忧劳兴国，
　　逸豫亡身。

　　具有坚强的信念可以所向披靡，贪图私利到头来一定身败名裂。
　　历史上那些不理政事、贪图享乐的皇帝没有一个是长命百岁的，过于舒适的日子往往叫你意志消退，缩短生命的旅程。

　　谁自重，谁就得到尊重；
　　谁放纵，谁就难避伤痛。

　　为人民鞠躬尽瘁，老百姓有口皆碑，为私利贪得无厌，进牢房迟早的事。

周恩来、胡耀邦等老一辈无产阶级革命家为人民的利益呕心沥血、奉献终身，人民一直怀念他们，而"四人帮"倒行逆施、祸国殃民留下了永世的骂名。

学习不在于说教，
制度不在于多少。

学习重在理论联系实际，制度重在贯彻遵守执行。

一些贪官都曾经进过党校学习，无数不能贪污受贿的规定众所周知，但这些对贪官都毫无作用，根本原因是什么呢？是没有真正入心、入脑，仅仅是表面文章、流于形式。

大话、假话、空话、套话使你脱离群众；
应酬、交际、游玩、好色促你加快堕落。

说话头头是道，行为乌七八糟，这是许多贪官的共同写照，官员私下在做什么是衡量他究竟是好是坏的重要标准之一。

2010 年夏天，某地大坝决堤，某官员在电视台滔滔不绝地大讲大话、套话、空话，主持人几次问老百姓脱离了危险没有都打不住他的鼓噪，这个官员受到了广大群众的抨击是理所当然的了。

官员必须坚决摈弃：
"中午围着瓶子转，下午围着骰子转、晚上围着裙子转"；
"白天满嘴烟酒气，晚上浑身胭脂气，一天到晚乌烟瘴气"。

官员堕落的真实写照，群众最痛恨的就是这些拿着国家的俸禄不为老百姓干事的人。

各地一些高档饭店、高档娱乐场所经常是些什么人进进出出，老百姓心里有一本账，胡吃海喝、酩酊大醉、声色犬马、左拥右抱的官员能够一心为民吗？能够不腐败吗？

腐败是一种社会病，准确地说是一种社会糖尿病。
因为：
一是腐败不会导致政权速亡；
二是腐败恶化必然导致政权灭亡；
三是腐败糖尿病的晚期是免疫系统全面崩溃，任何风吹雨打都可能招致并发症突发，而成为不治之症。

不正之风、诱发腐败，腐败滋生、贪官横行，腐败恶化、危及政权，全面腐败、亡党亡国，这就是一个量变到质变的过程，腐败不除必有亡党亡国之虞。

治重症就得用猛药。

古今中外，死于火者少，死于水者多。

原因何在？水柔性也，而火刚性也。

水至柔却潜藏杀机；火则不同，它对任何接触者都立即施以颜色。

腐败在开始阶段，是十分温和的、诱人的、满足的，但不要忘了，腐败的结果是非常冷酷的、痛苦的、悲惨的！

所以，贪婪的念头一闪现、腐败的苗子一出现就必须让其消灭在萌芽状态。

奉献是精神文明的最崇高境界，

奉献是廉政建设的最有效措施。

奉献与贪婪是对立的，为了国家和人民的利益鞠躬尽瘁、死而后已、真心奉献的人是不会腐败的，预防腐败必须筑牢思想防线，遏制贪婪，提倡奉献！

七、志存高远

老老实实做事，

干干净净做人。

这个告诫，真情实在、朴实无华，每个共产党员和领导干部都要牢记的为官做人的起点。几十年前，毛泽东同志也提倡"说老实话、做老实事、当老实人"也是这个道理。

不独亲自亲，

不独子其子。

出自《礼记·礼运篇》，不要只是以自己的亲人为亲人，不要只是以自己的子女为子女。要博爱，爱人。人民的公仆要有大爱精神，要担负起天下的重任。一些贪官不就是一味为了营造自己的安乐窝、一味为了自己的子女而贪污腐败陷入了深渊。

有道德、重品行、讲操守。

共产党员和各级领导干部必须时刻遵守的思想道德标准。

一些党员、干部在人前习惯于溜须拍马、文山会海，假话、空话、套话、大话连篇，大搞形式主义；在人后，热衷于应酬、娱乐，搞"小圈子"、找"女朋友"，大搞不正之风，这种道德、品行、操守的沦丧是非常危险的。

道生于静逸，德生于谦和，
福生于淡泊，命生于平实。

谦虚谨慎、不骄不躁，守得住清贫、耐得住寂寞是共产党员、领导干部修养的要素。
某落马的贪官坦言，每天没有了吃吃喝喝、没有了打牌打球、没有了唱歌洗浴就像是失了魂一样，自己的革命意志就是在这种氛围的熏陶下丧失殆尽。

道生于平和安静，德生于谦和大度，
慈生于博爱真诚，善生于感恩包容，
福生于快乐满足，喜生于健康成就。

共产党员、领导干部为人处世要了解幸福的真谛。
许多贪官坦言，一旦步入了贪污腐败的歧途，自己就发生了变化，心态不正了，脾气暴躁了，待人不诚了，老婆分居了，子女快乐没有了，健康滑坡了，真是害人害己、得不偿失啊！

干干净净使人心底坦荡、愉快健康；
贪污受贿让人担惊受怕、噩梦缠身。

无数事实告诉我们，所有乐于奉献的人都不会懊恼后悔，所以贪官阶下囚都个个追悔莫及。据《怎么活过一百年》的作者洪昭光教授说，贪官中患严重高血压、心脏病、失眠的特别多，长寿的非常少，什么原因，大家自己对照吧。

影子的消亡，不外乎在光明与黑暗之中，二者必居其一。影子乃人的"隐形"也，它的消亡应该是光明的到来，而不是与黑暗同污。一个社会也如此，"隐形"面越大，光明就越小，一旦鬼使神差同阴暗合污，那就是患之又患的了。

贪污腐败必须坚决铲除，任其发展泛滥必亡党亡国。苏联和东欧的剧变应该使我们引起极其深刻的反思，历史的经验值得注意。

慎独、慎欲、慎微。

独善其身、控制欲望、从细微处严格要求是廉洁自律的保证。众人皆糊涂，自己能不能清醒，欲望膨胀，自己能不能控制，日常生活小节，自己能不能把握，这些不是无关紧要的小事，常常在关键的时刻能够决定大局。

众人均昏，我自清醒；
钱财色诱，我自入定；
做人处事，我自究微。

廉政建设的最高境界就个人而言根本是自律。
一些贪官的堕落，开始是看人学样，别人能够那么潇洒、暴富，我为什么不能呢？于是逐步滑入了腐败犯罪的泥坑，所以，自己能够把握住自己是非常重要的。

平日不做亏心事，
半夜不怕鬼叫门。

耳熟能详的俗语是告诉人们做人行事的真谛。
许多贪官都有失眠症，为什么呢？因为每到夜深人静的时候自己就有些后怕，怕反贪局找上门、怕纪委找上门，甚至怕"小蜜"找上门，甚至听到电话铃声都紧张，于是后悔之心油然而起，问题是，到第二天又全忘记了，周而复始，日子真不好过啊！

能贿我者，必能毁我，宜加意防之；
能规予者，必能助予，宜倾心听之。

为了私利百般拉拢我的人一定是最终毁掉我的人，必须提防；出于公心批评提醒我的人一定是能够帮助我的人，要认真听取。
大贪官陈某宇腐败犯罪事实的被揭露，检举、揭发、提供其犯罪证据的都是其昔日的"朋友"、"知交"、"小兄弟"，其他贪官落马何其不是这样呢！

智力活动上的诚实创造了科学。科学之所以为科学，就在于努力反映客观、揭示客观规律。弄虚作假，底线都越过了，还谈得上什么科学？

诚信是做人、做事、做官的根本。科学发展观是官员顺应时代的必然。
许多老一辈无产阶级革命家写回忆录，都写了自己犯错误、整人、搞浮夸的事实，这种实事求是、诚实坦然的精神，丝毫没有影响他们一生的光辉形象。

志存高远，意守平常；
身体而力行，虽小步终成千里；
心底无私，襟怀坦白；
不取而奉献，虽清贫必成大业。

胸怀大志，脚踏实地，以身作则，无私奉献，是为官的准则，必定成就大事业。

两弹元勋邓稼先一辈子清贫俭朴，默默无闻，但他给国家的国防事业作出的巨大贡献是无人可及的，他是所有共产党员、领导干部学习的光辉榜样、为人楷模。

财，不如义高；
势，不如德尊。

金钱与财富不能换回高尚，地位势力难以赢得尊重。
一些人拥有巨额财产，但来源不正、为人不端，遭人唾弃；一些人显示位高势大，但心术不正、不得人心，声名狼藉，如何做人做官是要自我准确定位、仔细斟酌的。

上好德则下无隐，
上恶贪则下无耻。

一个地方、一个单位、一个部门的风气正不正、官员好不好，就看那里的主要领导过硬不过硬。
凡是歪风邪气盛行的地方，其领导一定是心术不正、行为不端的，凡是正气抬头、纪律严明、作风朴实的地方，其领导一定是以身作则、严以律己的。

处逸乐而欲不纵，
居贫苦而志不倦。

无论处于何等环境都必须廉洁自律，这才是真正的共产党员。
老红军、老将军甘祖昌离休以后主动要求离开北京到江西农村当农民，与农民一样起早贪黑干农活，虽然生活贫苦，但其还拿出自己的积蓄积极支援农村的发展和建设，他给后人留下的是艰苦奋斗、无私奉献的优良传统。

勿吐无益身心之语，
勿为无益身心之事，
勿近无益身心之人，
勿入无益身心之境，
勿展无益身心之书。

共产党员、公务人员、领导干部的言行举止绝对不能随心所欲，必须遵守规范。
据报载，2010 年 6 月 17 日，广州市法制办一公务员对前来询问行政复议事项的群众代表态度蛮狠，称 11 点 30 分以后就不办公了（其实还不到时间），当群众代表指出这不符合公务员行为准则时，其竟然一阵咆哮："我就这样，你能把我咋地"，被广大网友称为"咆哮哥"，结果该公务员被停职。

终身为善不足，
一日为恶有余。

这就是毛泽东说过的："一个人做点好事并不难，难的是一辈子做好事，不做坏事。"
今日的贪官，不少昔日曾经做过一些有益的工作，有的还取得过不小的成绩、获取过各种荣誉，但由于一着不慎就陷入了腐败的泥坑，最终导致了政治生命的逆转，真可谓是"一日为恶有余"啊！

宁可名在人不在，
不可人在名声败。

在位时的一片赞美声不能说明什么，群众真正的评价往往是在你离开之后。
有的干部离开了，群众依依不舍，泪流满面；有的干部离开了，群众如释重负，燃放鞭炮。做什么样的干部，留什么样的口碑，每个在权力岗位上的人都要三思。

贪者口若悬河，难说清白；
廉者心如止水，可鉴古今。

清廉不是说出来的，而是每时每刻、一点一滴做出来的。
贪官在讲廉政的时候往往是口若悬河，什么法律、道理都明白，但在做的时候就是另外的一套，这种干部早晚是要被群众唾弃的。

为政不在言多，须息息从省身克己而出；
为官务持大体，思事事皆民生国计所关。

行使权力必须公正，严格按照法律和规范行事，为官做人必须严格要求，自省、自警、自律，以身作则比说得再多再好听更重要。

人人论功名，功有实功，名有实名，存一点掩耳盗铃之私心，终为无益；
官官称父母，父比真父，母比真母，做几件悬羊卖狗的假事，总不相干。

言行不一是人民群众最为痛恨的事。为官者不论你以前做过什么好事，只要贪婪膨胀，有一念之差，可能就导致身败名裂。

为政戒贪，贪利贪，贪名也贪，勿骛声华忘政事；
养廉唯俭，俭己俭，俭人非俭，还从宽大保廉隅。

为官贪婪是老百姓历来十分痛恨的事，要保持一世功名，戒贪是第一位的，勤俭、俭朴，廉洁自律，严格要求自己，为人表率是当个好官的必要条件。

悯其饥，念其寒，谁不可怜子女？肯推毫发与苍生，不忘为民父母；
受苦值，怠若事，谁能放过仆童？况糜膏脂无治状，也应念及子孙。

为官一任不要忘记自己是人民的公仆，不要做贪官庸官以致在身后留下恶名。封建社会的官员也把为民作为准则，何况我们共产党的干部！

居心似水，若受贿贪财，使一个抱屈者，神诛鬼灭；
执法如山，倘通情畏势，有一事不公者，男盗女娼。

为官的如果拿一根钉子私用，那么手下可以搬整块铁锭回家。一个地方的官员其行为正不正、端不端是非常重要的，直接影响那个地方的风气，为官廉，民风俭；为官正，民心顺。

得一官不荣，失一官不辱，勿说一官无用，地方全靠一官；
去吃百姓饭，来穿百姓衣，莫道百姓可欺，自己也是百姓。

当官不忘为民，可以造福一方；当官不要忘本，因为自己也是来自百姓。心里装着老百姓，可以做到荣辱不惊，处处为群众着想，不会脱离百姓。

淡泊名利好比清茶一杯静心正身，
务实为民好比功德如山德载千秋。

能够一心为了人民，不为名利所累，就是修养的最高境界，时刻把个人利益挂在心头的官员，绝对不会成为好官。

贪婪是一剂慢性毒药，它会毁掉你的事业、家庭和前程；
廉政是一剂传世良方，它会帮助你的事业成功、家庭美满幸福。

家庭幸福，事业有成，廉洁自律是保证。贪官在狱中个个为失去家庭的幸福而唏嘘不止，自酿的苦酒自己喝，世界上没有后悔药，没有自由的日子度日如年啊！

挡不住今天的诱惑，
将失去明天的幸福。

诱惑是诱人的，但是诱惑的背后，各种诱惑带来的最终结果是什么是不能疏忽的。所有贪官都是为了一些眼前的利益导致失去了根本的利益，因此，能够把握好今天，就是迎取幸福的明天！

智者以他人的惨痛教训警示自己，
愚者用自己的沉重代价唤醒别人。

把警示作为对自己的提醒，能够时时保持头脑的清醒，反之，就是以自己作为对象对别人进行警示。现在你手里的这本书就是告诉你别人的教训，引以为戒是智者的明智。

胸有人民能拒腐，
心惟自我难为廉。

把人民的利益放在第一位，那么一定能够提高抵御腐败的自觉性，把个人的私利放在第一位，那么一定会追名逐利、贪得无厌，早晚成为腐败分子。

在人之上，要把别人当人；
在人之下，要把自己当人。

有权，不能趾高气扬，滥用权力，要牢记自己是公仆；无权，不能低声下气，任人摆布，要牢记人必须有尊严地活着。某些官员对上低头哈腰、迎奉拍马，对下口出狂言、官腔十足，这是群众最为鄙视的、嗤之以鼻的。

一些地方的行政执法部门搞什么"钓鱼执法"，严重损害了政府形象，激化了社会矛盾，其根本就是没有摆正自己和群众的关系，是一种滥用权力的表现。

明事理而不妄取，
尚名节而不苟取，
畏法律而不敢取。

不义之财一害国家，二害自己，绝对不予索取是廉洁从政的必然保证。一些贪官如李某、文某、王某的家里被司法机关搜查，其家竟然像博物馆、百货店、名烟名酒公司，五花八门，应有尽有，这些贪官头脑里哪有事理、名节、法律的概念，垮台是必然的！

不屈于利，堪称富有；
不屈于名，可谓高贵。

能够舍弃名利的人是真正富有和高贵的人。当前的一些官员，热衷于跑官、买官，整天考虑的是自己的名利地位，心中根本没有群众的位置，这种官员的倒台也是指日可待的。

广厦千间，躺下只有七尺；
黄金万两，不过一日三餐。

贪得无厌是贪官们的致命伤、夺命药。
上海有几个贪官利用职权大肆贪污受贿，非法拥有房产数十套之多，结果都住进了班房，在监狱里他们明白了，睡觉只要两平方就足够了。

自知者不为奉承所动，
廉洁者不为诱惑所迷。

保持清醒的头脑能够分清是非、抵御腐败。一些误入歧途、身陷囹圄的昔日官员们，其身败名裂的重要原因就是被奉承扰乱了自我定位，就是被诱惑解除了自我警惕，戒律啊！

诚信体系的崩溃不仅会给国民经济和国民消费带来损害，还将对整个社会体系产生深远的影响；它必将造成人情的淡漠，人性的扭曲，道德的沦丧。

诚信是为人之本，诚信更是为官之本，诚信是建设和谐社会的必然要求。我们目前面临的一个危机，就是整个社会诚信的缺失，当务之急，领导干部要带头诚信，表里如一，言而有信。

朝气是人的希望，
勇气是人的力量，
正气是人的形象，
骨气是人的脊梁。

做官为人不能忽视这四种气，它是做官为人的座右铭。一些群众不信任、不满意的庸官其实就是缺少这些做官为人的要素，要做好官，必须要有激情大气！

修身，则心如幽泉净；
纵欲，必足陷无泥潭。

不断提高自己的觉悟，无欲则刚；任意放纵自己的欲望，难以自拔。领导干部要有修身自律的意识和能力，对个人名利，保持一颗平常之心，泰然处之，对各种诱惑，要控制自己的欲望，坚决抵制。

名位利禄皆为身外之物，
品行事业才是立身之本。

共产党的宗旨是全心全意为人民服务，领导干部要把一切与之不符的东西抛到九霄云外去。所以，清醒之人，必不为身外名利所累，高尚之人，定保持自己品质气节。

八、为官义理

讲党性、
重品行、
作表率。

新的历史条件下，共产党员、领导干部必须以这九个字作为基本的要求。关键时刻能不能坚持原则、经受考验，言行举止能不能保持高尚、大公无私，艰难困苦面前能不能以身作则、冲锋在前。

自身正、
自身硬、
自身净。

为人要正派，无私过得硬，做事能干净。掌握公权力的人，往往是制约人的人，但如果自己不过硬那就是失去了掌握权力的基础，所以自己无私、本身过得硬才是建功立业的根本，群众才能信服你。

廉者，
政之本也。

对公权力执掌者而言，廉洁比什么都重要，是第一位的。一个政权的兴亡，往往不在于其国力或军队的强大，而是在于其政府和官员的廉洁。

常修为政之德，
常思贪欲之害，
常怀律己之心，
常念群众之盼，

常正为官之道。

领导干部平时想什么、盼什么、念什么决定自己的行为怎么表现。修养是必须一点一滴修炼累积而成的，风气的养成，绝不是一朝一日，而是要日积月累，坚持不懈。

腐败官员的身教制造的是未来腐败，结果是让腐败的雪球代际相传，父滚子推，危害巨大。"腐二代"比"富二代"更为可怕。

贪官往往害的不仅仅是自己，而且会祸及子女、后代。

时任政治局委员、上海市委书记的陈某宇，时任云南省委副书记、省长的李某廷等领导干部不但自己腐败，而且还带着子女一起腐败，结果父子双双被押上了审判台。

当官不为民做主，不如回家卖红薯。
当官只想为私利，悲剧早晚等着你。

庸官将被群众唾弃，贪官将进监狱反思。封建社会官员悟出的深刻道理，对我们今天的共产党官员而言，也是一种鞭策和警醒啊！

民不服吾能而服吾公，
吏不畏吾严而畏吾廉。

老百姓佩服你的往往不会是你的才能，而是你的为人处事；手下的人不会害怕你的严厉，而是敬畏你的清正廉洁。朱镕基同志光明磊落、铁面无私，他在位时，手下的工作人员都非常喜欢他又有些怕他，究其原因，一是他特别尽职，大公无私；二是他非常清廉、严以律己。

官风正则民风纯，
小节拘则大节清。

领导干部以身作则，必定能够带动群众的信心和正气，群众敬佩领导干部的往往不在大处，而在细节，领导干部在小节上都能够一丝不苟过得硬，那么其为人一定受到人民群众的敬重。

公正是为官之基，
诚信是为人之本，
廉洁是生威之根，
贪婪是腐败之源。

牢牢把住为官做人的根本，就能抵御各种腐败因素的侵蚀。为官不正，必存杂念，做人不端，必有私心，追名逐利，必失民心，贪婪膨胀，必遭唾弃。

处世立身须有一股正气，
秉公尽职应无半点私心。

为人正是做人之本，无私心是当官之要。

媒体报道，一些地方出现的房产销售过程中的"连号"案、冒名顶替"入学"案、子女应考公务员成绩"第一"案等，都是官员徇私舞弊、滥用权力所致，理所当然地遭到了群众的鄙视和义愤。

对上尽职尽责，不失真言；
对下尽心尽力，不失真情；
对事尽情尽理，不失原则；
对己尽严尽廉，不失本色。

为官做人的方法，值得经常对照。

老红军陈少敏（女）曾经为革命出生入死、为人民赤胆忠心，在决定把刘少奇开除出党的八届十二中全会上坚持表示反对意见，表现了共产党员坚持真理的大无畏革命精神，铮铮铁骨，难能可贵。

为人要正，
为官要清，
为政要公。

"正"是目标方向，人的品行；"清"是道德作风，为官本质；"公"是基本原则，方式方法。相互依存、缺一不可。

为官忧德不忧伤。

官员的道德品质是比任何东西都重要的。一个官员不关注自己的品行，只关注名利，那么其倒台就是早晚的事了。上海某官员在位期间滥用权力为自己谋私数千万元，结果被判无期徒刑，落得下半辈子在监狱里忧伤的结果。

不患位之不尊，
而患德之不崇。

不要整天考虑地位权力的重要性，而是要特别注意自己的品行能不能得到群众的认可。

时任黑龙江省绥化市委书记马某，向上买官，向下卖官，敛钱上千万元，老百姓气愤地说："马某，何德之有！"

才能济世何须位，
学不宜民枉为官。

具有为社会服务的能力，有没有官位有什么关系呢？学富五车做官不为民，又有什么用呢？一些具有悬壶济世高超技能的医学博士、博士后，在担任医院主任、院长期间，抵制不住诱惑，利用权力在药品、器械采购过程中大肆贪污受贿，结果纷纷进入监狱，枉读寒窗十年书。

领导干部要有五气：
敢讲真话的勇气，
一身清廉的正气，
了然于胸的底气，
敢于创新的锐气，
无私无畏的大气。

"五气"是人民群众对领导干部的期望和要求，具备"五气"是合格的领导干部的必然条件，领导干部们不要让人民群众失望啊！

一丝杂念心中在，
天平必然一边斜，
上梁不正下梁歪，
中梁不正倒下来。

领导干部，特别是"一把手"的表率作用是非常重要的，没有一个坚强的领导班子和过硬的干部队伍，那么要实现既定的目标是不可能的。

权力是一把"双刃剑"，既能扶正祛邪，造福百姓，也能敛财猎色，中饱私囊，权力越大，双刃剑越锋利，从政务必正确用权，否则必然失去权力。

为官的一定要明白，自己手中的权力是谁给的，不正确行使权力失去的不仅仅是权力。重庆大贪官文强之流把权力用于谋取私利，结果到头来是面临死刑的下场。

以"己"字为圆心，以"贪"字为半径，画出的是结党营私；

以"众"字为坐标，以"廉"字为标尺，绘就的是廉洁奉公。

一切以人民的利益为出发点，那么你就是一个合格的人民公仆。焦裕禄、孔繁森、牛玉儒无一不是廉洁奉公的人民公仆，流芳千古！

清正廉洁从领导做起，
拒腐防变从源头抓起。

邓小平同志说过："凡是需要动员群众做到，每个党员，特别是担负领导职务的党员，必须首先从自己做起。"正党风，必须从领导开始，反腐败，必须从源头抓起。

清正廉洁是官员的生命之本，是从政的起码要求，拥有它虽清贫却心安理得，失去它若富有也寝食难安。

清正廉洁是立党、立国、立人之本，贪污腐败是亡党、亡国、亡人之源。大贪官文强拥有不义之财数千万元，但均藏匿于池塘淤泥底下，藏匿于楼顶水箱之内，这种虽拥有巨额财富但寝食难安的日子是十分难熬的。

为官戒不清，
掌权戒不廉，
办事戒不公，
做人戒不俭。

清、廉、公、俭是为官做人的底线，不能有任何程度的突破。官员的一举一动、一言一行反映其的思想和品质，所以廉洁奉公、一心为民要从小节、细节开始。

领导干部是否廉洁，五种情况很关键：
过年过节，收不收人情礼；
生病住院，拿不拿"慰问金"；
使用权力，纳不纳好处费；
提拔升迁，接不接贺喜包；
八小时外，乱不乱情色性。
因此，领导干部必须做到：
过节不失"节"，
生病不生财，
用权不谋钱，
提官不提"货"，
人正不淫欲。

群众从实践中提炼出的警句，对官员而言是一帖清醒剂。

冷漠是自私的开始，
自私是贪婪的开始，
贪婪是腐败的开始，
腐败是堕落的开始。

满腔热情、大公无私、廉洁自律必须从源头做起。如今一些官员对待群众非常冷漠，缺乏对群众的满腔热情，其实这是一种危险的开始。

台上台下不一样，
讲的做的不一样，
人前人后不一样，
单位家里不一样，
白天晚上不一样，
这就是贪官的写照。

"两面人"是贪官的特点。

时任中共中央政治局委员、上海市委书记的陈某宇，每年在全市廉政建设干部大会上作报告，字字珠玑、句句豪言，可是，在人见不到的地方他却大肆敛财、腐化堕落，领导干部要引以为戒，绝对不能做"两面人"。

领导干部要始终清楚什么人可以交，什么人不可以交，什么地方可以去，什么地方不可以去，什么事可以做，什么事不可以做，真正做到不因金钱而驻足，不因美色而沉沦，不因名利而浮躁。

"小圈子"、"包二奶"、"贪钱财"是贪官的共同特点。

那些不法商人如黄某、周某、刘某、周某、赖某等人被揭露、被严惩，他们的案件牵连了多少领导干部啊！这就是交友不慎"傍大款"的必然恶果。

领导喜欢养花，单位里一定满园绿色；
领导喜欢喝酒，单位里一定豪杰如林；
领导喜欢打牌，单位里一定高手云集；
领导喜欢听小报告，单位里一定告密者密布。

上行下效、投其所好意味着什么，领导者一定要明白。一个地方、一个单位好的风气的形成，往往领导者是起重要的决定作用的。

　　为官必守八荣八耻：
　　以热爱祖国为荣，以危害祖国为耻；
　　以服务人民为荣，以背离人民为耻；
　　以崇尚科学为荣，以愚昧无知为耻；
　　以辛勤劳动为荣，以好逸恶劳为耻；
　　以团结互助为荣，以损人利己为耻；
　　以诚实守信为荣，以见利忘义为耻；
　　以遵纪守法为荣，以违法乱纪为耻；
　　以艰苦奋斗为荣，以骄奢淫逸为耻。

　　胡锦涛同志的至理名言，为官做人都必须时刻牢记，领导干部要模范遵守对照。

　　搞一次特殊，就降低一分威信；
　　破一次规矩，就留下一个污点；
　　谋一次私利，就失去一片人心。

　　群众心里有杆秤，你重你轻自有衡；不要嘴上唱高调，自古丰碑在口中。脱离群众的表现，往往就是在这些细节方面开始的。

　　做官不患位不尊而患德不崇，
　　勤政不患禄不厚而患知不博。

　　官员的注意力放在哪里是检验官员合格不合格的标准，时刻牢记党和人民的要求和自己存在的不足，是促使自己励精图治、不断学习进步的动力和基础。

　　功过是非须经历史检验，
　　勤政廉洁要有群众评说。

　　官员是好是坏，靠自己为自己涂脂抹粉或者靠强加于诬陷不实之词，群众是不认可的，最好的评价是群众的口碑。刘少奇同志蒙受不白之冤，但其坚信"好在历史是人民写的"，他的历史功绩人民一直记在心中，历史终于还其清白。

　　作决策以人为本当戒急功近利，
　　干工作求真务实应求有口皆碑。

热衷于搞形式主义花架子，大搞短期行为不会是好官，踏踏实实干实事，放眼长远利益的一定受到人民群众的欢迎。一些领导干部独断专行，搞"家长制"、"一言堂"那是长久不了的，甚至是要垮台的，必须把权力放在阳光下运作，那么你的头脑就始终清醒，你的面前就是一片光明。

淡泊名利，清风拂袖身自正；
曲直分明，正气在胸威自生。

彭德怀同志在复杂的政治环境里，能不顾自己的名利得失，坚持真理，誓"为人民鼓与呼"，充分表现了一个共产党员光明磊落、襟怀坦白的赤胆忠心。

金钱美色亲情是为官之试金石，
党纪国法道德为从政之警示牌。

头脑中只惦记着私利，绝对成不了好官，心底里牢记着群众，一定是个好公仆。
领导干部的楷模焦裕禄、孔繁森、牛玉儒他们手中的权力出来没有为私利用过，而把整个身心用于全心全意为人民服务，把自己的毕生献给了人民。

不只看上任时欢迎的人有多少，
更要看离任时欢送的人有多少。

好坏在群众眼里，口碑在群众嘴里。
豫东地区有一个县官荣升要离开了，走的那天群众自发"十里相送洒纸钱"（与送瘟神时一样），该官员在位一任，是好是坏此刻一目了然。

廉洁奉公为官之道，
诚实守信做人之本。

做官必须先要做人，人都做不好岂能做得好官。如今在一些地方官员不能廉洁，社会缺乏诚信，这种情况不改变，要建设和谐社会是不可能的。

依法治国，胸中自有天平在；
廉洁奉公，心底常吟正气歌。

公平正义是社会发展的必然要求，廉洁奉公是官员为民的起码底线。法官具有私心，天平必然倾斜，警察具有私心，腰板一定疲弱，要想理直气壮，必须廉洁奉公。

廉者不为小利而移花，

正者不认私情而接木。

廉洁正派必然光明磊落，不贪私利就能无欲则刚，一个廉政自律的人一定能够在各种环境里坚持原则、把握底线，不被各种诱惑击倒。

不傍大款交穷友，群众感情在心头；

远离色情防引诱，一生平安人长寿。

"傍大款"、"养情妇"几乎是贪官们共同的、必然的表现，也是贪官之所以成为贪官的主要堕落途径，所以，慎重择友，清心寡欲是保持廉洁的重要保障。上海某市级政工部门的局级领导干部在一些不法商人朋友的诱惑下，生活堕落了，贪图钱财了，结果落得身陷囹圄的结果。

勿唯小贻大，

勿唯私损公，

勿唯利害己，

勿唯权伤民。

掌握着公权力的人，一定要具有权力为谁用的清醒，头脑中只要存在一丝杂念、私利，那么权力运行过程中必然出现偏差，为人民掌权千万不能辜负人民的期望。有一个局级领导干部清廉了一辈子，但临近退休时，出现了给自己留条后路的念头，捞了十多万元不义之财，结果一世清名毁于一旦。

九、阳光监督

要创造条件让人民批评政府、监督政府，让权力在阳光下运行。

监督是不让坏人做坏事，促使坏人变好；监督也是让好人不变坏，做得更好。毛泽东早在1945年就深刻地指出："只有让人民监督政府，政府才不敢懈怠。"

必须建立结构合理、配置科学、程序严密、制约有效的权力运行机制，加强对权力的制约和监督。

上级监督太远，同级监督太难，下级监督太软，纪委监督太晚，所以建立科学的、行之有效的监督机制是非常重要的。

权力监督是廉政建设的有效措施，
阳光透明是预防腐败的必然举措。

贪污腐败是见不得阳光的，任何事情只要公开透明了，偷鸡摸狗的事情就没有市场了。

大吃大喝之风刹了几十年未见明显的效果，2010 年云南省一个叫"白庙乡"的地方政府，实行了把政府用于包括大吃大喝在内的费用全部公开的做法，结果大吃大喝这股不正之风戛然而止，可见，阳光透明是权力监督的有效举措。

教育是基础，
法治是保证，
监督是关键。

教育是达到"不想贪"的目的，法治是达到"不要贪"的目的，监督是达到"不能贪"的目的，三管齐下，相辅相成，缺一不可。

更加注重治本，
更加注重预防，
更加注重制度建设。

多年来反腐败的经验告诉我们，预防腐败要注意治本，要加强全方位的预防，要抓制度建设。惩治腐败靠"割韭菜"是不能解决根本的，必须在根子上、源头上解决。

监督不仅仅在于控制，而是一种积极的参与，在于导向和鼓励。

监督与被监督不是对立的，而是一种共同的行为和机制，积极参与更重要。每一个公权力执掌者都要主动接受监督，积极参与监督，让权力监督形成一种常态、一种机制。

权力一旦游离了有效的监督，
滋生权力腐败就成为其必然。

有效的监督就是对滥用权力、侥幸心理的一种强有力的威慑力。在日常生活中，红绿灯下凡站着警察的，无论机动车、非机动车、行人都秩序井然，这就是监督的效应，权力运作的红绿灯下，监督就是警察。

监督提醒就是爱护，
阳光透明就是倡廉。

贪官堕落往往是缺少监督提醒，权钱交易一定在幕后暗中勾结。公权力的运作过程中，坚持公开、阳光、透明就可大大减少腐败的发生。工程建设领域招投标过程中凡"暗箱操作"一定存在问题，一旦做到公开、透明，一切见不得阳光的交易便戛然而止。

投其所好，是害人的砒霜；
批评监督，是救人的良药。

拉贪官下水的最主要的一招就是投其所好，批评监督就是对这些人击一猛掌，令其悬崖勒马。

好话听多了，必然飘飘然，经常听批评，头脑能清醒，正确对待批评、不断纠正错误是有效保护自己不跌跟斗的重要手段和措施。

贪腐的原因不是缺吃少穿，腐败的根本是人性的贪婪膨胀和缺少监督制约。

高薪不能确保养廉，权力不能没有监督。许多贪官贪腐的原因，根本不是缺吃少穿，而是贪婪心的恶性膨胀，所以抑制贪婪、监督权力是预防腐败的根本措施。

没有监督，光靠干部的自觉抵御，今天进攻不到，明天进攻不到，总有一天会被打中垮掉。所以，建立监督预防机制尤为重要。

简朴的话语击中了问题的要害，权力缺少了监督，腐败的概率就大大地增加。有一个被判刑的贪官坦言，自己握有权力的时候，几乎是有一万只苍蝇飞来攻击我这只"蛋"，虽然自己赶走了九千九百九十九只，但最终有一只找到了一条缝下了蛆，结果我就变成了"臭蛋"。

官员都是活生生的社会人，不能过高地估计官员抵御腐败的能力，必须要有强有力的监督。

自律和监督是相辅相成的，自律受到各种环境因素的影响，往往具有变数和弹性，而监督是刚性的。强有力的监督是对权力公正实施的保障。曾经有一些优秀共产党员、劳动模范，一旦被提拔到领导岗位以后，没有多久便腐败堕落了，什么原因呢？就是对领导人员的监督往往还比较薄弱，存在空白点。

权力，是一把巨大的魔杖，它能使"天使"变成"魔鬼"，也能使"魔鬼"变成

"天使"。指挥这个魔杖的关键，是对权力的有效控制和监督。

对权力的有效监督是预防腐败的必然举措。无数事实证明，权力缺少了监督必然腐败，而即使有心术不正的掌权人，在严密有效的监督下，也难以轻举妄动。

权力所到之处，都有监督的眼睛，才能使官员多一些"如履薄冰、如临深渊"的谨慎，少一些"高深莫测、飞扬跋扈"的骄横。

超速都是在没有交通警察的地方，刹车均是踩在监视探头的面前，个中的哲理简单而深奥，在权力运行的过程中何尝不是这样呢？这个问题值得思考。

重大事件背后总有"腐败魅影"，必须引起重视：
一是重大事件发生，不妨查一查，背后有没有腐败；
二是只要我们进一步明确责任、完善监督制度，加大反腐败力度，就能有效地防止各类重大事件和事故的发生。

重大事故几乎都与腐败有联系，所谓的"天灾人祸"，"人祸"占据了绝大部分，就是"天灾"往往也因为"人祸"而加重了危害的结果，腐败这个人祸不除，社会难以得到安宁。

制约权力要靠民主，而民主的实现，必须靠法治。

民主绝对不是领导者恩赐的，而必须是由法律来保障的。"文化大革命"中可以不经过任何法定程序就把国家主席打倒了，这种任意践踏法律、"人治"的状态绝对不能再重演了。

没有党内民主，确实是导致苏共亡党的根本原因。苏共亡党说明了如果不实行党内民主，共产党一定会出问题，最终难逃死灭的命运。
党内民主是执政党的生命线，这是共产党执政后的一条规律。
对于规律，我们只能认识和运用，不能漠视和违抗。

加强和改善党的领导，发扬党内民主是重要的组成部分，独断专行的"家长式"作风与党内民主是格格不入、势不两立的。大凡贪官，都有独断专行、排斥民主、我行我素的恶习，领导干部必须引起注意。

好的制度最明显的标识，是坏人无法任意横行；
坏的制度最明显的标识，是好人无法充分做好事。

一个好的机制与制度，可以把"坏人"逼成好人，而一个不好的机制与制度，甚至从根本上缺失机制与制度，那么可以把好人"诱惑"成坏人。

人人都有贪婪的基因，只要缺少制约，产生空隙，贪欲必定膨胀；
个个都有善良的本质，只要积极引导，发扬光大，社会一定和谐。

究竟是"人之初，性本善"还是"人之初，性本恶"，都无关紧要，人的本性一半是天使，一半是魔鬼。就是说，要不断抑制人贪婪的一面，要不断发扬光大天使的一面。

贪官为什么能贪，在于政治体系的运作中千疮百孔的漏洞。
制度的不完善，现有的制度又不能得到很好的落实，系统有漏洞可钻，这些都给了官员贪腐的机会和可能。

存在一些有贪婪欲望的官员并不可怕，可怕的是让有让贪婪欲望的官员能够得逞的机会和空子，所以，建立好的机制和制度是非常重要的。

小圈子、小兄弟、小爱好是官员腐败的开始，
大帮派、大恶煞、大贪官是官员灭亡的结果。

时任重庆市公安局副局长、市司法局长的大贪官文强大肆贪污受贿、滥用权力、充当黑社会性质组织保护伞的例子给这句警示充分作了注解。

讲道理时，先问自己是否明白；
提要求时，先问自己是否做到；
批评人时，先问自己有何责任。

领导干部严以律己就是能够作表率，嘴上一套、做得是另一套群众是最鄙视的。
曾经是党的高级领导干部的陈某、陈某宇经常在会议上做大报告，但他们自己却大搞另一套，大搞腐败，结果都是身败名裂，被历史淘汰、被人民唾弃。

当政之道在于兴一方，
为政之要在于勇创新，
治政之道在于保平安，
施政之本在于律自身。

为官要明荣辱，知戒律；不忘责任、不辱使命；在位一任，造福一方。有的领导，到一个地方，兴旺、发展了一个地方，有的领导到一个地方，祸害、搞乱了一个地方，所

以，不要做留下骂名的领导。

被物质欲望所束缚，会觉得生命可悲；
把廉洁勤政记心中，会感到一生充实。

有人以满足物欲为幸福，有人以清贫廉洁为快乐，但物欲没有止境，其幸福也就难以实现，廉洁勤政是种付出奉献，其快乐一定永恒，何去何从得考虑清楚。

淡泊名利好比清茶一杯静心正身，
务实为民好比功积如山德载千秋。

每个共产党员、领导干部都要经常扪心自问，入党为什么？当官为什么？现在干什么？身后留什么？只有把方向目标搞清楚了，才能正确对待自己、正确对待群众、正确对待事业。

出淤泥而不染，
濯清涟而不妖。

一个真正的头脑清醒的人，在任何环境里，在任何环境下都能把握自己。
人民的好医生、全国优秀共产党员、新疆乌恰县人民医院院长吴登云在医疗卫生系统"回扣"、"红包"盛行之时，始终保持清醒的头脑，严以自律、以身作则，带领医务人员廉洁行医，甚至几次割下自己的皮肤移植到少数民族病孩的身上。

在领导身边钻营的，一定是无德无才无能之小人；
与领导保持距离的，可能是具有真才实学的强者。

要选拔具有真才实学、品学兼优的干部，绝对不能上心怀鬼胎、结党营私人的当。
李某、秦某、王某都是领导身边的工作人员，但他们最终都成了大贪官，他们一面在领导面前表现了善解人意之势，一面狐假虎威，大肆搜刮民脂民膏，作为领导看清身边人的本质，严格管理好身边的工作人员是十分重要的。

探头能够让你的车慢下来，
阳光能够让你的贪婪收起来，
警示能够让你的灵魂净化起来。

监督的作用是不能缺忽的，提醒、忠告、批评是负责任的表现。
要养成具有在探头前、在阳光下工作、生活的意识，那样，自己就能监督自己绝对不干见不得人的事。这就是监督的效应。

人的身上既有"天使"的一面，又有"魔鬼"的一面，我们应该使"天使"的一面不断发扬光大，让"魔鬼"没有出笼的机会。

好人难免存在缺点，坏人时常也有亮点，领导干部的责任就是让好人更好，让坏人变好，这就是高风亮节，功德无量的功绩。

公共行为要回归到理性，回归到平等，回归到透明，回归到法治。

一段时期以来，在各地一些看守所发生的"躲猫猫死"、"洗脸死"、"睡觉死"、"挤粉刺死"等引起社会极大关注的事件，其不断出现的根本原因就是公共行为的变异，公共行为脱离了理性、平等、透明、法治必然不公。

十、情为民系

水能载舟，
亦能覆舟。

千古真理，不能忘记。人民群众是水，官员们是鱼、是船，一旦离了水你还有什么能耐。
苏联在拥有党员二十万时，取得了十月革命的胜利；在拥有党员二百万时，取得了卫国战争的胜利，在拥有党员二千万时被解体，历史的教训值得注意。

权为民所用，
情为民所系，
利为民所谋。

每个官员必须牢牢记住这三句话，时刻对照自己的言行举止，始终坚持那就不会走向反面。一个能够全心全意为人民服务的人是绝对不会腐败的。
人民的好干部、全国优秀共产党员吴天祥就是实践这三句话的典型。他作为信访干部热情为人民群众服务，尽力为老百姓解忧，化解了大量的社会矛盾，充分体现了共产党员的优秀品质，成为全党学习的楷模。

公生明，

廉生威。

公平、公正、一心为公，一定得到老百姓的拥护，廉洁、廉政、两袖清风，一定得到老百姓的尊敬。

彭德怀在遭受到错误的处理、被撤销一切职务的日子里，一些老百姓照样到他的住处嘘寒问暖，大家没有忘记为国为民、横刀立马，一生廉洁、刚正不阿的彭老总。

民不畏我能，而畏我廉。

老百姓不在乎官员能力的大小，而担心的是官员以权谋私贪污受贿。

时任国家航天研究院院长的厉某，虽然是高级专家、权威，但其大肆贪污受贿犯罪，给国家造成了巨大的损失，被判处死刑。

乐民之乐者，民亦乐其乐；
忧民之忧者，民也忧其忧。

与人民群众同舟共济、同甘共苦是官员的高贵品质、高风亮节。

海南特区负责人雷宇，因为打击走私不力，被中央撤销职务。离开海南的那天，他凌晨起身准备一个人悄悄地走，不料，马路上竟聚集了自发前来送行的群众十余万人，大家流泪满面，依依不舍，群众舍不得为了海南的发展呕心沥血的好官。后来中央重新起用雷宇，其又先后担任了广州市、广东省的负责人。

为政之道，
以顺民心为本，
以厚民生为本，
以安而不扰为本。

人民高兴不高兴、人民拥护不拥护、人民答应不答应是衡量干部合格不合格的重要标准。

一些领导干部出门就警车开道、前呼后拥、封堵道路，送客送到边界，迎客的在边界迎接，这种扰民损民的官僚主义作风广大群众深恶痛绝，严重损害了党和人民群众的感情。

政之所兴，在顺民心；
政之所废，在逆民心。

水能载舟，亦能覆舟。老百姓是水，它能浮起舟船，也能倾覆舟船，无数历史事实告诉了我们这个颠扑不灭的真理。

历史上的"闯王李自成"打天下时得到了人民的拥护，势如破竹，但在坐天下时腐败堕落，进京仅仅四十四天便被赶出北京城，落荒而逃，落得至今下落不明的悲惨结局。

古希腊思想最吸引人的地方之一，
在于它是以人为中心，
而不是以上帝为中心。

这是阿伦·布洛克在《西方人文主义传统》一书中说的经典话语，几千年来成为经典的话语的中心是：以人为本。我们现代的官员们，要记住，以人为本是为官之本。

真诚倾听群众呼声，
真实反映群众愿望，
真情关心群众疾苦。

一个官员对人民群众的感情如何，就能看得出这个官员究竟合格不合格。

20世纪50年代，时任新疆自治区主要领导的王恩茂同志，经常下乡访贫问苦，他见到缺衣少穿的少数民族群众，立即与随行人员一起，脱下自己的大衣、鞋子给困难群众，自己却穿着单衣甚至赤脚回机关，可见一个身经百战的老将军对老百姓是何等深厚的感情。

行船不端，风浪毁之；
为官不廉，民众弃之。

逆规律航行，有倾覆的危险；行贪官之恶，必灭亡而告终。

某监狱党委书记、副监狱长翁某在提拔前的公示期间，被群众举报有收受贿赂的问题，经过有关部门调查，证实其确有利用职权通过服刑犯低价买房的问题，结果官没升上，人却进了班房。

人心如秤，称得出谁轻谁重；
民意似镜，照得出孰贪孰廉。

得人心、顺民意是为官之道、做人之本。

周恩来、胡耀邦逝世以后，群众不顾当时的各种禁令，自发进行悼念。人民公仆光明磊落、无私奉献的品行永远留在人们的心间，公道自在人心。

钱多钱少，都是百姓血汗；
位卑位尊，同是人民公仆。

钱多钱少，一样烦恼；官大官小，没完没了。离开群众、背离宗旨，必然被淘汰。

一些官员整天考虑收入待遇，整天琢磨官位职级，他们的心中绝对没有群众的利益，最终落下恶名是必然的。

诚实、诚心、诚挚、诚恳待人，
公正、公开、公道、公平办事。

做人之道，为官根本。
当官，一要诚，二要公，廉洁自律是根本。四川省一基层县的纪委书记王瑛深入农村、深入基层，为老百姓呕心沥血，查贪官毫不手软，虽然英年早逝，但她被群众喻为是一片"远山的红叶"。

时时省察，百姓疾苦心永挂；
事事检点，为官清贫梦长安。

心里挂着群众，贪婪远离心中，经常检点自己，腐败不来惊梦。
彭德怀同志经常深入农村调查研究、访贫问苦，他心里装着人民群众，所以有胆量上书"万言书"，他一生清贫，不沾不贪，所以就是被罢官、被打成"反党集团"也无所畏惧，表现了一个共产党人大无畏的革命精神，人民永远怀念他。

被物质欲望所束缚，会觉得生命可悲；
把廉洁勤政记心中，会感到一生充实。

贪官永不满足，日子开心无多，清官刻意奉献，快乐永驻心间。
某政府部门负责人得悉同伙被司法机关带走了，结果正主持会议的他在主席台上讲话时语无伦次、错误百出，会后实在是茶饭不思、无法平静，于是只得连夜到纪委去交代问题了，真可悲。

顺民意，
谋民利，
得民心。

"四人帮"的垮台，证明了一个颠扑不灭的真理，就是违背了人民的意志，倒行逆施，强奸民意，最后被人民押上审判台是历史的必然。真可谓：民心不可违、民心不可辱、民心不可欺！

情系于民，
取信于民，
服务于民，

造福于民。

民是根本、民是基础、民是土壤，人民的公仆不能离开人民这个立足之本，何时背离了人民的根本利益，何时必将淘汰出局。人民解放军就是抱着为人民的宗旨，打败了八百万国民党反动派的军队，解放了全中国，打天下是这样，坐天下何尝不是这样呢？

以奉献，服务人民为荣；
以贪婪，背离人民为耻。

奉献永无止境，无上光荣，贪婪一旦露天，耻辱缠身。
今天祖国的繁荣昌盛、人民的幸福生活、国家的尊严，都是与中华民族的宝贵的荣辱观紧密地联结在一起的。因此，人们的耻感绝不是一件小事，它关系到一个国家的生灭，关系到一个民族的存亡。举国之人皆知有耻，中华民族才会避免蒙受耻辱。

身为人民公仆，心系百姓疾苦，
切莫一念之差，踏上不归之路。

成某杰（时任全国人大常委会副委员长）、胡某（时任江西省副省长）、王某（时任安徽省副省长）、郑某（时任国家食品药品监督管理局局长）担的都是人民公仆之职，行的却是贪污腐败之事，他们走上不归路就是贪念的恶性膨胀所致。

诱惑不移为民志，
位高不变公仆心。

具有为民的志向，才能面对诱惑而予以抵制，职位再高，也是人民公仆不能忘本。
内蒙古自治区副主席牛玉儒身为高级领导干部，但革命本色依旧，经常下到基层访贫问苦，热情为老百姓解决各种困难，最后累死在工作岗位上，他是真正的人民公仆，深得群众的爱戴。

靠骨气挺直脊梁，
靠正气树立形象，
靠朝气迎来希望，
靠勇气增添力量，
靠志气实现理想，
靠才气书写华章，
靠人气团结兴旺。

群众的语言，群众的希望，为官的要具备这些来自群众的良好愿望，千万不能辜负群众的期望。

金杯银杯不如老百姓的口碑，
金奖银奖不如老百姓的夸奖。

一些地方和部门的领导把主要注意力放在评奖、得奖、颁奖上，甚至不惜以送金钱、走后门、通关系等不正当的手段去实现，其实群众的口碑、人民的夸奖是客观的，是官员们左右不了的。

立公心、树公德、做公仆，廉洁奉公；
察民情、解民忧、顺民意，勤政为民。

无私才能无畏，无欲必然刚强，心里装着人民群众，腐败远离你的身旁。
胡耀邦同志在任党的总书记期间，一年批阅人民来信六千多封，先后到过一千多个县、乡等基层单位，他身体力行、体察民情、勤政为民的作风给领导干部们作出了榜样。

一言一行，不忘公仆形象；
一举一动，常思百姓冷暖。

言为心声，那些曾经也是共产党员的官员，创造了一系列的"雷人"的语言，他们绝不是一时的口误，而完全是平时所思所想的必然流露，他们被群众抨击、唾弃是必然的。

人民乃官吏之父母，一粥一饭，当思父母养育恩；
权力乃人民之赋予，一举一动，勿忘人民公仆身。

封建社会的官员也能提出"淫一妇如淫我母，杀一人如杀我父"的口号，我们共产党人更应当牢记人民的养育之恩和公仆的地位身份。

十一、反腐警示

贪官不除，难以立党；
污吏不除，难以治国；
腐败不除，难以安民。

腐败能够导致亡党亡国，各级领导必须保持十二万分的警惕。

2002 年 3 月 2 日《人民日报》海外版报道，有关媒体做了一个民意测验，问中国的老百姓最关心的十件事是哪些。经过汇总统计，排在第一位的不是衣食住行，而是反腐败！

一个国家，贪官不除，难以立国；
一个政府，污吏不除，难以立本；
一个执政党，腐败不除，难以立信。

反腐败已经成为世界各国的共同目标，我们共产党领导的社会主义国家要建设小康社会、和谐社会不除腐败根本就没有可能。

谁搞腐败，我就割谁的脑袋，我毛泽东若搞腐败，人民就割我毛泽东的脑袋。

毛泽东在对共和国第一大案刘青山、张子善案件上的批示，表明了我们中国共产党人绝对不能容忍腐败现象的存在，谁要玩火，谁就灭亡。

"拿我做个典型吧，处理我算了，在历史上说也有用。"
"伤痛，万分伤痛！现在已经来不及说别的了，只有接受这血的教训一条！"

这是 1952 年 2 月 10 日，大贪官刘青山、张子善在被执行死刑前分别的遗言，这两个曾经的老革命、老党员、老干部倒在胜利后的和平环境里，这血的教训对每个共产党员、领导干部而言，一定要引以为戒、深刻吸取啊！

腐败的表现就是：
不思进取、得过且过；
漠视群众、脱离实际；
形式主义、官僚主义；
虚报浮夸、铺张浪费；
贪图享受、阳奉阴违；
我行我素、独断专行；
软弱涣散、以权谋私；
不负责任、滥用权力；
贪污受贿、骄奢淫逸。

古往今来，一切有志有识有为之士，都能把握自己，一身正气，两袖清风，心系百姓、无私奉献，而凡是沉迷于金钱美女、声色犬马、贪图享乐、滥用权力、欺压百姓的，没有一个是不垮台的。

贪官的告诫：（一）
在生与死的界碑之上摇摇晃晃；
一边是人间，凄凄惨惨、哭哭啼啼的亲人们朦朦胧胧的面孔时刻都在揪扯着自己的心；
一边是阴间，狰狞恐怖的死神正狞笑着向自己招手！
而每个人都有活的欲望，可以想象，在这种情况下的坚守将是何其困难。

贪官的告诫：（二）
人陷囹圄才算账：
政治账——政治生涯的终结
经济账——倾家荡产的结果
名誉账——身败名裂的现实
家庭账——妻离子散的噩梦
亲情账——众叛亲离的孤独
自由账——深陷牢笼的痛苦
健康账——心力衰竭的挣扎

没有亲身经历过失去自由，甚至面临生离死别的人是没有这种切肤之痛的感受的，贪官们以自己的深切体会向我们传递了处于生死线上的心情，手握权力的官员们千万要引以为戒啊！
贪污腐败，暂时可能得益一时，但是亏是赢，最终算总账时就明白了，这是贪官在监狱里给自己算的七本账，那是输惨了的呐喊！
智者是通过别人的教训来提醒自己，不要忘了这句话。

贪官的自嘲：
一进牢房，心惊肉跳；
两人睡觉，一颠一倒；
三顿盒饭，顿顿半饱；
四只角落，阳光不到；
五尺地皮，来回跑跑；
六根洋元，根根牢靠；
七天一到，一张捕票；
八年官司，休想逃掉；
九思再三，自己太孬；
十分懊恼，没有悔药。

这是被判无期徒刑的一个贪官的自嘲，悔恨之心溢于言表，什么地方没有去过都可以去体验，但监狱生活可千万不要亲自去体验，切记、切记！

贪官的感言：

我以前在给弱势群体做了一些好事后，心情愉快，如沐春风；我不顾法律而违法乱纪后，胆战心惊，食不知味，在监狱里自己才深切地感到做平民百姓时，没有巨额财产倒是轻松愉快的，一旦拥有了巨额的不义之财，我就没有一天安生过。可惜我认识这个道理太晚了。

某国家机关局级领导干部，犯受贿罪被判处死刑，缓期2年执行。这是贪官在监狱里的深刻反思，所讲没有假话，是其真实思想的表达，这就是警示，官员们也是要切记的！

莫怨清廉淡滋味，应愁贪婪铁窗泪。

甘守清廉报家国，不为贪赃羞子孙。

某大学副校长、教授，犯受贿罪被判有期徒刑10年，他在监狱里以诗感叹，可谓是：清廉连着幸福，贪婪连着悔恨，清正廉洁美名永传，贪赃枉法羞辱子孙。

廉政自律，非分之利莫伸手；

警钟长鸣，前车之鉴当三思。

不图不义之财，不导前车之鉴，宁可长期清贫，不要短命发财。

某领导干部受贿五百万元，一分没有用，仅仅是"保管"了几个月，结果付出的代价是自己被监狱终生"保管"（无期徒刑），这种图一时快乐终生痛苦的事千万别干啊！

廉洁从政，两袖清风德昭后世；

贪图钱财，一朝失足愧对今生。

贪官往往具有高学历、高智商，不少还具有高技能，但一旦案发就一笔勾销，除了对不起培养自己的国家、前辈、家人以外，绝对愧对自己的人生。

清廉如同健康一样，不要在失去以后才意识到可贵。

清廉就官员来说，其实就是健康，是政治上的健康，是思想上的健康。腐败如同癌症，一旦恶化难以治愈，思想上的"养生保健"其实比身体上的"养生保健"还要重要。

清官一任，造福一方；

贪官一任，祸害一方。

清官为民造福，英名千古流传，贪官徇私枉法，恶名千夫所指。
已被处决的省部级干部、国家食品药品监督管理局局长郑某，他的腐败还祸及了一支队伍，他身后有四个厅局级干部被判刑，上百个工作人员被查处或接受调查，真可谓是："贪官一任、祸害一方。"

清官名垂青史，
贪官遗臭万年。

那些由于一着不慎的贪官们，看到自己的名字被录入"贪官"名录中，不知自己有什么感想。挑满一桶水是多么艰难，而倾倒一桶水是多么容易，三思啊！

十二、追悔莫及

行贿人在千方百计、想方设法行贿你时，恨不得叫你"爷爷"；
行贿人被绳之以法后，能不把你供出来，你巴不得叫他"爷爷"。

这就是某国家机关一名领导干部在狱中的感叹，也是众多贪官遇到的尴尬，自己的政治命运攥在他人手里，你就是叫他"爷爷"、"祖宗"也难保证他不供你出来啊！

烟酒是见面礼，
礼金是敲门砖，
回扣是迷魂药，
巨额贿赂是通向监狱的通行票。

某集团公司负责采购的副总经理在监狱里对自己犯罪过程的总结，把官员拉下水，一些行贿人是动过脑筋的，他们惯以逐步渗透、步步为营，达到潜移默化迫你就范的战略，所以公权力执掌者头脑不清醒，防御不到位是十分危险的。

不义之财必毁灭前程，
婚外情色必家破人亡。

某政法机关领导干部为满足情妇的贪欲，大肆贪污受贿，结果"鸡飞蛋打"、身陷图圈。所以财、色是拉人下水、家破人亡的千古"经典"、永恒主题，人人都明白这个道理，但天天有人在这上面跌跟斗。

　　傍大款开始是呼风唤雨潇洒自如，结果是提心吊胆身陷囹圄；
　　包二奶开始是返老还童心花怒放，结果是财色两空家破人亡。

　　某领导干部在监狱里感叹，有权时，家里门庭若市，下台了，人走茶凉。官员一旦失去了权力，大款们就不认识你了，"二奶"没有了你的供养，她必然找别的男人去了，这种例子举不胜举啊！

　　不义之财是通向地狱的敲门砖，
　　男盗女娼是进入坟墓的通行证。

　　某海关处级领导干部在接受了死刑、缓期2年的判决后，认识到为官一定要做到：手莫伸，嘴莫馋，心莫花，腿莫乱，洁身自好、廉洁自律是安全、幸福的保证。

　　沈阳市在我任职的四年里，有一百多人以各种名义给我送钱送物多达600余万元，这是一组十分可怕的数字。但是过去很长一段时间，我一直把这种送礼行为看着是"人情往来"而坦然待之，就在中纪委对我进行调查，我在北京301医院住院期间，我仍然把组织的监督放在一边，收受各类人员各种礼金、贿赂100余万元。这些事实说明，我犯错误很重要的原因是摆脱组织监督的结果。

　　时任沈阳市市长的慕某，犯受贿罪、巨额财产来源不明罪被判处死刑，缓期2年执行，他在失去自由后，从自己堕落的过程回顾总结，深刻感到一个重要原因是摆脱组织监督的结果。

　　我今天以一个被告人的身份出现在法庭上，我对自己犯罪行为不仅完全承认并表示万分的悔恨。因为无论有什么样的客观环境和原因，最终导致这些行为还是因为我的主观思想上曾有的不洁所致。此时此刻我真的好像万箭穿心，有着无以用语言能表达的内疚和悔恨。

　　曾任河北省委办公厅副主任、省国税局局长的李某，犯贪污罪、受贿罪被判处死刑（2003年11月13日被执行），这是李某在判处他死刑的法庭上的最后陈述，与所有失去自由的贪官一样，通篇悔恨。真可谓应验了一句老话："早知今日，何必当初！"

　　事到如今，我明白了为什么有些人要给我钱，有的人还不计代价要与我交往，绝大多数是冲着我的权势地位来的。在他们眼里，我也是一种商品，在我身上投入会获得丰厚的回报，送轿车的老板目的很明确，就是让我替他暂缓执行一起标的金额五百万的经济案件。我的腐败事实证明，讲学习不是虚的，讲政治不是空的，讲正气不是无形的，一切变化都是从思想开始的。作为一个领导干部，一旦放松了思想改造，人生观、世界观这个总开关一旦出现毛病，就会百魔缠身，由人变成鬼。

曾任沈阳市中级人民法院院长的贾某，犯受贿罪、贪污罪、挪用公款罪、巨额财产来源不明罪被判处无期徒刑，他直到身陷囹圄、进入监狱才明白，"为什么有些人要给我钱"，每个公权力执掌者要避免"百魔缠身，由人变成鬼"就要从贾某的忏悔中得到警示。

作为一个领导干部，整天和商人老板特别是那些怀着不可告人目的的不法商人搅在一起，他们总会千方百计、不择手段地向你进攻，一不小心就会掉进泥潭中，像赖昌星、王建才、梁耀华、周民兴这些商人看中的是公安部副部长的职位和权力，他们想方设法巴结我，接受了他们的钱财，必然会在为他们办事的过程中失去公正、公平，甚至会拿原则和权力做交易，我就是这样做了他们的俘虏。

时任公安部副部长的李某周，犯受贿罪、玩忽职守罪被判处死刑，缓期2年执行。他反思了自己之所以堕落犯罪，是因为"整天和商人老板特别是那些怀着不可告人目的的不法商人搅在一起"，可见交友不慎、"傍大款"是腐败变质的一个重要原因，值得每个领导干部引起足够的警惕。

人陷囹圄才明白，其实做平民百姓是非常自在的，其实吃粗茶淡饭是十分快乐的，我现在的最大愿望是能够做一个自由自在的下岗女工。

时任上海市国资委副主任的吴某，以前怎么也想不到做下岗女工的啊，可惜，在监狱里，她把能够做一个下岗女工当成了一种奢望，可怜、可悲！

自被捕以后，我想到作为儿子让父母的希望落空，想到妻子、儿子，家里的房子已买好，夫妻俩的工作都不错，可是被我的所作所为全部打碎了，我想到她整天以泪洗面的样子，后悔莫及。

某银行的工作人员，26岁，因为挪用公款参与赌博，被判处有期徒刑6年，其儿子不满两岁，在监狱里想父母、想妻子、想儿子，对就在同一城市的家，可望而不可即，思念之苦比什么都痛苦。

当我第一次听到牢门枷锁的金属撞击声时，心里真是万念俱灭，难以忍受这痛苦的打击。而今，院子里是高墙电网，监房内是铁门铁窗，自己将要在这里度过失去自由的生活，昔日父母的关怀、兄弟情谊、全家欢乐的景象，随着监狱大门的关闭而消失了。

某国有企业财务人员，28 岁，犯贪污罪被判有期徒刑 10 年，在铁窗生活开始之际，他的感受是真切的、痛苦的、刻骨铭心的。

金钱使我从勤劳到懒惰，从淡泊到贪婪，最后沦为一个囚犯，金钱其实并没有罪，是我们这些罪人把污秽抹到金钱身上，把自己的罪行栽赃给金钱，硬说它是万恶之源，这一切无非是为了掩饰自己的邪恶，应该这样认为：罪恶的根源在于自己的思想，自己的贪婪。

某机关工作人员，31 岁，犯受贿罪，被判处有期徒刑 8 年，在失去自由的日子里，他挖出了自己犯罪的根源，那就是思想、贪婪。

我之所以犯罪，是因为接触夜大同学的过程中，一下子感到我的劳动付出与收入是多么的不相称。这个错误的思想为我今后走上犯罪道路起了一个头，我在与同学活动过程中，吃饭、唱歌、跳舞等，为了不甘示弱，出风头，抢着买单，还盲目与别人攀比，思想不求上进，抵制不了金钱的诱惑，逐步走向了深渊。

某国有企业会计，23 岁，犯贪污罪，被判有期徒刑 6 年，他总结自己是心里失衡，在攀比、比阔、出风头的不正确思想促使下使自己走向了犯罪。

事到如今，我深深地后悔，我对不起领导和学校的信任和培养，对不起家人，事发后，我的家人在痛苦中煎熬，父亲倒在床上，整天流泪，母亲对我恨之入骨，为了替我退赃款，他们拿出了多年省吃俭用的血汗钱，还向别人借了款，我更愧对妻子和未满周岁的孩子。

某大学财务科会计，33 岁，因为挪用公款炒股，损失了几十万元，被判有期徒刑 4 年，一个好好的家庭因此平添了痛苦，真的是深深地后悔。

在失去自由的日子里，我悟出了一个道理：人活在世上应该树立正确的金钱观，不仅在钱的来路上要光明磊落，在钱的用处上也要尽量有益于社会，绝不能为了钱而丧失人格甚至触犯法律。对我而言，也许这点认识太晚了，但它是用沉痛代价换来的，能使我牢记一辈子。

某进出口公司副处长，女，35 岁，犯受贿罪，被判处有期徒刑 8 年，她在监狱里悟出的道理是：树立正确的金钱观是非常重要的。

一个人一生不可能一帆风顺，不可能没有曲折和坎坷，但是像我这样一失足要付出 10 年重刑的代价，这种损失实在太大了，这种教训也实在太深刻了。我真诚地希望，其他人能从我犯罪的事上吸取教训，再也不要走这条自毁前程的路了。

某镇党委书记，38 岁，犯受贿罪、挪用公款罪，被判有期徒刑 10 年，到底是当领导的，身陷囹圄之时，他还不忘教育他人，希望别人不要走他这条路。

应当说我不是法盲，深知自己的行为是法律所不容的，但在行贿者信誓旦旦面前，却自欺欺人地以为这阴暗角落的权钱交易只有天知、地知、你知、我知，绝不会败露，殊不知一切罪恶只可能得逞一时，所谓"天网恢恢、疏而不漏"，说的正是这个道理。

某医院副院长，50 岁，犯受贿罪，被判处有期徒刑 5 年，虽然知道法律的规定，但侥幸心理使自己失去了预防、抵制的能力，后悔莫及。

我收受贿赂和贪污犯罪的过程中，开始是害怕的，在对方的反复坚持下，我收下了，但吃不好、睡不好，后来时间一长，也就以为没事了，再后来胆子逐步大了，为了买房子我又利用职权贪污了公款，真是"一失足便成千古恨"啊！

某国有企业某某办事处主任，51 岁，被判有期徒刑 12 年，他告诉人们，第一次是危险的，所有严重的犯罪后果都由第一次开始。

此后，一发不可救治，贪欲不断膨胀，多行不义必自毙，呼啸的警车碾碎了自己的发财美梦，一副冰凉的手铐扣住了自己那肮脏的双手，正义的宣判使自己这个昔日的邮电局长成了阶下囚，贪婪、私欲把自己的政治生命画上了句号，从此自己步入了七年劳改生涯。

某区邮电局局长，55 岁，犯受贿罪，被判有期徒刑 7 年，从局长到阶下囚的演变就是贪婪和私欲。贪官们所以腐败堕落，都是贪欲不断膨胀，突破了道德的底线，经不起各种诱惑的考验，最终以身试法、身陷囹圄。

为了给今后的生活留条后路，趁现在有权为自己打好基础，就是在这种指导思想下，自己在犯罪的泥坑里越陷越深，作为入党几十年的党员干部，在金钱面前表现得如此脆弱，伸手的时候是那样的心安理得，完全失去了党性和良知，每当我想到此，是多么地痛恨至极。

某大型国有企业某某处处长，52 岁，犯受贿罪、贪污罪、挪用公款罪被判有期徒刑 15 年，其思想上出现了"为今后留后路，趁有权时捞一把"的贪念，结果把自己送进了监狱。

我的犯罪毁掉了我幸福的家，犯罪以后，为了使我得到一个轻判的结果，我可怜的姐姐到处求饶，逢人便跪，膝盖都跪烂了，几乎到了痴狂的地步，我对不起她，也对不起妻子、儿子，对不起自小精心抚育我，现已银发皓首的老师、导师们，我无颜让他们接受这样的事实——曾经是一个好弟弟、好丈夫、好爸爸、好学生，而令他们倍感自豪的我，如今却成了为千百万人所不齿的阶下囚。

某国有企业总经理，60 岁，犯受贿罪、贪污罪、挪用公款罪，被判死刑，缓期 2 年执行，贪婪毁掉了曾经幸福的家，早知今日，何必当初啊！

改革开放以来，我接触的一些人和国外的生活方式极大地刺激和诱惑了一个已在蜕化变质的我，我的心态朝着腐朽的模式的方向恶性发展，应酬高标准、出国高消费、穿戴名牌、轿车豪华，在这种情况下，我主观上完全忘记了自己是人民的公仆。

某国有企业总经理，58 岁，犯贪污罪、受贿罪，被判死刑，缓期 2 年执行，从奢侈到犯罪，蜕化变质就是这样一步一步形成的。

随着自己的权力的增大，监督、约束减少，奉承讨好的增多，政治学习的缺少，自己的私欲也随之迅速膨胀，开始飘飘然起来，由于思想防线的冲垮，人的私欲、金钱欲就冲昏了头脑，置法律于不顾，开始了大胆的攫取。

某公安分局某某科科长，犯受贿罪、贪污罪、挪用公款罪被判处有期徒刑 19 年，他在监狱里的反思告诫拥有权力的人们，思想防线一旦决堤腐败必然像洪水猛兽泛滥，因此预防腐败，筑牢思想防线是头等大事。

金钱占据了心灵之后，就会使人丧失理智，失去清醒。埋在金钱堆里的人，直到案发，才大梦初醒，发觉自己浑身沾满了铜臭味。

某国有商场总经理，女，曾经荣获"市三八红旗手"称号，犯贪污罪、受贿罪被判处有期徒刑 10 年。金钱究竟是什么东西，她在失去自由、远离金钱的时候才看明白，晚矣！可她的教训对别人来说，也不失为是一次深刻的提醒和告诫。

我犯罪的一个重要的原因，是道德的沦丧，我的家庭原来美满幸福，丈夫正派忠厚，但由于我的地位变了，虚荣心也不断增强，认为丈夫无学历、无钱财，常常奚落他。相反，与一个长期共事的直接领导打得火热，认为他有学识、有能力，以至突破了道德的底线，甚至为了建立这种不正当关系的安全地，我们合伙侵吞公共房产，终于落得家破人亡、今天这个悲惨的下场。

某国有集团公司设计总院院长助理，女，犯贪污罪、受贿罪被判处有期徒刑 14 年。她在监狱里得出了教训，道德的沦丧就是腐败的开始，美满幸福的家庭，施展能力的岗位因为思想的变化而最终全部失去。思想道德防线也是预防腐败不能忽视的一个重要因素。

拓展阅读之二
贪官忏悔与检察官寄语

一、"数年荣贵今何在？不异南柯一梦中"

忏悔诗

积玉堆金官又崇，祸来倏忽变成空。

五年荣贵今何在？不异南柯一梦中。

• 唐朝"卒徒"出生的宿州太守陈璠，任期五年，因贪赃枉法被处以极刑，临刑前索笔作《忏悔诗》。

检察官寄语：

那七言绝句，言简意赅。陈璠虽然写了从高官到死囚的落差，但仍然未看到"祸"来的根本原因在于贪，仍然在"南柯一梦"中。其中有一个道理是必须明确的：贪赃枉法得来的富贵只是南柯一梦，是不会长久的。

西江月

八十一年往事，四千里外无家。

如今流落向天涯，梦到瑶池阙下。

玉殿五回命相，彤庭几度宣麻。

止因贪恋此荣华，便有如今事也。

• 宋朝奸相蔡京（1047~1126），福建仙游人，被百姓怒斥为"六贼之首"，当金兵攻宋时，率全家南逃，市人不卖饭食给他，不数日，其至潭州穷饿而死。

检察官寄语：

此诗高度凝练，概括了蔡京一生的经历并指出了日后"流落向天涯"的原因是贪恋荣华富贵，这也是他一生悲剧的原因。这是臭名昭著的奸相蔡京在举家南逃路上写的一首表露心迹的诗。

上元夜狱中对月两首
其一

夜色明如许，嗟令困不伸。

百年原是梦，廿载枉劳神。

室暗难挨晓，墙高不见春。

星辰环冷月，缧绁泣孤臣。

对景伤前事，怀才误此身。

余生料无几，空负九重仁。

其二

今夕是何夕，元宵又一春。

可怜此月夜，分外照愁人。

思与更俱永，恩随节共新。

圣明幽隐烛，缧绁有孤臣。

● 清朝大贪官和珅（1750~1799）

检察官寄语：

和珅，被收监第7天，在狱中作《狱中对月》。嘉庆皇帝下令查抄大贪官和珅家时，所获财产相当于乾隆盛世18年的全国赋税收入。和珅擅政20余年，升迁47次，权倾朝野，百官争相依附。其公然勒索纳贿，又排斥异己，致使吏政败坏，官场充斥小人。嘉庆四年正月十八，嘉庆帝"赏赐"白绫一条令其自尽。在狱中他尝到了凄凉、饥饿、刑罚、痛苦的滋味，正遇元宵佳节，提笔作狱中对月两首。

拿我做个典型吧，处理我算了，在历史上说也有用。

● 石家庄市委原副书记刘青山，36岁，1952年2月10日被执行死刑。

检察官寄语：

刘青山是一个13岁参加革命的"红小鬼"，在战争年代，曾经出生入死，九次身负重伤，是一个经受过战火考验的革命战士。但是进城以后，他的思想急剧蜕变，贪污受贿、挪用国家救灾物资、勾结不法分子搞投机倒把，终于因为罪孽深重被判死刑，其在刑场上的话应当成为各级领导干部的警示。

伤痛，万分伤痛！现在已经来不及说别的了，只有接受这血的教训一条！

● 天津地委原书记张子善，38岁，1952年2月10日被执行死刑。

检察官寄语：

张子善是一个曾在国民党反动派监狱里被关押了5年的共产党地下党员，曾在国民党的监狱里还担任地下党监狱支部书记，卓越地领导了抵抗国民党反动派的各种斗争，是经受了"白色恐怖"考验的共产党员。但进城短短两年时间就因为贪污、挪用公款、投机倒把等堕落成为一个罪犯，被判处死刑，其临终的告诫值得各级领导干部们深思。

希望大家接受我的教训。让我死在与日本侵略军作战的战场上，而不要死在自己革命阵营的法场上。

● 抗日军政大学第六队原队长黄克功，36岁，1937年10月10日因杀人罪被陕甘宁边区法院判处死刑。

检察官寄语：

从小参加革命，参加过二万五千里长征的黄克功自以为资格老、功劳大，缺乏正确的恋爱观，在求爱不成的情况下，竟然拔出手枪将陕北公学学员刘茜杀害于延河边。毛泽东给陕甘宁边区法院院长雷经天的信中写道："正因为他是一个多年的共产党员，是一个多年的红军，所以不能不这样办。他之处死，是他自己的行为决定的。一切共产党员，一切红军指战员，一切革命分子都要以黄克功为前车之鉴。"

我在即将走向刑场的时候，我要告诉大家，不要被钱迷住了眼睛，不要被钱搞晕了方向，特别是像我一样的年轻人，要靠自己的奋斗去创造财富，千万不要贪得无厌，靠不法手段去积累财富。

● 上海某国有企业财务人员郭某，27 岁，1990 年 5 月 17 日因贪污罪被执行死刑。

检察官寄语：

一个年轻的生命即将结束，他的儿子只有 3 岁。究其原因，就是被钱腐蚀了灵魂。一些年轻人一味崇尚高消费、高享受，在入不敷出、缺少钱财的情况下，把罪恶的手伸向了国家的财产，到头来只能付出沉重的代价，生命的教训不能轻视啊！

我还年轻，希望能给我一个悔过的机会，因为我家里还有年老的母亲，还有很贫穷的弟妹和小孩，虽然我再不能为他们做些什么。恳请司法机关根据我的表现，能给我一条活下来的命，让我生存下来，让我重新做人。我不会再做官，只做最低下的人。

● 海南省东方市委原书记戚某，46 岁，1998 年 12 月 1 日因受贿罪、巨额财产来源不明罪被判处死刑。

检察官寄语：

曾经担任过海南省贫困县乐东黎族自治县县委书记的戚某，在当地老百姓普遍生活在贫困线以下的境况里，他与老婆（当地某金融机构负责人）一起贪污受贿 1400 余万元。临死了，才醒悟自己还年轻，才明白家中有年老的父母、有贫穷的弟妹、有可怜的孩子。可惜，世上没有后悔药，戚某唯一还可以起到的积极作用就是：以自己死的教训，警示更多的领导干部。

钱遮眼睛头发昏，官迷心窍人沉沦。
只因留恋名利地，终究成为犯罪身。
功名利禄如粪土，富贵荣华似浮云。
如君能出费赦手，脱胎换骨重卧薪。

● 广西壮族自治区玉林市委原书记李某，52 岁，1999 年 1 月因受贿罪、巨额财产来源不明罪被判处死刑。

检察官寄语：

刚刚年过半百，正可以为国家、为家庭作更大贡献的年龄，却命赴黄泉，怪谁呢？只能怪自己！"功名利禄如粪土，富贵荣华似浮云"——直到如今才明白，是不是晚了一点了呢？昔日不可一世的李某已经再也没有脱胎换骨、卧薪尝胆的机会了，罪孽深重死路一条啊！

我懂得并铭记，是党把我从壮族山村选送上大学，培养、锻炼、提拔担任领导职务。党和国家对我恩深似海，相反我竟做出了违反国家法律的行为，做出了许多违反法纪的行为，我对自己的行为十分内疚，内心非常伤痛，也感到非常惭愧，我一定痛改前非。

我放松了世界观的改造，放松了精神文明建设和思想道德修养，私欲膨胀，没有抵御住权力、金钱、美色的诱惑。

● 全国人大常委会原副委员长成某，63 岁，2000 年 7 月 13 日因受贿罪被北京市中级人民法院一审判处死刑；2000 年 8 月 22 日北京市高级人民法院二审维持原判；2000 年 9 月 7 日最高人民法院核准死刑；2000 年 9 月 14 日被执行死刑。

检察官寄语：

成某身为党和国家的领导人，长期脱离监督、独断专行、我行我素，从根本上忘记了自己的责任和使命。他一方面在中央电视台"东方之子"节目中大谈"我是壮族人民的儿子"、"我一想到广西还有几百万人民生活贫困，我晚上睡不着觉"；另一方面则大肆贪污受贿，生活糜烂、腐化堕落。其教训对我们各级领导干部和共产党员都是一帖清醒剂，当引以为戒。

没有共产党，就没有徐某，党和政府是我的再生父母，对党有报答不完的恩情，也曾决心努力工作来报答党和人民。可惜，我没有把握住自己，这是深刻的教训。

● 江苏省建设厅原厅长徐某，57 岁，2001 年 10 月 12 日因受贿罪被判处死刑，缓期 2 年执行。

检察官寄语：

徐某是党和人民一手培养起来的官员，但他根本忘记了当初要为党和人民努力工作的"决心"，彻底蜕化变质了。其被检察官搜查出来的笔记本上，竟然记录有情妇 146 人，收受贿赂达 2000 余万元，被群众喻为"江苏第一贪官污吏"！一个人胡作非为到了极点，那么其结局也是非常可悲的。

最亲爱的亚非（其妻，作者注）：我以无限的懊悔向你深深地悔罪，即使在你面前长跪不起也难表达，晚矣！我出事后，没有从自身找原因，怨天尤人，不能正确审时度势、配合组织审查，反而一再要求你帮我活动、开脱，才铸成今天的大错，既害了你，害了幼小的孩子和全家，又坑害了许多亲朋好友，更重要的是损害了党和政府的形象。事已至此，只有面对现实，积极配合组织的审查，以实际行动取得组织谅解。

● 辽宁省沈阳市原常务副市长马某，47 岁，2001 年 12 月 19 日因贪污罪、受贿罪、挪用公款罪、巨额财产来源不明罪被执行死刑。

检察官寄语：

马某是一个执迷不悟的贪官，面对广大干部和群众的不满，丝毫没有引起警惕，大肆进行贪污受贿犯罪活动。自第一次去美国拉斯维加斯赌博以后便一发不可收，几年间又多次到澳门葡京赌场进行豪赌，特别是在中央党校学习期间也多次去澳门赌场豪赌，案发以后又对抗组织上的调查，与妻子一起里应外合、串供翻供，终于走上了一条不归路，死到临头才明白自己铸成了大错，为时晚矣！

我在担任市长、市委书记期间，不顾党组织的三令五申，在十几年中积攒了几十万的非法收入，脱离了生活还不富裕甚至还很贫穷的广大干部群众。我的行为触犯了法律，我愿意接受法律的审判。我感到辜负了党和人民的培养，辜负了丹江口、天门两地群众对我的厚望，我一定认罪服法。

● 湖北省天门市委原书记张某，48 岁，2002 年 7 月因贪污罪、受贿罪被判处有期徒刑 15 年。

检察官寄语：

臭名昭著的"五毒书记"张某在中国的腐败史上应该具有浓重的一笔！在审判他的法庭上他还宣称："在中国没有实现共产主义之前，办事不靠老上级、老朋友、老同学、老同事是行不通的……"他不但贪污、受贿，还有情妇 107 人，几乎创造了贪官拥有情妇之最！时任湖北省委记的俞正声同志痛斥其为"党内的败类"、"吹、卖、嫖、赌、贪"五毒俱全！"五毒书记"由此而来。

我深深地悔过，尽管我知道为时已晚。

这几天来，我思考了许许多多以前不思考、也不可能思考的问题，感到在走到人生尽头之前，应该再做一次好人，再做一次诚实的人，以使大家对我的死有一个好的印象。

● 广东省揭阳市委原常委兼普宁市委原书记丁某，44 岁，2002 年 8 月 29 日因受贿罪被判处有期徒刑 6 年。

检察官寄语：

犯了罪，感到末日到了，感到走到了人生的尽头，真是可悲啊！一些贪官在岗位上时不思考做官为人的道理，一旦失去了自由，便后悔莫及，但为时已晚，以往的人生道路和前途已经一去不复返、不可能再来第二次了。类似丁某经历的各级官员，特别是年轻的官员要深刻吸取教训啊！

我今天以一个被告人的身份出现在法庭上，心情是极不平静的，我对我的犯罪行为不仅完全承认并表示万分的悔恨。因为无论有什么样的客观环境和原因，最终导致这些行为还是我的主观思想上曾有的不洁。

● 河北省委办公厅原副主任、河北省国税局原局长李某，42 岁，2002 年 8 月 30 日因贪污罪、受贿罪被河北省唐山市中级人民法院一审判处死刑，2003 年 10 月 9 日被河北省高级人民法院终审判处死刑，2003 年 11 月 13 日被最高人民法院核准执行死刑。

检察官寄语：

在被告人席上才认识到"因为无论有什么样的客观环境和原因，最终导致这些行为还是我的主观思想上曾有的不洁"。为时已晚矣！思想上的不洁，不及时发现、清除，那就可能蔓延、扩大，李某就是这样一个从不洁开始，最终被腐败彻底打垮的反面教材。

我在不足 35 周岁的时候，就已经走上了正厅级的领导岗位，并且还是省部级的双向后备干部。党和人民培养我花费多少心血和代价，这是多少比我正直还有才华的人没能得到的机遇，然而我却没能珍惜好这一十分难得的机遇，在人生的征途中，践踏了法律，给党和人民造成了重大的损失，给培养我、关心我的各级党组织、老领导带来了耻辱，也给我的亲人们带来了无限的痛苦。此时此刻我真的好像万箭攒心，有着无以用语言能表达的内疚和悔恨。在此，我怀着十分内疚的心情，向党和人民表示我最深深的忏悔，向我的亲人们表示深深的忏悔。

检察官寄语：

李某可谓少年得志，28 岁进机关，35 岁就当上了正厅级的领导干部，绝对是同类人群中的佼佼者。但是李真没有很好地把握住自己，在党和人民赋予的位置上不可一世、独断专行、忘乎所以、倒行逆施，大肆贪污受贿，金额高达一千余万元。"多行不义必自毙"，其在 38 岁时受到了查处，在 40 岁刚刚出头之际就被判处死刑，他命赴黄泉之时其老母 71 岁，其儿子 11 岁。这出人间的悲剧是谁造成的？明眼人不难回答。

看来这次中央反腐败是动真的了，我的死刑再一次证明了中央反腐败的决心。

（跪在地上不断磕头）我恳求组织上饶我小命一条，我一定改过自新、重新做人。

（上刑场与家人告别前）小孙子好吗？不要把爷爷的事告诉他，他要问，就说爷爷出国了。（把嘴放在小孙子的照片上深情地吻着，久久不愿拿开）

● 安徽省原副省长王某，55 岁，2003 年 12 月 29 日因受贿罪、巨额财产来源不明罪被判处死刑。

检察官寄语：

王某是一个孤儿，据说在其 13 岁以前与几个孤儿合穿一条裤子，是党把他培养成一个省部级领导干部。他也曾经朴实无华地努力工作过，可是随着地位的不断上升，其忘乎所以起来，吃喝玩乐、贪污受贿、腐化堕落、挥霍公款、独断专行瞎指挥，他在阜阳担任主要领导之时几乎透支了地方财政十年的收入！因此阜阳当地的老百姓中流传着这样一个顺口溜："只要反腐不放松，早晚抓住王某。"可是他不当一回事，终于走上了无法再回头的绝路，临死这个高个子贪官想要活命了，下跪求饶，可来不及了，引以为鉴啊！

佛啊，我天天为你烧香、打坐，为你花了那么多钱，你为什么不保佑我呢？

是党和人民把我从一个山里女娃培养成了一名高级干部，但我却对不起党和人民。我痛不欲生、非常后悔、无地自容。

党啊，你培养教育我几十年，我对不起你啊！

● 黑龙江省委原常委、组织部原部长韩某，52岁，2005年12月15日因受贿罪被判处死刑，缓期2年执行。

检察官寄语：

面对死刑、缓期2年的判决，韩某痛哭流涕，可能此时此刻是其真实感情的喷发。她曾经在被"双规"期间乞求佛祖的保佑，可佛教讲的是"心正为佛，心邪是魔"、"善有善报，恶有恶报"！一个从大兴安岭林区走出来、身居要职的领导干部，竟然靠卖官大肆敛钱。据报道，在黑龙江通过她买官的多达几百人，用人上的腐败是最大的腐败！

几年前我参观过某中级人民法院，法院门口设计了水池，就是告诫我们：水能载舟亦能覆舟。今天我成了阶下囚在这里受审，心里别有一番滋味。其实，亲情如水，能载舟亦能覆舟。

我作为一个党的高级领导干部，走到今天，完全是咎由自取，我的教训是深刻的，望大家以我为戒！

● 江苏省省委原常委、组织部原部长徐某，55岁，2006年1月24日因受贿罪被判处死刑，缓期2年执行。

检察官寄语：

组织部长本来是教育、选拔、考察干部的，但其却偏偏以权谋私，违规提拔自己的儿子为厅级干部，甚至大肆卖官敛钱，终于自己落马了，成为阶下囚了。其中有什么教训？那就是任何人在公权岗位上不注意约束自己、不遵纪守法、不接受监督，任凭贪欲膨胀，必定导致这样的下场！

往事不堪回首，在我仕途刚刚起步，事业辉煌、家庭幸福的时候，我却沦为阶下囚。人生惨痛的失败一夜之间造成的巨大反差，常使我暗自流泪，痛心疾首。岁月无情地流逝，而我的人格永远钉在了耻辱的十字架上，对子女、对家庭、对我们一切都将产生不可估量的影响。

● 中国农业发展银行原副行长于某，52岁，2006年2月10日因受贿罪、挪用公款罪、行贿罪被判处无期徒刑。

检察官寄语：

有些贪官的忏悔是表面文章，"依样画葫芦"，没有什么实质的内涵。而于大路的这段话看来是出自内心的："人生惨痛的失败一夜之间造成的巨大反差，常使我暗自流泪，痛心疾首。"确实,由于自己的不慎,一夜之间从"天堂"跌落到"地狱",如此结果,发生在各种各样的贪官身上,所以官员们要引以为鉴,避免这种结果发生在自己身上。

死到临头,我明白了,当我拿过老板第一次给我的钱以后,我有生以来第一次犯下了不可饶恕的过错,开启了人生道路通往另一个世界本不应该开启的大门。

● 四川省犍为县委原书记、县人大常委会原主任田某,48 岁,2006 年 9 月 6 日因受贿罪、巨额财产来源不明罪被成都市中级人民法院判处死刑,缓期 2 年执行。

检察官寄语:

在身陷囹圄的时刻,想到了生命的可贵,可为什么贪官在大肆谋取私利的时候不考虑后果呢?这里一个重要的原因就是,他们从来不把自己的行为放在法律的框架下面对照,总以为自己的问题是隐蔽的,纪委、检察机关查不到自己的头上,胆子越来越大,到头来"搬起石头砸自己的脚",担心"小命不保",实在可悲。

面对神圣的国徽,我深知自己罪行严重、性质恶劣、影响极大,我的所作所为玷污了党的形象,降低了党的威望,挫伤了党群、干群关系。开除公职,并将受到国法的严惩,我觉得这完全是罪有应得。

● 安徽省委原副书记王某,63 岁,2007 年 1 月 12 日因受贿罪、巨额财产来源不明罪被判处死刑,缓期 2 年执行。

检察官寄语:

在自己步入晚年的时候,却进了监狱,几乎要在监狱中度过余生,那确实是人间悲剧,更为严重的正如王某所说:"我的所作所为玷污了党的形象,降低了党的威望,挫伤了党群、干群关系。"一个贪官造成的恶劣后果,需要多少人的努力才能挽回和弥补,各级官员都必须设身处地想一想。

原来我作为一个省委书记,以为什么都懂,但通过这次法庭审理我才发现,我其实是个法盲。我现在非常懊悔,曾作为一个省委书记,我却不懂法。在民主法治国家,省委书记不懂法,这是很大的问题。如果我还有下辈子的话,我一定选择学法律,去从事法律工作。

● 贵州省委原书记刘某,69 岁,2004 年 6 月 29 日因受贿罪被判处无期徒刑。

检察官寄语:

省委书记不懂法,好像是天方夜谭,其实不然,"三大纪律八项注意"中"不拿群众一针一线"知不知道?"不搜俘虏腰包"知不知道?如果懂法就能避免犯罪,那么法律界是不是就没有犯罪了呢?这个省委书记不遵守的是如何为官做人的底线,不懂的是共产党人的宗旨和要求,其覆灭是必然的,不足为怪的!

得到你不该得到的，就会失去你不该失去的。而今我面对这铁的事实和无情的法律后果，悔已晚，恨无济，痛彻骨！金钱啊，你这吃人不吐骨头的魔鬼！贪欲啊，你究竟是哪里放出来的毒蛇？

● 江苏省南京市人民政府原副秘书长魏某，女，2007 年 7 月 6 日因受贿罪被判处有期徒刑 5 年（因为具有检举揭发重大立功表现）。

检察官寄语：

女贪官受贿 100 余万元，对于没有真正触及思想和灵魂深处的人，是讲不出这段令人振聋发聩的话来的。"得到你不该得到的，就会失去你不该失去的。"这个贪官把自己犯罪的经历提炼出这句话，是言简意赅、非常深刻的，她的话给广大干部无疑是一帖清醒剂，是有深刻警示意义的。

明天，我就要"上路"了。此刻，我有许多话要说，这些话对现在活着的人也许"有用"，所以我不想把它带走，这些话也如鲠在喉，不吐不快，说出来我也许感到舒服一些。

1944 年 12 月我出生在福建省福州市，想我由一个赤条条的小男孩最后出息成为一个国家部级官员，我的人生应该说是成功的，我对得起父母给我的这条生命。随着我的职务的不断变化，官越做越大，我给我的父母和家族一次又一次带来惊喜、兴奋、自豪和骄傲，郑氏家族因我而光宗耀祖；然而，如今我以这种方式来为我的人生画上"句号"，我成为全国人民舆论的焦点，我被全国人民唾骂，我又使我的父母和家族蒙受了巨大的耻辱！此时此刻，我真不知该对我父母（倘若他们地下有知的话）和家族说些什么！

● 国家食品药品监督管理局原局长郑某，63 岁，2007 年 7 月 10 日因受贿罪、玩忽职守罪被执行死刑。

检察官寄语：

"人之将死，其言也善。"省部级贪官郑某在临刑的前一天，留给"现在活着的人"的临终告白是一篇发自内心的"警示"，对"活着"的各级官员都有现实的教育意义，经常看看、读读、对照对照能够使自己头脑清醒，能够提醒自己不要重蹈覆辙。

说句心里话，我即使天天做梦，也梦不到有今天这样的结局。（被判处死刑以后）令我没有想到的是，舆论却是一片的叫好声，大家咬牙切齿地鼓掌欢呼，这引起我的反思，我为什么会激起这么大的民愤？原来是我这个部门太重要了，我这个岗位太重要了，我手中的权力直接关系到人民群众的生命安全！我虽然没有亲手杀人，但由于我的玩忽职守，由于我的行政不作为，使假药盛行，酿成了一起又一起惨案，这个账我是应该认的……

● 国家食品药品监督管理局原局长郑某，63 岁，2007 年 7 月 10 日因受贿罪、玩忽职守罪被执行死刑。

检察官寄语：

贪官处死，一片叫好。一个官员做官做到这个份上是十分悲哀的。共产党各级领导干部，首先必须是全心全意为人民服务的典范，要忠于职守，严格要求，廉洁自律。但郑某直到将失去生命的时候才明白这个道理，充分说明其平时忘乎所以、我行我素。他的死，给我们各级干部是一次深刻的警示。

从我被判处死刑这件事上，彻底地看出了中央反腐败的决心。

明天我就要"上路"了，就要到另外一个世界去了，我现在最害怕的是，我将如何面对那些被我害死的冤魂？我祈求他们能够原谅我、饶恕我。

● 国家食品药品监督管理局原局长郑某，63 岁，2007 年 7 月 10 日因受贿罪、玩忽职守罪被执行死刑。

检察官寄语：

活着是多么的美好，一个临死的人是多么渴望活着，可惜，没有机会和可能了！甚至害怕因为假药充斥市场而导致的"那些被我害死的冤魂"！凄凉、悲哀！那是完全由郑某自己一手造成的人间悲剧，真可谓是"字字血、声声泪"！我们活着的人应该如何有价值地工作、生活，要深思啊！

我已经没有机会了，大家要吸取我的教训。如果说早期的我对权力的占有还是想干一番事业，实现自我价值，后来当权力运用得十分自如时，没有正确对待，心理失衡，于是就开始偏离了航线，走向了犯罪的深渊。

● 江苏省南京市栖霞区原区长助理潘某，46 岁，2007 年 10 月 25 日因受贿罪被判处死刑，缓期 2 年执行。

检察官寄语：

潘某有傲人的履历，有大好的前途，其革命军人家庭出身，自己也从军多年，原来的表现还是可圈可点的。其工作认真，要求高，不留情面的作风曾经给人们留下深刻的印象。但是，这个正在上升的官员在一帆风顺的环境里，不谨慎了，忘乎所以了，私欲的闸门一打开，便一发不可收了，这个级别不太高的干部受贿金额竟高达近千万。

事情已经发生，罪行已经存在，这是无法改变的事实。我知道我现在唯一的出路就是真诚认罪、真诚悔罪。我知道，接下来还有很长一段路要走，而且会很艰难。此时此刻，我满脑子充满了"错"和"悔"，"悔"字将伴随我度过余生。

● 上海某（集团）总公司原党委书记、董事长王某，58 岁，2007 年 12 月 20 日因贪污罪、受贿罪被判处死刑，缓期 2 年执行。

检察官寄语：

上海解放以来贪污犯罪金额最大的贪官，贪污金额就高达 3.06 亿元！这个昔日的能人、功臣，忘乎所以，居功自傲，独断专行，我行我素，不接受监督，如今年近花甲只能在牢狱里艰难度日，能怪谁呢？"悔"是身陷囹圄的贪官们提到最多的一个字，希望公权力在手的人们洁身自好，与"悔"无缘！

　　听到一些关于我被调查的风声，我很警觉，但是并没有因此停止我贪婪的欲望。这是我的教训和悲哀！

　　● 安徽省原副省长何某，52 岁，2007 年 12 月 27 日因受贿罪被判处死刑，缓期 2 年执行。

检察官寄语：

既然党员领导干部手中的权力是人民赋予的，就必须增强公仆意识，全心全意为人民服务，而不是"为人民币"服务。否则，在物欲侵蚀下，灵魂必然锈迹斑斑，不堪一击。是真正的"大树"，就要为人民开花结果，就要为群众遮蔽风雨，否则，这棵"大树"将成为枯枝、烂叶、朽木，被人民无情地抛到历史的垃圾箱里。

　　我认罪、悔罪，退清全部赃款，接受法律的审判，希望大家吸取教训，以我为戒。

　　● 山东省委原副书记、青岛市委原书记杜某，58 岁，2008 年 2 月 4 日因受贿罪、巨额财产来源不明罪被判处无期徒刑。

检察官寄语：

又是一个高级领导干部，又是一个即将安度晚年的老人，由于在权力岗位上倒行逆施、贪污受贿，被送上了审判台，一世功名毁于一旦。所以，事实再一次证明"廉政问题不是小问题"，在廉政问题上，无论官位多高、入党多久、功劳多大，在廉政的起跑线上是一样的，没有人可以有先天性的"免疫力"！

　　我对不起党，对不起上海人民，对不起我的家人。

　　● 中央政治局原委员、上海市委原书记陈某宇，62 岁，2008 年 4 月 11 日因受贿罪、滥用职权罪被判处有期徒刑 18 年。

检察官寄语：

一个党的高级领导干部，与不法商人搞在一起，政治上与党离心离德，组织上大搞"一言堂"，经济上大肆贪污受贿，生活上道德败坏、以权谋色，典型的一个"搞小圈子"的"两面人"。陈某宇的教训值得全党深思，各级领导干部、特别是高级领导干部要引以为戒，吸取深刻教训。

　　我没有想到，竟然是我最相信的人（情妇们）把我告倒了，这就叫"搬起石头砸自己的脚"。

● 陕西省政协原副主席庞某，63 岁，2008 年 6 月 28 日因受贿罪、玩忽职守罪被判处有期徒刑 12 年。

检察官寄语：

庞某的下台，竟然是被其最信任的 11 个情妇组成的"情妇告状团"联名举报所致。将重要的城市"通水"工程给没有资质的情妇们去做，结果导致 6 次爆管，经有关部门审计，造成国家损失 3 亿多元。其从中大肆敛财，被群众喻为"三秦第一贪"。为官者当为戒！

贪婪之心一起，我就控制不住自己了。多少钱才算个够啊！直至把自己送进了牢房。一个"贪"字害苦了我、葬送了我。这个"贪"字的结构告诉人们的道理就是：今天贪了钱，明天就会被送上法庭、关进高墙。"贪"这个字是只顾今天有钱，何顾明天的命！

● 上海市某区原区委副书记、区长陈某，55 岁，2008 年 7 月 9 日因受贿罪被判处有期徒刑 13 年。

检察官寄语：

贪官把"贪"字分析得入木三分，恐怕没有这种经历的人不会有这么深刻的认识。贪婪之心是官员的大忌，这是每个官员在为官时耳熟能详的基本道理。可就是有一些官员平时不把它当一回事，一定要到了监狱才能深刻领悟，那还来得及吗！

自己对不起妻子、儿子，甚至对不起某某某（情妇）。妻子体弱多病，常年吃斋念佛，自己与某某某（情妇）十多年的交往中，确实得到过来自她的很多慰藉。

● 北京市原副市长刘某，50 岁，2008 年 10 月 18 日因受贿罪被判处死刑，缓期 2 年执行。

检察官寄语：

据说刘某工作还是有能力、有魄力的，可悲的是在法庭上他对这个情妇还念念不忘！1995 年在火车上认识的这个女人与刘某保持情人关系直到案发，最终也是因为这个女人而身败名裂、身陷囹圄。可见，贪官一旦生活开始腐化，其堕落直至犯罪是必然的，有一个不争的事实，贪官靠自己的收入是满足不了情妇贪欲的！

我请求省委领导，能看在我多年贡献的情况下，回老家做一农夫垂钓余生。

● 湖南省郴州市委原书记李某，58 岁，2008 年 11 月 28 日因受贿罪、巨额财产来源不明罪被判处死刑，缓期 2 年执行。

检察官寄语：

李某大肆受贿，在工程建设中受贿 905 万元，在矿山资源开发中受贿 303 万元，在任用干部中"卖官"受贿 200 余万元，总共受贿达 1404 万元。更为严重的是他的犯罪牵连党政干部 110 人，其中厅局级干部 20 余人，处级干部 60 余人，人数之多，全国罕见。一个领导干部，不但自己堕落，而且带坏了一支干部队伍，案发后还期望"回老家垂钓"，真是黄粱美梦、痴心妄想，也是这种干部的可悲之处。

回顾一生，最终落得如此下场，是始料不及的。我将要在监狱里度晚年，要在失去自由的环境里了断此生，真是度日如年、生不如死啊！

● 安徽省淮南市委原书记陈某，54 岁，2008 年 12 月，因受贿罪被判处死刑，缓期 2年执行。

检察官寄语：

一个长期担任"一把手"的领导干部，因为贪婪、因为缺乏监督、因为与不法商人打成一片，导致利用职权受贿 600 余万元，彻底葬送了自己的前途和家庭的幸福。特别是其行为严重损害了党的形象和党与群众之间的感情，危害无穷，值得各级领导干部深刻吸取教训，正确行使好手中的公权力。

忘其宗旨，触其法律，悔其自己，伤其亲人，苦其心志，劳其筋骨，做其新人。

● 湖北省黄冈市委原常委、统战部原部长操某，57 岁，2009 年 12 月 9 日因受贿罪被判处有期徒刑 13 年。

检察官寄语：

贪官都要到监狱中来"诗言志"，是不是一种悲哀？一种讽刺？类似操某这样的官员，虽然其曾经获得过"全国劳动模范"的荣誉，但平时都是教育别人的，为什么就不能对照对照自己呢？为什么到了监狱才明白那些基本的道理呢？看来那些曾经的先进人物要保持先进性，始终以身作则、严于律己不是靠自己随便说说的。

我也曾经暗下决心，要做一个"好官"。我也曾经告诫自己，要做一个"清官"。然而不幸的是，我也像许许多多贪官一样，未能走出这样一个"奋斗—成功—辉煌—放纵—栽倒"的腐败怪圈。在自己人生事业的巅峰，最终还是栽在金钱上，倒在"贪"字下，成为又一个反面典型和又一部警示教材。

● 江西省新余市原副市长吴某，55 岁，2009 年 12 月 23 日因受贿罪被判处有期徒刑15 年。

检察官寄语：

大凡大贪官、中高级别的贪官，几乎都进入了这样一个怪圈："奋斗—成功—辉煌—放纵—栽倒"，什么原因呢？没有坚持思想改造，没有坚持党员领导干部的基本要求和标准，有了地位、有了成绩以为自己可以凌驾于党纪国法之上，所以，他们的"栽倒"是自己造成的，不可避免的。

忏悔诗

少小离家图报国，跬步艰辛奋斗多。
五十功名如尘土，一朝顿悟乃南柯。
倘持清廉本无憾，恣意纵情自折磨。
悔不当初裹盔甲，恨留今日叹蹉跎。

● 江西省新余市原副市长吴某，55 岁，2009 年 12 月 23 日因受贿罪被判处有期徒刑 15 年。

检察官寄语：

这首在监狱中写的诗，怎么看都与几百年前封建朝代的贪官们在狱中写的诗有异曲同工之妙。在历史的长河中总有一些人，在不断地重复历史，重复写这种"忏悔诗"，可悲！可叹！老百姓都明白："有什么都不要有病，做什么都不要坐牢！"我们的一些官员为什么记不住呢？

我从一个领导干部走到了这里，教训是沉重的。9 年前，就在这里，我坐在主席台上，目睹了张君等一大批刑事犯罪分子受审，并把他们送上刑场。而现在，我作为被告人也站在这里。我希望今后没有公安民警再次站在这个位置上。

● 重庆市公安局原副局长、重庆市司法局原局长文某，53 岁，2010 年 4 月 4 日因受贿罪、包庇、纵容黑社会性质组织罪、巨额财产来源不明罪、强奸罪一审被判处死刑；5 月 21 日二审被判处死刑；2010 年 7 月 7 日被执行死刑。

检察官寄语：

一个曾经为人民的利益、为一方平安而出生入死的人民警察，如今成为人民痛恨的死刑犯，以致其被执行死刑以后老百姓欢欣鼓舞、拉横幅放鞭炮，应验了"水可载舟亦可覆舟"这句老话，其覆灭的教训值得令人深思，他临终前的一席话确实可以说是肺腑之言，希望今后不再有公安民警站在他站过的这个被告人席上。

说什么已来不及了，我上得快，掉得也快，是自己思想防线出了问题，我痛不欲生、后悔莫及，只有自食恶果、自饮苦酒了！

● 江西省国土资源厅原副厅长李某，47 岁，2010 年 4 月 16 日因受贿罪被判处无期徒刑。

检察官寄语：

四十几岁就已经是厅局级领导干部了，可谓是同龄人中的佼佼者，可惜没有把握住，就像他自己说的："上得快，掉得也快。"如今年轻的领导干部越来越多，如何使他们能够经得起考验，如何牢固树立预防腐败的思想防线，如何进行有效的监督，这是个迫在眉睫的问题，值得研究。

不把钱存起来、藏起来，热衷于以钱生钱，这就是我的信条，结果终于走到了路的尽头。

● 安徽省黄山市园林管理局原局长耿某，45 岁，2010 年 5 月 19 日因贪污罪、受贿罪、挪用公款罪、巨额财产来源不明罪被判处无期徒刑。

检察官寄语：

这个贪官在四年时间里竟然以个人名义购买了 38 套商铺，被群众戏称为"商铺局长"，另有不明财产近 200 万元。用"胆大妄为、不计后果"可以对其所作所为进行一个概括，年轻干部，应该加倍努力学习、加倍努力工作，怎能上台后就大肆敛钱、敛财的，这样的干部的覆灭是必然的。

我因为私欲膨胀，极度贪婪，最终走到了今天这个地步，完全是咎由自取，我已无话可说，与我具有相同情况的官员，悬崖勒马，好自为之吧！

● 山东省东营市原副市长陈某，50 岁，2010 年 5 月 30 日因受贿罪、贪污罪、挪用公款罪被判处死刑，缓期 2 年执行。

检察官寄语：

一个农家子弟，到一个大学教授，再到副市长，他走了一条"跳出农门当官"的阳光道路。可惜，他把自己的农民本质忘记了，把知识分子的本质忘记了，把共产党员、领导干部的本质忘记了。2001 年至 2008 年，他不但包养情妇十余人，还在承揽工程、规划审批、干部提拔等方面谋取私利，敛财 2100 余万元，可以说"日进万金"。一头钻进了贪婪、私欲的死胡同而不能自拔，那就是死路一条！

我是罪有应得、罪该万死，我今天面对的悲惨结局和下场，完全是我自己一手造成的，大家引以为戒吧！

● 贵州省贵阳市原市长助理樊某，53 岁，2010 年 9 月 8 日因受贿罪、巨额财产来源不明罪被判处死刑，缓期 2 年执行。

检察官寄语：

一个曾经前途光明的中青年领导干部，在权力岗位上放弃了自我约束，无视党纪国法，没有把握好自己的人生，一味进行以权谋私，终于被官场的腐败所吞噬，成了政治舞台上一个急匆匆的过客。年轻干部、中青年干部，特别是年轻的领导干部快速地上升、迅速地堕落这种现象值得深思！

我辜负了党和人民的期望，没有把握好自己的人生，葬送了自己的美好前程，葬送了为国家、为人民服务的机会，大家要吸取我的教训，不要重蹈覆辙。

● 云南省大理市原副市长段某，45 岁，2010 年 8 月 10 日因受贿罪被判处有期徒刑 11 年。

检察官寄语：

一个年轻的领导干部提早退出了政治和历史的舞台，根本的原因不外乎是自己的私欲膨胀，忘乎所以，错误地把党和人民的信任当作自己的高明，高人一等，凌驾于制度和法律之上，最终付出身败名裂、身陷囹圄的惨痛代价是必然的。

我长期以来脱离监督、我行我素、独断专行、腐化堕落，漠视党纪国法，如今后悔莫及。

● 云南省大理自治州原副州长黄某，50 岁，2010 年 8 月 12 日因受贿罪、贪污罪被判处有期徒刑 10 年。

检察官寄语：

其在任职期间，肆意违纪违法，私自在境外延长停留时间，擅自增加出访国家和地区，违规审批房地产项目，腐化堕落、道德败坏，与多名女性保持不正当关系，这种目无法纪、无法无天的领导干部出问题是必然的。

温家宝视察天津时，特地对滨海新区进行了考察，其间他作了重要讲话："廉政也是投资环境，也是生产力"，可惜我在廉政上没有把握住自己，我愧对党和人民，愧对天津人民，今天的恶果只有我自己来吞食了。

● 天津滨海新区管委会原主任皮某，59 岁，2010 年 8 月 13 日因受贿罪、滥用职权罪被判处死刑，缓期 2 年执行。

检察官寄语：

一个高级领导干部，为了满足个人的私欲，为了谋取家庭的私利，倒行逆施，大肆敛钱，结果一家三口均被牵连进了犯罪的深渊。从高级领导干部、幸福的家庭到身陷囹圄的阶下囚、家破人亡的结局，这种巨大的逆转其实是完全可以避免的，关键是平时如何把握好自己的人生、珍惜家庭的幸福。

逢年过节，大事小情来看望领导，送些礼，给点钱，无可非议，大家用的是公款，在沈阳每次看望领导送钱的标准在 1 万元左右，这是我长期以来陷入错误道路不能自拔的重要的思想认识上的原因。

在告别这个世界之前这样说，如果我再做市长的话，我会把钱退回去，并且希望以后不要再送了。从此把这个事情了断掉。

● 辽宁省原副省长、沈阳市原市长慕某，56 岁，2001 年 10 月 10 日因受贿罪、巨额财产来源不明罪被大连市中级人民法院一审判处死刑，缓期 2 年执行。

检察官寄语：

慕某曾经是一个有能力、有魄力的领导干部，但长期不接受监督，听不进领导和同志们的提醒、批评和告诫，我行我素，与不法分子打得火热。他从收取礼金开始，一发而不可收，直到大肆受贿，甚至在中纪委领导找其谈话以后，仍然在住院期间收受贿赂 100

余万元，最终被判处死刑，缓期2年执行，慕某在服刑一年后因肺癌病亡。他的临终感悟也是值得在位的领导干部们警示的。

我贪得无厌，无视党纪国法，利用手中的权力拼命为自己敛钱，根本没有顾忌后果和结局，我完全是罪有应得。

● 辽宁省抚顺市国土资源局顺城区分局原局长罗某，女，50岁，2010年12月22日因受贿罪、贪污罪、巨额财产来源不明罪被判处死刑。

检察官寄语：

这个被媒体称为"土地奶奶"的贪官，是"级别最低、数额最大、手段最恶劣"的女贪官。实际上在一些行政权力高度集中的部门，即便只是个小官，也可能凭手中权力掀起惊世巨浪，可见反腐败任重道远。

"手莫伸，伸手必被捉。"可有侥幸心理的人就是不以为然，实质上就像一个人面前放着一个"钱"字、一个"命"字，你究竟要哪一个，头脑清醒的人都会要"命"字，因为没有了"命"，"钱"还有什么用。但是，有贪心、有侥幸心理的人就会挑取"钱"字，他们认为当今社会伸手捞一把的人比比皆是，被抓的毕竟是少数，如果捞到了钱，命也能保住不是更好吗？在被张荣坤的"后台硬、官位多、实力强、讲义气"这些表象迷惑下，家里并不缺钱的我，在"钱"与"命"的抉择中，竟会选择"钱"而不要"命"，现在想想实在是愚蠢之极、可悲之极！

● 上海工业投资（集团）总公司原总裁王某，60岁，2007年6月，因受贿罪被判处无期徒刑。

检察官寄语：

对于王某来说，当初不法商人张某要送自己500万元贿赂时，他曾经犹豫过一段时间，但架不住侥幸心理，在"钱"与"命"中选择了"钱"。按他的话说，期望既有"钱"也保"命"。但结果是钱收了却一分也没有用，却因案发被判处无期徒刑。入狱一年，因病死亡，结果是既没了"钱"也没了"命"。

二、"擦亮你的眼睛，不要被'魔鬼'缠住"

魔鬼

魔鬼戴上了假面，

成了仙女，

笼罩住我的双眼；

我还以为是一个好梦，

以为自己在天堂里。

从高高的岩石上坠落深渊，

我才醒来。

人们啊，擦亮你的眼睛，

不要被魔鬼缠住。

● 新疆维吾尔自治区原副主席托某，50 岁，1990 年因严重违纪被开除党籍、撤销职务。

检察官寄语：

少数民族同胞能歌善舞，喜欢诗歌、俗语、民间故事，那是对美好生活的歌颂和向往，可如今托某在孤独的空间里却用诗歌来表示自己的忏悔，那是多么悲哀啊！人被魔鬼缠住了，那人也就变成了"鬼"。

给我拉上关系的，送钱的人大多数都是请我出来吃顿饭而联系上的。时间一长，接触的次数一多，也就无所约束了，违法乱纪的事也就干起来了。明知钱不能收，但又觉得是"朋友"相送，也就收下不感烫手。

吃了、喝了、拿了，你就必然被人家牵着鼻子走，陷入深重的泥潭而不能自拔。

● 江西省原副省长胡某，51 岁，2000 年 2 月 15 日因受贿罪、行贿罪、巨额财产来源不明罪被判处死刑，3 月 8 日被执行死刑。

检察官寄语：

胡某的覆灭并没有什么新的、特别的原因，他脱不了几乎所有贪官的那个"俗"，就是先有"朋友"请吃饭，笼络感情，然后慢慢地称兄道弟，不分你我。用他的话说，"次数一多，也就无所约束了，违法乱纪的事也就干起来了"，后来"你就必然被人家牵着鼻子走，陷入深重的泥潭而不能自拔"。当党纪国法算总账时一切都来不及了，胡某之类是不是觉悟得太迟了呢？

我与外商、私营企业家接触频繁，这让我开阔了眼界，我羡慕他们那种奢华的生活，自己也逐渐开始追求和仿效，人生价值观开始了严重的扭曲，由为人民服务为宗旨转向追求奢侈享受。

● 沈阳市中级人民法院原院长贾某，55 岁，2001 年 10 月 9 日因贪污罪、受贿罪、挪用公款罪、巨额财产来源不明罪被辽宁省营口市中级人民法院判处无期徒刑。

检察官寄语：

从表面上看，是外商、私营企业家把我们的贾院长给腐蚀了，其实不然，外商、私营企业家中有的是白手起家、艰苦奋斗、吃苦耐劳、无私奉献的杰出人物，问题是你跟人家怎么比？比什么？根子还是自己的思想作怪，又要把持着大权，又要不劳而获过"奢华的生活"，这完全背离共产党宗旨的行为，不倒台灭亡才怪呢！

作为一名党的干部，特别是领导干部，整天和商人老板特别是那些怀着不可告人目的的不法商人搅在一起，他们总会千方百计、不择手段地向你进攻，一不小心就会掉进泥潭中。像赖某、王某、梁某、周某这些商人，看中的是公安部副部长的职位和权力，他们想方设法地巴结我，给我送钱送物，就是想利用我手中的权力。

接受了他们的钱财，必然会在为他们办事的过程中失去公正、公平，甚至会拿原则和权力做交易。我就是这样做了他们的俘虏。

● 公安部原副部长李某周，55 岁，2001 年 10 月 22 日因受贿罪、玩忽职守罪被北京市第一中级人民法院判处死刑，缓期 2 年执行。

检察官寄语：

公安部副部长是干什么的，李某周自己好像长期没有搞明白。这个出生在老红军家庭、从最底层的警员一直做到部级领导的干部子弟竟然毫无顾忌地跟那些不法商人、走私分子搞在一起，甚至为走私分子、走私集团大开方便之门。具有讽刺意义的是李某周当时还是"全国打击走私犯罪活动领导小组副组长"，其的所作所为出演了一场"警匪勾结"的丑剧，拥有各种公权力的领导干部们要三思慎行啊！

4 年间的 8 个大节日，到处是送礼、送红包的，我一个人难以撑破这张大网。我为此深深苦恼，与家人一起心惊肉跳过日子。我也曾苦苦思索过，可就是没有为自己找到一条正确的生路。

● 广东省揭阳市委原常委兼普宁市委原书记丁某，44 岁，2002 年 8 月 29 日因受贿罪被判处有期徒刑 6 年。

检察官寄语：

当红包铺天盖地出现在我们的视野中，当红包演变成一种社交方式，我们的领导干部应当怎么做？这是一个不难回答的问题。可是，一些官员糊涂了、犹豫了、迷失了方向，其实就是检验一个官员心底深处存在不存在贪婪心。

交友不慎也是我犯罪的原因。随着职务的提高和权力的增大，千方百计通过各种渠道想认识我的人越来越多，一开始请你吃饭、送点土特产，以后送贵重物品，最后到送钱。我这个贪欲也是由小到大，由简到繁。这些人送钱的目的是什么呢？大部分人可以说是为了利用你的权力，为他的目的，投一点鱼饵，钓一条大鱼，事实就是这样。有一部分人可能出于正常的感谢，但更多的是为了达到他们的个人目的，他就不惜（大把送钱）害得人家家破人亡，不择手段。你像郭秃子（就是为了他能获取贷款的目的），一再说"我们单位有规定，给你这个钱是合法的"；"这个钱你不要白不要，绝对没有事"。再像张某某这个人，他抓住我的辫子后（在受贿款中不断分取好处），我给他粗略算了一下，他吃回扣、贪污利息，包括骗取我的钱大约有 20 万元。交友不慎是我犯罪的一个原因，实际是一种权钱交易。

• 山东省政协原副主席、九届全国政协原常委潘某，50 岁，2003 年 4 月 23 日因受贿罪被判处无期徒刑。

检察官寄语：

又是一个"三部曲"：请吃、送土特产，再到送贵重物品，最后送钱。曾经是金融部门重要领导干部的潘某在负责贷款过程中就是这样过来的，当行贿人"郭秃子"之类说："我们单位有规定，给你这个钱是合法的"、"这个钱你不要白不要，绝对没有事"，身为省部级领导干部的潘某竟然信以为真，当着是"可能出于正常的感谢"而毫无警觉，可悲！可叹！人家凭什么感谢你？还不是因为你手中的公权力！潘某直到身陷囹圄时才明白，人家是钓自己这条大鱼呢！各级领导干部要警惕啊，千万不要像潘某之类那样，当某些人要钓的"鱼"！

我恨那些给我送礼、送钱的人，是他们用钱买走了我的权力，买走了我的良心，买走了我晚年的幸福生活。他们要你办事时，甜言蜜语，把你捧上了天；等出了事，没有人站出来为你说话。我进来了，他们却在外面偷偷地乐，不知道他们又在给谁送钱。

• 天津市信号厂原科长范某，56 岁，2005 年 1 月因受贿罪被判处有期徒刑 10 年。

检察官寄语：

感谢罪犯的一番大实话。可是，你在他们甜言蜜语、把自己捧上了天的时候怎么不恨送礼、送钱的人呢？那个时候一定是自我陶醉、洋洋得意的，因为从自己的眼里看出去，别人都没有自己活得滋润。多少贪官都曾经沉溺于其中，要不怎么会乐此不疲不收手呢！可他们忘了物极必反这句老话，事情做过头了，灾难也降临了。

我也是法律意识淡薄，才会走到这一步的。只有现在我才深刻感受到，当官的时候，一些人之所以尊重我，并不是出于真心，他们看中的只不过是我手中的权力而已。

我现在才深刻体会到什么叫悔恨万分。

• 河南省许昌市安全生产监督管理局原副局长李某，50 岁，2005 年 9 月 30 日因受贿罪被判处有期徒刑 10 年。

检察官寄语：

贪官忏悔中的所谓"学习不够"、"法律意识淡薄"等都是无稽之谈。许多没有文化的老人都知道"不义之财不可取"的中华古训，当官的、是党员的难道不知道吗？私欲、贪婪，游离监督、藐视法律、侥幸心理是脱不了干系的根本原因！所以，有的忏悔没有找到点子上，是"走过场"。

我与 300 多个老板、开发商结为朋友，利用自己的职权为他们解决问题，他们以不同的方式回报我，送钱送物送房子，这是典型的权钱交易。

● 湖南省郴州市原副市长雷某，53 岁，2006 年 9 月 5 日因受贿罪、贪污罪、挪用公款罪被判处死刑，缓期 2 年执行。

检察官寄语：

一个地市级的副市长，竟然和 300 多个老板、开发商结为朋友，还要为他们解决问题，哪还有时间去顾及国家和老百姓的利益啊？有的官员，交错了一个朋友就遗憾终身，这个"雷副市长"跟 300 多个朋友进行权钱交易，判死缓已是不幸中的大幸。

我之所以犯罪，主要原因是沉溺于不健康的生活情趣之中，特别是沾染上了赌博恶习。随着公司业务的发展，我与公司外船东、客户、货主的交往也越来越多，关系进一步密切，个体老板、私营企业经营者的生活方式对我的人生观、价值观起了潜移默化的作用。听这些朋友介绍，网上赌球可以赢钱，于是我先下点小赌注去试试，果然赢钱了，而且庄家及时把赢钱打到了自己的账上，我欣喜地以为找到了获取钱财的捷径，逐渐沉溺于其中。在以后的一段时期里，我不断加大赌注，期待赢更多的钱。但是"幸运之神"不会总能眷顾我的，不久我就开始输钱了，不但把前期赢的输掉了，而且把应该支付给业务单位的数十万元资金也搭了进去。在翻本欲望的驱动下，我想方设法挪用公款，却一输再输。后来感到网速太慢，竟然直接去澳门赌，钱不够，于是我采用"虚构支付海运费"、"伪造船长借支委托书"等手法，先后从福州、厦门、泉州、漳州公司挪用公款，数额也越来越大，在犯罪的道路上越走越远，最终受到法律的制裁。

● 某航运集团公司福州公司原总经理宫某，39 岁，2007 年 6 月因挪用公款罪被判处有期徒刑 14 年。

检察官寄语：

吸毒，则家破人亡；赌博，则倾家荡产；腐败，则身败名裂。年纪轻轻的宫某沉溺于不健康的生活情趣之中而不能自拔，可悲啊！39 岁，已经是一个大公司的总经理，有知识、有才能、有前途，可惜，自己没有把握住，如今一切如过眼云烟，一去不复返了。古今中外的官场上多少人由于沉溺于赌博、吸毒，沉溺于声色犬马而销声匿迹，历史的教训值得注意啊！特别是握有公权力的人们，由于染上了这些不健康的生活情趣而诱发权力犯罪的还少吗？

这些年，我参加过不少"朋友"们设的赌局，虽说我的水平不高，但我从来没有输过，"朋友"们不仅会替我买单，而且有时还故意以输钱的方式送钱给我。我爱上赌博的事，单位的党组织成员都知道，上级领导也有人知道，他们也劝告过我，也在民主生活会上批评过我，但我就是听不进去。自己一直错误地认为，只要工作干得好有成绩，自己犯点小错误不是什么问题。

● 浙江省交通厅原副厅长赵某，58 岁，2007 年 7 月 10 日因受贿罪被判处无期徒刑。

检察官寄语：

赵某受贿 620 余万元，都是在工程建设领域进行的权钱交易，大多数是通过其儿子和情妇汪某以"咨询费"、"业务费"、"借款"等"转个弯"敛取的。各级官员们通过赵某的案例要了解，以赌博形式、咨询形式、借款形式、特定关系人形式为请托人谋取利益而收受财物的，均是受贿罪，千万不要如赵某人那样掩耳盗铃、自欺欺人！

我开始对这些人很反感，后来慢慢地也认可了他们的做法，最后这些原本陌生的人却成了我的"老乡"、"朋友"、"兄弟"。在他们面前，我失去了警惕，交往多了几乎成了自家人，拿点用点也觉得很正常。在别的施工单位打交道过程中不敢干的事情，我在他们这里可以大胆地干了。

● 浙江省交通厅原副厅长赵某，58 岁，2007 年 7 月 10 日因受贿罪被判处无期徒刑。
检察官寄语：

有些贪官知道贪污受贿的危险性，所以，也不是什么人的钱财都敢拿，往往是经过权力的运作，经过了权钱交易的过程，从中"选拔"了几个他们自认为是可靠的"兄弟"、"哥们"，这样安全系数就大大提高了，"在别的施工单位打交道过程中不敢干的事情，我在他们这里可以大胆地干了"。手握公权力的人们，要重视反面教员的这番话！

毛某原来是一个小包工头，他想尽办法接近我，成了我的"铁哥儿们"，我一有空就往他那儿跑，一起赌博、一起玩。这几年，经过我的帮忙，他原本资质不高的公司顺利承包了萧山机场的工程，从中赚了几千万。事后，他以各种方式送给我的钱物加起来也有近百万元，我认为这是很正常的朋友往来，像毛某这样的朋友我还有很多。现在想想，这些朋友实在交不得，我就是被这些所谓的朋友套牢的。

● 浙江省交通厅原副厅长赵某，58 岁，2007 年 7 月 10 日因受贿罪被判处无期徒刑。
检察官寄语：

厅局级领导干部，小包工头，本来是"风马牛不相及"的两回事，可是，他们偏偏成了"铁哥儿们"。个中原因很简单，就是：我有权让你赚钱，你拿钱给我回报。这种因为交友不慎而掉进泥潭的案例举不胜举。所以，如何识别"朋友"、"哥们"是有讲究的，滥交朋友的后果"赵副厅长"给我们警示了，可不要大意了。

在上海我的收入应该说还不算低，刚开始年薪有 20 多万元，到后来有 40 多万元。但我还不满足，还想拿。我要趁自己在位时为自己留条后路，找个出路。我把自己的性命押在民营企业主张荣坤的身上。为了张荣坤的一句承诺——让我退下来到他那里去，给我 200 万年薪，我鞍前马后，到处奔忙，我不遗余力，后来越陷越深，不能自拔。

● 上海某某（集团）总公司原副总裁韩某，60 岁，2007 年 9 月 23 日因受贿罪被判处无期徒刑。

检察官寄语：

什么叫"人心不足蛇吞象"？这个贪官就是！年收入从 20 万元到 40 万元，这在目前的上海来说，也是绝对的高收入，而且还是国有企业。可是他还在惦记着退休以后那 200 万元的收入。为了钱，把自己的身家性命都押了上去，就像是一个赌红了眼的赌徒，可惜，他赌输了，输得一败涂地，把自己的政治生命、家庭幸福全输光了！

看到别人拥有宽敞舒适的住房，自己同样也想拥有。没有钱却拥有实权，于是，我千方百计地创造条件实现自己的愿望。在"好心人"的帮助下，在"热心人"的操作下，对常人来说不可能想象的事情在我这里轻而易举地实现了。朋友几次拍胸脯说："没问题，都已安排好了，绝对安全。"现在看来，这完全是掩耳盗铃。

● 上海市国资委原副主任吴某，女，53 岁，2007 年 9 月 25 日因受贿罪被判处有期徒刑 11 年。

检察官寄语：

权力、贪婪，这两个条件结合在一起就必然出问题。有钱，可以买权力；没钱，实权可以敛钱。所谓的权钱交易就是这样来的。有权时，"朋友"帮你把事情都摆平了；出事时，"朋友"很快就把你出卖了，这就是教训，她直到身陷囹圄时才明白，为时已晚。手握公权力的人们绝对不能像她那样糊涂啊！

表面上我廉洁高效，一般其他企业融资我不过问，甚至连饭也不吃，明显的钱物我也不拿，但实际上这并不是我的真实面目。我的真实想法就是要傍上一个靠得住的富商，自己有了未来的，又有眼前的丰厚收入，其他风险目标我就离远点，这就是我所谓的防范风险，提高安全系数的策略。

● 上海市社保局原党组书记、局长祝某，57 岁。2008 年 3 月 22 日因受贿罪、挪用公款罪、滥用职权罪被判处有期徒刑 18 年。

检察官寄语：

这已经不是简单的"交友不慎"了，这是主动要去傍一个"靠得住的富商"，"自己有了未来"。贪官考虑得是蛮远的！于是，拿公权力作交易，将社保资金挪用给不法商人进行非法使用，然后从不法商人处攫取巨额好处，贪官考虑得太周全了！可还真是应验了一句老话"多行不义必自毙"，如今，鸡飞蛋打了！

1997 年，我担任共青团海南省委书记，成为人们热议的"新星"；2002 年任著名侨乡文昌的市委书记，更是令许多人美慕，趋之若鹜。

在任团省委书记时，就有许多社会上的人向我靠拢。到文昌当市委书记后，追随者更是蜂拥而来。熟悉也好，不熟悉也好，都想与自己攀上关系。在这复杂的条件下，我理应头脑清醒，可我却昏昏然，留有空子给别人钻，与他们称兄道弟，有了不少所谓的铁哥们。在他们面前，我不讲原则讲感情，钱不分你的我的，拿来就要，导致对党纪国法全然不顾，结果走上了犯罪道路。

● 海南省文昌市委原书记谢某，55 岁，2008 年 8 月 24 日因受贿罪、巨额财产来源不明罪被判处死刑，缓期 2 年执行。

检察官寄语：

海南省文昌市昔日的市委书记谢某讲了实话："到文昌当市委书记后，追随者更是蜂拥而来。熟悉也好，不熟悉也好，都想与自己攀上关系。"这就揭示了一个道理，许多人官是当大了，有一个问题却始终没有弄明白，你在穷乡僻壤做农民的时候、你芝麻小官位卑权轻的时候，那些人在哪里呢？为什么你高升了，他们都出现了呢？实际上你还是你，只是附属在你身上的位子、权力给闹的，看清楚了，头脑应该也清醒了。

随着时间的推移，良好的工作环境，优越的工作条件，使我渐渐地有些自满，而且开始热衷于那些所谓的社交活动，结交了一些不良朋友，迷上了赌博活动。那时候父母经常劝我，要把心思放在工作上，不要将过多的精力放在玩儿上。但是，"朋友"的话我听进去了，可父母的话我却当了耳旁风，交友不慎悔恨终身啊！

● 某金融机构电脑管理员石某，27 岁，2008 年 10 月 12 日因贪污罪被判处有期徒刑 15 年。

检察官寄语：

年轻的国家工作人员因为涉世不深，不经意间结交了不良的朋友，因而染上了一些不良的嗜好，进而进行违法犯罪的活动，最终触犯法律被绳之以法的大有人在。据有关部门统计，目前，职位犯罪的人员中，年龄在 35 岁以下的高达 65%，他们犯罪的心态往往表现出"胆大妄为、不计后果"的特点，上述石某的案例就是一个突出的典型，这应该是令年轻的干部们引起警惕的。

我之所以犯罪，一个重要的原因就是交友不慎。我发生错误就是从施某某身上开始的，我和他是同龄人，容易沟通，加之我对他出身贫寒但勤奋努力的精神比较欣赏，在不违规的前提下为他提供了一些帮助。他一次次地送钱给我，我一次次地收下，让我在错误的道路上越走越远。

● 云南省个旧市原副市长王某，42 岁，2008 年 10 月 30 日因受贿罪被判处有期徒刑 13 年。

检察官寄语：

"喜交朋友"并不是王副市长的专利，从查办的案件中，这一现象带有普遍性。"当官不发财，请我都不来"，这是有些贪官扭曲心理的真实写照。贪官都爱"傍大款"，其目的只有一个，就是希望从"大款"那里捞到更多的"回报"。当然，"大款"也必定通过贪官之手打通各种关节，给自己带来可观的利益。这实质上是赤裸裸的官商勾结、权钱交易。

　　可悲、可恨的是，正当春风得意之际，自己没有把握住人生航向，最终在金钱的诱惑面前败下阵来。2006 年年底一个晚上，某公司副总裁送我 2 万元人民币。说实话，当时接受"礼物"时我非常纳闷，因为她没有求我办事，回来才知道她是为了得到我对项目的支持才送给我的。这真是应验了"天上不会掉馅饼"这句话。拿到这笔钱后，起初我顾虑重重，担惊受怕，毕竟这是我第一次收受的一笔巨款啊！也曾想过退钱或者上缴相关部门。但是几天过去了，一个月过去了，一切风平浪静。于是自己找了众多的理由来支持自己，这个钱是可以收的。比如"是他人自愿送的"、"是属于人情往来，与违法无关"、"也没有第三者知道"等。其实是自欺欺人！正是在贪欲的驱使下，加上侥幸心理作怪，法治观念淡薄，最终铤而走险，以身试法，后来收受他人第二、第三次钱就见怪不怪了。

　　● 海南省海口市商务局原党组书记、局长王某，38 岁，2009 年 2 月因受贿罪被判处有期徒刑 11 年。
　　检察官寄语：
　　给你钱财不提办事，那是行贿者的高明，相比之下，我们曾经的这个王局长、王书记就弱智了，自以为这个钱与自己手中的权力没有关系！人家无所求！他根本不知道，给人钱财而不图回报的只有无记名的"扶贫帮困"、"希望工程"！"馅饼"、"陷阱"尽管有一音之差，写法也不相同，但在权钱交易中是难分伯仲的，所以一时的"风平浪静"之后便是"暴风骤雨"，王某人被巨浪吞噬也就成为必然了。

　　我是被这些房地产开发商用金钱做成的轿子抬进了地狱。他们哪是朋友哥们，全都是要我给他们推磨的小鬼。平时他们是屁颠屁颠地围着我转，送的不是金钱，而是纸钱（冥币）。

　　● 贵阳市原市长助理樊某，53 岁，2009 年 7 月 29 日因受贿罪、巨额财产来源不明罪被判处死刑，缓期 2 年执行。
　　检察官寄语：
　　贵阳市的"樊助理"确实是有"水平"的，不仅有 19 个箱子存放不义之财，而且看问题深刻，一语中的。问题是他没有在掌握大权的时候明白这些道理，直到失去了人身自由、进了监狱才感悟，那他付出的代价是不是太大些了呢？这些年来，我们听到的、见到的、接触到的，多少官员都是因为交友不慎而陷入泥潭，我们从中应该吸取些什么教训呢？

　　我以为自己与送礼人的关系是一种正常的礼尚往来，而非权钱交易。其实，礼尚往来与权钱交易是有本质区别的，虽然我在党政机关工作了近 30 年，可惜我分不清其中的界限。如今我悔恨也无济于事了，还是所谓的"人情"害了自己。

• 四川省教育厅原副厅长汪某，54 岁，2009 年 11 月 13 日因受贿罪被判处有期徒刑 11 年。

检察官寄语：

构成权钱交易有四个要素：一是行为人具有索取或者非法收受他人财物的行为；二是行为人为他人谋取利益；三是收受财物与谋取利益具有关联性；四是行为人是国家工作人员，具有收受财物、为他人谋取利益的主观故意。各级官员要从"汪副厅长"的教训中引起警惕，千万不要分不清界限、迷失了方向。

当一副冰凉的手铐铐住我双手的时候，我才如梦初醒，认识给我送钱的人所谓"啥时候也不会说出去"的承诺是靠不住的。假如我不是县委书记，我手中没有他们所期待的"生杀予夺"的权力，他们还会与我"礼尚往来"吗？他们为什么不把钱送给那些急需用钱的贫困农民、下岗工人呢？

• 河南省西平县委原书记（副厅级）王某，51 岁，2009 年 12 月 19 日因受贿罪被判处有期徒刑 14 年。

检察官寄语：

贪官终于明白了这个真理，给自己送钱的人所谓"啥时候也不会说出去"的承诺是靠不住的。可惜，认识这个真理所付出的代价太大了！然而，对我们还在位子上的各级官员而言，是具有教育和警示意义的。不要相信行贿人的任何承诺，要知道，他们是既得利益者，一旦出现威胁他们自己的切身利益时，首先出卖的肯定是你！

算算五笔账，感觉得不偿失：

一算事业账。2008 年我被捕时才 51 岁，如果按照正常的轨迹发展下去，到我退休，我可能干到正厅级。贪欲，不但断送了我的大好前程，也毁了我的一生。本应是轻松自由、儿孙绕膝的年龄，我却在垂暮之年与高墙电网相伴，与泪水和愧疚相陪。

• 河南省西平县委原书记（副厅级）王某，51 岁，2009 年 12 月 19 日因受贿罪被判处有期徒刑 14 年。

检察官寄语：

职务犯罪的第一个结果就是葬送事业，彻底结束了在公权力岗位上为国家、为人民服务的荣誉，所以，官员们必须珍惜自己为国家和人民掌权、服务的荣誉，一旦失去永不再来！

二算经济账。我每月各种收入加起来近 5000 元，爱人在银行上班，月收入也在 5000 元上下。我们两口子年收入超过 10 万元，看病能报销，退休后也有保障。而我却身在福中不知福，手握珍珠而不知珍惜，只剩下一颗破碎的心。

• 河南省西平县委原书记（副厅级）王某，51 岁，2009 年 12 月 19 日因受贿罪被判处有期徒刑 14 年。

检察官寄语：

利用职权，以权谋私，看来是暂时满足了自己的欲望，但贪官们往往忽视了"多行不义必自毙"的古训。所有贪官一旦案发，一定是倾家荡产、后患无穷！贪污、受贿到底是"赢"还是"亏"，官员们必须算清楚了！

三算亲情账。那些为了一时之利在我面前极尽奉承献媚的人，在我出事后没有几个能来看我。人情冷暖，世态炎凉，可见一斑。唯有亲情，不论你是富裕还是贫穷，是得意还是落魄，他们都会不离不弃，始终相随。我的舅舅，这个在我失去父亲后对我恩重如山的人，在听到我被"双规"的消息后，误喝农药撒手而去。我那 86 岁的岳母，整日以泪洗面，哭瞎了双眼。我女儿也因我是贪官而失去了工作。我的小儿子，在我被捕时才 6 岁，家里瞒着他，长期见不到爸爸，他见人就问："你见我爸爸了吗？"有一次，我爱人和我女儿要来探监，他正在做作业，听到后哭喊着从四楼追到大门口，谁不让他去就咬谁，弄得他们娘仨抱头痛哭一场。现在想来，我欠账最多、最对不起的就是亲人，最牵肠挂肚的是两个孩子，可是我又能为他们做点什么呢？

● 河南省西平县委原书记（副厅级）王某，51 岁，2009 年 12 月 19 日因受贿罪被判处有期徒刑 14 年。

检察官寄语：

有人说，身陷囹圄，家破人亡。这话虽然有些绝对，但身陷囹圄，家不成家是肯定的，以上这个贪官的切身表述，大家可以设身处地想一想！

四算名誉账。我因为贪婪，落得个身败名裂的可悲下场，成为人们茶余饭后的谈资和笑料。这也罢了，谁让我是罪犯呢！可是，我留给亲人们的却是无尽的痛苦和灾难。从此，我的后辈晚生在选择职业时将受到限制，已从政的人前途将受到很大影响，我的儿女们将背负沉重的思想包袱，饱受失去父爱和因父亲的事遭受的种种折磨。

● 河南省西平县委原书记（副厅级）王某，51 岁，2009 年 12 月 19 日因受贿罪被判处有期徒刑 14 年。

检察官寄语：

曾经是人民的公仆，如今是人民的罪人，从"主席台"到"阶下囚"，还有什么名誉可言！贪污受贿，身败名裂是必然的结果！

五算健康账。如果说人生最大的痛苦是失去自由，最难克制是思念亲人，那么最难以承受的就是疾病的折磨。在位时，我到医院去看病找最好的医生，用最先进的仪器，得到的是最好的服务，可是现在呢？监狱再怎么照顾我，能和外面相比吗？

● 河南省西平县委原书记（副厅级）王某，51 岁，2009 年 12 月 19 日因受贿罪被判处有期徒刑 14 年。

检察官寄语：

监狱绝对不可能是"养老院"、"保健所"，条件、设施再好的监狱不可能使你享有尊严和自由，在思想存在强大压抑的情况下，健康能够保证吗？能够像以往那样地拥有健康保障吗？

大家都是聪明人、明白人、有思想的人，谁人不知饱览山河壮丽是人生之快事？谁人不知事业兴旺发达是人生之目标？谁人不知家庭和美、过平淡日子是人生之至宝？可是，这一切都要用自由来保证，如果没有了自由，一切都将无从谈起。

请大家以我为鉴，珍惜现在拥有的自由。如果你正在冒犯自由，那么请你悬崖勒马；如果你已侵犯了自由，那么请你拿出勇气，立即纠正……因为自由之门向来是为那些清清白白做官、坦坦荡荡做人、兢兢业业做事的人而敞开的。

● 河南省西平县委原书记（副厅级）王某，51 岁，2009 年 12 月 19 日因受贿罪被判处有期徒刑 14 年。

检察官寄语：

什么是自由？失去自由是怎么一种心情，没有深切体会的官员们，不妨认真体会一下上述的忏悔，将心比心，举一反三。

我给法官送钱有两个动机：一是希望他们能为我的当事人利益考虑；二是希望我能跟他建立密切的关系，保持一种长远良好的关系。腐败是社会的普遍现象，在法官队伍中也不例外，律师只能适应环境，无法改变环境……其实，律师每一次送钱给法官都感觉是一次对心灵的侮辱，是失去人格尊严的表现，但也是一种无奈。

● 广东省某律师事务所律师陈某，46 岁，2010 年 5 月因行贿罪被法院一审判处有期徒刑 10 年。

检察官寄语：

"陈大律师"曾经是个"明星"律师，业务熟、名气大、路道粗，但他懂法却犯法，在代理诉讼过程中，向法官（最高人民法院副院长黄某、广东省高级人民法院执行局局长杨某）两次行贿 60 万元人民币，导致了受贿的法官徇私枉法，对案件进行了颠倒黑白的判决，造成了极其恶劣的影响。"法网恢恢、疏而不漏"，他们可以得逞一时，却得逞不了一世。最终，法官、律师双双落网。"陈大律师"在看守所的真情告白可以给我们以警示，行贿人在心里也是看不起大肆受贿的这些官员的。

我知道受贿是犯罪的行为，所以我曾经多次拒绝过各种贿赂。但是认识郭某某以后，经不住他的劝说，先去打球，后来又接受宴请，并且为工作对象出主意，拖延外管局对该企业的处罚，然后就收受贿赂。我之所以犯罪，完全是交友不慎。

● 国家外汇管理局管理检查司原副司长许某，44 岁，2010 年 8 月因受贿罪被判处有期徒刑 12 年。

检察官寄语：

副司长许某收受贿赂 300 万元。其在羁押期间写了几万字的悔过材料，痛陈自己交友不慎，在法庭上也几次强调交友不慎带来的巨大后果。而他案发就是那个所谓的"朋友"、先被司法机关绳之以法的郭某的检举揭发。

我出问题，完全是害在"朋友"的手里，捧我、哄我、拉我下水的是"朋友"，揭发我、检举我、让我进监狱的也是这个"朋友"。

● 国家工商总局外资企业注册局原副局长刘某，46 岁，2010 年 8 月因受贿罪被判处有期徒刑 11 年。

检察官寄语：

刘某说的那个"朋友"腐蚀了一批官员下水，那个"朋友"就是臭名昭著的大贪官郭某（国家外汇管理局司长，被判处死刑，缓期 2 年执行）。对不正派的朋友、同事必须保持距离和警惕！

几年间，手握实权的我把自己工作、生活全部和钱联系在一起。那些有求于我的老板们，抓住一切机会向我行贿，我也来者不拒，抓住一切机会敛钱。生病、出国、探亲、旅游、逢年过节，就连我女儿去英国上学也是行贿者的机会和借口。

● 内蒙古锡林郭勒盟委原副书记蔚某，54 岁，2010 年 9 月 29 日因受贿罪、巨额财产来源不明罪被判处无期徒刑。

检察官寄语：

什么是贪婪？什么是谋私？"将自己的生活全部和钱联系在一起"，"抓住一切机会敛钱"。那还怎么为人民服务？如何当人民的公仆？走向了人民的对立面，覆灭是必然的！

通过反思，我认为，所谓"人情往来"，多年来在这里已成为社会生活不正常的变异，成为政治生活中不正常的一种补充，成为重要投资之源或投资渠道。

这种"人情往来"之所以经久不衰，而且愈演愈烈，因为它有三个特点：一是两头保险：都是"一对一"的活动，自然十分安全可靠。二是两头害怕：送钱的怕钱不收，收钱的轻易不能不收。这是由于政治生活不正常，人际关系复杂，有人要通过这种"人情往来"以消除政治危险，如我不收或返回去，就有可能使矛盾明朗化、复杂化。因此，我轻易不能不收。三是几头都好：首先是名义好。过年过节，大事小事来看领导，不送礼而给点钱，无可非议；其次是两厢情愿，改善关系，加深了解，皆大欢喜；最后是用的都是公款。从这次揭露出来的事实看也是如此。这是我长期以来陷入错误道路不能自拔的重要的思想认识上的原因。

● 辽宁省原副省长、沈阳市原市长慕某，56 岁，2001 年 10 月 10 日因受贿罪、巨额财产来源不明罪被大连市中级人民法院一审判处死刑，缓期 2 年执行。

检察官寄语：

慕某曾经是个大刀阔斧的领导干部，有人称他为"魄力型"的领导。但是他的"魄力"也用到了滥交朋友上，其犯罪的一个主要原因是他身边有一批"朋友"，看中的是他手中的权力，于是不断地给他送钱送物。然而他以为这是"人情往来"、"轻易不能不收"，是"两厢情愿，改善关系，加深了解，皆大欢喜"，如此这般哪有不出问题的，到自己的问题被揭露了才知道这是一条不归路。

那次事后，张某送给我 10 万元表示感谢，这是我第一次收受别人的贿赂，而且数额又如此之大。收钱后，我心里紧张，当晚基本没有合眼，生怕有一天出事后落个身败名裂的下场。但我心存侥幸，心想这是两个人之间的事，我不说、他不说，谁会知道？之后，我又连续 5 次收受张某送来的 50 万元。

● 四川省乐山市委原副书记袁某，48 岁，2010 年 10 月因受贿罪被判处有期徒刑 15 年。

检察官寄语：

自 1997 年至 2005 年，竟然平均每天"日进千金"，第一次是"心里紧张"，以后便"心安理得"，根本是侥幸心理！以为："我不说、他不说，谁会知道？"他忘记了陈毅元帅的一句名言："手莫伸，伸手必被捉！"

我平时喜欢赌博，赌博必须以金钱来支撑，而我缺少这方面的实力，输了钱怎么办？那只有受贿一条路。我追求起与自己收入极不相称的人生生活，与不法人员为伍，这是我在犯罪的道路上越走越远的一大原因。

● 江苏省海门市教育局原副局长王某，47 岁，2010 年 11 月因受贿罪被判处有期徒刑 6 年 6 个月。

检察官寄语：

从"王副局长"的堕落经历可以看出其人生变化的轨迹：赌博—不法人员—需要钱—受贿犯罪，其实就是这样简单。这也告诉我们，如何把握住自己，无非是首先不要染上恶习，其次防止交友不慎，再次抑制贪婪心理，最后廉政自律、拒绝贿赂。把握住了这些环节，就不会出现"王副局长"这样的悲剧了。

2008 年的项目短时间内剧增，当时托我找关系或直接找我要求帮助承揽工程的人很快多了起来，这就是诱惑，又是极大的陷阱。我当时没有意识到陷阱的极端的危险性，走上了以权谋私的犯罪道路。

● 甘肃省宕昌县委原书记王某，43 岁，2010 年 11 月因受贿罪、巨额财产来源不明罪被判死刑，缓期2年执行。

检察官寄语：

官员面对各式各样的人，没有区别，来者不拒，那必定出现交友不慎的情况，那就非常容易出现官商勾结、权钱交易的情况。多少官员在这个环节上出问题、栽跟斗，必须引起高度的重视！

因为交友不慎，我认识了自己办公司的董某某，他一定要给我其公司20%的干股，因为我们是相识20多年的老友，董某某把分红的钱扔到了我车上，我实在做不出把钱上交纪委的事，这样对老朋友太不够意思了。于是，我想到了变相退钱的方法，送一堆礼物给他。

● 国土资源部地籍司原副司长温某，47岁，2011年2月25日因受贿罪被判有期徒刑12年。

检察官寄语：

温某一直以为自己没有为行贿人董某某谋取过什么利益，但董某某在证言中反复证明："在北京成立公司就是朝着温某来的。2006年公司刚成立时，在温某的帮助下开始有了业务，赚了一些钱，如果想让公司在北京有大发展，离不开温某的关照和帮助，这就需要搞好和他的关系。"可见，谁为谁谋利益不是你自己以为的！

三、"一念之差，便一发不可收拾"

我在单位负责基建工程，工程队老板来我家给了我五千元。当时以为拿国家的、企业的是犯法，可我们是多年的朋友了，平时来往密切，在不损害企业利益的前提下，这样做又有什么关系呢？退后一步讲，即使有什么问题，我们两个人的事情，一对一，难以追究。在这种思想指导下，自己伸出了罪恶的双手，自己的良知被金钱吞没，在拿与不拿的抉择下自己选择了走向犯罪深渊。

此后，一发不可救治，贪欲不断膨胀，胃口也越来越大。多行不义必自毙，呼啸的警车碾碎了自己的发财美梦，一副冰凉的手铐铐住了自己那双肮脏的手，正义的宣判使自己这个昔日的区邮电局长成了阶下囚。贪婪、私欲把自己的政治生命画上了句号，从此自己步入了7年劳改生涯。

● 上海某区邮政局原局长徐某，50岁，2000年5月13日因受贿罪被判处有期徒刑7年。

检察官寄语：

工程建设、基建领域的职务犯罪一直是比较突出的，所谓"楼上去、人下去"讲的就是随着工程的进展，一些高楼造上去了，但一些管理人员却从岗位上掉下来了。掉到哪里去了？掉进监狱了呗！承包商、包工头为了种种合法的、非法的利益，千方百计要和工程管理人员搞好关系，你脑子可一定要清醒，反贪局在行动，检察官绝对不允许这种犯罪行为的存在，拒绝各种不法利益是唯一的"护身符"。

这时，我对学习理论已经不入脑，政治学习能不学就不学，"三讲"也是动嘴不动心。心想，我已经50多岁了，职务已经这样了，何必自己为难自己，何不趁在职享受几年。这种想法一出现，我就彻底放开了，我的思想开始急速下滑，由过去被动接受别人请吃，到主动地出入高档酒店，酒足饭饱之后，还要洗桑拿、游泳、打保龄球、泡舞厅；由羞羞答答地受礼变成明显地以权谋私；贪污受贿，由开始的一两万到一次收十万元也是脸不变色心不跳；由过去搞不正当男女关系到主动找小姐嫖娼。这时候我已经没有一点共产党人的气味，成了不折不扣的腐败分子，党和国家、人民的罪人。

• 沈阳市中级人民法院原院长贾某，55岁，2001年10月9日因贪污罪、受贿罪、挪用公款罪、巨额财产来源不明罪被辽宁省营口市中级人民法院判处无期徒刑。

检察官寄语：

这段忏悔是比较深刻的，它揭示了自己逐步走上犯罪道路的过程。其实许许多多贪官都是这样渐变的，但在挖思想根源时普遍又"犹抱琵琶半遮面"，羞羞答答、躲躲闪闪的比较多，还是死要面子。"贾院长"到底是管过司法机关的，能够剖析得比较客观和深刻，对目前还在权力位子上的官员而言，不失为一剂苦口的良药。

对改革开放、经济转型时期社会上出现的一些现象缺少敏锐的判断力，甚至产生不平衡的心理。对不正之风、腐败现象越来越缺乏警惕，以致麻木不仁，慢慢地，自己思想上防腐拒变的防线开始崩溃。吃吃喝喝、拉拉扯扯，甚至接受钱财没有什么事，觉得自己接受朋友表面没有什么明显企图的一些钱财也不算什么，受这个"一念之差"左右出现的偏差，变得一发而不可收，最终陷入了犯罪的泥潭。

• 公安部原副部长李某，55岁，2001年10月22日因受贿罪、玩忽职守罪被北京市第一中级人民法院判处死刑，缓期2年执行。

检察官寄语：

吃吃喝喝、拉拉扯扯只是个过门，真正的重头戏是在后面，那就是权钱交易，就是灵魂和财色的融合。所谓"一念之差"绝对不是"一念"，而是一个漫长的过程，是一个渐进的过程，是一个潜移默化的过程。"腐败夺命"就是所谓的"温水煮青蛙"，舒舒服服地要你的性命。面对改革开放、经济转型时期的社会现状，各级官员都要有十二万分的警惕。

做了十几年官，收了十几年礼，整个儿麻木了。我不是管他们要钱，收这十几年礼也不是咔嚓一下整万儿八千，一年年送，礼钱数水涨船高——觉得没啥了不起。

昨日"没啥了不起"，今天再了不起的人，也只好成了"阶下囚"。

●吉林省白山市政协原副主席李某，48 岁，2003 年 1 月 28 日因受贿罪被判处有期徒刑 15 年。

检察官寄语：

当官收礼，名正言顺。如今许多官员都是这么干的。所以，跑官、买官、卖官的多了起来，所以"李主席"当了十年的官，收了十年的礼。他的忏悔中好像感到没有什么了不起的，一是自己没有管人家要，是人家主动送的；二是每次也不是"整万儿八千"的，都是小数字。他根本是忘记了共产党干部的本质，忘记了为人民服务的宗旨，他吃官司一点也不冤。为了发财去当官的，或者当了官再企图谋求发财者，当为戒！

我第一笔受贿就是在担任商业信贷处处长不久，就是李某某的一万港元。此后随着权力的增大，随着接触面的开阔和心理的放松，我受贿的笔数越来越多，金额也越来越大。作为受贿者来讲，我也知道是犯罪，也有畏惧心理，但是相对来讲还有侥幸心理。这么多人受贿，能查到我吗？又不是我一个。另外，我受贿都是很秘密的，只是两个人交易，怎么会查到我呢？我有种侥幸心理，侥幸心理实质就是贪欲。

●山东省政协原副主席、九届全国政协原常委潘某，50 岁，2003 年 4 月 23 日因受贿罪、巨额财产来源不明罪被判处无期徒刑。

检察官寄语：

贪官的堕落、贪污受贿犯罪都有第一次，而第一次往往都存在不安、矛盾、畏惧的心理，但时间久了、次数多了也就踏实了，因为没有发现存在威胁和危险。从想拒绝，到半推半就，再到明示暗要，直到强取豪夺，如此这般贪官就走完了之所以成为贪官的全过程，无数事例告诉人们，第一次绝对不可小觑。

在监狱这一特殊的环境里，在失去自由和渴望自由的时空中，我完成了从恐惧彷徨到清醒适应的人生转化，体会到灵与肉的重新结合。刚入狱时，我对监狱的生活充满恐惧。面对十年的刑期，我时常默诵的是苏东坡的《江城子》："十年生死两茫茫，不思量，自难忘。千里孤坟，无处话凄凉。纵使相逢应不识，尘满面，鬓如霜……"

●四川省成都市高新区建设用地统一征用开发办公室原主任某，45 岁，2003 年 11 月 29 日因受贿罪被判处有期徒刑 10 年。

检察官寄语：

一失足成千古恨，在狱中任某意识到了自己需要为犯罪感受耻辱与痛苦，外加失去自由的代价。只可惜，他醒悟得有点晚。俗话说，"若要人不知，除非己莫为"，更何况法网恢恢，国法无情。

我中专财会专业毕业在一国有企业任财务，出于本能的职业敏感，我认为玩股票有利可图。在暴富心理的驱使下，自己竟将手伸向了单位的公款，数十次挪用公款一百五十余万元。开始我还感到有些紧张，但第一次成功后，我就失去了控制，接二连三地实施违法犯罪行为。此时，我已经完全陷入了犯罪的泥潭中，不能自拔。

● 上海某国有企业财务魏某，31岁，2004年4月30日因挪用公款罪被判处有期徒刑12年。

检察官寄语：

沉溺于炒股的根本是想发财致富，如果自己有闲钱，拿出一些炒炒，这本无可厚非，但一旦沉溺其中，问题就出来了。炒股思路不正确，那就犹如赌博，输了想赢回来，赢了更想赢大的，于是不管什么钱都敢动。私下将公款投入股市，即使赢钱了，也是犯罪；至于炒亏了，造成了国家、企业的损失，那罪就更大了。钱没赢到，人却进了班房，这种例子可太多了啊！

我刚开始收钱时，虽然也担惊受怕，但收了一些后看看没事，也就心安理得了。我错误地认为这是人情往来，就是没有想到别人是在拉拢自己，也没有想到他们送钱是冲着书记这个职位来的，而不是冲着我这个人来的，是想利用我手中的权力为他们谋取利益。

● 四川省雅安市原副市长汤某，48岁，2005年9月因受贿罪被判处无期徒刑。

检察官寄语：

"政在去私，私不去则公道亡。"权力是一把"双刃剑"，可以用来干好事、干实事，为老百姓谋福利，也可以用来为个人谋取私利，损害群众利益。权力是发挥正效应还是负效应，关键在于为政者是出于公心还是私心。但愿汤某这面镜子能警示手握权力的人，在其位、谋其政、尽其责。

在收受贿赂和贪污犯罪的过程中，第一次是害怕的。比如第一次收到1.5万元的贿赂时，开始也推说不要，对方说没事，此事天知、地知、你知、我知，是我们的一点心意，因而就拿了。但很长一段时间吃不好、睡不好，后来没事才平静下来。

我深深感谢检察院反贪局及早发现了问题，及时挽救了我，否则后果不堪设想。

● 北京某国有企业原负责人黄某，51岁，2005年11月30日因受贿罪、贪污罪被判处有期徒刑10年。

检察官寄语：

侥幸心理是那些职务犯罪人员的共性毛病。知道自己搞贪污受贿是在犯罪，但自信"天知、地知、你知、我知"而一意孤行，自认为反贪局查不到自己头上，于是乎，一步一步陷入泥坑而不能自拔。黄某最后的那句话是真正的感悟，笔者遇到不少被绳之以法的贪官都有类似的感悟，及时被检察官发现，还可挽救，一旦罪孽深重，那可是死路一条了，所以人们将我们的工作也称为"治病救人"，这是不无道理的。

我的犯罪是从世界观蜕变、革命意志衰退开始的。当我第一次收受别人的贿赂时，思想也有过"收"还是"不收"的矛盾斗争，心里也在自问，这是犯罪吗？其实答案是肯定的，可我非要做否定。你帮我忙，我领你情，人与人之间往来谁人能免，掩耳盗铃的自欺欺人无非是为淡化内心深处的罪恶感，为自己的犯罪求得心理上的平衡。一个送钱，一个收钱，一无旁证、二无凭据、天知地知、你知我知，风险何在？况且行贿与受贿在法律上是一根绳上的两只蚂蚱，谁会送了钱之后又去告发自己犯了行贿罪呢？

● 中国农业发展银行原副行长于某，52岁，2006年2月10日因受贿罪、挪用公款罪、行贿罪被判处无期徒刑。

检察官寄语：

痛莫大于不闻过，辱莫大于不知耻。一个共产党的官员，没有了羞耻感那就将走下坡路了。自以为"一无旁证、二无凭据、天知地知、你知我知，风险何在？"的贪官们，如今哪个不是被钉在历史的耻辱柱上？

当别人送钱送物时，开始有些害怕、紧张，但经不住诱惑，后来就心安理得地收了。从一次收受一万、两万到收受几十万、上百万，以后就习以为常了。我没有想一想，我的一次受贿，可以让几百名下岗工人生活一年。

● 湖南省郴州市原副市长雷某，53岁，2006年9月5日因受贿罪、贪污罪、挪用公款罪被判处死刑，缓期2年执行。

检察官寄语：

为民当官，一定要时刻想着人民的利益，了解群众的苦衷。位子摆错了，关系搞颠倒了，那么就出问题了。这个"雷副市长"也不是不明白这个道理，就是平常根本顾不上去考虑老百姓的利益，因为他常年有300多个老板朋友围在身边，要为他们解决问题，然后收受他们的回报。交友不慎历来是官员下台的重要原因。

老实说，最初收钱，时常担心被人知道，心里暗下决心，不能再收别人的钱了。但当别人又送钱时，私欲又战胜了理智。渐渐地，在接受别人的钱时，心安理得。

● 重庆市云阳县文化广电新闻出版局原局长熊某，48岁，2006年10月因受贿罪被判处有期徒刑10年。

检察官寄语：

有人说，贪官是因为不学法律，不懂法律，是法盲，所以犯了罪。笔者对此不敢苟同，贪污受贿古今中外、几千年来都是令人不齿的罪恶，都是要受到法律制裁的不法行为，为官的哪个不知道？更何况党纪国法三令五申、路人皆知，不然，读法律、懂法律、搞法律的都不会犯罪了。上面的"熊局长"是说对了，是私欲战胜了理智，开始偷偷摸摸，后来就心安理得了。所以他开始要偷偷摸摸，是因为他明知道这是不法行为，后来的心安理得，是他没有把法律当回事，这是要害。

我第一次受贿是接受了手下一名部门经理在年前送上的几千元"孝敬礼"，后来他为了升职曾分几次送了我30万元。当时，我想他是通过我提拔才升职的，他送我钞票，是想讨好我、保住职位，拿他一点没有啥关系。以后便一发不可收，我会利用一切机会去捞钱。

• 上海市某区烟草专卖分局原局长张某，45岁，2007年1月因受贿罪、贪污罪、巨额财产来源不明罪、隐瞒境外财产罪被判处有期徒刑20年。

检察官寄语：

开始是收下"自己人"的，然后是收"应该拿"的，贪婪的闸门一打开，哪还挡得住"洪水猛兽"？多少贪官的"第一次"都是"羞羞答答"、"躲躲闪闪"，甚至是"哆哆嗦嗦"的，但到后来没有一个不是贪得无厌、来者不拒的！其中的道理值得人们去深思！

我原来在银行工作，晚上没事，就迷上了赌博。开始认为是"小来来"，不要紧，可是人是贪得无厌的，一旦到了一定的环境中贪欲就会膨胀的。

我负责收款这一段时期，身边有许多现金，大数额我解入银行，一般三五千元便留在身边。晚上搓麻将，有时自己的钱输光了，就把身上的公款当赌资用。就这样，我越赌越输，挪用公款的漏洞越来越大。我一直抱着侥幸心理，希望在赌场上赢钱，然后把它补进去，后来漏洞越来越大，我就整天提心吊胆，终于东窗事发，坐进了班房。造成我今天犯罪，主要因为我平时不参加政治学习，生活上贪图享受，一味追求不劳而获，参加赌博等非法活动。平时视规章制度为捆在我身上的绳索，不严格遵守，总之我对不起党的培养，对不起领导的教育，对不起父母的养育及对不起妻儿对我的期望。

• 某银行出纳员方某，29岁，2007年5月16日因挪用公款罪被判处有期徒刑6年。

检察官寄语：

笔者是职业检察官，在几十年的职务犯罪侦查生涯中，接触过不少因为"小来来"而最终成为大贪污犯的。如一个三甲医院的收费员，31岁，迷上了网上赌球，开始也以为是"小来来"，结果一发而不可收，最终挪用公款800余万元，无法追回，被处重刑；无独有偶，某执法机关出纳员，大学毕业仅一年，迷上了网上赌球，结果将公款860余万元损失殆尽，被处重刑；还有一个国有企业的管理人员，被外派澳门机场进行施工管理，也是出于"小来来"的想法，结果在赌场输掉公款500余万元，被处有期徒刑10余年。个中的教训，让"小来来"的人自己去想吧。

我在大墙深处呼唤，人不能贪，手不能长，不是你的东西绝对不能去沾，一旦沾上想甩都甩不掉，最终你换来的只能是森严的高墙，冰凉的手铐和无尽的泪水。

• 上海某（集团）总公司原副总裁韩某，60岁，2007年9月27日因受贿罪被判处无期徒刑。

检察官寄语：

有人说，高薪才能养廉。从这个贪官的例子看，是行不通的。韩某年收入已达几十万了，该算高了吧？可他根本不满足，他还想着年收入200万！所以，反腐败的关键是抑制贪婪和私欲，是绝对禁止公权力的滥用和谋私。对贪官而言，给他再高的薪酬也填不满他的贪婪心，反腐败的着力点：筑牢思想防线才是根本性的关键所在。

面对自己所犯下的罪行，我追悔莫及，痛心疾首，除了我自己所应承受的一切以外，我还给党和国家、给企业、给家人、给信任支持我的朋友带来了难以估量的影响和危害。说句心里话，我参加党组织近40年，对党、对事业是有深厚感情的，想到即将被党组织开除，想到从此和所热爱的产业发展情结了断，我就一阵阵地心痛，真不甘心就此结束，但又有什么办法呢？

● 上海某（集团）总公司原党委书记、董事长王某，58岁，2007年12月20日因贪污罪、受贿罪被判处死刑，缓期2年执行。

检察官寄语：

这个大贪官受贿21.23万元，贪污3.06亿元，竟然还在说："对党、对事业是有深厚感情的。"真是滑天下之大稽也！天底下真不知有无"无耻"两个字！他大肆敛钱时侵吞了国家3个多亿！尚存一点感情的人会这么干吗！所以，反腐倡廉，任重道远，党内决不能成为腐败分子的藏身之地！

贪婪是滋生腐败的"温床"。收受某某某第一笔贿赂的时候，我曾经矛盾、紧张、彷徨，一度想退回赃款，坦白自首，可由于虚荣作祟，加上金钱的诱惑，对自己这种损公肥私的行为也变得麻木了。思想的松懈及对待职务犯罪问题概念的模糊，使得我在这条歧途上越走越远。

● 某集团公司原部门经理申某某，45岁，2007年12月25日因受贿罪被判处有期徒刑5年。

检察官寄语：

看到这里，你是否发现：不同地域、不同职业、不同级别、不同年龄的贪官忏悔时的话语是多么类似！这也从一个侧面告诉人们，职务犯罪万恶不离其宗之本源，那就是上面申某某再次重复的这句话："经不起金钱的诱惑，存在贪得无厌的心理。"知道了腐败的根源，自己怎么去做，官员们应该是心知肚明的了。

我很得意的是，我居然可以找到一条既光大我形象、发挥我能力的体面之路，又找到一条能够为我打下长远的没有任何风险的有合法基础的自私膨胀之路。我一个人两条腿，走了两条路，两边都摆平。我想怎么会找到这两条路，走了歪路就要冒风险，像赌博一样，赌赢了我就赢了，赌输了我就输了。而我是两面不耽误，走一条"双赢"之路。

● 上海市社保局原党组书记、局长祝某，57 岁，2008 年 3 月 22 日因受贿罪、挪用公款罪、滥用职权罪被判处有期徒刑 18 年。

检察官寄语：

思想上一旦出现了漏洞，没能够及时堵漏，那就会很快出现"管涌"，就会"决堤"。一个掌握公权力的官员，想在贪婪的道路上"冒险"、想在形象和私利上"双赢"，那他确实是在"赌博"，以政治生命作赌注、以家庭幸福作赌注！

实践证明，如此"赌博"的，没有不"倾家荡产"的！

我的犯罪完全是从"小动作"开始的。当时只是一种私心，但由于没有被人发现，胆子就大起来了，发展到后来私欲膨胀，将单位公款 200 万元私下汇入股市，由我自己炒股，结果出现了被股市吞噬的恶果。我从"小打小闹"到"大胆出手"，最重要的原因就是没有把握好第一步，再加上我的行为无人发现、无人监督，最后导致企业重大损失，我身陷囹圄也就成为必然的了。

● 某集团某研究院原副院长栗某，54 岁，2008 年 6 月 28 日因挪用公款罪被判处有期徒刑 11 年。

检察官寄语：

市场经济不完善、管理不到位，必然使经济犯罪案件呈现一种高发的态势。本案中，栗某挪用公款数额巨大、次数频繁、手段直接、时间长达 10 年，而单位有关部门都没能及时发现。由此可见，加强企业内部的监督管理，特别是加强财务制度的检查和监督，理顺岗位职责和办事流程，使制度得以切实执行是多么的重要。

我迷上赌球以后，从"小来来"到一发不可收，短短几年，我不知不觉中输掉了自己所有的积蓄，还欠了许多债。那时的我像着了魔似的，已完全没有了清醒的头脑，一心想通过赌博的方式把钱赢回来。终于我利用自己的电脑技术向单位电脑伸出了罪恶之手，一次次将大客户存款转移到自己的账上，又一次次输掉，那时我整个人真的有点丧心病狂了，这种惶惶不安的日子一直熬到案发，最终造成银行几百万人民币损失无法弥补。

● 上海某金融机构电脑管理员石某，27 岁，2008 年 7 月 10 日因贪污罪被判处有期徒刑 15 年。

检察官寄语：

一个风华正茂的 80 后，一个岗位重要、工作优越、收入不菲的专业人员，因为交友不慎，迷上赌球，从"小来来"到一发不可收，成了大贪污犯。这种事例在笔者看来，不在个别。如今 80 后普遍踏入了成熟期，有的已担当起领导的职务，但 80 后职务犯罪也正逐步呈现上升的趋势。年轻人，要保持清醒的头脑，在廉政问题上不可掉以轻心！

平心而论，文昌市委书记的权力是很具有诱惑力的。社会各个阶层的人各有各的追求，所以"一把手"就成了权力斗争的中心。而我在这些纷争中没有把握住自己。我在文昌工作以后，手中掌握了实权，感觉比以前更受人尊敬了，也有人给我送钱来。一段时间后觉得收了没人知道，胆子就又大了，可过了一段时间又有些害怕，怕被人知道，担心被发现。这其实是个很痛苦的过程，很受煎熬。5 年多时间，我利用职务之便收了有些领导干部和老板的钱，现在回想起来十分痛心。

● 海南省文昌市委原书记谢某，55 岁，2008 年 8 月 24 日因受贿罪、巨额财产来源不明罪被判处死刑，缓期 2 年执行。

检察官寄语：

"谢书记"的这番话就不大老实了，他说什么："有人给我送钱来。一段时间后觉得收了没人知道，胆子就又大了，可过了一段时间又有些害怕，怕被人知道，担心被发现。这其实是个很痛苦的过程，很受煎熬。"这话我是不相信的，其实他每拿到一笔钱财必定是心花怒放的，因为按照他的思路，这是表示自己权力很大、人家尊敬他的表现，要不然，拒绝、上交，分分秒秒可以做到，而且人家还会真正地尊敬你。那时"谢书记"根本没有把党纪国法当一回事，"谢书记"是到了监狱才感到这是个很痛苦的过程，很受煎熬。

我第一次受贿是跟一个开发建设单位的经理一起吃饭，吃完饭他给我 1 万元钱。因为我当时喝了点酒，就稀里糊涂地把钱收下了。第一次收钱以后，心里很不踏实，总觉得很不合适。但一想，是他主动送给我的，谁和钱有仇啊，我也就接受了。这次收下后，以后再遇到这样的事就顺其自然了。

● 河南省濮阳市人防办原主任程某，51 岁，2008 年 10 月因受贿罪被判处有期徒刑 11 年。

检察官寄语：

"程主任"收受贿赂，从最初的忐忑不安，到后来的欣然接受，其在金钱的诱惑下，思想发生了巨大的转变，两年时间其共收受房地产开发商贿赂 88 万元。"谁和钱有仇啊"就是他犯罪的心理动因，第一次以后"再遇到这样的事就顺其自然了"，可见防守好第一次是何等重要。

我第一次收受贿赂，一只"红包"只有 50 元，正是这"第一次"的突破，让我的违法犯罪的胆量渐涨，对受贿习以为常。对于"红包、礼金之类"，从一开始不予拒绝，早晚就会突破防线。防线一旦突破，剩下的必然只有贪婪的后果。

● 重庆市规划局原副局长梁某，51 岁，2008 年 12 月 30 日因受贿罪被判处死刑，缓期 2 年执行。

检察官寄语：

在司法实践中，只要是权钱交易，无论是 50 元还是 50 万元，其性质是相同的，都是受贿。问题是，受贿一开始往往都是比较轻微的，在开始阶段没有及时控制，那慢慢地就严重了，人一旦有了贪婪心，想再收手就比较难了。所以，"防线一旦突破，剩下的必然只有贪婪的后果。"这话是对的。

在我接受的贿赂中，三分之二以上是年节收受的。我担任国土规划局局长后，过年时送礼的人越来越多……我从开始的心跳到不以为然，开始在生活上追求穿戴，追求名牌，直至到了不能自拔的地步。

• 辽宁省抚顺市国土规划局原局长、市政府原副秘书长江某，女，55 岁，2009 年 2 月因受贿罪、滥用职权罪、巨额财产来源不明罪被判处无期徒刑。

检察官寄语：

从贪官的心理层面看，他们认为年节（主要是春节）是传统节日，自己收点年礼名正言顺。从行贿人的行为方式看，年节送礼比平时更方便，更有借口。从社会心理层面看，绝大多数人认为，年节给领导拜年、送礼是人之常情。贵重礼品乃至奢侈品与权力扯上关系，其实质一定是权钱交易，是值得警惕的！

我开始也不敢受贿犯罪，但又不甘放弃敛钱的机会，于是我与老婆"分工"，逢年过节有人敲门，我先躲进卧室关上门，由我老婆在客厅应酬，收下"红包"，记下姓名和请托事由。这样做的意图有三：一则当着"客人"的面收钱有失身份，"拿"，情面上过意不去，"不拿"，心里总有些不是滋味；二则实在碰到难办的请托，可以有理由推脱；三则一旦出事，更可佯装不知，将责任全部推到妻子身上。

• 湖南省耒阳市矿产品税费征收管理办公室原主任罗某，46 岁，2009 年 11 月 9 日因涉嫌受贿被"双规"，2010 年被有罪判决。

检察官寄语：

这是个涉案 55 人，涉及犯罪金额 500 万元的特大"窝串案"，是耒阳市历史上涉及时间最长、涉及人数最多、涉及金额最大的案件。罗某在被"双规"以后，征收办闻风而逃的达 100 多人！震惊社会！贪官如此嚣张、如此共谋、如此精明、如此反侦查，这已不是简单靠教育、监督能解决的了，必定要有一个完整的预防犯罪的体系。

当我收受第一笔 20 万元贿赂以后，自己的害怕多于喜悦，曾经告诫自己，就这一次，今后不能再干了。但之后一直风平浪静，我错误地认为，那次受贿行为其实是自己吓自己，没有必要担心东窗事发，也许只有天知地知。结果就是导致我在犯罪的泥潭里越陷越深，不能自拔。

• 海南省海口市地税局某分局原局长陈某，45 岁，2010 年 4 月 2 日因受贿罪被判处无期徒刑。

检察官寄语：

这个"陈局长"在第一次受贿以后，确实消停了一阵子，好几年没有再发生类似的受贿情况。但由于其思想深处的贪婪没有消除，时间一长，反而以为是"自己吓自己"，再度伸出贪婪之手时，就变本加厉、不择手段了。于是，他有了今天无法挽回的可悲结局。

我本应该把更多的时间用在学习工作上，但却与爱好赌博的人混在一起，用打麻将赌钱消磨时光，结果一发而不可收，什么钱都敢拿，终于陷入了犯罪的泥坑。我的所作所为完全是咎由自取，如今后悔莫及。

●云南省玉溪市交通运管处原官员陈某，58 岁，2010 年 5 月因受贿罪被依法判刑。

检察官寄语：

为消磨时光而打打麻将，怎么会成为职务犯罪呢？其实官员打麻将只是一个幌子、一种掩护、一个借口，因为大家都明白，天天输，你还能乐此不疲吗？"醉翁之意不在酒"，官员与请托人打麻将，只赢不输是公开的秘密，也是一些贪官们热衷于此的根本目的。在这里检察官要告诉各类掌握着公权力的官员们，以赌博为名敛财也可构成受贿罪，火烛小心！

我以前还是很注意廉洁的，但经不住情人的"枕边风"："你在这位子，送钱的绝不会少，你帮人一把，别人一定会感激你，咋会张扬出去呢？"于是我的心理防线被瓦解了。有了第一次，以后就照收不误了。

●河南省南阳市原市长助理刘某，58 岁，2010 年 6 月 30 日因受贿罪被判处无期徒刑。

检察官寄语：

刘某作为市长助理在主政某县委书记期间，从能够廉政自律到不择手段大肆敛钱，看似情人的影响，实际上是其内在的贪婪本质使然。情人因素只是一个诱发的"导火索"，他受贿共 77 起，其中 71 起是帮助他人进行职务调整而收取的"好处费"，实际上就是"卖官费"，而其情妇则被人们称为"地下组织部长"。老百姓痛恨地说："如此官员，罪该万死！"记住，被老百姓戳脊梁骨的官员一定是贪官！

我自恃是企业的有功之臣，然而与私企的一些老板们比，始终存在心理不平衡的念头，总感觉到"老天爷"对自己不公。在与某老板去澳门赌博了一次以后，对赌博也就越发迷恋，从第一次跟某某去澳门，直到案发，我一共去了六七十次，特别是退休后，更无约束。

●上海奉贤建工集团原党委书记、董事长、总经理陈某，66 岁，2010 年 8 月因贪污罪、受贿罪、挪用公款罪，被上海市高级人民法院判处有期徒刑 20 年。

检察官寄语：

贪官犯罪的原因，比较多的就是所谓的"心理不平衡"，因为不平衡，就必然想方设法去求得平衡。于是，要么利用手中的权力，拼命敛钱，"堤内损失堤外补"，以取得平衡；要么寻找一切发泄机会，诸如吃喝嫖赌，以求释放不平衡。陈某的例子就是一个真实的写照。所以，官员如何调整自己的心态，以什么样的指导思想来调整心态，是极有讲究的。

好长一段时间，我为自己第一次收下的那2万元贿赂而不安，像是出卖了自己的人格和灵魂，甚至感到后怕，觉得这给我的前程埋下了一颗定时炸弹，我决定悬崖勒马。往后，有几个老板送钱到我的家里，都被我拒绝了。然而，"情妇"不时的要钱，使我主动向老板们要钱了，人哪，一步走错，步步错啊！

●贵州省贵阳市花溪区委原书记王某，48岁，2010年9月29日因受贿罪被判处有期徒刑13年。

检察官寄语：

喜钱、好色，是贪官的两大致命伤，而且财色两者之间有着密切的联系。钱敛得多了，想入非非思淫欲了；包养情妇，缺少钱也是不行的。王某开始也许害怕受贿的严重后果，曾经悬崖勒马，可是情妇不干了，她不时要钱，那么，两头总有一头要"翘"起来，最后还是发生了悲剧，根本原因还是贪官存在那两个致命伤！

我从最初接受同志的礼物就觉得理亏、心虚，到一次收受10万美元觉得心安理得。从一个60年代大学毕业分配到工厂接受再教育的穷工人，到现在身价千万元的腐败分子，在回顾反思这些变化时，确实有一些后怕甚至心惊肉跳！但当时，自己已经丢掉了共产党员的身份，已经从量变到质变蜕变为违纪犯法的罪犯。

为了满足不断增长的私心和贪欲，不惜昧着良心用各种冠冕堂皇的理由来掩盖自己的丑行，不惜为此出卖自己的人格和品质，甚至不惜用自己的政治生命进行冒险赌博！事实再一次在我身上证明，私心和贪欲是万恶之源，我们必须对此保持高度警惕！

●辽宁省原副省长、沈阳市原市长慕某，56岁，2001年10月10日以受贿罪、巨额财产来源不明罪被大连市中级人民法院一审判处死刑，缓期2年执行。

检察官寄语：

第一次是容易的，第一次也是危险的。古人云："万事开头难"，腐败的进攻何不同样如此呢？腐败一旦侵入了你的机体、侵入了你的头脑，那犹如癌细胞一样慢慢地腐蚀你的各种器官，直至深入骨髓，到那时世上就没有任何药可以救治了。

私心和贪欲是万恶之源，是夺人性命的癌细胞。最终要夺你性命的东西可不敢来者不拒、轻举妄动啊！应该讲我不是个缺钱花的人，可是自己的私欲由小到大，从贪小便宜发展到"鲸吞"公款，一发而不可收。老婆的私车、儿子生病的用药、租房需要的电冰箱、电饭煲等生活用品，我全部在公家的钱袋子里"拿"，终于我有了今天妻离子散的悲惨下场。

● 广西壮族自治区民政厅救灾处原处长龙某，47 岁，2010 年 10 月 14 日因受贿罪、贪污罪、行贿罪、介绍贿赂罪、非法占用农用地罪被判处有期徒刑 20 年。

检察官寄语：

这个包工头出身的领导干部很聪明，具有讽刺意义的是，这个贪官在党校写的论文题目是《论受贿罪若干问题的认定》。他娴熟地将有关领导、有关部门、私企老板组成一个庞大的能量场，他比一般贪官多一份法律意识和反侦查意识。对这些人，我们要有足够的防范准备。

我是八十年代的研究生，跟那些低学历但又腰缠万贯的人相比，自己觉得太不值得了。没有那个条件怎么办？就只有用别人的钱过自己的安逸日子，这样的想法支撑着我在犯罪的道路上越走越远。

● 江苏省海门市教育局原副局长王某，47 岁，2010 年 11 月因受贿罪被判处有期徒刑 6 年 6 个月。

检察官寄语：

作为一个高级知识分子，一个教育系统的领导干部，真可谓道德沦丧、斯文扫地。自 2004 年收受了第一笔 1 万元贿赂以后，一发不可收，究其原因，就是他上述的思想动机所导致的。其从第一次受贿到案发持续了 6 年多，也巧，他付出失去自由的代价也是 6 年多，划不划算，明眼人是不难算明白这本账的。

由于我一开始就没有把握住自己的思想防线，导致私欲蔓延、膨胀，如今完了，完了，我变成光脚板了。

● 湖南省溆浦县公安局原副局长张某，48 岁，2010 年 12 月 10 日因贪污罪、巨额财产来源不明罪被判处有期徒刑 7 年。

检察官寄语：

根据笔者的工作实践，干公安等执法工作的，绝大多数都是非常廉洁自律的。但他们当中一旦出现贪官，那一般都不会是小贪官，等问题暴露，就比较严重了，因为他们手中的权力太大了，太重要了！要珍惜啊！

四、"犹如'脱缰的野马'，丧失了应有的警觉"

我出生贫穷的家庭，能够当上领导，是党和人民培养起来的，我没有很好为党为人民做好工作，我希望我们在座的领导，特别是市县的领导，从我身上吸取教训。我的教训就是当上领导，特别是一把手后，失去了监督，不自觉，自己说了算，放松对自己思想的改造，向钱看的思想比较严重。我要是堂堂正正做人，踏踏实实工作，严格要求自己，不管送钱人用什么手段，拉什么关系，就能自己拒之门外。可是，这点我没有做到，我的教训是沉重的。

●海南省东方市委原书记戚某，46 岁，1998 年 12 月 1 日因受贿罪、巨额财产来源不明罪被判处死刑。

检察官寄语：

一个年轻的领导干部，因为贪欲肆虐，天理难容，最终走到了生命的尽头，不满 50 岁就被处以极刑，实在是人间悲剧。"戚书记"是没有机会了，但记住"戚书记"的临终告白还是有积极意义的："我希望我们在座的领导，特别是市县的领导，从我身上吸取教训。""我的教训就是当上领导，特别是一把手后，失去了监督……"

近些年来，由于极端错误的东西在头脑里作怪，我在思想上成了脱缰的野马，丧失了应有的警觉；在交往上成了江湖来客，丧失了应有的原则；在行动上天马行空，丧失了应有的约束，导致今天的恶果，教训是极为惨痛的！

●江西省原副省长胡某，51 岁，2000 年 3 月 8 日因受贿罪、行贿罪、巨额财产来源不明罪被执行死刑。

检察官寄语：

"脱缰的野马"、"江湖来客"、"天马行空"，这些话放在一起就勾勒出一个无法无天、我行我素的一个大贪官的嘴脸来。这是新中国建立以来，因为贪污受贿职务犯罪，被处以死刑的第一个省部级高官——胡某。他的案例告诉我们：脱离党纪国法的约束，脱离组织和群众的监督，信马由缰的结局就是他自己临终所说的"导致今天的恶果，教训是极为惨痛的"！

随着地位越来越高，权力越来越大，监督因素越来越少，特别是我先后担任几个单位一把手后，就感到自己好像进了保险箱，因为从那时开始，我再也没有遇到一次让我紧张的上级领导的谈话，再也没有听到一次同级领导对我的忠告，再也没有收到一次语言尖刻的来自群众的批评。

●沈阳市中级人民法院原院长贾某，55 岁，2001 年 10 月 9 日因贪污罪、受贿罪、挪用公款罪、巨额财产来源不明罪被辽宁省营口市中级人民法院判处无期徒刑。

检察官寄语：

贾某当过检察院副检察长，当过公安局副局长，当过国家安全局局长，当过政府秘书长，后来又当上了中级人民法院院长，但从来没有接受过对其的任何监督。所以他说："我再也没有遇到一次让我紧张的上级领导的谈话，再也没有听到一次同级领导对我的忠告，再也没有收到一次语言尖刻的来自群众的批评。"所以，对"一把手"权力的限制和监督是非常重要的问题。

我在担任企业工会负责人时，不允许任何人插手财务工作。按照规定，大额度资金使用必须经工会委员会讨论决定，同级经费审查委员会审查同意。但我有章不循，个人想怎么做就怎么做，把个人凌驾于制度之上，游离于组织之外，对内不报告、不商量，对上不请示、不汇报，财务"一支笔"，自己说了算，以致"小洞不补，大洞吃苦"，导致问题进一步扩大。

● 某集团炼化公司原执行董事、工会原主席程某，61 岁，2003 年 12 月 3 日因挪用公款罪被判处有期徒刑 8 年。

检察官寄语：

一个领导开始作风霸道、独断专行、我行我素，那么其距离出问题也就不远了。上述这个老程说得好："个人凌驾于制度之上，游离于组织之外，对内不报告、不商量，对上不请示、不汇报。"这就是之所以犯罪、一发不可收的症结所在，所以，制度与监督不能写在纸上、挂在墙上、锁在柜子里，要真正地体现落实。

现在选拔干部，都要感谢党、感谢组织。但落实到一个地方，书记就成了党和组织的代表。因此，感谢党、感谢组织，就变成了感谢书记，书记最终拥有人事决定权。用人机制不变，谁当了书记都会有我同样的结果。

如果我能对自己的问题想得多一点，经常自律、自省、自警，哪会有今天呐！

● 黑龙江省绥化市委原书记马某，55 岁，2005 年 7 月 28 日因受贿罪被判处死刑，缓期 2 年执行。

检察官寄语：

马某是个买官卖官的集大成者。他为了买官，竟然专程赶到上海给因为骨折正在住院的省委组织部长韩某送上了 108 万元！与此同时，他在市委书记的位置上不断地卖官，据媒体报道，他敛财高达数千万元。就如他自己所说，人们感谢党组织，就是感谢书记，自己就是党组织的化身。他无意中揭示了一个危险的现象："用人机制不变，谁当了书记都会有我同样的结果。"各级领导干部值得三思啊！

在以后几年的日子里，我敛的钱是多了，而良心却黑了。守着不义之财不敢花，每天过得提心吊胆，敛财越多，内心的罪恶感越重。当我见到别的贪官纷纷落马，就倍感"忧心惊魂、草木皆兵"。

● 中国农业发展银行原副行长于某，52 岁，2006 年 2 月 10 日因受贿罪、挪用公款罪、行贿罪被判处无期徒刑。

检察官寄语：

都说人的欲望是没有止境的，但是人们可以学会控制自己的欲望，否则这个世界将会陷入一片混乱。在欲望面前，有的人选择理智，有的人陷入迷茫而忘乎所以，于是一些人走上了摇摇欲坠的独木桥，走到了悬崖峭壁边缘，最终摔入深不可测的深渊。

第一次收到老板给我的50万元，要说我心安理得，不是事实。要说我不晓得党纪国法，那也是不可能的。接过钱的时候，我的手脚都在发抖，提心吊胆。但是，过了一段时间以后，就渐渐地淡忘了，这是我第一次犯下的不可原谅的过错。以后，我胆子越来越大，贪婪心越来越重，从害怕到胆大，讲到底，就是"一把手"没人监督，以致我在犯罪的道路上走上了死路。

●四川省犍为县委原书记、县人大常委会原主任田某，48岁，2006年9月6日因受贿罪、巨额财产来源不明罪被成都市中级人民法院判处死刑，缓期2年执行。

检察官寄语：

一些贪官把自己犯罪的原因称为"不懂法"，这其实不是事实。哪个共产党官员不知道贪污、受贿的后果？否则他为什么不敢公开而要偷偷摸摸敛钱？所以上面这个贪官讲的是大实话："要说我不晓得党纪国法，那也是不可能的，接过钱的时候，我的手脚都在发抖，提心吊胆。"因为明知道自己在做亏心事，才会出现这种状态，胆大妄为、藐视法律、侥幸心理是根本的内在原因。

长期以来，我对什么叫违法犯罪已经处于一种麻木状态，既不懂法，又自以为是、胆大妄为，而且还存在一种严重的侥幸心理。在运作某某股权时，我认为只要以后连本带利还了就行了。而实际上，这是经过我精心策划的，目的是千方百计为己谋私利。在接受别人送的钱物时，我有一种贪小便宜的想法，认为这也是捞钱的一种方法，可以积少成多，所以拿得心安理得，党纪国法全都被我丢在脑后，这时我已一点拒腐防变的能力都没有了。有时我也想，帮人家办点事不一定要回报，有时对有些钱物也想拒收，但最终没能抵制住金钱的诱惑，深陷其中不能自拔。

●上海某（集团）总公司原党委书记、董事长王某，58岁，2007年12月20日因贪污罪、受贿罪被判处死刑，缓期2年执行。

检察官寄语：

"自以为是"、"胆大妄为"、"侥幸心理"、"心安理得"就全面勾勒出这个大贪官的嘴脸和心态。其实，有几个贪官不是这样的呢？

在国有独资企业和国有控股企业，我认为公司制企业改造不彻底，基本还是工厂制这一套，监督也还是靠内部人事制约，而这种监督又往往是软弱无力的，特别对领导层更是如此。

●湖北鄂城钢铁有限责任公司原董事长、总经理陈某，63岁，2008年5月20日因受贿罪被判处无期徒刑。

检察官寄语：

改革搞了许多年，制度定了何其多，为什么一些掌握着公权力的人还能大肆贪污受贿有空子可钻呢？贪官老陈给我们上课了："我认为公司制企业改造不彻底，基本还是工厂制这一套，监督也还是靠内部人事制约，而这种监督又往往是软弱无力的，特别对领导层更是如此。"所以，光做表面文章不行，必须将制度和监督真正落到实处。

我最愧对的是情人和朋友，我最缺乏的是学习。如果我能好好地学习政治、法律和党规党纪，就走不到这一步。我最需要的是监督，当区长的一定要受到有效的监督，包括经济监督、生活监督等。时光不会倒流，岁月不再重返，只能带着终身的遗憾告别某区，在狱中改造自己肮脏的灵魂，洗涤身上的污泥浊水。

●上海市某区委原副书记、区长陈某，55 岁，2008 年 7 月 9 日因受贿罪被判处有期徒刑 13 年。

检察官寄语：

权力的监督如何重要，特别是对"一把手"权力的监督如何重要，贪官从他的角度给我们提出了教训和警示。公权力一旦失去了监督，其被滥用、被交易的现象就必然出现。所以，各个有关方面都必须对权力加强监督，而作为权力的执掌者如何自觉、主动接受监督也是一个重要的问题，两者缺一不可。

我在领导岗位上以党代政，权力错位越位。由于固执的个性，使我工作起来凭性子，忘了自己的角色，在党委与政府工作中，出现以党代政的错位越位，这也为自己以权谋私、权钱交易大开绿灯，最终掉进了犯罪的泥潭。

我没有珍惜好自己的前途，没有把党和人民赋予的权力用好，使权力变成了我犯罪的工具，变成了向别人收受金钱的工具。

●海南省文昌市委原书记谢某，55 岁，2008 年 8 月 25 日因受贿罪、巨额财产来源不明罪被判处死刑，缓期 2 年执行。

检察官寄语：

"错位、越位、固执个性、凭着性子、忘记角色"，对一个掌握着公权力的领导干部而言，这就是脱离组织、规避监督、独断专行的必然结果。因为没有提醒、没有警示、没有告诫，其个人内在的不良意识诸如虚荣、私欲、贪婪等就会迅速膨胀、泛滥，"最终掉进了犯罪的泥潭"也就不足为奇了。

从被拘留到现在，已经 117 天了，这些天来没有一天像正常人那样为自己的生活、追求、理想去努力劳作、尽情享受。大多数时间是在绞尽脑汁，自以为是，想方设法去应对办案人员对我的讯问，以减轻罪责、逃避打击，在思念家人、怀念狱外美好生活的焦虑、烦躁、痛苦的心情中熬过。

● 河南省许昌市国土资源局土地整理中心原主任黄某，55 岁，2008 年 11 月 7 日因受贿罪被判处有期徒刑 6 年。

检察官寄语：

这是贪官在失去自由以后，思想逐步转变的过程。其在醒悟以后，在狱中难熬的日子里，认真思考、深刻反思，幡然醒悟以后，写给当地反贪局长的信。其言词中充分体现了当时的心情，对人们具有警示作用。

要自觉接受党的监督、严于律己，慎独，任何时候都不能心存"侥幸"，党和人民群众的监督是无处不在的，任何领导干部都不可能置之度外。不要以为自己权高位重、荣誉多、关系广，做事机密，就心存"侥幸"。天网恢恢，疏而不漏，任何腐败分子都将原形毕露，受到惩罚。

绝对不能心存贪欲。贪欲是万恶之源。东窗事发，钱财被全部清缴没收，荣誉地位通通丧失。自由没有了，留给自己的只有痛苦，带给组织的是耻辱，对家人是打击和伤害。过去我在外边带给亲人的是荣耀，现在我在监狱里边，带给亲人的是耻辱、是打击、是悲伤。

● 云南铜业集团原董事长、总经理邹某，59 岁，2008 年 12 月 29 日因受贿罪被判处无期徒刑。

检察官寄语：

这个贪官以切身的体会和感悟，告诉我们一条深刻的警示："党和人民群众的监督是无处不在的，任何领导干部都不可能置之度外。"在这里，我们重温陈毅元帅的诗："手莫伸，伸手必被捉。"是多么具有先见之明和深刻啊！

对官员而言，贪欲就是万恶之源。因为有了贪欲，不去制止而任其膨胀，那人就会变成"魔鬼"，人就会"不择手段"，最终必然面临身败名裂、家破人亡、得不偿失的结果。所以，自觉抑制自己的贪婪是每个官员的必修课！有人劝我留在规划局，不要脱离为官的主战场。实际上，我心里非常惧怕待在那个岗位上，我很清楚那种搞法早晚会出事。在房地产规划、开发领域中存在一种"潜规则"，让我感到恐惧，非常惧怕，心理承受着巨大压力。为了摆脱这种恐慌，我多次酝酿调离规划局副局长这一"肥缺"。

● 重庆市规划局原副局长梁某，51 岁，2008 年 12 月 30 日因受贿罪被判处死刑，缓期 2 年执行。

检察官寄语：

房地产开发的"腐败潜规则"为何让贪官如此害怕？这又让我们开了一次眼界。这到底说明了什么问题呢？因为，房地产的暴利非同一般，触目惊心；因为，房地产领域的贪婪、欺诈、炒作、腐化特别猖狂；因为，房地产行业内的官商勾结十分严重。所以，这个具有博士学位的梁副局长吓得"肥缺"也不要了，他知道，自己受贿已经超过 1500 万元，到了犯罪死亡线的边缘！

自从收受了企业老板们送来的钱财后，我就一直提心吊胆，整日担惊受怕。白天在大家面前装得和没事人一样，晚上却经常失眠，担心自己做的事有朝一日会东窗事发。毕竟，在这个世界上，一个人干了坏事总是会留下痕迹的。

● 浙江省财政厅农业处原副处长阮某，45 岁，2009 年 1 月 3 日因受贿罪被判处有期徒刑 12 年 6 个月。

检察官寄语：

这个贪官如今才算是真正体会到了东窗事发、身陷囹圄的后悔心情，他讲了一句非常深刻的，一般人平时是体会和感悟不到的话："毕竟，在这个世界上，一个人干了坏事总是会留下痕迹的。"值得大家深思！

你帮了人家的忙，人家会感谢你，所以我可能就是在这个问题上没严格要求自己，思想戒线慢慢地放松了。那些老板都是这样讲，韶钢发展了，是因为你当了董事长；韶关发展了，我们才有发展的空间，所以我们都来感谢你。这个话听起来好听，后来自己开始退却了。

● 广东省韶关钢铁集团原董事长曾某，63 岁，2009 年 9 月 10 日因受贿罪被法院审判。

检察官寄语：

投桃报李，知恩感恩是做人的道理，但我们的官员往往忘记了自己之所以有"帮助"人家的能力，不是自己从"娘肚子"里带出来的，而是党和人民赋予的。用公权力的实施来求得他人对自己的回报，那就是颠倒了自己与国家、人民的关系，那就是私欲的膨胀，这样的官员怎么能不倒台呢？

我的失败是失败在了自己的脾气上，我有两次可以上升，已经进入了考察程序，但都因为自己的"直"而搁浅。自己在去民政局任局长之前，还是一个奉公守法的领导干部，但自从跨出了第一步，就深陷其中了。在那个环境里，没有办法去回避，好像不收钱，别人就觉得你不够意思，为了不让别人担心，我就越陷越深。

● 江苏省南京市江宁区房产管理局原局长周某，55 岁，2009 年 10 月 10 日因受贿罪被判处有期徒刑 11 年。

检察官寄语：

周某的落马，是监督的胜利，是群众（网民）监督的胜利！因为其权钱交易是客观存在的，腐败就是腐败，堕落就是堕落。他说是有点"脾气直"，其实并不是真的"脾气直"，充其量叫作"傲气十足"或"霸气冲天"而已。真正脾气直的人，应该是"富贵不淫，贫贱不移，威武不屈"的，而他呢？难道收受巨额贿赂，也是属于"脾气直"吗？

2005 年，我多次要求转岗、轮岗，后来我调到一个厂里当书记的时候，很多朋友来祝贺我平安升官着陆，朋友们都这么说，因为供应处在韶钢是一个风口浪尖的岗位。人家送钱，全是看你这个岗位，送的是你这个岗位，不是看你这个人，对自己对大家都好的话，就是要尽量轮岗，你不在这里，就没有人送你一分钱。

• 广东省韶关钢铁集团供应处原处长阎某，56 岁，2009 年 12 月 17 日因受贿罪、巨额财产来源不明罪被判处无期徒刑。

检察官寄语：

已经出现了多起官员在人家羡慕的岗位上自己却要求转岗的事例，为什么呢？是因为自己也认识到再这样下去必然要出大问题了！然而，他们不是从正确的角度去面对问题、纠正错误，而是采用逃避的方法，这种"鸵鸟政策"和"掩耳盗铃"式的做法不是自欺欺人吗？到头来还是逃避不了被惩罚的结果。要知道"拒绝"和"逃避"是两个根本不同的概念。

在这样的环境里，自己由开始的不想收不敢收，到敢收也敢送。整个地税系统形成了上行下效的坏风气，如要不跟着感觉走，就难有立足之地。整个系统形成了"不给钱办不了事、办不快事和小事小送、大事多送"的潜规则。根本就是制度没有落实，权力监督缺位，造成了上级监督无力、同级难以监督、下级不敢监督的局面。

• 海南省海口市地税局某分局原局长陈某，45 岁，2010 年 4 月 2 日因受贿罪被判处无期徒刑。

检察官寄语：

一个国家机关，竟然如此环境、如此风气，怎么会不出腐败犯罪分子呢？怎么会不成批出腐败犯罪分子呢？作为地税局不可能没有制度和监督，但却丝毫没有起作用，为什么呢？"陈局长"以亲身的经历拿出了答案，官员们应当从中吸取教训。

正因为我们的用人制度缺少了必要、有效的监督措施，使我有机可乘，利用权力"卖官"敛钱，我的教训应该引起有关方面的重视。

• 湖北省恩施州委原常委、宣传部原部长吴某，48 岁，2010 年 6 月因受贿罪被判处有期徒刑 15 年。

检察官寄语：

这个贪官根本无视党纪国法、严重违法犯罪，把公权力当作私权力，把公务员当作"敛钱官"，利用职权向 25 个人卖官，敛钱，然后去挥霍、去包养情妇。其最终成为落马的贪官是必然的。用人上的腐败是最大的腐败，匡正用人上的不正之风是当务之急，类似吴某这样的贪官出现一个就要打击一个，绝不姑息！

我从反感吃请，到参加邀请，再到收下烟酒，对别人的"进贡"一一笑纳。接受并且适应了"干工作靠感情"的拉拉扯扯，吃吃喝喝，"贪欲的大坝"一旦决口，必然"洪水泛滥。"

● 安徽省蚌埠市政协原副主席、五河县委原书记徐某，55 岁，2010 年 6 月 8 日因受贿罪、巨额财产来源不明罪被判处有期徒刑 14 年 3 个月。

检察官寄语：

什么是腐败？什么是不正之风？共产党的官员都是心知肚明的，问题是当这些东西来腐蚀我们的时候为什么就没有警惕了呢？为什么就顺其自然了呢？道理很简单，人都有弱点，问题是看你能不能战胜自己的弱点。缺乏牢固的思想防线，就好像堤坝出现了漏洞，不及时堵住必然"洪水泛滥"、不可收拾。

我成为"裸官"后，生活中吃喝嫖赌，工作中昏庸盲目。那些不法商人朋友看中了我的弱点，投我所好，使出了安排吃喝住行、提供饭后休闲娱乐活动、引诱吸食毒品、提供性贿赂、送贵重礼品、进行远期利益许诺、制造神秘因素进行精神上迷惑及直接给付大额贿赂 8 种手段将我彻底击倒。

● 中国通信建设总公司原总经理助理董某，50 岁，2011 年 2 月 1 日因涉嫌挪用公款罪、受贿罪一审判处无期徒刑。

检察官寄语：

一个国企"裸官"（妻子孩子全部移居境外），竟然伙同他人挪用公款 5.8 亿元、收受贿赂 157 万余元。"裸官"没有了家庭的牵连，加之在国外的家属需要大额的开销，所以作案时往往比较迫切，且没有后顾之忧，相反还留有后路，一旦情况不妙便随时准备远走高飞。所以，对"裸官"现象应当引起重视和警惕。

看到我们一起被提升为处级干部的，尤其是我当副厅长时的下属都上去了，我知道自己上不去了……"升官无望，只有搞钱"的思想观念已经出现了。

● 云南省财政厅原副厅长、省政府金融办公室原主任肖某（正厅级），2010 年 7 月 28 日因贪污罪、受贿罪被判处有期徒刑 18 年。

检察官寄语：

肖某利用职务之便，在财政资金批复、人员调动等方面为他人提供帮助，收受财物等折合人民币 17.4 万余元，伙同他人非法占有国家财政资金 577 万元。肖某从 2003 年起就开始出问题了，此时距他退休还有 6 年的时间。他那时已经当了 9 年的副厅长，尽管到 2007 年 8 月他又被晋升为正厅级，但他"因为自己再提升无望就大捞钱物"，对这些"天花板"式（到顶了）的干部如何监督，也应提到议事日程上来。

我出生在农村，从一个普通的员工，通过自己的努力工作，逐步走上了领导岗位。企业正常运作，权力也越来越大，慢慢地就放松了对自己的约束。特别是在一些重大决策上，老大自居，认为企业是自己一手创办的，一个人说了算，对企业的发展造成了一定的损失。结果群众情绪很大，造成了极坏的影响，我还做出了一些造成严重后果的事情。

● 上海奉贤建工集团原党委书记、董事长、总经理陈某，66 岁，2010 年 8 月因贪污罪、受贿罪、挪用公款罪被上海市高级人民法院判处有期徒刑 20 年。

检察官寄语：

一个已经退休的国有企业领导干部，本应在家享受天伦之乐，但是这个曾经集多个要职于一身的陈某，终于没有逃脱被绳之以法的可悲结局。有道是："手莫伸，伸手必被捉。"长期担任"一把手"，缺乏起码和必要的监督，那么给企业造成损失、造成极坏的影响，自己身败名裂则是必然的了。

他们都是在过年过节时送钱送物给我的。他们都是县委县政府招商引资来的投资方，我作为地方最高领导，给他们创造良好的投资环境，应如同朋友一般对待。我就是在这种指导思想下，放弃原则，不分是非，赔上了人身自由和政治前途。

● 广西壮族自治区宣原县委原书记彭某，50 岁，2010 年 8 月 6 日因受贿罪被判处有期徒刑 10 年。

检察官寄语：

又是一个"一把手"，问题还是出在监督上。一个人说了算，把受贿当作"创造良好的投资环境"、"如同朋友一样对待投资方"，其实"彭书记"的所谓"朋友"就是形形色色的老板、包工头，"朋友"不过是一个幌子，自我安慰罢了。结果他因为受贿 200 余万元，将度过 10 年牢狱生活，何苦呢？

我在当区委书记时，是"一把手"，没有人监督我，致使我的思想出现了偏差，利用工作权力索取贿赂，然后给"情妇"治病。我有时晚上睡不着觉，一笔笔回忆起自己受贿加起来的数额，想起来都觉得后怕，因为我知道，一旦案发是什么样的结果。但己身不由己，只能祈祷上苍保佑了。

● 贵州省贵阳市花溪区委原书记王某，48 岁，2010 年 9 月 29 日因受贿罪被判处有期徒刑 13 年。

检察官寄语：

有的贪官受贿给情妇买房，有的贪官受贿给情妇买车，有的贪官受贿给情妇买衣服、美容等。而这个贪官与众不同，他是拿受贿来的钱给情妇"治病"。其实，这个情妇是"情负"，她是以各种借口装病，以不断骗取钱财，贪官因为有把柄在其手里，奈何不得！其实，贪官无论以什么名义和理由给情妇钱财，为的就是一个目的：博取情妇的欢心！上述忏悔提醒我们，各级官员要注意"身不由己"的现象出现。

　　我本人就经常以特殊党员自居，基本脱离组织生活和组织监督，即使有也是形式。这是我离经叛道、蜕化变质重要的原因。

　　沈阳市这些年来组织生活不正常，组织监督苍白无力，并且从明确揭露出来的许多问题看来以至于"三讲"走了过场，这些都与我本人不能以身作则，不能很好地发挥党组织监督作用有很大关系。

　　如果我认真对待组织谈话，真诚接受组织监督，彻底改正错误，我相信我就不会走到目前这一步。但是，我低估了组织，高看了自己，像个党内"个体户"，我行我素，放弃了接受组织监督的机会。

　　●辽宁省原副省长、沈阳市原市长慕某，56 岁，2001 年 10 月 10 日因受贿罪、巨额财产来源不明罪被大连市中级人民法院一审判处死刑，缓期 2 年执行。

　　检察官寄语：

　　高级别的大贪官大都是脾气随着官位涨，老子天下第一，目无党纪国法、藐视法律、凌驾于组织之上，他们制定的制度是对下属的、他们所作的报告是对群众的、他们的良好形象是做给媒体看的。权力不受监督，必定滋生腐败，群众说得好："把自己当作人，襟怀坦白、真真实实，活得踏实；把自己作为官，装模作样、拿腔拿调，活得累横！"在阳光下踏踏实实地生活，是一种为官之道。

　　"我低估了组织，高看了自己"，把自己称为"党内的个体户"，不接受组织的监督和提醒谈话，后悔还有什么用。由此看来，如何监督是一个方面，如何接受监督又是另一个方面，相辅相成，缺一不可。

　　为了谋取私利，我规避监督，把自己的部门搞成了一个"独立王国"，营造一个社会关系的"能量场"。我感到社会上想参与儿童福利、救灾救济等项目的人，都会有求于自己。有了这个前提，接下来的事就好办了。即使哪天我不在岗位了，这个"能量场"依然会发挥巨大的作用。

　　●广西壮族自治区民政厅救灾处原处长龙某，47 岁，2010 年 10 月 14 日因受贿罪、贪污罪、行贿罪、介绍贿赂罪、非法占用农用地罪被判处有期徒刑 20 年。

　　检察官寄语：

　　贪官为了持久的谋私，不但搞"独立王国"，而且还营造社会关系的"能量场"。其设想："即使哪天我不在岗位了，这个'能量场'依然会发挥巨大的作用。"可见，没有监督，权力就无法正当地行使，没有监督，公权力就变成了私权力，"龙处长"提醒了我们，手握公权力的人们千万不能大意啊！

　　1991 年 2 月我到医院财务科当出纳员，开始时老老实实干了 4 个月，后来看到许多同龄人都"发"了，让我十分羡慕。我开始琢磨自己怎样才能尽快富起来，我发现单位根本没有监督制度。1995 年起，我"就地取材"，大把大把拿单位的钱，结果 4 年时间我拿了近 100 万元。

• 黑龙江省齐齐哈尔市某医院出纳员韩某，35岁，2010年10月26日因贪污罪被判处无期徒刑。

检察官寄语：

正是因为单位财务疏于管理和监督，才使这个年轻的管理人员在短短的4年里拿了90多万现金而无人知晓。笔者查处的此类案件有几十起，原因何其相似，都是出纳员利用职权私下拿公款去赌博、去潇洒，直到犯罪的金额达到了天文数字才被发现，看来，管理与监督绝不能停留在口头上！

在宕昌，没有人能够监督我这个县委书记，纪检监察机关监督不了，本县检察机关监督不了，就是上级监督也存在不到位的情况。

• 甘肃省宕昌县委原书记王某，43岁，2011年4月7日因受贿罪、巨额财产来源不明罪，被一审判处死刑，缓期2年执行。

检察官寄语：

这个受贿1300多万元的县委书记讲的是事实，在一个地方当"一把手"的，谁能对其进行监督？所以，我们现在一些地方的监督制度是脱离现实和实际的，也是导致"一把手"职务犯罪多发、高发的一个客观外在原因。多年来无数事实提醒我们，应该亡羊补牢，切切实实解决对"一把手"监督机制的科学确立。

如果纪委、检察院能够定期不定期地对领导干部，尤其是"一把手"进行预防腐败、廉政谈话，我就可能不犯罪。

• 甘肃省窑街煤电集团有限公司党委原书记、董事长李某，58岁，2010年11月6日因受贿罪、巨额财产来源不明罪被判处死刑，缓期2年执行。

检察官寄语：

有的贪官怪行贿人把自己拖下了水；又有贪官认为纪委、检察院没有及时地预防，让自己堕落深渊。诸如此类，不一而足。监督是非常重要的，但自己存在贪欲，即使纪委、检察院来谈话了，他能够服气买账吗？他肯定全盘否定而大谈功劳、大谈如何廉洁，一旦调查人员提出质疑，他不强调"要证据"才怪呢！自己的贪婪欲不解决，这个监督是有难度的。

市场经济下，我看到周围的人都在捞钱，于是自己头脑里也出现了不正确的思想：大家都这么干，我为什么不干？这一干，就再也停不下来了。我在捞钱的过程中，给国家造成了巨大损失，除了自己极度贪婪的原因之外，整个工作过程缺乏有效的监督也是一个不可忽视的重要原因。

• 黑龙江省哈尔滨市道外区拆迁办原科长王某，57岁，2010年12月因贪污罪、受贿罪、滥用职权罪、玩忽职守罪，数罪并罚被判处死刑，缓期 2 年执行。

检察官寄语：

论年纪，行将退休；论职务，就是个科长。可就是这个小小的科长，在短短的一年多的时间里利用职务之便骗取国家房屋拆迁补偿款 1200 余万元，索取、收受贿赂 320 余万元。更严重的是，因为他的玩忽职守，导致国家直接损失了 1.1 亿余元。此案例告诉我们，权力缺乏监督，腐败必然滋生。

因为"一把手"缺少监督的机制，几年来，我母亲家的装修款、情人的购房款、侄女的学费、弟弟的汽车、妹妹的保险、老婆的汽车都向行贿人索要。我虽然想以"借"来逃避处罚，但法律无情，最终落得今日这个下场。

• 浙江省杭州市江干区城建开发办原主任乔某，52 岁，2010 年 12 月 15 日因受贿罪终审被判处无期徒刑。

检察官寄语：

防止权力的滥用，最好的措施就是让"权力"在阳光下运行！就是把"权力"放到笼子里予以限制！仅仅就是一个区开发办的"一把手"，就可以把国家的钱当作自己家里的钱，随用随取，如此肆无忌惮、毫无顾忌，哪有不出问题的！哪有不出大问题的！对"一把手"的权力必须用法律来进行限制和监督，刻不容缓！

谁来监督纪委？党章说纪委要监督同级党委，而实际上纪委是监督不了党委的：党委书记对纪委书记不满意，向上一反映，这个纪委书记有可能就要被调离，干不长；同样，党委也监督不了纪委：纪委是双重领导，可以直接向上级纪委反映问题，这样党委也不太愿意惹纪委，也达不到监督纪委的功能。

• 湖南省郴州市委原副书记、纪委原书记曾某，61 岁，2010 年 12 月 30 日因受贿罪、巨额财产来源不明罪被执行死刑。

检察官寄语：

如何建立行之有效的监督机制，是各级官员必须要考虑和研究的大问题。如今不是没有监督，上下左右的监督可以讲比比皆是，如今是缺少有效的监督、无缝的监督。这个已被执行死刑的昔日纪委书记的"临终告诫"，是值得思考的。

制度已经很多了，关键是加强制度的认真落实和执行。为了防止 300 多条制度就像挂在墙上的月亮一样，应该学香港，凡是发现领导干部有问题，哪怕是收红包的小问题，也一律公布，从小事情抓起。

• 湖南省郴州市委原副书记、纪委原书记曾某，61 岁，2010 年 12 月 30 日因受贿罪、巨额财产来源不明罪被执行死刑。

检察官寄语：

如今哪个单位没有制度？昔日的纪委书记曾某清楚地记得，中纪委等各有关部门制定和下发了300多条制度，但也没有管住他这个纪委书记，原因在哪里？就是制度的执行、制度的落实，否则，制度就是一个花架子。按照曾某的话说："就像挂在墙上的月亮一样。"

谁来监督纪委？党委和纪委间的尴尬关系，暴露出制度设计中的一些疏漏。纪委的职能越单纯越好（监督、查处），不要赋予纪委其他方面的权力。诸如职能部门能管的事情，纪委不要管、不要插手。因为人的自控能力是有限的，权力一多，自我就容易膨胀，就容易发生问题，这应该成为今后修正制度的重要参考。

• 湖南省郴州市委原副书记、纪委原书记曾某，61岁，2010年12月30日因受贿罪、巨额财产来源不明罪被执行死刑。

检察官寄语：

曾某，这个目前中国犯罪最为严重的纪委书记，在等待死亡的时间里，以自己由一个共产党的领导干部一步步堕落成为死刑犯的亲身经历，提出了对权力如何监督的问题，对纪委如何监督的问题。"人之将死，其言也善"，他提出的问题，不无道理，值得所有官员们思考和反省。

锄禾日当午，贪官也辛苦；
钞票十万五，关门把钱数；
白天怕监督，晚上怕搜捕；
敲门是何人，心中没有谱！

• 某些贪官在狱中自嘲的诗，其反映的是一种贪官害怕案发的担心及其惶惶不可终日的心理，惟妙惟肖地刻画了贪官怕监督、怕暴露的本质。

检察官寄语：

据笔者考证，此诗作者并不是贪官，但他惟妙惟肖地刻画了贪官的心情，非常真实、非常深刻。这首诗受到了狱中贪官们的喜欢，写出了他们当初的内在心情，所以得到了传诵。笔者在职务犯罪侦查过程中，非常了解一些犯罪嫌疑人的这种心情，没拿钱时想拿钱，一旦得钱了又担惊受怕，害怕藏在家中的钱，因为那是烫手的钱！

五、"学习必不可少，要入心入脑"

在监狱里，我最难受的是每个星期六的上午，因为我知道这一天本该是我参加区委领导班子中心组学习的日子，可是那时我经常借口工作忙而不参加，现在我只能参加监狱组织的犯人学习了。解剖分析自己犯罪的思想根源，我的教训就是：要使自己不迷失方向，学习必不可少，而且要入心入脑。

●上海市原某局级领导干部王某，46岁，1995年8月10日因受贿罪被判处有期徒刑15年。

检察官寄语：

有条件学习时不想学习，失去了学习条件时又留恋学习，话倒是真话，没有切肤之痛的人是讲不出来的。实际上，各级领导干部学习的机会和条件是很多的，学习的种类和形式也是丰富的，难在联系思想实际、难在筑牢思想防线。根本一句话，难在入心入脑、时刻对照！什么叫学习？如何学习？这是个简单而复杂的大问题。

我曾经当了10年人民代表，但我连人代会都经常请假，对于政治学习，我从来不参加。如今自己身陷囹圄，我明白了，一个领导干部要是没有清醒的头脑，不受监督制约，早晚会变成我这样的腐败分子、人民的罪人，大家要以我为戒。

●上海某国有企业原负责人陈某，51岁，1999年10月20日因受贿罪被判处有期徒刑13年。

检察官寄语：

陈某曾经头上戴有许多耀眼的光环，例如"人民代表"、"劳动模范"、"优秀党员"，但人一旦忘乎所以就容易出毛病了，那些"人代会"、"党代会"他几乎都不参加，是因为工作忙吗？根本不是，他和一帮老板宾馆开房间打麻将赌钱去了，一搞就是几天几夜，一片乌烟瘴气。这种庸官、昏官不倒台谁倒台？

沦为囚犯后，我逐渐意识到是思想蜕变害了自己。在公司任职期间，我根本无暇顾及学习，使得学习流于形式。长此以往，我的脑子里只剩下公司的几架飞机，组织观念和法律意识都变得模糊，甚至最后被遗忘。

●中国民航长城航空公司原总经理钱某，55岁，1999年11月因挪用公款罪被判处无期徒刑。

检察官寄语：

"沦为囚犯后，我逐渐意识到是思想蜕变害了自己"，思想蜕变不是一下子定型的，而是有一个潜移默化的过程。在这个过程中一直放任自流，那就导致了这个贪官的后果，无期徒刑，彻底完蛋了。

不学习，迷失了政治方向。放松学习，头脑空虚，没有正确的理论去武装，政治上就必然不成熟，势必误入歧途，我就是这种人。

● 江西省原副省长胡某，51 岁，2000 年 3 月 8 日因受贿罪、行贿罪、巨额财产来源不明罪被执行死刑。

检察官寄语：

老胡也来鹦鹉学舌了，什么"不学习，迷失了政治方向。放松学习，头脑空虚"。作为一个在地方和中央部门工作过的领导干部，道理都是非常明白的。那你老胡既然明白，早干什么去了啊！胡某的灭亡其最主要的是信念的背叛。有人给算过一笔账，他在位时平均每天敛取不义之财 5000 元以上，甚至其还背着组织给自己和全家办理了护照，准备一有风吹草动便远走高飞，这就是胡某最终走上绝路的内在心理动因。

我的堕落究其原因：

其一，不注重平时的政治理论学习和各类专项警示教育活动。我经常以干代学，长期缺乏政治理论学习习惯的养成，放松世界观的改造，导致我自身的政治理论素质并没有随着职务的提升而提高，思想水平仍旧停留在较低的层面上，缺乏当一名领导干部应具备的政治敏感性和职业的责任感。追求腐朽堕落的贪欲生活，更使我失去了遵纪守法的定力，以至于我抵御不住"金钱"的诱惑，甘与犯罪分子同流合污充当其"保护伞"。

其二，侥幸心理是我胆大妄为的犯罪主导。当初，拿了不该拿的钱，我曾有过自责，有过害怕。但是，"幸运"的是，后来一直风平浪静，竟然没有暴露。如此一来，更助长了我的侥幸心理。

● 上海某司法机关公务员王某，38 岁，2000 年 5 月 11 日因受贿罪、滥用职权罪被判处有期徒刑 15 年。

检察官寄语：

身为穿制服的国家公务员，还是具有一定职务的领导干部，整天和不法分子搞在一起，把职责、原则、法律抛至脑后，甚至拿人钱财、利用公权力替人消灾，充当其"保护伞"！年纪轻轻正当年，可惜，美好的前程全部毁在了自己手里，其说的"幸运"、"风平浪静"是值得人们警惕的！

我最终没有将学习得到的道理，实现自己海誓山盟的许诺。正当春风得意之时，我摔了一跤，重重地跌倒了，摔破了我的信念，摔破了我的理想。正当各种诸如拜金主义等腐朽思想向我袭来之时，我也曾牙关咬紧，任凭风浪起，到后来，我昏昏然，我犹豫了、彷徨了、心动了、手痒了，我的防线最终崩溃了。当检察官伟岸的身躯挡在我面前并用威严的目光箭射我的时候，我才如梦初醒。我茫然，我惊悸，我成了金钱的俘虏。

● 重庆市涪陵区某某镇原副镇长裴某，27 岁，2001 年 5 月 16 日因受贿罪被判处有期徒刑 10 年。

检察官寄语：

曾经海誓山盟下决心为党和人民努力工作的年轻干部，正当春风得意之时，"跌倒了"。正如他自己分析的："我昏昏然，我犹豫了、彷徨了、心动了、手痒了，我的防线最终崩溃了。"大凡贪官，一开始就贪的，倒不多见，在为官的过程中潜移默化、渐进式蜕变的比较多。因此，防止自己蜕变，如何办？必须是要考虑清楚！

我腐败的事实证明：讲学习不是虚的，讲政治不是空的，讲正气不是无形的，一切变化都是从思想开始的。

作为一个领导干部，一旦放松了思想改造，人生观、世界观这个总开关一旦出现毛病，就会百魔缠身，由人变成鬼。

● 沈阳市中级人民法院原院长贾某，55 岁，2001 年 10 月 9 日因贪污罪、受贿罪、挪用公款罪、巨额财产来源不明罪被辽宁省营口市中级人民法院判处无期徒刑。

检察官寄语：

"贾院长"又讲了一句大实话："讲学习不是虚的，讲政治不是空的，讲正气不是无形的，一切变化都是从思想开始的。"实践证明，学习并不难，当上干部的、当上领导干部的，各种学习的机会多了去了，很多干部都去过党校，很多中高级领导干部都去过中央党校，问题是你"入心、入脑"了没有，你"学以致用"了没有，你树立了"终身学习"的思想没有。否则，就是空的、虚的，装装门面的，最终必然"百魔缠身，由人变成鬼"。

当了公安部的领导以后，我整天忙于具体事务，很少认真读书学习。马列主义的书不怎么读了，有限的学习也只是流于形式，很少结合自己的思想实际。党内民主生活会上很少听到对我尖锐的批评，自我批评也是轻描淡写地说一说，不愿也不敢触及灵魂深处。

我在台上讲的与下面做的不是一回事。对人家讲马列主义，对自己却采取自由主义。思想觉悟越来越低，自我约束能力越来越差，最根本的是忘记了全心全意为人民服务的宗旨。

● 公安部原副部长李某周，55 岁，2001 年 10 月 22 日因受贿罪、玩忽职守罪被北京市第一中级人民法院判处死刑，缓期 2 年执行。

检察官寄语：

笔者因为职业的关系，接触过无数份贪官在狱中写的"忏悔书"。归纳一下，几乎有

80%的贪官把自己犯罪的第一个原因列为"放松学习"。问题是，到他们这个位置上，去党校系统的学习不知有多少次了，还能讲"不学习"吗？问题的根本是"李副部长"的这句话："不愿也不敢触及灵魂深处。"这从反面告诉我们，学习不能走过场是何其重要！

一个时期以来，我对我犯罪的轨迹和成因有了较为深刻的认识。作为我来讲，是国家公务员，而且是国家的高级干部，从一名高级干部到阶下囚，是由于我长期放松政治学习，放松忽视思想改造，世界观没有得到彻底的改造，以及加上其他一些方面的原因所造成的。由于这些方面的原因，我私欲膨胀，追求享乐的结果加上贪婪。从这些原因里，我思考了很多，但最主要的我认为就是忽视政治学习，放松思想改造。

●山东省政协原副主席、九届全国政协原常委潘某，50岁，2003年4月23日因受贿罪、巨额财产来源不明罪被判处无期徒刑。

检察官寄语：

共产党员必须怎么做、公务员必须怎么做、领导干部必须怎么做、高级领导干部更应该怎么做，这些在"做"之前都是十分明确的，每个官员自己也一定是耳熟能详的，说起来一定也是头头是道的。问题的根本是贪官们一旦权位到手，便早早把这些基本的要求抛到九霄云外的爪哇国去了。私欲膨胀、追求享乐、贪婪无度才是贪官们覆灭的根本原因。

担任领导职务后，我认为吃老本就行了。岗位变了，职务升了，但我没有在思想政治、工作业务等方面提高自己，去适应变化了的情况。放松了学习和自我改造，党性观念淡化，对学习阳奉阴违，没有触动自己的思想，做表面文章，造成思想防线在对外交往中一冲即溃。对于掌握一定权力的领导干部，放松学习是致命的。

●某集团炼化公司原执行董事、工会原主席程某，61岁，2003年12月3日因受贿罪被判处有期徒刑8年。

检察官寄语：

老程的忏悔讲到了学习的要害："对学习阳奉阴违，没有触动自己的思想，做表面文章，造成思想防线在对外交往中一冲即溃。"所以，不要把学习仅仅定位在一种形式、一种过程，学习是对自己思想的一次清洗，是对自己头脑中不良意识的一种荡涤，是对各种腐朽没落思潮的一种防范。记住老程的肺腑之言："对于掌握一定权力的领导干部，放松学习是致命的。"

由于我放松了学习，在工作中没能严格遵守法规法律，没有认真履行工作程序。在法律和人情之间，我选择了后者，把让朋友高兴置于党纪国法之上。现在我深深认识到：法律和人情有些时候只是一念之差，差之毫厘却谬以千里，放弃原则的最终结局就是要受到法律的严厉制裁。

●四川省攀枝花市建委原副主任、建设局原局长彭某，48岁，2004年11月24日因受贿罪被判处有期徒刑7年。

检察官寄语：

在法律和人情之间，这个把握着公权力的局长彭某更重人情，宁可以身试法也要维护与朋友的关系，人情成了其蜕化变质的催化剂。面对原则和人情，领导干部该如何选择？这是彭某切身体会给我们的警示。

我以前看报纸，听领导人讲话，只是把它当作官样文章在浏览，完了就完了，不认真去想，但现在（狱中）不同了，我认真看过以后，才真正理解了法治对于一个国家的进步有多么重要。

●贵州省委原书记刘某，69岁，2005年6月29日因受贿罪被判处无期徒刑。

检察官寄语：

许多人到现在都没有搞明白，什么是学习。看看报纸、听听报告就是学习吗？显然不是！真正的学习就是要把正确的思想、理念"入心、入脑"，要理论联系实际、要学以致用、要表里如一。大凡贪官都曾经有过脱产学习的条件和机会，他们之所以被绳之以法，就是缺少了上面这一条！

自己利用职权收受贿赂，主要原因是平时放松了学习、法治观念不强、拜金主义严重，在金钱面前忘记了作为一名党员领导干部的责任和义务，辜负了党组织对我多年的培养、教育和信任。对不起企业员工对我的厚爱、对不起慈祥年迈的父母对我的养育之恩、对不起兄弟姐妹对我的关心和呵护、对不起恩爱妻子对家庭的全身心付出、对不起即将高考的可爱的女儿。后悔当初把握不住自己，落得今天这个下场。

●某局原副总经理严某，43岁，2005年11月30日因受贿罪被判处有期徒刑10年。

检察官寄语：

想让自己生活得好一些、想让家庭生活得好一些，这原本无可厚非，但要靠自己的辛勤劳动，而不能靠手中的权力。一味崇尚拜金主义，来者不拒，哪能不出问题！官至企业高层领导，待遇应该差不到哪去。可惜的是自身的坐标和定位错了，没有跟企业的员工比，没有跟社会上的弱势群体比，那么自己的心态永远是不平衡的。43岁，面临10年的牢狱，前途已经无法改变，还在位子上的人们要引以为戒！

当如花似锦的前途在高墙面前戛然而止时，我深感人生成败在于学习。我青少年时期读书学习认真刻苦，年纪轻轻就成为让众人十分美慕的县级领导干部。可是后来，在众人的吹捧面前，我以工作忙、应酬多为借口，放松了学习。我想，正是这种自信和放任毁了自己。

●四川省南充市高坪区委原书记、区人大常委会原主任杨某，48岁，2006年7月因受贿罪、巨额财产来源不明罪被判处有期徒刑 17 年。

检察官寄语：

杨某的忏悔与反思，告诉我们学习是一个永恒的主题，对待学习不能打折扣。只要长期坚持学习，理论联系实际、严格要求自己、提高政治素质、掌握法律武器，就不会有牢狱之灾的悲剧发生。有道是：学而不思则罔，思而不学则殆。

我的亲身经历说明：人生命运，成也在学习，败也在学习。深刻剖析自己的发展教训时，我发现自己致命的问题就是不知法、不懂法。今天反思，人不学习不仅是要落后的问题，而是要违法犯罪的问题。

● 四川省南充市高坪区委原书记、区人大常委会原主任杨某，48 岁，2006 年 7 月因受贿罪、巨额财产来源不明罪被判处有期徒刑 17 年。

检察官寄语：

从一个领导干部到阶下囚、由受人尊敬的干部到人人鄙视的囚犯，人性与自制、责任与诱惑，一起在权力面前上演的这出似曾相识的闹剧，又一次让各级领导干部反思：面对利益的诱惑，应该如何自处？当杨某被手铐锁住双手时，他终于明白，谁游戏法律，谁就会受到法律的制裁。

回想过去，我从一名党员领导干部、优秀的科技工作者沦落为罪犯，痛心疾首之余，也让我幡然醒悟。究其原因，首先是不注重政治理论学习，其次是不注重世界观的改造，最后是不注重法律法规的学习。我此生最大的遗憾是我失去自由后，家中的老娘带着挂念、带着酸楚、喊着我的名字离开了人世，含泪九泉。而我未能尽到为子之孝，骨肉分离之痛时刻煎熬着我的心。

● 河南省交通厅原总工程师（副厅级）李某，60 岁，2006 年 11 月 7 日因受贿罪、巨额财产来源不明罪被判处有期徒刑 7 年。

检察官寄语：

每个官员都要看看这位贪官的忏悔，由于自己犯罪，造成了各种各样的损失。对于其他损失，可以在出狱以后，以吸取教训、重新做人来弥补，而其母在牵挂中离世，那个缺失如何弥补？况且这种遗憾将伴随作为儿子的终身！笔者有一句忠告，为了父母晚年的幸福，必须廉洁自律！

我现在常常这样想：为什么过去收入低、生活苦、一日三餐粗茶淡饭，而心里却感到很踏实；现在吃不愁、穿不愁，可以说饭来张口，衣来伸手，物质生活十分丰富，可还是觉得心里空落落的。这恐怕还是思想认识问题，还是自己意志薄弱、精神空虚的原因。

● 安徽省委原副书记王某，63 岁，2007 年 1 月 12 日因受贿罪、巨额财产来源不明罪被判处死刑，缓期 2 年执行。

检察官寄语：

对贪官而言，一旦被摘去了权力、地位、荣誉的光环，其看问题就比较理性了。这就是一种警示，就是告诉我们：平时不要老被权力、地位、荣誉左右，要牢记全心全意为人民服务的宗旨，要筑牢预防腐败的思想防线，警钟长鸣、时时提醒！

作为党员领导干部，在改革开放的30年中，我用自己99%的时间在学习、工作中履行职责，用自己不到1%的时间和精力起了贪欲、谋了私。结果，正是这不到1%的作为，抹黑了自己几十年为之奋斗和努力的事业，也抹黑了自己，法纪意识的松懈和淡漠导致自己滑向犯罪的深渊。

● 四川省教育厅原副厅长汪某，54岁，2007年6月12日因受贿罪被判处有期徒刑11年。

检察官寄语：

一个有着近30年党龄，在省部级机关当了12年处级干部、13年厅级干部的老党员、老领导，随着职务的提升，逐渐放松了自我约束和政治警惕性。在权钱交易过程中，以为"一对一"没人知道，直到最后刹不住车，一步一步走向犯罪的泥潭而不可自拔。官员在人生的道路上一定要防止那个"1%"。

这些年来，我实际上已经完全放松了对世界观的改造。由于自己的工作、生活一切都比较顺利，又长期在生产经营第一线发号施令。针对别人的多，针对自己的少，渐渐地我对权力、地位感到不满足，私欲逐步膨胀。想想年纪也不小了，干了一辈子也要为自己退下来后的生活考虑考虑，为儿子以后打点基础。我认为机会难得，应抓住"机遇"多赚点钱。当一个人的私欲膨胀时，是什么违法犯罪的事情都会干出来的。

● 上海某（集团）总公司原党委书记、董事长王某，58岁，2007年12月20日因贪污罪、受贿罪被判处死刑，缓期2年执行。

检察官寄语：

常言道："人心不足蛇吞象"，此话在这个贪官身上得到了淋漓尽致的展现。这个官至厅局级、年收入过百万的"一把手"，竟然也会"渐渐地我对权力、地位感到不满足，私欲逐步膨胀"。可见，只要存在私欲，就容易发生"人心不足蛇吞象"、"搬起石头砸自己的脚"的事情来。

我长期在领导身边服务和工作，自以为是，放松了思想、信念和道德的追求，以至于走上了犯罪的深渊。我辜负了党的培养和教育、辜负了人民群众对我的重托、对不起自己的父母和家庭。但一切都为时已晚，我真心希望用自己的劳动来改造自己的灵魂、洗刷自己的罪孽。

● 上海市委办公厅原副主任秦某，后任某区区委副书记、区长，44岁，2007年12月

20 日因受贿罪被判处无期徒刑。

检察官寄语：

秦某是一个曾经在市委主要领导身边工作的"第一秘"。其利用职权大肆受贿达 680 余万元，且道德败坏、腐化堕落，早就引起了许多干部群众的举报。但他丝毫没有收敛之意，反而变本加厉进行腐败犯罪，导致今天的结果是在大家预料中的、必然的。这个昔日的学者、高校教师出身的"第一秘"，"自以为是，放松了思想、信念和道德的追求"，腐败起来也是触目惊心的！

在以泪洗面的同时，我也在分析走到今天这一步的原因。一方面是长期以来忽视政治学习。这些年整天忙于业务，把坐下来学习当作是一种负担，就连参加中心组学习也是坐而不定，总以为自己基本素养是好的，学习不学习问题不大。只有工作干出成绩就是最大的政治资本。

另一方面，党风廉政建设和反腐败工作虽然从上到下天天抓、时时讲，但我还是没有入心入脑，没有使之荡涤心灵，更没有转化为自觉行动。而是把反腐倡廉视为口号，把警钟长鸣当作耳旁风。

● 上海市国资委原副主任吴某，女，53 岁，2007 年 9 月 25 日因受贿罪被判处有期徒刑 11 年。

检察官寄语：

把自己当作教育者，是所有担任领导职务贪官的一种心理状态，总以为自己是高明的、高素质的，学习是针对被教育者的。于是，教育别人头头是道，而对自己则另搞一套。这个女贪官在位时也"高呼"反腐倡廉口号，也知道"警钟长鸣"的对照，可惜，最后没有把自己人生前途把握好！什么是真正的学习，大家要深刻反思！

实际上，天底下没有两条永远平行的路。开始你可以两只脚同时走在两条路上，既走正路也走歪路。可后面是两条岔道，越来越远，它中间的距离越来越宽，我跨不了，自然而然地就倾向于某一条路。我个人光辉到 60 岁就结束了，那边是后半辈子，我肯定往那边倾斜，我慢慢地向那边倾斜。这种倾斜的结果是什么？是身败名裂、是悔恨终身。精明强悍的我，终于走到了路的尽头。

● 上海市社保局原党组书记、局长祝某，55 岁，2008 年 3 月 22 日因受贿罪、挪用公款罪、滥用职权罪被判处有期徒刑 18 年。

检察官寄语：

一方面积极工作、一方面拼命敛钱。想四平八稳两条路都走，保证"安全系数"。可是，贪官的实践证明，这样做是不可能的，因为"后面是两条岔道，越来越远，它中间的距离越来越宽"。

这个"精明强悍的我，终于走到了路的尽头。"对某些具有他这种想法的人是一种告诚！由于我担任一把手的公司生产经营蒸蒸日上，恭维、赞扬不绝于耳，自己志满意得之际放松了政治理论的学习和世界观的改造。平时只注重业务知识的学习，在市场经济的浪潮中，不能很好地把握自己，不能洁身自好，开始了随波逐流，逐渐接受了一些市场"潜规则"和拜金主义、金钱至上等思潮的影响，终于让自己身败名裂，尝到了恶果。

● 某集团分公司原总经理朱某，40 岁，2008 年 8 月 24 日因受贿罪被判处有期徒刑7 年。

检察官寄语：

"一把手"，业绩好，春风得意、志满意得，这个时候头脑理应要格外清醒。可惜，许多"一把手"在"恭维、赞扬不绝于耳"之时开始飘飘然起来，对自己的问题看不到了，就是有了"毛病"也讳疾忌医。笔者突然想到一种生活现象，一些有疾病的人经常去就医、请教医生，一般倒没有什么生命危险，而一些自以为身体"倍棒"、从不看病和注意预防的人，说死就死了，或查出病症时已无医可治，其中有没有可以借鉴的道理呢？

人不能像陀螺一样一直在转，要留出一些思考的时间。我工作时，应酬比较多，工作也比较忙，没有时间静下心来思考一些问题，特别是人生观、价值观等方面的问题。现在我有的是时间，结合自己的过去，进行一些反思，思考一下未来。我现在就想着把剩余的时间安排好，多做一些好事。

● 河南省濮阳市人防办原主任程某，51 岁，2008 年 10 月因受贿罪，被判处有期徒刑11 年。

检察官寄语：

确实有一些领导干部，整天大会小会、迎来送往、忙于应酬，哪有时间静下心来思考一些问题？头脑一迷糊，辨不清方向也就成为必然了，"程主任"以亲身体会告诫人们："人不能像陀螺一样一直在转，要留出一些思考的时间。"那些整天以为自己很忙、很忙的官员们，思考一下，自己究竟忙的是什么！

我今年 50 多岁了，母亲、岳父母都已 80 多岁了，不能尽孝，追悔莫及。出狱后年近花甲，身无分文，无处着落，悔不当初。

● 河南省许昌市国土资源局土地整理中心原主任黄某，55 岁，2008 年 11 月 17 日因受贿罪被判处有期徒刑 6 年。

检察官寄语：

葬送前途，祸及家庭，是贪官犯罪必然出现的后果，无论你想没想到，这是一个客观存在的事实，多少贪官在狱中后悔莫及，还有什么用呢？笔者作为一个职业检察官，也有情感，对人间悲剧也非常同情，可是在犯罪面前是"人有情、法无情"！执迷不悟要犯罪，那一定是这样的后果，别无选择！

放松了学习，这是我走上犯罪道路的一个重要原因，我平时看书学习很肤浅，把学习当成了一种应付差事，走过场。当县委书记时，每年我和各单位都要签订党风廉政建设责任书，但只知道检查别人，未能对照检查自己。自己平时看的反腐典型案例也不少，就是没有通过学习来清洗自己的大脑，做到警钟长鸣。

● 甘肃省陇南市政协原副主席任某，52 岁，2008 年 12 月 29 日因受贿罪、巨额财产来源不明罪被判处有期徒刑 11 年。

检察官寄语：

"每年我和各单位都要签订党风廉政建设责任书，但只知道检查别人，未能对照检查自己。"对人马列主义，对己自由主义，法律和制度只是对别人使用，经常习惯于"用手电筒照人"，这就是领导干部心知肚明又明知故犯的根本原因。

我触犯了法律，痛定思痛，悔恨不已。还是平时自己在业务上花费的精力较多，认为把企业的生产经营做到最好，就是对企业和国家的最大贡献，也一直认为自己是对得起企业的，从而忽视了政治学习和思想改造，对国家的法律没有认真学习和理解，对当今社会中的不良风气缺乏清醒的认识。就我收受的这些不义之财来说，从心底里我也从未想过要收取别人的钱财，即使是他们在我公司做事赚了钱，我也没有想过要从他们那里获得回报。他们给我钱时，我也推掉或还过，送的次数多了，自己的思想产生了动摇，认为别人在事后送我钱是觉得我这个人还可以，想与我交朋友，收受这个钱只是人际往来，不算什么，也不会影响自己的工作原则和做人准则，没想过这是自己一步步走向犯罪的过程，为党纪国法所不容。

● 重庆大溪河水电开发有限责任公司原董事长、总经理许某，45 岁，2009 年 1 月 7 日因受贿罪被判处有期徒刑 5 年。

检察官寄语：

一个具有高级技术职称的中青年领导干部倒在了权钱交易上，对国家、对企业、对家庭、对其自己都是一种损失、一种悲哀，可惜啊！其出问题也没有什么新奇的地方，也是具有贪官共性的几个因素，交友不慎，没有把握住第一次，根本还是在思想防线上出现了漏洞，因此筑牢思想防线是多么的重要。不知道，这可不可以归结为"苍蝇不叮无缝的蛋"。

直到被判刑，我才意识到，自己的思想是多么的贫瘠！我知道，这是因为在我身上发生了一件可怕的事情，那就是我失去了前进的方向和奋进的动力——政治学习这一支前进的指挥棒！

● 浙江省财政厅农业处原副处长阮某，45 岁，2009 年 1 月 3 日因受贿罪被判处有期徒刑 12 年 6 个月。

检察官寄语：

"苍蝇不叮无缝的蛋。"这是说，根本的问题是出在官员的自身，无论环境优劣，无论交往繁简，无论工作忙闲，有的官员一身正气、岿然不动；有的官员防线崩溃、暴露漏洞。及时发现和解决自己的薄弱环节是非常重要的。聪明的人，时刻了解自己的弱点，不断改进；愚蠢的人，分秒不忘自己的功劳，到处显摆。

我之所以犯罪的一个重要的原因是放松学习，我无视法纪和廉洁自律的有关规定，自己平时强调工作忙，基本不看公司总部下发的文件、学习材料，对中共中央纪委《关于严格禁止利用职务上的便利谋取不正当利益的若干规定》及企业党风廉政建设责任制制度知之甚少，对近年来公司党委多次在党风建设电话会、干部会议等会议上强调的严禁党员干部和员工参与任何形式赌博、赌球等活动的警示教育当耳旁风，我行我素，终于酿成恶果。

● 某航运集团公司福州分公司原总经理宫某，39 岁，2009 年 2 月 20 日因挪用公款罪被判处有期徒刑 14 年。

检察官寄语：

领导干部要培养健康的生活情趣。事实告诉我们，生活情趣会对人的思想发生潜移默化的作用。好的生活情趣会激发人们奋发向上；不良的生活情趣会使人想入非非、玩物丧志，甚至为了满足这种不健康生活方式的需要，不择手段地去"圈钱"，做出损害国家、企业的违纪违法之事，宫某热衷于赌博，导致动用公款参赌犯罪就是一个极好的例证。

我犯罪的根本原因，是对权力的认识发生了扭曲。扪心自问，自己坠入受贿犯罪的深渊，主要原因是将公权力变为私权力。现在，我才认清了权力姓"公"不姓"私"。权力一旦姓"私"，那个"兽"就会向你张开口。什么时候来"咬"你，那就要看情况了。

● 海南省海口市地税局某分局原局长陈某，45 岁，2010 年 4 月 2 日因受贿罪被判处无期徒刑。

检察官寄语：

这个"陈局长"在忏悔书中写道，社会上流传的"生命在于运动，当官在于活动"的说法，自己觉得挺有道理，没想到现在害了我。确实，当官在于活动是其信奉的信条，也是其最终倒台入狱的原因。经过他的"活动"，结果好几个官员受到牵连，均被绳之以法，其中还有一个是省地税局的副局长，这就叫"一条绳子上的蚂蚱"。

我之所以走上犯罪的道路，主要是放松了政治学习和思想改造，特别是担任领导干部以后，很少参加组织的学习，连每个月的党费都叫办公室代交，谈工作就是为自己评功摆好，谈思想实际就是说空话、套话，更不要说自查自纠了。

● 四川省乐山市委原副书记袁某，48 岁，2010 年 10 月因受贿罪被判处有期徒刑 15 年。

检察官寄语：

一个人走上领导岗位以后，要经受住各种各样的考验，这个时候，对一个领导干部来讲，既是干工作的黄金时期，也是一个危险期。因此，领导干部一定要时时正视自己心理上的细节变化，善于自我分析，自我调整，不断克服心理上的消极变化，要经得起来自各方面的考验。

六、"一个人说了算，把自己'送'进了监狱"

在名利面前，我忘记了党性原则，开始滥用手中的权力，独断专行，公司的事我一个人说了算，完全忘记了这是国家的企业。俗话道"一步走错，满盘皆输"，在人生的这个大棋盘上，走错关键的一步，往往再无回头之路。

● 中国民航长城航空公司原总经理钱某，55 岁，1999 年 11 月 20 日因挪用公款罪被判处无期徒刑。

检察官寄语：

一个曾经是功勋飞行员、飞行教员出身的领导干部，在事业的巅峰时刻，由于没有把握好自己，结果跌落到深渊，听不得别人的意见，不接受监督和提醒，凌驾于法律和制度之上，独断专行、我行我素是一个无法回避的重要的原因。喜欢一个人说了算的官员们从中应该发现些什么。

作为一个受过高等教育的领导干部，对于自己的犯罪行为，当时我也是心知肚明的，贪污受贿都是犯罪，一旦东窗事发，坐牢是跑不了的。但因为贪欲膨胀、侥幸心理、独断专行，我不顾一切地铤而走险。到头来，不仅葬送了美好的政治前程，还把自己"送"进了监狱：退赃款 20 万元，又被罚 5 万元。真是既没了"前途"又没了"钱图"，到头来是竹篮打水一场空。细细想来，实在是不值啊！

● 湖南省雪峰集团有限公司深圳分公司原副经理邓某，45 岁，2001 年 4 月 10 日因贪污罪、受贿罪被判处有期徒刑 19 年。

检察官寄语：

"因为贪欲膨胀、侥幸心理、独断专行，我不顾一切地铤而走险。"这是贪官讲到了点子上了。如今的官员，都是受过高等教育的，不少还是研究生，甚至都是在党校系统学习过的，要说不懂法、不知规定、不了解后果，那是不真实的。明知故犯、铤而走险是贪官们的共同特点。

这时候，我就陷入了法律的盲区，感到自己和别人不一样了，可以特殊了，随之可以凌驾于法律之上了，对于党内民主生活会我也不认真参加。

就在这种无拘无束、甚至无法无天、而自己又缺乏自控的情况下，我的阴暗心理、道德弱点、畸形需要就像决堤的洪水开始泛滥了。

● 沈阳市中级人民法院原院长贾某，55 岁，2001 年 10 月 9 日因贪污罪、受贿罪、挪用公款罪、巨额财产来源不明罪被辽宁省营口市中级人民法院判处无期徒刑。

检察官寄语：

大凡罪孽深重的大贪官都有"这种无拘无束、甚至无法无天、而自己又缺乏自控的情况"，他们自以为是特殊的人物，可以凌驾于法律之上，约束、要求从来都是对人家的，那么好，"我的阴暗心理、道德弱点、畸形需要就像决堤的洪水开始泛滥了"。因此，自觉接受监督、认真听取批评，甚至被人指指戳戳，至少能够小心谨慎、三思而行吧，天马行空，不着天不着地的，不摔死才怪呢！

以前，我总爱往自己的好处想，老以为自己高人一等。工作中有挫折时，我不能往自己身上找原因，喜欢表现自己、浅薄轻浮、作风不深入，独断专行。

● 广东省揭阳市委原常委兼普宁市委原书记丁某，44 岁，2002 年 8 月 29 日因受贿罪被判处有期徒刑 6 年。

检察官寄语：

我们的领导干部也许可以换一个角度思考思想作风的问题。优良的作风，并不单单有益于人民、有益于党，其实也能推动个人事业的发展，不断提升为人民服务的能力，与人民群众保持紧密的联系，有效防止腐化堕落。

在成绩和荣誉面前，沾沾自喜、居功自傲，没有把握住自己，在香风糖弹中，经不起考验，既没有正确的权力观，也没有正确的爱子观，以权谋私，弄权受贿，腐化堕落，走上了违法犯罪的道路，侵害了公务员的神圣性和廉洁性，犯下了不可饶恕的严重罪行，给党的形象造成了严重损害。

我罪恶严重、国法难容，愿意接受法律的任何制裁。

● 云南省委原副书记、省长李某廷，56 岁，2003 年 5 月 9 日因受贿罪被北京市第二中级人民法院判处死刑，缓期 2 年执行。

检察官寄语：

官位贵至省长的李某廷，为了情妇、为了儿子，而不顾党纪国法"以权谋私，弄权受贿"，犯罪的程度到了被判死缓的地步，可见其贪污受贿犯罪是"冰冻三尺非一日之寒"。为什么可以在较长的时期内持续犯罪呢？除了监督机制的软弱、缺乏、不到位之外，其自己居功自傲、独断专行是一个重要的因素。廉政建设的最重要的根本，不是在外部，而是在自己的内心。

我自 2000 年得了脑血栓后，感到人生苦短，说没就没，趁现在能捞就"捞一把"，于是我在干部任用上做文章，凡是干部要提拔，必须通过我这关，没有我的同意任何人也提拔不了。开会讨论干部任用，我根本不用讲话，大家看我的脸色表态，我沉着脸，大家就提反对意见，我脸色平和，大家就提赞成的意见。可见我的独断专行、蛮横霸道到了何等地步，我有今天的下场是必然的，希望大家以我为戒。

● 黑龙江省绥化市委原书记马某，55 岁，2005 年 7 月 28 日因受贿罪被判处死刑，缓期 2 年执行。

检察官寄语：

全国买官卖官的突出典型马某，其就是一个标准的"两面人"。他为了讨好对自己有成见的省委组织部长，竟然一次送上 108 万元；而对下属、对群众却是另外一种嘴脸，在市委重要会议上，凭自己的喜怒哀乐、凭自己的脸色也能决定事项，真可谓天方夜谭、闻所未闻，这种腐败分子不清除，国无宁日、党无宁日、百姓无宁日！

权钱交易的假象，行贿受贿的隐蔽性，确实不是一时一事就可以暴露的，侥幸心理在一定的时间内得逞，其结果便是胆子越来越大，到后来受贿已不是什么侥幸心理，而是肆无忌惮，利令智昏，因而最终败露就毫不奇怪了。

● 中国农业发展银行原副行长于某，52 岁，2006 年 2 月 10 日因受贿罪、挪用公款罪、行贿罪被判处无期徒刑。

检察官寄语：

这个贪官感悟的道理是千真万确的，可惜，他是在付出了自由、尊严和政治生命的巨大代价后才感悟到的。其实，这个道理对各级官员而言，大家都是明白的，问题就是这个贪官所揭示的："到后来受贿已不是什么侥幸心理，而是肆无忌惮，利令智昏，因而最终败露就毫不奇怪了。"

反思自己为什么会走上犯罪的道路，有以下原因：

1. 放松了自己的思想改造，认为市场经济以效益论英雄，对其他无所谓，这样势必会失去方向，走向歧途。

2. 把国家的法律和党的纪律、企业的规章制度置若罔闻。由于思想上放松改造，必然淡化法纪和党纪，把个人利益放在首位。

3. 受市场经济中不健康因素的影响，我国改革开放以来，特别是推行市场经济以来，取得的成绩是主要的，但也存在许多不健康因素，必然拉关系、吃喝、送礼、行贿、受贿等，自己也受到影响，同流合污。

4. 居功自傲，原则性不强。自己认为工作了 20 多年，表现都很好，得到上级领导和同事的好评，特别是到新岗位后，把一个亏损的单位扭亏增盈，自己以为功劳很大，居功自傲，放弃原则，为个人谋取私利，因而走上了犯罪道路。

● 某国有企业原负责人费某，48 岁，2006 年 7 月 12 日因受贿罪被判处有期徒刑 8 年。

检察官寄语：

反思自己犯罪的原因，"1、2、3、4"头头是道、面面俱到，不可谓没有道理。看来不是不懂道理，是没有把这些道理经常对照、约束自己。所以，简单地说贪官即职务犯罪人员是因为平时不学习、不懂法，那是不客观的。问题的根本是贪官们没有约束自己的思想意识和具体措施，自己不约束，外部缺乏约束，那不跌跟斗才怪呢！

随着地位的上升与私欲的膨胀，我的长官意志、"一言堂"的倾向开始萌发。从收第一笔贿赂开始，由小到大，由少到多，我接受的钱财也不断地积累，以致达到受贿 1804.8 万余元的庞大数字。我走向犯罪深渊的另一个重要原因是，只注重抓经济方面的工作，忽视了思想的改造和学习，没有经得住私欲的诱惑，最终倒在了不该倒下的地方。

● 四川省犍为县委原书记、县人大常委会原主任田某，48 岁，2006 年 9 月 6 日因受贿罪、巨额财产来源不明罪，被成都市中级人民法院判处死刑，缓期 2 年执行。

检察官寄语：

受贿 1804.8 万余元的庞大数字，另有 1238.3 万余元的财产不能说明合法来源，可见这个县级贪官胃口之大。如何对"一把手"实现有效的监督，特别是对处在"天高皇帝远"环境中"一把手"的有效的监督，不让"一把手"有独断专行、"一言堂"的机会和市场，建立全方位的预防腐败体系，这是必须引起重视的问题。

为了没有人能够挡路，树立自己的威信，我变得越来越专横，稍有不满就骂人、拍桌子，在机关里大搞"一言堂"，大家都对我产生了一种恐惧感，我不以为警惕，相反还洋洋得意。于是机关里原来的规章制度都放到了一边，财务报账只要我的签字，无须其他任何手续，当我的外甥控股的公司需要资金时，我大笔一挥几百万就出去了，什么党纪国法、规章制度全被我抛到了脑后，我确实是忘乎所以、独断专行的不良品行害了自己。

● 某投资公司某某公司原董事长、总经理周某，58 岁，2007 年 2 月 5 日因受贿罪、挪用公款罪被判处有期徒刑 15 年。

检察官寄语：

笔者发现，一些当"一把手"的贪官，在任时几乎都有随意骂人、动辄拍桌子的恶习，他们不知道这些行为是同志们深恶痛绝的。可当事人往往自以为是自己有威信、有魄力的表现，每次看到自己把人训得垂头丧气，他们往往心里会出现一种快感，久而久之成了习惯，殊不知这是自己脱离群众、规避监督的开始，思想作风反映的是一个人的品行和修养，素质得不到提高，行为没有约束，自己怎么能够不倒台呢？

我今年 47 岁，原来是某某证券沈阳市某某营业部副总经理，由于我傲慢自大，明知故犯，不能正确对待社会转型过程中体制弊端带来的某些"不公平"现象。这种意识给自己的信仰带来了危机。我的堕落在当前的社会上有一定的典型性，我愿意用我不堪回首的惨痛教训。给所有像我一样的各级干部以警惕，以我为戒，千万不要"用歪了权、收错了钱"，利令智昏换来竹篮打水！

● 某证券公司沈阳市某营业部原副总经理刘某，47 岁，2007 年 7 月因贪污罪被判处有期徒刑 6 年。

检察官寄语：

金融机构、高层管理、白领人士、收入不菲，都是具有高学历、高智商的知识分子，理应更加遵纪守法，更加严于律己，更加谦虚谨慎。然而，地位高了、成绩有了、权力大了，往往就容易以为自己与别人不一样了，不太听得进他人的意见了，于是就出现了在错误的道路上越走越远的情况。

现在年龄大了，随时都可能退出领导岗位，自己一个月几千元的工资还不如一些小老板，如果自己不是搞国有企业，而是干私营企业，早就是大老板了。我一直自我认为：权力是靠我自己奋斗争取来的，理当为我所用，利为我谋。

● 湖北省黄石市某国有企业原党委书记、董事长谢某，55 岁，2007 年 10 月 15 日因受贿罪被判处有期徒刑 10 年。

检察官寄语：

"现在年龄大了，随时都可能退出领导岗位。"这种思想不奇怪。但在这种情况下，如果不能正确对待，思想必定出现偏离。害怕失去岗位的实质是害怕失去权力，心理出现不平衡，出现焦虑感，容易诱发、导致"最后捞一把"的思想动机，迅速走上犯罪的道路。所以，保持晚节，不是说说而已的，是要能自律、有毅力作保障的。

在痛恨自己之余，我一直在反思怎么会走到这一步。我一路走来应该说比较顺利，从学生时代起就一直要强，要出人头地，久而久之就怂恿了一些不良品质的发展。我一开始还觉得是组织的培养，到后来就觉得是自己在造就自己。当了局长以后，极端个人主义的根子更加暴露出来，自以为是，狂妄自大，听不进批评，觉得自己有能力、贡献大得不得了，甚至到了自我欣赏、自我陶醉、自我崇拜的程度，常常以自我为中心，觉得法律算不了什么，法律没有我考虑得周全，法律也没有我精彩，最终导致个人私欲膨胀到了极点。这是我走上犯罪的深刻原因。

● 上海市社保局原党组书记、局长祝某，57 岁，2008 年 3 月 22 日因受贿罪、挪用公款罪、滥用职权罪被判处有期徒刑 18 年。

检察官寄语：

一个仕途顺利的官员，曾经取得过一些成绩，但忘乎所以起来，自己最高明，狂妄到认为"法律也没有我精彩"。那么，如今不精彩的法律却把精彩的"祝局长"给请进了监狱，这不知是精彩还是不精彩。一位名人说过："要让一个人灭亡，必定让他先疯狂！"狂妄自大是许多贪官的一个共同特征。

我自知自己作风霸道。从很小起，我就固执己见，认为一切都是自己对，不求人，不让人，一人说了算。担任文昌市委书记后，更为突出。霸道的工作作风使班子成员对我敬而远之。久而久之，就成了"一言堂，"没有人敢对我提出批评说"不"。两任市长因为我的霸道、无法沟通和合作，先后离我而去。使自己失去了助手，失去了听取不同意见的机会，也失去了纠正自己错误的机会。一竿子插到底，老子天下第一，飞扬跋扈使我成为孤家寡人，为我走上犯罪道路埋下了祸根。

● 海南省文昌市委原书记谢某，55 岁，2008 年 8 月 24 日因受贿罪、巨额财产来源不明罪被判处死刑，缓期 2 年执行。

检察官寄语：

表面上看，"谢书记"很霸道，从小就霸道。但是他对领导会霸道吗？显然不是，否则他不可能有上升的空间。他只是对下属霸道，只是对群众霸道，他错误地把霸道作为自己的特色，作为自己的优点，于是他必然成了孤家寡人，听不得也听不见别人的意见。所以，他没有挖到自己思想的根源，大凡这类领导，对上唯唯诺诺，像个哈巴狗，对群众龇牙咧嘴，像条藏獒，老子天下第一，飞扬跋扈是他覆灭的根本原因。

我成长的顺利养成了我独断专行的个性。我参加工作后的第六年就走上了处级领导岗位，那年才 28 岁，33 岁便升任副厅级领导干部，不久又担任正厅级领导，并且是主政海南共青团和文昌市委的"一把手"。仕途的顺利使自己甚至把自身的缺点也看成是优点，养成了独断专横的个性，全无自知之明，这成为我终身的遗憾。

● 海南省文昌市委原书记谢某，55 岁，2008 年 8 月 24 日因受贿罪、巨额财产来源不明罪被判处死刑，缓期 2 年执行。

检察官寄语：

顺利是好事，也是坏事，关键看你怎么去对待。就凭年轻，就被迅速提拔，不见得是好事，一些过早被提拔的年轻干部现在不少正在监狱里呢！因为他们没有经受过艰难曲折的考验，他们对党的优良传统和作风还没有真正的了解，他们把自己的"高升"看成是自己有能耐，于是目中无人、独断专横、飞扬跋扈，年轻人如何当干部、如何当领导干部，应当从中吸取教训和警示。

张扬自我，这是我一贯的毛病。喜欢表现自己，喜欢贪天下之功为己有。逢会必讲话，作指示。对上级总是讲自己多么大的功劳，滔滔不绝，生怕领导不知道；对下级也爱胡吹自己的所谓"政绩"，唾沫星子满天飞，引起方方面面的反感，逐渐失去了领导和群众的信任。现在想起来，自我的张扬，对自己百害而无一利。

• 海南省文昌市委原书记谢某，55 岁，2008 年 8 月 24 日因受贿罪、巨额财产来源不明罪被判处死刑，缓期 2 年执行。

检察官寄语：

在这里我们不妨重读毛泽东同志在党的七届二中全会上对全党的告诫："继续地保持谦虚、谨慎、不骄不躁的作风，继续地保持艰苦奋斗的作风。"当领导的，唯我独尊，摆不正关系，自以为是，从历史上看，没有一个不失败的。大家可以重温郭沫若先生的《甲申三百年祭》，这是延安整风的重要文件，今天读来仍然有积极的意义。

我的思想开始发生了变化，开始出手大方，俨然一个大老板，下属也称我"老板"，我也喜欢这样的称谓。我明知不能为，却心存侥幸，用自以为隐蔽、安全的方式去求利，最终是落得身败名裂。真是"贪婪是恶魔，可使辉煌化为乌有"。

• 湖南省洞庭湖水利工程管理局原局长曾某，43 岁，2008 年 10 月 27 日因受贿罪、贪污罪被判处有期徒刑 13 年。

检察官寄语：

年纪轻轻，喜欢下属称自己为"老板"，这种潜意识本身就是一种思想作风的不健康，是忘记公仆和为人民服务宗旨的开始，是独断专行、我行我素的必然，在行使权力的过程中自以为是。漠视党纪国法哪有不被历史所淘汰的？真可谓："贪婪是恶魔，可使辉煌化为乌有。"

市委宣传部长、市广电局长的乌纱帽是我给的，肯定不敢监督我；外地的记者可以通过主管部门（去）做工作；省里的媒体可以通过省里的部门（去）做工作。所以舆论监督对我来讲，只是一个摆饰。

• 湖南省郴州市委原书记李某，58 岁，2008 年 11 月 28 日因受贿罪、巨额财产来源不明罪被判处死刑，缓期 2 年执行。

检察官寄语：

李某专横跋扈的嘴脸一览无遗，大权在握，有不敢监督的，有可以做工作不让监督的，如果都这样，舆论监督真的成了被"权力"左右的"附庸"了！判决一个李某，只是"消灭"一个贪官；通过李某的"忏悔"，不多去问几个为什么，"李某"们还可能成群结队地出现！

我出生在一个贫寒的农家，1988 年从上海一大学毕业，被分配在南阳地委办公室工作。当时我谦虚谨慎，任劳任怨，得到了领导和群众的好评。可是，我担任领导以后，开始骄傲起来，听不得别人的意见，在家里也不听妻子的忠告，我行我素，独断专行，利用职权大肆受贿，还包养情妇生了私生子，都是我自己的张扬跋扈害了我。

● 河南省桐柏县原副县长高某，39 岁，2009 年 10 月 30 日因受贿罪被判处有期徒刑 13 年。

检察官寄语：

这是一个被自己妻子告倒的贪官，妻子多次忠告他，当领导要严格要求自己，不要谋取私利，但是他只当耳旁风。2009 年 6 月 5 日下午，他妻子闯进县委会议室，向人们声称："我是高某的妻子，向组织举报他贪污受贿、包养二奶，请组织查实……"这个正在县长公示期间的官员就这样被自己的妻子揭露了出来。

我在自己工作多年的高速公路上"刹不住车"，从第一次受贿到案发，长达 14 年。从半推半就到主动索要，完全是个人私欲膨胀，缺乏监督所致，贪婪毁了我的下半生，作为一个知识分子，我无地自容。

● 河南省高速公路发展有限公司原副总工程师兼河南新欣高速公路发展有限公司原董事长齐某，46 岁，2009 年 11 月 20 日因受贿罪被判处有期徒刑 12 年。

检察官寄语：

一个负责技术工作的知识分子被"铜臭"腐蚀了灵魂。自 1995 年有了第一次，到故意多造预算给自己留下巨额"利润"，终于在 2009 年案发，虽然有长达 14 年的"安全"，但仍然应验了"多行不义必自毙"的老话。具有公权力的人们，贪婪之念丝毫不能有啊！

我出生于普通农家，长期在省财政厅工作，没有任何背景，靠自己的勤奋、踏实和努力，一直当到副厅长。我知道领导干部要廉政自律，所以，长期以来自己还是能够做到这一点的。2002 年，女儿要出国留学，自己家的钱不够支付其一年的费用，这时孙某得知后送来了 30 万元，我也犹豫过，可为了女儿，我还是收下了。为了报答孙某，我将某项业务擅自给其等三家没有资质的公司，并且私订了高于国家规定的价格，结果导致国家直接损失 1566.9 万余元。我的一念之差，毁了我原先清白的半辈子。

● 河南省财政厅原副厅长姬某，53 岁，2009 年 11 月 29 日因受贿罪、滥用职权罪被判处有期徒刑 13 年。

检察官寄语：

一个长期能够廉洁自律的领导干部，在女儿出国需要钱的时候，脑子糊涂了，放弃了原则，进行了权钱交易，同时也给国家造成了巨大的损失。正如该贪官自己所说："我的一念之差，毁了我原先半辈子的清白。"所以，廉政自律绝对不是"一阵子"而是"一辈子"的事，任何时候松懈不得、任何时候忽视不得。

严重的情面观点、思想麻痹放松警惕、政治敏锐性不强、纪律观念不严是我将一辈子汲取的教训。

• 上海市某执法机关原副局长孙某，54 岁，2009 年 12 月 22 日因受贿罪被终审判有期徒刑 10 年 6 个月。

检察官寄语：

一个执法机关的副局长，与涉黑的老板搞在一起，碍于情面而放弃原则，丧失了执法干部的基本立场。在受到处分被调离原岗位以后，却仍然收受该老板贿赂 40 万元。他想用金钱弥补自己失去的，但是贪婪让他失去的更多。

我回顾自我迷失的过程，有"四个错把"导致自己人生的异化和价值观的扭曲：

1. 错把权力当能力，或者说把公权当私权。
2. 错把利益关系当朋友关系。
3. 错把职务影响当人格魅力。
4. 错把潜规则当行为规范。

• 上海市某区原区委副书记、区长蔡某，46 岁，2010 年 3 月 4 日因受贿罪被判处有期徒刑 14 年。

检察官寄语：

蔡某忘记了执政党"权为民所用、利为民所谋"的宗旨，利用权力甚至利用特权弥补心理失衡，进而为谋取私利不择手段。说明其存在政治思想教育脱节、落后和主流意识形态衰落的问题，这也是一些干部政治方向迷茫，理想动摇，失去了行动的准则和目标，个人利益成为最高的行为指针的根本。我们应该从中引出哪些警示呢？

我在县委书记岗位上搞"一言堂"，无视组织原则，自己一个人说了算，与一些老板，特别是与一些黑社会性质的坏人搞在一起，导致武宣县黑社会势力嚣张，造成严重后果。我在任县长、县委书记期间，共 30 余次收受工程老板、矿老板、民企老板等 10 余人的贿赂达 200 余万元，其中一些就是黑社会性质的坏人。

• 广西壮族自治区武宣县委原书记彭某，50 岁，2010 年 8 月 26 日因受贿罪被判处有期徒刑 10 年。

检察官寄语：

自 2003 年以来，武宣县三任县委书记覃某、李某、彭某先后因腐败而锒铛入狱，堪称"前腐后继"，彭某虽然排在最后，但却是涉案金额最大的一个。一个县，如此频繁地出现"一把手"腐败分子，根本原因还是"一把手"的权力过大，没有监督和制约，完全靠"一把手"个人说了算。如何把"一把手"的权力纳入正常的轨道，值得研究。

我收到起诉书一看，起诉金额如此巨大"1180 万"，一下懵了，我都不相信自己有这么大的胆子。我虽然是个副处级，但拥有 8 大职务，3 个行政官位，5 家企业的董事长职位。我自认为成了"政治新星",从内心无比自信很快走到"得志便猖狂"胆大恣睢,无所顾忌的境地。

● 安徽省合肥某开发试验区财政局原局长、国资局原局长、管委会办公室原负责人;合肥城市建设综合开发集团有限公司原董事长、党委书记董某,41 岁,2010 年 9 月 12 日因受贿罪,被判处有期徒刑 14 年。

检察官寄语:

年轻干部、八个职务;一帆风顺、政治新星;犯罪金额巨大、离开岗位判刑。如此种种,集中在这一个人身上好像是"天方夜谭",但确是事实。我行我素、缺乏监督、"得志便猖狂"恐怕是重要的原因,年轻干部尤要引以为戒!

我给 10 余名企业老板和请托者在工程业务承接、土地规划、费用缓缴减免、户籍迁移等方面予以关照和支持,收受贿赂价值人民币 62.37 余万元,完全是我侥幸心理、无视法律的结果,我认罪服法,接受法律的制裁!

● 浙江省舟山市定海区委原副书记虞某,48 岁,2010 年 9 月 16 日因受贿罪被判处有期徒刑 11 年。

检察官寄语:

多少贪官就是因为与老板搞在一起,称兄道弟,开始时都自信能够把握住自己,但在"糖衣炮弹"的攻击下,久而久之便自觉或不自觉地放弃原则,然后便利用职权投桃报李,进一步发展和巩固关系,如此这般哪有不出问题的!交友不慎为什么到了不可挽回的地步才明白呢?值得深思!

当初自认为受贿是"一对一",自己受贿中遵循"办成事收钱,办不成退还"的做法,行贿人不会告发,群众和组织也不会知道。

听说某某某被抓,我错误地认为,现在社会上搞腐败的比较普遍,反腐败是"隔墙扔砖块"——"砸到谁谁倒霉",某某某他被查是他运气不好,没想到今天会轮到我的头上。

● 甘肃省宕昌县委原书记王某,43 岁,2011 年 4 月 7 日因受贿罪、巨额财产来源不明罪被一审判处死刑,缓期 2 年执行。

检察官寄语:

把反腐败看成是"隔墙扔砖块"——"砸到谁谁倒霉","某某某他被查是他运气不好,没想到今天会轮到我的头上。"贪官王某的落马恐怕就是这种极端错误思想所导致的。所以,以什么样的指导思想来控制手中的公权力是非常重要的,绝对不可以是随心所欲、听之任之的!

我骄傲自满,个性张扬,脾气暴躁,走到今天这一步,悔恨交加,完全咎由自取,不怨别人，只怨自己政治素质低下，法治观念不强，晚节关没有守牢。从入党至今已经 30 多年，将退休时因一时贪念而身败名裂。

• 上海市司法局原副局长史某，57 岁，2010 年 11 月 19 日因受贿罪被判处有期徒刑 11 年。

检察官寄语：

曾经的"史副局长"出生于干部家庭，从军的生涯一帆风顺，以大校军衔转业至地方局级干部岗位，虽然其具有能说、能写的特长，但自恃有能力，过于狂妄、傲慢，平时听不得别人的一点批评意见，独断专行，我行我素，导致在犯罪的道路上越走越远，临近退休却进了监狱，用其自己的话来说："因一时贪念而身败名裂。"前车之鉴啊！

由于我在领导岗位上控制着一定的权力，渐渐地就滋生了独断专行的脾气，加之权力集中，为迎合我，一些有求于我的人不断给我行贿。我在被"双规"期间，曾经思考如何杜绝"人情礼"，有的人钱一扔就跑，想退钱追都追不上。

• 河南省濮阳市政协原副主席刘某，53 岁，2010 年 12 月因贪污罪、受贿罪被判处有期徒刑 14 年。

检察官寄语：

由教育局长提升至副厅级领导干部的刘某，曾经在教育领域取得过一些政绩，然而就自傲起来，目中无人，胆大妄为，贪污近 20 万元，受贿达 94.3 万元，被当地人们称为："政绩和贪欲'兼修'的贪官。"如何对待权力、如何对待成绩、政绩是每个官员必须时时刻刻认真考虑的！

我一件衬衣一万多，你们谁送得起！趁早别跑、别送，我只认工作！

• 山西省运城市公安局原局长段某，45 岁，2010 年 12 月 13 日因巨额受贿罪，终审被判处无期徒刑。

检察官寄语：

这倒不是这个不可一世的"段局"的忏悔，是他昔日在一次大会上铿锵有力的训话，既抬高了自己的档次，又表明了廉洁的立场，一举两得。贪官"狂妄"、"作秀"到如此程度，叹为观止！如此狂妄的人，怎么是正常的领导干部呢？果不其然，2009 年 1 月 7 日被"双规"的段某终于被判了，无期徒刑，这是狂妄之徒的必然下场！

我是完全被自己的独断专行、我行我素葬送了，我只有接受教训，认真改造，重新做人。

• 广西壮族自治区来宾市烟草专卖局原局长韩某，54 岁，2010 年 12 月 14 日因受贿罪被判处有期徒刑 13 年。

检察官寄语：

"日记门"的始作俑者，利用职权大肆进行权钱交易、权色交易，挥霍公款、生活糜烂，竟然书写了好几本"情色日记"，在网络上引起了极大的关注和抨击。经有关部门调查，确认其受贿犯罪事实，被判刑入狱。如今他可能在开始写"监狱门"的日记了！他的教训提醒我们，每个人必须每天都写好自己的人生日记！

我曾经说过，李某出事是迟早的事，他台上讲一套，台下做一套，表里不一，阳奉阴违，群众反应很大。我曾经在李某办公室给他提意见说，"春风大雅能容物，秋水文章不染尘，要容得不同意见，要清正廉洁！"但他听不进去。中纪委关于领导干部廉洁从政问题的文件下了301个，还是没能防止李某这样的干部犯错误，这是值得我们深思的。可就在当天晚上，我也在会议地点向一名老板索贿20万元，真是绝妙的讽刺。

●湖南省郴州市委原副书记、纪委原书记曾某，61岁，2010年12月30日因受贿罪、巨额财产来源不明罪被执行死刑。

检察官寄语：

这是一个真实的事，在官场上，许多时候往往"好人"和"坏人"是难以从表面上分清的。因为官员都会讲大道理，一二三四；都会教育群众，面面俱到；都会义正词严，不留情面。可是，实践告诉我们，看官员是不是符合标准，应当看他的生活细节，看他对群众的感情，看他是否表里一致。

七、"罪行深重，对不起党和人民"

我犯下的罪行是严重的，对不起党，对不起人民，对不起我工作过的地方的干部、群众。我犯下的罪，毁了我的前程，毁了我的家，毁了我的一切，连生命都要失去了。

我出生于贫穷的家庭，能够当上领导，是党和人民培养起来的，我没有很好为党为人民做好工作，我希望我们在座的领导，特别是市县的领导，从我身上吸取教训。我的教训就是当上领导，特别是一把手后，失去了监督，不自觉，自己说了算，只要求别人，放松对自己思想的改造，向钱看的思想比较严重。

●海南省东方市委原书记戚某，46岁，1998年12月1日因受贿罪、巨额财产来源不明罪被判处死刑。

检察官寄语：

笔者有一个长期联系的希望小学，就在戚某曾经担任过县委书记的海南省乐东黎族自治县，那里的老百姓生活十分贫困，一些乡村至今还不通电。笔者亲自了解到，只要

300 元钱，就能解决一个失学儿童一年的生活费和学费。与此相比，他们的县委书记竟然大肆搜刮民脂民膏，贪污受贿达 1400 余万元，如果这些钱拿来用在改善当地老百姓的生活上、用在失学儿童的复学上，那应该是一个什么样的贡献啊！所以，戚火贵不死，民心不服、天地难容！

管好权、用好权是我们的责任和义务，而绝不是谋私利的资本……虽说我也拒收过几十笔贿赂，但对个别人熟、关系好拉不下面子的也就收了。从而得出教训，在对待纪律和法律，在处理公与私的问题上，就是亲爹亲娘也不能光讲情面。

● 湖北省原副省长孟某，61 岁，1999 年 12 月 2 日因受贿罪被判处有期徒刑 10 年。

检察官寄语：

从这个昔日"孟副省长"的忏悔可以看出，对于什么能做，什么不能做，其实他的心里是明白的，以前也曾经是能够廉政自律的，为什么不能持之以恒呢？那就是思想上出现了偏差，自以为是，自我安慰，自说自话。事到如今他才明白，"位子"与"面子"哪个重要！

> 出身布衣贫，自幼讲诚信。
> 大事不糊涂，唯因一念蠢。
> 失足身名裂，铸成千古恨。

● 广西壮族自治区玉林市委原书记李某，52 岁，1999 年 1 月因受贿罪、巨额财产来源不明罪被判处死刑。

检察官寄语：

喜欢舞文弄墨，在临死前还要感叹一番，想起自己的出身，回顾自己的成长，后悔"唯因一念蠢、失足身名裂"。真可惜，一切都来不及了，只能给活着的人留作警示吧！记住：聪明的人把别人的教训引为警示，愚蠢的人以自己的教训警示别人！

我是一个贫苦农民家庭出身的孩子。我 7 岁就参加了家中的农务劳动，拾柴、捡粪、放牛、放羊、打短工，随父亲下地种田，受苦挨累，一年到头饥寒交迫，苦不堪言。直到家乡解放，参加儿童团，到 13 岁才开始上学。我在祖国的南疆海南铁矿山沟里工作 22 年，未想过能当上一名副省长。

就在我当上副省长期间，放松了学习，放松了思想和世界观的改造，没有树立起无产阶级的人生观和世界观。在海南改革开放大潮中，失去了警惕，把握不住自己，经不起金钱美女的诱惑，走上了腐化堕落的犯罪道路，这就是我犯错误的根本原因。

● 湖北省原副省长孟某，54 岁，1999 年 12 月 2 日因受贿罪被判处有期徒刑 10 年。

检察官寄语：

出身贫困，也通过自己的努力勤奋，逐步当上了高官，更应该不忘本色，更应该廉政自律、克己奉公，以积极努力工作的成果回报党和国家的培养、回报人民群众的信任。但是，这些位高权重的贪官们官大了，忘本了，也追求起醉生梦死、奢侈糜烂的生活来了，终于走向了人民的反面，可悲啊！

我是一个穷孩子，无祖荫可言，同龄者大有人在，唯我们少数脱颖而出。然而现在事业的成就，家庭的幸福，个人的前途同时顿失，真是痛悔莫及！

● 广西壮族自治区原副主席徐某，54 岁，1999 年 12 月 30 日因受贿罪被判处无期徒刑。

检察官寄语：

昔日的"徐副主席"短短的几句话，不失为真心感言，只有经历过大起大落的人才可能有这种刻骨铭心的感悟！可惜的是其在位时为什么不时时提醒自己呢？在位时为什么不经常对照普通平常的同龄人呢？如今从天堂跌落到地狱，身陷囹圄、身败名裂、家破人亡时才刚刚感悟，为时已晚矣！这就是对还在位子上的官员们的警示！

家乡的山水养育了我，父老乡亲帮助了我，党组织和各级领导培养了我。我由一个农民的儿子成长为一名副省级干部，是多么不容易啊！我悔恨莫及，成长起来了，生活好了，进了大城市，当了高级干部，可是把过去却忘记了。"忘记过去，就意味着背叛"，现在我犯了严重错误，真正体会到了保持艰苦奋斗优良传统和艰苦朴素的作风是多么重要！它是一剂十分难得的良药，可以教育挽救人们的性命！痛定思痛，我要永远牢记这一惨痛的教训。

● 江西省原副省长胡某，51 岁，2000 年 3 月 8 日因受贿罪、行贿罪、巨额财产来源不明罪被执行死刑。

检察官寄语：

胡某是个孤儿，用他自己的话来说："我由一个农民的儿子成长为一名副省级干部，是多么不容易啊！"但他随着权力的增大、地位的攀高，思想急剧滑坡，甚至丧失了基本的理想信念，与党和人民离心离德，完全堕落成一个一味地为个人、为家庭谋利益的腐败分子，最终连性命也丢了。他已无法记住这一惨痛的教训了，记住这个惨痛教训的应该是我们大家！

三年光阴似飞梭，断送前程一瞬间。
不该当初图名利，党的重托抛一边。

● 福建省政和县委原书记丁某，46 岁，2000 年 3 月 30 日因受贿罪被判处无期徒刑。

检察官寄语：

这是个著名的"红包"书记，其自称座右铭是"当官不发财，请我都不来"。这个在县委书记领导岗位上仅仅干了 3 年的贪官，成了"无期徒刑"的对象，这充分说明他一开始就是为了"发财"才来"当官"的,这样的贪官迟早要被自己断送前程的,而我们的用人机制该如何吸取教训,值得深思。

第一次尝到"甜头"后,我的胆子也逐渐大起来了,觉得这样赚钱真实容易。想到自己以前下乡时,每天累死累活挣9个工分,才一毛钱。对比起来是天壤之别。此时的我利令智昏,党性原则、法律道德全被贪欲挤到了脑后。

● 湖南省雪峰集团有限公司深圳分公司原副经理邓某,45岁,2001年4月10日因贪污罪、受贿罪被判处有期徒刑19年。

检察官寄语:

从"每天累死累活挣9个工分,才一毛钱"到各种名义的贿赂纷至沓来,尝到了钱来得太容易的甜头,必然不再珍惜来之不易的工作和待遇,而是贪欲膨胀,利令智昏,手越伸越长,"党性原则、法律道德全被贪欲挤到了脑后",那么毫无疑问,这种人的结果就是后悔莫及。

我出身贫苦,是党把我从一个政法学院毕业的大学生一步步培养为党的领导干部,于情于理我都应该努力学习,勤奋工作,报效祖国,为自己的人生留下光彩的一页,可是我却在事业的巅峰晚节不保,掉队了,颓废了,变成了不折不扣的腐败分子,党和国家、人民的罪人。

我的犯罪葬送了自己的政治生命,酿成了终身遗憾的后果,我的犯罪使亲人蒙羞,给妻子、儿子造成了巨大的精神压力和感情痛苦。

● 沈阳市中级人民法院原院长贾某,55岁,2001年10月9日因贪污罪、受贿罪、挪用公款罪、巨额财产来源不明罪被辽宁省营口市中级人民法院判处无期徒刑。

检察官寄语:

曾经有一个反腐败专家分析过贪官们的一种共同的现象,就是贪官们几乎都有一个苦难的童年;都有一个奋斗的青年;都有一个成功的中年;可惜的是,都有一个悲惨的晚年。贾某就是这样一个晚节不保的典型代表人物,他以上的这段话是应该可以给我们镜鉴的:"我的犯罪葬送了自己的政治生命,酿成了终身遗憾的后果,我的犯罪使亲人蒙羞,给妻子、儿子造成了巨大的精神压力和感情痛苦。"

我是一个普通工人家庭的孩子,在党和人民无微不至的关怀下,接受了良好的教育,又在各级领导和同事们的培养和帮助下、在亲人们的理解和支持下,通过自己努力的工作,逐步走上了领导岗位。可是我没有珍惜这一切,而是走上了犯罪的道路。面对惨痛的教训,我追悔莫及。

● 四川省攀枝花市建委原副主任、建设局原局长彭某,48岁,2004年11月24日因受贿罪被判处有期徒刑7年。

检察官寄语：

辛辛苦苦靠自己的努力、坚持不懈奋斗得来的地位，应当更加珍惜，更加严于律己，更加以身作则。但是，还是忘本，还是变质，其中有规律性的原因，就是根正苗红的干部被提拔上来了，还有一个教育、监督的问题，靠干部个人进行自觉、自发的发展现在看来是不科学的，任何权利必须置于监督之下。

我是一个地地道道的农民的孩子，逐渐走上副厅级领导岗位，完全是党组织培养的结果，可我却没有认真改造自己的世界观，贪图金钱，不执行党员领导干部廉洁从政的有关规定，在任县委书记期间，先后收受企业、单位送给我的现金 200 多万元，堕落成为一个犯罪分子。我深感罪恶深重，辜负了党组织的培养，辜负了人民的期望。

● 四川省雅安市原副市长汤某，48 岁，2005 年 9 月因受贿罪被判处无期徒刑。

检察官寄语：

出身农民，逐渐当上了领导干部，但是思想觉悟没有提高上去，官越当越大，问题也越来越严重，什么人都敢交，什么钱都敢拿，待积重难返、不能自拔就一切晚了。

夜深了，我躺在硬板铁床上，辗转反侧，难以入眠。1951 年我出生在一个贫穷的家庭，打小起，勤劳正直的父母就经常教育我要做一个好人。我参军、入党、提干，一路还是小心谨慎、顺风顺水的。然而，我在年过五十后，思想发生了变化，以至于走上了以权谋私的犯罪道路。

● 湖南省邵阳市湘运公司原党委书记兼总经理（正处级）王某，56 岁，2006 年 1 月 19 日因受贿罪被判处有期徒刑 14 年。

检察官寄语：

又是一个贫困农家出生的贪官，在权力岗位上，收受贿赂 130 多次，共计 100 多万元，他的问题出在："我在年过五十后，思想发生了变化，以至于走上了以权谋私的犯罪道路。"活到老、学到老，保持晚节，站好最后一班岗是非常重要的，何况他还没有真正地老。

假如给我一个重新选择的机会，我一定会把自己幸福的标准定得尽可能低点，有饭吃、有房住、有工作干；清晨神定气闲出门，傍晚平平安安回家。我要的就是这种幸福。

● 上海市某区烟草专卖分局原局长张某，45 岁，2007 年 4 月因受贿罪、贪污罪、巨额财产来源不明罪、隐瞒境外财产罪被判处有期徒刑 20 年。

检察官寄语：

为什么贪官只有到了监狱才能明白什么是真正的幸福？才能明白该如何定位自己的人生？联想在平日里，权位越高越好，钱财越多越好，期望值永无止境。但一旦失去了自由，就只求"有饭吃、有房住、有工作干"就可以了？因而，对什么是"幸福"应当有准确的定位，平时加强思想改造，牢固建立预防腐败的思想防线，树立正确的世界观、人生观、价值观是多么的重要！

我唯一放不下的是自己的亲人，奶奶探望我时流下的眼泪让我痛心不已。那天，奶奶颤巍巍地来了，她是赶了整整两天的路才到的。接见中，我感到有一滴液体滴到了我的手背上。奶奶揉了揉自己的眼睛，却没有摸到眼泪。我仔细看了看自己的手背，确实有一点红红的，会不会奶奶眼睛里滴出的是血？

●上海市某区烟草专卖分局原局长张某，45 岁，2007 年 4 月因受贿罪、贪污罪、巨额财产来源不明罪、隐瞒境外财产罪被判处有期徒刑 20 年。

检察官寄语：

曾经努力工作，也取得了一些成绩，但自担任了"一把手"以后，忘乎所以，独断专行，自以为是起来了。躺在成绩和功劳之上，不再注意自己的思想改造，不接受各种监督，我行我素，终于一步步走向了犯罪。如今在监狱里，面对亲人只能以泪洗面、悔恨交加，这一切怪谁呢？

我出生在山东省梁山县王村，当年为了供养我上学，父亲卖掉了家里的三间房。父亲一个人闯关东，母亲在家既要种地，又要照顾三个孩子，一次，村里食堂发了窝窝头，母亲舍不得吃，留着给从县城放学回家的我吃。自己则吃树皮和草根。我自当上了领导干部以后，特别是当上了高级领导干部以后，彻底忘本了。

●安徽省委原副书记王某，63 岁，2007 年 1 月 12 日因受贿罪、巨额财产来源不明罪被判处死刑，缓期 2 年执行。

检察官寄语：

一个出身贫苦的孩子，党和人民把他培养成高级领导干部，但他却忘记了自己的出身、忘记了自己的身份、忘记了自己的职责。王某为官期间竟然先后 294 次从 44 个人或单位处收受贿赂 704 万元，另外，对 649 万余元财产不能说明合法来源。其所作所为完全堕落成一个被人民、被历史唾弃的腐败分子。

我逃亡美国以后，当地华人得知我是一名涉嫌贪污的大陆官员时，都对我表示反感和冷淡。我在那里不敢乱说乱动，寄人篱下的日子欲哭无泪。这些难以名状的精神痛苦使我深刻明白，美国不是天堂。我告诫诸多想潜逃的职务犯罪分子不要选择潜逃，我奉劝那些已经逃亡的贪官们早日迷途知返。

●黑龙江省经济体制改革委员会原主任、党组书记宋某，63 岁，因贪污罪、受贿罪于 1994 年 6 月 13 日被检察机关立案。其逃亡美国 13 年，2007 年 7 月被美国遣返回国后被刑事追究。

检察官寄语：

宋某得知检察机关立案的当天潜逃，途经长春、珠海、澳门、香港，然后到加拿大，生活 4 年后，于 1998 年又到美国，与一华裔女子结婚。2007 年 5 月 14 日被美国有关方面抓获，7 月 22 日被遣返回国。其逃亡之路痛苦不堪，得不偿失，他的告诫值得一些有类似想法的官员们深思。

我对不起党组织，最终没有为党增光反而抹了黑，对给企业发展带来的损失我也只能遗憾终身。同时，我也为我的家庭带来了灾难性的伤害。我的家庭比较特殊，我岳母已 80 多岁，从小就卖给人家，连自己姓什么都不知道，28 岁离婚后就和我爱人母女俩相依为命，她和我们一起生活了 30 多年，她和我情同母子；我爱人体弱多病，患有严重的抑郁症，十多年前就请病假在家。我想她们目前一定是以泪洗面，情景悲凉。

● 上海某（集团）总公司原党委书记、董事长王某，58 岁，2007 年 12 月 20 日因贪污罪、受贿罪被判处死刑，缓期 2 年执行。

检察官寄语：

忘本、背叛！几十年来，党和人民、组织和家庭给了他一切，可是他丝毫没有感恩和敬畏，他的所作所为就是对党和人民的背叛、对事业和企业的背叛、对家庭亲人的背叛，一切都是他自己酿的恶果，再重复一句老话："多行不义必自毙！"当为戒！

铁窗高墙下，经常想起在农村时童年的艰辛。读小学时，父亲就为我做了一担小粪筐，一边放牛一边捡粪，交给生产队挣工分。放学回家还要挖树头烧炭，摘桉树叶卖给供销社换作业本……想起上初中一年级时，姨丈送我一双旧鞋，那是我第一次穿上鞋子。那种高兴呵！在这之前都是打赤脚，寒冷的冬天，双脚冻开了口子，鲜血直流……

● 海南省文昌市委原书记谢某，55 岁，2008 年 8 月 24 日因受贿罪、巨额财产来源不明罪被判处死刑，缓期 2 年执行。

检察官寄语：

在铁窗高墙下才有闲暇回忆起以前艰苦的日子，在那些位高权重的日子里怎么没有想到呢？忘本！这就是思想蜕化、变质、堕落的重要原因。许多贫困家庭出身的贪官，因为曾经贫穷过，所以特别害怕再贫穷，于是一旦有了条件、机会，就变本加厉地进行自我弥补，诸如大吃大喝、挥霍公款，必然再发展到利用权力拼命敛钱，臆想世世代代富下去，这种贪官的最终结局非常可悲是不足为怪的。

一路走来，一路坎坷，一路光环，这些光环和待遇得益于党组织的精心培养，得益于人民群众的大力支持和信任。然而就是在这些光环和待遇之下，自己放松了学习和思想上的改造，淡化了理想信念，忘记了农民本色，淡化了宗旨意识……从而一步步走上了犯罪的道路。这是我的人生轨迹：农民—教员—干部—领导—罪人。真是己之所为，人之所叹，人之所弃，人之所恶，人之所憾。

●甘肃省陇南市政协原副主席任某，52 岁，2008 年 12 月 29 日因受贿罪、巨额财产来源不明罪被判处有期徒刑 11 年。

检察官寄语：

一个先进人物，在不断得到提拔以后，结果反而成了犯罪分子，其中有哪些问题值得我们思考呢？贪官给我们上课了："自己放松了学习和思想上的改造，淡化了理想信念，忘记了农民本色，淡化了宗旨意识……从而一步步走上了犯罪的道路。"

19 岁那年，怀着对党的信仰和对人民的一腔热忱踏上了工作岗位，曾兢兢业业、扎扎实实地工作过。由于家庭困难，父母年老体弱，爱人无固定职业等方面的原因，我承受着生活的压力。可渐渐地我忘本了，闲暇时总爱把别人与自己比。到后来，突生非分之想，幻想有一天也能像别人那样"潇洒走一回"。要潇洒得需要钱，从此我为钱动了心，最终走上了犯罪的道路。

●山东省菏泽市某国家机关干部徐某，44 岁，2009 年 7 月 23 日因受贿罪被判处有期徒刑 8 年。

检察官寄语：

出生于贫困家庭的农家子弟，原本均有一种朴实、朴素、奋发向上的品质。可是，在进了城、当了官、掌了权以后，就不再努力了，对自己没有约束了，慢慢就变了。开始与别人比享受、比潇洒、比挥霍了，其思想上的根本问题是忘本了，在缺乏监督制约的情况下，这种人没有不变质堕落的。

回顾我思想蜕变的轨迹，我从一个农家子弟成长为一名国家干部，成为一名党员领导干部，到现在蜕变成人民的罪人，蜕变成公仆中的败类，被钉在历史的耻辱柱上，最根本的原因是忘记了自己的奋斗历程，忘记了自己贫苦的出身，始于虚荣，终于贪婪，最终泯灭了良心。

●陕西省西安市某国家机关原处级干部唐某，45 岁，2009 年 10 月 20 日因受贿罪被判处有期徒刑 12 年。

检察官寄语：

这个官员的堕落，正如他自己评析的那样："最根本的原因是忘记了自己的奋斗历程，忘记了自己贫苦的出身，始于虚荣，终于贪婪，最终泯灭了良心。"因此，如何认识贪婪、抑制贪婪、消除贪婪，这个贪官的堕落历程是对各级官员的又一次警示。

1954 年 3 月，我出生在江西省进贤县的一个农民的家庭，因家境贫寒，念书念到初中二年级就被迫辍学了。55 年后，我在牢房里度过了我的生日。抚今思昔，不禁黯然垂泪；面壁思过，倍感悔恨万千。2008 年 10 月，我被"双规"。30 年前我加入中国共产党，30 年后却身陷囹圄。不是历史给我开了一个玩笑，而是我自导自演了一部人生悲喜讽刺剧。

● 江西省新余市原副市长吴某，55 岁，2009 年 12 月 23 日因受贿罪被判处有期徒刑 15 年。

检察官寄语：

一失足成千古恨，一念之差毁终身。在牢狱里想起了自己的生日、想起了自己入党的经历，真正地感受到了："不是历史给我开了一个玩笑，而是我自导自演了一部人生悲喜讽刺剧。"切肤之痛，震撼人心！为了不让这种"讽刺剧"反复重演，我们每个领导干部必须时刻做到严于律己、严格自律。

我曾经在艰苦环境的西北地区生活，物质方面也没有过高的要求，比较容易满足，在工作方面一直是身先士卒，也作出了一些成绩，最终走上了局级领导岗位。但是随着时间的推移，自己放松了学习和世界观的改造，再加上大环境的影响，自己挡不住金钱的诱惑，交友不慎，考虑钱的问题多了，尤其临近退休，生活水平受影响，产生了不平衡的心态，私欲膨胀，逐渐萌发了贪念。

● 上海市环保局原副局长严某，63 岁，2009 年 12 月 25 日因受贿罪被判处有期徒刑 11 年。

检察官寄语：

严某以权谋私是一种行政性腐败的表现，直接损害了环境评标系统公权力的威信和廉洁。对这些行将离开领导岗位的，易出现最后"捞一把"思想的官员的教育、监督、管理看来是不能松懈的。这也提示我们，对干部的教育、监督、管理的问题还存在薄弱环节，廉政应该是全方位的，无论相对哪个年龄段。

我出生在上海郊区农村的一个贫困的家庭，我上面有三个姐姐，那时困难时期，母亲每隔两天给我们姐弟总共四分钱，让我们四个去买根棒冰吃。棒冰买来，姐姐用菜刀切成四段，因为我最小，带棍子的那头给我，当时的日子我记忆犹新。

可惜，我当上领导干部以后，忘本了，想加倍享受，甚至以挥霍来弥补自己以前的苦日子。记得一次市里开人代会，为了中午能够睡个午觉，我竟然用公款在市中心五星级宾馆开了一间总统包房，就是让自己睡个午觉而已，我确实变质了，忘本了。

● 上海市某区原区委副书记、区长蔡某，46 岁，2010 年 3 月 4 日因受贿罪被判处有期徒刑 14 年。

检察官寄语：

从苦孩子到一定级别的官员，理应更加勤勉、更加廉政，可是到了领导岗位的蔡某却彻底变质了，彻底忘本了，挥霍纳税人的钱、挥霍公款竟然眼睛都不眨一下，平时经常与不法商人、老板打得火热，甚至沉溺于赌博，一掷千金，他走到今天这一步完全是咎由自取，罪有应得！

这些年来，我头脑里产生了一个误区，错误地认为我被提拔为分局局长，我的地位和手中的权力是上级个别领导给的、是我自己奋斗来的。

• 海南省海口市地税局某分局原局长陈某，45 岁，2010 年 4 月 2 日因受贿罪被判处无期徒刑。

检察官寄语：

"陈局长"道出了当前一些官员的心里话，如今一些官员把党和国家、党和人民的信任、嘱托错误地认为是上级个别领导的恩赐、关照。于是，根本不把国家和人民的利益放在心上，而是千方百计对上级的个别人表现出唯唯诺诺、言听计从、感恩戴德，这样的官员怎么能够在公权力的岗位上做出有益于人民的好事呢？隐患啊，危险啊！

忘记了农民的本色，背叛了党员的宗旨，践踏了党纪国法，我有今日完全是自己造成的，我罪有应得。

• 河南省封丘县委原书记李某，50 岁，2010 年 5 月 7 日因受贿罪被判处无期徒刑。

检察官寄语：

2002 年秋至 2009 年春节，李某在担任县长、县委书记期间，先后 1575 次收受下属 142 人的贿赂，计 1276 万余元，受贿的面几乎涵盖了县里的大部分干部，被媒体称为"创造最频繁受贿记录的县委书记"。一个共产党的干部，如此贪婪，把党纪国法完全弃之脑后，完全丧失了共产党员的起码资格，完全忘记了一个农民出身的干部的本质，倒台是迟早的事。

我农村家庭出身，当上了领导干部，心态就慢慢地变化了，思想上彻底地忘本了。这山指望那山高，为了自己能够提个副市级，敛钱买官，结果被骗子骗了。所以自己敛钱买官，是因为我的手下也是拿钱向自己买官的。我最终东窗事发，落得今天的下场，完全是必然的，我明白得太晚了。

• 河南省栾川县原县委书记、县长张某，54 岁，2010 年 9 月 1 日因受贿罪、贪污罪被判处有期徒刑 15 年。

检察官寄语：

这是一个典型的买官卖官的贪官，其在县长、县委书记的位子上，卖官先后索要或者收受 22 人 32 笔贿赂款 92.8 万元。而为自己买官，送出行贿款 60 万元。一个共产党的领导干部竟然在官场上玩封建官员的那一套东西，简直就是共产党的败类、共产党的耻辱！热衷于"跑官"、"买官"、"卖官"者要引以为戒！

我忘记了党和人民的嘱托，没有严格要求自己，讲一套，自己做又是一套，走到今天的局面，完全是我咎由自取，罪有应得。

●河南省商水县委原书记张某，48岁，2010年9月28日因贪污罪、受贿罪被判处有期徒刑17年。

检察官寄语：

这个县委书记在网上开设的某某论坛上公布了自己的手机号和邮箱，号称"有啥事就找'一群'"；"一群"就是时任商水县县委书记的张某。但经法院查明，其在任商水县县长、县委书记期间，先后贪污140万元；受贿118次，计310余万元。被媒体称为"最高调的县委书记"。这种"两面人"的领导干部在我们身边时常能见，要警惕啊！

法庭不仅仅是对我的犯罪行为进行了审判，对我的灵魂也进行了审判。我是一个由煤矿工人经党组织培养成长起来的干部，党和人民给了我崇高的职务和优厚的待遇。而我辜负了党和人民的厚望，在金钱的诱惑下走向了腐败深渊。我不知道今后该怎样弥补因自己的过错给他们带来的伤害。

●内蒙古锡林郭勒盟委原副书记蔚某，54岁，2010年9月29日因受贿罪、巨额财产来源不明罪被判处无期徒刑。

检察官寄语：

这个被当地群众称为"四吃书记"（票子、房子、车子、奇石通吃）的官员，终于被法律的正义之剑揭露而显出了原形。这些贪官长期以来怎么能够肆无忌惮地"通吃"呢？问题还是权力的运行的隐蔽、监督措施的无力、学习教育的形式主义！如果平时就能触及灵魂，那在审判席上就不会发生"对我的灵魂也进行了审判"这一幕了。

我是一个80后的青年，出生在一个普通而又幸福的家庭，和许多人一样，有过快乐的童年、天真烂漫的少年，对未来的生活也曾经有过自己的理想和希望。后来我进入了金融系统的单位工作，是我们同学中第一个拿到"金饭碗"的，我全家当时都高兴极了。可惜我没有把握好人生的道路，工作没几年，就坠入了贪污犯罪的泥坑，如今我要在监狱里度过漫长的时光，我后悔莫及！同龄的青年们，吸取我惨痛的教训啊！

●某金融机构电脑管理员石某，27岁，2010年10月11日因贪污罪被判处有期徒刑15年。

检察官寄语：

得来的也许是太容易了，就不知道珍惜。如今的80后都是随着改革开放的进程长大的，他们充分享受了改革开放的成果。相比笔者这些50后，长到10岁才第一次看到电视机，当初还是电子管的；3年自然灾害饿过；10年上山下乡累过；30年"极左"思潮的干扰苦过，而80后对这些偏偏是最缺乏的。所以，80后要学会珍惜、学会感恩、学会自律，要有信念、知责任、担大任！

我无视党纪国法，在县委书记位子上搞"一言堂"，独断专行，以致在错误的道路上越走越远，辜负了党和人民的厚望，是党和人民的败类。大家要时刻吸取我的教训，不要重复我的道路。

● 河南省太康县委原书记陈某，52岁，2010年10月21日因贪污罪、受贿罪、挪用公款罪、滥用职权罪被判处无期徒刑。

检察官寄语：

从上任县委书记到因贪污、受贿而落马仅一个月，共贪污公款570余万元；索取贿赂201万元；挪用公款1.06亿元；违反土地管理法规造成国家损失8000余万元。被媒体称为"最短命的县委书记"。他的这些犯罪行为当然不是在短时期里能够完成的，但"带病提拔"、"边提边犯"的问题不值得我们深思吗？

我是农民出身，过过苦日子，但在领导岗位上没有分清国家和个人的利益，私欲膨胀，贪婪无度，我结束了自己美好的前程，后悔莫及。

● 河南省渑池县委原书记仝某，47岁，2010年10月21日因受贿罪、贪污罪被判处无期徒刑。

检察官寄语：

其在任县委书记期间，收受贿赂达800余万元，2007年至2009年，其又先后11次将妻子个人的消费票据100余万元在县财政局报销后据为己有。被媒体称为"最顾家的县委书记"。这种厚颜无耻的领导干部好像还有一些，如有贪官号称："我人也是国家的，让国家给我支付一些个人的开销完全是正常的，不必大惊小怪！"领导干部队伍中有这样的官员是我们的耻辱！值得警惕！

最难面对的是来世，难以弥补的是愧疚，我愧对生我养我挂念我嘱我一路走好的父母；愧对爱我靠我把我作为她们精神支柱的妻子女儿；我如今身陷囹圄、度日如年、痛心疾首、追悔莫及！

● 甘肃省宕昌县委原书记王某，43岁，2011年4月7日因受贿罪、巨额财产来源不明罪被一审判处死刑，缓期2年执行。

检察官寄语：

其在任县委书记的1212天内共敛财1556.8万元，平均每天受贿超过1万元，真可谓"日进斗金"。他在任县委书记的3年里，受贿金额逐年递进：2007年受贿42.2万元；2008年受贿125万元；2009年受贿476万元。在一个国家级贫困县，王某敛钱逾千万，被媒体称为"最典型的渐进式县委书记"。一个国家级贫困县的县委书记如此敛钱，他把党和国家的利益、人民群众的利益、自己的前途和家庭的幸福全部忘记光了。

八、"钱多了，精神上却成了乞丐"

　　我随同某书记来上海工作，开始是比较谨慎的。时间长了，同各部门各省市负责人的秘书熟悉了，联系多了，他们委托我办的事多了，自己的胆子也比较大了。有秘书或熟人委托我办的事，我就去办，也不向书记报告。在对外交往中，我不严于律己，由于放松了自己的思想改造，没有用共产党员的标准来要求自己，不学习法律知识，而是见利忘义，从贪图小利逐步发展到严重受贿的犯罪道路……为了贪图个人私利，能过安逸享乐的生活，一心想发财致富，对不经劳动所得的不义之财，收了也不感到耻辱，把党和人民的利益，把党纪国法抛在脑后……

　　● 上海市委办公厅原副主任某，50 岁，1986 年 7 月 8 日因受贿罪被判处无期徒刑，后改判有期徒刑 10 年。

　　检察官寄语：

　　"余主任"、"大秘"，20 世纪 80 年代秘书犯罪第一人。在领导身边工作，本应更加勤奋、更加严谨、更加严于律己，但是，由于思想上出现了偏差，借以所处的特殊地位，非常容易"狐假虎威"起来，以为法律管不到自己的头上，一意孤行。自"余大秘"以后，秘书犯罪被绳之以法不在个别，堕落过程非常类似，所以，前车之鉴、引以为戒何等重要！

　　我看到前苏联的垮台，错误地以为我们的制度也长久不了了，政治上不行了，就准备在经济上为自己做准备。自己的政治思想一旦出现了偏差，贪欲就膨胀起来，就胆大妄为起来，想趁机为自己"大捞一把"，如今的苦果完全是我自己一手造成的。

　　● 上海某进出口公司原副总经理胡某，52 岁，1998 年 10 月因贪污罪被判处有期徒刑 15 年。

　　检察官寄语：

　　这个出生于革命军人、烈士家庭，自己又具有长期军队政治工作经历的领导干部，偏偏在政治上出现了问题。于是信念没有了，私欲膨胀了，迅速堕落为犯罪分子。可见，坚定理想信念、抑制贪婪私欲是何等的重要！对于官员，任何人都不能掉以轻心！

　　现在，我才真正认识到，钱财本是身外之物，钱少一点，可以催人向上，打掉头脑里许多私心杂念；钱多了，就容易走邪门歪道，将你葬身其中。这种个人主义、享乐主义的东西给我及一家带来了极大的灾难。由此反思，改革开放越深入，经济越发展，个人世界观的改造更要抓紧，须臾不可放松。否则，非要被时代淘汰不可，成为历史的罪人。

●江西省原副省长胡某，51岁，2000年3月8日因受贿罪、行贿罪、巨额财产来源不明罪被执行死刑。

检察官寄语：

胡某醒悟得晚了，死到临头才"真正认识到，钱财本是身外之物"，太可悲了，一个共产党的高级干部认识这个浅显的道理要付出生命的代价，是不是太残酷了？所以，坚定信念、牢记宗旨、筑牢思想防线不是说说而已，而是必须天天警示、时时对照，丝毫不可放松的戒律。

俗话说：天高不算高，个人欲望第一高。这正是对我的思想一针见血地批判。想当初，我和爱人上街，有时连一根冰棒都舍不得买来吃，到自由市场去买菜还要砍价。过去，黑白电视机都买不起，如今有了钱，还要囤积。也不知道要那些钱为了什么！

●江西省原副省长胡某，2000年3月8日因受贿罪、行贿罪、巨额财产来源不明罪被判处死刑。

检察官寄语：

贪官敛钱为什么？这也是我一直不明白的。胡某在临死前也在哀叹："如今有了钱，还要囤积。也不知道要那些钱为了什么！"社会上总有一些专家、学者不断提出"高薪养廉"，其实靠"高薪养廉"是行不通的，因为这些贪官们有的已经几百万、几千万、几个亿了，他们哪个满足过？你"高薪"到多少他们才能收手？对贪心不足的人而言，给座金山，他们也以为不过是芝麻。

我比大把捞的还强得多，我给人办事儿都没有明显违法违纪的，钱是别人主动送的，他不说我不说，没人知道。干了坏事还心安理得，放心大胆地搞腐败，我不知不觉地在犯罪泥潭里越陷越深。

●沈阳市中级人民法院原院长贾某，55岁，2001年10月9日因贪污罪、受贿罪、挪用公款罪、巨额财产来源不明罪被辽宁省营口市中级人民法院判处无期徒刑。

检察官寄语：

一些贪官走上了犯罪的歧途，而且越走越远，他们却不以为耻，反以为荣，为什么呢？就是"贾院长"的这种自我安慰的心态，"我比大把捞的还强得多，我给人办事儿都没有明显违法违纪的"，贪官们根本不明白，半推半就与强取豪夺就是五十步笑百步的区别，权钱交易，无论采用什么形式都是犯罪！长期在政法机关担任领导的"贾院长"连这个也没搞明白，是不是一种悲哀呢！

现在想起来，我还心如刀绞。那个手里抱着一摞报纸、穿着单薄衣服的孩子的形象一直在眼前挥之不去，"卖报、卖报"孩子那沙哑的声音像刀子一样，扎在我的心上。能够挣钱不易，还倾尽全力资助那个妇女的孩子……他们没有多少文化，没有多高的地位，但他们有做人的品德、感人的良知，只要有一点力量就贡献出来……他们贡献了物质上的一切，却获得了精神上的富有。

而我呢？手握人民的权力，只想为自己谋利益……地位高了，钱多了，精神上却成了乞丐。但就是这样，动摇了的信念仍然没有被稳固住。

● 河北省委办公厅原副主任、河北省国税局原局长李某，41 岁，2002 年 8 月 30 日因贪污罪、受贿罪被河北省唐山市中级人民法院一审判处死刑，2003 年 10 月 9 日被河北省高级人民法院终审判处死刑，2003 年 11 月 13 日被最高人民法院核准执行死刑。

检察官寄语：

青年大贪官李某曾经想做一个焦裕禄式的人民公仆，曾经看到弱势群体心如刀绞，不但给资助钱财，而且还能反省自己，不参加各种应酬，不收受各种贿赂，可惜，他没有持之以恒，慢慢地麻木了，信念动摇了，"精神上却成了乞丐"，终于走向了反面。

我在单位是一个团干部，从现在回过头来看我犯下的罪行，主要是自己年纪轻，刚参加工作，抵制不了金钱的诱惑，在思想上不求上进，和别人盲目地攀比，比吃、比喝、比消费、比名牌，而不是比业务、比工作，使自己成了一个犯罪分子。

痛定思痛，我要从自己这次犯罪行为中吸取一个重要的教训，从今以后我要老老实实做人，我为我犯下可耻的罪行而深深忏悔。

● 某国有企业会计陆某，27 岁，2002 年 9 月 20 日因贪污罪被判处有期徒刑 10 年。

检察官寄语：

从笔者的侦查生涯中可以了解到，一些年轻干部犯罪的诱因，主要是盲目攀比。他们崇尚奢侈的生活，诸如吃要高档、穿要名牌、玩要刺激、住要豪华，但他们均是由于工作不久，收入有限，便常常入不敷出，于是必然使"抵制不了金钱的诱惑"，来者不拒，巧取豪夺。胆大妄为、不计后果就是这些年轻干部职务犯罪的共性。

自己走上犯罪道路，是从放松世界观的改造开始的，担任领导职务以后，党的纪律观念淡漠了，理想信念发生了动摇，价值观发生了扭曲，抵御腐朽思想的能力迅速下降。不再满足于已有的待遇，而是热衷于追求物质方面的享受，人生的脚步开始偏离正确轨迹，终于到了不可收拾的地步，如今追悔莫及。

● 某集团公司北京公司原总经理汪某，66 岁，2005 年 5 月 10 日因贪污罪、挪用公款罪被判处死刑，缓期 2 年执行。

检察官寄语：

"赶上末班车"是一些年长贪官的一种比较普遍的心态：辛苦了一辈子，赶上了好时候了，想享享清福了，于是"热衷于追求物质方面的享受"，生怕过了这个村，没有那个店了。这种心理的出现必然使"理想信念发生了动摇，价值观发生了扭曲，抵御腐朽思想的能力迅速下降"，老汪以其亲身体会对我们提出的告诫是有意义的。

在业务活动中，经常与老板、私营业主、港商打交道，当看到他们个个出手阔绰、挥金如土、吃喝玩乐，好不痛快。自己心理的天平倾斜了。论自己的知识水平、技术水平、管理水平和智商都不比他们差，可为什么收入比不上他们，自己有了失落感，觉得自己在国有企业吃亏了，不划算。失去了正确的人生观就等于失去了立身之本，终于导致自己伸出了贪婪之手，成为一个令人不齿的犯罪分子。

● 某集团公司分公司原总经理朱某，40岁，2005年7月10日因受贿罪被判处有期徒刑7年。

检察官寄语：

嗨！又是一个心理不平衡，贪官之所以成为贪官，其原因是何等的相似！你看看"论自己的知识水平、技术水平、管理水平和智商都不比他们差，可为什么收入比不上他们"，存在这种思想意识怎么不出问题。忘记了自己是共产党员，忘记了自己是国家干部，要做"党内个体户"，那只有苦果自吞了。

社会就像一个大染缸，五色杂陈，当我看到周围的同学、朋友，有的出国、有的做生意发了财、有的找到了一份高收入的工作，过着舒适、富裕的生活时，我非常羡慕，论他们的学历和工作能力，都不如我，此时，我心里有一种不平衡、不满足的感觉。于是我以自己略懂一些股票知识开始了炒股，先是赚了一些，初步尝到了甜头，接着就投入了更多的钱，天有不测风云，结果全部输掉了，其中还有亲戚朋友的钱，于是我开始动用我负责保管的学生交上来的押金，结果还是输了一败涂地，那时我就像是一个输红了眼的赌徒，我犯下了不可弥补的大错。

● 某大学财务人员居某，28岁，2005年10月9日因挪用公款罪被判处有期徒刑8年。

检察官寄语：

心理不平衡是把"双刃剑"：学习、工作、业务上比别人落后，心理不平衡，那就可以激发自己更加勤奋努力，励精图治，立志奋发有为；而在生活中、收入上与别人比，心理不平衡，那就必然出问题。提高思想认识，及时调整好自己的心态，始终保持良好的心理状态是年轻干部的必修课。

一个阳光灿烂的日子，我被带上了囚车，押到监狱服刑。隔着铁窗，我看到道路两旁树木葱翠，田野里的早稻已经灌浆大苞，辛勤的人们正在欢快地忙碌着，而我这个戴罪的囚徒再也享受不到这一切了。当我垂头丧气挨进监狱那扇森严的黑色大铁门后，我清楚，这里将是我不得不住上十几年的"新家"了。

● 湖南省邵阳市湘运公司原党委书记兼总经理（正处级）王某，56岁，2006年1月

19 日因受贿罪被判处有期徒刑 14 年。

检察官寄语：

在囚车上，隔着铁窗看平日里司空见惯的景色，感慨万千、别有风味。为什么呢？因为这一切平时根本引不起人们的注意，太平常了！然而，在囚车上、在监狱里看同样的东西，就感到一种渴望，"可望而不可即"的渴望，所以，我们享受着自由的人们要知道珍惜，学会珍惜！

反思我的所作所为，实在是可恨又可悲。用无价的青春、自由去换取有价值的金钱，真是太不值得了！同时我的犯罪也给单位造成了巨大的损失。俗话说：拿人家的手短，吃人家的嘴软，接受客户的好处后，我在各方面为客户大开绿灯，成了一个受世人唾弃的贪官，成了一条经济建设的蛀虫。

为什么我沉没于商海之中，一个很重要的原因就是日益膨胀的私欲淹没了思想上的警觉，吞噬了我的灵魂，使我终于伸出了罪恶之手，最后沦落成为罪犯。

● 某国有进出口公司原副处长楚某，36 岁，2006 年 12 月 10 日因受贿罪被判处有期徒刑 8 年。

检察官寄语：

年轻的副处长楚某说得好："用无价的青春、自由去换取有价值的金钱，真是太不值得了！"楚某的青春相当长的一段只能在监狱里度过了，那么我们更多的年轻干部能不能吸取其惨痛的教训，不让此类悲剧在自己身上重演呢？

回想我被带走的时候，儿女们卧在窗台上一声一声地喊道："爸爸，爸爸，我想你，你早点回来。"后来，他们又用刚学会写字的小手不规则地写道："爸爸，爸爸，我想你，你在哪里？你早点回来吧，我在家一定听奶奶、妈妈的话，好好学习。"我的眼泪就止不住地往下掉，淌过脸颊，浸透了衣衫，真是后悔莫及，悔之晚也，心中万般的痛苦，不是语言能够形容。

● 重庆市某国有企业管理人员季某，38 岁，2007 年 3 月 15 日因受贿罪被判处有期徒刑 11 年。

检察官寄语：

什么叫"生离死别"、什么叫"肝肠寸断"、什么叫"生不如死"，看看这个贪官的"字字血"、"声声泪"，这就是警示！是活生生的警示！每天想想，经常对照，引以为戒是必须的！

在廉政建设方面，我没有想到自己在这个岗位上如何筑好廉洁自律的防腐大堤，不能及时改正自己对金钱的错误认识，从应有的警惕性的丧失到任其存在，所以在有人送钱时没有果断严肃有效地加以制止，而是犹犹豫豫地最终接受，从开始的没有把关到后来的麻木。

● 某航运公司原副总经理王某，56 岁，2007 年 8 月因受贿罪被判处有期徒刑 10 年。

检察官寄语：

在权力、金钱、人际交往中出现麻木，缺乏清醒的头脑，那是十分危险的，埋头拉车不看道，那一定走到歧途上，这是人生哲理、是生活常识、是为官之道。

就像一次噩梦，梦中的自己被深深地埋在黑黑的井里，拼命地伸出被黑泥包围着的双手向井口抓去，可是不断地挣扎却不断地下沉，到处都是黑的……我的灵魂就这样被自己深埋，我的事业就这样被自己葬送，我的人生被自己画上了一个不光彩的句号。

● 江苏省南京市栖霞区原区长助理潘某，46 岁，2007 年 10 月 25 日因巨额受贿罪被判处死缓。

检察官寄语：

这个昔日年轻有为的女干部，从积极工作到贪财如命，短短几年就把美好的人生道路走到了尽头，自己的所作所为把自己送上了绝路，不能不说这是个悲剧。检察官在其家中搜查出 26 公斤黄金，是南京市迄今为止处级干部中受贿数额最大的领导干部。从中我们应该明白什么？

手握珠笔，泪流满面，我在用血和泪忏悔，在茫茫中求索，盼求得到一缕阳光，把我所犯的罪行照亮，以达到警醒自己、教育别人的目的。我相信我能做到这一点，因为用心写出来的是真实的。

● 上海某（集团）总公司原党委书记、董事长王某，58 岁，2007 年 12 月 20 日因贪污罪、受贿罪被判处死刑，缓期 2 年执行。

检察官寄语：

高估自己，低看他人，不学无术，藐视法律，私欲膨胀，贪得无厌就是这个贪官的致命伤。看过上海市纪委《贪欲之害》警示片的人们都知道，就是在镜头前，他进行忏悔告白时，还是粗话满口，大言不惭，毫不知耻，缺乏文化底蕴可能也是诱发贪官的一种因素，领导干部素质和修养尤为重要！

回首往事，曾几何时，我有一个非常顺利的人生成长历程。我于 1969 年（22 岁）就加入了中国共产党，参加工作不久就被提干。1991 年我任上海某公司总经理（处级），1996 年任上海某控股公司副总裁（厅级），1998 年任上海某集团总裁，2002 年任上海某集团党委书记兼董事长，真可谓一帆风顺。我曾满怀信心地要和集团干部职工一起把企业办成国内装备产业的"排头兵"，进而跻身世界 500 强，可惜，因为自己的犯罪，对我而言，一切已经不可能了。

● 上海某（集团）总公司原党委书记、董事长王某，58 岁，2007 年 12 月 20 日因贪污罪、受贿罪被判处死刑，缓期 2 年执行。

检察官寄语：

从他的忏悔中也可以看出，这个贪官平时是多么的自傲，在监狱里还不忘"摆谱"。贪官们昔日之所以蛮横，之所以不可一世，就是他们都自以为"地球离开自己就不转了"。其实，再高地位、再重要岗位的贪官被抓、被关、被杀，"地球照转"，也丝毫没有影响"地球转的速度"，这个道理每个官员都是应当明白的。

我走到今天这一步，与我所处的位置和不平衡的心理有关。当了秘书以后，我接触的范围广了，做事比较顺，办事情也比较容易。在与民营企业家接触过程中，看到他们那种奢靡的生活方式，心态就有些不平衡。总觉得自己付出了很多，工作很辛苦，没有节假日，有时候一天要工作十五六个小时，待遇又不怎么样，心里就想得到一种补偿，要么能够不断得到提拔，要么在物质利益上能够不断有所满足。

● 上海市委办公厅原副主任秦某，后任某区区委副书记、区长，44 岁，2007 年 12 月 20 日因受贿罪被判处无期徒刑。

检察官寄语：

秦某堕落的历程，就是私欲膨胀的典型表现："要么能够不断得到提拔，要么在物质利益上能够不断有所满足。"才 40 出头，就已是厅局级干部了，秦某人认为还没有达到自己理想的位置，还要在物质利益上不断追求满足，可见，贪官永远是不会满足的，历史的经验值得注意！

这种失衡的心态和对奢靡生活的追求，导致了我私欲的膨胀，利用手中的权力到处寻求所谓的补偿。多年来，我利用职务之便，采取以差换好等多种手段，使自己的住房"有了"想"多"，"多"了又想"好"，从而损害了国家和集体的利益。

● 上海市委办公厅原副主任秦某，后任某区区委副书记、区长，44 岁，2007 年 12 月 20 日因受贿罪被判处无期徒刑。

检察官寄语：

上海的房价领先全国，涨得很快，对普通老百姓来讲"一房难求"，因为价格太高，靠正常的收入根本买不起。但从被揭露的案件看，秦某、殷某（上海市房地产管理局原副局长，判处死缓）、康某（上海市浦东新区原副区长，判处无期徒刑）之类的贪官敛取房产竟然几套、十几套、几十套之多！而且多数是利用权力无偿收受或者低价购买。官员私欲不止、贪婪不除永远会"有了"想"多"，"多"了又想"好"。

尽管我坚守不向任何人开口索要财物这条底线，可"千里之堤毁于蚁穴"的古训还是在我身上得到了验证。我深深地感到，权力一旦打开了缺口，私欲一旦与权力交上了朋友，人就会不由自主地滥用权力，无可把持地走向人生的另一个归宿。

● 上海市国资委原主任凌某，60 岁，2007 年 12 月 26 日因受贿罪被判处有期徒刑 8 年。

检察官寄语：

贪官的一种自欺欺人的想法，以为自己不主动开口索要就能够心安理得了，这就是贪官的逻辑。只要利用职务之便，为他人谋取利益，无论是"斯文"的收受还是明目张胆的"索取"，毫无疑问都是受贿，其实质都是私欲膨胀、贪婪作祟。这个贪官有一句话是可以作警示的："私欲一旦与权力交上了朋友，人就会不由自主地滥用权力。"

我进了看守所后，才明白，我的一切没有了，真正的是悔青了肠子！

● 江苏省南京市浦口区交通局原副局长赵某，47 岁，2008 年 1 月因受贿罪被判处有期徒刑 10 年。

检察官寄语：

前途一片光明的赵某如今悔青肠子了，其实妻子曾经以离婚相要挟要求他洁身自好，自己也曾经有把行贿人赶出家门的"光辉记录"，但是终究没有抵挡住金钱的诱惑，一步步走向了深渊，受贿 55 万余元被审判。后悔是贪官被揭露被惩治后的通病，平时坚持廉洁自律才能保证将来不出现后悔。

自己已经 55 岁了，当上劳动局长，人生道路算是"结构封顶"了，再升无望，此时不贪，更待何时。有权不用，过期作废。贪胆越发壮大，从"小贪"发展到"大贪"。

● 上海市社保局原党组书记、局长祝某，55 岁，2008 年 3 月 22 日因受贿罪、挪用公款罪、滥用职权罪被判处有期徒刑 18 年。

检察官寄语：

这个下乡知青出身的局长，曾是同龄人中的佼佼者，功成名就、事业有成，应该知足了。可是，他看到自己的年龄没有优势了，上升已无空间，是"结构封顶"了，于是"东边不亮西边亮"，以"捞钱"来满足自己的欲望！如今好了，本应该功成名就、退老还乡的他，只能在监狱里度晚年了！记住啊，贪婪是通向地狱的通行证！

一些不法分子用他们的"男人不发财，白活一辈子"的思想以及行为来影响我，我也开始想要"发财"了。我需要"发财"，我的家庭需要金钱，买房子需要金钱，孩子上大学需要金钱。从此以后我对金钱特别敏感，只要有人送，我就敢收，不管三百、五百，我来者不拒，最终发展到直接参与犯罪团伙坐地分赃，放纵的后果使我"越走越远了"。

● 某司法机关公务员王某，38 岁，2008 年 6 月 8 日因受贿罪被判处有期徒刑 5 年。

检察官寄语：

官员钻进了钱眼里必定没有好的结局，古往今来，历来如此！更何况我们是共产党的政府，为人民服务是共产党员的宗旨，是各级官员的责任，"当官不能发财"是古训、是戒律、是高压线。王某信奉"男人不发财，白活一辈子"，竟然与被处决的重庆市的大贪官文某"拥有巨额财产也是男人的一种辉煌"有异曲同工之妙！警惕啊，还自由地生活着的官员们！

走到今天这一步，是由于自己错用了权力造成的，而错用权力的原因是私欲在作祟，产生私欲的根源却是自己人生观、价值观的扭曲。

● 某集团晋东公司原总经理尚某，43 岁，2008 年 6 月因受贿罪、巨额财产来源不明罪被判处有期徒刑 15 年。

检察官寄语：

为何入党，为谁掌权，作为各级官员都是应当时刻牢记的，无数职务犯罪的案例告诉我们，在这个问题上出现了偏差，必然私欲膨胀、权力被滥用。所以，确立正确的世界观、人生观、价值观，确立正确的权力观、政绩观、发展观，绝不是说说就可以的，必须付诸实践！

通过这段时间办案人员对我的帮助教育，自己从思想深处得到了一次深刻的洗礼，清楚了自己的财富得靠劳动去创造。作为一个企业干部，收受任何礼金都是错误的，是违背国家法律和企业规定的，也是不符合社会公德要求的。在此，请检察官相信，今后我一定会认真学习国家的法律法规，在思想上重新确立正确的世界观和人生观，争取早日痛改前非，重新做人。

● 重庆大溪河水电开发有限责任公司原董事长、总经理许某，45 岁，2009 年 1 月 7 日因受贿罪被判处有期徒刑 5 年。

检察官寄语：

一个高级知识分子，一个有能力的专家，一个担负重任的国有企业的负责人，才 45 岁就将自己的政治前途走完了，人生悲哀啊！他缺钱吗？待遇差吗？没有知识吗？不懂法律吗？显然都不是，关键还是贪婪所致。要知道，与权力挂钩，任何"礼金"都是贿赂，那是定时炸弹，要命的！

小鸟天空囚犯牢笼

小鸟可以在天空中翱翔

而囚犯只能在牢笼中惆怅

我要飞翔

暴风雨折断了我的翅膀

我要飞翔

利剑斩断了我的梦想

失去自由的我

难以见到八十多岁的爹娘

失去儿子的爹娘
思而哭湿了衣裳
牢笼中的我
不知今生能否再见爹娘
上苍啊给我机会
让我给爹娘再跪捧一碗热汤

●河南省南阳市电视台原台长田某，57 岁，2009 年 7 月 10 日因受贿罪、挪用公款罪被判处有期徒刑 11 年。

检察官寄语：

一个具有研究生学历的知识分子，如今只能在监狱里写诗，为什么平日里就忘记了自己的身份？忘记了约束和自律？忘记了党纪和国法？所以，各级领导干部要学会知足、感恩、敬畏。贪婪就是对私利永不满足，自傲就是不能正确对待自己，无视党纪国法就是敢于挑战法律，如此这般没有不后悔的！

看到那些老板们风光无限，我思想上出现了不平衡，我想凭自己的能力，应该比他们过得更好，应该拥有比他们更多的财富。在这种失衡心态下，我渐渐地迷失了自己，冒出了"面对手中的权力，现在不用，更待何时？"的念头，悲剧也就从这时开始了。

●江西省南昌市国土资源局原局长周某，48 岁，2010 年 2 月 11 日因受贿罪、挪用公款罪被判处无期徒刑。

检察官寄语：

共产党的官员，老是跟老板比，怎么会不出问题呢？根本还是忘记了为人民服务的根本宗旨，官僚主义、高高在上；眼睛向上、脱离群众，不知道老百姓的疾苦，一心为了自己的利益，思想必定出现偏差，行为必定走向反面，最终都将被历史所抛弃、被人民所唾弃！

大学毕业生—税务官员—阶下囚，我走出了这简单却又令人费解的人生"三部曲"。这其中包含了自己的青春激情、志向抱负和贪欲及堕落的脚步声，也夹杂着思想矛盾斗争的复杂情感。到如今，那昔日的自由、辉煌和家庭的温馨已成为过眼云烟。

●海南省海口市地税局某分局原局长陈某，45 岁，2010 年 4 月 2 日因受贿罪被判处无期徒刑。

检察官寄语：

这个岁数不大的"陈局长"在 1993 年至 2008 年期间，收受贿赂共计人民币 1126 万元，除了他个人贪得无厌的根本原因之外，能够这样长时间地受贿犯罪，足见对"一把手"监督的缺失也是一个重要的原因。

睡觉不就是一张床，为什么人要失去的时候，才知道什么是最宝贵的东西？十多年来，我一直在公安局担任副局长，总觉得自己业务熟，有能力，付出的多，取得的成绩也不少。尤其是看到比自己资历短、业务又不熟悉，甚至还是自己过去的"下级"甚至"下下级"的人，都提拔到与我同一级的职务，甚至更高的职务，思想上不能正确对待，产生不满情绪，升官不成，就乱用权。

• 重庆市公安局原副局长、重庆市司法局原局长文某，53 岁，2010 年 4 月 4 日因受贿罪、包庇、纵容黑社会性质组织罪、巨额财产来源不明罪、强奸罪一审被判处死刑；5 月 21 日二审被判处死刑；2010 年 7 月 7 日被执行死刑。

检察官寄语：

俗话说："家有黄金数吨，不过一天三顿；家有房子数幢，不过晚上睡觉一张床。"文某直到即将失去生命的时刻才明白这个道理，不能不说这是一个悲哀！他把 2800 万元现金藏匿在湖底，将 600 万元现金藏匿在亲戚家楼顶的水箱里，案发后被如数收缴国库，人财两空的结果是给官员们的深刻教训。

可惜：五十知天命之年，今后都付于困闲。
可叹：心机在九天之外，身陷于苍山之北。
可悲：妻离子散隔天涯，泪洗愁肠抛雪发。
可恨：不恨天地人间事，只恨自己贪无穷。

• 河南省安监局原局长李某，54 岁，2010 年 5 月 13 日因受贿罪，被判处无期徒刑。

检察官寄语：

这个昔日的"李局长"被揭露出的问题触目惊心，其受贿 53 次，手段 30 多种，受贿犯罪金额达 1591 万余元。这个曾经是全国安监系统的"明星"，创造了许多行之有效的煤矿管理经验的领导，即刻成为了全国安监系统最大的贪官。"明星"和"贪官"竟然就一步之遥，个中的哲理是各级官员们应该深思的。

再过 10 天，儿子就要参加高考了，不知他现在情绪如何？我的事不知对他有多大的影响？我 80 高龄的老母亲，疾病缠身，一个人孤零零在乡下是否安好？我爱人是不是心乱如麻？我好想他们，都是因为自己的一错再错，让他们受累了！我的所作所为，愧对组织培养，愧对父母，愧对家庭，愧对儿子！

• 江苏省海门市教育局原副局长王某，47 岁，2010 年 11 月，因受贿罪被判处有期徒刑 6 年 6 个月。

检察官寄语：

这个在 1988 年就具有南京大学现代史硕士学位、34 岁就被提拔为海门市教育局副局长的官员，本来仕途一帆风顺、前途一片光明，但现在他在狱中的哀叹多么地悲惨！有知识、懂法律、明事理的并不能自发地成为一个合格的好官。人，特别是握有公权力的人，只要心存私欲贪婪，只要缺乏监督制约，下场是相同的。

一直以来，自己也曾想做个清官，但权力大了以后找帮忙的人多，有时想拒绝都拒绝不了。后来以为只要不向别人要钱，别人给多少拿多少算不上犯罪，况且给我送钱的也大都是熟人和朋友。我要是成心捞钱，那请托人给这点钱我是肯定不干的。现在想想真后悔，后悔不该有贪心。

● 江苏省海安县政协原主席陈某，55岁，2010年11月18日因受贿罪被判处有期徒刑11年。

检察官寄语：

这个"陈主席"可真是个十足的法盲，真不知道这种官员是怎么被提拔上去的。"别人给多少拿多少"和"主动索取别人钱财"只是收受贿赂与索取贿赂在犯罪程度上的一种区别，怎么他会自认为"算不上犯罪"呢？司法实践中我们知道，所有行贿者都是"熟人和朋友"，不认识的人能给你钱财吗？反之你敢拿吗？贪婪是致命的，这可千真万确！

九、"不怨天，不怨地，只怨自己"

我说，我说，就是枪毙我也要说……我全说，要给后人留一个教训。

我犯下的罪行是严重的，对不起党，对不起人民，对不起我工作过的地方的干部、群众。我犯下的罪，毁了我的前程，毁了我的一切，连生命都要失去了。

● 海南省东方市委原书记戚某，46岁，1998年12月1日因受贿罪、巨额财产来源不明罪被判处死刑。

检察官寄语：

大凡贪官都是这种人：一帆风顺的时候往往是想不到曲折的；春风得意的时候往往是高估自己的；利令智昏的时候往往是不计后果的，"戚书记"就是这样的一个人，死到临头才真正明白为官、做人的道理，为时已晚矣！

现在我的心情十分沉痛，无比难过，深感内疚，后悔莫及，挥泪已晚，实属罪该万死，听从党的发落和刑事制裁，这是我罪有应得，应用我当反面教员来教育大家。

现在我已是罪人，尽管我年过六旬，做过两次颅脑手术，身患多种疾病，但我要在今后的改造中认真改造自己的人生观、世界观，重新做人。

● 湖北省原副省长孟某，61 岁，1998 年 12 月 30 日因受贿罪被判处有期徒刑 10 年。

检察官寄语：

昔日的孟副省长如今身陷囹圄，"心情十分沉痛，无比难过，深感内疚，后悔莫及，挥泪已晚"，对此大家应该是不难理解的，然而"世上没有后悔药"这个道理大家更是应该知道的，为官要有忧患意识，"廉洁"渡得万年船！

法院判了我的刑，我觉得对我的打击太大了。从 2001 年 1 月 28 日案发至今，我一直闭门思过：失去自由了才知道拥有自由是人生的最大财富。从高干子弟沦为阶下囚，从"千万富翁"到一贫如洗，我付出的代价太沉重了。

自己落到这个地步，不怨天，不怨地，只怨自己，怨自己怕苦怕累、怨自己好吃懒做、对金钱的占有欲太强烈，不自强自立；怨自己动辄靠父亲职位攫取不义之财；自己陷得太深，根本听不进别人的劝阻，不仅自己害了自己，连我父亲也给害了。

● 李某，云南省原省长李某廷之子，28 岁，与李某廷一起走上了审判台，被判处有期徒刑 15 年。

检察官寄语：

一个高干子弟，老百姓称之为的"官二代"，丝毫不努力，依附在为官父亲的权位上呼风唤雨、拼命敛取不义之财，不但把自己送进了监狱，也把父亲送进了监狱。父子双双站在被告人席上的事例已不再新奇，怎么为官、为父，如何爱子、教子，各级官员要深思！

我原来有一句"至理名言"：高干子弟哪个不做生意，没个千儿八百万的就干脆别在"太子党"里混，别的高干子弟也看不起你。

但经过（在司法机关）这么长时间的反省，我清醒地认识到自己的罪行，我给家庭、国家、社会都造成了危害。现在我非常地悔恨，已经把手中的所有的赃款都交给了检察机关，希望审判机关能宽大处理我，让我早日回归社会，依靠自己的双手去开创自己的未来，走一条积极、健康的人生之路。

● 李某，云南省原省长李某廷之子，28 岁，与李某廷一起走上了审判台，被判处有期徒刑 15 年。

检察官寄语：

这个"官二代"的话实在是太露骨了："高干子弟哪个不做生意，没个千儿八百万的就干脆别在'太子党'里混，别的高干子弟也看不起你。"其实这个"官二代"忘记了自己的父亲也是一个贫苦农民出身，你才"富"了几天啊！这种人不倒台谁倒台？

金秋十月，本来是收获的季节，我却被"收"进了监狱。身处高墙电网之下，我从一个受人尊敬的正处级干部变成了一文不值的可耻囚犯，如此之大的反差使我简直无地自容，痛不欲生。记得刚进监狱的大铁门里，就命令抱头屈膝等候搜身、检查身体，完了之后就是剃光头。我心里就像打翻了五味瓶，一种屈辱、痛苦、悲哀的情绪笼罩了全身。最难受的是整天与那些盗窃、抢劫、强奸的"社会渣滓"们朝夕相处，忍受他们"处长也和我们打成一片了"的无情嘲讽。

● 湖南省雪峰集团有限公司深圳分公司原副经理邓某，45 岁，2001 年 4 月 10 日因贪污罪、受贿罪被判处有期徒刑 19 年。

检察官寄语：

"大实话"式的忏悔，值得大家一读，没有进过监狱的人们是无法体会到这种难以言状的日子，里面没有自由、没有尊严、没有亲情！是与社会渣滓"为伍"、"共同生活"的日子！所以，我们都要珍惜并且享受充满着充分自由、尊严、亲情的美好日子，千万不要"身在福中不知福"啊，一旦失去了是将痛苦一辈子的！

我身陷囹圄后仔细算了几笔账，真可谓自作自受、得不偿失，各级领导干部要吸取我的教训，提前算好这些"夺命账"。

一算政治账，志高方能致远。作为一个党员领导干部，应该像爱护眼睛一样珍惜自己的政治生命，政治生命的灵魂是高度的政治责任感。它首先体现在对人们负责、对党的事业负责，同时也是对自己负责。我由于政治责任感丧失，革命意志在花花世界里迅速衰退，自我约束的防线悄然崩溃，在"糖衣炮弹"面前败下阵来；葬送了自己美好的年轻的政治生命，在人生的政治舞台上做了不光彩的"谢幕"。

● 湖南省雪峰集团有限公司深圳分公司原副经理邓某，45 岁，2001 年 4 月 10 日因贪污罪、受贿罪被判处有期徒刑 19 年。

检察官寄语：

这个贪官在监狱里，面对高墙电网，静心算了这七笔账，这是全国第一个贪官把失去的一切，算得这么清晰的。各级官员，在权力岗位上，一定要头脑清楚，把账算明白了，千万不要因小失大啊！

二算经济账，勤耕方能富足。我官至正处，又是单位上的"一把手"，国家给予了各种物质待遇。工资虽然不多，但是奖金不少，而且出行有车，吃饭可以签单，住的是花钱不多的福利房，还有各种学习、考察、休假等，这些待遇算成货币也是不小的数目。即使将来退休了，每月还有固定的退休金，国家给我的报酬绝对是我受贿额的几倍。这一切，都因为我的目光短浅而一去不复返了。

● 湖南省雪峰集团有限公司深圳分公司原副经理邓某，45 岁，2001 年 4 月 10 日因贪污罪、受贿罪被判处有期徒刑 19 年。

检察官寄语：

贪官平时不甘寂寞，根本没有闲工夫来算什么账。如今身陷囹圄倒也清闲了，不需为国、为民、为家思考"大事"了，无所事事便有了闲暇，开始算起账来。一算吓一跳，那个账亏大了，把自己的青春、事业、家庭、前途统统地赔了进去，得不偿失啊！邓某提醒对了，要提前算好这些"夺命账"，千万别到监狱里来再算账！

三算亲情账，品高方能会友。我没有什么家庭背景，七亲六戚中没有一个带"长"字号的。作为家里的幼子，我能获得个一官半职，全家人都引以为豪，连亲戚朋友也觉得脸上有光。银铛入狱后，使父母、子女和亲朋感到蒙羞，给他们的心理上造成了挥之不去的阴影，使他们背上了沉重的思想包袱，影响他们的生活和工作。我深爱亲人，却给他们带来了无可挽回的伤害，这笔"亲情账"是我永远也无法偿还得了的！

● 湖南省雪峰集团有限公司深圳分公司原副经理邓某，45 岁，2001 年 4 月 10 日因贪污罪、受贿罪被判处有期徒刑 19 年。

检察官寄语：

一个人犯罪，必定影响到全家，甚至整个家族的愉快和幸福，对老人的健康是个"催命"、对孩子的心灵是个"扭曲"、对家属的精神是个"折磨"，千万记住！

四算名誉账，守身方能家和。俗话说：人过留名，雁过留声。谁不想做个好官青史垂名呢！我却做了贪官罪人，被永远钉在了历史的耻辱柱上，就是今后出狱了，在人前人后也会抬不起头。莎士比亚说过：名誉是人的第二生命。我失去名誉，就是失去了信任，失去了昨日的尊严和资格。

● 湖南省雪峰集团有限公司深圳分公司原副经理邓某，45 岁，2001 年 4 月 10 日因贪污罪、受贿罪被判处有期徒刑 19 年。

检察官寄语：

一个原本具有地位、身份、声望的官员，转眼之间成了贪官罪人，还有什么名誉可谈？犯罪是永远的污点，其留下的印痕将伴随终生！

五算自由账，自律方能无拘。缅甸女政治家昂山素季说过一句很有哲理的话："一个人只有失去自由，才能激起他对自由的可贵反思。"自由对人的重要性不言而喻。千金难买自由身，我却被区区 20 多万元买走了宝贵的自由，对于失去了自由的人来说，活着无异于行尸走肉一般，毫无半点生命的品位和质量可言。

● 湖南省雪峰集团有限公司深圳分公司原副经理邓某，45 岁，2001 年 4 月 10 日因贪污罪、受贿罪被判处有期徒刑 19 年。

检察官寄语：

贪官在敛钱的过程中是从来不考虑后果的，否则，是没有人会拿珍贵的自由去做交易的。自由在什么时候使人感到最珍贵？就是在失去的那一刹那！

六算良心账，心良方能体壮。人都要讲良心，党把自己从一个普通个人培养成为领导干部，并委以重任，没有党的培养也就没有自己的成长；职工群众对自己寄予了厚望，盼我能带领他们开创幸福美满的生活；父母含辛茹苦养育，节衣缩食供自己读完了高中。我本应努力报答，却辜负了组织栽培、群众信任和父母期望。扪心自问，良心这辈子能够得到安宁吗？

● 湖南省雪峰集团有限公司深圳分公司原副经理邓某，45 岁，2001 年 4 月 10 日因贪污罪、受贿罪被判处有期徒刑 19 年。

检察官寄语：

一个领导干部、人民公仆成为了罪犯，"良心这辈子能够得到安宁吗"？确实，难以安宁！丧尽天良是贪官的本质特征，大家必须引以为戒！

七算生命账，寿长方能享人生。一个人的生命只有短短的几十年，来到这个世界上不容易，再没有比生命更珍贵的了。如果以生命为代价去贪污受贿，肯定没有人会去做这笔"交易"。我虽然罪不至死，却要在一时一刻也难熬的大牢里苦度 19 载宝贵的光阴，实际上也等于减去了自己十几年的生命。时间就是生命，我用时间换金钱，就是在用生命换金钱，这不是在做世界上最愚蠢、最不划算的事情吗？

● 湖南省雪峰集团有限公司深圳分公司原副经理邓某，45 岁，2001 年 4 月 10 日因贪污罪、受贿罪被判处有期徒刑 19 年。

检察官寄语：

在"大牢里苦度 19 载宝贵的光阴，实际上也等于减去了自己十几年的生命"，"用生命换金钱，这不是在做世界上最愚蠢、最不划算的事情吗？"这话击中了要害，值得深思。

梦醒时分，我已经不是原来的我。

过去我曾经多次走上讲台，可那时我是作为一个检察官、警官、法官，可现在，我却是以一个罪犯的身份走上讲台，此时此刻，我感到羞愧难言。

从被中纪委"双规"那天起，我离开工作岗位已经一年半了。但是我还常常会感到困惑，有时晚上临睡前，坐在床前发呆，总感到眼前的一切不是真的，好像做了一场噩梦，明天一早起来，我还会坐着车子到法院大楼去上班，可是第二天早上睁开眼睛，看着一个个被剃的光头，望望铁窗外隔绝一切的电网，我终于明白，过去所有的一切，已经一去不复返了。

● 沈阳市中级人民法院原院长贾某，55 岁，2001 年 10 月 9 日因贪污罪、受贿罪、挪用公款罪、巨额财产来源不明罪被辽宁省营口市中级人民法院判处无期徒刑。

检察官寄语：

又是一篇悲悲切切的真情告白！此情此景，我完全能够想象得到，从主席台到监狱，说远，很远，说近，也很近，贾院长不是很快就走进去了吗！廉政自律，不是光凭嘴说说就可以了，是要一天一天、每时每刻挂在心上的，是要在所有环节中对照落实的，是要切切实实入心入脑的，不要再让此类悲剧重演是我们的必须！进了牢房才知道，我犯罪的成本实在是太高了，在牢房里我整天以泪洗面，真正体会到了什么叫度日如年，后悔啊，大家千万不要步我的后尘啊！

一进牢房，心惊肉跳；
两人睡觉，一颠一倒；
三顿盒饭，顿顿半饱；
四只角落，阳光不到；
五尺地皮，来回跑跑；
六根洋元，根根牢靠；
七天一到，一张捕票；
八年官司，休想逃掉；
九思再三，自己太孬；
十分懊恼，没有悔药。

● 某司法机关原处级领导干部施某，49 岁，2002 年 8 月 8 日因受贿罪被判处有期徒刑 8 年。

检察官寄语：

大凡大贪官，平时养尊处优，优哉游哉。办公室往往是：窗明几净，花红草绿，大桌子、老板椅，安个密室养小蜜。出了门也是前呼后拥，趾高气扬，在人前一副人五人六的大架子。可是进了班房就傻眼了，天壤之别啊！于是就有了上面这首"真情告白诗"，记住狱中传来的提醒："十分懊恼，没有悔药。"

这一年多来，说句实在话，我是在痛苦和煎熬中度过的，我越深刻地思考越觉得，第一对不起各级党组织对我的培养和教育，也对不起我的妻子和孩子。尤其是我的孩子，去年（我出事时）她正面临高考。所以说这一年多，我每天都是在痛苦中度过，大家也看到了，我现在是满头白发，原来不是这样。

● 山东省政协原副主席，九届全国政协原常委潘某，50 岁，2003 年 4 月 23 日因受贿罪被判处无期徒刑。

检察官寄语：

什么叫"痛不欲生"，"潘副主席"讲的一席话就是！曾经有广东媒体报道说，贪官在狱中普遍面色好了，"三高"消失了，身体健康了……千万别相信，在这里，"潘副主席"讲的是真情实话，狱中最要命的是没有尊严、没有自由，昔日的官员、如今的囚犯，你能够对监狱适应喜欢、乐此不疲吗？

对我的犯罪行为，我只能用四个字来概括，就是"悔恨欲绝"。原来我的家庭是很幸福的，一家三口，夫妻都在福利和待遇比较好的银行工作……作为一名高级领导干部，我有公车，有公费医疗，从各方面讲，生活条件都远高于一般群众……为什么还要犯罪呢？就是一个贪欲问题、世界观问题，我现在才体会到什么叫肠子都悔青了。现在我是一无所有，职务、工资、公车、公费医疗等都没有了，而且还失去了自由。

在此我要奉劝那些有权的，一定要以我为戒、慎用权力！那些（行贿）人送的哪里是钱，分明是定时炸弹，说不定哪个环节出了问题就会爆炸。

●山东省政协原副主席、九届全国政协原常委潘某，50岁，2003年4月23日被判处无期徒刑。

检察官寄语：

从什么都有，到一无所有，好像是一个怪圈，但潘副主席确确实实走进了这个怪圈，他讲对了，"就是一个贪欲问题、世界观问题"，再重温一下潘副主席的真情告诫："在此我要奉劝那些有权的，一定要以我为戒，慎用权力！那些（行贿）人送的哪里是钱，分明是定时炸弹，说不定哪个环节出了问题就会爆炸。"

1998年年初，组织上任命我为县广播电视局局长，开初我就告诫自己：一定要加倍努力工作，把好权力关、金钱关、美色关，廉洁从政，做一个组织上信任、人民满意的公务员。

但是，在我事业如日中天的时候，自己却迷失了方向，走上了犯罪的道路。

●重庆市某县广播电视局原局长魏某，2003年5月因受贿罪被判处有期徒刑12年。

检察官寄语：

官员其实都是明白人，问题是春风得意时往往不能正确对待自己了，忘乎所以了，以为没有什么可以奈何得了自己了。所以，不当自信、过于侥幸无疑是一帖催命剂。如果都预计到要进监狱，谁还硬往里闯啊！经常看看现在，想想将来是必要的。

我恨，恨自己，恨自己犯罪时的侥幸心理；我恨，恨自己对金钱的贪婪；我恨，恨自己对自己的放纵。时光如果能够倒流，我情愿用来世当牛做马来换回我的自由。

●某执法机关公务员蒋某，50岁，2003年10月11日因受贿罪被判处有期徒刑10年。

检察官寄语：

这是一个曾经荣立二等功1次、三等功3次的先进人物，曾经在保护国家和人民利益的工作中出生入死，作出过贡献。可惜，其在对犯罪斗争中打了胜仗，却在与自己头脑中错误思想的斗争中打了败仗。所以，老一辈无产阶级革命家曾经说过，与不拿枪的敌人（自己的错误思想）作斗争更难，是要格外警惕的。

在监狱，我重新找到了自己，寻找回了迷失的自尊。我认识到只有自尊才能自重，才能自立。因此，就要让自己知道应该相信什么、应该追求什么、应该做什么。明白自己是谁，为什么现在是这样，才能尽快面对一直困扰自己的疑惑和挑战。

● 四川省成都市高新区建设用地统一征用开发办原主任温某，45岁，2003年11月29日因受贿罪被判处有期徒刑10年。

检察官寄语：

忏悔须知未死时，偏离了轨道的理想信念，扭曲了的人生观、价值观，如何在"炼狱"般的生活中"嬗变"，正在服刑的温某人以自己的切肤体会作出了最好的回答。

在狱中，我才真正地明白了，失去尊严和自由是多么的苦恼，我渴望，只要能够让我获得自由，我做牛做马在所不辞。

● 上海市原某局级领导干部王某，48岁，2004年4月25日因受贿罪被判处有期徒刑15年。

检察官寄语：

一个风华正茂的年轻局级领导干部，如今没有站在国家和人民需要的岗位上，而是蹲在监狱里，无论对谁来讲，这都是一种悲剧。无数职务犯罪案例告诉我们，年轻干部要珍惜工作岗位，珍惜手中的权力，珍惜自己成长的经历，时刻保持自省、自励、自警、自律是多么地重要而不可缺少！

当组织上向我宣读开除党籍决定时，我的灵魂受到了极大的震撼，非常失落，就像孩子离开了母亲，心里很难过。我原来是一名有30多年党龄的共产党员，但是辜负了党的培养和信任，犯了罪，背离了党的宗旨，成为了党内的蛀虫，必须清除，心里非常复杂，悔恨万分。

● 某产业集团公司党群工作部原副主任、离退休人员服务中心原主任、直属工会联合会原主席李某，56岁，2005年12月10日因贪污罪被判处有期徒刑10年。

检察官寄语：

"一失足成千古恨"可以说，就是这个昔日的"李主席"的写照。应当肯定，李某对党还是有感情的，被开除党籍"就像孩子离开了母亲，心里很难过"。但党纪严肃、法律无情，你背叛了党的宗旨、触犯了党纪国法那必然只能咎由自取了。

被羁押以来，我夜不能寐，时常在噩梦中惊醒。常自问怎么会睡在这里？怎么会从一个政法机关的领导干部被关进监所，和这些囚徒为伍？常自问当初为什么这么贪？到如今，没有了辉煌的事业，没有了家庭的温暖，没有了他人崇拜的眼光，没有了曾经拥有的一切一切。怨谁呢？睡在这里，成为阶下囚，是我疯狂堕落的选择；是我一个贪得无厌的人迟早要走的路，是自己葬送了自己。

● 某司法机关原中层领导干部徐某，48 岁，2006 年 7 月 8 日被判处有期徒刑 5 年。

检察官寄语：

徐某以自己的行为谱写了一部经典的"荒诞剧"：抓犯人的变犯人、管监狱的进监狱、穿制服的换囚服、戴帽子的剃了头，这就是上述徐某等一些昔日司法干部蜕化变质、腐化堕落的真实写照。记住徐某的哀叹："没有了辉煌的事业，没有了家庭的温暖，没有了他人崇拜的眼光，没有了曾经拥有的一切一切。"千万引以为戒，不要让自己也悲哀！

我想对我曾经的战友们说：记住我吧！记住我这个曾经因贪婪而自我毁灭的人，记住我的故事！千万不要让侥幸心理再夺去你们原本平淡而幸福的生活。

你们的岗位处于浪口风尖，面对多种诱惑，真诚地希望你们始终保持清醒的头脑，认清有所得必有所失的真理，犯罪的诱因就隐藏在里面，从我犯罪中汲取教训。古人云：无病无灾就是福，青菜豆腐保平安，这也是我此刻被关在大墙内最深切的体会。

● 某司法机关原领导干部江某，45 岁，2006 年 9 月 12 日因受贿罪被判处有期徒刑 15 年。

检察官寄语：

真诚地忏悔，真诚地告诫，令人同情，令人难过！曾经的领导干部江某今天终于明白了，"无病无灾就是福，青菜豆腐保平安"，朴素的大实话啊！历史上、生活中大凡贪得无厌者没有一个好下场的，哪怕死后！

我落马的原因：一、错误地认为，只要把业务工作抓上去了，就可以一好遮百丑。二、认为收点"感谢费"算不了什么，天知、地知的"小事"，不影响主流。三、懂法，但心目中对法律缺乏基本的敬重。四、心存侥幸，以为纪检、检察机关查不到头上来。

● 重庆市云阳县文化广电新闻出版局原局长熊某，48 岁，2006 年 10 月因受贿罪被判处有期徒刑 10 年。

检察官寄语：

"熊局长"的忏悔中有一句话中听，一般的贪官都没有认识到，也很少提到："懂法，但心目中对法律缺乏基本的敬重。"这就对了，找到自己问题的真正症结了，值得嘉许。笔者以为，"三大纪律八项注意"中"不拿群众一针一线"讲了 80 多年了，谁还不懂？许许多多没有文化的农民也知道清清白白做人，何况都是具有大学文化的各级官员们了！要敬畏法律！要把法律当法律！

我自己算了两笔账，首先是政治账，我好好的一身制服变成囚服，自己的政治前途到此结束。其次是经济账，我还有 30 年工龄，一年 10 万，300 万没有了。

● 某司法机关劳教所公务员沈某，30 岁，2007 年 5 月 15 日因受贿罪被法院判处有期徒刑 3 年。

检察官寄语：

两笔账算得清清楚楚、明明白白，但事后算账为时已晚了。其实还有许多账都得算：亲情账、自由账、名誉账、健康账，账是算不过来了，应验了一句老话，"早知今日何必当初"！

在接受纪委"双规"期间，党组织对我进行了无微不至的关怀和教育，我对此深表感谢。党组织的教育也让我认识到，中国的反腐一定会取得成功，我不后悔当初加入中国共产党，我要争取重新做人，要教育子孙后代永远跟共产党走。我对不起党和人民，我要重新做人。

●湖北省武汉市中级人民法院原院长周某，60 岁，2007 年 9 月 14 日因受贿罪被判处有期徒刑 10 年。

检察官寄语：

"对不起党和人民"，"我要重新做人"。这些话是贪官们在案发以后说得最多的，这个曾经担任过武汉市人大常委会秘书长、中级人民法院院长的领导干部，受贿近百万元，当时怎么没有想到"对不起党和人民"呢？私欲膨胀、胆大妄为、缺乏监督是贪官们敢于挑战法律的根本原因，包括这个昔日的法院院长！

2006 年 8 月 13 日，这一天改变了我的一切。刚接受调查时，我还感到紧张、迷茫，但很快我就想清楚了，事情的发生看似突然，但它蕴含着必然。我在检察机关办案人员的教育帮助下，深刻反思，真诚悔罪。

2001 年我在担任上海某集团总裁时，利用手中的权力，用集团的名义获取土地，用集团的资金注册公司，支付土地款，然后通过股权运作，最后让集团退出，自己成立公司，侵吞了某房地产项目的开发权，为自己谋取私利，罪行是十分严重的。我还利用职务便利和手中的权力，收取请托人送的现金、金条、贵重手表等钱物，犯下了严重的受贿罪。

●上海某（集团）总公司原党委书记、董事长王某，58 岁，2007 年 12 月 20 日因贪污罪、受贿罪被判处死刑，缓期 2 年执行。

检察官寄语：

大权在握的贪官，利用国企改制的机会，竟然勾结他人敛钱 3 个多亿！而且这么轻而易举，真令人叹为观止！可见缺乏监督、暗箱操作的巨大危险性，建立有效的监督已经成为当务之急，让权力在阳光下运行势在必行！

我身陷囹圄，后悔莫及，天天以泪洗面。我悔恨自己被金钱迷住了心窍、被私利引入了歧途，我无法原谅自己。现在我最大的愿望就是能够做一个下岗女工，下岗女工地位不高，生活清苦，可是她们享受着令人羡慕的尊严和自由啊！

●上海市原某局级领导干部吴某，女，53 岁，2007 年 12 月 26 日因受贿罪被判处有期徒刑 11 年。

检察官寄语：

1954 年出生，1972 年入党，曾经下乡在崇明农场吃过苦的局级领导干部，没有把握住临近退休前的最后一关，采取了利用权力低价买房的手法收受巨额贿赂，上演了一出"新房未住住班房"的闹剧。如今一切都晚了，都完了，就只能给大家做个反面教员了。

我不仅没有管好我自己，也没有管好我的家属，所收受的钱物，全是亲戚、朋友来请托送的，有 90% 的钱物是他人托我的爱人转送的，我最亲的人一步一步地把我送上了法庭。人心都是肉长的，谁不想好？谁不想有更大的发展？我现在思考最多的就是如何以最好的态度来争取从宽、从轻或减轻处罚；我现在最期望得到的就是在组织和司法机关的关心、帮助和挽救下，重获自由。

●安徽省铜陵市委原常委、组织部原部长（副厅级）吴某某，52 岁，2007 年 12 月 29 日因受贿罪、巨额财产来源不明罪被判处有期徒刑 13 年。

检察官寄语：

这个是"夫唱妇随"共同犯罪的典型例子。受贿 150 万元，而其中 130 余万元是其妻子收下后转交给他的。思想上没有了"把关"的，家庭中没有了"把门"的，夫唱妇随、相互勾结、相互掩护，哪能不出问题呢？

"利从心头起，恶从胆边生"，为了获取更多的金钱，我暗想即使暴露，二人之间的"一对一"，只要我不承认，永远说不清。侥幸战胜了慎独，我"胆子"越来越大，"胃口"越来越大，钱越收越勤，泥潭也越陷越深。

●某司法机关公务员王某，38 岁，2008 年 6 月 6 日因受贿罪被判处有期徒刑 5 年。

检察官寄语：

贪官都知道自己的行为与法不容，但都偏偏要去尝试，为什么？过于相信自己的能力，而低估了法律的力量，笔者从事职务犯罪侦查几十年，凡被我们事先获取了证据的，想不交代，一个都没有得逞的，谁要不信，试试？

当我的双手被冰凉的手铐锁住的时候，我才知道从此已失去了自由。从这时起，我才真正体会到了"一失足便成千古恨"的真正含义。这一失足，不仅失去了自由，毁掉了我原本美好的前程，也伤透了亲人的心。

●海南省文昌市委原书记谢某，55 岁，2008 年 8 月 24 日因受贿罪、巨额财产来源不明罪被判处死刑，缓期 2 年执行。

检察官寄语：

官员在位置上如果都能想到如今的结果，那么大多数官员可能就不会轻易去犯罪了。

问题是人在春风得意马蹄疾之时，根本不会想到危机和隐患。笔者想告诉大家一句哲理，人站在了山顶上，无论前进还是后退，都是下坡，要立于不败之地，只有谨慎，十二万分的小心谨慎！

突然间与世隔绝，这种痛苦是无法用语言表达的，当时我的脑子一片空白，有时又胡思乱想。想起过去的事，我的心里阵阵发痛；想起熟悉的人，特别是培养自己、厚爱自己的师长，我万分自责，感到无地自容。在被审查的日子里，我无时无刻不在自责，我为什么不遵守党纪国法？为什么没有把握住自己？为什么不慎交朋友？为什么不拒绝不义之财？为什么不珍惜幸福的家庭？无数个为什么，都是自己可以把握的，但却偏偏没有把握住，怎教人不痛苦、不伤心呢？

●海南省文昌市委原书记谢某，55 岁，2008 年 8 月 24 日因受贿罪、巨额财产来源不明罪被判处死刑，缓期 2 年执行。

检察官寄语：

昔日的谢书记一连串的问题问得好，那都是为什么？问题是现在身陷囹圄再问时已晚，要是在权力位置上经常问问自己，那还会有今天的痛苦和伤心吗？他的教训就是告诉我们，在日常生活中经常问问自己为什么！

面对电网高墙、铁窗牢房，我深刻剖析走上犯罪道路的教训，感到我的犯罪具有特殊性、典型性。职务犯罪的结果是相同的，只是数额差异而已。

我的犯罪与多数职务犯罪案件的不同点在于，我的成长经历特殊，较年轻起就担任比较高的职务，仕途太顺利使得我得意忘形。

●海南省文昌市委原书记谢某，55 岁，2008 年 8 月 24 日因受贿罪、巨额财产来源不明罪被判处死刑，缓期 2 年执行。

检察官寄语：

这段忏悔中有一句话很重要，就是"仕途太顺利使得我得意忘形"。其实仕途顺利与职务犯罪没有必然的联系，关键是怎么看待仕途的顺利，怎么把握仕途的顺利。过高估计自己的能力，轻视党纪国法，敢于挑衅法律底线，任何人必将碰得头破血流。

我每当想起爱人对自己、对孩子、对家庭的付出和对自己的期盼，羞愧和阵痛使我肝肠欲断，撕心裂肺。而我的所作所为对年近 90 岁的父母和年近 80 岁岳母来说更是沉重的打击，让老人伤透了心……想到这些，我就日不思食、夜不入眠。真后悔自己不该利用权力敛取那么多的不义之财，可惜世间没有后悔药！

在此，我向组织提一点希望，让我作为反腐倡廉建设的活教材，把我犯罪后的忏悔和感受讲给各级领导干部听，让他们以我为戒，从而全心全意为人民服务，远离犯罪。

●海南省文昌市委原书记谢某，55 岁，2008 年 8 月 24 日因受贿罪、巨额财产来源不明罪被判处死刑，缓期 2 年执行。

检察官寄语：

笔者从长期与职务犯罪人员打交道的实践经历中深切地感到：一个官员因为职务犯罪而被绳之以法，必定要"害三代"，一是给老人催命；二是使孩子心灵扭曲；三是令家属无法面对。所以，不说为官之道，就讲"孝"、讲"慈"、讲"爱"，也必须廉洁自律，洁身自好。

> 忆往昔，峥嵘岁月稠，
> 悔今生，失足人生道。
> 痛回首，涤尽身上霜，
> 重迈步，再续人生路。

●某医疗单位原负责人姜某，45 岁，2008 年 9 月 10 日因受贿罪被判处有期徒刑 8 年。

检察官寄语：

不正之风、贪污受贿也蔓延到医疗单位，腐蚀着医务人员。他们为了个人的利益、部门的利益对病人过度治疗、草菅人命，完全置群众的利益甚至生命于不顾，成为当今社会的一个毒瘤。这些医疗单位的害群之马虽然人数不多，但危害极大，白衣天使们当引以为戒。

我的所作所为构成了犯罪，应该说，对此自己并不是不知道，报刊、电视及党内文件通报的典型案例也对我产生过很大的冲击和震动。特别是近几年来，随着收受贿赂次数的增加，数额的增大，自己也感到害怕，心理压力与日俱增，经常晚上睡不着觉，做噩梦，每当看到一起案例报道就要紧张好几天。特别是几个人出事后，自己更是恐慌不安，惶惶不可终日，一个月下来，体重也下降了十多斤，睡眠严重不足，整天萎靡不振，连元旦、春节都是在恐慌中度过的，早知今日，何必当初！

●四川省乐山市委原副书记袁某，48 岁，2010 年 10 月因受贿罪被判处有期徒刑 15 年。

检察官寄语：

一些贪官总是喜欢说自己学习不够，其实是看人学样、鹦鹉学舌。因为没有一个贪官是不知道党纪国法这个"紧箍咒"的，关键是言行不一、我行我素。一旦案发便"惶惶不可终日"，真是"早知今日，何必当初"！当为戒！

我此时此刻的心情，被悔恨、内疚、痛苦所包围……我内疚自己的错误行为给自己年迈的父亲，在他们平安地走了一生，安享晚年时，陷入了万劫不复的深渊，让他们辛苦一生对儿子的培养，化为乌有；给自己的妻儿带来了无法形容的伤害，让妻子在今后的岁月里要独自挑起家庭生活的重担，承担起一双儿女的抚养，让一对没有成年的儿女，今后要在父亲给他们带来的耻辱中生活一生。

● 云南省个旧市原副市长王某，42 岁，2008 年 10 月 30 日因受贿罪被判处有期徒刑 13 年。

检察官寄语：

"今后要在父亲给他们带来的耻辱中生活一生。"刻骨铭心、振聋发聩。这种后悔莫及的话语，难道不字字敲在我们的心头吗？英国大文学家萧伯纳说过："自我控制是最强的本领。人，难在管住自己，贵在战胜自己。"为了不再出现如此悲剧，人，要战胜自己！

我以前在给弱势群体做了一些好事后，心情愉快，如沐春风；我不顾法律而违法乱纪后，胆战心惊，食不甘味。在监狱里自己才深切地感到做平民百姓时，没有巨额财产倒是轻松愉快的，一旦拥有了巨额的不义之财，我就没有一天安生过。可惜我认识这个道理太晚了。

● 北京市某国家机关原处级领导干部许某，48 岁，2008 年 12 月 12 日因为受贿罪被判处无期徒刑。

检察官寄语：

没有钱时盼望有钱、有了钱时担心有钱，这是贪官特有的心病，治不了也治不好！上海一个局级领导干部，贪污巨额价值的房地产，他在狱中说，看到房价在涨，人家开心我担心，因为贪污的价值又大了，自造的罪孽又深重了，顿顿食不甘味、天天夜不能寐啊！

回顾自己的人生道路，真是感慨万千，追悔莫及！由于对金钱的贪欲，我无视国家法律，利用职务之便，收受他人贿赂，使自己深陷囹圄，落得个身败名裂的下场。自己苦苦追求和为之奋斗的美好前程毁于一旦，更为严重的是，我背叛了入党时的誓言，败坏了党员领导干部在人民群众中的形象，对不起党组织和各级领导对我的关心和培养，对不起同事和人民群众对我的信任和支持。借此机会，我真诚地向他们表示歉意和谢罪！

● 海南省海口市商务局原党组书记、局长王某，38 岁，2009 年 2 月因受贿罪被判处有期徒刑 11 年。

检察官寄语：

38 岁的商务局原局长、党组书记王某原本踌躇满志、前途似锦，转眼之间"自己苦苦追求和为之奋斗的美好前程毁于一旦"。这确实是肺腑之言，是其忏悔中最真实的一句话。笔者认为，这也是对我们各级官员，特别是年轻的领导干部最为有用的一句话，切记、切记！

儿子来看守所看望我时，他拿起电话对我说了一句"爸爸，我很想你"，真是撕心裂肺，叫我不知如何和他说下去。面对儿子，我有的只是悔恨的泪水。孩子会在磕磕绊绊中长大，也会有懂事的那一天，到那个时候，我不知如何面对缺少父爱的孩子！因我犯罪给家庭、亲人造成的伤害，是我今生今世最为痛悔且永远无法弥补的！

●海南省海口市商务局原党组书记、局长王某，38 岁，2009 年 2 月因受贿罪被判处有期徒刑 11 年。

检察官寄语：

人间悲剧莫过于生离死别，王某三岁的儿子应该去儿童乐园，却来到了本不该来的看守所，"他拿起电话对我说了一句'爸爸，我很想你'，真是撕心裂肺，叫我不知如何和他说下去"。官员几乎都是为人父母，给孩子一个什么样的人生榜样，创造一个什么样的生活环境，是必须要三思的。

人生最大的痛苦莫过于失去了自由。贪欲葬送了我美好的前程，把我送进了牢房。面对高墙电网，面对 11 年漫长的刑期，我很懊悔，很痛苦。人生正值黄金年龄段，本应担当起更多的社会和家庭责任，我却失去了自由。没有了自由，一切的一切皆已成为泡影。

金钱诚可贵，自由亲情价更高！中国古代禅宗有两句话："一片白云横谷口，几多归鸟尽迷巢。"其意义非常深刻。

我希望读者从我失败的人生中吸取教训，珍惜自由，爱惜亲情，在人生的道路上不要被"白云"所遮而"迷巢"，走好每一步。

●海南省海口市商务局原党组书记、局长王某，38 岁，2009 年 2 月因受贿罪被判处有期徒刑 11 年。

检察官寄语：

从昔日的局长、党组书记王某的忏悔书中可以发现，其是有知识、有水平、有文采的年轻干部，但也是贪婪葬送了他自己美好的前程。读读他介绍的中国古代禅宗的两句话："一片白云横谷口，几多归鸟尽迷巢"，其意义确实是非常深刻的。一个人的犯罪，绝对不是他一个人所能承担的，伤害最大的莫过于亲人。

案发后，我常常夜不能寐，总是陷入长长的思念之中。按照中国文化，人到中年重两头：一头是父母，一头是孩子。我母亲已是 70 有余，住在农村，是她的勤劳和善良把我拉扯长大成人。记得过去一听说我要回乡下，她总是挂着笑容，早早就在门口等候，那是幸福的等候。这次我东窗事发，可害苦了她，听说她三天三夜不吃不睡，常常一个人坐在树底下，给我祈祷。那是什么样的一种感受啊！说实话我现在最挂念的就是这个娘。

●海南省海口市商务局原党组书记、局长王某，38 岁，2009 年 2 月 20 日被判处有期徒刑 11 年。

检察官寄语：

"儿行千里母担忧"，官员孝敬老人最好的方式就是平平安安。可是私欲膨胀的时候贪官们谁还顾得上呢？贪官案发而气死老人的还少吗？大贪官胡某（江西省原副省长，死刑）案发，气死了老丈人；大贪官郑某（四川省交通厅原副厅长，死缓）案发，气死了白发亲娘……讲一句普通的大实话，当官的儿女，廉洁自律就是最大的孝敬！敝生本无欲，江水仍自清。

奈何风霜至，乍然摧秀林。
父病独卧榻，妻弱无依凭。
孤儿仅三岁，哭来谁知音？
朋友多负累，相交俱飘零。
我寄愁与悲，求取大光明。

● 共青团安徽省淮南市委原副书记李某，30 岁，2009 年 2 月 17 日因受贿罪被判处有期徒刑 11 年。

检察官寄语：

这位昔日市委书记陈某（已被判死缓）的女婿在大牢里，终于感受到了"朋友多负累，相交俱飘零"的世态炎凉，方才大彻大悟。假如他那市委书记的岳父大人不倒，假如他继续升官，他将来的所作所为，不言自明。幸亏，李某这样的干部倒下得早。官员们从中领悟到什么，值得思考。

在生与死的界碑之上摇摇晃晃：一边是人间，凄凄惨惨、哭哭啼啼的亲人们朦朦胧胧的面孔时刻都在揪扯着自己的心；一边是阴间，狰狞恐怖的死神正狞笑着向自己招手！而每个人都有活的欲望，可以想象，在这种情况下的坚守将是何其困难。

● 某国家机关原领导干部江某，55 岁，2009 年 10 月 10 日因受贿罪被判处死刑，缓期 2 年执行。

检察官寄语：

将死未死，必死尚在，要死不想死，这个时候想活的欲望是非常强烈的。贪官面临死刑，犹如在生与死的界碑之上摇摇晃晃时，发出的渴望活命的、绝望的呐喊，那是振聋发聩的！那是揪人心肺的！如果活着的时候，好好坚守道德和法律的底线，那么，又何苦在生死界碑上拼命挣扎着坚守呢？

我以前见到的都是笑脸，听到的都是赞扬。可如今有的只是被人指指戳戳。偷鸡不成反蚀把米，黑金没能令我愉快、没有让我幸福、没有使女儿成为白领，由于我们夫妻的双双犯罪女儿却成了身患抑郁症的病人，我心如刀割。

我无法面对关心我的人，无法面对我的家人，现在我只能用泪水洗刷我的罪恶，我的教训沉重而深刻……我不会放弃对自己的改造……

● 江苏省溧水县原副县长易某，女，46 岁，2010 年 6 月 18 日因受贿罪被判处有期徒刑 10 年。

检察官寄语：

因为贪污腐败，最终导致家破人亡，夫妻双双进监狱，唯一的女儿受不了如此的打击，因此成为抑郁症的病人，一个好端端的家就此瓦解。记住昔日女县长的忏悔，字字血、声声泪啊！

我亲爱的家人，原谅我，我认错了，认命了，认罪了！

● 江苏省溧水县原副县长易某的丈夫张某，48 岁，转业军人，公务员，2010 年 6 月 18 日因与妻子共同受贿犯罪被判处有期徒刑 4 年。

检察官寄语：

官员的配偶应当是个贤内助、廉内助，是官员廉政建设最后一个把门者。可惜，女县长的丈夫身为共产党员、转业军人、公务员，应该具有起码的觉悟，但他也是见钱眼开、贪得无厌，在腐败的道路上夫唱妇随，取得了共同语言。那么，如今一起吃官司，有病的孩子没人照顾的后果只能自己来吞食了，怪不得别人了。

一个人的一生不可能一帆风顺，不可能没有曲折和坎坷，但是像我这样一个一失足就要付出十年重刑的代价，这种损失实在太大了，这种教训也实在太深刻了。

我真诚地希望，其他人能从我犯罪的事上吸取教训，再也不要走自毁前程的路了。

● 某镇党委原书记姚某，46 岁，2010 年 10 月 18 日因受贿罪、挪用公款罪，被判处有期徒刑 10 年。

检察官寄语：

农村基层党组织的负责人理应更加关心群众、为群众谋利益，但姚某年纪轻轻就开始脱离群众、欺压群众，不惜利用手中的权力大肆搜刮民脂民膏，成为农村群众千夫所指的犯罪分子。这类村官、镇官是农村老百姓最为痛恨的。

我女儿今年要结婚，原来他有一个局长的爸爸，但现在却有一个罪犯的爸爸。我每每看到妻子女儿的信欲哭无泪、心在流血。我感到对党和政府以及家人的伤害很大，只能深深地忏悔，并愿意接受法庭任何的处罚，积极退赃，争取重新做人。

● 上海市司法局原副局长史某，57 岁，2010 年 11 月 19 日因受贿罪被判处有期徒刑 11 年。

检察官寄语：

一个人犯罪，其实对家庭和子女的伤害最大。但一些官员往往在平时的日常工作和生活中根本想不到这些，自信这种结果不会发生在自己的身上，所以能够执迷不悟、一意孤行，所以能够毫无顾忌、变本加厉地实施犯罪。所以这些人一旦案发都是重刑，对家庭和子女的伤害难以弥补，这种现象值得官员们深思。

（痛哭）看在我妻子是高龄产妇，女儿嗷嗷待哺的分上，能够对我从轻处罚。

● 国土资源部机关服务局接待处原副处长昝某，45 岁，2010 年 11 月 25 日因贪污罪被判处有期徒刑 15 年。

检察官寄语：

截留机票销售利润、非法占有公家账外资金，贪污 310 万元。如今想到了刚刚生产的妻子、嗷嗷待哺的孩子，你先前干什么去了？你想到、尽到了丈夫、父亲的责任了没有？实践证明，贪官是最自私的人，他们在大肆作案的时候是不考虑他人的，也包括自己的家庭，甚至自己！

千万不要责怨她，正是我过分娇宠女儿，千错万错是我这个当父亲的错。

● 山西省运城市公安局原局长段某，45 岁，2010 年 12 月 13 日因受贿罪，终审被判处无期徒刑。

检察官寄语：

这个被人们称为"一般不收钱，收钱不一般"的局长，女儿是他的心头肉。女儿要在北京开公司，于是段某找了几个老板，每人入股 1000 万元；他投资入股煤矿，一次煤矿转让后，他分得 2000 万元。陕西襄汾溃坝事件的查处中，终于牵出了这个山西的特大贪官，他总共受贿 2449 万元。这个曾经是警界炙手可热的人物，如今只能在监狱里哀叹。

我最对不起的就是儿子，从小到大对他照顾就不够，现在我出事了，对还在上大学的他影响很大。

● 上海长江计算机集团下属长江浩远房地产公司和静江房产公司原双料老总李某，女，45 岁，2010 年 12 月 24 日因贪污罪被判处有期徒刑 11 年。

检察官寄语：

李某在该公司兼任总经理和书记，没有副经理，李某的职权没有旁人监督，她对公司房产的销售、业务的管理、财务的运作具有绝对的权威。这些都为李某贪污犯罪提供了方便。同时面对上级焦某（63 岁，正厅级干部，因贪污罪、受贿罪被判处有期徒刑 17 年）的非法要求，不坚持原则，从个人前途出发，盲目听从领导的指示。在某项目过程中，认为自己的压力大、负担重，付出的与得到的不相匹配，心理失衡，在补偿心理的作用下铤而走险，终于身陷囹圄。

十、"不是我的，绝对不要"

　　我自携带情妇逃亡美国后，原本自以为靠我带出了大量的钱款可以过上世外桃源的好日子了。可是，在美国的那些以前靠我帮忙到了国外的大款朋友们，一改在国内对我低头哈腰的态度，反而来敲诈我，骗走了我携带出来的全部美元，后来把我的情妇也骗跑了，我穷困潦倒，竟然没有一个人来看我，我走投无路，后悔逃亡来美国。

　　● 福建省某地公安局原局长黄某，52 岁，1996 年携情妇畏罪潜逃美国，最终客死他乡。

　　检察官寄语：

　　该公安局长得知自己贪污、受贿问题暴露以后，便携带情妇逃亡美国。原本以为可以得到在美国的那些昔日的"哥们"朋友帮忙，没想到那些朋友得知他是逃出来的便纷纷翻脸不认人，知道他的钱来路不正，便"黑吃黑"敲诈他巨额美金，拐跑了他的情妇。结果他在穷困潦倒的情况下，得了肝癌，没有一个人来看他，最终孤零零地死去。

　　我在大肆敛财的同时，对女色寻求也毫不放松。展销会的礼仪小姐、宾馆服务小姐……都成了我的猎物、玩物。在我这个市里，只要我"李书记"相中的女人，没有一个我"搞不定"的，我包养的一个"二奶"还为我生下了一个私生女。我是罪该万死啊！

　　● 某市市委原书记李某，1999 年 1 月因受贿罪、巨额财产来源不明罪被判处死刑。

　　检察官寄语：

　　大凡落马贪官，究其犯罪的根源，既好财又好色，更有甚者吃喝嫖赌诸者皆好。上述的"李书记"就是这样"诸者皆好"之徒。各类"小姐"、"女色"凭什么投入你的怀抱？看中的绝对不是你的外表，没有大把大把的钱作铺垫，你想也不要想。还是这句老话："多行不义必自毙！""李书记"终于"玩""完"了，把自己玩进了刑场。

　　权色交易也让我尝到了一连串的甜头，我也总结出自己的"至理名言"："男人玩女人可以不讲档次，女人玩男人就不能不讲档次。在男人当权的社会，只有懂得充分开发利用男人价值的女人，才能算是真正高明的女人。"我在这种极端错误思想的指导下，越走越远，终于走到了死路的尽头。

　　● 湖南省原某厅级干部蒋某，女，43 岁，2001 年 7 月 24 日因受贿罪、贪污罪、介绍贿赂罪、巨额财产来源不明罪被判处死刑；后改判死刑，缓期 2 年执行。

检察官寄语：

好女色的官员看清楚了，在官场上和在床上的游戏其实是一样的，馅饼和陷阱也是一样的，这个被称为"肉弹"的蒋姓女贪官，仅仅用了 13 年时间，就从一个村姑登上了厅局级的"宝座"，但最终还是身陷囹圄，与此同时还有数十个贪官因为她也在监狱里哀叹！

由于我没有相应地提高自身的抵抗力，终于逐渐地从"自我"回归到"原我"：利欲熏心、吃喝玩乐、乱搞女人。每一个人首先是一个有七情六欲、动物性齐备的自然人，也即是"原我"。人的自然性和社会性往往此起彼落，当社会控制力、制度规范力、道德约束力稍有不强，稍有漏洞时，或者当一个人本身的抵抗力、意志力不够时，社会人——"自我"就不是走向"超我"，而是沦为自然人——"原我"，这个时候，人的兽欲占了上风，这个人就变坏或沦为罪人。

● 广东省揭阳市委原常委兼普宁市委原书记丁某，44 岁，2002 年 8 月 29 日因受贿罪被判处有期徒刑 6 年。

检察官寄语：

看来这个贪官是学过心理学的，通过自己堕落的切身经历，把"原我"、"自我"、"超我"解释得头头是道。但是，我们应当看到其暴露出的根本问题是：贪官们对党纪国法、做人道理都是了如指掌、心知肚明的，关键是平日里他们仅仅是用来"教育"群众的，不是针对自己的，所以，最后是他们沦为了罪人。

贪婪、腐化是我成为腐败分子的根本原因，其实我不愁吃、不愁穿，家庭幸福美满。自己在领导岗位上本身就享受着很好的待遇和条件，子女也有很好的工作，可惜我被金钱、美女迷了心窍，到头来竹篮打水一场空，失去了自己曾经拥有的一切，还落了个坏名声，我愧对组织和群众。

痛定思痛，我的深刻教训让我明白了一个道理，今后，地上铺满了钞票、身边挤满了美女，我都不会去看一眼，不是我的，绝对不要。

● 上海市某政府机关原领导干部朱某，44 岁，2004 年 6 月 6 日犯受贿罪被判处有期徒刑 10 年。

检察官寄语：

"饱暖思淫欲"，据中纪委领导披露，大凡贪官，百分之九十五有生活糜烂、腐败堕落的问题。钱财、美女让人昏昏然，让人迷失方向，这类案例实在是太多了，管住自己的嘴，管住自己的手，管住自己的心，管住自己的腿，大家好自为之吧！

我自认识了一个"女朋友"以后，神魂颠倒，魂不守舍。为了满足"女朋友"的欲望，也为了满足我自己的欲望，我开始利用职权大肆敛钱起来，而家里却一分也没拿回去。终于有了事情暴露的一天，我因受贿罪被判了 15 年，妻子一气之下与我离婚携女儿远走高飞离我而去，我落得个家破人亡的结局。

● 某国家机关原领导干部季某，52 岁，2004 年 6 月 18 日因受贿罪被判处有期徒刑 15 年。

检察官寄语：

腐化堕落与家破人亡往往是紧密联系在一起的，贪官们平时不考虑如何珍惜自己幸福的家庭，不珍惜自己贤惠的妻子、可爱的孩子，"吃着碗里的，看着锅里的"，偏偏要去"玩火"，那最后的结果就叫玩火者自焚！所以要"火烛小心"！

我除了追求金钱，千方百计搞钱以外，还热衷于低级趣味的感官刺激，看黄片、看黄书、玩女人，毫无羞耻。我利用职权和金钱打那些有求于我的女人的坏主意，这些年先后跟 9 个女人发生了不正当关系，用受贿的钱为我 7 个女人买了房子。人家背后议论我是"玩权力、玩金钱、玩女人"的"三玩"干部，我认为是名副其实的。

● 湖南省郴州市原副市长雷某，53 岁，2006 年 9 月 5 日因受贿罪、贪污罪、挪用公款罪被判处死刑，缓期 2 年执行，2008 年 2 月 22 日，被改判有期徒刑 20 年。

检察官寄语：

如此真实地交代、忏悔的贪官，还是不多见的。他没有像别的贪官那样，在腐败堕落、道德败坏方面躲躲闪闪、羞羞答答，反正腐化一般也不构成犯罪。其实，对大多数贪官而言，腐化是贪污受贿的开始，贪污受贿是腐化的必然。所以官员好"玩"低级趣味的那些东西，结果没有一个玩出好果子的。

"你们官场的男人都是逢场作戏，如果你喜欢我，你肯为我在长沙买一套房子吗？"

"雷伯伯，你是我第一个男人，也是最后一个男人。"

"雷哥，你走到哪里，我就跟到哪里。"

● 湖南省郴州市原副市长雷某的情妇唐某（6 年情妇，嫁人后雷某给了她 31 万）、王某（一次给她 30 万买房）、黄某（设立为雷养儿的基金 1500 万）、邱某（一次贪污 18.74 万）、段某（一次让她"发财"500 万元，雷某得 113 万元）。2006 年 9 月 5 日雷某因受贿罪、贪污罪、挪用公款罪被判死缓，其情妇均受到了查处。

检察官寄语：

这个"雷副市长"也玩过火了，其先后受贿 143 次，39 人，敛钱共计 949 万余元。挪用公款 2650 万元，贪污 18.74 万元。如此官员为何不断被提拔，值得深刻思考，我们的用人制度、监督制度哪里去了？

自从我和那个小姐有了关系以后，一发不可收，天天浑浑噩噩。为了满足她的欲望，讨得欢心，我置党纪国法于不顾，大肆进行权钱交易，各种不义之财统统来者不拒。自己的家也不回去了，有机会就带着她游山玩水，结果我案发，身陷囹圄，老婆也离我而去，那个她早不知跑到哪里去了，我真是自作自受，罪有应得。

● 某国有银行原负责人纪某，50 岁，2006 年 10 月 12 日因贪污罪、受贿罪被判处无期徒刑。

检察官寄语：

笔者在职务犯罪侦查实践中发现一个规律，贪官们靠自己正当的收入要"包二奶"、"养情妇"是不可能的，你这点收入全部给她们也不够，她们都不会正眼看你。所以贪官只有通过权钱交易、贪污受贿才能保持得住这种不正常的关系，那么你的危险系数就大大增强了，哪天东窗事发、哪天后院起火是无法控制的！火烛小心！

从 20 世纪 90 年代初，我与汪某发展成情人关系。1998 年，某建设公司徐某为了得到我的关照，找到汪某，承诺，如果接到萧山机场建设工程，他将按工程总价 1% 的比例给好处费。后来，经过我的帮助，该公司顺利中标，徐某分两次送汪某 55 万元。老实说，她做了我七八年的女朋友，我也没给过她什么，我想这次做个顺水人情，让她有点钱赚，又不算受贿。

● 浙江省交通厅原副厅长赵某，58 岁，2007 年 7 月 10 日因受贿罪被判处无期徒刑。

检察官寄语：

法律有明确的规定，为请托人谋取利益，通过特定关系人（包括情人）收受贿赂，照样定受贿罪。赵副厅长是个糊涂虫，按他的话说："胆大妄为使自己在错误和违法犯罪的道路上越走越远，最终陷入了不可自拔的境地。"在这里，大家不要相信，赵某包养情妇七八年，没给过什么，根本不可能，只是没有一次给过几十万、数百万而已！

"钿头云篦击节碎，血色罗裙翻酒污"，我曾经经常说，让女人陪一陪有什么大惊小怪的？还以唐代白居易的《喻妓》说事："烛泪夜沾桃叶袖，酒痕春污石榴裙。莫辞辛苦供欢宴，老后思量苦煞君。"如果早知道今天的下场，我绝对不会执迷不悟的。

● 四川省眉山市审计局原局长钟某，52 岁，2007 年 9 月 26 日因受贿罪、巨额财产来源不明罪被判处有期徒刑 14 年。

检察官寄语：

一个典型的贪腐局长，其先后担任给丹棱县长、彭山县县委书记、仁寿县县委书记等职。一路升迁，一路腐败，其官商勾结、买官卖官、包养情妇，毫无顾忌，什么坏事都干得淋漓尽致，老百姓称为"共产党的败类，老百姓的对头"。

开始与那些"小姐"接触时我也是有所警惕的，隐姓埋名不露真相。后来听一个"小姐"说是因为生活困难不得已而出来"闯世界"的，遇到我，是缘分，是看我人好，愿意与我交朋友，而不是看中我的钱财，不破坏我的家庭。我信以为真了，渐渐地我为她租借了房子，并且形成了包养关系，大把大把的钱用在她身上也毫不在惜，直至动用公款为她开公司，终于因为触犯法律而案发。我的黄粱美梦也"竹篮打水一场空"，大家要吸取我的惨痛教训啊！

● 某金融机构原负责人林某，46岁，2007年11月15日因受贿罪、挪用公款罪被判处无期徒刑。

检察官寄语：

什么叫"幸福"，不同的人有不同的回答，前面笔者写了一个身陷囹圄的贪官的话："家庭平安、青菜豆腐"就是幸福；可一些尚未案发的贪官认为"美女如云、老板成群"、"灯红酒绿、一呼百应"才是幸福，其实真实的正确答案很简单，假设自己在监狱里，你再回答，答案一定是相同的，且一定是非常正确的，然否？

我腐败堕落完全是自己的思想意识出了偏差，其实也是上当受骗。刚遇到这个女人时，她说不在乎我的地位钱财，是喜欢我这个人；熟悉后告诉我因为家庭困难，无奈离家出来；接着是要学电脑、学外语；要买衣服、买首饰；父母生病、弟弟交学费；后来又是奶奶治病；再后来是租房、买房、买车、做生意；节骨眼上又时不时"有了"，把我一步步逼上了绝境。我就这么一点收入，只能以贪污受贿来满足情妇的庞大开销。现在我明白了，这完全是个圈套，只怪我图色，一旦踏上了歧途就难以回头了。

● 某司法机关原领导干部魏某，55岁，2007年12月10日因贪污罪、受贿罪被判处无期徒刑。

检察官寄语：

这是落马贪官的"心得体会"，腐化堕落往往是有一个潜移默化的过程，开始是心花怒放，结果是乐极生悲。官员一旦踏上了"情色"的贼船再要下来可就不太容易了，从一开始就把握好自己，就是把握好自己一生的基础。

道德败坏、生活腐化，是我的又一罪证。腐化堕落的生活方式和任意放纵的思想意识，导致了我曾和多名女性发生不正当的两性关系。这是一种极为严重的道德败坏和伦理规范的沦丧，危害了社会的正常秩序。我深感罪孽深重，我破坏了她们的家庭幸福，伤害了她们的情感，也损害了她们的前程。同时，我也真正伤害了我的妻子，在她面前，我无地自容。

● 上海市委办公厅原副主任秦某，后任某区区委副书记、区长，44岁，2007年12月20日因受贿罪被判处无期徒刑。

检察官寄语：

贪欲往往和情欲联系在一起，缺少了思想上的防线，贪欲变成情欲、情欲变成贪欲，这种例子比比皆是。"以权谋色"是官员的大忌，因此，不断提升自身的素质和修养，始终崇尚高尚的道德和情操是各级领导干部的必修课。

以前我自豪地说："那么多女人喜欢自己，我也没办法。"现在明白了，她们看中的是我的权力和位子。

● 重庆市第三人民医院原院长（副厅级）刘某，45 岁，2008 年 1 月 2 日因受贿罪被判处有期徒刑 12 年。

检察官寄语：

受贿 131 万余元的刘某，曾经是一个高层次的医学专家，是重庆市面向全国公开招考引进的高素质人才。但是在权力位置上，其不断狂妄自大起来，由于脱离了约束和监督，在事业有成、前途无量的同时，大肆以权谋私、百般腐化堕落，一步步走向毁灭，数十年的努力和奋斗化为乌有。

"饱暖思淫欲"真是千古真理，自我有了地位、权力、荣誉以后思想开始蜕变了，天天晚上与一些老板们吃喝玩乐，频繁出入各种色情场所。为了显示自己的阔气，经常一掷千金，渐渐地入不敷出了，于是对于各种不义之财来者不拒，我收受的贿赂一分钱也没有拿回去，全部挥霍在这些场所。如今我两手空空，身陷囹圄，昔日的朋友一个也见不着了，家庭也支离破碎，这都是我自己造的孽，苦果只有我自己吞了。

● 某机关原领导干部易某，48 岁，2008 年 9 月 15 日因受贿罪被判处有期徒刑 15 年。

检察官寄语：

曾经获取过许多荣誉的中青年领导干部易某，从交友不慎、吃吃喝喝开始，到陷入色情场所不能自拔。"收受的贿赂一分钱也没有拿回去，全部挥霍在这些场所"，到头来"身陷囹圄、两手空空"，家解体了，工作没有了，朋友消失了，更重要的是 15 年的时光没有了，真可谓"开心一阵子，痛苦一辈子"！

我的堕落以至犯罪就是从生活腐化开始的，一些有求于我的各种所谓"哥们"、"朋友"拉我去各种娱乐场所。开始我很不习惯，感觉与自己的身份不符，但渐渐地适应了，几天不去感到不自在、不舒服了，于是几乎天天神魂颠倒、醉生梦死。对一些老板们称之为的"天天过新年、日日进洞房"，不以为耻而以为荣，生活中的堕落必定导致思想上的滑坡，我无以面对家中的老人、妻儿和单位的领导和同事，"色字头上一把刀，家破人亡才知道，心花怒放没几日，如今天天在监牢"。

● 原某厅级领导干部赵某，50 岁，2008 年 12 月 12 日因受贿罪被判处无期徒刑。

检察官寄语：

从"天天过新年、日日进洞房"到"天天望铁窗、日日坐班房"是一种什么样的巨大变化啊！有了权力、地位，身边聚集了一帮"哥们"、"朋友"，就飘飘然忘乎所以起来，沉溺于声色犬马之中，这样的官员，有 10 个，10 个要倒台！

清贫日子多坦荡，粗茶淡饭也闻香；

妻贤子勤家平安，欣慰在心孝老娘；
平步青云一帆顺，理应谨慎防嚣张；
灯红酒绿迷方向，情色钱财更欢畅；
潜移默化未觉险，理性敬畏全抛光；
如今犯罪进牢房，独自哀叹太荒唐！

● 某国家机关原局级领导干部张某，48 岁，2009 年 3 月 12 日因受贿罪被判处有期徒刑 12 年。

检察官寄语：

人处于不同的地位、不同的环境、不同的阶段对幸福的理解也是不同的。人的期望值往往是随着地位、环境、时间的变化而变化的。问题是人的期望值必须建立在健康、正确的基础上，脱离了现实，超越了界限，触犯了法律，那就会使你的期望值破灭，甚至跌落到底线以下，到头来就是以上这首诗的写照。

直到我案发被羁押以后才看明白了，为我的案子心急如焚、四处奔忙的是曾经被我嫌弃的前妻，而我的情人们却个个唯恐避之不及，我曾经真心喜欢并为之贪赃枉法的情人们看中的并不是我本人，而是我手中的权力和金钱。

● 江西省公路局某公路处原处长陈某，55 岁，2009 年 8 月 5 日因贪污罪、受贿罪、挪用公款罪、职务侵占罪、巨额财产来源不明罪被判处死缓。

检察官寄语：

随着地位、权力的变化，贪官们的"婚变"也成了一种多发的现象，但有几个是真心相爱、能够厮守终身的呢？在这个问题上，贪官们几乎个个都是"低能"的，如上述这个昔日的"陈处长"，在羁押期间还期望情人对他"牵肠挂肚"呢，哪知其始料不及的是，情人为了撇清关系，早已成了指控他犯罪的主要证人了。此刻真正是捶胸顿足、懊悔莫及了。

我曾经在自己的工作岗位上作出过成绩，荣获多种荣誉，结果，自傲自大起来，在荣誉面前认为自己应该好好享受了。慢慢的思想就发生了蜕变，生活糜烂，腐化堕落，先后与多个女性发生不正当关系，经常出入色情场所，上班期间也经常赌博。

● 湖北省黄石市某国有企业原负责人徐某，46 岁，2009 年 10 月因受贿罪被判处有期徒刑 8 年。

检察官寄语：

"饱暖思淫欲"、"骄傲易自大"的又一次重演，位卑权轻的时候，往往能够保持清醒的头脑，保持艰苦奋斗的精神和作风。有了权力，有了荣誉，自傲自大起来，各种人物、各种场合、各种事情都敢涉及，不分是非、不讲底线，没有了敬畏，没有了自律，这种精神状态怎么会不出问题？

　　我堕落的经历证明，任何官员如搞"婚外情"，那一定是玩火自焚，没有你的权力，没有你的钱财，任何"情人"都不会"甘于奉献"，"情妇"的目标大得很呢！这些年来，时有所闻的：贪官炸死情妇的、贪官杀死情妇的、情妇举报贪官的、情妇杀死贪官的、贪官与情妇同归于尽的事件还见少吗？我终于明白了一个道理，人如果不能控制自己的欲望，那人与动物就没有了区别！

　　●某国家机关原省部级领导干部，55 岁，2009 年 12 月因受贿罪被判处有期徒刑12 年。

　　检察官寄语：

　　"玩火自焚"者的亲身感悟、深刻的体会！人的最高贵处，是能够控制欲望，反之，人与动物不是没有区别了吗？能够时时刻刻控制自己的不良欲望，是保证自己不犯错误、不入歧途的基本要求。

　　我自"包养"了情妇朱某以后，人像失了魂一样。开始还能不断满足情妇的欲望，直到情妇提出必须每年"50 万元"的硬指标以后，我便"骑虎难下"了，只能利用职权大肆敛钱。可悲的是，我索贿、受贿的 200 万元钱全部花在了这个情妇身上。

　　●某科研所原副所长杨某，55 岁，2010 年 1 月因涉嫌受贿罪被依法查处。

　　检察官寄语：

　　这个具有美好前程的高级知识分子官员，自有了情妇后，以为自己"占便宜了"，有"桃花运"了，忘乎所以起来。天下哪有免费的午餐？结果被情妇牵着鼻子走，被情妇逼着去索取不义之财，而自己几乎一分未用。可悲啊！最终必然走到了路的尽头，把自己一生的政治前途、美好人生提前走完了。

　　我向人家"借钱"都是被"二奶"所逼，她们以怀孕来要挟我，我受贿全是被"二奶"勒索，不得不"含泪"索贿。

　　●广东省增城市人大常委会原党组副书记邱某，59 岁，2010 年 1 月 27 日因受贿罪被接受审判。

　　检察官寄语：

　　邱某索贿 98 万元，全部给了"二奶"韩某。在法庭上他痛哭流涕，称自己犯罪，完全是被"二奶"所逼，结果法庭的旁听席一片哗然，嘲笑声四起。这起案件完全是邱某道德败坏、腐化堕落包养"二奶"所致，是最终导致其索贿发生的根本原因，可以说就是"因色用权"、"权色交易"的结果，一言道破了"含泪"索贿这一荒唐的"个性化腐败"的根源。

　　情妇是我受贿的最大原因。我恨自己为什么不早点醒悟，为什么鬼迷心窍？我和陈某某之间的感情不够深厚吗？出手就是几十万、几百万，房子、车子随意送。然而，一旦我出事了，威胁到她时，她竟然那样无情无义，会做出那么果断的"选择"。希望所有党员干部、国家公职人员都能够以我为戒，千万别像我一样犯傻。

● 南昌市国土资源局原局长周某，48 岁，2010 年 2 月 11 日因受贿罪、挪用公款罪被判处无期徒刑。

检察官寄语：

周某在国土资源局局长的位子上，为了包养情妇的需要，受贿 579 万余元，挪用公款 100 万元，落得被判处无期徒刑的悲惨下场。他自己也没想到，案发后其情妇陈某不仅没有帮助他退出赃款以减轻罪责，也没有去探视过周某，而是带着 500 万元赃款人间消失了。这种例子在笔者的侦查实践中还是较多见的，一些有权有势的官员，千万要引以为戒，不要"犯傻"啊！

做贪官的情妇，好日子不会太久。现在一些当官的有钱就变坏，不要看他现在喜欢你，一旦他遇到比你更好的女孩子，说不定哪一天就把你给踢掉了。再说，这些贪官早晚要出事，他贪污受贿的钱肯定要全部没收，所以，我作为他的情妇也是提心吊胆的，就像坐在火山上，随时都有灭顶之灾，他一旦被抓了，我也一定会被牵连进去。

● 南昌市国土资源局原局长周某（无期徒刑）的情妇陈某的供述。

检察官寄语：

你以为那些情妇们真的是喜欢你这个人？看看昔日周局长情妇的真情告白吧！人家也是个明白人，把你看得太透了，情妇们的风险意识要比贪官们强得多，她们既看清你是个坏人，也知道自己随时可能被人顶替，又明白不义之财肯定要被没收，更了解一旦案发，自己也脱不了干系。是贪官玩情妇，还是情妇玩贪官，自己找答案吧！

我的情妇太多，她们之间争风吃醋、矛盾百出。为了解决我情妇之间的矛盾，我竟然在漳州一家大酒店定了豪华包间，叫来了 15 名情妇，让她们"互相照顾、资源共享、和谐共处……"而她们也很知趣，大家心照不宣地相互称姐道妹。此事被传出去后，被民间称为"群芳宴"，可想而知，我当时已经堕落到了什么地步！

● 福建省林业厅原厅长吴某，54 岁，2010 年 3 月 30 日被"双规"，2011 年被有罪判决。

检察官寄语：

什么叫"厚颜无耻"、什么叫"恬不知耻"，从这个贪官的自嘲中可见一斑！"用情妇来管理情妇"，让情妇们"和谐共处"，如今也时有所闻，说明某些领导干部的思想道德水平、作风修养程度、文明素质要求跌落到了何等地步！老百姓怎么不戳你的脊梁骨呢！因此，选拔干部、考察干部、监督干部绝对不是一朝一夕的事，绝对不能是表面文章！

2009 年 3 月 5 日，为了给情人何某过生日，我带她到北京游玩，在徐州机场登机前就给她买一条价值 2 万元的钻石项链作为生日礼物，在北京期间住每日千元的豪华宾馆，每顿饭都花几百元，还给她买了高档衣服，仅仅一周的北京之行，我就花掉了 11 万余元。随着挪用次数越来越多，我心里也就麻木了，还不还也无所谓了。如今"流金"岁月都成了浮云。

● 江苏省睢宁县某工业园区管委会原总账会计邢某，39 岁，2010 年 5 月 13 日因挪用公款罪被判处有期徒刑 13 年。

检察官寄语：

一个上任不到一年的年轻财务人员，竟然利用职权挪用公款 180 余万元，而且几乎都花在情妇身上，这是思想堕落、生活糜烂的必然结果。所以，对重要岗位上的管理人员，对思想意识存在不良倾向的人员，要予以特别的注意。加强教育、加强监督、加强引导，不能放任自流而导致严重后果的发生。

我身边有多名"女朋友"，她们都是冲着我的权力和金钱而来，我在与她们的交往中给她们买房子、买首饰、买衣服，钱不够向老板们"借"，到头来我只能独自吞下现在这杯苦酒！后悔莫及！

● 浙江省舟山市定海区委原副书记虞某，48 岁，2010 年 9 月 16 日因受贿罪被判处有期徒刑 11 年。

检察官寄语：

贪官往往是贪婪钱财、贪婪女色，两者皆好之。但贪官们往往不知道，这两者是互为前提、互为结果的关系。财迷心窍、色勾灵魂，官员糊里糊涂走到了身陷囹圄这一步，就是对自己的贪婪没有任何的控制，"到头来我只能独自吞下现在这杯苦酒！后悔莫及"！

自我担任一定的领导职务以后，思想开始了蜕化。我有三个情妇，她们要开销、要购买奢侈品，不需要来找我，直接去找那些有求于我的老板们。这样我也耳根清净，又能避免她们之间的争风吃醋，我就是这样以"情妇"做"中介"自己坐收渔利。我自以为聪明，实际上是极愚蠢的。

● 浙江省杭州市某区开发办公室原主任姚某，52 岁，2010 年 9 月 29 日因受贿罪被判处无期徒刑。

检察官寄语：

姚主任犯罪具有个性，通常的贪官是自己收受钱财后给情妇，或者让情妇所在的公司包揽工程，而姚主任自己不直接经手贿赂，而是让几个情妇出面去索取贿赂，自己从中渔利。一旦案发，自己可以以"不知情"一推了之。真是"机关算尽太聪明，反误了卿卿性命"！

"饱暖思淫欲",我地位、权力变化以后,思想也变化了,我看上了电视台一名年轻漂亮的女主持人,我先后拿受贿的 40 万元 "攻下" 了这个女人。之后几年,为其买房子、买衣服、买首饰、旅游……十几万、几十万地给,直到后来这个女人向我要 "青春损失费" 了,我在她身上已花了近百万元。

● 内蒙古锡林郭勒盟委原副书记蔚某,54 岁,2010 年 9 月 29 日因受贿罪、巨额财产来源不明罪被判处无期徒刑。

检察官寄语:

为了情妇 "一掷千金",这好像是封建社会贪官污吏的行为,如今怎么在共产党干部队伍中频频出现呢?而贪官们都愿意不惜代价在 "明星"、"演员"、"主持人" 中找情妇,其中是一种什么意识在作祟?我们应该是不难找到答案的。一个人的思想意识往往能够决定其行为举止,如何杜绝此类腐败现象的蔓延,领导干部当自警!

我把情人杀死以后,起初想找个湖泊开车冲下去,一起死了算了。但开了 200 多公里以后,改变了想法,想逃跑,就沿着高速公路一路开。最后,看到黄石市公安局大楼,又放弃了逃亡的念头,转而自首。我的仕途,甚至人生,我的所有曲折和争取至此都到达了终点。

● 安徽省宣城市宣州区原副区长章某,44 岁,2010 年 12 月 8 日因杀害情妇梅莲被羁押,等待审判。

检察官寄语:

贪官杀情妇已不是新闻,济南市人大原主任段某杀情妇柳某,温州市瓯海区原区长谢某杀情妇邵某等。段某和谢某均已被判处死刑,也早已命赴黄泉了,这个 "章副区长" 也面临法律的严惩,这就叫 "腐化堕落、家破人亡"!玩火者,必自焚。